Rechtsschutz Dritter im Rahmen
der telekommunikationsrechtlichen
Marktregulierung

Europäische Hochschulschriften Recht

European University Studies in Law

Publications Universitaires Européennes de Droit

Band/Volume 6220

Patrick Höckelmann

# Rechtsschutz Dritter im Rahmen der telekommunikationsrechtlichen Marktregulierung

PETER LANG

**Bibliografische Information der Deutschen Nationalbibliothek**
Die Deutsche Nationalbibliothek verzeichnet diese Publikation in der Deutschen Nationalbibliografie; detaillierte bibliografische Daten sind im Internet über http://dnb.d-nb.de abrufbar.

Zugl.: Bochum, Univ., Diss., 2020

D 294
ISSN 0531-7312
ISBN 978-3-631-84149-5 (Print)
E-ISBN 978-3-631-84239-3 (E-PDF)
E-ISBN 978-3-631-84240-9 (EPUB)
E-ISBN 978-3-631-84241-6 (MOBI)
DOI 10.3726/b17861


Peter Lang – Berlin · Bern · Bruxelles · New York · Oxford · Warszawa · Wien



Diese Publikation wurde begutachtet.

www.peterlang.com

*Für Svenja*

# Vorwort

Diese Arbeit wurde im September 2019 vom Promotionsausschuss der Juristischen Fakultät der Ruhr-Universität Bochum als Dissertation angenommen. Sie berücksichtigt bereits die Vorgaben der noch umzusetzenden Kodifizierungsrichtlinie (EU) 2018/1972, welche das Verfahren der telekommunikationsrechtlichen Marktregulierung konsoldiert.

Meinem Doktorvater, Prof. Dr. W. Cremer, danke ich herzlich für die Möglichkeit der Promotion. Er hat das richtige Maß an Freiraum zur eigenständigen Entfaltung gewährt und mich stets motiviert.

Schließlich möchte ich mich bei meiner Ehefrau Svenja für ihre ständige Unterstützung und liebevolle Geduld bedanken.

Dinslaken, im September 2020

# Inhaltsübersicht

# Inhaltsverzeichnis

# Abkürzungsverzeichnis

| | |
|---|---|
| AEUV | Vertrag über die Arbeitsweise der Europäischen Union |
| AktG | Aktiengesetz |
| BauNVO | Baunutzungsverordnung |
| BEGTPG | Gesetz über die Bundesnetzagentur für Elektrizität, Gas, Telekommunikation, Post und Eisenbahnen vom 7. Juli 2005, BGBl. I, S. 970, 2009 |
| BGB | Bürgerliches Gesetzbuch |
| BGH | Bundesgerichtshof |
| BImSchG | Bundesimmissionsschutzgesetz |
| BNetzA | Bundesnetzagentur |
| BVerwG | Bundesverwaltungsgericht |
| BVerfG | Bundesverfassungsgericht |
| EuGH | Europäischer Gerichtshof |
| EUV | Vertrag über die Europäische Union idF des Vertrags von Lissabon |
| GA | Generalanwalt |
| GG | Grundgesetz |
| GEREK | Gremium Europäischer Regulierungsstellen für elektronische Kommunikation |
| GRCh | Charta der Grundrechte der Europäischen Union |
| GRL | Richtlinie 2002/20/EG (Genehmigungsrichtlinie) |
| GVG | Gerichtsverfassungsgesetz |
| GWB | Gesetz gegen Wettbewerbsbeschränkungen |
| IFG | Informationsfreiheitsgesetz |
| KeL | Kosten der effizienten Leistungsbereitstellung |
| Kodifizierungsrichtlinie | Richtlinie (EU) 2018/1972 |
| KWG | Gesetz über das Kreditwesen |
| NRB | Nationale Regulierungsbehörde |
| RegTP | Regulierungsbehörde für Telekommunikation und Post (ehemalige Bezeichnung für die BNetzA) |
| Roamingverordnung | Verordnung (EU) Nr. 531/2012 |
| RRL | Richtlinie 2002/21/EG (Rahmenrichtlinie) |

| | |
|---|---|
| TAL | Zugang zur Teilnehmeranschlussleitung |
| Teilnehmeranschlussverordnung | Verordnung (EG) Nr. 2887/2000 |
| TKG | Telekommunikationsgesetz vom 22. Juni 2004 (BGBl. I S. 1190), das durch Artikel 2 des Gesetzes vom 23. Dezember 2016 (BGBl. I S. 3346) geändert worden ist |
| TMG | Telemediengesetz |
| URL | Richtlinie 2002/22/EG (Universaldienstrichtlinie) |
| UWG | Gesetz gegen unlauteren Wettbewerb |
| VwGO | Verwaltungsgerichtsordnung |
| Wettbewerbsrichtlinie | Richtlinie 2002/77/EG |
| ZPO | Zivilprozessordnung |
| ZRL | Richtlinie 2002/19/EG (Zugangsrichtlinie) |

# Einleitung

## § 1 Einleitung

### A. Ausgangslage

Die Telekommunikationswirtschaft kann als relativ junge Marktwirtschaft verstanden werden. Die Versorgung mit Telekommunikationsdienstleistungen erfolgte in der Vergangenheit im Wege verschiedener staatlicher Monopole.[1] Insbesondere europarechtliche Impulse führten sukzessive zur Liberalisierung und Privatisierung der Telekommunikationswirtschaft.[2] Nunmehr ist die Erbringung von Dienstleistungen der Telekommunikation – neben den aus dem Sondervermögen der Deutschen Bundespost hervorgegangenen Unternehmen – durch private Anbieter beziehungsweise Unternehmen verfassungsrechtlich vorgegeben.[3] Dabei hat der Staat zu gewährleisten, dass die im Gemeinwohlinteresse liegende Aufgabe, der flächendeckenden und ausreichenden Versorgung mit Telekommunikationsdienstleistungen, auch tatsächlich erfüllt wird.[4] Dies erfolgt in erster Linie durch rechtliche Rahmenvorgaben, Verhaltensregeln und staatliche Kontrolle,[5] wie dies das Telekommunikationsgesetz – namentlich die Vorschriften der Marktregulierung – vorgibt.

Dabei stellt die telekommunikationsrechtliche Marktregulierung den Rechtsrahmen für die Beziehungen zwischen Netzbetreibern und Anbietern von Telekommunikationsdiensten dar. Die Marktregulierung ist als hoheitliche Aufgabe der BNetzA zugewiesen.[6] Regelmäßig geht es um mehrpolige Rechtsverhältnisse. So sind beispielsweise in einem Rechtsstreit wegen der Rechtmäßigkeit der telekommunikationsrechtlichen Entgeltgenehmigung

> *„(1) der Staat in Gestalt der Genehmigungsbehörde, (2) die Wettbewerber als potentiell zur Entgeltzahlung Verpflichtete mit ihrem Interesse an effektivem Rechtsschutz bei der Überprüfung der Entgelthöhe, die ihrerseits auf ihre Berufsausübung zurückwirkt, und*

---

1 Vgl. hierzu *Kühling/Schall/Biendl,* Telekommunikationsrecht, S. 31 Rn. 49 f.

2 Siehe hierzu Kapitel 2, § 4, A. Unionsrechtliche Grundlagen der Marktregulierung, S. 120 ff.

3 Art. 87f Abs. 2 S. 1 GG.

4 *Ziekow*, Öffentliches Wirtschaftsrecht, § 13 Rn. 8; vgl. *Jarass/Pieroth*, GG, Art. 87f Rn. 3 u.5.

5 Vgl. *Ziekow*, Öffentliches Wirtschaftsrecht, § 13 Rn. 10.

6 §§ 2 Abs. 1, 116.

> *(3) die Beschwerdeführerin als Trägerin der durch Art. 12 Abs. 1 GG geschützten Betriebs- und Geschäftsgeheimnisse sowie als Berechtigte zur Entgelterhebung mit einem Interesse an effektivem Rechtsschutz als Beigeladene ...“* [7]

beteiligt. Der Adressat einer regulierungsbehördlichen Entscheidung ist in der Regel befugt, deren Rechtmäßigkeit mithilfe von Anfechtungsrechtsbehelfen gerichtlich überprüfen zu können. Schwieriger gestaltet sich die Frage, inwieweit auch Dritte im Hinblick auf telekommunikationsrechtliche Marktregulierungsmaßnahmen klagebefugt im Sinne des § 42 Abs. 2 VwGO sein können. Dies ist regelmäßig nur der Fall, soweit die angegriffene Verwaltungsentscheidung sie möglicherweise in ihren subjektiv-öffentlichen Rechten verletzen kann.[8] Infolge der Entscheidung des *BVerwG* vom 28.11.2007 kam es in der jüngeren Vergangenheit zu einer Ausweitung der Anerkennung des drittschützenden Charakters von Normen der telekommunikationsrechtlichen Marktregulierung.[9]

## B. Fragestellung

Vorgenannte Entscheidung des *BVerwG* und die mit ihr verbundene Stärkung der Rechte drittbetroffener Unternehmen bildet den Anlass für diese Untersuchung. Im Rahmen dieser Arbeit wird untersucht, wie es um den Rechtsschutz Dritter im Rahmen der telekommunikationsrechtlichen Marktregulierung bestellt ist. Einen Schwerpunkt bildet dabei die Frage, welche Normen der Marktregulierung zumindest auch dem Schutz Dritter zu dienen bestimmt sind. Unter Dritten in diesem Sinne sind in erster Linie Anbieter öffentlich zugänglicher Telekommunikationsdienste sowie Betreiber öffentlich zugänglicher Telekommunikationsnetze zu verstehen, die nicht Adressaten einer regulierungsbehördlichen Entscheidung sind.[10]

Ausgangsüberlegung ist, dass die Vorschriften der telekommunikationsrechtlichen Marktregulierung im Grundsatz auch dem Schutz Dritter zu dienen bestimmt sein können. Prima facie spricht für diese These, dass die Vorschriften der Marktregulierung nach Teil 2 des TKG die öffentlich-rechtlichen Regeln für Betreiber öffentlich zugänglicher Telekommunikationsnetze sowie Anbieter von öffentlich zugänglichen Telekommunikationsdienstleistungen bilden. Auch gehört es zum Zweck des TKG *„durch technologieneutrale Regulierung*

---

7 *BVerfG*, Beschl. v. 14.03.2006 – 1 BvR 2087/03, 2111/13 – BeckRS 2006, 134701.

8 Vgl. *Kopp/Schenke*, VwGO, § 42 Rn. 66.

9 Siehe hierzu ausführlich unter Kapitel 3, § 6, bb) Entscheidung des *BVerwG* vom 28.11.2007, S. 266 f. sowie allgemein zur Drittschutzdiskussion im Telekommunikationsrecht: Windthorst, WuV 2011, 196 ff.

10 Siehe zum diesem Begriff, Kapitel 1, § 2, G. Zum Begriff des Dritten, S. 101 ff.

*den Wettbewerb im Bereich der Telekommunikation ... zu fördern*" (§ 1 TKG)[11]. Ziel der Regulierung ist unter anderem „*die Sicherstellung eines chancengleichen Wettbewerbs und die Förderung nachhaltig wettbewerbsorientierter Märkte der Telekommunikation im Bereich der Telekommunikationsdienste und -netze sowie der zugehörigen Einrichtungen*"[12].

Angesichts dieser gesetzlichen Ziel- und Zweckrichtung fragt es sich, ob die Vorschriften der telekommunikationsrechtlichen Marktregulierung generell auch dem Schutz Dritter zu dienen bestimmt sind. Handelt es sich mit anderen Worten bei den Eingriffsgrundlagen der telekommunikationsrechtlichen Marktregulierung um Schutznormen zugunsten von Unternehmen, die öffentlich zugängliche Telekommunikationsnetze betreiben sowie öffentlich zugängliche Telekommunikationsdienste anbieten und die nicht selbst Adressaten einer regulierungsbehördlichen Maßnahme sind? Auf den ersten Blick spricht hierfür insbesondere die vorgenannte gesetzliche Zweckrichtung. Dem Wettbewerb ist es immanent, dass mehrere die Erreichung des gleichen Ziels erstreben. Wird dieses Verhalten durch öffentlich-rechtliche "Spielregeln" bestimmt, kann dies die These rechtfertigen, dass diese Verhaltensregeln zumindest auch dem Schutz der konkurrierenden "Spieler" dienen. Zudem dürfte es sich bei den Netzbetreibern und Anbietern von Telekommunikationsdiensten durchaus um einen von der Allgemeinheit abgrenzbaren Personenkreis handeln.

## C. Untersuchungsgang

Im Rahmen dieser Untersuchung gilt es zunächst den Rechtsrahmen – das heißt, die Vorschriften der telekommunikationsrechtlichen Marktregulierung – für die Beziehungen von Netzbetreibern und Diensteanbietern zu beleuchten. Namentlich geht es um die Hintergründe und Gegenstände der Marktregulierung nach dem TKG sowie deren Funktionsweisen.[13]

Vor diesem Hintergrund werden die Rechtsschutzmöglichkeiten und -ebenen für Dritte skizziert.[14] Unter Dritten im Rahmen dieser Untersuchung sind zugangsberechtigte Anbieter und Netzbetreiber zu verstehen.[15]

---

11 Alle §§ ohne Bezeichnung sind solche des TKG.

12 Siehe § 2 Abs. 2 Nr. 2.

13 Siehe hierzu Kapitel 1, § 2 Zur Marktregulierung nach dem TKG, S. 33 ff.

14 Siehe hierzu Kapitel 1, § 3 Sektorspezifischer Rechtsschutz Dritter im Überblick, S. 107 ff.

15 Siehe zum Begriff Dritter im Sinne dieser Untersuchung Kapitel 1, § 2, G. Zum Begriff des Dritten, S. 100 f.

Anschließend wird der unionsrechtliche Hintergrund der telekommunikationsrechtlichen Marktregulierung in den Blick genommen.[16] Der Fokus liegt dabei auf den zugrundeliegenden Richtlinien sowie deren Auslegung durch den *EuGH*. Im Lichte dieses Befundes gilt es die Schutzrichtung – zugunsten Dritter – der übrigen Richtlinienbestimmungen zu untersuchen. Da es sich bei Richtlinien um umsetzungsbedürftige Vorschriften handelt, werden anschließend die Umsetzungsmöglichkeiten für – drittschützende – Richtlinienvorgaben beleuchtet.[17]

Dritte können wegen Art. 19 Abs. 4 S. 1 GG beziehungsweise § 42 Abs. 2 VwGO grundsätzlich nur insoweit verwaltungsgerichtlichen Rechtschutz in Anspruch nehmen, soweit die Verletzung ihrer subjektiv-öffentlichen Rechte zumindest möglich erscheint. Diese Rechte sind vorrangig im einfachen Recht, mithin im TKG, zu suchen.[18] Daher widmet sich das dritte Kapitel zunächst der Analyse, welche Vorschriften der telekommunikationsrechtlichen Marktregulierung zumindest auch dem Schutz Dritter zu dienen bestimmt sind. Dabei sind insbesondere die Befunde zum unionsrechtlichen Hintergrund zu berücksichtigen. Sodann wird untersucht, wie Dritte ihre subjektiv-öffentlichen Rechte nach Maßgabe der Vorschriften der telekommunikationsrechtlichen Marktregulierung vor dem Verwaltungsgericht geltend machen können.

Anschließend werden weitere sektorspezifische Rechtsbehelfe untersucht, die grundsätzlich auch für Dritte im Sinne dieser Untersuchung in Betracht kommen könnten. Namentlich geht es um das telekommunikationsrechtliche Streitbeilegungsverfahren[19] sowie den sektorspezifischen Schadensersatz- und Unterlassungsanspruch[20].

Den Abschluss dieser Arbeit bildet die zusammenfassende Bewertung der Befunde zu den vorstehenden Kapiteln.[21] Insbesondere werden anhand der ermittelten Ergebnisse Herausforderungen für den Drittschutz sowie die Effektivität der ermittelten Rechtsschutzbefunde behandelt.

---

16 Siehe hierzu Kapitel 2, § 4 Drittschutzvorgaben des sektorspezifischen Richtlinienrahmens, S. 119 ff.

17 Siehe hierzu Kapitel 2, § 5 Zur Umsetzung richtlinienrechtlich indizierter Rechte Dritter, S. 204 ff.

18 Vgl. *Kopp/Schenke*, VwGO, § 42 Rn. 78.

19 Siehe hierzu Kapitel 4, § 8 Rechtsschutz im Wege des Streitbeilegungsverfahrens, S. 451 ff.

20 Siehe hierzu Kapitel 4, § 9 Zum Rechtsschutz im Rahmen des telekommunikationsrechtlichen Schadensersatz-, Unterlassungs- und Beseitigungsanspruches, S. 478 ff.

21 Siehe hierzu Kapitel 4, § 10 Zusammenfassung, S. 499 ff.

# Kapitel 1: Telekommunikationsrechtliche Marktregulierung und Rechtsschutz Dritter

## § 2 Zur Marktregulierung nach dem TKG

In tatsächlicher Hinsicht handelt es sich bei dem Markt der Telekommunikation nicht nur um einen bedeutenden Wirtschaftszweig[1], sondern auch um ein besonderes Rechtsgebiet. Bereits in der Verfassung sind in Art. 73 Abs. 1 Nr. 7, 2. Alt. GG sowie in Art. 87f Abs. 1 GG spezielle Gesetzgebungskompetenzen für den Bereich der Telekommunikation vorgesehen. Von diesen Kompetenzen hat der Bundesgesetzgeber durch den Erlass des TKG Gebrauch gemacht.[2] Dieses enthält insbesondere sektorspezifische Regeln für das Verfahren und die Instrumente der telekommunikationsrechtlichen Marktregulierung.[3]

Um den Rechtsschutz Dritter im Rahmen der telekommunikationsrechtlichen Marktregulierung untersuchen zu können, gilt es vorab zu klären, was unter telekommunikationsrechtlicher Marktregulierung zu verstehen ist.

### A. Zum Begriff der telekommunikationsrechtlichen Marktregulierung

Hierzu ist vorab der Begriff der telekommunikationsrechtlichen *Marktregulierung* zu beleuchten. Ausgehend vom allgemeinen Sprachverständnis bedeutet *regulieren* nicht viel mehr als etwas nach bestimmten Gesichtspunkten gestalten oder regeln.[4]

#### I. Telekommunikation als Regelungsgegenstand

Der Begriff *Telekommunikation* – der auch mit elektronischer Kommunikation gleichgesetzt werden kann – beschreibt den technischen Übertragungsvorgang

1 Im Jahr 2016 lag der Außenumsatzerlös in der Telekommunikationsbranche in Deutschland bei ca. EUR 56,9 Mrd. (*BNetzA*, Tätigkeitsbericht Telekommunikation 2016/2017, S. 17).

2 Vgl. *Kühling/Schall/Biendl*, Telekommunikationsrecht, S. 35 Rn. 61 f.

3 Siehe Teil 2 des TKG „*Marktregulierung*".

4 Vgl. http://www.duden.de/rechtschreibung/regulieren, zuletzt besucht am 21.06.2019.

von Signalen über ein Telekommunikationsnetz. Dabei kommt es auf die übertragenen Inhalte nicht an.

In semantischer Hinsicht steckt im Wort *Telekommunikation* zunächst der Begriff Kommunikation. Dieser leitet sich vom lateinischen *communicare* ab, was sich untereinander verständigen beziehungsweise mitteilen bedeutet. Mithin geht es um einen Verständigungs- beziehungsweise Austauschvorgang. Demensprechend ist unter dem Begriff der *Telekommunikation* eine besondere Form der Verständigung zu verstehen. Das Besondere an diesem Kommunikationsvorgang stellt der Austausch von Informationen mittels Medien dar, welche die Kommunikation zwischen Sender und Empfänger über eine räumliche Distanz ermöglichen.[5]

Das TKG kennt den Begriff der *Telekommunikation* und definiert ihn als den *„technische(n) Vorgang des Aussendens, Übermittelns und Empfangens von Signalen mittels Telekommunikationsanlagen*" (§ 3 Nr. 22). Diese Legaldefinition entspricht dem Begriffsverständnis, das bereits das *BVerfG* in Entscheidungen zum Fernmeldewesen prägte.[6] Unter Telekommunikationsanlagen sind wiederum jedwede technischen Einrichtungen oder Systeme zu verstehen, die ganz oder überwiegend der Übermittlung von Signalen dienlich sind.[7] Mit anderen Worten geht es um die technische Form der Übertragung von Signalen. Weiter beschreibt § 3 Nr. 24 Telekommunikationsdienste *„als in der Regel gegen Entgelt erbrachte Dienste, die ganz oder überwiegend in der Übertragung von Signalen über Telekommunikationsnetze bestehen, einschließlich der Übertragungsdienste in Rundfunknetzen*". Hieraus folgt, dass die Signalübertragung als eine geldwerte Leistung angesehen wird, die Gegenstand eines entsprechenden Marktes sein kann.[8]

Vorstehendes Begriffsverständnis unterscheidet sich in der Sache nicht vom unionsrechtlichen Verständnis nach dem Richtlinienrahmen von 2002. Zwar enthält dieser keine ausdrückliche Definition von *Telekommunikation*, allerdings deckt sich die Definition der Telekommunikationsdienste aus § 3 Nr. 24 mit dem ersten Teil der in Art. 2 lit. c) RRL definierten *„elektronische(n)*

---

5 Vgl. *Klußmann*, Lexikon der Kommunikations- und Informationstechnik, S. 742.

6 Siehe hierzu etwa die Rspr. des *BVerfG* zum Begriff des Fernmeldewesens, BVerfGE 12, 205 (226).

7 Nach der Legaldefinition in § 3 Nr. 23 sind Telekommunikationsanlagen „technische Einrichtungen oder Systeme, die als Nachrichten identifizierbare elektromagnetische oder optische Signale senden, übertragen, vermitteln, empfangen, steuern oder kontrollieren können".

8 Vgl. auch Erwgr. 16 Kodifizierungsrichtlinie (EU) 2018/1972.

*Kommunikationsdienste*".[9] Unterschiede bestehen mithin lediglich in der Begriffsbildung.[10] In der Rahmenrichtlinie wird anstatt von *Telekommunikation* von *elektronischer Kommunikation* gesprochen.

Zukünftig – nach Umsetzung der Richtlinie (EU) 2018/1972 über den europäischen Kodex für die elektronische Kommunikation[11] – wird der Begriff *elektronischer Kommunikationsdienste* weiter zu verstehen sein. Unter dem Oberbegriff *elektronische Kommunikationsdienste* werden zusätzlich *Internetzugangsdienste* sowie insbesondere auch *interpersonelle Kommunikationsdienste* – d.h. beispielsweise Whatsapp, Skype und Facebook Messenger[12] – verstanden.

Mithin ist festzuhalten, dass für den Rechtsbegriff *Telekommunikation* beziehungsweise *elektronische Kommunikation* das entscheidende Merkmal der Vorgang der Signalübertragung über ein Netz ist.[13] Auf die übertragenen Inhalte kommt es nicht an. Daher wird von der Inhaltsneutralität des rechtlichen Telekommunikationsbegriffs gesprochen.[14] Angesprochen ist damit die Abgrenzung zum Medienrecht beziehungsweise insbesondere zu den übermittelten Inhalten sowie zum rundfunkorganisatorischen Bereich. Diese Abgrenzung – die bereits im zweiten Teil der Legaldefinition von Art. 2 lit. c) RRL angesprochen wird – wird auf nationaler Ebene in § 1 Abs. 1 TMG aufgegriffen.[15] Hiernach sind unter Telemedien[16] insbesondere alle elektronischen Informations- und Kommunikationsdienste zu verstehen, soweit sie nicht bereits Telekommunikationsdienste im Sinne des § 3 Nr. 24 sind.

---

9 Hiernach sind unter „*elektronische(n) Kommunikationsdienste*" „*gewöhnlich gegen Entgelt erbrachte Dienste, die ganz oder überwiegend in der Übertragung von Signalen über elektronische Kommunikationsnetze bestehen, einschließlich Telekommunikations- und Übertragungsdienste(n) in Rundfunknetzen, jedoch ausgenommen Dienste, die Inhalt über elektronische Kommunikationsnetze und -dienste anbieten* ..." zu verstehen.

10 Unterschiede in der Sache sind damit jedoch nicht verbunden. Vgl. auch *Schütz*, in: BeckTKG-Komm, § 3 Rn. 78.

11 Siehe hierzu Kapitel 2, § 4, 2. Kodex für die elektronische Kommunikation, S. 129 f.

12 *Kiparski*, CR 2019, 179 (179).

13 *Schütz*, in: BeckTKG-Komm, § 3 Rn. 78.

14 Vgl. *Fetzer*, in: Arndt/Fetzer/Scherer/Graulich, TKG, § 3 Rn. 100; *Säcker*, in: ders., TKG, § 3 Rn. 67.

15 Vgl. *Ziekow*, Öffentliches Wirtschaftsrecht, § 14 Rn. 3, 4.

16 Vgl. zum Begriff der Telemedien § 2 Nr. 19 Rundfunkstaatsvertrag. Hiernach sind unter „*sendungsbezogenen Telemedien* ... *Angebote, die der Aufbereitung von Inhalten aus einer konkreten Sendung einschließlich Hintergrundinformationen dienen* ..." zu verstehen.

## II. Zum Begriff der Marktregulierung

*Marktregulierung* ist zwar ein Rechtsbegriff des TKG[17], allerdings wird er nicht mehr legaldefiniert.[18] Um den Inhalt dieses telekommunikationsrechtlichen Rechtsbegriffes besser zu verstehen, werden zunächst Begriffsbildungen in der Literatur sowie der historische und rechtliche Hintergrund in den Blick genommen.

### 1. Begriffsverständnis in der Literatur

Stellenweise wird vertreten, dass der Begriff *Regulierung* an sich keinen eindeutigen Inhalt aufweise[19] und sich dessen Inhalt auch nicht eindeutig bestimmen lasse.[20]

Hingegen wird in der politik- und verwaltungswissenschaftlichen Diskussion *Regulierung* als Grundmuster einer hoheitlichen Ordnung von Lebenssachverhalten mittels durchsetzbarer Ge- und Verbote verstanden.[21] *Eifert* begreift unter Regulierung *„jede gewollte staatliche Beeinflussung gesellschaftlicher Prozesse [...], die einen spezifischen, aber über den Einzelfall hinausgehenden Ordnungszweck verfolgt und dabei im Recht zentrales Medium und Grenze findet“*[22]. Ähnlich – wenngleich abstrakter – heißt es bei *Schmidt-Aßmann*, dass *Regulierung* ein vielschichtiges Regelungsmuster sei, welches auf sektorspezifischen Regeln und Rechtsinstituten aufbaue.[23] Mithin wird in methodischer Hinsicht *Regulierung* durchaus als zielorientierter Gestaltungsauftrag begriffen.

In der verwaltungsrechtlichen Diskussion wird der Regulierungsbegriff auch zur Systembildung eingesetzt. Dabei wird er sowohl innerhalb eines Wirtschaftszweiges benutzt, um sektorspezifische Regeln und Rechtsinstitute zusammenzufassen[24] als auch als Dachbegriff verwendet, um sector-

---

17 Der 2. Teil des TKG ist mit „*Marktregulierung*“ überschrieben.

18 Im Gegensatz zum TKG 2004 enthielt das TKG 1996 noch eine Legaldefinition von Regulierung (§ 3 Nr. 13 TKG 1996).

19 Siehe *Schmidt*, Öffentliches Wirtschaftrecht – Allg. Teil, § 2 S. 48.

20 Siehe *Schmidt*, Öffentliches Wirtschaftrecht – Allg. Teil, § 2 S. 48; *Ruffert*, AöR Bd. 124 (1999), 237 (241).

21 Vgl. *Eifert*, in: Hoffmann-Riem/Schmidt-Aßmann/Voßkuhle, Grundlagen des Verwaltungsrechts, Bd. I, § 19 Rn. 2.

22 *Eifert*, in: Hoffmann-Riem/Schmidt-Aßmann/Voßkuhle, Grundlagen des Verwaltungsrechts, Bd. I, § 19 Rn. 5.

23 Vgl. *Schmidt-Aßmann*, Ordnungsidee, S. 139 Rn. 49 ff. Siehe dort auch zum folgenden Satz.

24 Vgl. *Schmidt-Aßmann*, Ordnungsidee, S. 139 Rn. 49 ff. Unter Einbeziehung weiterer Vorschriften des TKG zur Meldepflicht (§ 6) zur Vergabe von Frequenzen, Nummern und Wegerechten (§§ 52 ff.), zum Universaldienst (§§ 78 ff.) sowie zu

übergreifend Gemeinsamkeiten in den Netzwirtschaften – Bahn, Telekommunikation und Energie – herauszuarbeiten.[25]

### 2. US-amerikanischer Hintergrund

Einigkeit dürfte insofern herrschen, als dass das historische Vorbild des regulierungsrechtlichen Denkens die US-amerikanische Tradition der *„Regulated Industries"* oder *„economic regulation"* ist.[26] Hierunter ist die Regelung monopolförmig strukturierter Industriezweige der Privatwirtschaft durch eine unabhängige Behörde zu verstehen.[27] Namentlich handelte es sich um die Bereiche Bahn, Telekommunikation und Energie und damit um Wirtschaftsbereiche, in denen die Erbringung von Diensten über Netze erfolgte und erfolgt.

Ausgangspunkt war die Bekämpfung von Missständen im Bereich des Eisenbahnwesens im 19 Jahrhundert.[28] Monopolpreise, Kartelle und diskriminierende Geschäftspraktiken marktmächtiger Eisenbahnunternehmen lähmten das Wirtschaftsleben und führten zu sozialen Unruhen. Diesem Marktversagen sollte schließlich eine unabhängige Bundesbehörde begegnen.[29] In dieser Phase war Wettbewerb der Regulierungsgegenstand.[30] Die zentralen Handlungsinstrumente der *economic regulation* betrafen die Problembereiche des Marktzutritts, der Preisregulierung sowie der Kontrolle der Geschäftspolitik.[31]

In der Folgezeit wurde der Gegenstand des amerikanischen Regulierungsrechts ausgeweitet, sodass sich die Regulierung ab 1950 auch auf Ziele der Gemeinwohlverwirklichung erstreckte.[32] Unter dem Stichwort *„social regulation"* ist die Gesamtheit der hoheitlichen Einflussnahme im nichtwirtschaftlichen

---

Fernmeldegeheimnis, Datenschutz und Öffentlicher Sicherheit (§§ 88 ff.) spricht er vom *„Regulierungsverwaltungsrecht"*. Dieser Terminus wird auch benutzt um sektorübergreifende Gemeinsamkeiten darzustellen (Vgl. etwa *Frenzel*, JA 2008, 868 (868 ff.)).

25 Vgl. *Kühling*, Sektorspezifische Regulierung in den Netzwirtschaften.

26 *Eifert*, in: Hoffmann-Riem/Schmidt-Aßmann/Voßkuhle, Grundlagen des Verwaltungsrechts, Bd. I, § 19 Rn. 3; *Ruffert*, in: Fehling/Ruffert, Regulierungsrecht, § 7 Rn. 10; *Von Danwitz*, DÖV 2004, 977 (978).

27 Vgl. *Masing*, AöR Bd. 128 (2003), 558 (570/571), vgl. dort auch zum folgenden Satz.

28 *Masing*, AöR Bd. 128 (2003), 558 (569), siehe dort auch zum folgenden Satz.

29 *Lepsius*, in: Fehling/Ruffert, Regulierungsrecht, § 1 Rn. 32. Hierbei handelte es sich um die Interstate Commerce Commission (ICC).

30 *Lepsius*, in: Fehling/Ruffert, Regulierungsrecht, § 1 Rn. 32.

31 *Masing*, AöR Bd. 128 (2003), 558 (572).

32 *Lepsius*, in: Fehling/Ruffert, Regulierungsrecht, § 1 Rn. 86.

Bereich zu verstehen.[33] Vor diesem Hintergrund kann unter Regulation beziehungsweise Regulierung jede gewollte hoheitliche Einflussnahme in soziale oder ökonomische Prozesse verstanden werden.[34]

### 3. Regulierung im Kontext gewährleistungsstaatlichen Denkens

In Deutschland ist der Begriff *Regulierung* eng mit dem Konzept des Gewährleistungsstaates verbunden.[35] Insofern soll er das wesentliche Steuerungsmodell beschreiben. Hintergrund ist die Privatisierung ehemaliger Verwaltungsmonopole in den Bereichen der Daseinsvorsorge und die damit zugleich einhergehende Marktöffnung.[36]

Wegen der ehemaligen staatlichen Monopolstrukturen bestand bis zur Privatisierung in diesen Bereichen kein Wettbewerb. Mithin galt es im Zusammenhang mit der Privatisierung Umstände zu schaffen, unter denen Wettbewerb entstehen kann. Für die Versorgung mit flächendeckenden Telekommunikationsdienstleistungen – als einem Bereich der Daseinsvorsorge – begründet Art. 87f Abs. 1 GG eine Gewährleistungsverantwortung des Bundes.[37] Die privatisierte Aufgabe – Versorgung mit Telekommunikationsdienstleistungen – sollen nunmehr private Akteure erfüllen. Hingegen hat der Staat durch die Schaffung entsprechender Rahmenbedingungen zu gewährleisten, dass die Aufgabenerfüllung durch Private sichergestellt ist.[38] Dabei kommt ihm die Rolle eines Letztverantwortlichen zu, der gegebenenfalls einzuspringen hat, wenn die Versorgung durch Private nicht ausreicht. Dieses Konzept wird unter Regulierung im Gewährleistungsstaat verstanden.

### 4. Vorabregulierung im Kontext des unionalen Richtlinienrahmens

Bei der Telekommunikationswirtschaft handelt es sich um ein Rechtsgebiet, das in hohem Maße durch unionale Richtlinien geprägt ist.[39] Ohne an dieser Stelle

---

33 *Ruffert*, in: Fehling/Ruffert, Regulierungsrecht, § 7 Rn. 11.

34 *Eifert*, in: Hoffmann-Riem/Schmidt-Aßmann/Voßkuhle, Grundlagen des Verwaltungsrechts, Bd. I, § 19 Rn. 2.

35 *Ziekow*, Öffentliches Wirtschaftsrecht, § 13 Rn. 8, siehe dort auch zum nachfolgenden Satz.

36 *Frenzel*, JA 2008, 868 (869).

37 Primäre Zielsetzung ist die Gewährleistung einer ausreichenden Grundversorgung.

38 *Ziekow*, Öffentliches Wirtschaftsrecht, § 13 Rn. 9 u. 10. Vgl. dort auch zu den folgenden Sätzen.

39 Siehe hierzu Kapitel 2, § 4, 1. Zum Richtlinienrahmen, S. 126 ff.

ins Detail gehen zu wollen, ist das Richtlinienpaket von 2002 und insbesondere die darin enthaltene Rahmenrichtlinie nach wie vor richtungsweisend.

Allerdings fällt auf den ersten Blick die Suche nach dem Inhalt des Regulierungsbegriffs im Richtlinienpaket ernüchternd aus. Der Begriff der *Marktregulierung* begegnet erst in der noch umzusetzenden Richtlinie (EU) 2018/1972 über den europäischen Kodex für die elektronische Kommunikation.[40] In dieser ist zwar von „*Vorab-Marktregulierung*" – insbesondere in Bezug auf die „*Auferlegung von Zugangs- und Zusammenschaltungsverpflichtungen*" – die Rede[41], allerdings wird dieser Begriff ohne Legaldefinition vorausgesetzt.

Ähnlich verhält es sich in der Kodifizierungsrichtlinie, in der die Rahmenrichtlinie sowie die Änderungsrichtlinie 2009/140/EG aufgegangen sind. Beispielsweise heißt es in den Erwägungsgründen der Richtlinie 2009/140/EG, dass im Zuge der Reformierung des EU-Rechtsrahmens für elektronische Kommunikationsnetze und -dienste das Gemeinschaftsverfahren „*für die Regulierung der Betreiber mit beträchtlicher Marktmacht*" gestärkt werden solle.[42] Weiter wird von „*sektorspezifischer Vorabregulierung*"[43] gesprochen. Auf den Märkten elektronischer Kommunikation sollen *regulatorische Vorabverpflichtungen* nur noch dann auferlegt werden, wenn kein wirksamer und nachhaltiger Wettbewerb bestehe.[44]

Konkreter wird es, wenn im Kontext der Zuständigkeit der nationalen Regulierungsbehörden von der *Vorabregulierung des Markts*[45] die Rede ist. So verlangt Art. 8 RRL, dass die nationalen Regulierungsbehörden bei der Wahrnehmung der in der Rahmenrichtlinie sowie den Einzelrichtlinien festgelegten *regulatorischen Aufgaben* alle indizierten Maßnahmen treffen dürfen, die der Verwirklichung der in den nachfolgenden Absätzen festgelegten Ziele dienen. Bei der Verfolgung dieser Ziele soll die Regulierungsbehörde objektive, transparente,

---

40 In der Rahmenrichtlinie von 2002 sowie der Änderungsrichtlinie 2009/140/EG sucht man den Begriff der *Marktregulierung* hingegen vergeblich.

41 Siehe Erwgr. 35 Kodifizierungsrichtlinie (EU) 2018/1972.

42 Erwgr. 3 Richtlinie 2009/140/EG. Hintergrund ist, dass der Binnenmarkt hinsichtlich elektronischer Kommunikationsnetze und -dienste vollendet werden soll. Die Formulierung des „*Binnenmarktes elektronischer Kommunikationsnetze und -dienste*" begegnet auch an anderer Stelle der Erwägungsgründe, vgl. Erwgr. 63 Richtlinie 2009/140/EG.

43 Siehe Erwgr. 29 Kodifizierungsrichtlinie (EU) 2018/1972.

44 Vgl. Erwgr. 5 Richtlinie 2009/140/EG. Darüber hinaus findet sich der Begriff der (sektorspezifischen) *Vorabverpflichtung* in den Erwgr. 6, 47, 59 und 63. Der Begriff der *Vorabregulierung des Marktes* wird auch in Erwgr. 5 RL 2002/21/EG verwendet.

45 Art. 3 Abs. 3a RL 2002/21/EG.

nicht diskriminierende sowie verhältnismäßige Regulierungsgrundsätze anwenden, indem sie unter anderem „*regulatorische Vorabverpflichtungen nur dann auferlegt, wenn es keinen wirksamen und nachhaltigen Wettbewerb gibt*" und im umgekehrten Fall diese Verpflichtungen lockert oder aufhebt.[46] Nach Art. 5 Abs. 1 lit. a) der neuen Kodifizierungsrichtlinie (EU) 2018/1972 zählt zu den Aufgaben der nationalen Regulierungsbehörde insbesondere die „*Durchführung der Vorabregulierung der Märkte einschließlich der Auferlegung von Verpflichtungen zur Zugangsgewährung und Zusammenschaltung*".

Ferner ist es nach Erwägungsgrund 5 der geänderten Rahmenrichtlinie – beziehungsweise der Richtlinie (EU) 2018/1972 – „*notwendig, die Regulierung der Übertragung von der Regulierung von Inhalten zu trennen*", womit klargestellt wird, dass der EU-Rechtsrahmen für die elektronischen Kommunikationsnetze und -dienste nicht die Inhalte von Diensten betrifft, die über sie bereitgestellt werden.[47] Im Wesentlichen betrifft der Geltungsbereich der Rahmenrichtlinie die „*Regulierung elektronischer Kommunikationsdienste, elektronischer Kommunikationsnetze, zugehöriger Einrichtungen und zugehöriger Dienste*".[48]

Bleibt festzuhalten, dass der Begriff der Marktregulierung unionsrechtlich nicht ausdrücklich definiert wird. Allerdings ergibt sich aus der Zusammenschau der einschlägigen Richtlinienvorgaben, dass eine sektorspezifische Vorabregulierung beziehungsweise die Auferlegung von Vorabverpflichtungen erfolgen soll, wenn kein wirksamer Wettbewerb gegeben ist.[49] Relevante Märkte sind dabei die elektronischen Kommunikationsnetze und -dienste. In institutioneller Hinsicht soll die Marktregulierung durch eine unabhängige nationale Regulierungsbehörde erfolgen, welche die Realisierung bestimmter Ziele gewährleisten muss. Dies deckt sich mit dem obigen Befund, Regulierung als zielorientiertes Mittel zur Steuerung des Verhaltens privater Wirtschaftsteilnehmer zu begreifen.[50]

---

46 Vgl. Art. 8 Abs. 5 lit. f) RL 2002/21/EG, in der durch die RL 2009/140/EG geänderten Fassung.

47 Erwgr. 5 RL 2002/21/EG. Dies setzt sich in der Kodifizierungsrichtlinie (EU) 2018/1972 fort. Siehe dort Erwgr. 7.

48 Vgl. Art. 1 Abs. 1 RL 2002/21/EG. Die neue Kodifizierungsrichtlinie (EU) 2018/1972 wird zudem auch „*interpersonelle Kommunikationsdienste*" erfassen (vgl. Art. 2 Nr. 4 lit. b)).

49 Vgl. auch *Heun*, in: ders., Handbuch Telekommunikationsrecht, Teil G Rz. 5, welcher jedoch ausschließlich unter Bezugnahme auf die ursprüngliche Fassung der RL 2002/21/EG zu diesem Befund kommt.

50 Siehe hierzu oben, Kapitel 1, § 2, 1. Begriffsverständnis in der Literatur, S. 36 f.

## 5. Marktregulierung als Rechtsbegriff des TKG

Das Telekommunikationsgesetz in der Fassung von 1996 enthielt noch eine Legaldefinition des Regulierungsbegriffs.[51] Unter *Regulierung* waren diejenigen Maßnahmen zu verstehen,

> *„die zur Erreichung der in § 2 Abs. 2 genannten Ziele ergriffen werden und durch die das Verhalten von Telekommunikationsunternehmen beim Angebot von Telekommunikationsleistungen, von Endeinrichtungen oder von Funkanlagen geregelt werden, sowie die Maßnahmen, die zur Sicherstellung einer effizienten und störungsfreien Nutzung von Frequenzen ergriffen werden".*

Hiernach zeichnete sich *Regulierung* – neben dem Aspekt der sicheren Frequenznutzung – dadurch aus, dass zur Erreichung bestimmter Ziele das Marktverhalten von Telekommunikationsunternehmen durch entsprechende Maßnahmen geregelt werden sollte.

Dagegen verzichtet die gegenwärtige Fassung des TKG auf eine entsprechende Definition.[52] Der Regulierungsbegriff erschließt sich hingegen mit Blick auf den Gesetzeszweck nach § 1, welcher darin besteht

> *„durch technologieneutrale Regulierung den Wettbewerb im Bereich der Telekommunikation und leistungsfähige Telekommunikationsinfrastrukturen zu fördern und flächendeckend angemessene und ausreichende Dienstleistungen zu gewährleisten."*

Die Formulierung „*durch … Regulierung*" bestätigt, dass der Regulierungsbegriff instrumental zu verstehen ist. Ohne diesen Begriff zu definieren, wird *Regulierung* als Mittel benannt, um die jeweiligen Gesetzeszwecke zu verwirklichen.[53] Deren Erreichung obliegt der Verwaltung. Denn § 2 Abs. 1 stellt ausdrücklich klar, dass die „*Regulierung der Telekommunikation*" eine hoheitliche Aufgabe des Bundes ist.

Nach § 1 gehören zu den Gesetzeszwecken die Wettbewerbsförderung sowie die Gewährleistung einer flächendeckenden Versorgung mit Telekommunikationsdienstleistungen. Hinsichtlich der rechtlichen Bedeutung dieser Gesetzeszwecke wird stellenweise vertreten, dass es sich lediglich um Programmsätze ohne eigenständige imperative Bedeutung handele.[54] Zuzugeben ist, dass es sich bei § 1 nicht um eine Aufgaben- oder gar eine Befugnisnorm handelt.[55]

---

51 Siehe § 3 Nr. 13 TKG i.d.F. von 1996. Diese Definition wird jedoch als sprachlich missglückt angesehen, so *Ruffert*, AöR Bd. 124 (1999), 237 (242).

52 Bereits das TKG von 2004 enthielt keine Definition des Regulierungsbegriffs mehr.

53 Ebenso *Ziekow*, Öffentliches Wirtschaftsrecht, § 13 Rn. 3.

54 So *Säcker*, in: ders., TKG, § 1 Rn. 1.

55 *Cornils*, in: Geppert/Schütz, BeckTKG-Komm, § 1 Rn. 3.

Gleichwohl kommt den normierten Gesetzeszwecken Bedeutung im Rahmen der klassischen Auslegungsmethoden zu. Zudem werden die Zwecke der Wettbewerbsförderung und die Dienstleistungsversorgung verfassungsrechtlich durch Art. 87f GG aufgeladen.

Weiter normiert § 2 Abs. 2 sektorspezifische *Regulierungsziele*. Hinsichtlich des Verhältnisses von Zwecken und Zielen besteht Einigkeit darüber, dass erstere durch die Ziele näher ausgeformt werden.[56] Hierfür spricht, dass die im TKG aufgeführten Zwecke mittels Regulierung erreicht werden sollen und diese durch die Vorgabe von Zielen programmiert wird. Im Zuge der TKG-Novelle von 2012 sowie der damit verbundenen Umsetzung der Änderungsrichtlinie 2009/140/EG erfolgte eine Neustrukturierung von § 2, nach der dieser nunmehr auch Regulierungsgrundsätze (§ 2 Abs. 3) enthält. Diese sollen bei der Verfolgung der in § 2 Abs. 2 genannten Ziele angewendet werden. Regelungstechnisch können Ziele als finale Programmierungen und Grundsätze als modale Orientierungen verstanden werden.[57]

Dem Zweck der Wettbewerbsförderung im Sinne von § 1 lassen sich die Sicherstellung eines chancengleichen Wettbewerbs und die Förderung nachhaltig wettbewerbsorientierter Märkte der Telekommunikation im Bereich der Telekommunikationsdienste und -netze sowie der dazugehörigen Einrichtungen (Nr. 2), die Förderung der Entwicklung des Binnenmarktes (Nr. 3) sowie – im weiteren Sinne – die Sicherstellung einer effizienten und störungsfreien Nutzung von Frequenzen (Nr. 7) sowie die Gewährleistung einer effizienten Nutzung von Nummerierungsressourcen (Nr. 8) zuordnen.[58]

Versucht man dem Ziel der Sicherstellung und der Förderung des Wettbewerbs in der Telekommunikation im Bereich der Telekommunikationsdienste

---

56 Vgl. *Eifert*, in: Ehlers/Fehling/Pünder, Besonderes Verwaltungsrecht, Bd. 1, § 23 Rn. 26; *Säcker*, in: ders., TKG, § 2 Rn. 1.

57 *Eifert*, in: Ehlers/Fehling/Pünder, Besonderes Verwaltungsrecht, Bd. 1, § 23 Rn. 28; *Säcker*, in: ders., TKG, § 2 Rn. 17a. Generell lässt sich sagen, dass die Ziele als Leitprinzipien im Rahmen der Ermessensausübung zu qualifizieren sind (*Säcker*, in: ders., TKG, § 2 Rn. 1.). Hingegen steuern die Grundsätze den Weg der Zielerreichung (*Cornils*, in: Geppert/Schütz, BeckTKG-Komm, § 2 Rn. 15; *Säcker*, in: ders., TKG, § 2 Rn. 17a.). Gleichwohl soll zwischen ihnen und Grundsätzen kein hierarchisches Verhältnis bestehen. Den Grundsätzen kommt kein Vorrang vor den Zielen zu (So *Cornils*, in: Geppert/Schütz, BeckTKG-Komm, § 2 Rn. 14, welcher insofern jedoch das Universaldienstziel gesondert betrachtet. Zum nachfolgenden Satz siehe auch Rn. 15.).

58 Für die Zuordnung der beiden zuletzt genannten Ziele zum Zweck der Wettbewerbsförderung *Schneider*, in: Fehling/Ruffert, Regulierungsrecht, § 8 Rn. 5.

und -netze (§ 2 Abs. 2 Nr. 2) Verpflichtungs- und Befugnisnormen des TKG zuzuordnen, sind in erster Linie die Vorschriften der *Marktregulierung* zu nennen.[59] Ausgehend von der Definition wirksamen Wettbewerbs (§ 3 Nr. 31), welcher im Falle der Abwesenheit beträchtlicher Marktmacht gegeben ist, sind dem Zweck der Wettbewerbsgewährleistung zuvörderst die Vorschriften zuzuordnen, die an marktmächtige Unternehmen adressiert sind. Diese finden sich wiederum in dem Teil des TKG, der mit „*Marktregulierung*" überschieben ist. Insofern kann von Marktregulierung im engeren Sinne gesprochen werden.

## III. Fazit

Festzuhalten bleibt, dass sich die gesetzliche Zwecksetzung des TKG – entsprechend dem US-amerikanischen Hintergrund – grob in ökonomisch und nichtökonomisch motivierte Regulierung einteilen lässt. Die ökonomisch orientierte, telekommunikationsrechtliche *Marktregulierung* kann als zielorientierte Gestaltungsaufgabe verstanden werden, deren Gewährleistung der Verwaltung obliegt (§ 2 Abs. 1). Sie zielt auf die Sicherstellung eines chancengleichen Wettbewerbs und die Förderung nachhaltig wettbewerbsorientierter Märkte im Bereich der Telekommunikationsdienste und -netze ab.[60] Ausweislich der Gesetzesgliederung handelt es sich dabei um die Regelungen des zweiten Teils des TKG.

Allgemeinsprachlich ist unter *Markt* eine Verkaufsveranstaltung zu verstehen, zu der in regelmäßigen Abständen, Händlerinnen und Händler Waren zum Verkauf anbieten.[61] Das Anbieten von Waren stellt ein wirtschaftlich relevantes Verhalten dar, welches originär durch Private erfolgt. Dies wird für die Erbringung von Telekommunikationsdienstleistungen ausdrücklich durch die Verfassung vorgegeben.[62]

---

59 Siehe etwa *Eifert*, in: Ehlers/Fehling/Pünder, Besonderes Verwaltungsrecht, Bd. 1, § 23 Rn. 37. Vgl. auch *Säcker*, in: ders., TKG, § 2 Rn. 8. Gleichwohl können auch die strukturelle Separierung (§ 7) sowie die Bereiche der Nummernverwaltung (§§ 66 ff.) und der Wegerechte (§§ 68 ff.) im weiteren Sinne diesem Ziel zugeordnet werden. Vgl. *Säcker*, in: ders., TKG, § 2 Rn. 8; vgl. auch *Cornils*, in: Geppert/Schütz, BeckTKG-Komm, § 2 Rn. 45.

60 Siehe § 2 Abs. 2 Nr. 2.

61 Vgl. http://www.duden.de/rechtschreibung/Markt, zuletzt besucht am 13.04.2019.

62 Siehe Art. 87f Abs. 2 S. 1 GG. Hiernach werden Dienstleistungen der Telekommunikation *„als privatwirtschaftliche Tätigkeiten durch die aus dem Sondervermögen der Deutschen Bundespost hervorgegangenen Unternehmen und durch andere private erbracht"*.

Erfolgt die zielorientierte Gestaltung dieser privatwirtschaftlichen Tätigkeit durch die Verwaltung, ist dies dem Bereich des öffentlichen Wirtschaftsrechts zuzuordnen. Hierunter können alle Rechtssätze subsumiert werden, „*die die Stellung des Wirtschaftssubjekts gegenüber Trägern hoheitlicher Gewalt oder deren eigene Marktteilnahme oder das Wirtschaftsverhalten privater Wettbewerber*“ [63] regeln. Nach allgemeinen Grundsätzen ist jedoch zu folgern, dass die besonderen sektorspezifischen Verfahrensregeln und Befugnisnormen die allgemeinen verwaltungsrechtlichen Regeln verdrängen.[64]

## B. Ökonomische und technische Hintergründe der Marktregulierung

Naturgemäß sind gesetzliche Vorschriften durch den Lebenssachverhalt geprägt, dessen Regelung sie bezwecken. Die telekommunikationsrechtliche Marktregulierung enthält die “Spielregeln“ für den bedeutenden Wirtschaftszweig der Telekommunikationswirtschaft. Allein im Jahre 2017 belief sich der Außenumsatzerlös in Deutschland auf insgesamt 56,8 Mrd. Euro.[65]

### I. Ökonomische Hintergründe

Zunächst kann die Telekommunikationswirtschaft als Netzwirtschaft bezeichnet werden. Die unkörperliche Übertragung technischer Signale über eine Distanz erfordert ein Medium, welches die verschiedenen Teilnehmer verbindet. Geht es um die Verbindung verschiedener Punkte, kann allgemein von einem Netz gesprochen werden.[66] Erfordert das Anbieten, Erbringen oder Nutzen von Telekommunikationsdiensten, die in der Regel gegen Entgelt erbracht werden, ein Übertragungsnetz, rechtfertigt dies die Einordnung der Telekommunikationswirtschaft als Netzwirtschaft.

Typischerweise wird eine Netzwirtschaft und damit auch die Telekommunikationswirtschaft in hohem Maße durch positive Skalen-, Verbund- und Dichtevorteile beziehungsweise Netzeffekte geprägt.[67] Diese Netzeffekte beschreiben

---

63 *Ziekow*, Öffentliches Wirtschaftsrecht, § 3 Rn. 1.

64 In diesem Sinne auch *Eifert*, in: Ehlers/Fehling/Pünder, Besonderes Verwaltungsrecht, Bd. 1, § 23 Rn. 18.

65 *BNetzA*, Tätigkeitsbericht 2016/2017, S. 17.

66 Vgl. *Klußmann*, Lexikon der Kommunikations- und Informationstechnik, S. 529.

67 *Kühling/Schall/Biendl*, Telekommunikationsrecht, S. 50 Rn. 85 ff. Skaleneffekte (economies of scale) beschreiben den Umstand, dass die Durchschnittskosten eines Produktes mit seiner zunehmenden Produktionsmenge abnehmen (a.a.O., siehe dort auch zu

die wirtschaftlichen Hintergründe der Telekommunikationswirtschaft in erster Linie aus der Perspektive von Unternehmen, die Telekommunikationsdienste anbieten und nachfragen. Treten sie in großem Umfang zusammen auf, kann dies zu einem natürlichen Monopol führen.[68] Regelmäßig ist dabei eine Duplizierung der für die Leistungserbringung erforderlichen Netzinfrastruktur – beispielsweise im Falle des lokalen Festnetzes – mit wirtschaftlich unvertretbaren Kosten verbunden.[69]

Bis zu den 1990er Jahren wurde angenommen, dass die Telekommunikationswirtschaft ein natürliches Monopol darstelle.[70] Im Zuge der Liberalisierung der europäischen Telekommunikationsmärkte in den 90er Jahren, hat sich jedoch die Vorstellung durchgesetzt, dass auch der Telekommunikationssektor dem Wettbewerb zugänglich sein sollte.[71]

Weiter ist der Telekommunikationssektor verstärkt durch sogenannte positive externe Effekte geprägt.[72] Grund dafür ist, dass es sich bei der Telekommunikationswirtschaft in technischer Hinsicht um eine Netz(werk)industrie handelt. Sie bezeichnen netzwirtschaftliche Umstände, welche in der Regel für Nutzer von Telekommunikationsdiensten von Bedeutung sind. Sogenannte Netzexternalitäten beschreiben positive Effekte auf andere Nutzer, die durch eine Vergrößerung des Telekommunikationsnetzes entstehen.[73] Dies kann etwa durch die Aufnahme neuer Nutzer oder die Einbeziehung neuer Netze geschehen. Je größer

---

den folgenden Sätzen). Verbundvorteile (economies of scope) liegen vor, wenn die Produktion mehrerer Güter durch ein Unternehmen kostengünstiger ist, als dass verschiedene Unternehmen diese Güter herstellen. Dagegen sind Dichtevorteile (economies of density) bzw. Nachbarschaftseffekte anzunehmen, wenn aufgrund einer hohen Versorgungsnähe die Durchschnittskosten sinken. Beispielsweise ist die Versorgung mit Telekommunikationsanschlüssen in einer dicht besiedelten Gegend günstiger als in einer dünn besiedelten Region.

68 Ein solches liegt vor, wenn die gesamte Nachfrage an Produkten durch nur einen Anbieter kostengünstiger angeboten werden kann als durch eine Mehrzahl an Anbietern. *Säcker*, in: ders., TKG, Einl. I Rn. 12.

69 *Säcker*, in: ders., TKG, Einl. I Rn. 12.

70 *Fetzer*, Staat und Wettbewerb in dynamischen Märkten, S. 58 ff.

71 Siehe hierzu *Holznagel/Enaux/Nienhaus*, Telekommunikationsrecht, § 1 Rn. 5 ff., insbesondere 8 f.

72 *Fetzer*, Staat und Wettbewerb in dynamischen Märkten, S. 62, siehe dort auch zum nachfolgenden Satz.

73 *Kühling/Schall/Biendl*, Telekommunikationsrecht, S. 51 Rn. 89, siehe dort auch zum folgenden Satz.

das Netz wird, desto mehr neue Gesprächspartner kann ein Nutzer erreichen.[74] In diesem Sinne gehen auch von Netz-Zusammenschaltungen positive Netzexternalitäten für Endnutzer aus, da deren End-zu-End-Verbund über Netzgrenzen hinweg gewährleistet wird.[75]

Schließlich bleiben versunkene Kosten zu erwähnen. Hierbei handelt es sich um Investitionen, die beim Ausscheiden aus dem Telekommunikationsmarkt nicht wieder liquide gemacht werden können.[76] Dies ist für den Wettbewerb insofern von Bedeutung, als dass sie einen schnellen Markteintritt als auch -austritt wirtschaftlich unvertretbar machen können.

## II. Technische Hintergründe

Entsprechend der gesetzlichen Definitionen des Telekommunikationsnetzes (§ 3 Nr. 27) und des Telekommunikationsdienstes (§ 3 Nr. 24) kann in fachlich-technischer Hinsicht zwischen den Telekommunikationsdiensten und der Infrastrukturebene unterschieden werden.

### 1. Infrastrukturebene

Überiegend enthalten die Marktregulierungsvorschriften Verhaltenspflichten für Betreiber öffentlicher Telekommunikationsnetze. Hiermit ist die Infrastrukturebene der Telekommunikationswirtschaft angesprochen. Wesentlicher Grundbegriff ist dabei das Telekommunikationsnetz. Nach § 3 Nr. 27 wird dies als

> *„die Gesamtheit von Übertragungssystemen und gegebenenfalls Vermittlungs- und Leitwegeeinrichtungen sowie anderweitigen Ressourcen, die die Übertragung von Signalen über Kabel, Funk, optische und andere elektromagnetische Einrichtungen ermöglichen, einschließlich Satellitennetzen, festen und mobilen terrestrischen Netzen, Stromleitungssystemen, soweit sie zur Signalübertragung genutzt werden, Netzen für Hör- und Fernsehfunk sowie Kabelfernsehnetzen, unabhängig von der Art der übertragenen Information“*

bezeichnet. Diese Definition stimmt mit der Bestimmung von *elektronischen Kommunikationsnetzen* in Art. 2 lit. a) RRL überein.[77] Obwohl sie sehr weit gefasst ist, lässt sie sich jedoch auf zwei Grundaussagen reduzieren. Erstens muss es sich um eine technische Einrichtung handeln, die zweitens – in funktionaler

---

74 Vgl. *Holznagel/Enaux/Nienhaus*, Telekommunikationsrecht, § 1 Rn. 6.

75 *Kühling/Schall/Biendl*, Telekommunikationsrecht, S. 52 Rn. 89.

76 *Kühling/Schall/Biendl*, Telekommunikationsrecht, S. 53 Rn. 91, siehe dort auch zum folgenden Satz.

77 Siehe zukünftig Art. 2 Nr. 1 Richtlinie (EU) 2018/1972.

Hinsicht – die Übertragung bestimmter Signale über die in § 3 Nr. 27 aufgezählten Medien ermöglicht.[78] Aus der umfänglichen Aufzählung der Übertragungstechniken sowie der Formulierung *„andere elektromagnetische Einrichtungen"* folgt, dass der Begriff des *Telekommunikationsnetzes* sich technologieneutral verstanden wissen will.[79]

Der Telekommunikationsnetzbegriff erfasst neben verschiedenen Netzarten[80] auch leitungs- und paketvermittelnde Netze[81]. Dabei beschreiben die Begriffe Leitungs- und Paketvermittlung Vermittlungstechniken.[82] Bei der Leitungsvermittlung wird – vereinfacht beschrieben – zwischen Sender und Empfänger exklusiv eine physikalische Leitung über eine oder mehrere Verbindungsstellen geschaltet. Hingegen werden bei der Paketvermittlung die Informationen in kleine Dateneinheiten aufgeteilt und in entsprechende Pakete verpackt.[83]

### a) Zugangs- und Verbindungsnetze

In funktioneller Hinsicht kann zwischen Zugangs- und Verbindungsnetzen unterschieden werden.[84] Zugangs- beziehungsweise Teilnehmer(anschluss)netze stellen den unmittelbaren Anschluss zum einzelnen Endnutzer her.[85] Dagegen verfügen Verbindungsnetze über keinen direkten Zugang zu den Teilnehmern beziehungsweise Endnutzern. Stattdessen verbinden sie mehrere Zugangsnetze miteinander.[86] Die Verbindung von Teilnehmernetzen wird als Verbindungsnetz

---

78 Vgl. *Schütz*, in: Geppert/Schütz, BeckTKG-Komm, § 3 Rn. 87.

79 Vgl. *Kühling/Schall/Biendl*, Telekommunikationsrecht, S. 54 Rn. 93.

80 Vgl. *Säcker*, in: ders., TKG, § 3 Rn. 73.

81 BT Drs. 15/2316, S. 58.

82 Instruktiv zu diesen Vermittlungstechniken: *Kühling/Schall/Biendl*, Telekommunikationsrecht, S. 54 Rn. 94. Siehe dort auch zu den folgenden Sätzen.

83 Diese werden beim Empfänger wieder in der richtigen Reihenfolge zu einem Datensatz zusammengefügt (*Kühling/Schall/Biendl*, Telekommunikationsrecht, S. 54 Rn. 94 siehe dort auch zu den folgenden Sätzen). Dies führt zu einer besseren Kapazitätsausnutzung als bei der Leitungsvermittlung. Da jedoch keine Leitungen exklusiv zugeordnet werden, ist die Verbindungsqualität bei der Paketvermittlung in der Regel etwas schlechter als bei der Leitungsvermittlung. Bei den modernen Telekommunikationsnetzen wird vermehrt die Paketvermittlung und insbesondere das Internet-Protokoll (IP) verwendet.

84 Vgl. *Säcker*, in: ders., TKG, § 3 Rn. 73.

85 *Kühling/Schall/Biendl*, Telekommunikationsrecht, S. 55 Rn. 95.

86 *Säcker*, in: ders., TKG, § 3 Rn. 73, siehe dort auch zum folgenden Satz.

bezeichnet. Sie ermöglichen den End-zu-End-Verbund der Endnutzer über die Grenzen des jeweiligen (Zugangs)Netzes hinaus.

### b) Leitungsgebundene und drahtlose Netze

Stellt man hingegen auf das Übertragungsmedium ab, lassen sich Telekommunikationsnetze weiter in die Kategorien leitungsgebundener und drahtloser Netze unterscheiden.[87] Diese Unterteilung soll jedoch nicht darüber hinwegtäuschen, dass die Signalübertragung nicht ausschließlich nur über eines dieser Medien erfolgt. Vielmehr ist in der Praxis das Gegenteil der Fall. Zu den bedeutendsten leitungsgebundenen Netzen zählen das klassische Festnetz, das darauf aufbauende DSL-Netz, Glasfasernetze und Breitbandkabelnetze.[88]

Unter dem Festnetz ist das leitungsvermittelte Telefonnetz der Deutschen Telekom AG zu verstehen, welches ursprünglich der reinen Telefonie diente und später auch für schmalbandige Datendienste – beispielsweise Internet – genutzt wurde und wird.[89] Das Festnetz ist mittlerweile großflächig mit schnellerer DSL-Technik aufgerüstet worden.[90] Es gliedert sich in zahlreiche Zugangs- beziehungsweise Teilnehmer(anschluss)netze und Verbindungsnetz(e).[91] Die Zugangs- beziehungsweise Teilnehmer(anschluss)netze sind geographisch abgegrenzt und werden deshalb auch als Ortsnetze bezeichnet. Aktuell existieren hierzulande ca. 5200 dieser Ortsnetze, die jeweils über eine eigene Ortskennzahl – Vorwahl – verfügen. Abhängig von seiner Größe besteht ein Ortsnetz wiederum aus mehreren Anschlussbereichen.[92] Bundesweit existieren aktuell ca. 8000 Anschlussbereiche im Festnetz der Deutschen Telekom AG. Die einzelnen

---

87 Vgl. *Kühling/Schall/Biendl*, Telekommunikationsrecht, S. 55 Rn. 96. Siehe dort auch zu den folgenden Sätzen.

88 Für Einzelheiten zu diesen leitungsgebundenen Netzen siehe *Kühling/Schall/Biendl*, Telekommunikationsrecht, S. 55 Rn. 98 ff.

89 *Kühling/Schall/Biendl*, Telekommunikationsrecht, S. 55 Rn. 98.

90 DSL (Digital Subscriber Line) bezeichnet eine Reihe von Übertragungsstandards der Bitübertragungsschicht, bei der Daten mit hohen Übertragungsraten (bis zu 1.000 Mbit/s) über einfache Kupferleitungen wie die Teilnehmeranschlussleitung gesendet und empfangen werden können, https://de.wikipedia.org/wiki/Digital_Subscriber_Line, zuletzt besucht am 13.04.2019.

91 *Kühling/Schall/Biendl*, Telekommunikationsrecht, S. 55/56 Rn. 98 f. Siehe dort auch zu den folgenden Sätzen.

92 Ein Anschlussbereich setzt sich wiederum aus einem Hauptverteiler und dem dazugehörigen Haupt- und Verzweigerkabelnetz zusammen, *Kühling/Schall/Biendl*, Telekommunikationsrecht, S. 56 Rn. 99.

Teilnehmer sind mit dem Hauptverteiler über die Teilnehmeranschlussleitung verbunden. Hierunter versteht das TKG *„die physische Verbindung, mit dem der Netzanschlusspunkt in den Räumlichkeiten des Teilnehmers mit dem Hauptverteilerknoten oder mit einer gleichwertigen Einrichtung in festen öffentlichen Telefonnetzen verbunden wird"*.[93] Diese Teilnehmeranschlussleitung besteht zum Großteil noch durchgehend aus einer Kupferdoppelader und wird auch als sogenannte. *„letzte Meile"* bezeichnet.[94]

Zu den drahtlosen Netzen zählen das Mobilfunknetz sowie Satellitennetze.[95] Vereinfacht ausgedrückt kennzeichnen sie sich dadurch, dass der Anschluss des Teilnehmers sowie ein Teil der Kommunikation über elektromagnetische Funkwellen erfolgen.

Abschließend gilt es noch zwei Spezialfälle zu erwähnen. Das Internet mag zwar keine originäre Netzart sein. Nach dem Willen des Gesetzgebers ist es jedoch als ein Netz im Sinne der Definition des § 3 Nr. 27 anzusehen.[96] In der Sache stellt das Internet ein globales, dezentrales Computernetzwerk aus verschiedenen Netzen dar, bei dem alle Dienste paketorientiert über das sogenannte Internet Protokoll (IP) übertragen werden.[97]

Eine neuere Erscheinung sind Netze der nächsten Generation beziehungsweise Next Generation Networks.[98] Einfach ausgedrückt beschreiben sie die Entwicklung hin zu einer einheitlichen paketvermittelnden Netzinfrastruktur, wobei das Internetprotokoll die dominierende Vermittlungstechnik darstellt. Nach der Definition in der Empfehlung der International Telecommunication Union (ITU) beschreibt ein Netz der nächsten Generation ein paketvermittelndes Telekommunikationsnetz, das Telekommunikationsdienste bereitstellt, viele breitbandige, dienstgüteklassenfähige Transporttechnologien nutzt und bei dem dienstbezogene Funktionen unabhängig von der genutzten Transporttechnologie

---

93 Siehe § 3 Nr. 21.

94 *Kühling/Schall/Biendl*, Telekommunikationsrecht, S. 56 Rn. 99. In jüngerer Zeit haben die Netzbetreiber damit begonnen die bestehenden Kupferteilnehmeranschlussleitungen vom Hauptverteiler an mit hochleistungsfähigen Glasfaserkabeln aufzurüsten beziehungsweise neue Glasfaser-Teilnehmernetze aufzubauen, *Kühling/Schall/Biendl*, Telekommunikationsrecht, S. 62 Rn. 104.

95 *Kühling/Schall/Biendl*, Telekommunikationsrecht, S. 68 Rn. 112. Siehe dort auch zum folgenden Satz.

96 BT-Drs. 15/2316, S. 58.

97 *Klußmann*, Lexikon der Kommunikations- und Informationstechnik, S. 494.

98 *Kühling/Schall/Biendl*, Telekommunikationsrecht, S. 75 Rn. 121. Siehe dort auch zu den folgenden Sätzen.

sind. Es bietet den Nutzern uneingeschränkten Zugang zu Netzen, zu konkurrierenden Dienstanbietern und/oder Diensten ihrer Wahl. Es unterstützt die allgemeine Mobilität, die eine beständige und allgegenwärtige Bereitstellung von Diensten für die Nutzer ermöglicht.[99]

## 2. Telekommunikationsdienste

Obwohl das Gros der marktregulierungsrechtlichen Vorschriften Tatbestände enthält, die die Verpflichtung von Betreibern öffentlicher Telekommunikationsnetze ermöglichen[100], knüpfen andere an das Erbringen beziehungsweise Anbieten von Telekommunikationsdiensten an.[101] Nach § 3 Nr. 24 werden aktuell Telekommunikationsdienste – weitgehend deckungsgleich mit der Definition elektronischer Kommunikationsdienste in Art. 2 lit. c) RRL[102] – definiert als „*in der Regel gegen Entgelt erbrachte Dienste, die ganz oder überwiegend in der Übertragung von Signalen über Telekommunikationsnetze bestehen, einschließlich Übertragungsdienste in Rundfunknetzen*". Wesentliches Merkmal ist mithin die Übertragung von Signalen über Telekommunikationsnetze. Unerheblich ist dagegen der Inhalt der übertragenen Informationen. Auf diese Weise sollen Telekommunikationsdienste von Inhaltsdiensten – mithin von Telemedien – abgegrenzt werden.[103]

Weiter fallen unter das Regime des TKG sogenannte telekommunikationsgestützte Dienste. Dies sind nach § 3 Nr. 25 „*Dienste, die keinen räumlich und zeitlich trennbaren Leistungsfluss auslösen, sondern bei denen die Inhaltsleistung noch während der Telekommunikationsverbindung erfüllt wird*".[104]

---

99 „*A packet-based network able to provide telecommunication services and able to make use of multiple broadband, QoS-enabled transport technologies and in which service-related functions are independent from underlying transportrelated technologies. It enables unfettered access for users to networks and to competing service providers and/or services of their choice. It supports generalized mobility which will allow consistent and ubiquitous provision of services to users.*" Siehe Ziff. 3.1 der Empfehlung der ITU-T, S. 8.

100 Siehe etwa §§ 19 bis 24.

101 Vgl. etwa §§ 6, 7, 28, 39, 42 sowie 43a.

102 Nach Art. 2 Nr. 4 lit. b) RL (EU) 2018/1972 werden zukünftig insbesondere auch sog. interpersonelle Kommunikationsdienste vom Begriff elektronischer Kommunikationsdienste erfasst sein.

103 Vgl. *Säcker*, in: ders., TKG, § 3 Rn. 62.

104 Unter telekommunikationsgestützte Dienste fallen namentlich Auskunftsdienste (§ 3 Nr. 2a), Service-Dienste (§ 3 Nr. 8b), Kurzwahl-Datendienste (§ 3 Nr. 11a i.V.m. Nr. 11b), Kurzwahl-Sprachdienste (§ 3 Nr. 11c i.V.m. 11b), Massenverkehrs-Dienste

Von den Vorschriften der Marktregulierung nach Teil 2 des TKG knüpft lediglich das sektorspezifische Missbrauchsverbot an telekommunikationsgestützte Dienste an.[105]

### III. Unterscheidung zwischen Vorleistungs- und Endkundenmärkten

Wichtig für das Verständnis der telekommunikationsrechtlichen Marktregulierung ist weiter die Differenzierung zwischen Vorleistungs- beziehungsweise Großkundenmärkten und Endnutzermärkten.[106] Bei letzteren handelt es sich um Produktmärkte für Endkunden beziehungsweise Endnutzer im Sinne des § 3 Nr. 8. Gemeint sind Privat- und Geschäftskunden, die Telekommunikationsdienste nicht zur Erbringung eigener Telekommunikationsdienste nachfragen.

Dagegen geht es bei Großkunden- beziehungsweise Vorleistungsmärkten um solche, die Dienste umfassen, die Anbieter von Telekommunikationsdienstleistungen anbieten oder Netzbetreiber bei anderen Anbietern von Telekommunikationsdiensten oder Netzbetreibern nachfragen, um eigene Telekommunikationsdienste anbieten zu können.[107] Die Vorleistungsmärkte lassen sich wiederum in Verbindungsleistungsmärkte[108] sowie Breitbandzugangsmärkte aufteilen.[109]

## C. Akteure der telekommunikationsrechtlichen Marktregulierung

In numerischer Hinsicht impliziert der Begriff des Dritten, dass es mindesten zwei weitere Personen, nämlich den Ersten und den Zweiten, gibt. Mithin geht es um ein Mehrpersonenverhältnis. Im Hinblick auf die telekommunikationsrechtliche Marktregulierung gilt es daher zu klären, welche Akteure involviert sind.

---

(§ 3 Nr. 11d), Neuartige Dienste (§ 3 Nr. 12b) sowie Premium-Dienste (§ 3Nr. 17b), *Kühling/Schall/Biendl*, Telekommunikationsrecht, S. 81 Rn. 130.

105 Siehe § 42 Abs. 1 S. 1.

106 Vgl. §18 sowie § 39.

107 *Kühling/Schall/Biendl*, Telekommunikationsrecht, S. 107 Rn. 176.

108 Vgl. hierzu auch den Begriff der Zusammenschaltung i.S.v. § 3 Nr. 34, *Geppert/Attendorn*, in Geppert/Schütz, BeckTKG-Komm, § 3 Rn. 121,122.

109 Siehe zu dieser Differenzierung: *Kühling/Schall/Biendl*, Telekommunikationsrecht, S. 109 Rn. 182 ff.

## I. Gesetzlich definierte private Akteure

Bereits Art. 87f Abs. 2 S. 1 GG postuliert, dass die Erbringung von Dienstleistungen der Telekommunikation als privatwirtschaftliche Tätigkeiten durch die aus dem Sondervermögen der Deutschen Bundespost hervorgegangenen Unternehmen und durch andere Private Anbieter erfolgt. Nachfolgeunternehmen des vorgenannten Sondervermögens sind die Deutsche Post AG sowie die Deutsche Telekom AG.

Auf einfachgesetzlicher Ebene definiert § 3 Nr.6 den *Diensteanbieter* als jeden, *„der ganz oder teilweise geschäftsmäßig Telekommunikationsdienste erbringt oder an der Erbringung solcher Dienste mitwirkt“.*[110]

*Telekommunikationsdienste* sind in der Regel gegen Entgelt erbrachte Dienste, die ganz oder überwiegend in der Übertragung von Signalen über die Telekommunikationsnetze bestehen (§ 3 Nr. 24).[111] Die Unternehmen, die Telekommunikationsdienste gewerblich erbringen, sind dem von der BNetzA veröffentlichten Verzeichnis gemeldeter Unternehmen zu entnehmen (§ 6 Abs. 4).[112] Wer gewerblich öffentliche Telekommunikationsnetze betreibt oder gewerblich öffentlich zugängliche Telekommunikationsdienste erbringt, muss Aufnahme, Änderung und Beendigung seiner Tätigkeit gegenüber der BNetzA anzeigen (§ 6 Abs. 1).

Unter dem Begriff des *Unternehmens* versteht das TKG jede eine wirtschaftliche Tätigkeit ausübende Einheit.[113] Wie im Kartellrecht ist dieser Begriff weit und funktional zu fassen. Hinsichtlich Unternehmen, die gewerblich Telekommunikationsdienste erbringen oder Telekommunikationsnetze betreiben, unterscheidet das TKG zwischen solchen mit beträchtlicher Marktmacht (vgl. § 3 Nr. 4) und solchen ohne beträchtliche Marktmacht.

Dagegen ist ein *Endnutzer* nach § 3 Nr. 8 jeder *„Nutzer, der weder öffentliche Telekommunikationsnetze betreibt noch öffentlich zugängliche Telekommunikationsdienste erbringt“.* Entscheidend ist, dass er gegenüber anderen Personen keine

---

110 Dieser Begriff wird im Richtlinienpaket nicht definiert.

111 Unter den Begriff des Diensteanbieters fallen sowohl Unternehmen, die ausschließlich Telekommunikationsdienste anbieten als auch solche, die zugleich Infrastrukturleistungen erbringen, *Fetzer*, in: *Arndt/Fetzer/Scherer*, TKG, § 3 Rn. 22.

112 Dieses Verzeichnis ist öffentlich abrufbar unter http://www.bundesnetzagentur.de/cln_1412/DE/Sachgebiete/Telekommunikation/Unternehmen_Institutionen/Anbieterpflichten/Meldepflicht/meldepflicht-node.html, zuletzt besucht am 14.04.2019.

113 *Fetzer*, in: *Arndt/Fetzer/Scherer/Graulich*, TKG, § 3 Rn. 111. Siehe dort auch zum folgenden Satz.

Telekommunikationsdienste anbietet, sondern sie für eigene Zwecke nutzt.[114] Darüber hinaus wird in § 3 Nr. 14 der *Nutzer* als *„jede natürliche oder juristische Person, die einen öffentlich zugänglichen Telekommunikationsdienst für private oder geschäftliche Zwecke in Anspruch nimmt oder beantragt, ohne notwendigerweise Teilnehmer zu sein"* beschrieben. Maßgeblich ist, dass Telekommunikationsdienste rein tatsächlich in Anspruch genommen werden.[115] Dagegen ist der *Teilnehmer* immer Vertragspartner des Diensteanbieters.[116] Hierunter versteht § 3 Nr. 20 *„jede natürliche oder juristische Person, die mit einem Anbieter von öffentlich zugänglichen Telekommunikationsdiensten einen Vertrag über die Erbringung derartiger Dienste geschlossen hat"*.

Die Begriffe des Endnutzers, des Nutzers sowie des Teilnehmers sind kongruent mit den Definitionen in Art. 2 RRL.[117] Diese beschreibt zusätzlich in Art. 2 lit. i) RRL die Kategorie des *Verbrauchers* als jede *„natürliche Person, die einen öffentlich zugänglichen elektronischen Kommunikationsdienst zu anderen als gewerblichen oder beruflichen Zwecken nutzt oder beantragt"*.

## II. Marktregulierung als Aufgabe der Bundesnetzagentur

Im Rahmen des TKG beschreibt Marktregulierung die zielorientierte Gestaltung der Erbringung von Dienstleistungen der Telekommunikation durch Private. Nach Art. 87f Abs. 2 S. 2 GG sind Hoheitsaufgaben im Bereich der Telekommunikation in bundeseigener Verwaltung auszuführen. Unter Hoheitsaufgaben sind von einem Hoheitsträger mit hoheitlichen Mitteln wahrzunehmende öffentliche Aufgaben – insbesondere aus dem Bereich der Eingriffsverwaltung – zu verstehen.[118] Bereits die vorgenannte Definition der Marktregulierung impliziert, dass es zumindest auch um Maßnahmen zur Regelung des Verhaltens der privaten Marktteilnehmer und damit letztlich um Eingriffsmaßnahmen geht. Dementsprechend stellt § 2 Abs. 1 klar, dass die *Regulierung der Telekommunikation* eine hoheitliche Aufgabe des Bundes ist.

Nach § 116 nimmt die Bundesnetzagentur für Elektrizität, Gas, Telekommunikation, Post und Eisenbahnen die ihr nach diesem Gesetz zugewiesenen

114 *Schütz*, in: Geppert/Schütz, BeckTKG-Komm, § 3 Rn. 21. Siehe dort auch zum folgenden Satz.

115 *Fetzer*, in: *Arndt/Fetzer/Scherer/Graulich*, TKG, § 3 Rn. .86.

116 *Schütz*, in: Geppert/Schütz, BeckTKG-Komm, § 3 Rn. 54.

117 Die Begriffsbestimmungen von Art. 2 RRL werden in Art. 2 Kodidizierungsrichtlinie (EU) 2018/1972 übernommen.

118 Vgl. *Windthorst*, in: Sachs, GG, Art. 87f Rn. 31.

Aufgaben und Befugnisse wahr.[119] Hierzu gehört insbesondere die zielorientierte Gestaltungsaufgabe der Marktregulierung[120] nach dem zweiten Teil des TKG. Denn die dort genannten Befugnisnormen ermächtigen durchweg die BNetzA.[121]

Rechtsform, Organe und Aufgaben der BNetzA werden abseits des TKG durch das Gesetz über die Bundesnetzagentur für Elektrizität, Gas, Telekommunikation, Post und Eisenbahnen geregelt.[122] Sie ist eine selbstständige Bundesoberbehörde im Geschäftsbereich des Bundesministeriums für Wirtschaft und Technologie, deren Amtssitz sich in Bonn befindet (§ 1 S. 2 BEGTPG).[123] Die BNetzA ist aus der Regulierungsbehörde für Telekommunikation und Post hervorgegangen, die im Zuge der Liberalisierung des Posts- und Telekommunikationssektors mit der Einführung des TKG 1996 als Bundesoberbehörde errichtet wurde.[124] Ab Januar des Jahres 1998 hatte die RegTP die Regulierungsaufgaben

119 Die Bundesnetzagentur für Elektrizität, Gas, Telekommunikation, Post und Eisenbahnen wird nachfolgendend BNetzA abgekürzt. Siehe zum Aufbau und zur Organisation der Bundesnetzagentur *Schmidt,* DÖV 2005, 1025 ff. und NVwZ 2006, 907 ff. sowie zur behördlichen Weisungsfreiheit, *Franzius*, DÖV 2013, 714 (715).

120 Siehe zum Begriff der Marktregulierung Kapitel 1 § 2, 5. Marktregulierung als Rechtsbegriff des TKG, S. 41.

121 Bei der Aufgabenerfüllung – der Regulierung der Telekommunikation im Sinne des § 2 Abs. 1 – hat die BNetzA die Ziele und Grundsätze nach § 2 zu beachten. Vgl. *Ruffert/Schmidt*, in: Säcker, TKG, § 116 Rn. 35.

122 Gesetz über die Bundesnetzagentur für Elektrizität, Gas, Telekommunikation, Post und Eisenbahnen vom 7. Juli 2005, BGBl. I, S. 1970, 2009, nachstehend abgekürzt: BEGTPG. Im Übrigen sind der BNetzA auch auf den Gebieten der leitungsgebundenen Versorgung mit Elektrizität und Gas, des Postrechts sowie des Rechts des Zugangs zur Eisenbahninfrastruktur Aufgaben übertragen. Diesen Wirtschaftssektoren ist gemein, dass das Anbieten von Produkten bzw. Dienstleistungen entweder über Leitungs-, Übermittlungs-, Logistik- oder Transportsysteme erfolgt, weswegen sie unter dem Dach der Netzwirtschaften zusammengefasst werden (Vgl. etwa *Kühling*, Sektorspezifische Regulierung in den Netzwirtschaften, S. 160). Mithin kann die BNetzA als Behörde für die Regulierungsverwaltung der Netzwirtschaften verstanden werden.

123 Nach § 5 BEGTPG hat die BNetzA einen Beirat, der aus jeweils 16 Vertretern des Bundestages und des Bundesrates besteht. Sie wird von einem Präsidenten geleitet, dem die gerichtliche und außergerichtliche Vertretung obliegt und der das interne Zuständigkeitsgefüge durch Festlegung der Geschäftsordnung bestimmt (Siehe § 3 Abs. 1 S. 1 und 2 BEGTPG).

124 Nachstehend wird die Regulierungsbehörde für Telekommunikation und Post als RegTP bezeichnet.

nach dem TKG 1996 übernommen, die bis dahin noch dem Bundesministerium für Post und Telekommunikation oblagen.[125]

Neben dem BEGTPG enthält das TKG einen eigenen Teil mit besonderen, sektorspezifischen Regelungen hinsichtlich Organisation, Befugnissen und Verfahren.[126] Die Zusammenarbeit mit anderen Behörden bestimmt sich nach den §§ 123 bis 123b.[127] Weiter enthält das TKG sektorspezifische Berichts- und Veröffentlichungspflichten (§§ 121, 122) sowie Regelungen zu Ermittlungsbefugnissen (§§ 128, 129).[128] Ferner ist die BNetzA – entsprechend der Regelungen des allgemeinen Wettbewerbsrechtes – an bürgerlich-rechtlichen Rechtsstreitigkeiten zu beteiligen (§ 139).

Speziell für den Telekommunikationssektor ist die Bildung von sogenannten Beschlusskammern vorgesehen.[129] Bei diesen handelt es sich um unselbstständige

---

125 Mit dem Inkrafttreten des zweiten Gesetzes zur Neuregelung des Energiewirtschaftsrechts am 13.05.2005 wurde der RegTP auch die Wahrnehmung der Regulierungsaufgaben im Bereich der Elektrizitäts- und Gaswirtschaft auf Bundesebene übertragen, BGBl. 2005 I S. 1970 ff. Zum selben Datum wurde die RegTP durch das Gesetz über die Bundesnetzagentur für Elektrizität, Gas, Telekommunikation, Post und Eisenbahnen in die BNetzA umbenannt. Die Regulierung des Zugangs zur Eisenbahninfrastruktur wurde der BNetzA erst ab dem 1.1.2006 übertragen, siehe Art. 2 des Dritten Gesetzes zur Änderung eisenbahnrechtlicher Vorschriften vom 27.04.2005, BGBl. 2005 I S. 1138 (1147).

126 Insbesondere finden sich hier Regelungen für die Aufgaben des Beirates (§ 120 i.V.m. § 5 BEGTPG) sowie zur Einsetzung einer wissenschaftlichen Kommission zur Vorbereitung von Fragen der Regulierung (§ 125). Beispielsweise regelt § 123a die Zusammenarbeit auf unionaler Ebene mit den Regulierungsbehörden der Mitgliedstaaten, dem Gremium europäischer Regulierungsstellen im Sektor der elektronischen Kommunikation – GEREK – sowie der Kommission. Bei dem GEREK handelt es sich um ein Gremium Europäischer Regulierungsstellen für elektronische Kommunikation (§ 3 Nr. 9c), das auf der Grundlage der Verordnung (EG) Nr. 1211/09 im Zuge der TK-Review 2009 errichtet wurde. Hierbei handelt es sich um ein Kooperationsgremium zwischen den nationalen Regulierungsbehörden untereinander. Das GEREK hat die European Regulators Group (ERG) abgelöst. Seine wichtigste Aufgabe ist Mitwirkung am unionsweiten Konsolidierungsverfahren der Maßnahmenentwürfe der nationalen Regulierungsbehörde im Marktregulierungsverfahren (Art. 3 Abs. 1 lit. a) VO (EG) Nr. 1211/09). *Kühlung/Biendl/Schall*, Telekommunikationsrecht, S. 18 Rn. 27.

127 Auf nationaler Ebene hat die BNetzA mit dem Bundeskartellamt sowie den Landesmediensanstalten zusammenzuarbeiten (§ 123).

128 Diese verdrängen als lex specialis die allgemeinen Vorschriften für verwaltungsrechtliche Ermittlungen (§§ 24 bis 27 VwVfG). *Kühlung/Biendl/Schall*, Telekommunikationsrecht, S. 385 Rn. 712.

129 Vgl. § 3 Abs. 1 S. 3 BEGTPG, § 132 Abs. 2.

Organisationseinheiten der BNetzA, welche als Ausschüsse im Sinne von § 88 VwVfG angesehen werden.[130] Eine Beschlusskammer ist ein Kollegialorgan, bei dem mindestens ein Mitglied die Befähigung zum Richteramt inne haben muss (§ 132 Abs. 2 S. 1). Regelmäßig sind in einer Beschlusskammer – außer der Präsidentenkammer – neben einem Volljuristen, ein Ingenieur sowie ein Ökonom vertreten.[131] Sie sind insbesondere zuständig für Entscheidungen zur telekommunikationsrechtlichen Marktregulierung (§ 132 Abs. 1 S. 1)[132] sowie im Rahmen des Streitbeilegungsverfahrens zwischen Unternehmen (§ 133).[133] Dabei finden sich in den §§ 132 bis 136 besondere Regelungen für das – gerichtsähnlich ausgestaltete – Entscheidungsverfahren.[134]

## III. Adressaten der Marktregulierung

Gemäß der Gesetzesgliederung gehören zur Marktregulierung die Regelungen der §§ 9 bis 43. Die hier enthaltenen Befugnisnormen zum Handeln gegenüber Marktteilnehmern differenzieren in erster Linie zwischen Anbietern öffentlich zugänglicher Telekommunikationsdienste[135] und Betreibern öffentlich zugänglicher Telekommunikationsnetze.[136] Zu den Netzbetreibern gehören insbesondere Teilnehmernetz- und Verbindungsnetzbetreiber. Sowohl die vorgenannten Anbieter als auch Betreiber erbringen ihre privatwirtschaftlichen Tätigkeiten regelmäßig gegen Entgelt und handeln soweit gewerblich. Dementsprechend unterfallen sie der Meldepflicht nach § 6 Abs. 1 und sind dem öffentlich abrufbaren Meldeverzeichnis der BNetzA zu entnehmen.[137]

---

130 *Eifert*, in: Ehlers/Fehling/Pünder, Besonderes Verwaltungsrecht, Bd. 1, § 23 Rn. 131; *Attendorn/Geppert*, in: Geppert/Schütz, BeckTKG-Komm, § 132 Rn. 5.

131 *Kühlung/Biendl/Schall*, Telekommunikationsrecht, S. 377 Rn. 690. Die Zuständigkeitsverteilung zwischen den Beschlusskammern ist öffentlich einsehbar, http://www.bundesnetzagentur.de/cln_1431/DE/Service-Funktionen/Beschlusskammern/Beschlusskammern_node.html, zuletzt besucht am 14.04.2019.

132 Abgesehen von § 133 ist die enumerative Aufzählung in § 132 Abs. 1 S. 1 abschließend. *Kühlung/Biendl/Schall*, Telekommunikationsrecht, S. 385 Rn. 714.

133 Siehe hierzu Kapitel 4, § 8 Rechtsschutz im Wege des Streitbeilegungsverfahrens, S. 451 ff.

134 Beispielsweise hat diese exekutivische, kollegial besetzte Organisationseinheit der BNetzA grundsätzlich aufgrund öffentlicher mündlicher Verhandlung zu entscheiden (§ 135 Abs. 3 S. 1).

135 Zu diesem Begriff siehe § 3 Nr. 24.

136 Vgl. *Fetzer*, in: *Arndt/Fetzer/Scherer/Graulich*, TKG, § 3 Rn. 108.

137 Das Verzeichnis der gemeldeten Anbieter und Netzbetreiber ist öffentlich abrufbar unter: http://www.bundesnetzagentur.de/cln_1421/DE/Sachgebiete/

Neben dieser tätigkeitsbezogenen Differenzierung unterscheiden die Eingriffsnormen der Marktregulierung zwischen Anbietern und Betreibern mit beträchtlicher Marktmacht und solchen ohne beträchtliche Marktmacht. Die Eigenschaft beträchtlicher Marktmacht wird in § 11 Abs. 1 S. 3 und 4 definiert (§ 3 Nr. 4). Hiernach verfügt ein Unternehmen über beträchtliche Marktmacht, wenn es entweder alleine oder gemeinsam mit anderen eine beherrschende Marktstellung innehat. Dies ist der Fall, wenn eine wirtschaftlich starke Stellung vorliegt, die es ihm ermöglicht, sich in beträchtlichem Umfang unabhängig von Wettbewerbern und Endnutzern zu verhalten. Neben dieser Einzelmarktbetrachtung ist auch eine gemeinsame Marktbeherrschung möglich.[138] Dagegen war der Begriff beträchtlicher Marktmacht im TKG 1996 noch nicht vorgesehen.[139] Dessen Vorschriften zur Marktregulierung knüpften noch an das Vorliegen einer marktbeherrschenden Stellung nach § 19 GWB an.[140]

---

Telekommunikation/Unternehmen_Institutionen/Anbieterpflichten/Meldepflicht/meldepflicht-node.html, zuletzt besucht am 14.04.2019.

138 *Kühling/Schall/Biendl*, Telekommunikationsrecht, S. 134 Rn. 215. Weiter kann ein Unternehmen, das auf einem relevanten Markt über beträchtliche Marktmacht verfügt, ebenso auf einem benachbarten Markt, als Unternehmen mit beträchtlicher Marktmacht benannt werden, wenn die Verbindungen zwischen den beiden Märkten es gestatten, die Marktmacht von dem ersten auf den zweiten Markt zu übertragen und damit die gesamte Marktmacht des Unternehmens zu verstärken (§ 11 Abs. 1 S. 4).

139 *Korehnke/Ufer*, in Geppert/Schütz, BeckTKG-Komm, § 11 Rn. 12. Siehe dort auch zum folgenden Satz.

140 Nach § 11 Abs. 3 S. 1 sind bei der Feststellung der beträchtlichen Marktmacht weitestgehend die von der Kommission aufgestellten Kriterien zu berücksichtigen, die in den Leitlinien zur Marktanalyse und zur Bewertung beträchtlicher Marktmacht niedergelegt sind. Diese orientieren sich wiederum an der Rechtsprechung des europäischen Gerichtshofs zu Art. 102 AEUV (ex. Art. 82 EGV), siehe Ziff. 70 Leitlinien der Kommission zur Marktanalyse und Ermittlung beträchtlicher Marktmacht nach dem gemeinsamen Rechtsrahmen für elektronische Kommunikationsnetze- und dienste, ABl.EG Nr. C 165/6. Diese Leitlinien gehören nicht zu den Rechtsakten im Sinne des Art. 288 AEUV. Vielmehr wurden sie auf der Grundlage von Art. 15 Abs. 2 RRL erlassen. Nach Art. 16 Abs. 1 S. 1 Rahmenrichtlinie haben die nationalen Regulierungsbehörden die Leitlinien „*weitestgehend*" zu berücksichtigen. Mithin entfalten die Leitlinien keine verbindliche Wirkung, *Korehnke/Ufer*, in Geppert/Schütz, BeckTKG-Komm), § 11 Rn. 76.

## D. Genese der telekommunikationsrechtlichen Marktregulierung und verfassungsrechtliche Vorgaben

Die im TKG geregelte Marktregulierung ist das Ergebnis jüngerer Gesetzgebungsentwicklungen, welche maßgeblich durch unionale Impulse beeinflusst wurden und werden.[141] In tatsächlicher Hinsicht wird das Wirtschaftsleben im liberalisierten Telekommunikationssektor rechtlich geregelt. In anderen Worten handelt es sich um "Spielregeln" für privatwirtschaftliche Akteure auf den liberalisierten Märkten elektronischer Kommunikation, die im Wesentlichen die Beziehungen zwischen Netzbetreibern und Diensteanbietern regeln. Die grundsätzlichen Vorgaben für diese Rechtsbeziehungen sowie das Verhältnis der Marktteilnehmer gegenüber dem Staat beziehungsweise der BNetzA folgen naturgemäß aus den Grundrechten, welche das Verhältnis des Einzelnen zum Staat regeln[142].

### I. Zur Genese der telekommunikationsrechtlichen Marktregulierung in Deutschland

Vor Inkrafttreten des Telekommunikationsgesetzes 1996 war das Telekommunikationsrecht im Fernmeldegesetz von 1928 geregelt, welches dem Staat das Monopol einräumte, Fernmeldeanlagen zu errichten und zu betreiben.[143]

Im Rahmen der ersten Postreform von 1989 wurden die Monopolrechte im Endgeräte- und Mobilfunkbereich eingeschränkt.[144] Die Aufgabenbereiche der Deutschen Bundespost wurden von den politischen und hoheitlichen Aufgaben des Bundesministeriums für Post und Telekommunikation rechtlich getrennt.[145] Ferner wurde das Sondervermögen der Deutschen Bundespost in die drei öffentlichen Unternehmen aufgegliedert.[146]

Bei der zweiten Postreform von 1994 wurde Art. 87f GG in die Verfassung aufgenommen, welcher vorsieht, dass Telekommunikationsdienstleistungen *„als*

---

141 Siehe hierzu Kapitel 2, § 4 Drittschutzvorgaben des sektorspezifischen Richtlinienrahmens, S. 119 ff.

142 *Jarass/Pieroth*, GG, Vor. Art. 1 Rn. 1.

143 Vgl. Gesetz über Fernmeldeanlagen vom 14.01.1928, RGBl. I, S.8.

144 Vgl. Gesetz zur Neustrukturierung des Post- und Fernmeldewesens und der Deutschen Bundespost (Poststrukturgesetz - PostStruktG) v. 08.06.1989, BGBl. I, S. 1026.

145 *Kühling/Schall/Biendl*, Telekommunikationsrecht, S. 31 Rn. 50. Siehe dort auch zum folgenden Satz.

146 Dies sind die Deutsche Bundespost Postdienst, die Deutsche Bundespost Postbank sowie die Deutsche Bundespost Telekom.

*privatwirtschaftliche Tätigkeiten durch die aus dem Sondervermögen Deutsche Bundespost hervorgegangenen Unternehmen und durch andere private Anbieter erbracht*" werden (Art. 87f Abs. 2 S. 1 GG).[147] Auf Grundlage des ebenfalls neu eingeführten Art. 143b GG wurden sämtliche staatlichen Monopolrechte bis Ende 1997 befristet. Ferner wurden die Teilbereiche der Deutschen Bundespost in Aktiengesellschaften umgewandelt und schrittweise zur Börse geführt.

Zum Ende der staatlichen Monopolzeit wurde im Zuge der dritten Postreform am 1. August 1996 das Telekommunikationsgesetz (TKG 1996) verkündet.[148] Dieses ersetzte unter anderem das Telegraphenwegegesetz sowie Bereiche des Gesetzes über Fernmeldeanlagen. Es bezweckte bereits – wie anschließend das TKG 2004 – durch Regulierung im Bereich der Telekommunikation den Wettbewerb zu fördern und flächendeckend angemessene und ausreichende Dienstleistungen zu gewährleisten.[149] Das TKG 1996 enthielt ebenfalls Regeln zum Netzzugang, zur Entgeltregulierung sowie zur besonderen Missbrauchsaufsicht.

Am 26.06.2004 trat ein grundlegend novelliertes Telekommunikationsgesetz (TKG 2004) in Kraft.[150] Hiermit werden die fünf Richtlinien des unionalen Rechtsrahmens für elektronische Kommunikationsnetze und -dienste von 2002 umgesetzt[151], welcher der unionsweiten Harmonisierung der Regulierung elektronischer Kommunikationsdienste, elektronischer Kommunikationsnetze und zugehöriger Einrichtungen dient.[152] Neu eingeführt wurde insbesondere das Marktregulierungsverfahren, welches der Feststellung der Regulierungsbedürftigkeit des jeweiligen Marktes und der Ermittlung des Regulierungsadressaten dient.[153]

---

147 Siehe zur zweiten Postreform *Kühling/Schall/Biendl*, Telekommunikationsrecht, S. 31 Rn. 51. Siehe dort auch zu den folgenden Sätzen.

148 Telekommunikationsgesetz v. 25.07.1996, BGBl. I, S. 1120.

149 Vgl. § 1 TKG 1996. Im Unterschied zum TKG 2004 war eine Lizenzpflicht für das Betreiben von Übertragungswegen für Telekommunikationsdienstleistungen für die Öffentlichkeit sowie für das Anbieten eines Sprachtelefondienstes auf Basis selbst betriebener Telekommunikationsnetze vorgeschrieben (§ 6 Abs. 1 TKG 1996).

150 Telekommunikationsgesetz v. 22.06.2004, BGBl. I 2004, S. 1190.

151 Siehe hierzu Kapitel 2, § 4 Drittschutzvorgaben des sektorspezifischen Richtlinienrahmens, S. 119 f.

152 Vgl. Art. 1 Abs. 1 RL 2002/21/EG.

153 Kapitel 1, § 2 E. Zum Verfahren der telekommunikationsrechtlichen Marktregulierung, S. 70 ff.

In der Folgezeit wurde das TKG 2004 mehrfach geändert.[154] Beispielsweise erfolgten im Jahre 2007 Änderungen im Bereich des Kundenschutzes. Im Hinblick auf die Marktregulierung ist die Aufhebung von § 9a TKG 2004 im Jahre 2011 zu erwähnen.[155] Dieser hatte die grundsätzliche Befreiung neuer Telekommunikationsmärkte von der sektorspezifischen Marktregulierung ermöglicht.

Im Jahre 2012 erfolgte eine grundlegende Überarbeitung des TKG 2004, bei der die Ergebnisse der Richtlinien-Review der Union umgesetzt wurden.[156] Hintergrund war, dass die fünf Richtlinien des Richtlinienrahmens von 2002 überarbeitet worden waren. Nunmehr ist die BNetzA beispielsweise ermächtigt, Regulierungskonzepte zu erlassen, um ihre Herangehensweise und Methoden für Marktdefinition und -analyse sowie Regulierungsverfügungen für einen längeren Zeitraum zu beschreiben.[157] Neben Änderungen im Bereich des Kunden- und Datenschutzes wurde insbesondere die Periode für die Marktregulierung auf drei Jahre verlängert (§ 14 Abs. 2 S. 1).[158]

## II. Verfassungsrechtliche Vorgaben für die Telekommunikationswirtschaft

In verfassungsrechtlicher Hinsicht kann zwischen grundrechtlichen und sonstigen materiell-verfassungsrechtlichen Vorgaben für die Marktregulierung unterschieden werden. Erstere lassen sich entsprechend der Akteure der telekommunikationsrechtlichen Marktregulierung in Wirtschaftsgrundrechte und überwiegend datenschützende Grundrechte einteilen.

---

154 Der Ende des Jahres 2007 zur Umsetzung der Vorratsdatenspeicherungsrichtlinie 2006/24/EG eingeführte § 113a, welcher die ausnahmslose, sechsmonatige Speicherung von Verbindungsdaten vorschrieb, wurde vom *BVerfG* am 02.03.2010 für nichtig erklärt (*BVerfG*, Urt. v. 02.03.2010 – BvR 256/08, Rn. 269 ff).

155 Nachdem der *EuGH* in einem Vertragsverletzungsverfahren diese Regelung für unionsrechtswidrig erklärte, ist sie vom Gesetzgeber aufgehoben worden. Art. 3 Nr. 3 des Gesetzes zur Neuregelung des Post- und Telekommunikationssicherstellungsrechts und zur Änderung telekommunikationsrechtlicher Vorschriften v. 24.03.2011, BGBl. I, S. 506.

156 Siehe Art. 1 des Gesetzes zur Änderung telekommunikationsrechtlicher Regelungen v. 3.05.2012, BGBl. I, S. 958. Siehe hierzu auch *Kühling/Schall/Biendl*, Telekommunikationsrecht, S. 34 Rn. 57.

157 Diese sind in Form von Verwaltungsvorschriften zu erlassen. Vgl. § 15a Abs. 1.

158 Abseits der Marktregulierung wurde zur Förderung des Auf- und Ausbaus von Netzen der nächsten Generation neue Regelungen zur gemeinsamen Nutzung/Mitbenutzung von vorhandenen Infrastrukturen aufgenommen (§§ 77a ff.).

Datenschützende Grundrechte betreffen primär den Schutz des Kommunikationsinhaltes und damit in personeller Hinsicht den einzelnen Kommunikationsteilnehmer. Namentlich geht es um das Fernmeldegeheimnis, welches die unkörperliche Übermittlung von Informationen an individuelle Empfänger mit Hilfe des Telekommunikationsverkehrs schützt.[159] Dagegen werden die nach Abschluss des Übertragungsvorgangs im Herrschaftsbereich des Kommunikationsteilnehmers gespeicherten Verbindungsdaten durch das Recht auf informationelle Selbstbestimmung geschützt.[160] Ferner kann auch das unlängst vom *BVerfG* entwickelte Recht auf Gewährleistung der Vertraulichkeit und Integrität informationstechnischer Systeme relevant werden.[161]

Die vorgenannten Freiheitsrechte schützen jedoch primär den Kommunikationsteilnehmer beziehungsweise im telekommunikationsrechtlichen Vokabular den Endnutzer oder Nutzer und sind daher für die primär ökonomisch motivierte Marktregulierung nach dem zweiten Teil des TKG von untergeordneter Bedeutung.

### 1. Materiell-verfassungsrechtliche Vorgaben für den Bereich der Telekommunikationswirtschaft

Für das TKG stützte sich der Gesetzgeber auf verschiedene Kompetenzen. Von grundlegender Bedeutung für die telekommunikationsrechtliche Marktregulierung ist dabei Art. 87f Abs. 1 GG.[162] Danach hat der Bund nach Maßgabe eines zustimmungsbedürftigen Bundesgesetzes unter anderem die flächendeckende, angemessene und ausreichende Versorgung mit Telekommunikationsdienstleistungen zu gewährleisten. Hier wird die Gewährleistungsverantwortung des Bundes verfassungsrechtlich zementiert. Im Bereich der Telekommunikation ist der Gesetzgeber dieser Verantwortung durch die Regelungen zur telekommunikationsrechtlichen Marktregulierung und zum Universaldienst[163] nachgekommen.[164]

---

159 *Jarass/Pieroth*, GG, Art. 10 Rn. 3.

160 *Kühling*, in: Leupold/Glossner, Anwaltshandbuch IT-Recht, Teil 7 Telekommunikationsrecht Rn. 12.

161 Vgl. *Kühling/Schall/Biendl*, Telekommunikationsrecht, S. 47 Rn. 79.

162 BT-Drucks. 15/2316, S. 55.

163 Universaldienst bezeichnet ein Mindestangebot an Diensten für die Öffentlichkeit, zu denen alle Endnutzer unabhängig von ihrem Wohn- und Geschäftsort zu erschwinglichen Preisen Zugang haben müssen (§ 78 Abs. 1). Diese Leistungen sind vorrangig durch private Unternehmen am Markt zu erbringen (*Ziekow*, Öffentliches Wirtschaftsrecht, § 14 Rn. 52 ff.).

164 Allgemein beginnt die Gewährleistungsverantwortung, wenn sich der Staat aus der ausschließlich eigenen Aufgabenerfüllung zurückzieht. Die Aufgabenerfüllung

Ausweislich der Begründung zur TKG-Novelle von 2012 stützt sich der Gesetzgeber hingegen vorwiegend auf Art. 73 Abs. 1 Nr. 7, 2. Alt. GG.[165] Hiernach steht dem Bund die ausschließliche Gesetzgebungskompetenz für die Telekommunikation zu. Dies umfasst „*die Regelung der technischen Seite der Errichtung einer Telekommunikationsinfrastruktur und der Informationsübermittelung mit Hilfe von Telekommunikationsanlagen*".[166] Nicht erfasst sind „*Regelungen, die auf die übermittelten Inhalte oder die Art der Nutzung der Telekommunikation gerichtet sind*". Bei der Marktregulierung geht es um die Regelung der Erbringung von Telekommunikationsdienstleistungen durch Private. Hierbei geht es um den Betrieb von Telekommunikationsnetzen sowie das Anbieten von Telekommunikationsdiensten. Bei diesen wiederum handelt es sich um die entgeltliche Übertragung von technischen Signalen (vgl. § 3 Nr. 24). Mithin erscheint die Heranziehung von Art. 73 Abs. 1 Nr. 7, 2. Alt. GG für Regelungen zur Marktregulierung sachgerecht.

Weiter folgt eine bedeutende Strukturentscheidung für das Geschäft der Telekommunikation aus Art. 87f Abs. 2 S. 1 GG. Hierbei handelt es sich um einen verfassungsrechtlichen Auftrag zur Privatisierung. Denn Dienstleistungen der Telekommunikation sind als privatwirtschaftliche Tätigkeiten durch die aus dem Sondervermögen Deutsche Bundespost hervorgegangenen Unternehmen und durch andere private Anbieter zu erbringen.[167] Daraus, dass – vorbehaltlich der Nachfolgeunternehmen der Deutschen Bundespost – die Erbringung von Telekommunikationsdiensten durch „*andere private Anbieter*" erfolgen soll (Art. 87f Abs. 2 S. 1 GG), folgt vice versa ein grundsätzliches Verbot staatlicher Monopole hinsichtlich der Erbringung von Telekommunikationsdienstleistungen.[168]

Schließlich ist die Pflicht und Kompetenz zu nennen, den Telekommunikationssektor in bundeseigener Verwaltung auszuführen (Art. 87f Abs. 2 S. 2 GG). Dementsprechend obliegt die Marktregulierung der BNetzA.[169]

---

erfolgte dann entweder durch die öffentliche Hand und Private gemeinsam oder allein durch Private im Rahmen gesellschaftlicher Selbststeuerung. Die staatliche Steuerung erfolgt dabei durch gesetzliche Rahmenvorgaben bis hin zu Auffangregelungen. Vgl. hierzu *Ziekow*, Öffentliches Wirtschaftsrecht, § 13 Rn. 9.

165 BT-Drucks. 17/5707, S. 45.

166 BVerfGE 130, 151 (185). Siehe dort auch zum folgenden Satz.

167 Die verfassungsrechtlichen Vorgaben für die Organisationsprivatisierung der Deutschen Bundespost finden sich in Art. 143b GG.

168 Vgl. *Möstl*, in: Maunz/Dürig, GG, Art. 87f Rn. 38.

169 Vgl. § 116 Abs. 1. Die BNetzA ist eine unabhängige Bundesoberbehörde im Geschäftsbereich des Bundesministeriums für Wirtschaft und Technologie mit Sitz in Bonn (§ 1 BEGTPG).

### 2. Freiheitsgrundrechte als Grundlage telekommunikationswirtschaftlicher Betätigung

Die telekommunikationsrechtliche Marktregulierung enthält die öffentlichrechtlichen "Spielregeln" für das Anbieten von Telekommunikationsdiensten sowie das Betreiben von Telekommunikationsnetzen. Es geht um wirtschaftliche Tätigkeiten auf den Telekommunikationsmärkten, welche regelmäßig durch Unternehmen erbracht werden.[170] Das Verhältnis des regulierten Unternehmens sowie der übrigen Anbieter und Betreiber beziehungsweise zugangsberechtigter Dritter gegenüber der BNetzA als Regulierungsbehörde wird in erster Linie durch die Freiheitsgrundrechte bestimmt. Im Hinblick auf die unternehmerische Tätigkeit sind dies namentlich die Berufs- sowie die Eigentumsfreiheit.[171] Dementsprechend judizierte bereits das *BVerfG*, dass hinsichtlich der Entgeltgenehmigung regelmäßig eine mehrpolige Konfliktlage gegeben sei. Beteiligt seien „(1) der Staat in Gestalt der Genehmigungsbehörde, (2) die Wettbewerber als potentiell zur Entgeltzahlung Verpflichtete mit ihrem Interesse an effektivem Rechtsschutz bei der Überprüfung der Entgelthöhe, die ihrerseits auf ihre Berufsausübung zurückwirkt, und (3) die Beschwerdeführerin als Trägerin der durch Art. 12 Abs. 1 GG geschützten Betriebs- und Geschäftsgeheimnisse sowie als Berechtigte zur Entgelterhebung mit einem Interesse an effektivem Rechtsschutz als Beigeladene im Streit um die Entgeltgenehmigung."[172]

Bei den nach § 6 Abs. 1 gemeldeten Anbietern und Netzbetreibern handelt es sich durchweg um Unternehmen beziehungsweise um juristische Personen. Auf diese sind die Wirtschaftsgrundrechte der Berufs- sowie die Eigentumsfreiheit ihrem Wesen nach entsprechend anwendbar (vgl. Art. 19 Abs. 3 GG)[173].

---

170 Siehe hierzu das Verzeichnis der gemäß § 6 Abs. 4 gemeldeten Unternehmen, https://www.bundesnetzagentur.de/DE/Sachgebiete/Telekommunikation/Unternehmen_Institutionen/Anbieterpflichten/Meldepflicht/meldepflicht-node.html, zuletzt besucht am 25.06.2019.

171 Weiter kann der allgemeine Gleichheitssatz insbesondere im Rahmen von Ermessensentscheidungen von Bedeutung sein. Etwa weil eine einheitliche Entscheidungspraxis die Verwaltung grundsätzlich dahingehend bindet, in zukünftigen, gleichgelagerten Fällen in derselben Weise zu entscheiden (vgl. *Ziekow*, Öffentliches Wirtschaftsrecht, § 3 Rn. 36).

172 *BVerfG*, Beschl. v. 14.03.2006 – 1 BvR 2087/03, 2111/13 – BeckRS 2006, 134701.

173 Dies gilt entsprechend für juristische Personen und Personenvereinigungen aus dem EU-Bereich, *Jarass/Pieroth*, GG, Art. 19 Rn. 23.

### a) Art. 12 GG

Die Berufsfreiheit gewährleistet unter anderem die Freiheit unternehmerischer Betätigung[174] und damit auch das Recht entgeltlich Telekommunikationsdienste für die Öffentlichkeit anzubieten beziehungsweise öffentlich zugängliche Telekommunikationsnetze zu betreiben. Denn hierbei handelt es sich typischerweise um auf Gewinnerzielung angelegte, erwerbswirtschaftliche Tätigkeiten, die von Privaten erbracht werden und – bereits wegen der hiermit verbundenen Investitionen – regelmäßig auf Dauer angelegt sind.[175]

In seiner abwehrrechtlichen Dimension schützt Art. 12 Abs. 1 GG vor staatlichen Eingriffen sowie sonstigen mittelbaren oder tatsächlichen Freiheitsverkürzungen, sofern diese einem staatlichen Handeln zugerechnet werden können.[176] Hinsichtlich der vorstehend beschriebenen mehrpoligen Konfliktlage erfüllt bereits die regulierungsbehördliche Verpflichtung anderen Unternehmen Zugang zum eigenen Telekommunikationsnetz oder Einrichtungen hiervon zu gewähren, die Merkmale des klassischen Eingriffstatbestandes. Ein solcher Eingriff ist rechtfertigungsbedürftig (vgl. Art. 12 Abs. 1 S. 2 GG).[177]

Darüber hinaus sichert Art. 12 Abs. 1 GG die Teilnahme am Wettbewerb nur „nach Maßgabe seiner Funktionsbedingungen".[178] Mit anderen Worten wird die „Reichweite des Freiheitsschutzes durch die rechtlichen Regeln bestimmt, die den Wettbewerb ermöglichen und begrenzen"[179]. Denn die Gewährleistung der freien Wahl der Erwerbstätigkeit und Ausübung führt denklogisch zum Wettbewerb zwischen den Unternehmen, die gleichartige Waren und Dienstleistungen anbieten.[180] Dementsprechend schützt Art. 12 Abs. 1 GG grundsätzlich auch nicht vor (privatwirtschaftlicher) Konkurrenz.[181] Unabhängig von der Frage der Grundrechtsbindung ist es jedem Wirtschaftsteilnehmer erlaubt, sich soweit erwerbswirtschaftlich zu verwirklichen, wie er sich an die rechtlichen Maßgaben des jeweiligen Wirtschaftssektors hält. Anders ist dies nur, sofern der Staat regelnd in den Wettbewerb eingreift und diesen hierdurch einseitig verfälscht.[182]

---

174 Siehe nur *Ziekow*, Öffentliches Wirtschaftsrecht, § 3 Rn. 19.
175 Vgl. zur Definition des Berufs *Mann*, in: Sachs, GG, Art. 12 Rn. 45.
176 *Jarass/Pieroth*, GG, Art. 12 Rn. 14 ff.
177 Für das genannte Beispiel findet sich die einfachgesetzliche Eingriffsgrundlage in § 21.
178 BVerfGE 105, 252 (265).
179 BVerfGE 115, 205 (229).
180 *Jarass/Pieroth*, GG, Art. 12 Rn. 20.
181 Vgl. etwa *Ziekow*, Öffentliches Wirtschaftsrecht, § 3 Rn. 20.
182 Vgl. *Jarass/Pieroth*, GG, Art. 12 Rn. 22, siehe dort auch zum folgenden Satz.

Dies kann beispielsweise bei der rechtswidrigen Begünstigung eines Konkurrenten der Fall sein.

Die Grundsatzentscheidung der freien Berufsausübung beziehungsweise unternehmerischen Betätigung hat insbesondere der Gesetzgeber bei der Ausgestaltung des einfachen Rechts zu berücksichtigen.[183] Dabei folgt aus dem objektivrechtlichen Charakter von Art. 12 Abs. 1 GG eine positive Schutzpflicht zugunsten des Wettbewerbs. Das heißt, die gesetzlichen "Spielregeln" müssen grundsätzlich so ausgestaltet sein, dass allen Grundrechtsträgern die Berufsausübung beziehungsweise die unternehmerische Betätigung möglich ist. Jedoch ergeben sich aus der Berufsfreiheit keine bestimmten Anforderungen an Art und Umfang der Schutzpflicht. Vielmehr gilt der allgemeine Grundsatz, dass die Erfüllung der grundrechtlichen Schutzpflicht in erster Linie Aufgabe des Gesetzgebers ist und dieser hierbei einen weiten Gestaltungsspielraum genießt.[184]

### b) Art. 14 GG

Das Grundrecht der Eigentumsfreiheit ist im Bereich der Telekommunikationswirtschaft – wie auch in anderen Netzwirtschaften – von erheblicher Bedeutung. Die Übertragung technischer Signale erfolgt – vereinfacht dargestellt – über ein beziehungsweise mehrere, miteinander verbundene Netze.[185] Anders gewendet können Telekommunikationsdienste – als Wirtschaftsgut – dem Nutzer oder Endverbraucher nur über Telekommunikationsnetz(e) angeboten werden.[186] Damit ist zum einen für Anbieter von Telekommunikationsdiensten – sofern sie nicht über ein eigenes Telekommunikationsnetz verfügen – der Zugang zu einem fremden Telekommunikationsnetz essentiell. Dies ist nach wie vor typischerweise beim Festnetz, also dem leitungsgebundenen, öffentlichen Telefonnetz, der Fall. Dieses steht im Eigentum der Deutschen Telekom AG und ist unter wirtschaftlichen Gesichtspunkten nicht duplizierbar.[187] Außerdem wird regelmäßig der Zugang beziehungsweise die Zusammenschaltung mit einem fremden Netz stets dann von Bedeutung, wenn es um die netzübergreifende Kommunikation verschiedener Teilnehmer geht.

Regulierungsbehördliche Verpflichtungen im Bereich des Netzzugangs sowie der Nutzungsentgelte stellen als Inhalts- und Schrankenbestimmungen einen

---

183 Vgl. *Mann*, in: Sachs, GG, Art. 12 Rn. 21. Siehe dort auch zum folgenden Satz.

184 *Jarass/Pieroth*, GG, Vorb. Art. 1 Rn. 8.

185 Siehe zum Netzbegriff: Kapitel 1 § 2 a) Zugangs- und Verbindungsnetze, S. 47 f.

186 Vgl. *Kühling/Schall/Biendl*, Telekommunikationsrecht, S. 49 Rn. 82.

187 Vgl. *Kühling/Schall/Biendl*, Telekommunikationsrecht, S. 55 Rn. 98.

Eingriff in die Eigentumsfreiheit des jeweiligen Netzeigentümers dar.[188] Im Falle derartiger Verpflichtungen kann er nicht mehr frei über die (Mit-)Benutzung seines Netzes entscheiden.[189] Vielmehr hat er unter bestimmten Bedingungen Mitbewerbern – ggf. sogar zu behördlich festgelegten Preisen – den Zugang zu seiner Infrastruktur zu gewähren. Gleichwohl ist der in der Zugangsgewährungsverpflichtung liegende Eingriff verfassungsrechtlich rechtfertigungsfähig, soweit er aufgrund eines Gesetzes erfolgt, welches einem legitimen Zweck dient und geeignet und erforderlich ist, sowie der Situations- und Sozialbindung angemessen Rechnung getragen wird. Schließlich darf die Privatnützigkeit der betroffenen Eigentumsposition nicht ausgehöhlt werden. Hieraus folgt, dass regulierungsbehördliche Zugangsgewährungsverpflichtungen nicht unbeschränkt zulässig sind. Vielmehr müssen sich die entsprechenden gesetzlichen Zugangsgewährungsvorschriften an den vorstehenden Grundsätzen messen lassen und dürfen nicht in verfassungswidriger Weise angewendet werden. Beispielsweise sei im Hinblick auf § 21 bereits an dieser Stelle festgehalten, dass dieser ein umfangreiches Abwägungsprogramm enthält, welches in die Entscheidung über die Auferlegung einer Zugangsgewährungsverpflichtung einzustellen ist. So sind etwa im Rahmen des sogenannten Regulierungsermessens[190] die verfügbare Kapazität sowie Anfangsinvestitionen des Eigentümers zu berücksichtigen.[191] Überdies erfolgt die Zugangsgewährungsverpflichtung nicht entschädigungslos. Vielmehr ist der verpflichtete Netzbetreiber berechtigt, für die Mitbenutzung seiner Infrastruktur ein Entgelt zu erheben.[192]

### c) Regulierungsbegründende Wirkung der Wirtschaftsgrundrechte?

Vor diesem Hintergrund fragt sich, inwieweit die Wirtschaftsgrundrechte – namentlich die Berufsfreiheit – zugunsten drittbetroffener Anbieter und Netzbetreiber regulierungsbehördliche Maßnahmen gegenüber einem anderen Unternehmen fordern können. Mit anderen Worten stellt sich die Frage nach einer regulierungsbegründenden Wirkung der Wirtschaftsgrundrechte.

---

188 *Kühling*, Sektorspezifische Regulierung in den Netzwirtschaften, S. 486.

189 *Kühling/Schall/Biendl*, Telekommunikationsrecht, S. 49 Rn. 83. Siehe dort auch zu den folgenden Sätzen.

190 Siehe hierzu Kapitel 3 § a) Zum Regulierungsermessen, S. 401.

191 Siehe § 21 Abs. 1 S. 2 Nr. 2 und 3.

192 Die Regulierung von Entgelten für Zugangsleistungen bestimmt sich nach den §§ 30 bis 38.

Gegen eine solche Wirkungsweise spricht zunächst die abwehrrechtliche Dimension der Berufsfreiheit beziehungsweise der Freiheit unternehmerischer Betätigung. Dies bereits deshalb, weil der Verpflichtete der Berufsfreiheit die Staatsgewalt ist (Art. 1 Abs. 3 GG). Art. 12 Abs. 1 GG schützt jedoch den Grundrechtsträger vor freiheitsverkürzenden Maßnahmen der Exekutive. Die regulierungsbehördliche Verpflichtung, anderen Netzbetreibern und Anbietern von Telekommunikationsdienstleistungen Zugang zum eigenen Netz gewähren zu müssen, stellt für das verpflichtete Unternehmen einen klassischen Eingriff dar, welcher rechtfertigungsbedürftig ist. Mithin steht hier die Berufsfreiheit einer regulierungsbehördlichen Maßnahme zunächst entgegen. Insofern kann durchaus von einer regulierungsbegrenzenden Wirkung von Art. 12 Abs. 1 GG gesprochen werden.

Darüber hinaus ist zu berücksichtigen, dass Maßnahmen der Zugangsregulierung aus Sicht des regulierten Unternehmens rechtfertigungsbedürftige Eingriffe in dessen Eigentumsfreiheit[193] darstellen können.[194] Ein derartiger Eingriff in Art. 14 Abs. 1 GG kann grundsätzlich nur gerechtfertigt sein, soweit er aufgrund einer gesetzlichen Grundlage erfolgt und verhältnismäßig ist. Allerdings ist bei der dabei gebotenen Abwägung regelmäßig die Sozialbindung des Netzeigentums zu berücksichtigen. Diese ist *„umso größer, je stärker der soziale Bezug des Eigentumsobjektes ist,“* wofür *„dessen Eigenart und Funktion von entscheidender Bedeutung“* sind.[195] Von gewichtiger Bedeutung ist dabei insbesondere die Angewiesenheit drittbetroffener Anbieter auf die Nutzung fremder Eigentumspositionen.[196] Hieraus folgt für ein Infrastrukturnetz als Bezugsobjekt, dass eine besonders starke Sozialbindung vorliegt, wenn andere Anbieter von Telekommunikationsdiensten auf die Mitbenutzung des fremden Netzes beziehungsweise der fremden Einrichtungen angewiesen sind, um ihrerseits überhaupt Telekommunikationsdienste erbringen zu können. Dies wiederum trifft bei wirtschaftlich nicht sinnvoll zu vervielfältigenden Engpassressourcen am stärksten zu. Mithin dürfte das Ortsnetz der Telekommunikationswirtschaft einer erhöhten Sozialbindung unterliegen. Anders dürfte es sich hingegen bei Mobilfunk- und

193 Dies gilt entsprechend für Verpflichtungen im Rahmen der Entgeltregulierung, da durch diese letztlich die Frage der Nutzung des Eigentums beschränkt wird.

194 *Kühling*, Sektorspezifische Regulierung in den Netzwirtschaften, S. 486.

195 BVerfGE 102, 1 (17).

196 *Kühling*, Sektorspezifische Regulierung in den Netzwirtschaften, S. 491. Siehe dort auch zu den folgenden Sätzen.

Satellitenfunknetzen verhalten.[197] Hier existieren durchaus verschiedene Netze. Gleichwohl ist die Zahl der verfügbaren Frequenzen beschränkt.

Weiter kann sich die Sozialbindung des betreffenden Zugangsobjektes auch aus dem Marktbeherrschungsverhältnis ergeben.[198] Denn ein marktbeherrschender Netzbetreiber ist aufgrund seiner überlegenen Marktmacht regelmäßig in der Lage, seine wirtschaftliche Betätigung unabhängig vom Verhalten der anderen Mitbewerber auszuüben. In diesem Fall könnte der marktmächtige Netzbetreiber beispielsweise durch die Festlegung preislich hoher Zugangskonditionen andere Unternehmen praktisch von der Nutzung seiner Infrastruktur ausgrenzen.

Allerdings ist zu berücksichtigen, dass es bei der telekommunikationsrechtlichen Marktregulierung um mehrpolige Rechtsbeziehungen geht, an denen einerseits mehrere Grundrechtsträger sowie andererseits der Staat in Form der Regulierungsbehörde beteiligt sind. Dabei folgt aus dem Vorbehalt des Gesetzes (Art. 20 Abs. 3 GG), dass eine freiheitsverkürzende Maßnahme stets einer gesetzlichen Grundlage bedarf. Mithin können Netzbetreiber sowie Anbieter von Telekommunikationsdiensten unmittelbar aus den Wirtschaftsgrundrechten – namentlich Art. 12. Abs. 1 GG – grundsätzlich keinen Anspruch auf behördliche Maßnahmen gegenüber einem marktmächtigen Unternehmen herleiten. Hierfür bedarf es vielmehr einer gesetzlichen Eingriffsgrundlage.

Gleichwohl ist zugunsten fremder Anbieter von Telekommunikationsdiensten sowie Netzbetreiber die Strukturentscheidung von Art. 87f Abs. 2 S. 1 GG zu berücksichtigen. Aus diesem Gebot der Wettbewerbsförderung folgt jedoch kein subjektives Recht auf – beispielsweise – zugangsgewährende Maßnahmen gegenüber marktmächtigen Netzbetreibern.[199] Indes stellt das Postulat eines offenen Wettbewerbs im Bereich der Telekommunikation zunächst ein legitimes Ziel derartiger Eingriffsmaßnahmen dar.

Bleibt der Aspekt der grundrechtlichen Schutzpflicht. Art. 12 Abs. 1 GG gewährleistet generell – und damit auch anderen Netzbetreibern und Diensteanbietern – das Recht auf Teilhabe am Wettbewerb.[200] Grundsätzlich können Leistungs- und Schutzpflichten dem Betroffenen ein subjektives Recht

197 *Kühling*, Sektorspezifische Regulierung in den Netzwirtschaften, S. 492, siehe dort auch zum folgenden Satz.

198 Siehe hierzu *Kühling*, Sektorspezifische Regulierung in den Netzwirtschaften, S. 491. Siehe dort auch zu folgenden Satz.

199 *Jarass/Pieroth*, GG, Art. 87f Rn. 5.

200 Vgl. *Jarass/Pieroth*, GG, Art. 12 Rn. 24.

vermitteln.[201] Inhaltlich gebietet die hiermit korrespondierende und an staatliche Stellen adressierte Schutzpflicht den grundrechtlichen Schutzgegenstand vor Gefährdungen und Verletzungen zu schützen, die nicht vom Staat ausgehen.[202] Dabei geht es vor allem um den Schutz vor Beeinträchtigungen durch Private.[203] Dies kann beispielsweise durch öffentlich-rechtliche "Spielregeln" beziehungsweise durch Ge- und Verbote erfolgen. Weiter folgt aus der grundrechtlichen Schutzpflicht, dass *„Privatrecht so zu gestalten, dass die in den Grundrechten verkörperte objektive Ordnung gewahrt wird"*[204]. Allerdings räumt das *BVerfG* dem Gesetzgeber grundsätzlich eine weite Entscheidungsfreiheit ein, wie die Schutzpflicht zu erfüllen sei.[205] Daher wird eine Verletzung des mit der grundrechtlichen Schutzpflicht korrespondierenden Schutzrechtes regelmäßig erst angenommen, *„wenn die öffentliche Gewalt Schutzvorkehrungen entweder überhaupt nicht getroffen hat oder die getroffenen Regelungen und Maßnahmen gänzlich ungeeignet oder völlig unzulänglich sind, das gebotene Schutzziel zu erreichen, oder erheblich dahinter zurück bleiben"*[206]. Abgesehen von diesen hohen Hürden führt der weite Gestaltungsspielraum des Gesetzgebers regelmäßig dazu, dass die Verletzung der grundrechtlichen Schutzpflicht sich nicht zu einem Anspruch auf einen bestimmten Schutz verdichtet.[207] Vielmehr besteht nur Anspruch auf irgendeinen Schutz, der nicht völlig unzureichend sein darf.

Festzuhalten ist, dass den Grundrechten als Eingriffsabwehrrechten zunächst eine regulierungsbegrenzende Funktion zukommt. Zugunsten Dritter kann jedoch insbesondere die aus der Berufsfreiheit folgende Schutzpflicht des Staates relevant werden. Hiernach hat der Gesetzgeber zunächst die gesetzlichen "Spielregeln" zu schaffen, die allen Unternehmen das Betreiben von Telekommunikationsnetzen und das Anbieten von Telekommunikationsdienstleistungen ermöglichen. Allerdings sind bereits wegen des Vorbehalts des Gesetzes für den

---

201 *Jarass/Pieroth*, GG, Vorb. Art. 1 Rn. 10.

202 Vgl. BVerfGE 125, 39 (78) Rn. 134 ff.

203 *Jarass/Pieroth*, GG, Vorb. Art. 1 Rn. 8; siehe zur Schutzpflicht im mehrpoligen Verhältnis: *Calliess*, JZ 2006, 321 (329 f.).

204 BVerfGE 98, 365 (395) Rn. 90.

205 Vgl. *Sachs*, in: ders, GG, Vor. Art. 1 Rn. 36. Siehe dort auch zum folgenden Satz.

206 *BVerfG*, Nichtannahmebeschluss v. 29.05.2013 – 2 BvR 1804/12 – Juris Rn. 21, siehe dort auch zu weiteren Nachweisen; vgl. auch *Calliess*, JZ 2006, 321 (329/330).

207 *Jarass/Pieroth*, GG, Vor. Art. 1 Rn. 8. Siehe dort auch zum folgenden Satz.

Drittschutz vorrangig die einfachgesetzlichen Regelungen der Marktregulierung in den Blick zu nehmen.[208]

## E. Zum Verfahren der telekommunikationsrechtlichen Marktregulierung

Bei dem Verfahren der Marktregulierung handelt es sich um ein spezielles, gestuftes Verwaltungsverfahren.[209] Dieses besondere Verfahren dient zum einen dazu, diejenigen Märkte zu ermitteln, die der telekommunikationsrechtlichen Marktregulierung bedürfen. Zum anderen werden im Rahmen des Marktregulierungsverfahrens die Unternehmen ermittelt, die in Ansehung des definierten Marktes als solche mit beträchtlicher Marktmacht zu qualifizieren sind.

### I. Zum Ablauf des Marktregulierungsverfahrens

Das Marktregulierungsverfahren gliedert sich in die Stufen der Marktdefinition, Marktanalyse sowie der Regulierungsverfügung. Dabei folgt bereits aus § 9 Abs. 2, dass es sich bei der Marktregulierung um eine asymmetrische Verhaltenssteuerung handelt.[210] Denn die BNetzA soll grundsätzlich nur gegenüber Unternehmen Maßnahmen der Marktregulierung ergreifen, die über beträchtliche Marktmacht verfügen.[211]

Da sich die Eigenschaft beträchtlicher Marktmacht naturgemäß nur in Ansehung eines konkreten Marktes bestimmen lässt, bildet den ersten Schritt des Marktregulierungsverfahrens die Marktdefinition nach § 10. Anschließend ist im Rahmen der Marktanalyse zu prüfen, ob auf dem als potentiell regulierungsbedürftig eingestuften Markt wirksamer Wettbewerb herrscht (§ 11). Dies ist nicht der Fall, wenn ein oder mehrere Unternehmen über beträchtliche Marktmacht verfügen. Gegenüber Unternehmen mit beträchtlicher Marktmacht hat die BNetzA dann auf der Stufe der *„Regulierungsverfügung"* die erforderlichen Maßnahmen der Marktregulierung zu ergreifen (§ 13 Abs. 1 S. 1).[212]

---

208 Siehe hierzu im Einzelnen Kapitel 3, § 6 Materiell-rechtliche Drittschutznormen der Marktregulierung, S. 231 ff.

209 Dies wird in den §§ 9 bis 15a geregelt.

210 *Kühling/Schall/Biendl*, Telekommunikationsrecht, S. 94 Rn. 156.

211 Eine Ausnahme hierzu stellt § 18 dar, welcher Maßnahmen der Zugangsregulierung gegenüber Netzbetreibern zulässt, die den Zugang zu Endnutzern kontrollieren.

212 In verfahrensrechtlicher Hinsicht finden sowohl bezüglich der Ergebnisse der Marktdefinition und Analyse als auch hinsichtlich der Regulierungsverfügung grundsätzlich sowohl das nationale Konsultations- als auch das europaweite

## 1. Marktdefinition

Die Marktdefinition nach § 10 dient dazu, diejenigen Märkte zu identifizieren, die potentiell für die sektorspezifische Regulierung in Betracht kommen (vgl. § 9 Abs. 1).[213] Hierzu hat die BNetzA – unter Berücksichtigung der in § 2 genannten Ziele - zunächst die relevanten Märkte im Wege einer sachlichen und räumlichen Marktabgrenzung (§ 10 Abs. 1) unter Heranziehung etablierter kartellrechtlicher Kriterien zu ermitteln.[214] Die Bestimmung des sachlich relevanten Marktes erfolgt anhand der Kriterien der Austauschbarkeit auf Nachfragerseite und der hinreichenden Substituierbarkeit auf der Angebotsseite (Angebotsumstellungsflexibilität).[215] Im Rahmen der räumlichen Marktabgrenzung wird geprüft, in welchem Gebiet die Wettbewerbsbedingungen hinreichend homogen sind.[216]

Die auf diese Weise abgegrenzten Märkte sind sodann auf ihre potentielle Regulierungsbedürftigkeit zu prüfen.[217] Nach § 10 Abs. 2 S. 1 ist dies der Fall, wenn drei Kriterien gegeben sind. Erstens muss der abgegrenzte Markt durch beträchtliche und anhaltende strukturell oder rechtlich bedingte Marktzutrittsschranken gekennzeichnet sein, die zweitens dazu führen, dass längerfristig kein Wettbewerb zu erwarten ist. Drittens darf die Anwendung des allgemeinen Wettbewerbsrechts nicht ausreichen, dem Marktversagen entgegenzuwirken. Dieser sogenannte Drei-Kriterien-Test[218] bildet die maßgebliche Weichenstellung zwischen der Anwendung der sektorspezifischen Regulierung und dem allgemeinen Wettbewerbsrecht.[219]

---

Konsolidierungsverfahren Anwendung. Hierbei handelt es sich um besondere Beteiligungsregelungen im Marktregulierungsverfahren.

213 *Eifert*, in: Ehlers/Fehling/Pünder, Besonderes Verwaltungsrecht, Bd. 1, § 23 Rn. 41.

214 Vgl. Ziff. 24 Marktanalyseleitlinien 2002; *Heinen-Hosseini/Woesler*, in: Säcker, TKG, § 10 Rn. 31.

215 Vgl. Ziff. 38 ff. Marktanalyseleitlinien 2002.

216 Entsprechend dem allgemeinen Wettbewerbsrecht kann hierbei auf den sogenannten hypothetischen Monopolistentest abgestellt werden (vgl. *Eifert*, in: Ehlers/Fehling/Pünder, Besonderes Verwaltungsrecht, Bd. 1, § 23 Rn. 42).

217 Vgl. *Kühling/Schall/Biendl*, Telekommunikationsrecht, S. 102 Rn. 168.

218 Nunmehr ist dieser Test explizit in Art. 67 Abs. 1 der Kodifizierungsrichtlinie (EU) 2018/1972 aufgenommen worden.

219 *Eifert*, in: Ehlers/Fehling/Pünder, Besonderes Verwaltungsrecht, Bd. 1, § 23 Rn. 43. Sofern nicht alle drei Kriterien kumulativ vorliegen, sollen die Regeln des allgemeinen Wettbewerbsrechts ausreichend sein (Vgl. *Heinen-Hosseini/Woesler*, in: Säcker, TKG, § 10 Rn. 64).

Bei der Bestimmung der regulierungsbedürftigen Märkte erkennt das Gesetz der BNetzA einen Beurteilungsspielraum zu (§ 10 Abs. 2 S. 2). Gleichwohl hat sie bei der Marktdefinition „*weitestgehend*" die Märkteempfehlung sowie die Marktanalyseleitlinien der Kommission zu berücksichtigen (§ 10 Abs. 2 S. 3).[220] Hierbei handelt es sich um dynamische Verweisungen auf Sekundärrechtsakte, denen primärrechtlich keine originäre Rechtsverbindlichkeit zukommt (vgl. Art. 288 Abs. 5 AEUV). Nichtsdestotrotz haben nationale Behörden und Gerichte sie nach Maßgabe der Grimaldi-Rechtsprechung des *EuGH* zu berücksichtigen.[221] Hiernach sind mitgliedsstaatliche Organe verpflichtet, Empfehlungen und Stellungnahmen der Kommission zu berücksichtigen. Diese grundsätzliche Berücksichtigungspflicht erfährt durch die ausdrücklichen Bezugnahmen in Art. 15 Abs. 3 RRL[222] und § 10 Abs. 2 S. 3 eine Steigerung.[223] Die Märkteempfehlung 2014 enthält Vordefinitionen für fünf regulierungsbedürftige Märkte.[224] Das *BVerwG* versteht diese vordefinierten Märkte im Sinne von Vermutungen, die jedoch widerlegbar sind.[225] In der Praxis beschränkt sich dabei die Prüfung der BNetzA regelmäßig auf die Fragen, ob nationale Besonderheiten vorliegen und ob innerhalb des Hoheitsgebiets räumliche Besonderheiten bestehen, die eine Abweichung von der Märkteempfehlung erfordern könnten.[226]

### 2. Marktanalyse

Sofern die BNetzA für einen abgegrenzten Markt dessen potentielle Regulierungsbedürftigkeit festgestellt hat, folgt der Schritt der Marktanalyse (§§ 9

---

220 Beziehungsweise nach Art. 67 Abs. 1 der Kodifizierungsrichtlinie (EU) 2018/1972 die „*SMP-Leitlinien*". Hiermit sind die Leitlinien zur Marktanalyse und zur Bewertung beträchtlicher Marktmacht gemein (Art. 64 Abs. 2 RL (EU) 2018/1972).

221 *Kühling/Schall/Biendl*, Telekommunikationsrecht, S. 105 Rn. 175; *Eifert*, in: Ehlers/Fehling/Pünder, Besonderes Verwaltungsrecht, Bd. 1, § 23 Rn. 44; *EuGH*, Urt. v. 13.12.1989 – C-322/88 (Grimaldi) – Slg. 1989, 4407, Rn. 18.

222 Siehe auch Art. 64 Abs. 3 Kodifizierungsrichtlinie (EU) 2018/1972.

223 *Kühling/Schall/Biendl*, Telekommunikationsrecht, S. 105 Rn. 175.

224 https://www.bundesnetzagentur.de/DE/Sachgebiete/Telekommunikation/Unternehmen_Institutionen/Marktregulierung/marktanalysen/marktanalysen-node.html, zuletzt besucht am 15.04.2019. Zuvor regelte die Märkteempfehlung 2007 Vordefinitionen für sieben regulierungsbedürftige Märkte.

225 *BVerwG*, Urt. v. 02.04.2008 – 6 C 15.07, Juris Rn. 25.

226 *Eifert*, in: Ehlers/Fehling/Pünder, Besonderes Verwaltungsrecht, Bd. 1, § 23 Rn. 44. Will die BNetzA abweichend von der Märkteempfehlung Märkte definieren, ist deren potentielle Regulierungsbedürftigkeit umfassend zu begründen.

Abs. 1, 11). Dabei prüft sie, ob auf dem potentiell regulierungsbedürftigen Markt wirksamer Wettbewerb besteht (§ 11 Abs. 1 S. 1). Dies ist nicht der Fall, wenn ein oder mehrere Unternehmen auf dem relevanten Markt über beträchtliche Marktmacht verfügen (§ 11 Abs. 1 S. 2). Mithin wird das Fehlen wirksamen Wettbewerbs mit der Anwesenheit beträchtlicher Marktmacht[227] gleichgesetzt (vgl. § 3 Nr. 31).[228]

Dadurch, dass die Definition beträchtlicher Marktmacht auf starre Marktanteilsgrenzen verzichtet, wurde sie dem Verständnis der marktbeherrschenden Stellung aus dem allgemeinen Wettbewerbsrecht angeglichen.[229] Gleichwohl ist der Marktanteil ein gewichtiges Indiz für die Annahme einer marktbeherrschenden Stellung.[230] Darüber hinaus finden sich in den Marktanalyseleitlinien weitere Kriterien – wie beispielsweise die Gesamtgröße des Unternehmens, die Kontrolle über nicht leicht zu duplizierende Infrastruktur, technologische Vorteile oder Überlegenheit – zur Beurteilung dieser Frage.[231] Ähnlich wie im Rahmen der Marktdefinition ist auch bei der Marktanalyse die „*weitestgehende*" Berücksichtigung der in den Marktanalyseleitlinien festgelegten Kriterien sowie der Märkteempfehlung ausdrücklich vorgeschrieben (§ 11 Abs. 3).[232] Hinsichtlich der Reichweite dieser Berücksichtigungspflicht gelten die Ausführungen zur Marktdefinition entsprechend. Hinsichtlich der Marktanalyse räumt das Gesetz der BNetzA nicht ausdrücklich einen Beurteilungsspielraum ein. Gleichwohl genießt die BNetzA nach der höchstrichterlichen Rechtsprechung auch im

---

227 Ein Unternehmen verfügt über beträchtliche Marktmacht, wenn es entweder alleine oder gemeinsam mit anderen eine marktbeherrschende Stellung inne hat. Dies ist der Fall, wenn eine wirtschaftlich starke Stellung gegeben ist, die es ermöglicht, sich in beträchtlichem Umfang unabhängig von Wettbewerbern und Endnutzern zu verhalten (§ 11 Abs. 1 S. 3). Damit gibt es – wie im europäischen Wettbewerbsrecht zwei Arten von beträchtlicher Marktmacht (Einzelmarktbeherrschung und kollektive Marktbeherrschung). *Heinen-Hosseini/Woesler*, in: Säcker, TKG, § 11 Rn. 15. Ferner erfasst § 11 Abs. 1 S. 5 den Fall der Annahme beträchtlicher Marktmacht aufgrund der Übertragung der unternehmerischen Marktmacht von einem Markt auf einen benachbarten, ebenfalls potentiell regulierungsbedürftigen Markt (Näher hierzu: *Heinen-Hosseini/Woesler*, in: Säcker, TKG, § 11 Rn. 41).

228 *Kühling/Schall/Biendl*, Telekommunikationsrecht, S. 133 Rn. 214.

229 *Kühling/Schall/Biendl*, Telekommunikationsrecht, S. 134 Rn. 216.

230 Die Kommission geht regelmäßig ab einem Marktanteil von über 50 % von einer marktbeherrschenden Stellung aus. Vgl. Ziff. 55 der Marktanalyseleitlinien 2018.

231 Siehe Ziff. 58 der Marktanalyseleitlinien 2018.

232 Dies entspricht der Vorgabe des Art. 14 Abs. 2 S. 2 RRL.

Rahmen der Marktanalyse einen gerichtlich nur eingeschränkt überprüfbaren Beurteilungsspielraum.[233]

Schließlich bestimmt § 11 Abs. 2 für den Fall länderübergreifender Märkte, dass die BNetzA die Marktanalyse gemeinsam mit der jeweiligen nationalen Regulierungsbehörde des betroffenen Mitgliedstaates durchzuführen hat.

### 3. Verfahrensbeteiligungen

In verfahrensrechtlicher Hinsicht normiert das TKG für die vorstehend vorgestellten Schritte der Marktregulierung umfassende Beteiligungsmöglichkeiten auf nationaler sowie auf europäischer Ebene (§ 12).[234] Hierdurch werden sowohl private Akteure – Marktteilnehmer – als auch andere Behörden in das Marktregulierungsverfahren eingebunden.

Hinsichtlich der Beteiligung nationaler Behörden hat die BNetzA insbesondere in den Fällen der Marktdefinition und -analyse im Einvernehmen mit dem Bundeskartellamt zu entscheiden (§ 123 Abs. 1 S. 1).[235] Die ratio legis besteht darin, dass im sektorspezifischen Marktregulierungsrecht keine Paralleldogmatik zum allgemeinen Wettbewerbsrecht entstehen soll.[236] Ferner ist die BNetzA verpflichtet, bei Entscheidungen über die einzelnen Verpflichtungsmöglichkeiten im Rahmen der Marktregulierung rechtzeitig vor Verfahrensabschluss dem Bundeskartellamt Gelegenheit zur Stellungnahme zu geben (§ 123 Abs. 1 S. 2).[237]

Darüber hinaus sieht § 12 die besonderen Verfahren der Konsultation sowie der Konsolidierung vor.[238] Lediglich im Falle außergewöhnlich dringender Fälle

---

233 *BVerwG*, Urt. v. 02.04.2008 – 6 C 15.07 – Juris Rn. 16 ff., bestätigt durch *BVerfG*, Beschl. v. 08.12.2011 – 1 BvR 1932/08 – Juris Rn. 27 ff.

234 *Eifert*, in: Ehlers/Fehling/Pünder, Besonderes Verwaltungsrecht, Bd. 1, § 23 Rn. 48.

235 Im Übrigen hat die BNetzA das Einvernehmen mit dem Bundeskartellamt in den Fällen der sonstigen Verpflichtungen nach §§ 40, 41 und im Rahmen der Festlegung der Rahmenbedingungen nach § 62 Abs. 2 Nr. 3 TKG herzustellen (§ 123 Abs. 1). Einvernehmen bedeutet, dass eine vollständige Willensübereinstimmung hergestellt werden muss (*Ziekow*, Öffentliches Wirtschaftsrecht, § 14 Rn. 23).

236 *Kühling/Schall/Biendl*, Telekommunikationsrecht, S. 138 Rn. 227. Daher genügt für das Einvernehmen ein bloßes Bemühen zu dessen Herstellung oder etwa das Ausbleiben eines Widerspruchs des Bundeskartellamtes nicht.

237 Dies gilt auch hinsichtlich einer Entscheidung nach § 77a Abs. 1 und 2 (§ 123 Abs. 1 S. 2).

238 Diese besonderen Beteiligungsverfahren sind aktuell in den Art. 6 und 7 sowie 7b RRL vorgegeben und weiterhin in der Konsolidierungsrichtlinie (EU) 2018/1972, siehe dort insbesondere Art. 23 und 32.

ist die BNetzA von der Durchführung dieser Beteiligungsverfahren – nicht jedoch von den materiellen Vorgaben zur Marktregulierung – entbunden (§ 12 Abs. 3 S. 1).[239] Sofern sie eine vorläufige Maßnahme in eine endgültige Entscheidung umwandeln will, sind jedoch sowohl das Konsultations- als auch das Konsolidierungsverfahren nachzuholen (§ 12 Abs. 3 S. 3).

### a) Konsultationsverfahren

Bei der sogenannten Konsultation handelt es sich um ein besonderes Verfahren zur Beteiligung nichtbehördlicher Akteure, welches im Bereich von Marktdefinition und -analyse andere Beteiligungsrechte verdrängt.[240] Dabei hat die BNetzA den *„interessierten Parteien"* – prima facie den als potentiell anzusehenden marktmächtigen Unternehmen sowie Mitbewerbern – Gelegenheit zu geben, innerhalb einer bestimmten Frist zu den Entwürfen von Marktdefinition und -analyse Stellung zu nehmen (§ 12 Abs. 1 S. 1). Die Konsultation sowie deren Ergebnisse sind von der BNetzA unter Wahrung der Betriebs- und Geschäftsgeheimnisse zu veröffentlichen.[241] Dieses spezielle Anhörungsrecht soll das Marktregulierungsverfahren transparent machen und für die BNetzA zugleich eine breite Informationsbasis schaffen.[242]

Über Marktdefinition und -analyse hinaus ist die Konsultation hinsichtlich der Ergreifung von Maßnahmen im Wege der Regulierungsverfügung (§ 13 Abs. 1 S. 1)[243], hinsichtlich des Erlasses von Regulierungskonzepten in Form von Verwaltungsvorschriften nach § 15a sowie im Falle sonstiger marktrelevanter Maßnahmen vorgesehen (§ 15).[244]

---

239 *Gurlit*, in: Säcker, TKG, § 12 Rn. 42. Das heißt, auch im Eilfall sind die oben beschriebenen Schritte der Marktdefinition und -analyse vor Auferlegung der sektorspezifischen Regulierungsmaßnahmen durchzuführen.

240 Vgl. *Gurlit*, in: Säcker, TKG, § 12 Rn. 5 sowie *Ziekow*, Öffentliches Wirtschaftsrecht, § 14 Rn. 25.

241 Siehe § 12 Abs. 1 S. 2 und 3.

242 Vgl. Erwgr. 13 und 15 RRL.

243 Im Zusammenhang mit der Regulierungsverfügung ist es der BNetzA freigestellt die Konsultation hinsichtlich der Entwürfe zu Marktdefinition und -analyse zeitlich vor oder zusammen mit dem Entwurf der Regulierungsverfügung durchzuführen (§ 13 Abs. 1 S. 4). Letzteres ist in der Praxis der Regelfall (*Kühling/Schall/Biendl*, Telekommunikationsrecht, S. 151 Rn. 247).

244 Insgesamt wird Art. 6 RRL, welcher die Konsultation regelt, in großzügiger Weise umgesetzt. Nach der RRL wird die Konsultation im Wesentlichen nur hinsichtlich *„Maßnahmen"* gefordert, die die Regulierungsbehörde zu treffen gedenkt und die

### b) Konsolidierungsverfahren

Hingegen handelt es sich bei der Konsolidierung um ein unionsweites Verfahren, das der Beteiligung behördlicher Akteure sowie der kohärenten Anwendung der (unionalen) Regulierungsvorschriften dient und im Ergebnis eine einheitliche Regulierungspraxis in den Mitgliedstaaten sichern soll.[245] Im Rahmen der unionsweiten Konsolidierung ist wiederum zwischen dem Veto- und dem Berücksichtigungsverfahren zu unterscheiden.

Soweit die Entwürfe zu Marktdefinition und -analyse Auswirkungen auf den mitgliedstaatlichen Handel haben, hat die BNetzA ihre Entwürfe einschließlich Begründung gleichzeitig der Kommission, dem GEREK sowie den nationalen Regulierungsbehörden der anderen Mitgliedstaaten zur Verfügung zu stellen. Diese sogenannte Zwischenstaatlichkeitsklausel wird in der Praxis regelmäßig ohne weitere Begründung bejaht[246], was zu entsprechend häufigen Konsolidierungen führt.[247]

Das Konsolidierungsverfahren beginnt damit, dass die BNetzA den Entwurf ihrer Ergebnisse zu Marktdefinition und -analyse zusammen mit einer Begründung der Kommission, dem GEREK und den Regulierungsbehörden der anderen Mitgliedstaaten zur Verfügung stellt und sie hiervon unterrichtet (§ 12 Abs. 2 Nr. 1).[248] Diese Mitteilung der Entscheidungsentwürfe wird als „*Notifizierung*" bezeichnet.[249] Ferner darf die BNetzA die notifizierten Entwürfe vor Ablauf einer einmonatigen Stellungnahmefrist nicht festlegen (§ 12 Abs. 2 Nr. 1 S. 3).[250] Das weitere Verfahren richtet sich nach dem Verhalten der Kommission. Beinhalten die Entwürfe der BNetzA zu Marktdefinition und -analyse entweder eine Abweichung von der Märkteempfehlung der Kommission oder die

---

beträchtliche Auswirkungen auf den betreffenden Markt haben werden (*Gurlit*, in: Säcker, TKG, § 12 Rn. 6).

245 Siehe Art. 7 Abs. 2 RRL bzw. Art. 32 Abs. 2 Kodifizierungsrichtlinie (EU) 2018/1972.

246 *Kühling/Schall/Biendl*, Telekommunikationsrecht, S. 140 Rn. 230.

247 Bislang hat die Kommission jedoch keine derartigen Empfehlungen oder Leitlinien erlassen. *Gurlit*, in: Säcker, TKG, § 12 Rn. 27.

248 Die nachfolgende Skizzierung des Konsolidierungsverfahrens bezieht sich auf den Grundfall von Marktdefinition und -analyse.

249 *Kühling/Schall/Biendl*, Telekommunikationsrecht, S. 140 Rn. 231. In zeitlicher Hinsicht darf dies erst nach Durchführung des Konsultationsverfahrens erfolgen. Dies ergibt sich aus § 12 Abs. 2 Nr. 1.

250 Bei dieser Monatsfrist handelt es sich um eine Ausschlussfrist. Dies ergibt sich aus Art. 7 Abs. 3 S. 2 und S. 3 RRL. Hiernach können Stellungnahmen „*nur*" innerhalb der Monatsfrist – die „*nicht verlängert werden*" kann – abgegeben werden.

Festlegung, inwieweit ein oder mehrere Unternehmen auf dem abweichend definierten Markt über beträchtliche Marktmacht verfügen, kann die Kommission hieran ernsthafte Zweifel anmelden (§ 12 Abs. 2 Nr. 3). Dieses Veto-Verfahren bewirkt zunächst einen Aufschub von zwei Monaten, innerhalb derer die Kommission verbindlich vorgeben kann, dass der Entwurf entweder zurückzuziehen oder nach Maßgabe eines Änderungsvorschlages abzuändern ist.[251]

Erfolgt keine Mitteilung ernsthafter Zweifel oder gibt die Kommission trotz Vorliegen der Voraussetzungen der Ernsthafte-Zweifel-Mitteilung nur eine einfache Stellungnahme oder gar keine Stellungnahme innerhalb der Frist nach § 12 Abs. 2 Nr. 1 ab, greift das sogenannte Berücksichtigungsverfahren ein.[252] Dabei hat die BNetzA den eingegangen Stellungnahmen weitestgehend Rechnung zu tragen (§ 12 Abs. 2 Nr. 2 S. 1). Zwar erfordert dies eine dokumentierte Auseinandersetzung mit den eingegangenen Stellungnahmen,[253] allerdings ist die BNetzA nicht verpflichtet, diesen auch zu folgen, sondern kann ihren Entwurf beibehalten.[254] Schließlich hat sie ihre endgültig beibehaltenen oder geänderten Festlegungen der Kommission und dem GEREK zu übermitteln (§ 12 Abs. 2 Nr. 4).

Des Weiteren ist das Konsolidierungsverfahren grundsätzlich im Rahmen der Auferlegung oder Änderung der Regulierungsverfügung anzuwenden (§ 13 Abs. 1 S. 2). In diesem Fall besteht für die BNetzA – wie hinsichtlich des Konsultationverfahrens – die Möglichkeit die Konsolidierung betreffend der Entwürfe zu Marktdefinition und -analyse zusammen mit dem Entwurf der Regulierungsverfügung durchzuführen.[255] Dagegen ist die Konsolidierung im Falle sonstiger marktrelevanter Maßnahmen im Sinne des § 15 nicht vorgeschrieben. Allerdings ist hinsichtlich der Ergreifung von Maßnahmen im Rahmen der Regulierungsverfügung zu beachten, dass bei der Konsolidierung das erwähnte Veto-Verfahren nicht anwendbar ist. Stattdessen gilt seit der Novelle von 2012 der besondere Verfahrensablauf nach § 13 Abs. 4, welcher eine einheitliche Anwendung von Regulierungsmaßnahmen innerhalb der Union gewährleisten soll.[256] Dieses modifizierte Konsolidierungsverfahren nach § 13 Abs. 4 greift ein, sofern die Kommission innerhalb der Stellungnahmefrist mitteilt, dass der

251 Vgl. *Ziekow*, Öffentliches Wirtschaftsrecht, § 14 Rn. 24. Zum Ablauf des Veto-Verfahrens im Einzelnen siehe *Gurlit*, in: Säcker, TKG, § 12 Rn. 36 ff.

252 *Kühling/Schall/Biendl*, Telekommunikationsrecht, S. 142 Rn. 233.

253 *Gurlit*, in: Säcker, TKG, § 12 Rn. 34; *Kühling/Schall/Biendl*, Telekommunikationsrecht, S. 142 Rn. 233.

254 *Gurlit*, in: Säcker, TKG, § 12 Rn. 34.

255 Dies ergibt sich ebenfalls aus § 13 Abs. 1 S. 4.

256 Vgl. BT-Drs. 17/5707, S. 54.

Maßnahmenentwurf ein Hemmnis für den Binnenmarkt darstelle oder warum sie erhebliche Zweifel an dessen Vereinbarkeit mit dem Uniosnrecht habe.[257] Im Unterschied zum Vetoverfahren nach § 12 Abs. 2 Nr. 3 handelt es sich bei diesem Verfahren jedoch um ein gleichberechtigtes Kooperationsverfahren.[258] Falls keine Einigkeit erzielt werden kann, verbleibt – im Unterschied zum Veto-Verfahren nach § 12 Abs. 2 Nr. 3 – die Letztentscheidungsgewalt bei der BNetzA.

### 4. Rechtsfolgen von Marktdefinition und -analyse

Die letzte Stufe des Marktregulierungsverfahrens bildet die „*Regulierungsverfügung*" (§§ 9 Abs. 2, 13 Abs. 1 S. 1).[259] Nach der Legaldefinition in § 13 Abs. 1 S. 1 handelt es sich hierbei um diejenigen Marktregulierungsverpflichtungen, die die BNetzA aufgrund der Marktanalyse auferlegt, ändert, beibehält oder widerruft. Ergibt die Marktanalyse, dass auf dem definierten Markt kein wirksamer Wettbewerb herrscht beziehungsweise ein oder mehrere Unternehmen über beträchtliche Marktmacht verfügen, hat sie diesen Unternehmen Verpflichtungen nach Teil 2 des TKG aufzuerlegen (§ 9 Abs. 2). Dabei besteht im Falle fehlenden Wettbewerbs hinsichtlich der Ergreifung von Maßnahmen der Marktregulierung gegenüber Unternehmen mit beträchtlicher Marktmacht kein Entschließungsermessen.[260] Anders gewendet kann von einer – grundsätzlichen – Regulierungspflicht gesprochen werden.[261] Im Umkehrschluss folgt hieraus aber auch, dass sofern die Marktanalyse ergibt, dass auf dem relevanten Markt wirksamer Wettbewerb herrscht beziehungsweise kein Unternehmen – mehr – über beträchtliche Marktmacht verfügt, keine Maßnahmen der Marktregulierung getroffen werden dürfen beziehungsweise zu widerrufen sind.

Die Vorgabe, dass Maßnahmen der Marktregulierung grundsätzlich nur gegenüber Unternehmen mit beträchtlicher Marktmacht erfolgen dürfen, wird als asymmetrische Regulierung bezeichnet.[262] Denn die behördliche Verhaltenssteuerung trifft nicht alle Mitbewerber gleichermaßen, sondern ist nur an diejenigen Unternehmern adressiert, die über beträchtliche Marktmacht verfügen.

---

257 Im Einzelnen zum Ablauf dieses Verfahrens siehe *Gurlit*, in: Säcker, TKG, § 13 Rn. 36 f.

258 *Gurlit*, in: Säcker, TKG, § 13 Rn. 38 spricht von einem „*kooperativen Abstimmungsverfahren*"; vgl. auch *Kühling/Schall/Biendl*, Telekommunikationsrecht, S. 152 Rn. 249, siehe dort auch zum folgenden Satz.

259 Siehe etwa *Ellinghaus*, CR 2009, 87 (87).

260 *BVerwG*, Urt. v. 28.11.2007 – 6 C 42.06 – Juris Rn. 28.

261 Vgl. *Gurlit*, in: Säcker, TKG, § 13 Rn. 43 sowie *Kühling/Schall/Biendl*, Telekommunikationsrecht, S. 149 Rn. 241.

262 *Woesler/Heinen-Hosseini*, in: Säcker, TKG, § 9 Rn. 4.

Die in § 9 Abs. 2 normierte Regulierungspflicht wird inhaltlich durch die Aufzählung möglicher Marktregulierungsmaßnahmen in § 13 Abs. 1 S. 1 konkretisiert. Hiernach kann die BNetzA marktmächtigen Unternehmen bestimmte Verpflichtungen nach Teil 2 zur Marktregulierung auferlegen, ändern, beibehalten oder widerrufen.[263] Dabei bestimmt § 13 Abs. 5, dass die Entscheidung über die einzelnen in § 13 Abs. 1 S. 1 aufgezählten Verpflichtungen zusammen mit den Festlegungen zur Marktdefinition und -analyse als einheitlicher Verwaltungsakt ergeht. Gliederungstechnisch sind die in Beschlussform ergehenden Regulierungsverfügungen so aufgebaut, dass vor dem Verfügungstenor das marktmächtige Unternehmen sowie der relevante Markt – also die Ergebnisse von Marktdefinition und -analyse – festgestellt werden.[264]

Im Wege der Regulierungsverfügung kann die BNetzA eine oder mehrere Maßnahmen zur Zugangs- und Entgeltregulierung, zur besonderen Missbrauchsaufsicht sowie bestimmte weitere Verpflichtungen anordnen. Diese Marktregulierungsmaßnahmen werden – in Anlehnung an den zugrundeliegenden Richtlinienrahmen – auch als Vorabverpflichtungen beziehungsweise Abhilfemaßnahmen bezeichnet.[265] Sie sind als präventive Maßnahmen zu verstehen,[266] denn sie sollen chancengleichen Wettbewerb sicherstellen (vgl. § 2 Abs. 2 Nr. 2). Bei der Entscheidung, welche Verpflichtungen die BNetzA auferlegt, beibehält, ändert oder widerruft, verfügt sie über einen Auswahl- und Ausgestaltungsspielraum.[267] Dies ergibt sich nicht unmittelbar aus der Grundsatznorm des § 9 Abs. 2. Allerdings verweist § 13 Abs. 1 S. 1 hinsichtlich der Rechtsfolgen auf einzelne Verpflichtungen der Marktregulierung, welche der BNetzA durchweg ein Ermessen einräumen („*kann*").[268] Darüber hinaus erfordern einzelne Verpflichtungsmöglichkeiten der Marktregulierung – wie insbesondere § 21 – im

263 Über den Verweis in § 13 Abs. 1 S. 5 kann auch eine Verpflichtung nach § 18, welche nicht an das Tatbestandsmerkmal beträchtlicher Marktmacht anknüpft, Bestandteil einer Regulierungsverfügung sein.

264 Siehe beispielhaft Beschluss der *RegTP*, Beschl. v. 20.04.2005 (BK 4-04-075/R), https://www.bundesnetzagentur.de/DE/Service-Funktionen/Beschlusskammern/1_GZ/BK4-GZ/2004/2004_0001bis0999/2004_001bis099/BK4-04-0075/BK4-04-0075-R_Regulierungsverfpdf_bf.html, zuletzt besucht am 30.06.2019.

265 *Kühling/Schall/Biendl*, Telekommunikationsrecht, S. 149 Rn. 240.

266 So ausdrücklich: *Schütz*, in: Geppert/Schütz, BeckTKG-Komm, § 13 Rn. 23.

267 *Gurlit*, in: Säcker, TKG, § 13 Rn. 44.

268 Siehe §§ 19 Abs. 1, 20 Abs. 1, 21 Abs. 1, 23 Abs. 1, 24 Abs. 1, 30 Abs. 1 S. 2, 39 Abs. 1 oder 42 Abs. 4 S. 2. Darüber hinaus findet sich das Wort „*kann*" auch in den Verpflichtungsmöglichkeiten nach §§ 18 Abs. 1 sowie 40 Abs. 1.

Rahmen der Ermessensausübung eine umfassende Abwägung aller zu berücksichtigenden öffentlichen und privaten Belange.[269] Das *BVerwG* spricht insofern vom „*Regulierungsermessen*", bei dem es sich um eine der Planfeststellung angenäherte Entscheidung handele.[270]

## 5. Durchführung und Überprüfung der Marktregulierung

Nach dem TKG handelt es sich bei dem Marktregulierungsverfahren um ein Amtsverfahren, zu dessen Durchführung die BNetzA nach dem Legalitätsprinzip verpflichtet ist.[271] Zur Überprüfung der Ergebnisse von Marktdefinition und -analyse ist die BNetzA ebenfalls von Amts wegen verpflichtet.[272] Insofern differenziert § 14 zwischen einer anlassbezogenen und einer regelmäßigen Überprüfung. In beiden Fällen handelt es sich um eine begleitende administrative Kontrolle, welche den dynamischen Marktverhältnissen Rechnung tragen soll.[273] Die anlassbezogene Überprüfung der Ergebnisse von Marktdefinition und -analyse hat zu erfolgen, wenn der BNetzA entweder Tatsachen bekannt werden, die auf eine Änderung der Marktgegebenheiten schließen lassen oder wenn sich die Märkteempfehlung ändert (§ 14 Abs. 1). Diese Möglichkeit entspricht dem Widerruf eines rechtmäßigen Verwaltungsaktes nach § 49 Abs. 2 Nr. 3 VwVfG.[274] Ferner bestimmt § 14 Abs. 2, dass alle drei Jahre die Ergebnisse von Marktdefinition und -analyse einschließlich Regulierungsverfügung zu überprüfen sind. Durch diese Regelüberprüfung soll sowohl den marktmächtigen Unternehmen als auch den übrigen Wettbewerbern Planungs- und Rechtssicherheit gegeben werden.[275]

Rechtsfolge sowohl der anlassbezogenen als auch der regelmäßigen Überprüfung ist die entsprechende Anwendung der §§ 10 bis 13.[276] Das heißt, bei Vorliegen der Voraussetzungen der anlassbezogenen Überprüfung, spätestens jedoch nach Ablauf der Regelprüfungsfrist, hat die BNetzA von Amts wegen ein

---

269 *Gurlit*, in: Säcker, TKG, § 13 Rn. 45.

270 *BVerwG*, Urt. v. 28.11.2007 – 6 C 42.06 – Juris Rn. 28 ff. Zu den hiermit einhergehenden Konsequenzen für die gerichtliche Kontrolle siehe Kapitel 3, § 7, 2. Zum gerichtlichen Prüfungsumfang, S. 399 ff.

271 *Geppert/Attendorn*, in: Geppert/Schütz, BeckTKG-Komm, § 134 Rn. 9.

272 *Korehnke/Ufer*, in: Geppert/Schütz, BeckTKG-Komm, § 14 Rn. 1.

273 Vgl. *Woesler*, in: Säcker, TKG, § 14 Rn. 2.

274 *Woesler*, in: Säcker, TKG, § 14 Rn. 15.

275 *Korehnke/Ufer*, in: Geppert/Schütz, BeckTKG-Komm, § 14 Rn. 7.

276 Für die anlassbezogene Überprüfung ergibt sich dies explizit aus § 14 Abs. 1 S. 1.

neues Marktregulierungsverfahren einschließlich der Regulierungsverfügung durchzuführen.[277]

## II. Zu den definierten Telekommunikationsmärkten

Derzeit definiert die BNetzA fünf regulierungsbedürftige Telekommunikationsmärkte.[278] Grundlage hierfür ist zunächst die Märkteempfehlung 2014/710/EU der Kommission.[279] Im Einzelnen sind dies die „*Anrufzustellung auf der Vorleistungsebene in einzelnen öffentlichen Telefonnetzen an festen Standorten*“ (Markt Nr. 1) sowie die „*Anrufzustellung auf der Vorleistungsebene in einzelnen Mobilfunknetzen*“ (Markt Nr. 2). Markt Nr. 3 gliedert sich in (a) den „*auf der Vorleistungsebene an festen Standorten lokal bereitgestellten Zugang zu Teilnehmeranschlüssen*“ und (b) den „*für Massenprodukte auf der Vorleistungsebene an festen Standorten zentral bereitgestellten Zugang zu Teilnehmeranschlüssen*“. Als Markt Nr. 4 wird der „*auf der Vorleistungsebene an festen Standorten bereitgestellte Zugang zu Teilnehmeranschlüssen von hoher Qualität*“ definiert.[280] Hingegen sollen die Märkte des Zugangs von Privat- und Geschäftskunden zum öffentlichen Telefonnetz an festen Standorten und des Verbindungsaufbaues im öffentlichen Telefonnetz an festen Standorten grundsätzlich nicht mehr der sektorspezifischen Marktregulierung bedürfen[281], sofern dies nicht aufgrund nationaler Besonderheiten anders zu beurteilen ist.[282] Darüber hinaus sieht die BNetzA noch den Markt für „*Rundfunk-Übertragungsdienste zur Bereitstellung von Sendeinhalten für Endnutzer*“ als regulierungsbedürftig an.[283]

Bei den Märkten Nr. 1 bis Nr. 4 handelt es sich um sogenannte Großkunden- beziehungsweise Vorleistungsmärkte. Hierunter sind Märkte zu verstehen, die Dienste umfassen, die Anbieter und/oder Betreiber öffentlich zugänglicher Telekommunikationsnetze bei anderen Diensteanbietern und/oder Netzbetreibern

277 *Geers*, in: Arndt/Fetzer/Scherer, TKG, § 14 Rn. 8.

278 Siehe http://www.bundesnetzagentur.de/DE/Sachgebiete/Telekommunikation/Unternehmen_Institutionen/Marktregulierung/marktanalysen/marktanalysen-node.html, zuletzt besucht am 14.04.2019.

279 Siehe Anhang der Märkteempfehlung 2007/879/EG.

280 Siehe Anhang der Märkteempfehlung 2014/710/EU.

281 Bei den vorgenannten Märkten handelt es sich um die Märkte Nr. 1 und Nr. 2 nach der Märkteempfehlung 2007/879/EG.

282 Siehe Ziff. 22 und 25 Märkteempfehlung 2014/710/EU.

283 Hierbei handelt es sich um den vormaligen Markt Nr. 18 nach der Mäkteempfehlung 2003/311/EG.

nachfragen, um eigene Telekommunikationsdienste am Markt anbieten zu können.[284]

## F. Regelungsgegenstände der telekommunikationsrechtlichen Marktregulierung

Der telekommunikationsrechtlichen Marktregulierung liegen in erster Linie ökonomische Motive zugrunde. Der BNetzA obliegt die Gestaltung und Förderung chancengleichen Wettbewerbs auf den Märkten der Telekommunikation.[285] Neben den Regelungen zum Marktregulierungsverfahren finden sich die Regulierungsinstrumente der BNetzA im zweiten Teil des TKG. Im Einzelnen geht es um die *Zugangsregulierung, Entgeltregulierung, sonstige Verpflichtungen* sowie die sektorspezifische *Missbrauchsaufsicht.*

### I. Zugangsregulierung

Die Vorschriften der Zugangsregulierung bilden das Herzstück der telekommunikationsrechtlichen Marktregulierung (§§ 16 bis 26).[286] Dabei wird zwischen zwei Zugangsarten unterschieden. Nach § 3 Nr. 32 ist unter Zugang – im Wesentlichen – „*die Bereitstellung von Einrichtungen oder Diensten für ein anderes Unternehmen unter bestimmten Bedingungen zum Zwecke der Erbringung von Telekommunikationsdiensten*" zu verstehen.[287] Sinn und Zweck ist es, anderen Unternehmen die Nutzung fremder Infrastruktur zu ermöglichen, damit sie Telekommunikationsdienstleistungen am Markt anbieten können. Hingegen stellt die „*Zusammenschaltung*" eine besondere Form des Zugangs dar[288], die der Verbindung verschiedener Netze dient.[289] Die Zusammenschaltung erfolgt

---

284 *Kühling/Schall/Biendl*, Telekommunikationsrecht, S. 107 Rn. 176.

285 Siehe Kapitel 1, § 2, 5. Marktregulierung als Rechtsbegriff des TKG, S. 41.

286 *Kühling*, Sektorspezifische Regulierung in den Netzwirtschaften, S. 182.

287 Im Übrigen enthält diese Legaldefinition zahlreiche Zugangsbeispiele.

288 *Säcker*, in: ders., TKG, § 3 Rn. 103.

289 Nach § 3 Nr. 34 bezeichnet Zusammenschaltung denjenigen „*Zugang, der die physische und logische Verbindung öffentlicher Telekommunikationsnetze herstellt, um Nutzern eines Unternehmens die Kommunikation mit Nutzern desselben oder eines anderen Unternehmens oder die Inanspruchnahme von Diensten eines anderen Unternehmens zu ermöglichen; Dienste können von den beteiligten Parteien erbracht werden oder von anderen Parteien, die Zugang zum Netz haben. Zusammenschaltung ist ein Sonderfall des Zugangs und wird zwischen Betreibern öffentlicher Telekommunikationsnetze hergestellt.*"

regelmäßig zwischen verschiedenen Teilnehmernetzen. So wird die Kommunikation der Endnutzer über die Netzgrenzen hinweg ermöglicht.[290] Dies ist erforderlich, damit die Nutzer eines Netzes auch diejenigen eines anderen erreichen können.[291]

Hintergrund ist, dass Wettbewerb in der Telekommunikationswirtschaft nur entstehen kann, wenn alle Anbieter ihre Telekommunikationsdienste tatsächlich gegenüber dem Endnutzer anbieten können und dieser Angebote aller Marktteilnehmer auch annehmen kann.[292] Im Telekommunikationssektor als Netzwirtschaft erfordert das Anbieten von Telekommunikationsdiensten den Zugang zur Netzinfrastruktur. Besonders deutlich ist dabei die Situation im Festnetzbereich.[293] Denn das bundesweite Festnetz steht nahezu flächendeckend im Eigentum der Telekom Deutschland GmbH. Daher verfügt diese Tochtergesellschaft der Deutschen Telekom AG nahezu flächendeckend über den Teilnehmeranschluss.[294] Demzufolge sind Betreiber eigener Telekommunikationsnetze – neben der Zusammenschaltung mit Netzen anderer Betreiber – insbesondere auf die Zusammenschaltung mit dem Festnetz der Deutschen Telekom GmbH angewiesen. Gerade Marktneulinge benötigen den Zugang zu fremder Netzinfrastruktur beziehungsweise als Unterfall Zusammenschaltung, um Telekommunikationsdienste am Markt anbieten zu können.[295] Dies gilt umso mehr, als dass sich das Festnetz volkswirtschaftlich nicht sinnvoll duplizieren lässt und Mobilfunkfrequenzen in technisch-faktischer Hinsicht endlich sind.

Gesetzestechnisch lassen sich die Eingriffsnormen der Zugangsregulierung in gesetzesunmittelbare (§§ 16 und 17) und solche Verpflichtungen unterscheiden, die durch die BNetzA angeordnet werden (§§ 18 ff.).

### 1. Marktmachtabhängige Zugangsverpflichtungen

Das Gros der Vorschriften der Zugangsregulierung ist an marktmächtige Netzbetreiber adressiert (§§ 19 bis 24). Zentrale Zugangsnorm ist § 21.[296] Nach dessen

---

290 Vgl. *Kühling/Schall/Biendl*, Telekommunikationsrecht, S. 52 Rn. 89.

291 Damit dient die Zusammenschaltung der Interoperabilität. Dies ist ein erklärtes Ziel der Zugangsrichtlinie 2002/19/EG (siehe Art. 1 S. 2 ZRL).

292 Vgl. *Kühling/Schall/Biendl*, Telekommunikationsrecht, S. 162 Rn. 268.

293 *Kühling/Schall/Biendl*, Telekommunikationsrecht, S. 162 Rn. 268, siehe dort auch zu den folgenden Sätzen.

294 Siehe hierzu Kapitel 1, § 2, b) Leitungsgebundene und drahtlose Netze, S. 48 f.

295 *Kühling/Schall/Biendl*, Telekommunikationsrecht, S. 162 Rn. 268.

296 Siehe nur: *Eifert*, in: Ehlers/Fehling/Pünder, Besonderes Verwaltungsrecht Bd. 1, § 23 Rn. 62 oder *Geppert/Attendorn*, BeckTKG-Komm, § 21 Rn. 1.

Abs. 1 S. 1 kann die BNetzA auf Antrag oder von Amts wegen Betreiber öffentlicher Telekommunikationsnetze, die über beträchtliche Marktmacht verfügen, verpflichten, anderen Unternehmen Zugang[297] nach Maßgabe dieser Vorschrift zu gewähren.[298] Die ratio legis besteht darin, Unternehmen, die Telekommunikationsdienstleistungen erbringen, die Mitbenutzung existierender und zugleich fremder Infrastruktur von Netzbetreibern mit beträchtlicher Marktmacht zu ermöglichen, um auf diese Weise die Ziele der (Markt-)Regulierung zu erreichen.[299] Dem Wortlaut nach ist § 21 Abs. 1 S. 1 als Ermessensnorm ausgestaltet („*kann*"). Daher steht der BNetzA sowohl hinsichtlich des Ob (Entschließungsermessen) als auch hinsichtlich des Wie (Auswahlermessen) der Anordnung von Zugangsverpflichtungen nach § 21 Ermessen zu.[300]

Für die „*anderen Unternehmen*" im Sinne von § 21, die Zugangsleistungen nachfragen, ist zu beachten, dass eine Zugangsverpflichtung nach § 21 nicht zu einem unmittelbaren Zugangsanspruch führt. Die Zugangsverpflichtung begründet für den verpflichteten Netzbetreiber vielmehr die abstrakte Verpflichtung, nachfragenden Unternehmen unter bestimmten Bedingungen Zugang zur eigenen Netzinfrastruktur zu gewähren, damit diese Telekommunikationsdienste anbieten können.[301] Folge dieser abstrakten Verpflichtung ist ein Kontrahierungszwang.[302] Hingegen ergibt sich der konkrete Zugangsanspruch des nachfragenden Unternehmens regelmäßig erst aus einer Zugangsvereinbarung[303], welche die konkreten Zugangsmodalitäten der Nutzung der fremden Netzinfrastruktur regelt.[304] Dabei besteht für einen marktmächtigen Netzbetreiber, dem

---

297 Zur Definition des Zugangs siehe § 3 Nr. 32.

298 Der Zusatz „*nach Maßgabe dieser Vorschrift*" wurde im Zuge der TKG-Novelle von 2012 eingeführt und soll der Abgrenzung zu § 18 TKG dienen. *Neumann/Thomaschki*, in: Säcker, TKG, § 21 Rn. 123.

299 Vgl. *Neumann/Thomaschki*, in: Säcker, TKG, § 21 Rn. 1.

300 *Geppert/Attendorn*, BeckTKG-Komm, § 21 Rn. 48; *Kühling/Schall/Biendl*, Telekommunikationsrecht, S. 164 Rn. 274.

301 Vgl. *Kühling/Schall/Biendl*, Telekommunikationsrecht, S. 174 Rn. 286; Vgl. *Neumann/Thomaschki*, in: Säcker, TKG, § 21 Rn. 13.

302 Gleiches gilt hinsichtlich der – marktmachtunabhängigen – Zusammenschaltungsverpflichtung nach § 18. *Kühling/Schall/Biendl*, Telekommunikationsrecht, S. 179 Rn. 298.

303 Für den Fall, dass eine Zugangsvereinbarung nicht zustande kommt, ist die BNetzA nach Maßgabe von § 25 zur Zugangsanordnung ermächtigt.

304 Im Falle der Auferlegung einer Zugangsverpflichtung nach § 21 besteht für den verpflichteten ipso iure die Pflicht nachfragenden Unternehmen unverzüglich, spätestens jedoch drei Monate nach Auferlegung der Verpflichtung, ein Angebot auf einen

eine Zugangsgewährungsverpflichtung im Sinne von § 21 auferlegt worden ist, ipso iure die Verpflichtung bei konkreter Nachfrage gegenüber dem nachfragenden Unternehmen ein Angebot bezüglich des entsprechenden Zugangs abzugeben (§ 22). Auf diese Weise wird zum einen der grundgesetzlich garantierten Vertragsfreiheit der Beteiligten[305] und zum anderen dem Umstand Rechnung getragen, dass es sich bei einer Zugangsverpflichtung für den Verpflichteten um einen Eingriff in dessen Eigentums- und Berufsausübungsfreiheit handelt.[306]

Bei den §§ 19, 20, 22 und 24 handelt es sich ebenfalls um Eingriffsgrundlagen, die Verpflichtungen gegenüber dem *„Betreiber eines öffentlichen Telekommunikationsnetzes mit beträchtlicher Marktmacht“* ermöglichen. Diese sind als Kann-Vorschriften ausgestaltet. Im Einzelnen handelt es sich um Diskriminierungsverbote im Zusammenhang mit Zugangsvereinbarungen (§ 19)[307], Transparenzverpflichtungen, nach denen für zugangsberechtigte Unternehmen alle zur Inanspruchnahme der Zugangsleistung benötigten Informationen zu veröffentlichen sind (§ 20), Verpflichtungen zur Veröffentlichung eines Standardangebots für Zugangsleistungen, für die eine allgemeine Nachfrage besteht sowie die Verpflichtung von Unternehmen zur getrennten Rechnungsführung, um insbesondere Diskriminierungen und unzulässige Quersubventionierungen zu verhindern (§ 24).[308] Im Verhältnis zur eigentlichen Zugangsgewährungsverpflichtung nach § 21 können sie als zugangsbegleitende oder flankierende Verpflichtungen bezeichnet werden.[309]

## 2. Marktmachtunabhängige Zugangsverpflichtungen

Die marktmachtunabhängigen Verpflichtungen richten sich ebenfalls durchweg an *„Betreiber öffentlicher Telekommunikationsnetze“*. Zu nennen sind zunächst

---

entsprechenden Zugang abzugeben (§ 22). In diesem Sinne wird auch von der Zweistufigkeit der Marktregulierung gesprochen, vgl. *Neumann/Thomaschki*, in: Säcker, TKG, § 21 Rn. 1; *Eifert*, in: Ehlers/Fehling/Pünder, Besonderes Verwaltungsrecht Bd. 1, § 23 Rn. 57 ff.

305 Grundlage der Vertragsfreiheit ist Art. 2 Abs. 1 GG (*Jarass/Pieroth*, GG, Art. 2 Rn. 22a; *Di Fabio*, in: Maunz/Dürig, GG, Art. 2 Rn. 101).

306 Siehe zu den grundrechtlichen Rahmenbedingungen Kapitel 1, § 3, 2. Freiheitsgrundrechte als Grundlage telekommunikationswirtschaftlicher Betätigung, S. 63 ff.

307 Trotz dieser Wortwahl stellt § 19 keine Verbotsnorm, sondern eine Ermächtigungsgrundlage dar (*Nolte*, in: Säcker, TKG, § 19 Rn. 5).

308 Siehe Zusammenfassung bei *Ziekow*, Öffentliches Wirtschaftsrecht, § 14 Rn. 41.

309 Vgl. zu diesen Bezeichnungen etwa *Kühling/Schall/Biendl*, Telekommunikationsrecht, S. 175 Rn. 288.

die gesetzesunmittelbaren Pflichten nach §§ 16 und 17. § 16 schreibt für alle Betreiber öffentlicher Telekommunikationsnetze hinsichtlich der Zusammenschaltung eine allgemeine Angebotspflicht gegenüber anderen Betreibern vor.[310] Auch hinsichtlich der Zusammenschaltung[311] – als Unterfall des Zugangs – gilt der Vorrang der Privatautonomie.[312] Darüber hinaus sind nach § 17 die Betreiber öffentlicher Telekommunikationsnetze verpflichtet, Informationen, die sie im Rahmen von Verhandlungen über Zugänge und Zusammenschaltungen erlangen, nur für diese Zwecke zu gebrauchen.[313]

Ebenso wie die vorgenannten, gesetzesunmittelbaren Verpflichtungen knüpft § 18 in tatbestandlicher Hinsicht nicht an das Vorliegen beträchtlicher Marktmacht an. Stattdessen ermächtigt § 18 (Abs. 1 S. 1) die BNetzA im Wesentlich dazu, Betreiber öffentlicher Kommunikationsnetze, die den Zugang zu Endnutzern kontrollieren, zu verpflichten, ihre Netze mit anderen Betreibern öffentlicher Telekommunikationsnetze zusammenzuschalten.[314] Die Verpflichtung zur Zusammenschaltung nach § 18 setzt jedoch eine entsprechende Nachfrage durch zugangsbegehrende Unternehmen voraus.[315] Darüber hinaus enthält § 18 Abs. 2 S. 1 eine besondere Ermächtigungsgrundlage zur Verhinderung diskriminierenden Verhaltens gegenüber nachfragenden Netzbetreibern. Seit der TKG-Novelle von 2012 besteht Einigkeit darüber, dass die Auferlegung einer Verpflichtung nach § 18 sowohl gegenüber Betreibern mit als auch ohne beträchtliche Marktmacht möglich ist.[316] Entscheidend ist, dass ein Netzbetreiber den Zugang zu Endnutzern kontrolliert.[317] Dieser Zugang soll über § 18 reguliert

---

310 Diese Verpflichtung soll keinen Kontrahierungszwang begründen (*Ziekow*, Öffentliches Wirtschaftsrecht, § 14 Rn. 35).

311 Vgl. *Nolte*, in: Säcker, TKG, § 16 Rn. 2.

312 Die Vertragsfreiheit bzw. Privatautonomie folgt aus Art. 2 Abs. 1 GG, siehe etwa *Jarass/Pieroth*, GG, Art. 2 Rn. 22, 22a. Wird die Zusammenschaltung verweigert, kann das nachfragende Unternehmen die BNetzA im Rahmen des Streitschlichtungsverfahrens nach § 133 anrufen oder die Anordnung nach § 25 beantragen.

313 Der Verstoß gegen diese Verpflichtung ist nach § 149 Abs. 1 Nr. 3 bußgeldbewährt.

314 Ferner kann die BNetzA weitere, für den End-zu-End-Verbund erforderliche Zugangsverpflichtungen auferlegen (§ 18 Abs. 1 S. 1 und 2).

315 *Nolte*, in: Säcker, TKG, § 18 Rn. 24.

316 In dieser wurde das Tatbestandsmerkmal, „*die nicht über beträchtliche Marktmacht verfügen*", gestrichen (BT-Drucks. 17/5707, S. 58). Wesentliche Voraussetzung ist daher die Kontrolle über den Zugang zu Endnutzern (*Schütz*, in: Geppert/Schütz, BeckTKG-Komm, § 18 Rn. 15; *Nolte*, in: Säcker, TKG, § 18 Rn. 8.

317 Die Auferlegung von Verpflichtungen nach § 18 erfordert nunmehr keine vorherige Marktdefinition und Analyse. In verfahrenstechnischer Hinsicht darf die Auferlegung

werden.[318] Daher kann diese Norm beispielsweise zum Tragen kommen, wenn einzelne Fest- oder Mobilfunkbetreiber die Zusammenschaltung mit einem anderen Mobilfunknetzbetreiber begehren. Denn um den eigenen Mobilfunkkunden die Anrufzustellung in das fremde Netz zu ermöglichen, ist die Zusammenschaltung erforderlich.

### 3. Zugangsanordnung

Abgerundet wird das System der Zugangsregulierung durch die Ermächtigungsgrundlagen in § 25, welche die BNetzA zur Durchsetzung der abstrakt-individuellen Zugangsverpflichtungen nach §§ 18 Abs. 1 und 21 im Einzelfall berechtigt.[319]

In tatbestandlicher Hinsicht erfordert eine Zugangsanordnung nach § 25 erstens, dass die Voraussetzungen für eine Zugangsgewährung nach § 18 Abs. 1 oder § 21 vorliegen[320] und zweitens, dass zwischen den Beteiligten eine Zugangsvereinbarung nicht zustande kam.[321] Letzteres macht deutlich, dass die Zugangsanordnung gegenüber ausgehandelten Zugangsvereinbarungen subsidiär ist (§ 25 Abs. 2). Mithin ist das Scheitern von konkreten Zugangsverhandlungen erforderlich.[322] Durch diese Subsidiaritätsregelung wird sichergestellt, dass die Entscheidungen der BNetzA über die Auferlegung abstrakten Zugangsverpflichtungen nach §§ 21 oder 18 Abs. 1 nicht unterlaufen werden.[323] In verfahrensrechtlicher Hinsicht wird die Zugangsanordnung entweder durch Anrufung

---

oder Änderung einer Verpflichtung nach § 18 jedoch erst nach Konsultation und Konsolidierung ergehen (§ 13 Abs. 1 S. 5). Vgl. *Scherer*, in: Arndt/Fetzer/Scherer/Graulich, TKG, § 18 Rn. 29.

318 *Kühling/Schall/Biendl*, Telekommunikationsrecht, S. 178 Rn. 296.

319 *Geppert/Attendorn*, BeckTKG-Komm, § 25 Rn. 1; *Kühling/Neumann*, in: Säcker, TKG, § 25 Rn. 25.

320 Dies ergibt sich aus der Formulierung: „*die nach diesem Gesetz erforderlichen Voraussetzungen für eine Verpflichtung zur Zugangsgewährung*“ (§ 25 Abs. 1 S. 1). Mithin muss zuvor eine entsprechende Regulierungsverfügung mit dem Inhalt des § 18 Abs. 1 oder § 21 ergangen sein. Deren Voraussetzungen werden dann im Anordnungsverfahren nicht wiederholt geprüft.

321 Dies ergibt sich aus § 25 Abs. 2 (vgl. *Scherer*, in Arndt/Fetzer/Scherer/Graulich, TKG § 25 Rn. 14).

322 Dies erfordert eine konkrete Nachfrage und Bitte um Abgabe eines Angebots durch den Zugangswilligen bei dem Betreiber (Vgl. § 25 Abs. 2 Nr. 2 sowie 3). *Kühling/Neumann*, in: Säcker, TKG, § 25 Rn. 19.

323 *Geppert/Attendorn*, in: Geppert/Schütz, BeckTKG-Komm, § 25 Rn. 26.

eines Beteiligten des begehrten Zugangs oder aber von Amts wegen durch die BNetzA eingeleitet.[324]

Sofern die Voraussetzungen der Zugangsanordnung vorliegen, handelt es sich um eine gebundene Entscheidung. Gegenstand der Zugangsanordnung können „*alle Bedingungen einer Zugangsvereinbarung sowie die Entgelte sein*" (§ 25 Abs. 5 S. 1).[325] Mithin steht die Ausgestaltung der Zugangsanordnung im Ermessen der BNetzA.[326] Überdies besteht nach § 25 Abs. 6 S. 1 für die BNetzA die Möglichkeit Teilentscheidungen zu treffen, sofern sowohl die Bedingungen der Zugangsvereinbarung sowie der zu entrichtenden Entgelte streitig sind.[327] In der Regulierungspraxis ergingen vermehrt Zugangsanordnungen, die sich auf Entgelte bezogen.[328]

Die Zugangsanordnung ist als privatrechtsgestaltender Verwaltungsakt einzustufen.[329] Hierfür spricht zunächst die formale Bezeichnung als Anordnung.[330] Da sie sich auf einen konkreten Einzelfall (Zugangskonstellation zwischen Nachfrager und Netzbetreiber) bezieht und die Festlegung von Zugangsbedingungen gegenüber Privaten ermöglicht, erfüllt sie auch in der Sache die Voraussetzungen eines Verwaltungsaktes.[331] Nach der Rechtsprechung des *BVerwG* zur Vorgängernorm des § 25 begründet eine Zugangsanordnung einerseits ein öffentlich-rechtliches Rechtsverhältnis, welches die Verpflichtung zur Zugangsgewährung zu den festgelegten Bedingungen beinhaltet sowie andererseits eine privatrechtliche Vertragsbeziehung zwischen den Beteiligten der Zugangsanordnung.[332]

---

324 Letzteres ist der Fall, wenn dass Verfahren der Zugangsanordnung zur Erreichung der in § 2 genannten Ziele dienen kann (vgl. § 25 Abs. 4).

325 Bei dem Verweis auf die Anwendung der allgemeinen Vorschriften über Entgelte handelt es sich um einen Rechtsgrundverweis (§ 25 Abs. 5 S. 3). *Kühling/Neumann*, in: Säcker, TKG, § 25 Rn. 51.

326 *Ziekow*, Öffentliches Wirtschaftsrecht, § 14 Rn. 43.

327 Allerdings kann die Anordnung nur insgesamt angefochten werden (§ 25 Abs. 6 S. 3).

328 *Geppert/Attendorn*, in: Geppert/Schütz, BeckTKG-Komm, § 25 Rn. 8.

329 *Kühling/Neumann*, in: Säcker, TKG, § 25 Rn. 80; *Geppert/Attendorn*, in: Geppert/Schütz, BeckTKG-Komm, § 25 Rn. 65.

330 In formaler Hinsicht spricht für die Einordnung als Verwaltungsakt ebenfalls § 132 Abs. 1 S. 2.

331 Vgl. *Scherer*, in: Arndt/Fetzer/Scherer/Graulich, TKG, § 25 Rn. 21.

332 So *BVerwG* zur Zusammenschaltungsanordnung nach § 37 TKG 1996, Urt. v. 31.03.2004 - 6 C 11/03 – Juris Rn. 22.

## II. Entgeltregulierung

Die zweite tragende Säule der Marktregulierung bildet die sogenannte Entgeltregulierung.[333] Obwohl der Regulierungsgegenstand Entgelt über achtzig Mal in den §§ 27 bis 39 auftaucht[334], wird dieser Rechtsbegriff im TKG nicht definiert. Ausgehend vom allgemeinen Sprachgebrauch, handelt es sich bei einem Entgelt um eine meist in Währungseinheiten bezifferte Gegenleistung für eine erbrachte Leistung, wie etwa geleistete Arbeit oder ein Produkt.[335]

Neben der Zugangsregulierung ist die Entgeltregulierung für einen wirksamen Wettbewerb auf den Märkten elektronischer Kommunikation von elementarer Bedeutung. Denn ohne die Entgeltregulierung könnte die Verpflichtung zur Zugangsgewährung von zugangsregulierten Netzbetreibern durch die einseitige Diktion von Preisen für die Inanspruchnahme der Zugangsleistung faktisch ausgehebelt werden.[336] Anders gewendet, bietet die Höhe der Gegenleistungen, die der Netzbetreiber für die gewährte Netznutzung fordern kann, ein erhebliches Potential, fremde Anbieter faktisch von der Nutzung des eigenen Netzes auszuschließen. Daher wundert es nicht, dass – wie im allgemeinen Wettbewerbsrecht – die Adressaten der telekommunikationsrechtlichen Entgeltregulierung nur marktbeherrschende Unternehmen sind.[337]Allgemeines Ziel der Entgeltregulierung ist es, preispolitische Maßnahmen von Unternehmen mit beträchtlicher Marktmacht zu verhindern, durch die sie Endnutzer oder Wettbewerber missbräuchlich ausbeuten, behindern oder diskriminieren (§ 27 Abs. 1). Ausweislich der Gesetzesbegründung zum TKG 2004 dient die Entgeltregulierung als Instrument zur Herstellung funktionsfähigen Wettbewerbs.[338]

Die telekommunikationsrechtliche Entgeltregulierung differenziert zwischen der Art der Gegenleistung. Zu unterscheiden ist zwischen Entgelten für Endnutzerleistungen und solchen für Zugangsleistungen. Dies sind solche, die für die Nutzung von Infrastruktur und Diensten zum Zwecke der Erbringung von Telekommunikationsdiensten in Anspruch genommen werden.[339] Ferner

---

333 Vgl. *Kühling*, Sektorspezifische Regulierung in den Netzwirtschaften, S. 284 f.

334 Überdies wird der Begriff Entgelt auch an anderer Stelle im TKG verwendet. So beispielsweise in der Definition von Telekommunikationsdiensten (§ 3 Nr. 24) oder auch im Rahmen der Zugangsregulierung (§ 20 Abs. 1 oder § 25 Abs. 5).

335 Vgl. Duden online, http://www.duden.de/rechtschreibung/Entgelt, zuletzt besucht am 17.04.2019.

336 *Kühling/Schall/Biendl*, Telekommunikationsrecht, S. 188 Rn. 308.

337 Vgl. *Kühling*, Sektorspezifische Regulierung in den Netzwirtschaften, S. 285.

338 BT-Drucks. 15/2316, S. 66.

339 Vgl. § 3 Nr. 32.

werden Entgelte für Endnutzerleistungen reguliert. Hierunter sind Entgelte für das Angebot von Telekommunikationsdiensten gegenüber dem Endnutzer zu verstehen (§ 39).

Hinsichtlich der Eingriffsmodi im Rahmen der Entgeltregulierung wird zwischen der sogenannten Ex-ante- und der Ex-post-Entgeltregulierung unterschieden.

## 1. Regulierung von Entgelten für Zugangsleistungen

Die Regulierung von Entgelten für Zugangsleistungen[340] erfasst sowohl Leistungen für Zugangs- sowie – als Unterfall des Zugangs – auch Zusammenschaltungsleistungen (§ 3 Nr. 24). Damit betreffen entsprechende Entgelte die Vorleistungsebene. Diesbezüglich enthält das TKG mit der sogenannten Ex-ante-Entgeltregulierung in Form der Genehmigung (§§ 30-37) und der Ex-post-Entgeltregulierung (§ 38) zwei Arten zur Verhaltenssteuerung bei Forderung und Vereinbarung von Entgelten.[341]

Im Rahmen der Regulierungsverfügung entscheidet die BNetzA über das Ob und Wie der Regulierung von Entgelten für Zugangsleistungen (§§ 13 Abs. 1 S. 1, 30).[342] Zentrale Regelung für die Art der Entgeltregulierung von Zugangsleistungen ist § 30.[343] Dessen Abs. 1 und 2 enthalten die weichenstellenden Grundlagen für die Auswahl der zum Zuge kommenden Entgeltregulierungsart.[344] Die Entscheidung über die Art der Entgeltregulierung stellt einen untrennbaren Bestandteil des behördlichen Regulierungsermessens dar.[345] Mithin besteht diesbezüglich kein Beurteilungsspielraum der BNetzA,[346] denn das Regulierungsermessen schließt einen solchen aus.

---

340 Die Regulierung von Entgelten für Zugangsleistungen wird in den §§ 30 bis 38 geregelt.

341 Vgl. beispielsweise *Fetzer*, in: Arndt/Fetzer/Scherer/Graulich, TKG, § 18 Rn. 22 und 25.

342 Vgl. zur Auslegung des § 30 TKG in der Fassung von 2004 *BVerwG*, Urt. 02.04.2008 – 6 C 15.07, Juris Rn. 66.

343 Seit der Gesetzesnovelle von 2012 finden sich in dem neuen Abs. 3 allgemeine Vorgaben, die bei sämtlichen Entscheidungen im Rahmen der Entgeltregulierung von Zugangsleistungen zu berücksichtigen sind. Siehe BT-Drucks. 17/5707, S. 60.

344 *Kühling/Schall/Biendl*, Telekommunikationsrecht, S. 200 Rn. 335. Vgl. auch *BVerwG*, Urt. 02.04.2008 – 6 C 15/07 – Juris Rn. 61.

345 *Kühling/Schall/Biendl*, Telekommunikationsrecht, S. 205 Rn. 342.

346 *Kühling*, in: Geppert/Schütz, BeckTKG-Komm, § 30 Rn. 38 ff.

Aus § 30 folgt keine gesetzesunmittelbare Verpflichtung für eine bestimmte Art der Entgeltregulierung.[347] Dieser Befund sowie insbesondere die Frage, inwieweit die Auswahlentscheidung der BNetzA durch das Gesetz vorgesteuert wird, war hinsichtlich der Rechtslage zu § 30 TKG in der Fassung von 2004 nicht unumstritten.[348] Kritisiert wurde, dass insbesondere die in § 30 Abs. 1 und 3 TKG 2004[349] angelegte Vorsteuerung der Entscheidung der BNetzA im Widerspruch zu den unionsrechtlichen Vorgaben zur Entscheidungsfreiheit der nationalen Regulierungsbehörden bei der Ergreifung von Maßnahmen im Entgeltbereich stehe (Art. 8 und 13 Abs. 1 ZRL)[350]. Dementsprechend reagierte der Gesetzgeber im Rahmen der TKG-Novelle von 2012. Obwohl der Wortlaut von § 30 Abs. 1 und 2 TKG 2012 auf einen legislativ gewollten Ausgangsfall (Abs. 1 S. 1 und Abs. 2 S. 1) mit exekutiver Abweichungsbefugnis (Abs. 1 S. 2 und Abs. 2 S. 2) hindeutet[351], ergibt sich aus den Gesetzgebungsmaterialien der eindeutige Wille, dass diese Vorgaben *„im Hinblick auf den europarechtlich vorgesehenen Ermessenspielraum der Regulierungsbehörden ergebnisoffen ausgestaltet“* sind.[352] Nach dem Willen des Gesetzgebers sind die in den Abs. 1 und 2 zum Ausdruck kommenden Abwägungen nun im Rahmen der Ermessenausübung durch die BNetzA zu berücksichtigen.

Vor diesem Hintergrund besteht nunmehr Einigkeit darüber, dass die BNetzA bei ihrer Entscheidung über die Art der Entgeltregulierung das gesetzliche Entscheidungsprogramm von § 30 Abs. 1 und 2 zwar berücksichtigen muss, hierbei jedoch nicht wie im Falle eines intendierten Ermessens in ihrer Entscheidungsfreiheit eingeschränkt ist.[353]

347 *Kühling/Schall/Biendl*, Telekommunikationsrecht, S. 203 Rn. 342.

348 Im Einzelnen zur Kritik siehe *Kühling*, in: Geppert/Schütz, BeckTKG-Komm, § 30 Rn. 13 f.

349 In § 30 Abs. 1 S. 1 TKG 2004 hieß es, dass Entgelte eines marktmächtigen Unternehmens, dem eine Zugangsverpflichtung nach § 21 TKG auferlegt worden war, vorbehaltlich der weiteren Absätze von § 30 TKG 2004 einer Genehmigungspflicht nach § 31 TKG 2004 *„unterliegen“*.

350 Beziehungsweise zukünftig Art. 68 und 74 der Kodifizierungsrichtlinie (EU) 2018/1972.

351 Siehe *Kühling*, in: Geppert/Schütz, BeckTKG-Komm, § 30 Rn. 21, der insoweit von einer unglücklichen Normstruktur spricht.

352 BT-Drucks. 17/5707, S. 60, siehe dort auch zum folgenden Satz.

353 *Kühling/Schall/Biendl*, Telekommunikationsrecht S. 204 Rn. 342; vgl. auch *Groebel*, in: Säcker, TKG, § 30 Rn. 52.

Vielmehr werden die gesetzlichen Vorgaben als unverbindliche Einschätzung interpretiert.[354]

### a) Ex-ante-Entgeltregulierung

Die Ex-ante-Entgeltregulierung (§§ 31 bis 37) bezeichnet die Genehmigungsbedürftigkeit eines Entgeltes (vgl. § 31 Abs. 1, 30 Abs. 1 S. 1). Sofern sich die BNetzA im Wege der Regulierungsverfügung für die Anordnung dieser Regulierungsart entscheidet,[355] dürfen die betreffenden Entgelte durch die marktmächtigen Netzbetreiber erst nach voriger Genehmigung durch die BNetzA eingefordert werden (§ 37 Abs. 1). Mithin handelt es sich bei der Entgeltgenehmigung um ein präventives Verbot mit Erlaubnisvorbehalt.

Über die eigentliche Genehmigung des konkreten Entgeltes wird jedoch nicht bereits im Wege der Regulierungsverfügung entschieden. Diese Prüfung ist einem anschließenden, eigenständigen Genehmigungsverfahren vorbehalten, welches in den §§ 31 bis 36 geregelt ist.[356] Die Ausgangsvorschrift bildet § 31, welcher die Art beziehungsweise Vorgehensweise der Genehmigung festlegt und die zur Anwendung kommenden Entgeltmaßstäbe enthält.[357]

Für die Genehmigung genehmigungsbedürftiger Entgelte sind grob drei Berechnungsweisen zu unterscheiden (§ 31 Abs. 1, 2)[358], wobei mit der Möglichkeit der Genehmigung *„auf der Grundlage anderer Vorgehensweisen“* (§ 31 Abs. 2 Nr. 2) nunmehr eine generalklauselartige Auffangvorschrift besteht.[359] Nach § 31 Abs. 1 S. 1 Nr. 1 sind entweder einzelne Dienste oder zu einem Korb zusammengefasste Dienste mit ähnlicher Wettbewerbsintensität (§ 31 Abs. 1 S. 1 Nr. 2) zu genehmigen (sogenanntes Price-Cap-Verfahren).[360] Die Genehmigung einzelner Dienste erfolgt grundsätzlich anhand der jeweils auf sie entfallenden Kosten der effizienten Leistungsbereitstellung. Hingegen werden beim

---

354 *Kühling/Schall/Biendl*, Telekommunikationsrecht, S. 204 Rn. 342. In jedem Fall hat sich die BNetzA mit den gesetzlichen Vorgaben auseinander zu setzen und dies in ihrer Entscheidung zu begründen (a.a.O.).

355 Für eine Entgeltgenehmigungspflicht kommen die in § 30 Abs. 1 und Abs. 2 S. 2 genannten Entgelte in Betracht. Hiermit werden sämtliche Entgelte für Zugangsleistungen erfasst.

356 *Kühling/Schall/Biendl*, Telekommunikationsrecht, S. 205 Rn. 344.

357 *Kühling*, in: Geppert/Schütz, BeckTKG-Komm, § 31 Rn. 2.

358 Für eine ausführliche Darstellung der einzelnen Vorgehensweisen siehe *Kühling/Schall/Biendl*, Telekommunikationsrecht, S. 206 ff. Rn. 346 ff.

359 BT-Drucks. 17/5707, S. 62.

360 Vgl. *Fetzer*, in: Arndt/Fetzer/Scherer/Graulich, TKG, § 31 Rn. 5.

Price-Cap-Verfahren die Maßgrößen für die durchschnittlichen Änderungsraten der Entgelte festgelegt.[361] In beiden Fällen dürfen die Entgelte jedoch nicht die Summe der Kosten der effizienten Leistungsbereitstellung überschreiten (§ 31 Abs. 1 S. 2).[362] Die Berechnungsmethoden des Einzelgenehmigungs- und des Price-Cap-Verfahrens werden in den §§ 32 und 33 konkretisiert und durch die Pflicht zur Vorlage bestimmter Kostenunterlagen (§ 34) flankiert.[363]

Ferner wird in § 31 Abs. 2 Nr. 1 die Abschlagsberechnungsmethode bei Resale-Vorleistungen eines Betreibers mit beträchtlicher Marktmacht geregelt.[364] Hinsichtlich der Auswahl zwischen diesen Vorgehensweisen steht der BNetzA ein uneingeschränktes Ermessen zu, wobei jedoch hinsichtlich des Rückgriffs auf den Auffangtatbestand des § 31 Abs. 2 S. 2 dessen strenge Voraussetzungen vorliegen müssen.[365]

Die Frage, wann genehmigungsbedürftige Entgelte auch genehmigungsfähig sind, regelt § 35 Abs. 3. Der materielle Prüfungsmaßstab richtet sich dabei nach der jeweils zur Anwendung kommenden Vorgehensweise (§ 31 Abs. 1 oder Abs. 2).[366] In jedem Fall erfordert die Genehmigungsfähigkeit die Einhaltung der Vorgaben des § 28.[367] Im Fall der Genehmigungsfähigkeit, besteht insoweit

---

361 Vgl. *Lünenbürger/Hölscher/Stamm*, in: Scheurle/Mayen, TKG, § 31 Rn. 14 f.

362 § 31 Abs. 1 S. 1 sieht zwei Verfahrensweisen (Einzelgenehmigungsverfahren (Nr. 1) sowie Price-Cap-Verfahren (Nr. 2)) vor, bei denen die Kosten der effizienten Leistungsbereitstellung die Preisobergrenze bilden. Nach § 32 Abs. 1 setzten sich die Kosten der effizienten Leistungsbereitstellung (KeL) zusammen *„aus den langfristigen zusätzlichen Kosten der Leistungsbereitstellung und einem angemessenen Zuschlag für leistungsmengenneutrale Gemeinkosten, einschließlich einer angemessenen Verzinsung des eingesetzten Kapitals, soweit diese Kosten jeweils für die Leistungsbereitstellung notwendig sind.“*

363 *Eifert*, in: Ehlers/Fehling/Pünder, Besonderes Verwaltungsrecht Bd. 1, § 23 Rn. 82.

364 Siehe hierzu *Kühling/Schall/Biendl*, Telekommunikationsrecht, S. 210 Rn. 355. Bei dieser Methode berechnet sich das genehmigungsfähige Entgelt aus einem Abschlag auf den Endnutzerpreis (retail minus).

365 *Kühling/Schall/Biendl*, Telekommunikationsrecht, S. 212 Rn. 358 f.

366 *Kühling/Schall/Biendl*, Telekommunikationsrecht, S. 218 Rn. 375.

367 § 28 Abs. 1 S. 1 sieht ein generelles Missbrauchsverbot hinsichtlich der Forderung und Vereinbarung von Entgelten durch Anbieter von Telekommunikationsdiensten oder Betreiber öffentlicher Telekommunikationsnetze, die über beträchtliche Marktmacht verfügen, vor. Im System der telekommunikationsrechtlichen Missbrauchstatbestände handelt es sich dabei jedoch um ein spezielles Missbrauchsverbot im Verhältnis zum allgemeinen, sektorspezifischen Verbot nach § 42. Das entgeltbezogene Missbrauchsverbot wird durch die in § 28 Abs. 2 S. 2 aufgezählten Regelbeispiele des Preishöhenmissbrauchs, des Behinderungsmissbrauchs sowie der ungerechtfertigten

ein gebundener Anspruch auf Erteilung der Entgeltgenehmigung.[368] Soweit das betreffende Entgelt nur teilweise den gesetzlichen Vorgaben entspricht, ist eine Teilgenehmigung zu erlassen und im Übrigen die Genehmigung zu versagen (§ 35 Abs. 3 S. 2).[369]

### b) Ex-post-Entgeltregulierung

Die Ex-post- beziehungsweise die nachträgliche Entgeltregulierung ist für den verpflichteten, marktmächtigen Netzbetreiber nicht so eingriffsintensiv wie die Genehmigungspflicht. Zum einen kann das verpflichtete Unternehmen grundsätzlich die Entgelte fordern, für die die nachträgliche Regulierung angeordnet wurde, zum anderen erschöpft sich der Prüfungsmaßstab in dem entgeltspezifischen Missbrauchsverbot.[370]

Im Rahmen der Ex-Post-Entgeltregulierung ist zwischen der reinen nachträglichen Entgeltkontrolle (§ 38 Abs. 2) von Amts wegen sowie der reinen

---

Preisdiskriminierung konkretisiert. Die Begrifflichkeiten „Preishöhenmissbrauch", „Behinderungsmissbrauch" sowie „Diskriminierungsmissbrauch" werden üblicherweise verwendet um die Regelbeispiele in Kürze zu beschreiben (Siehe zu diesen Regelbeispielen: *Groebel*, in: Säcker, TKG, § 28 Rn. 22 ff). Nur die Regel- und Vermutungstatbestände des Behinderungsmissbrauchs oder Diskriminierungsmissbrauchs kann das jeweilige marktbeherrschende Unternehmen durch eine sachliche Rechtfertigung seines Verhaltens widerlegen (§ 28 Abs. 2 S. 2 a. E.). Die Fallgruppe des Behinderungsmissbrauchs wird wiederum durch die Vermutungstatbestände von § 28 Abs. 3 ausgeformt. Im Fall der Dumpingpreise nach § 28 Abs. 3 Nr. 1 geht es um die Erhebung solcher Entgelte, die die langfristigen zusätzlichen Kosten der betreffenden Leistung einschließlich einer angemessenen Verzinsung des eingesetzten Kapitals nicht decken. § 28 Abs. 3 Nr. 2 betrifft die Preis-Kosten-Schere, welche vorliegt, wenn die Spanne zwischen dem erhobenen Entgelt und dem entsprechenden Endnutzerentgelt nicht ausreicht, um einem effizienten Anbieter eine angemessene Verzinsung seines Kapitals zu ermöglichen. Ferner wird im Fall der sachlich ungerechtfertigten Bündelung des Produktangebots ein Missbrauch vermutet (§ 28 Abs. 3 Nr. 3). Siehe im Einzelnen zu diesen Vermutungstatbeständen: *Kühling/Schall/Biendl*, Telekommunikationsrecht, S. 192 ff. Rn. 317 ff.

368 *Groebel*, in: Säcker, TKG, § 35 Rn. 43.

369 Darüber hinaus enthält § 35 besondere prozessuale Vorgaben für den Fall, dass das regulierte Unternehmen mit einer Teilgenehmigung durch die BNetzA nicht einverstanden ist und im Wege des einstweiligen Rechtsschutzes die vorläufige Anordnung eines höheren Entgeltes beantragt (Siehe hierzu *Kühling/Schall/Biendl*, Telekommunikationsrecht, S. 220 f. Rn. 381 ff.).

370 *Ziekow*, Öffentliches Wirtschaftsrecht, § 14 Rn. 48.

Vorlagepflicht (§ 38 Abs. 1) zu unterscheiden. Für beide Formen gelten die Bestimmungen aus § 38 Abs. 2 bis 4.[371] Die Auswahlentscheidung über die Auferlegung einer dieser nachträglichen Kontrollvarianten trifft die BNetzA im Wege der Regulierungsverfügung.[372]

Materieller Prüfungsmaßstab im Rahmen der nachträglichen Kontrolle ist das entgeltspezifische Missbrauchsverbot aus § 28.[373] Sofern die betreffenden Entgelte dieses verletzen, sind sie durch die BNetzA zu untersagen und für unwirksam zu erklären (§ 35 Abs. 4 S. 1).[374]

Sofern die BNetzA im Wege der Regulierungsverfügung die nachträgliche Entgeltkontrolle nach § 38 auferlegt, besteht für das regulierte Unternehmen die Pflicht, betreffende Entgelte zwei Monate vor Inkrafttreten vorzulegen (§ 38 Abs. 1). Sofern die BNetzA die betreffenden Entgelte nicht innerhalb dieser Prüffrist untersagt oder überhaupt nicht reagiert, darf der regulierte Netzbetreiber von zugangsbegehrenden Nachfragern die angezeigten Entgelte fordern.[375] Denn § 38 Abs. 1 ermöglicht nur die nachträgliche Entgeltkontrolle sowie gegebenenfalls eine repressive Untersagung (§ 38 Abs. 1 S. 2).

Im Falle der reinen Ex-post-Entgeltregulierung überprüft die BNetzA die betreffenden Entgelte von Unternehmen mit beträchtlicher Marktmacht nur, wenn ihr Tatsachen bekannt werden, die die Annahme rechtfertigen, dass diese nicht mit den Maßstäben des entgeltspezifischen Missbrauchsverbots übereinstimmen (§ 38 Abs. 2).[376]

### 2. Regulierung von Entgelten für Endnutzerleistungen

Die Regulierung von Entgelten für Endnutzerleistungen richtet sich nach § 39. Die Entscheidung, ob und in welcher Weise – ex-post oder ex-ante – Entgelte für

---

371 *Kühling/Schall/Biendl*, Telekommunikationsrecht, S. 225 Rn. 386.

372 Dies ergibt sich aus § 13 Abs. 1 S. 1 i.V.m. § 30 Abs. 1 S. 2 bzw. Abs. 2.

373 *Heinickel/Scherer*, in: Arndt/Fetzer/Scherer/Graulich, TKG, § 38 Rn. 36.

374 Darüber hinaus besteht für die BNetzA die Möglichkeit Entgelte anzuordnen, die den Maßstäben des §28 genügen (§ 38 Abs. 4 S. 2). Ferner ordnet § 38 Abs. 4 S. 3 die entsprechende Anwendung von § 37 an. Zu den Einzelheiten dieser Rechtsfolgen siehe *Peters/Mielke,* in: Säcker, TKG, § 38 Rn. 83 ff.

375 *Kühling/Schall/Biendl*, Telekommunikationsrecht, S. 226 Rn. 388, siehe dort auch zum folgenden Satz.

376 Hinsichtlich dieser nachträglichen Kontrolle ist im Gesetz kein Antragsrecht von Nutzern oder Wettbewerbern des marktmächtigen Unternehmens vorgesehen. Sie erfolgt vielmehr von Amts wegen (*Peters/Mielke,* in: Säcker, TKG, § 38 Rn. 44).

Endnutzerleistungen der Regulierung nach § 39 unterliegen, trifft die BNetzA ebenfalls im Rahmen der Regulierungsverfügung.[377]

Für die Regulierung von Entgelten für Endnutzerleistungen sieht § 39 die Möglichkeit einer Ex-ante-Genehmigungspflicht (§ 39 Abs. 1) sowie eine nachträgliche Entgeltregulierung mit und ohne Vorlagepflicht (§ 39 Abs. 3) vor.[378] In tatbestandlicher Hinsicht sind als potentielle Adressaten dieser Regulierungsmaßnahmen Unternehmen mit beträchtlicher Marktmacht zu nennen, die Telekommunikationsdienste für Endnutzer anbieten und daher Entgelte für Endnutzerleistungen erheben. Obgleich diese Entgeltregulierungsarten den Instrumenten zur Regulierung von Entgelten für Zugangsleistungen entsprechen, folgt die Entgeltregulierung von Endnutzerleistungen einer anderen Systematik.[379] Die Unterwerfung von Entgelten für Endnutzleistungen unter eine Genehmigung kann nach § 39 Abs. 1 S. 1 nur in Betracht kommen, wenn die Verpflichtungen im Zugangsbereich nicht bereits zur Erreichung der Regulierungsziele (§ 2) führen.[380] Dagegen greift die Ex-post-Entgeltregulierung nach § 39 Abs. 3 ein, wenn keine Entgeltgenehmigungspflicht nach Abs. 1 S. 1 angeordnet wird. Dies führt in der Regel dazu, dass Entgelte für Endnutzerleistungen grundsätzlich der Ex-post-Regulierung nach § 39 Abs. 3 unterliegen.[381]

§ 39 Abs. 3 enthält im Einzelnen drei Regulierungsvarianten (grundsätzlich einfache Ex-post-Regulierung ohne dilatorische Anzeigepflicht (S. 1); zusätzlich mögliche Auferlegung einer dilatorischen Anzeigepflicht (S. 2) sowie die spezielle Anzeigepflicht nach S. 4).[382] Materieller Prüfungsmaßstab für jede Art der

---

377 Denn § 39 wird in § 13 Abs. 1 S. 1 als eine mögliche Regulierungsmaßnahme aufgezählt.

378 Darüber hinaus sieht § 38 Abs. 2 im Bereich bestimmter Universaldienstleistungen nach § 78 eine obligatorische (reine) nachträgliche Entgeltregulierung nach Maßgabe von § 38 Abs. 2 bis 4 vor. Zudem enthält § 39 Abs. 4 für ein sowohl auf Vorleitungs- als auch Endkundenmärkten gleichermaßen marktbeherrschendes Unternehmen die Verpflichtung, gleichzeitig mit einer geplanten Entgeltmaßnahme im Endnutzerbereich ein Angebot für die Vorleistung abzugeben. Dieses „*Gleichzeitigkeitsgebot*" blieb bislang ohne praktische Bedeutung. *Kühling/Neumann*, in: Säcker, TKG, § 38 Rn. 134.

379 *Kühling/Schall/Biendl*, Telekommunikationsrecht, S. 231 Rn. 393.

380 Im Falle der Unterwerfung unter die Genehmigungspflicht gelten die Regeln der §§ 31 bis 37 hinsichtlich der Ex-ante-Regulierung von Entgelten für Vorleistungen entsprechend (§ 39 Abs. 1 S. 3). Durch die Subsidiarität der Ex-ante-Genehmigungspflicht soll eine Doppelregulierung vermieden werden, *Kühling/Neumann*, in: Säcker, TKG, § 38 Rn. 2.

381 *Kühling/Schall/Biendl*, Telekommunikationsrecht, S. 233 Rn. 397.

382 *Kühling/Neumann*, in: Säcker, TKG, § 39 Rn. 97.

nachträglichen Entgeltregulierung ist das entgeltspezifische Missbrauchsverbot des § 28.[383]

## III. Sonstige Verpflichtungen und besondere Missbrauchsaufsicht

Weiter besteht die Marktregulierung aus Regelungen zur *„besonderen Missbrauchsaufsicht"* sowie *„sonstigen Verpflichtungen"* in Form von Vorschriften zur Separierungsregulierung (§§ 40, 41)[384] und – seit 2017[385] – gesetzesunmittelbaren Regelungen betreffend den Anschluss von Telekommunikationsdiensteeinrichtungen (§ 41b)[386] sowie zu Schnittstellenbeschreibungen (§ 41c)[387].

### 1. Funktionelle Trennung und freiwillige Trennung

Die Regelungen zur funktionellen sowie zur freiwilligen (funktionellen) Trennung wurden erst im Zuge der TKG-Novelle von 2012 implementiert.[388] Gemeinsames Anliegen dieser *„Separierungsregulierung"* ist die Verhinderung von Diskriminierungen außerhalb der Zugangs- und Entgeltregulierung.[389] Als potentiell Verpflichtete kommen vertikal integrierte Unternehmen[390] in Betracht, die auf den Märkten elektronischer Kommunikation über beträchtliche

---

383 § 38 Abs. 3 S. 1, 2. HS, S. 3.

384 In der Sache regeln § 40 und § 41 die funktionelle Trennung, weswegen sie stellenweise auch unter dem Stichwort *„Separierungsregulierung"* zusammengefasst werden (Vgl. *Kühling/Schall/Biendl*, Telekommunikationsrecht, S. 235 Rn. 401).

385 Siehe Gesetz zur Neufassung der Regelungen über Funkanlagen und zur Änderung des Telekommunikationsgesetzes sowie zur Aufhebung des Gesetzes über Funkanlagen und Telekommunikationsdiensteeinrichtungen, BGBl I 2017, 1947. Dieses Gesetz dient insbesondere der Umsetzung der Richtlinie 2014/30/EU sowie der Richtlinie 2014/53/EU, s. BT-Drucks. 18/11626, S. 33.

386 Diese Anschlussverpflichtung richtet sich – unabhängig von der Marktmacht – unmittelbar an Betreiber öffentlicher Telekommunikationsnetze und Anbieter öffentlich zugänglicher Telekommunikationsdienste.

387 Hierbei handelt es sich im Wesentlichen um die an Betreiber öffentlich zugänglicher Telekommunikationsnetze gerichtete Pflicht, Schnittstellenbeschreibungen gegenüber der BNetzA mitzuteilen, welche diese anschließend in ihrem Amtsblatt zu veröffentlichen hat (§ 41c Abs. 3).

388 Dagegen sind die zuvor in den §§ 40 und 41 geregelten Bestimmungen zur Betreiberauswahl und zum Angebot von Mietleitungen ersatzlos weggefallen.

389 *Kühling/Schall/Biendl*, Telekommunikationsrecht, S. 234 Rn. 400.

390 Dies sind solche, die auf mehreren, aufeinander folgenden Wertschöpfungsstufen tätig sind.

Marktmacht verfügen.[391] Für § 41 ergibt sich dies unmittelbar aus dem Wortlaut. Hinsichtlich § 40 folgt dies daraus, dass die funktionelle Trennung als außerordentliche Maßnahme durch die BNetzA nur angeordnet werden kann, wenn die Verpflichtungen der Zugangs- und Entgeltregulierung nicht zu einem wirksamen Wettbewerb geführt haben (§ 40 Abs. 1 S. 1).

Die Separierungsregulierung fußt auf der Überlegung, dass in vertikal integrierten Unternehmen regelmäßig der Anreiz besteht, für eigene Unternehmensteile bessere Konditionen zur Verfügung zu stellen als anderen Wettbewerbern.[392] Dem soll die Trennung der Unternehmensbereiche entgegen wirken.[393]

§ 41 eröffnet vertikal integrierten, marktmächtigen Unternehmen die Möglichkeit der Trennung auf eigene Initiative. Insofern statuiert § 41 Abs. 1 für das betreffende Unternehmen eine Unterrichtungspflicht gegenüber der BNetzA, welche diese in die Lage versetzen soll, die Auswirkungen der beabsichtigten Trennung auf bestehende Verpflichtungen der Zugangs- und Entgeltregulierung zu prüfen (§ 41 Abs. 2). Nach dieser Prüfung erlegt die BNetzA gegebenenfalls neue Regulierungsmaßnahmen auf, behält Verpflichtungen bei oder ändert sie ab. Darüber hinaus besteht die Befugnis zur Auferlegung von Abhilfemaßnahmen gegenüber dem separierten Geschäftsbereich (§ 41 Abs. 3). Mithin hindert die freiwillige Separierung die BNetzA nicht daran, entsprechende Regulierungsverfügungen zu erlassen.[394]

Im Unterschied zur freiwilligen Trennung findet sich in § 40 Abs. 1 S. 1 eine *„außerordentliche"* Ermächtigungsgrundlage zur Anordnung der funktionellen Separierung, die im Ermessen der BNetzA steht. Tatbestandlich setzt sie voraus, dass die im Rahmen der Zugangs- und Entgeltregulierung ergriffenen Maßnahmen nicht zu einem wirksamen Wettbewerb geführt haben und andauernde Wettbewerbsprobleme bestehen (§ 40 Abs. 1 S. 1). Angesichts ihres bedeutenden Eingriffscharakters handelt es sich insoweit um eine ultima-ratio-Verpflichtung.[395] Anders als bei den übrigen Marktregulierungsmaßnahmen

---

391 Ebenso *Mohr*, in: Säcker, TKG, § 40 Rn. 2

392 *Eifert*, in: Ehlers/Fehling/Pünder, Besonderes Verwaltungsrecht Bd. 1, § 23 Rn. 104, siehe dort auch zum folgenden Satz.

393 Vorschriften zu derartigem *„Unbundling"* sind schon seit langem im EnWG zu finden, welches die wesentlichen Vorschriften zur Regulierung der Energiewirtschaft enthält.

394 *Schreiber*, in: Geppert/Schütz, BeckTKG-Komm, § 41 Rn. 30.

395 Dies ergibt sich bereits aus der Formulierung *„als außerordentliche Maßnahme"* (§ 40 Abs. 1 S. 1).

erfordert diese Verpflichtung die Zustimmung der Kommission.[396] Aufgrund dieser hohen Anforderungen dürfte § 40 nur geringe praktische Bedeutung zukommen.[397]

## 2. Besondere Missbrauchsaufsicht

Auch die besondere Missbrauchsaufsicht – bestehend aus Regelungen gegen missbräuchliches Verhalten sowie zur Vorteilsabschöpfung – ist an marktmächtige Unternehmen adressiert. Trotz dieser Bezeichnung handelt es sich im Gefüge der Marktregulierung um allgemeine Vorschriften. Im Bereich der Entgeltregulierung geht das spezifische Missbrauchsverbot nach § 28 als speziellere Regelung vor.[398] Besondere Regelungen stellen die §§ 42, 43 allerdings im Verhältnis zur – allgemeinen – wettbewerbsrechtlichen Missbrauchsaufsicht (§§ 19, 20, 32, 34 GWB) dar.[399]

Regelungstechnisch ist zwischen der repressiven und der präventiven Missbrauchsaufsicht durch die BNetzA zu unterscheiden. Über den Erlass einer präventiven Missbrauchsverfügung hat sie im Rahmen der Regulierungsverfügung zu entscheiden (§ 13 Abs. 1 S. 1). Hiernach kann die BNetzA die erforderlichen Maßnahmen anordnen, um zu vermeiden, dass ein Unternehmen seine marktmächtige Stellung „*auf Endnutzermärkten missbräuchlich auszunutzen droht*". [400] Davon unabhängig kann die BNetzA, sofern sie ein missbräuchliches Verhalten im Sinne des § 42 Abs. 1 bis 3 feststellt, jederzeit eine repressive beziehungsweise nachträgliche Missbrauchsverfügung erlassen.[401] Die Einleitung des nachträglichen Missbrauchsverfahrens ist sowohl von Amts wegen als auch auf

396 *Mohr*, in: Säcker, TKG, § 40 Rn. 48. Im Anschluss an die Entscheidung der Kommission führt die BNetzA ein neues Marktanalyseverfahren durch und passt gegebenenfalls die Regulierungsverfügungen an (§ 40 Abs. 4). Ferner besteht die Möglichkeit von Regulierungsverfügungen gegenüber jedem separierten Geschäftsfeld (§ 40 Abs. 5).

397 Vgl. *Schreiber*, in: Geppert/Schütz, BeckTKG-Komm, § 40 Rn. 1; *Kühling/Schall/Biendl*, Telekommunikationsrecht, S. 235 Rn. 403.

398 Näher zur Abgrenzung der sektorspezifischen Missbrauchstatbestände im TKG *Kühling/Schall/Biendl*, Telekommunikationsrecht, S. 239 ff. Rn. 412 ff.

399 *Schütz*, in: Geppert/Schütz, BeckTKG-Komm, § 42 Rn16.

400 Diese Befugnis zur präventiven Missbrauchsaufsicht wurde im Zuge des TKG-Änderungsgesetz v. 18.02.2007 neu eingefügt. *Gersdorf*, in: Säcker, TKG, § 42 Rn. 51.

401 Mithin steht der BNetzA hinsichtlich der Frage, Wie das missbräuchliche Verhalten zu beenden ist, ein Ermessensspielraum zu.

Antrag eines Anbieters von Telekommunikationsdiensten möglich (§ 42 Abs. 4 S. 1, 6).[402]

## IV. Flankierende Regelungsgegenstände

Abseits der Marktregulierungsvorschriften finden sich weitere Anspruchsgrundlagen, die das Verhältnis von Netzbetreibern und Diensteanbietern beziehungsweise der Marktteilnehmer untereinander betreffen können. Namentlich geht es um das sektorspezifische Streitbeilegungsverfahren vor der BNetzA sowie den besonderen Schadensersatz- und Unterlassungsanspruch. Diese Regelungsgegenstände gehören zwar nicht zum Marktregulierungsverfahren. Gleichwohl können über sie Entscheidungen der BNetzA zur Marktregulierung auf unterschiedlichen Wegen durchgesetzt werden.

Der in § 44 geregelte besondere Schadensersatz- und Unterlassungsanspruch verlangt in tatbestandlicher Hinsicht unter anderem, dass ein Unternehmen gegen das TKG oder eine aufgrund des TKG erlassene Verfügung der BNetzA verstößt (§ 44 Abs. 1 S. 1). Ebenso bezieht sich der Streitgegenstand des außergerichtlichen, behördlichen Streitbeilegungsverfahrens auf die Beilegung von Streitigkeiten aus oder aufgrund des TKG (§ 133 Abs. 1 S. 1). Zu den Entscheidungen aufgrund des TKG zählen namentlich auch die Entscheidungen, die die BNetzA im Rahmen der Marktregulierung trifft.

# G. Zum Begriff des Dritten

In numerischer Hinsicht impliziert der Begriff des Dritten, dass es mindestens zwei weitere Personen geben muss. Dies bestätigt bereits ein Blick auf

402 In materieller Hinsicht enthält § 42 ein generalklauselartiges Verbot der Ausnutzung einer marktmächtigen Stellung (Abs. 1 S. 1), welches durch Beispielsfälle (Abs. 1 S. 2) konkretisiert wird. Ferner enthalten die Abs. 2 und 3 Vermutungstatbestände für einen Missbrauch der marktbeherrschenden Stellung. Als Normadressaten des Missbrauchsverbots kommen neben Anbietern bestimmter Universaldienstleistungen auch Anbieter von telekommunikationsgestützten Diensten sowie Betreiber öffentlicher Telekommunikationsnetze in Betracht, sofern sie über beträchtliche Marktmacht verfügen. Damit ist der Kreis der potentiellen Adressaten zum einen sehr weit gefasst. Zum anderen wird deutlich, dass auch die allgemeine sektorspezifische Missbrauchsaufsicht, auf einer vorigen Marktdefinition und -analyse aufbaut. Diese Verfahren dienen der Ermittlung des Tatbestandsmerkmals *„beträchtliche Marktmacht"*. Mittlerweile hat das *BVerwG* diesen Befund auch ausdrücklich bestätigt (siehe *BVerwG* v. 19.09.2007 – 6 C 34.06 – BeckRS 2007, Rn. 9 f.).

Nachbarstreitigkeiten aus dem Bereich des öffentlichen Baurechts, welche typischerweise als Drittschutzkonstellationen bezeichnet werden. Zur Veranschaulichung mag folgender Fall dienen: Ein Grundstückseigentümer erhält für ein Bauvorhaben von der zuständigen Behörde die beantragte Baugenehmigung. Der Nachbar des Genehmigungsadressaten ist hiermit nicht einverstanden und will gegenüber der Genehmigungsbehörde gegen die dem Genehmigungsadressaten erteilte Baugenehmigung gerichtlich vorgehen. Gemeint ist mithin die Konstellation, in der ein Dritter Rechtsschutz gegen einen Verwaltungsakt begehrt, den eine Behörde gegenüber einem anderen Adressaten erlassen hat. Diese beispielhafte Drittanfechtungskonstellation begegnet in vielen Bereichen des öffentlichen Wirtschaftsrechts. Abstrahieren lässt sich, dass die Bezeichnung Dritter eine Person beschreibt, die nicht Adressat einer behördlichen Maßnahme ist. Ferner geht es um Beziehungen zwischen mehreren Privaten auf der einen und der Verwaltung auf der anderen Seite.

## I. Ausgangspunkt Art. 4 Abs. 1 RRL

Im unionalen Rechtsrahmen – ohne an dieser Stelle auf den Rechtscharakter von Art. 4 Abs. 1 S. RRL eingehen zu wollen – lässt sich eine erste Annäherung aus der Rechtsbehelfsregelung des Art. 4 Abs. 1 S. 1 RRL[403] gewinnen. Hiernach haben die Mitgliedstaaten sicher zu stellen,

> *„dass es auf nationaler Ebene wirksame Verfahren gibt, nach denen jeder Nutzer oder Anbieter elektronischer Kommunikationsnetze und/oder -dienste, der von einer Entscheidung einer nationalen Regulierungsbehörde betroffen ist, bei einer von den Parteien unabhängigen Beschwerdestelle einen Rechtsbehelf einlegen kann.“*

Diese Umsetzungsvorgabe spricht nicht ausdrücklich von Dritten. Gleichwohl verlangt sie für jeden Nutzer oder Anbieter elektronischer Kommunikationsnetze und/oder -dienste die Statuierung eines wirksamen Rechtsbehelfsverfahrens hinsichtlich solcher Entscheidungen der Regulierungsbehörde, die sie betreffen. Mithin wird das Verhältnis zwischen Nutzern oder Anbietern elektronischer Kommunikationsnetze und/oder -dienste gegenüber der Regulierungsbehörde angesprochen, die durch deren Entscheidung betroffen sind.

Herausgearbeitet wurde, dass die telekommunikationsrechtliche Marktregulierung als zielorientierte Aufgabe zur Gestaltung der Erbringung von Telekommunikationsdienstleistungen durch Private zu verstehen ist, die der BNetzA

403 Art. 4 RRL entspricht Art. 31 der Kodifizierungsrichtlinie (EU) 2014/1972.

obliegt.[404] In der Sache geht es um die Gestaltung der privatwirtschaftlichen Erbringung von Telekommunikationsdienstleistungen (vgl. Art. 87f Abs. 2 S. 1 GG).[405] Der Erbringung von Telekommunikationsdiensten durch Private liegt denklogisch eine multipolare Konfliktsituation zugrunde. Derjenige, der Telekommunikationsdienstleistungen erbringen will, wird regelmäßig „*seine(n) Interessen (nur) auf Kosten eines anderen zum Durchbruch verhelfen*“ können.[406]

Dies ist naturgemäß beim Nachfragerwettbewerb der Fall.[407] Hier konkurrieren mehrere Nachfrager um den Bezug von Dienstleistungen eines anderen. Eine Konfliktsituation kann auch beim Anbieterwettbewerb entstehen.[408] Hierbei konkurrieren mehrere Anbieter um den Absatz von Dienstleistungen gegenüber Dritten. Multipolar werden diese Konfliktsituationen hinsichtlich der Frage, inwiefern einem Privaten die Rechtsmacht zustehen kann, seine Interessen gegenüber dem Staat als Marktregulierer (beziehungsweise der BNetzA) durchzusetzen und so auf Kosten des privaten Konfliktgegners zu verwirklichen.[409]

## II. Grundsätze des GWB und UWG

Bei der telekommunikationsrechtlichen Marktregulierung handelt es sich um spezielles Wettbewerbsrecht, so dass zur Begriffsbestimmung auch auf die Grundsätze des allgemeinen Wettbewerbsrechts zurückgegriffen werden kann. Begünstigte des allgemeinen Schadensersatz- und Unterlassungsanspruches nach § 33 Abs. 1 S. 3 GWB sind „*Mitbewerber oder sonstige Marktteilnehmer*“, die durch einen Gesetzesverstoß beeinträchtigt sind. Diese Begrifflichkeiten werden im Wettbewerbsrecht zwar nicht definiert. Im Ansatz können jedoch – trotz der unterschiedlichen Zweckrichtung – die Legaldefinitionen des Lauterkeitsrechts zur Begriffsbestimmung herangezogen werden.[410] Nach § 2 Abs. 1 Nr. 2 UWG sind Marktteilnehmer neben Mitbewerbern alle Personen, die als Anbieter oder Nachfrager von Waren oder Dienstleistungen tätig sind.[411] Dabei wird als Mitbewerber jeder Unternehmer begriffen, der mit einem oder mehreren

404 Siehe Kapitel 1, § 2, III. Fazit, S. 43.
405 Diese Gestaltungsverpflichtung wird durch die Ziele des § 2 Abs. 2 determiniert.
406 *Schmidt-Preuß*, Kollidierende Privatinteressen, S. 9. Siehe dort auch zu den fünf Grundkonstellationen multipolarer Konfliktlagen im Verwaltungsrecht.
407 Vgl. *Ohly/Sosnitza*, UWG, § 2 Rn. 68. Siehe dort auch zum folgenden Satz.
408 Vgl. *Ohly/Sosnitza*, UWG, § 2 Rn. 74, dort auch zum folgenden Satz.
409 Vgl. *Schmidt-Preuß*, Kollidierende Privatinteressen, S. 8.
410 Vgl. *Emmerich*, in: Immenga/Mestmäcker, Wettbewerbsrecht Bd. 2, § 33 Rn. 12 f.
411 Siehe § 2 Abs. 1 Nr. 2 UWG.

Unternehmern als Anbieter oder Nachfrager von Waren oder Dienstleistungen in einem konkreten Wettbewerbsverhältnis steht.[412] Im Interesse eines effektiven Individualrechtsschutzes werden keine hohen Anforderungen an das Bestehen eines konkreten Wettbewerbsverhältnisses gestellt.[413] Entscheidender Anknüpfungspunkt ist die geschäftliche Handlung. Nach dem *EuGH* sind Unternehmen als Mitbewerber zu qualifizieren, wenn die von ihnen auf dem Markt angebotenen Dienstleistungen oder zumindest ein Teil davon substituierbar sind.[414] Dies sei anzunehmen, wenn sie *„in gewisser Weise gleichen Bedürfnissen dienen können"*. Der *BGH* fasste in einer neueren Entscheidung die Grundsätze für ein konkretes Wettbewerbsverhältnis wie folgt zusammen:

> „Ein konkretes Wettbewerbsverhältnis besteht nicht nur dann, wenn zwei Parteien gleichartige Waren oder Dienstleistungen innerhalb desselben Endverbraucherkreises abzusetzen versuchen. Es besteht vielmehr auch dann, wenn zwischen den Vorteilen, die die eine Partei durch eine Maßnahme für ihr Unternehmen oder das eines Dritten zu erreichen sucht, und den Nachteilen, die die andere Partei dadurch erleidet, eine Wechselwirkung in dem Sinne besteht, dass der eigene Wettbewerb gefördert und der fremde Wettbewerb beeinträchtigt werden kann. Danach besteht regelmäßig ein konkretes Wettbewerbsverhältnis, wenn die eine Partei als Inhaber eines Schutzrechts oder als Inhaber von ausschließlichen Nutzungsrechten an einem Schutzrecht die Herstellung oder den Vertrieb eines von diesem Schutzrecht erfassten Produktes lizenziert und die andere Partei dem Schutzrecht entsprechende Produkte anbietet oder vertreibt."[415]

Vor diesem Hintergrund – und ausgehend von der asymmetrischen Marktregulierung nach dem TKG[416] – kann an dieser Stelle als Dritter im Sinne dieser Arbeit grundsätzlich ein Mitbewerber des durch die BNetzA regulierten oder zu regulierenden Unternehmens verstanden werden.

## III. Telekommunikationsrechtliche Zugangsdefinition

Die bedeutendsten Verpflichtungen im Rahmen der telekommunikationsrechtlichen Marktregulierung sind die Zugangsverpflichtungen, welche wiederum durch die zweite tragende Säule der Entgeltregulierung flankiert werden.[417] Das

---

412 Siehe § 2 Abs. 1 Nr. 3 UWG.

413 *Köhler/Bornkamm*, UWG, § 2 Rn. 95, siehe dort auch zum nächsten Satz.

414 Vgl. *EuGH*, Urt. v. 19.04.2007 – C-381/05 – BeckRS 2007, 70262 Rn. 30. Vgl. dort auch zum folgenden Satz.

415 Siehe Leitsatz zu *BGH*, Urt. v. 10.04.2014 – I ZR 43/13 – BeckRS 2014, 18025.

416 Siehe hierzu unter Kapitel 1, § 2, I. Zum Ablauf des Marktregulierungsverfahrens, S. 70.

417 Siehe Kapitel 1, § 2, I. Zugangsregulierung S. 82 sowie II. Entgeltregulierung, S. 89.

Anbieten von Telekommunikationsdiensten erfordert regelmäßig den Zugriff auf Infrastrukturleistungen anderer – regelmäßig marktbeherrschender – Unternehmen.[418] Nach § 3 Nr. 32 ist unter Zugang im Wesentlichen „*die Bereitstellung von Einrichtungen oder Diensten für ein anderes Unternehmen unter bestimmten Bedingungen zum Zwecke der Erbringung von Telekommunikationsdiensten*" zu verstehen. Die Zugangsdefinition spricht das Verhältnis des zugangsverpflichteten Netzbetreibers und des nachfragenden Unternehmens an. Mithin ist der Zugangsregulierung eine mehrpolige Konfliktsituation immanent. Anbieter von Telekommunikationsdiensten sind – insbesondere im Bereich der Teilnehmeranschlussleitung[419] – auf die Nutzung fremder Netzinfrastruktur angewiesen, um ihre Dienstleistungen gegenüber Endkunden anbieten zu können.[420] Über die Zugangsverpflichtungen, die die BNetzA im Wege der Regulierungsverfügung dem jeweiligen Netzbetreiber auferlegt, werden die allgemeinen Bedingungen festgelegt, unter denen dieser nachfragenden Anbietern oder Netzbetreibern Zugangsleistungen zur Verfügung stellen muss.[421] Hiervon ausgehend sind im Verhältnis zur BNetzA sowie zum zugangsverpflichteten Unternehmen unter Dritten Unternehmen zu verstehen, die Zugangsleistungen zum Zwecke der Erbringung von Telekommunikationsdiensten nachfragen.

## IV. Fazit

Festzuhalten ist, dass der Begriff des Dritten im Rahmen dieser Untersuchung im Verhältnis zur BNetzA und zum regulierten beziehungsweise potentiell regulierungsbedürftigen Unternehmen zu bestimmten ist. Dabei steht in negativer Hinsicht fest, dass es sich bei einem Dritten nicht um eine der vorgenannten Personen handelt.

Gleichwohl lässt sich der hier zugrunde gelegte Begriff des Dritten nicht mit dem rein wettbewerblichen Verständnis des Mitbewerbers gleichsetzen. Dies würde im Kontext der telekommunikationsrechtlichen Marktregulierung zu

---

418 Zuvörderst gilt dies für den Festnetzbereich. Denn die hierzu gehörenden Teilnehmeranschlussleitungen befinden sich nahezu insgesamt in der Hand der Telekom Deutschland GmbH, siehe Kapitel 1, § 2, I. Zugangsregulierung, S. 82.

419 Diese liegt weitgehend in der Hand der Telekom Deutschland GmbH. Teilnehmeranschlussnetze werden auch als Ortsnetze bezeichnet. Sie stellen die physische Anbindung des einzelnen Teilnehmers im Festnetz der Telekom Deutschland GmbH dar (*Kühling/Biendl/Schall*, Telekommunikationsrecht, S. 56 Rn. 99.

420 Vgl. *Geppert/Attendorn*, in: Geppert/Schütz, BeckTKG-Komm, § 21 Rn. 4.

421 Siehe oben Kapitel 1, § 2, I. Zugangsregulierung, S. 82.

kurz greifen, denn diese erschöpft sich nicht nur in der Verhinderung marktbeherrschenden Verhaltens (vgl. § 19 GWB). Sie dient der Sicherstellung wirksamen Wettbewerbs, welcher anzunehmen ist, wenn kein Unternehmen über beträchtliche Marktmacht verfügt (§ 11 Abs. 1 S. 2). Allerdings darf die Marktregulierung tatbestandlich nur auf regulierungsbedürftigen Märkten zum Einsatz kommen.[422] Dies sind solche, die durch anhaltende Marktzutrittsschranken gekennzeichnet sind, längerfristig nicht zu wirksamen Wettbewerb tendieren und auf denen das allgemeine Wettbewerbsrecht nicht ausreicht, um dem herrschenden Marktversagen zu begegnen.[423] Mithin zielt die telekommunikationsrechtliche Marktregulierung auf die Schaffung von Wettbewerb und nicht lediglich auf dessen Sicherung.

Weiter rekrutiert sich der Begriff des Dritten denklogisch aus dem Kreis der gesetzlich definierten Akteure der Marktregulierung. Namentlich geht es um Unternehmen, die – wie das durch die BNetzA regulierte Unternehmen – gewerblich öffentlich zugängliche Telekommunikationsnetze betreiben und/oder gewerblich öffentlich zugängliche Telekommunikationsdienste erbringen beziehungsweise die Aufnahme derartiger Tätigkeiten beabsichtigen. Mit anderen Worten geht es um Anbieter und/oder Netzbetreiber, die der Meldepflicht gemäß § 6 Abs. 1 unterliegen.

Die Marktregulierung – als ökonomisch motivierte Verhaltenssteuerung – dient insbesondere der Schaffung und Förderung chancengleichen Wettbewerbs.[424] Namentlich soll die Zugangsregulierung Unternehmen das Anbieten von Telekommunikationsdiensten ermöglichen.[425] Demzufolge kommen Endverbraucher beziehungsweise Verbraucher – sowie Behörden – als Dritte im Sinne dieser Untersuchung nicht in Betracht.[426]

Nach alledem bestimmt sich der im Rahmen dieser Untersuchung zugrunde gelegte Begriff des Dritten aus dem Kreis der meldepflichtigen Anbieter und Netzbetreiber. Ausgangspunkt soll dabei die telekommunikationsrechtliche Zugangsdefinition sein. Hiernach kann als Dritter in erster Linie ein gewerblicher Anbieter von Telekommunikationsdiensten und/oder gewerblicher

422 Siehe oben Kapitel 1, § 2, 1. Marktdefinition, S. 71.

423 Die Anforderungen der Regulierungsbedürftigkeit eines sachlich und räumlich abgegrenzten Marktes ergeben sich aus § 10 Abs. 2.

424 Vgl. § 2 Abs. 2 Nr. 2.

425 Vgl. *Kühling/Schall/Biendl*, Telekommunikationsrecht, S. 162 Rn. 268.

426 Diese Eingrenzung wird zum einen durch die Adressatenrichtung der Vorschriften zur telekommunikationsrechtlichen Marktregulierung bedingt. Zum anderen befasst sich Teil 3 des TKG ausdrücklich mit Regelungen zum Kundenschutz.

Betreiber öffentlich zugänglicher Telekommunikationsnetze verstanden werden, der berechtigt ist, Zugangsleistungen zum Zwecke der Erbringung von Telekommunikationsdiensten von – regelmäßig marktmächtigen – Netzbetreibern nachzufragen.[427] In brevi sind nachstehend unter Dritten zugangsberechtigte Anbieter oder Netzbetreiber zu verstehen.[428]

---

427 Eine Zugangsverpflichtung nach § 18 knüpft nicht an das Merkmal beträchtlicher Marktmacht an. Stattdessen wird die Kontrolle über den Zugang zu Endnutzern gefordert.

428 Dabei kann im Verhältnis zu BNetzA und Regulierungsadressat auch von nichtregulierten Unternehmen gesprochen werden.

# § 3 Sektorspezifischer Rechtsschutz Dritter im Überblick

Naturgemäß ist gerichtlicher Individualrechtsschutz in der Regel nicht altruistisch motiviert. Anlass für die Anrufung der dritten Gewalt ist vielmehr, dass eine Person einen vollstreckbaren Titel begehrt, der der Verwirklichung ihrer Individualinteressen dient. Dabei wird das jeweilige Rechtsschutzgesuch durch das zugrunde liegende Begehren bestimmt.[429] Nachstehend werden anhand der potentiellen Rechtsschutzbegehren von Anbietern und Netzbetreibern, die Zugangsleistungen zur Erbringung von Telekommunikationsdiensten nachfragen, die möglichen Rechtswege dargestellt.

## A. Potentielle Rechtsschutzziele Dritter im Rahmen der telekommunikationsrechtlichen Marktregulierung

Sowohl im Zivilprozess als auch im verwaltungsgerichtlichen Verfahren bestimmt der Rechtsschutzsuchende den Streitgegenstand des jeweiligen Rechtsbehelfs.[430] Dabei sind die Verwaltungsgerichte gehalten, dass im Antrag zum Ausdruck kommende Rechtsschutzziel zu ermitteln.[431]

Der Marktregulierung liegt ein mehrpoliges Rechtsverhältnis zwischen der BNetzA als Regulierungsbehörde, dem regulierten beziehungsweise zu regulierenden Netzbetreiber sowie den Unternehmen zugrunde, die Zugangsleistungen von diesem nachfragen.[432] Hier lassen sich die potentiellen Rechtsschutzinteressen eines Dritten entsprechend der jeweils gedachten Geraden von ihm zum regulierten Unternehmen sowie zur Regulierungsbehörde veranschaulichen.

### I. Vertikalverhältnis

Das Verhältnis des Anbieters beziehungsweise Netzbetreibers, der Zugangsleistungen nachfragt, zur BNetzA kann als Vertikalverhältnis beschrieben werden. Denn es geht um die Beziehung zwischen einem Privaten und einer Behörde.[433] Nachstehend werden die potentiellen Rechtsschutzbegehren Dritter auf der Primärebene, das heißt, hinsichtlich der gerichtlichen Überprüfung staatlichen

---

429 Vgl. § 88 VwGO sowie § 308 Abs. 1 ZPO.

430 Dies ist Ausdruck der Dispositionsmaxime.

431 *Kopp/Schenke*, VwGO, § 88 Rn. 3.

432 Zum Wesen der telekommunikationsrechtlichen Marktregulierung Kapitel 1, § 2, III. Fazit, S. 43.

433 *Schmidt-Kötters*, in: Posser/Wolff, BeckOK VwGO, § 42 Rn. 137.

Verhaltens[434], dargestellt. Diese lassen sich im Vertikalverhältnis anhand der Regelungsgegenstände der Marktregulierung projizieren. Denn wegen des Vorbehalts des Gesetzes sowie des Postulats gesetzmäßigen Handelns bestimmen sich die Handlungsmöglichkeiten der BNetzA nach den Vorschriften der Marktregulierung. Mit den Worten von *Schmidt-Preuß* geht es im Vertikalverhältnis um die Frage, inwiefern Dritten die Rechtsmacht zusteht, gegenüber der BNetzA die Einhaltung der Vorschriften zur Marktregulierung gegenüber anderen Unternehmen durchzusetzen.[435]

Im Rahmen der Regulierungsverfügung entscheidet die BNetzA über Verpflichtungen der Zugangsregulierung, der präventiven Missbrauchsaufsicht sowie über die Art und Weise der Regulierung sowohl der Vorleistungs- als auch Endkundenentgelte. Je nachdem ob die Marktanalyse ergibt, dass auf dem betreffenden Markt wirksamer Wettbewerb herrscht oder nicht, legt sie nach ihrem Ermessen vorgenannte Verpflichtungen auf, ändert sie, behält sie bei oder widerruft sie (§ 13 Abs. 1 S. 1). Hinsichtlich Auferlegung, Änderung oder Beibehaltung von Regulierungsverpflichtungen könnten Dritte der Ansicht sein, dass die ergriffenen Verpflichtungen nicht ausreichend seien könnten. In diesem Falle wäre ihr Rechtsschutzbegehren darauf gerichtet, dass die BNetzA weitergehende Verpflichtungen gegenüber dem zu regulierenden Unternehmen ergreift. Im Bereich der Zugangsverpflichtungen könnte beispielsweise begehrt werden, dass weitergehende Verpflichtungen in Form des Zugangs zu bestimmten Netzkomponenten oder -einrichtungen einschließlich des entbündelten Breitbandzugangs vom marktmächtigen Netzbetreiber zu gewähren sind.[436]

Im Rahmen der Marktdefinition legt die BNetzA zunächst den regulierungsbedürftigen Markt fest. Weiter wird durch die Marktanalyse festgelegt, welches beziehungsweise welche Unternehmen über beträchtliche Marktmacht verfügen. Mithin wird im Vorfeld über das gleichnamige Tatbestandsmerkmal der überwiegend asymmetrischen Regulierungsverpflichtungen entschieden. Bereits aus diesen Gründen dürften die Ergebnisse von Marktdefinition und -analyse für

---

434 Allgemein wird im Verhältnis zur staatlichen Gewalt hinsichtlich der Rechtsschutzmöglichkeiten des Einzelnen zwischen dem sogenannten Primär- und Sekundärrechtsschutz unterschieden. Bei letzterem geht es um den Ersatz von Schäden, die dem Einzelnen durch eine (rechtswidrige) staatliche Maßnahme entstanden sind. In Abgrenzung hierzu dient der Primärrechtsschutz dazu, die Rechtmäßigkeit einer staatlichen Handlung gerichtlich zu überprüfen und gegebenenfalls eine Rechtsgutverletzung zu verhindern (Vgl. *Axer*, DVBL 2001, 1322 ff.).

435 Vgl. *Schmidt-Preuß*, Kollidierende Privatinteressen, S. 9.

436 Siehe zu diesem Regelbeispiel der Zugangsverpflichtung § 21 Abs. 2 Nr. 1.

Dritte von Bedeutung sein. Vorstellbar erscheint, dass etwa die Definition eines anderen regulierungsbedürftigen Marktes oder die Einstufung eines weiteren Unternehmens als marktbeherrschend begehrt wird.

Bei dem Verfahren der Marktregulierung wird im Rahmen der europaweiten Konsultation hinsichtlich der Entwürfe zu Marktdefinition und -analyse auch die Kommission eingebunden. Ist diese der Ansicht, ein Entwurf stelle ein Hemmnis für den Binnenmarkt dar oder es bestünden ernsthafte Zweifel an der Vereinbarkeit mit dem Unionsrecht, kann sie von ihrem Vetorecht nach § 12 Abs. 2 Nr. 3 Gebrauch machen und die BNetzA sogar auffordern die beanstandeten Entwürfe zurückzuziehen.[437] Ohne Marktdefinition und Identifikation eines Unternehmens mit beträchtlicher Marktmacht, darf die BNetzA grundsätzlich jedoch keine Regulierungsmaßnahmen ergreifen. Daher dürfte sich im Falle einer Veto-Entscheidung der Kommission die Frage stellen, ob und wie gegen diese gerichtlich vorgegangen werden kann.

Im Bereich der Entgeltregulierung kann sich für Anbieter und Netzbetreiber, die Zugangsleistungen des Netzbetreibers mit beträchtlicher Marktmacht nachfragen, die Frage stellen, ob die Entgeltgenehmigung rechtmäßig erfolgt sei. Sofern das regulierte Unternehmen im Rahmen der Regulierungsverfügung keiner Entgeltgenehmigungspflicht unterworfen worden ist, könnte auch ein nachträgliches Einschreiten der BNetzA gegenüber dem marktbeherrschenden Netzbetreiber im Rahmen der entgeltspezifischen Missbrauchsaufsicht begehrt werden. Denn Dritte, die Zugangsleistungen nachfragen und für die Nutzung von Zugangsleistungen eines anderen Unternehmens ein Entgelt zu entrichten haben, haben typischerweise ein eigenes Interesse daran, das die erhobenen Entgelte nicht missbräuchlich sind.

Sofern Dritte den Eindruck haben, dass ein Anbieter oder Netzbetreiber mit beträchtlicher Marktmacht ihnen gegenüber seine Stellung missbräuchlich ausnutzt, erscheint denkbar, dass von der BNetzA Maßnahmen der sektorspezifischen Missbrauchsaufsicht begehrt werden. Hiernach kann sie die missbräuchliche Ausnutzung marktmächtigen Verhaltens untersagen oder ein Verhalten anordnen, durch das die missbräuchliche Ausnutzung unterbunden wird.[438]

Weiter erscheint grundsätzlich vorstellbar, dass aus Gründen der Transparenz und Nachvollziehbarkeit der Preisgestaltung eines marktmächtigen, vertikal

437 Siehe hierzu oben Kapitel 1, § 2, b) Konsolidierungsverfahren, S. 76 f.

438 Siehe hierzu § 42 Abs. 4. Siehe hierzu Kapitel 3, § II. Zur Schutzrichtung der nachträglichen Missbrauchsaufsicht, S. 365 f.

integrierten Netzbetreibers Dritte die Auferlegung von Separierungsverpflichtungen[439] von der BNetzA begehren könnten. Dies vor dem Hintergrund, dass Zugangsprodukte allen Unternehmen zu gleichen Bedingungen, insbesondere im Hinblick auf die Preise und den Dienstumfang, angeboten werden sollen.[440]

## II. Horizontalverhältnis

Das Verhältnis zwischen dem regulierten beziehungsweise zu regulierenden Unternehmen und Anbietern oder Netzbetreibern, die Zugangsleistungen nachfragen, kann als Horizontalverhältnis verstanden werden.[441] Hier geht es um ein Verhältnis zwischen verschiedenen Privaten.[442]

Im Rahmen der Marktregulierung geht es – im Horizontalverhältnis – in erster Linie um die Beziehungen zwischen Netzbetreibern und Diensteanbietern.[443] Deren Beziehungen sind grundsätzlich der Vertragsautonomie vorbehalten, denn auf entsprechende Nachfrage ist jeder Betreiber eines öffentlichen Telekommunikationsnetzes bereits kraft Gesetzes verpflichtet, ein Angebot für eine Zusammenschaltungsvereinbarung abzugeben (§ 16). Sofern die BNetzA gegenüber einem Netzbetreiber mit beträchtlicher Marktmacht Zugangsverpflichtungen im Wege der Regulierungsverfügung anordnet, ist dieser zunächst verpflichtet, gegenüber anderen Unternehmen, die Zugangsleistungen nachfragen, ein Angebot für eine Zugangsvereinbarung abzugeben (§ 22 Abs. 1).[444]

Im Idealfall sollen sich der regulierte beziehungsweise zu regulierende Netzbetreiber sowie Anbieter und/oder Netzbetreiber, die Zugangsleistungen begehren, gleichgeordnet gegenüberstehen. In der Praxis ist dieser Idealzustand jedoch nicht ohne Weiteres gegeben. Dies tritt besonders deutlich im Bereich der Zugangsregulierung zu Tage. Denn Betreiber eigener Telekommunikationsnetze sind grundsätzlich auf die Zusammenschaltung mit den Netzen anderer Betreiber – insbesondere dem Festnetz der Deutschen Telekom GmbH – angewiesen.

---

439 Siehe hierzu *Kühling/Schall/Biendl*, Telekommunikationsrecht, S. 235 Rn. 401 ff.

440 Die funktionelle Trennung als außerordentliche Maßnahme sieht § 40 vor.

441 Vgl. *Schmidt-Kötters*, in: Posser/Wolff, BeckOK VwGO, § 42 Rn. 138.

442 Dienstleistungen der Telekommunikation sind als privatwirtschaftliche Tätigkeiten zu erbringen (Art. 87f Abs. 2 S. 1 GG).

443 Vgl. Art. 1 Abs. 1 S. 2 ZRL sowie Erwgr. 5 RL (EU) 2014/1972.

444 Zudem ist die Zugangsanordnung zugunsten des nachfragenden Unternehmens durch die BNetzA erst zulässig, wenn Zugangs- oder Zusammenschaltungsvereinbarungen zwischen den Beteiligten nicht zustande gekommen sind (§ 25 Abs. 2).

Andernfalls könnten die Endnutzer nicht netzübergreifend kommunizieren.[445] Anbieter von Telekommunikationsdiensten sind zudem auf den Zugang zu Telekommunikationsnetzen angewiesen, um Telekommunikationsleistungen am Markt anzubieten.

Gestört ist die Vertragsparität auch hinsichtlich der Ausgestaltung der konkreten Zusammenschaltungs- und Zugangsvereinbarungen.[446] Dies gilt namentlich hinsichtlich des zu vereinbarenden Preises für die Nutzung fremder Zugangsleistungen. Naturgemäß wird das nachfragende Unternehmen, welches für die Erbringung eigener Telekommunikationsdienstleistungen auf die Nutzung fremder Infrastruktur angewiesen ist, eher geringen Einfluss auf die Höhe des Entgeltes für die begehrte Infrastrukturnutzung haben. Über die Höhe des Nutzungsentgeltes könnte der Netzbetreiber faktisch jedoch nachfragende Unternehmen von der Nutzung seiner Infrastruktur ausschließen.

Festzuhalten ist, dass unter dem Horizontalverhältnis im Rahmen der Marktregulierung die privatrechtlichen Beziehungen unmittelbar zwischen dem regulierten Unternehmen und dritten Anbietern und/oder Netzbetreibern zu verstehen sein sollen. Aus Sicht Dritter geht es allgemein um die Frage, welches Tun, Dulden oder Unterlassen sie unmittelbar vom regulierten beziehungsweise zu regulierenden Unternehmen ohne Einschaltung der BNetzA verlangen können (vgl. § 194 Abs. 1 BGB).[447] Mit Blick auf den Untersuchungsgegenstand werden insofern die sektorspezifischen Anspruchsgrundlagen untersucht. Namentlich geht es um die telekommunikationsrechtlichen Unterlassungs-, Beseitigungs- und Schadensersatzansprüche.[448]

---

445 *Kühling/Schall/Biendl*, Telekommunikationsrecht, S. 162 Rn. 268, siehe dort auch zum folgenden Satz.

446 Vgl. *Paschke*, in: Schütz/Geppert, BeckTKG-Komm, § 27 Rn. 13 sowie *Kühling/Schall/Biendl*, Telekommunikationsrecht, S. 162 Rn. 268, siehe dort auch zum folgenden Satz.

447 Einen Sonderfall stellt das sektorspezifische Streitbeilegungsverfahren dar. Streitgegenstand sind Streitigkeiten zwischen Unternehmen im Zusammenhang im Zusammenhang mit telekommunikationsrechtlichen Verpflichtungen. Gleichwohl sollen diese durch eine verbindliche Entscheidung der BNetzA beigelegt werden (§ 133 Abs. 1 S. 1).

448 Siehe hierzu Kapitel 4, § § 9 Zum Rechtsschutz im Rahmen des telekommunikationsrechtlichen Schadensersatz-, Unterlassungs- und Beseitigungsanspruches, S. 478 ff.

## B. Rechtswege zur Verwirklichung von Drittrechten im Rahmen der telekommunikationsrechtlichen Marktregulierung

Das TKG enthält keine spezielle Rechtswegzuweisung. Daher richtet sich die Frage des zulässigen Rechtsweges nach allgemeinen Regeln. Grundsätzlich kommen zuvörderst der Verwaltungs- sowie der Zivilgerichtsweg in Betracht.

### I. Verwaltungsrechtsweg

Für Streitigkeiten zwischen Dritten und der BNetzA aus dem Vertikalverhältnis auf der Primärebene ist der Rechtsweg zur Verwaltungsgerichtsbarkeit eröffnet.[449] Im Hinblick auf die Marktregulierung geht es darum, ob Dritte von der BNetzA ein bestimmtes Verhalten – sei es als Anfechtungs- oder Verpflichtungsbegehren – gegenüber einem zu regulierenden Unternehmen einfordern können.

Nach § 40 Abs. 1 S. 1 VwGO ist der Rechtsweg zu den Verwaltungsgerichten eröffnet, wenn es um eine öffentlich-rechtliche Streitigkeit, die nicht verfassungsrechtlicher Art[450] und die keinem anderen Gericht zugewiesen ist.[451] Eine Streitigkeit ist öffentlich-rechtlicher Natur, wenn sie sich als Folge eines Sachverhaltes darstellt, der nach öffentlichem Recht zu entscheiden ist.[452] Nach der modifizierten Subjektstheorie ist dies der Fall, wenn die streitentscheidenden Normen ausschließlich Träger öffentlicher Gewalt berechtigen oder verpflichten.[453] Dies ist bei den Eingriffsnormen der Marktregulierung gegenüber marktmächtigen Unternehmen typischerweise der Fall. Gegenüber solchen Netzbetreibern kann die BNetzA im Wege der Regulierungsverfügung beispielsweise Zugangsverpflichtungen anordnen oder Maßnahmen der präventiven Missbrauchsaufsicht

---

449 Für Sekundäransprüche, die auf den Ersatz von Schäden gerichtet sind, die durch eine Rechts- oder Rechtsgutverletzung infolge einer (rechtswidrigen) staatlichen Maßnahme entstanden sind, ist aufgrund der Sonderzuweisung des § 40 Abs. 2 VwGO der Zivilrechtsweg gegeben.

450 Da es sich bei Dritten im Rahmen dieser Untersuchung nicht um am Verfassungsleben beteiligte Organe handelt, liegt keine verfassungsrechtliche Streitigkeit vor.

451 Für die Ebene des Primärrechtsschutzes greift die abdrängende Sonderzuweisung des § 40 Abs. 2 VwGO zu den Zivilgerichten nicht ein. Denn bei Primärrechtsschutz geht es um die gerichtliche Überprüfung staatlichen Verhaltens und nicht um Ersatzansprüche, die aufgrund (rechtswidrigen) staatlichen Verhaltens entstanden sind.

452 Siehe etwa *Reimer*, in: Posser/Wolff, BeckOK VwGO, § 40 Rn. 40.

453 *Kopp/Schenke*, VwGO, § 40 Rn. 11.

ergreifen.[454] Auch die Entgeltgenehmigung sowie ein Einschreiten im Rahmen der nachträglichen Entgeltkontrolle für nicht genehmigungspflichtige Entgelte stellen in der Sache Eingriffsbefugnisse der BNetzA gegenüber marktmächtigen Unternehmen dar. Hierdurch wird jedenfalls deren Berufsausübungsfreiheit sowie Vertragsfreiheit verkürzt.[455]

Ist nach § 40 Abs. 1 S. 1 VwGO der Verwaltungsrechtsweg eröffnet, ist für gerichtliche Rechtsbehelfe Dritter gegen die Bundesrepublik Deutschland beziehungsweise die BNetzA das Verwaltungsgericht Köln örtlich zuständig.[456] Die BNetzA hat ihren Sitz in Bonn (§ 52 Nr. 2 VwGO i.V.m. § 1 S. 2 BEGTPG).

Konsequenz der Eröffnung des Rechtsweges zur Verwaltungsgerichtsbarkeit ist, dass Dritte erfolgreich nur die mögliche Verletzung von Rechtsnormen geltend machen können, die ihnen subjektiv-öffentliche Rechte vermitteln. Dieses Prinzip des Individualrechtsschutzes ergibt sich bereits aus Art. 19 Abs. 4 S. 1 GG und wird auf einfach-gesetzlicher Ebene durch § 42 Abs. 2 VwGO gelebt.[457] Hiernach sind Anfechtungs- und Verpflichtungsklage grundsätzlich nur zulässig, wenn der Rechtsschutzsuchende geltend machen kann, zumindest möglicherweise durch den angegriffenen Verwaltungsakt beziehungsweise dessen Ablehnung oder Unterlassung in seinen subjektiv-öffentlichen Rechten verletzt zu sein.[458]

Hieraus folgt, dass Dritte von der BNetzA nur dann das begehrte Verhalten verlangen können, wenn es sich bei den zugrundeliegenden Vorschriften der

---

454 Die im Rahmen der Regulierungsverfügung zulässigen Verpflichtungen ergeben sich aus § 13 Abs. 1 S. 1.

455 Im Falle einer Zugangsverpflichtung nach § 21 wird regelmäßig hinsichtlich der Netzkomponenten und Einrichtungen des verpflichteten Netzbetreibers, die dieser für die Zugangsgewährung bereitstellen muss, eine Verkürzung der Eigentumsfreiheit (Art. 14 Abs. 1 GG) vorliegen.

456 Rechtsträger der BNetzA ist die Bundesrepublik Deutschland (§ 78 Abs. 1 Nr. 1 VwGO), da es sich bei der BNetzA um eine Bundesoberbehörde im Geschäftsbereich des Bundesministeriums für Wirtschaft und Technologie handelt (§ 1 S. 2 BEGTPG).

457 Zudem sind Anfechtungs- und Verpflichtungsklagen nur begründet, soweit der Kläger durch den angefochtenen bzw. unterlassenen Verwaltungsakt in seinen Rechten verletzt ist (§ 113 Abs. 1 und 5 VwGO).

458 Dieses Erfordernis der Klagebefugnis wird nach herrschender Meinung entsprechend auf die übrigen verwaltungsgerichtlichen Rechtsbehelfe angewendet, um Popularklagen auszuschließen (Siehe etwa Schmidt-Kötters, in: Posser/Wolff, BeckOK VwGO, § 42 Abs. 2 Rn. 129 ff.).

Marktregulierung um solche handelt, die ihnen subjektiv-öffentliche Rechte vermitteln beziehungsweise sie hierauf einen Anspruch haben.

Subjektiv-öffentliche Rechte können sich grundsätzlich aus den Grundrechten – als Inbegriff subjektiv-öffentlicher Rechte – ergeben. Gleichwohl sind für die Frage subjektiv-öffentlicher Rechte Dritter vorrangig die Vorschriften der Marktregulierung in den Blick zu nehmen. Den Grundrechten kommt dagegen nur begrenzte Bedeutung für den Rechtsschutz Dritter im Rahmen der Marktregulierung zu. Sofern grundrechtliche Lebenssachverhalte durch das einfache Recht ausgeformt werden, geht dieses aus Spezialitätsgesichtspunkten den prinzipienhaften Grundrechten vor.[459] Dies gilt umso mehr, wenn das einfache Recht besondere Lebenssachverhalte regelt. Dies trifft namentlich auf den Telekommunikationssektor als besonderen Wirtschaftszweig zu. In diesem Fall beschränkt sich die Bedeutung der Grundrechte auf ihre norminterne Wirkung.[460] Das heißt, sie sind insbesondere im Rahmen der Auslegung der einfachgesetzlichen Vorschriften zur Marktregulierung zu berücksichtigen. Zudem steht in tripolaren Rechtsschutzkonstellationen – wie den dieser Untersuchung zugrundeliegenden Konstellationen – der Vorbehalt des Gesetzes einer unmittelbaren Fruchtbarmachung der Grundrechte zugunsten Dritter entgegen. Denn Grundrechtseingriffe bedürfen regelmäßig einer gesetzlichen Grundlage. In den tripolaren Marktregulierungskonstellationen sind grundsätzlich jedoch sowohl das zu regulierende Unternehmen als auch die Anbieter und Netzbetreiber, die Zugangsleistungen nachfragen, grundrechtsberechtigt. Sofern Dritte von der BNetzA Regulierungsmaßnahmen – etwa weitergehende Zugangsverpflichtungen – gegenüber einem Netzbetreiber mit beträchtlicher Marktmacht begehren, verlangt bereits der Gesetzesvorbehalt, eine entsprechende Ermächtigungsgrundlage, die die BNetzA zum Eingriff in die Rechtsstellung des zu regulierenden Unternehmens berechtigt.

## II. Ordentliche Gerichtsbarkeit

Für Streitigkeiten zwischen dem zu regulierenden Unternehmen sowie Anbietern und Netzbetreibern, die von diesem Zugangsleistungen nachfragen, ist der Rechtsweg zu den Zivilgerichten eröffnet. In diesem Horizontalverhältnis geht es regelmäßig um privatrechtliche Beziehungen zwischen dem zu regulierenden

459 Vgl. *Kopp/Schenke*, VwGO, § 42 Rn. 118.

460 Zur norminternen Wirkung der Grundrechte siehe *Wahl/Schütz*, in: Schoch/Schneider/Bier, VwGO, § 42 Abs. 2 Rn. 58.

Unternehmen und anderen Unternehmen. Hierzu gehören auch Dritte im Sinne dieser Untersuchung.

Für bürgerliche Streitigkeiten ist der Rechtsweg zur ordentlichen Gerichtsbarkeit gegeben (§ 1 ZPO, § 13 GVG). Hier geht es um die gerichtliche Geltendmachung von Ansprüchen im Sinne des § 194 Abs. 1 BGB, die nicht dem öffentlichen Recht zuzuordnen sind.[461] Bereits § 139 indiziert, dass es solche Streitigkeiten zwischen Marktteilnehmern geben kann. Mit Blick auf die Regelungsgegenstände der Marktregulierung ist dies vor allem hinsichtlich Zugangsvereinbarungen sowie Entgeltabreden denkbar. Begehrt in diesem Kontext ein Anbieter oder Netzbetreiber, der Zugangsleistungen von einem regulierten Unternehmen verlangt, von diesem ein Tun, Dulden oder Unterlassen, ist der Zivilrechtsweg eröffnet.

Im Horizontalverhältnis kommen typischerweise Klagen wegen Leistungsstörungen und Gewährleistungsansprüchen sowie Schadensersatzbegehren in Betracht, die ihre Grundlage in den jeweiligen Vertragsbeziehungen des Dritten und des regulierten Unternehmens haben. Die vertraglichen sowie die übrigen zivilrechtlichen Ansprüche sind in der Regel vom konkreten Rechtsverhältnis beziehungsweise situationsabhängig und können daher im Rahmen dieser Untersuchung nicht abgebildet werden. Allerdings enthält das TKG sektorspezifische Anspruchsgrundlagen für Unterlassungs-, Beseitigungs- und Schadenersatzbegehen. Ausweislich des § 44 müssen diese Streitigkeiten zwischen Unternehmen im Zusammenhang mit dem TKG oder aufgrund des TKG ergangener Entscheidungen der BNetzA stehen. Wegen dieses tatbestandlichen Zusammenhanges wird in Kapitel 4 untersucht, inwiefern Dritte im Sinne dieser Untersuchung sich im Kontext der Marktregulierung auf die sektorspezifischen Unterlassungs-, Beseitigungs- und Schadensersatzansprüche berufen können.[462]

Unmittelbare Konsequenz der Eröffnung des Zivilrechtsweges für bürgerliche Streitigkeiten, die sich aus dem TKG ergeben, ist die Beteiligung der BNetzA (§ 139 S. 1.).[463] Entscheidend ist, dass die zivilrechtliche Streitigkeit aus dem

---

461 Eine bürgerliche Rechtsstreitigkeit ist regelmäßig anzunehmen, soweit sich rechtlich gleichgeordnete Parteien über Rechtsverhältnisse und Rechtsfolgen des Privatrechts streiten, also solche Normen, die nicht überwiegend der Gesamtheit dienen und für jedermann gelten (*Gerhold*, in: Graf, BeckOK GVG, § 13 Rn. 11).

462 Siehe unter Kapitel 4, § 9 Zum Rechtsschutz im Rahmen des telekommunikationsrechtlichen Schadensersatz-, Unterlassungs- und Beseitigungsanspruches.

463 Die Beteiligungsrechte der BNetzA richten sich nach den Beteiligungsrechten des Bundeskartellamtes in wettbewerbsrechtlichen Streitigkeiten gem. § 90 Abs. 1 und 2 GWB (§ 139 S. 1).

TKG erwächst und telekommunikationsrechtliche Regelungen nicht nur als Vorfragen relevant sind.[464] Dies ist nicht der Fall, wenn die entscheidungserhebliche Anspruchsgrundlage aus anderen Gesetzen erwächst. Streitigkeiten über die Erfüllung von Vereinbarungen über Zugangs- oder Zusammenschaltung liegen regelmäßig die Vorschriften des allgemeinen Schuldrechts zugrunde. Daher unterfallen sie nicht dem Anwendungsbereich des § 139 S. 1. Dagegen liegt eine bürgerliche Streitigkeit aus dem TKG vor, wenn Unternehmen und damit grundsätzlich auch Dritte im Sinne dieser Untersuchung die sektorspezifischen Unterlassungs-, Beseitigungs- und Schadensersatzansprüche nach § 44 geltend machen wollen. In einem solchen Fall ist die BNetzA zunächst über die betreffende Streitigkeit zu unterrichten.[465] Sie kann Abschriften der Schriftsätze verlangen und – wenn sie es zur Wahrung des öffentlichen Interesses als erforderlich erachtet – für das gerichtliche Verfahren eine Vertretung bestellen, die befugt ist, schriftliche Erklärungen abzugeben, auf Tatsachen und Beweismittel hinzuweisen, Terminen beizuwohnen sowie Fragen an Parteien, Zeugen und Sachverständige zu richten.[466]

## III. Zur Bedeutung der Unionsgerichtsbarkeit im Kontext der telekommunikationsrechtlichen Marktregulierung

Im Zusammenhang der Marktregulierung können für Dritte im Sinne dieser Untersuchung grundsätzlich auch Rechtsbehelfe auf europäischer Ebene in Betracht kommen.[467] Zunächst liegt den Vorschriften zur telekommunikationsrechtlichen Marktregulierung ein umfangreicher Richtlinienrahmen zugrunde.[468] Fragen zur Auslegung nationaler Umsetzungsvorschriften im Lichte der zugrundeliegenden Sekundärrechtsakte können grundsätzlich Gegenstand eines Vorabentscheidungsverfahrens sein. Weiter steht hinsichtlich

---

464 *Gurlit*, in: Säcker, TKG, § 139 Rn. 3. Siehe dort auch zu den folgenden Sätzen.

465 Siehe § 139 S. 1 i.V.m. § 90 Abs. 1 GWB.

466 Hingegen führt die Beteiligung nach § 139 nicht dazu, dass die BNetzA auch Prozesspartei wird. Daher ist sie auch nicht zur Einlegung von Rechtsmitteln befugt (*Gurlit*, in: Säcker, TKG, § 139 Rn. 6).

467 Nicht untersucht werden etwaige Rechtsschutzmöglichkeiten im Zusammenhang mit der Roaming-Verordnung (EU) Nr. 531/2012. Diese ist unmittelbar verbindlich und betrifft alle Netzbetreiber und Diensteanbieter in gleicher Weise (vgl. Art. 288 Abs. 2 AEUV), so dass Rechtsschutz gegen die Roaming-Verordnung nicht dem hier interessierenden Drittschutz zuzurechnen ist.

468 Siehe hierzu Kapitel 2, § 4 Drittschutzvorgaben des sektorspezifischen Richtlinienrahmens, S. 119 ff.

des europaweiten Konsolidierungsverfahrens im Rahmen der Marktregulierung der Kommission grundsätzlich ein Veto-Recht zu. Dementsprechend ist in diesem Zusammenhang an eine Nichtigkeitsklage zu denken.

### 1. Nichtigkeitsklage gegen Veto-Entscheidung der Kommission

Das Verhältnis zwischen Anbietern und Netzbetreibern, die Zugangsleistungen von einem anderen Netzbetreiber begehren, zur Kommission beschreibt ebenfalls ein Vertikalverhältnis. In diesem Verhältnis richten sich die Rechtschutzmöglichkeiten des Einzelnen beziehungsweise Dritter im Sinne dieser Untersuchung nach den Klagemöglichkeiten des Unionsrechtes.[469]

Im Rahmen des Marktregulierungsverfahrens ist die Kommission bei der europaweiten Konsolidierung zu beteiligen. Nach Maßgabe von § 12 Abs. 2 steht ihr ein Veto-Recht zu.[470] Hinsichtlich des Entwurfes zur Marktanalyse kann sie den Festlegungsentwurf der BNetzA, ob ein oder mehrere Unternehmen auf dem definierten Markt über beträchtliche Marktmacht verfügen, rügen und sogar auffordern, den beanstandeten Entwurf zurückzuziehen.

Gegen eine solche Veto-Entscheidung der Kommission im Sinne des § 12 Abs. 2 Nr. 3 ist grundsätzlich die Nichtigkeitsklage gemäß Art. 263 Abs. 4 AEUV statthaft.[471] Denn derartige Entscheidungen der Kommission sind verbindliche Beschlüsse im Sinne des Art. 288 Abs. 4 AEUV.[472] Begründet wäre eine derartige Nichtigkeitsklage insbesondere, soweit die Veto-Entscheidung ermessensfehlerhaft oder nicht mit den Vorgaben des Richtlinienrahmens zu vereinbaren wäre.[473] Dabei ist zu beachten, dass auch bei Klagen Einzelner im Rahmen des Art. 263 Abs. 4 AUEV eine objektive Rechtmäßigkeitskontrolle stattfindet.[474]

Allerdings dürfte die Zulässigkeit einer Nichtigkeitsklage drittbetroffener Netzbetreiber oder Anbieter von Telekommunikationsdienstleistungen gegen eine Veto-Entscheidung der Kommission zunächst davon abhängen, ob der jeweilige Betreiber oder Diensteanbieter hierdurch unmittelbar betroffen ist

---

469 Vgl. *Schwarze/Voet van Vormizeele*, in: Schwarze/u.a., EU-Kommentar, Art. 263 AEUV, Rn. 3 u. 10.

470 Siehe auch Art. 7 Abs. 4 RRL.

471 Neben Einzelnen können die Mitgliedstaaten gegen eine derartige Kommissionsentscheidung unter den erleichterten Voraussetzungen des Art. 263 Abs. 2 AEUV Klage erheben.

472 *Gurlit*, in: Säcker, TKG, § 12 Rn. 53.

473 Vgl. *Cremer*, in: Calliess/Ruffert, EUV/AEUV, Art. 263 AEUV Rn. 95.

474 Vgl. *Cremer*, in: Calliess/Ruffert, EUV/AEUV, Art. 263 AEUV Rn. 86.

(Art. 263 Abs. 4, Var. 3 AEUV).[475] Aus Sicht von Anbietern und Netzbetreibern, die Zugangsleistungen von zu regulierenden Netzbetreibern begehren, erscheint dies unter zwei Gesichtspunkten problematisch.[476] Erstens ist die Veto-Entscheidung an den jeweiligen Mitgliedstaat beziehungsweise die BNetzA gerichtet. Zweitens stellt das Konsultationsverfahren und damit letztlich auch die Veto-Entscheidung nur einen Verfahrensschritt im Rahmen des Marktregulierungsverfahrens dar.[477]

### 2. Vorabentscheidungsverfahren

Unter dem Gesichtspunkt einer inzidenten Kontrolle kann für Dritte im Sinne dieser Untersuchung das Vorabentscheidungsverfahren nach Art. 267 (Abs. 4) AEUV relevant werden. Dieses Verfahren ist statthaft, wenn es um die Auslegung des Unionsrechts einschließlich seiner Sekundärrechtsakte geht.[478]

Zwar sind nur mitgliedstaatliche Gerichte – nach Maßgabe des Art. 267 Abs. 3 AEUV – zur Vorlage verpflichtet und vorlageberechtigt. Sofern jedoch ein Dritter im Sinne dieser Untersuchung vor dem Verwaltungsgericht beispielsweise auf den Erlass weitergehender Regulierungsverpflichtungen gegenüber dem zu regulierenden Unternehmen klagt und sich in diesem Verfahren eine Auslegungsfrage im Hinblick auf die zugrundeliegende Richtlinienbestimmung stellt, kommt die Anrufung des *EuGH* in Betracht.[479] Die Unionsrechtskonformität einer nationalen Umsetzungsvorschrift kann nicht unmittelbar zum Gegenstand eines Vorlageverfahrens gemacht werden, da der *EuGH* in seiner Antwort auf die Auslegung des Unionsrechts beschränkt ist.[480] Gleichwohl kann er in seiner Antwort dem anrufenden Gericht Kriterien an die Hand geben, die dieses in die Lage versetzen, die Vereinbarkeit einer nationalen Umsetzungsvorschrift mit Unionsrecht festzustellen. In einem solchen Fall wäre das verwaltungsgerichtliche Verfahren bis zu einer Entscheidung des *EuGH* auszusetzen (§ 94 VwGO).[481]

---

475 Vgl. zu einer ähnlichen Konstellation: *Dörr*, in: Grabitz/Hilf/Nettesheim, Recht der europäischen Union, Band I, EUV/AEUV, Art. 263 Rn. 88.

476 Ebenso *Oster*, in: MMR 2009, 454 (458).

477 Siehe hierzu Kapitel 3, § 7, II. Zum Drittschutz auf unionaler Ebene S. 442 f.

478 Vgl. beispielsweise *Wegener*, in: Calliess/Ruffert, EUV/AEUV, Art. 267 AEUV Rn. 9.

479 Vgl. *Schwarze/Wunderlich*, in: Schwarze/u.a., EU-Kommentar, Art. 267 AEUV Rn. 18.

480 *Cremer*, in: Calliess/Ruffert, EUV/AEUV, Art. 267 AEUV Rn. 6. Siehe dort auch zum folgenden Satz.

481 Vgl. *Kopp/Schenke*, VwGO, § 94 Rn. 20 f.

# Kapitel 2: Sektorspezifischer Richtlinienrahmen und Rechtsschutz Dritter

Bereits die amtlichen Anmerkungen zum TKG weisen auf zahlreiche Rechtsakte des unionalen Sekundärrechts hin.[1] Namentlich handelt es sich dabei um Richtlinien des gemeinsamen Rechtsrahmens für elektronische Kommunikationsnetze und -dienste.[2] Der Regelungstypus der Richtlinie nach Art. 288 Abs. 3 AEUV zeichnet sich durch ein zweistufiges Rechtssetzungsverfahren aus.[3] Nach Verabschiedung der Richtlinie obliegt die Umsetzung ihres Regelungsprogramms den verpflichteten Mitgliedstaaten. Dabei gilt für sie das Gebot effektiver Umsetzung.[4] Daher ist hinsichtlich der Frage nach Rechten Dritter ein Blick in den zugrundeliegenden Richtlinienrahmen angezeigt (§ 4). Der Fragestellung, wie sich richtlinienrechtlich indizierte subjektive Drittrechte auf mitgliedstaatlicher Ebene zu aktualisieren haben, ist § 5 gewidmet.

## § 4 Drittschutzvorgaben des sektorspezifischen Richtlinienrahmens

Zur Beantwortung der Frage, inwieweit das unionale Sekundärrecht die Schaffung von Rechten Dritter im nationalen Umsetzungsrecht begründet wissen will, gilt es zunächst die sekundärrechtlichen Vorgaben der telekommunikationsrechtlichen Marktregulierung in den Blick zu nehmen (A.). Anschließend werden die Begrifflichkeiten „Recht des Einzelnen" sowie „unionale Rechtsschutzgarantie" herausgearbeitet (B.). Vor diesem Hintergrund gilt es der Frage nachzugehen, wann das Umsetzungsprogramm einer Richtlinie die Schaffung von Rechten Einzelner im nationalen Umsetzungsrecht verlangt und welche

---

1 Vgl. auch § 3 Nr. 7b, wo der Begriff *Einzelrichtlinien* als Summe der Genehmigungsrichtlinie, der Zugangsrichtlinie, der Universaldienstrichtlinie sowie der Datenschutzrichtlinie für elektronische Kommunikation definiert wird.

2 Nachstehend Richtlinienrahmen genannt.

3 *Ruffert*, in: Calliess/Ruffert, EUV/AEUV, § 288 AEUV Rn. 23; *W. Schroeder*, in: Streinz, EUV/AEUV, Art. 288 AEUV Rn. 53.

4 Vgl. *EuGH*, Rs. 14/83 (von Colson und Kamann/Land NRW), Slg. 1984, 1891 (1906) Rn. 15.

konkreten Drittschutzvorgaben sich dem sektorspezifischen Richtlinienrahmen entnehmen lassen (C.).

## A. Unionsrechtliche Grundlagen der Marktregulierung

Für den Telekommunikationssektor beziehungsweise die elektronische Kommunikation enthält das unionale Sekundärrecht zahlreiche Vorgaben. Diese zeichnen sich zum Teil durch eine sehr hohe Regelungstiefe aus.

### I. Primärrechtliche Kompetenzen der Liberalisierung und Harmonisierung des Telekommunikationssektors

Die umfangreichen Sekundärrechtsakte enthalten zahlreiche Vorgaben zur Liberalisierung und Harmonisierung des Telekommunikationssektors. Die einschlägigen Sekundärrechtsakte erließen der europäische Gesetzgeber beziehungsweise die Kommission auf Basis ihrer Kompetenzen nach Art. 106 Abs. 3 sowie Art. 114 AEUV. In zeitlicher Hinsicht lassen sich dabei vier Entwicklungsphasen ausmachen.[5]

#### 1. Kompetenzen zur Liberalisierung und Harmonisierung

Zur Liberalisierung[6] der Telekommunikationsbranche erließ die Kommission verschiedene Liberalisierungsrichtlinien auf der Grundlage von Art. 86 Abs. 3 EGV beziehungsweise Art. 106 Abs. 3 AEUV.[7] Diese sahen die Beseitigung der bis dato herrschenden, ausschließlichen Rechte mitgliedstaatlicher Monopolbetreiber zum Betrieb und Angebot von Endgeräten, Netzen und Diensten bis hin zum Markt der Sprachtelefonie vor.[8] Art. 106 Abs. 3 AEUV eröffnet der Kommission die Kompetenz, Richtlinien und Beschlüsse zur Wahrung der materiellen Vorgaben von Art. 106 Abs. 1 und 2 zu erlassen. Art. 106 Abs. 1 AEUV verpflichtet die Mitgliedstaaten die Wettbewerbsregeln auf öffentliche Unternehmen sowie auf solche Unternehmen, denen sie Sonderrechte einräumen, gleichermaßen anzuwenden.[9]

---

5 Vgl. *Kühling/Schall/Biendl*, Telekommunikationsrecht, S. 1 Rn. 1.

6 Unter Liberalisierung kann der Abbau von verschiedenen (ehemaligen) Monopolen im Telekommunikationssektor wie zum Beispiel des Sprachtelefoniemonopols verstanden werden.

7 Siehe hierzu *Kühling/Schall/Biendl*, Telekommunikationsrecht, S. 4 Rn. 5.

8 *Klotz*, in: Säcker, TKG, Einl. II Rn. 6.

9 Von diesem Grundsatz eröffnet Art. 106 Abs. 2 AEUV eine Ausnahme für Unternehmen, die Dienstleistungen von allgemeinem wirtschaftlichen Interesse erbringen. Auf diese sind die Wettbewerbsvorschriften nur soweit anwendbar, wie sie der Erfüllung

Begleitet wurden diese Liberalisierungsrichtlinien durch verschiedene Harmonisierungsrichtlinien und -verordnungen[10], welche der europäische Gesetzgeber auf Art. 95 EGV beziehungsweise Art. 114 AEUV stützte.[11] Die Rechtsangleichung nach Art. 114 AEUV kann mit unterschiedlicher Harmonisierungsintensität erfolgen. In methodischer Hinsicht kann grob zwischen einer Total- beziehungsweise Vollharmonisierung, welche den Mitgliedstaaten den Erlass von abweichenden Regelungen verbietet, sowie einer Teilharmonisierung unterschieden werden.[12] Ob die Regelungen des geltenden Richtlinienrahmens eine Vollharmonisierung bezwecken, lässt sich nicht pauschal beantworten, sondern ist für die jeweilige Richtlinienbestimmung im Rahmen der Auslegung zu ermitteln.[13]

Bereits im Zusammenhang mit der ersten Liberalisierungsrichtlinie im Jahr 1990 begann die Harmonisierung der Vorgaben für den Zugang zu Telekommunikationsnetzen mit der Richtlinie zur Angleichung der Bedingungen für den offenen Netzzugang in den Mitgliedstaaten.[14] Dahinter steht die Überlegung, dass Wettbewerb in den liberalisierten Telekommunikationsmärkten nur entstehen kann, wenn Marktneulinge Zugangsrechte zu den Netzen der ehemaligen Monopolisten erhalten.[15] Hierzu bedurfte es einheitlicher Bedingungen – insbesondere in Form von Zugangsrechten – für den Markteintritt von Wettbewerbern. Dementsprechend bestand und besteht das Ziel der Harmonisierungsrichtlinien in der Schaffung von einheitlichen Bedingungen für den Zugang zu allen öffentlichen Telekommunikationsnetzen und -diensten.[16]

---

der übertragenen Aufgabe der Daseinsvorsorge nicht entgegenstehen (vgl. *Herdegen*, Europarecht, § 22 Rn. 41).

10 Zu den einzelnen auf Art. 86 EGV bzw. Art. 106 AEUV gestützten Rechtsakten siehe Kapitel 2, § 4, 2. Phasen der Liberalisierung und Harmonisierung, S. 122 f.

11 *Kühling/Schall/Biendl*, Telekommunikationsrecht, S. 3 Rn. 4. Die Harmonisierungsbefugnis nach Art. 114 AEUV dient der funktionalen Rechtsangleichung und ist nur einschlägig, wenn es um die Beseitigung von Hemmnissen für den Binnenmarkt geht, die gerade aus den unterschiedlichen Situationen in den Mitgliedstaaten resultieren (vgl. *Herrenfeld*, in: Schwarze/u.a., EU-Kommentar, Art. 114 AEUV Rn. 29 f.).

12 *Leible/Schröder*, in: Streinz, EUV/AEUV, Art. 114 AEUV Rn. 45 ff. Siehe dort auch zum folgenden Satz.

13 Soweit ersichtlich entschied der *EuGH* lediglich für einige Vorschriften der ONP-Richtlinie 97/33EG, dass diese im Ergebnis keine Totalharmonisierung bezwecken sollen. Vgl. *EuGH*, Urt. v. 13.12.2001 – C-79/00, Slg. 2001, I-10075 Rn. 35 f.

14 Richtlinie 90/387/EWG, aufgeboben durch die Rahmenrichtlinie 2002/21/EG.

15 *Klotz*, in: Säcker, TKG, Einl. II Rn. 27. Siehe dort auch zu den folgenden Sätzen.

16 Vgl. zukünftig Art. 1 Abs. 1 RL (EU) 2014/1972.

### 2. Phasen der Liberalisierung und Harmonisierung

Die auf der Grundlage der vorgenannten Kompetenzen ergangenen Liberalisierungs- und Harmonisierungsmaßnahmen der Telekommunikationsbranche lassen sich schwerpunktmäßig in eine Liberalisierungs- sowie daran anschließende Harmonisierungsphasen einteilen.[17]

In den Jahren von 1986 bis 1996 erfolgte die Liberalisierung der Telekommunikationsbranche.[18] Bereits im Grünbuch zur Telekommunikation von 1987 entschied sich die Kommission zur vollständigen Liberalisierung der Telekommunikationsmärkte. Zur Umsetzung dieses Ziels wurden zahlreiche Richtlinien erlassen, die die Mitgliedstaaten verpflichteten, die ehemals bestehenden, ausschließlichen Rechte der staatlichen Monopolbetreiber zum Betrieb und Angebot von Endgeräten, Netzen und Diensten zu beenden.[19] Zu nennen ist zunächst die sogenannte Endgeräterichtlinie. Nach dieser war der freie Wettbewerb auf dem Markt für Telekommunikationsendgeräte, insbesondere für Telefonapparate und Modems, sicherzustellen.[20] Hierauf folgten weitere Richtlinien, welche sukzessiv die Liberalisierung einzelner Telekommunikationsmärkte vorantrieben.[21] Schließlich wurde im Rahmen der sogenannten Wettbewerbsrichtlinie auch das Sprachtelefoniemonopol aufgehoben.[22] Diese Liberalisierungsrichtlinien verpflichteten nicht nur zur Beendigung der jeweiligen Monopole, sondern enthielten zugleich Vorgaben für die Beschränkung von Marktzutrittsbarrieren in Form von Genehmigungen.[23]

Diese Rechtsakte wurden von Harmonisierungsrichtlinien nach Art. 95 EGV (nunmehr Art. 114 AEUV) begleitet, die langfristig den vollständigen Zugang zu allen öffentlichen Telekommunikationsnetzen für die Diensteanbieter gewährleisten sollten.[24] Bereits im Jahre 1990 verabschiedeten Rat und Parlament eine

---

17 Vgl. *Kühling*, in: Hatje/Müller-Graff, Europäisches Sektorales Wirtschaftsrecht (Enzyklopädie Europarecht, Bd. 5), § 4 Rn. 14, welcher von vier Entwicklungsphasen spricht; *Kühling/Schall/Biendl*, Telekommunikationsrecht, S. 4 Rn. 5 ff.

18 *Kühling/Schall/Biendl*, Telekommunikationsrecht, S. 4 Rn. 5, siehe dort auch zum folgenden Satz.

19 *Klotz*, in: Säcker, TKG, Einl. II Rn. 6.

20 Richtlinie 88/301/EWG.

21 Im Einzelnen: Richtlinie 90/388/EG, Richtlinie 94/46/EG, Richtlinie 95/51/EG, Richtlinie 96/2/EG.

22 Vgl. Richtlinie 96/19/EG.

23 *Kühling/Schall/Biendl*, Telekommunikationsrecht, S. 4 Rn. 5. Beispielsweise mussten Genehmigungserfordernisse zukünftig diskriminierungsfrei und objektiv ausgestaltet werden.

24 *Klotz*, in: Säcker, TKG, Einl. II Rn. 28.

Richtlinie zur grundlegenden Angleichung der Bedingungen für den offenen Netzzugang.[25] Die Richtlinie zum offenen Netzzugang wurde anschließend durch weitere Harmonisierungsrichtlinien ergänzt.[26] Dabei enthielt die Richtlinie zur Einführung des offenen Netzzugangs bei Mietleitungen erstmals institutionelle Vorgaben für die Telekommunikationsregulierung, denn für die Überwachung der Richtlinienvorgaben sollten unabhängige, nationale Regulierungsbehörden errichtet werden.[27]

In den Jahren von 1997 bis 1999 ergingen weitere Richtlinien, welche die anfängliche Harmonisierung der liberalisierten Telekommunikationsmärkte weiter vorantrieben.[28] Namentlich hatten die Mitgliedstaaten infolge der sogenannten Zusammenschaltungsrichtlinie dafür zu sorgen, dass neue Marktteilnehmer Zugang zu den Netzen und Einrichtungen der etablierten Betreiber erhalten konnten, sofern es sich bei letzteren um solche mit beträchtlicher Marktmacht handelt.[29] Durch die Zusammenschaltung von Netzen sollten Newcomer beziehungsweise Wettbewerber in die Lage versetzt werden, mit ihrem Angebot auch Endkunden zu erreichen, die sie mit ihrem eigenen Netz nicht erreichen konnten.[30] Besonders zu erwähnen ist die im Jahre 1997 erlassene Lizenz- beziehungsweise Genehmigungsrichtlinie.[31] Bereits im Rahmen der Liberalisierungsrichtlinien waren die grundlegenden Vorgaben – wie Objektivität, Nichtdiskriminierung und Transparenz – geregelt.[32] Jedoch wurde ein allgemeiner Rechtsrahmen für Genehmigungen erst durch die vorgenannte Richtlinie geschaffen. Ihr Ziel war es, dass die Erbringung von Telekommunikationsdiensten soweit wie möglich ohne vorherige Genehmigung zulässig sein sollte.[33]

Im Jahre 1999 leitete die Kommission eine Überprüfung der bestehenden unionalen Vorgaben für den Telekommunikationssektor ein.[34] Wesentliche Anliegen

---

25 Richtlinie 90/387/EWG.

26 Richtlinie 92/44/EWG; Richtlinie 95/62/EG.

27 Siehe Art. 8 Richtlinie L 92/44/EWG.

28 Im Einzelnen: Richtlinie 98/10/EG, Richtlinie 1999/64/EG, Richtlinie 97/66/EG.

29 Richtlinie 97/33/EG.

30 *Klotz*, in: Säcker, TKG, Einl. II Rn. 35.

31 Richtlinie 97/13/EG.

32 *Klotz*, in: Säcker, TKG, Einl. II Rn. 32, siehe dort auch zum folgenden Satz.

33 De lege lata ist die gewerbliche Erbringung von Telekommunikationsdiensten sowie das Betreiben von Telekommunikationsnetzen nur anzeigepflichtig (vgl. § 6 Abs. 1).

34 *Kühling/Schall/Biendl*, Telekommunikationsrecht, S. 6 Rn. 7, siehe dort auch zum folgenden Satz.

dieser Überprüfung waren die Vereinfachung des unionalen Telekommunikationsrechts, der Abbau der Regulierung sowie die Technologieneutralität. Ergebnis dieses Review ist das Richtlinienpaket beziehungsweise der Richtlinienrahmen[35] von 2002.[36] Während der Erarbeitung der vorgenannten Richtlinien erließ der europäische Gesetzgeber – gestützt auf Art. 95 EGV (Art. 114 AEUV) – weiter eine Verordnung über den entbündelten Zugang zum Ortsnetz.[37] Diese Verordnung gewährte jedem Unternehmen einen gerichtlich durchsetzbaren Anspruch auf vollständig entbündelten Zugang oder gemeinsamen Zugang zu den Teilnehmeranschlussleitungen.[38] Hierzu mussten die gemeldeten Betreiber mit beträchtlicher Marktmacht ein entsprechendes Grundangebot veröffentlichen, jedem begründeten Zugangsbegehren nachzukommen und für die Zugangsgewährung grundsätzlich kostenorientierte Preise zu verlangen. Dahinter steht die Überlegung, dass Wettbewerb im Bereich der Telekommunikationsdienste erfordert, dass Anbieter ihren Kunden ermöglichen müssen, alle Endkunden – also auch diejenigen eines anderen Anbieters – zu erreichen.[39] Dies ist jedoch nur dann möglich, wenn entweder eigene Ortsnetze bis hin zu den Endkunden aufgebaut werden oder aber von dem ehemaligen Monopolisten Zugang zu dessen vorhandenen Ortsnetzen zu angemessenen Bedingungen gewährt wird.

Im Jahre 2007 erließ der europäische Gesetzgeber eine erste Roaming-Verordnung.[40] Roaming bezeichnet allgemein die Fähigkeit eines Endnutzers zur Tätigung oder Annahme von unionsinternen Anrufen, zum Senden und Empfangen von unionsinternen SMS-Nachrichten oder zur Nutzung paketvermittelter Datenkommunikationsdienste in einem anderen Mitgliedstaat als dem, in dem sich das Netz seines Betreibers befindet.[41] Diese Verordnung wurde

---

35 Dieser besteht aus der Rahmenrichtlinie, der Zugangsrichtlinie, der Genehmigungsrichtlinie, der Universaldienstrichtlinie, der Datenschutzrichtlinie für elektronische Kommunikation sowie der Wettbewerbsrichtlinie 2002/77/EG.

36 Ebenfalls im Jahre 2002 erging die Entscheidung Nr. 676/2002/EG über einen Rechtsrahmen für die Funkfrequenzpolitik in der Europäischen Gemeinschaft (Frequenzentscheidung).

37 Verordnung (EG) Nr. 2887/2000.

38 *Klotz*, in: Säcker, TKG, Einl. II Rn. 44, siehe dort auch zum folgenden Satz.

39 *Klotz*, in: Säcker, TKG, Einl. II Rn. 40, vgl. dort auch zum folgenden Satz.

40 Verordnung (EG) Nr. 717/2007.

41 Vgl. auch Art. 2 Abs. 1 lit. f) Verordnung (EU) Nr. 531/2012. Hier wird *„unionsweites Roaming"* definiert als *„die Benutzung eines mobilen Gerätes durch einen Roamingkunden zur Tätigung oder Annahme von unionsinternen Anrufen, zum Senden und Empfangen von unionsinternen SMS-Nachrichten oder zur Nutzung paketvermittelter Datenkommunikationsdienste in einem anderen Mitgliedstaat als dem, in dem sich das*

im Jahre 2009 verlängert und inhaltlich ausgedehnt.[42] Im Jahre 2012 wurde die Roaming-Verordnung dann neugefasst, wobei unter anderem unmittelbar geltende Preishöchstgrenzen für regulierte Datenroamingdienste festgesetzt werden.[43] Jüngst wurde sie durch die Verordnung (EU) Nr. 2017/920 betreffend Vorschriften für Großkunden-Roaming-Märkte geändert.[44]

Ebenfalls im Jahre 2007 begann die Kommission mit der Überprüfung und Überarbeitung des Richtlinienrahmens von 2002. Dies mündete im Jahre 2009 in die Verabschiedung von zwei Richtlinien zur Änderung des bisherigen Richtlinienrahmens sowie dem Erlass der Verordnung zur Errichtung des Gremiums Europäischer Regulierungsstellen für elektronische Kommunikation.[45] Die Richtlinie 2009/140/EG, welche den Arbeitstitel „*Better Regulation*" beziehungsweise „*Bessere Regulierung*" trägt, modifiziert die Rahmenrichtlinie, die Zugangsrichtlinie sowie die Genehmigungsrichtlinie.[46] Zentrale Anliegen dieser Änderungsrichtlinie sind insbesondere eine einfachere und effizientere Regulierung sowie eine einheitliche Anwendung der unionsrechtlichen Vorgaben.[47] Mithin lässt sich sagen, dass die Änderungsrichtlinie 2009/140/EG die Vorgaben der ökonomisch motivierten Regulierung betrifft. Insbesondere wird das durch die Rahmenrichtlinie vorgegebene Marktregulierungsverfahren dahingehend geändert, dass für die Auferlegung von Regulierungsverpflichtungen nun ein besonderes, unionsweites Beteiligungsverfahren Anwendung finden soll.[48] Hingegen ändert die Richtlinie 2009/136/EG („*Rechte der Bürger*") die Universaldienstrichtlinie und die Datenschutzrichtlinie für elektronische Kommunikation.[49]

Im Dezember 2018 fand die zwei Jahre dauernde Überarbeitung des vorgenannten Richtlinienrahmens ihren Abschluss in der Richtlinie (EU) 2018/1972,

---

*Netz des inländischen Betreibers befindet, aufgrund einer Vereinbarung zwischen dem Betreiber des Heimatnetzes und dem Betreiber des besuchten Netzes*".

42 Verordnung (EG) Nr. 544/2009.

43 Verordnung (EU) Nr. 531/2012.

44 Verordnung (EU) Nr. 2017/920.

45 Verordnung (EG) Nr. 1211/2009, aufgehoben durch die Verordnung (EU) 2018/1971.

46 Richtlinie 2009/140/EG.

47 Vgl. *Kühling/Schall/Biendl*, Telekommunikationsrecht, S. 17 Rn. 25.

48 Siehe Art. 1 Nr. 7 der Richtlinie 2009/140/EG zur Änderung der Rahmenrichtlinie.

49 Richtlinie 2009/136/EG. Dominierende Anliegen dieser Änderungsrichtlinie sind die Verbesserung des Verbraucherschutzes und der Nutzerrechte sowie die Stärkung des Schutzes der Privatsphäre und der personenbezogenen Daten (*Kühling/Schall/Biendl*, Telekommunikationsrecht, S. 18 Rn. 26).

die die geltenden Einzelrichtlinien in einem *„europäischen Kodex für die elektronische Kommunikation"* zusammenfasst.[50] Diese kodifizierende Richtlinie ist bis zum 21.12.2020 in nationales Recht umzusetzen.[51] Begleitet wird diese Richtlinie durch die Verordnung (EU) Nr. 2018/1971.

## II. Geltende Rechtsquellen elektronischer Kommunikation

Der geltende Rechtsrahmen des unionalen Telekommunikationsrechts besteht zuvörderst aus dem durch die Änderungsrichtlinien überarbeiteten Richtlinienrahmen von 2002.[52] Flankiert wird dieses Regulierungsregime durch unmittelbar geltende Verordnungen sowie weitergehende, von der Kommission erlassene, Harmonisierungsmaßnahmen.

### 1. Zum Richtlinienrahmen

Der Richtlinienrahmen von 2002 wurde – verspätet – mit Inkrafttreten des TKG (2004) am 26.06.2004 umgesetzt.[53] Der im Jahre 2009 geänderte Richtlinienrahmen war bis zum 25.05.2011 in nationales Recht umzusetzen und wurde – ebenfalls verspätet – mit entsprechender Änderung des TKG am 03.05.2012 umgesetzt.[54]

Der Rechtsrahmen in der Fassung von 2009 besteht nach wie vor aus der Rahmenrichtlinie sowie vier Einzelrichtlinien. Hierbei handelt es sich namentlich um die Zugangsrichtlinie, die Genehmigungsrichtlinie, die Universaldienstrichtlinie sowie die Datenschutzrichtlinie für elektronische Kommunikation.[55] Letztere betrifft in erster Linie den Schutz der personenbezogenen Daten und der Privatsphäre der Endnutzer und kann daher im Rahmen dieser Untersuchung vernachlässigt werden.[56]

Die Rahmenrichtlinie enthält – getreu ihrem Namen – die allgemeinen Regeln und Verfahren für die Marktregulierung des Telekommunikationssektors.[57] Im

---

50 Kodifizierungsrichtlinie (EU) 2018/1972, siehe hierzu im Einzelnen unter Kapitel 2, § 4, 2. Kodex für die elektronische Kommunikation.

51 Art. 124 Abs. 1 Kodifizierungsrichtlinie (EU) 2018/1972.

52 Dieser Richtlinienrahmen gilt noch bis zum 20.12.2020 (vgl. Art. 125 Kodifizierungsrichtlinie (EU) 2018/1972).

53 BGBl. 2004 I, S. 1190.

54 *Klotz*, in: Säcker, TKG, Einl. II Rn. 54.

55 Siehe Art. 2 lit. l) Rahmenrichtlinie.

56 Siehe Art. 1 Datenschutzrichtlinie für elektronische Kommunikation 2002/58/EG.

57 Vgl. Art. 1 Abs. 1 Rahmenrichtlinie.

Einzelnen regelt sie insbesondere das Verfahren der Marktregulierung (Art. 14 RRL ff.) und enthält damit die grundlegenden Vorgaben für die Vorfrage, wann die sektorspezifische Marktregulierung überhaupt zur Anwendung kommen darf und muss.[58] Weiter wird generell die Systementscheidung zugunsten der asymmetrischen Regulierung getroffen.[59] Die Wahrnehmung der Regulierungsaufgaben des Richtlinienrahmens soll durch eine nationale Regulierungsbehörde erfolgen. Die institutionellen Vorgaben für deren Errichtung, Stellung sowie ihre Aufgaben regelt Art. 3 RRL. In verfahrenstechnischer Hinsicht werden die besonderen Beteiligungsverfahren der nationalen Konsultation sowie der unionsweiten Konsolidierung hinsichtlich der Entwürfe von Marktdefinition und -analyse der nationalen Regulierungsbehörden vorgegeben.[60] Infolge der Änderungsrichtlinie 2009/140/EG kam das Verfahren zur einheitlichen Anwendung von Abhilfemaßnahmen hinzu, welches die unionsweite Beteiligung hinsichtlich der Auferlegung von Regulierungsmaßnahmen nach positiver Marktdefinition und -analyse regelt.[61]

Mit Blick auf das Verhältnis der Anbieter von Telekommunikationsdiensten und Netzbetreiber kann die Zugangsrichtlinie[62] als das Herz des Richtlinienrahmens verstanden werden.[63] Hier finden sich die einzelnen Vorabverpflichtungen beziehungsweise Verpflichtungen, die die nationalen Regulierungsbehörden Unternehmen mit beträchtlicher Marktmacht auferlegen können.[64] Dabei sind durch die Änderungsrichtlinie 2009/140/EG Verpflichtungen zur funktionellen sowie freiwilligen Trennung vertikal integrierter

58 Die allgemeinen Regeln betreffend das Verfahren der sektorspezifischen Marktregulierung werden im ersten Abschnitt der Marktregulierung (§§ 9 bis 15a) umgesetzt.

59 Siehe etwa Art. 16 Abs. 4 Rahmenrichtlinie, welcher Art. 67 Kodifizierungsrichtlinie (EU) 2018/1972 entspricht.

60 Siehe Art. 6 und 7 Rahmenrichtlinie. Diese Regelungen entsprechen Art. 23 sowie 32 Kodifizierungsrichtlinie (EU) 2018/1972.

61 Siehe Art. 7a Rahmenrichtlinie (bzw. Art. 33 Kodifizierungsrichtlinie (EU) 2018/1972), welcher durch § 13 Abs. 4 umgesetzt wird.

62 Sie löst die Verordnung (EG) Nr. 2887/2000 betreffend den entbündelten Zugang zum Teilnehmeranschluss sowie die Zusammenschaltungsrichtlinie 97/33/EG ab.

63 Der Umsetzung der Zugangsrichtlinie dienen in erster Linie die Vorschriften der Zugangsregulierung (Abschnitt 2 der Marktregulierung, §§ 16 bis 26), der Entgeltregulierung (Abschnitt 3 der Marktregulierung, §§ 27 bis 39) sowie der sonstigen Verpflichtungen (§§ 40 ff.).

64 Siehe Art. 8 ff. Zugangsrichtlinie, welche Art. 68 ff. Kodifizierungsrichtlinie (EU) 2018/1972 entsprechen.

Unternehmen hinzu gekommen.[65] Neben der Regulierung von Zugang und Zusammenschaltung[66] enthält die Zugangsrichtlinie auch Vorgaben zur Preiskontrolle.[67] Weiter wird die essentielle Berechtigung und Verpflichtung von Netzbetreibern geregelt mit Unternehmen, die Zugangsleistungen nachfragen, über die Zugangsgewährung zu verhandeln.[68]

Hingegen hat die Universaldienstrichtlinie zuvörderst die Interessen der Endnutzer im Blick. Ihr Ziel ist die Sicherstellung der Verfügbarkeit öffentlich zugänglicher Telekommunikationsdienste durch wirksamen Wettbewerb.[69] Gleichwohl finden sich auch hier Grundlagen für mögliche Regulierungsverpflichtungen gegenüber Unternehmen, die auf einem bestimmten Endnutzermarkt über beträchtliche Marktmacht verfügen.[70]

Die Genehmigungsrichtlinie[71] bezweckt im Wesentlichen die Deregulierung von Genehmigungsvorschriften und -bedingungen.[72] Die Dienstleistungsfreiheit soll durch die freie Bereitstellung elektronischer Kommunikationsnetze und -dienste verwirklicht werden.[73] Dementsprechend sind die Erbringung von Telekommunikationsdiensten sowie das Betreiben öffentlich zugänglicher Telekommunikationsnetze erlaubnisfrei. Derartige Tätigkeiten sind lediglich anmeldepflichtig.[74]

---

65 Siehe Art. 13 und 13a Zugangsrichtlinie (bzw. Art. 74 und 77 Kodifizierungsrichtlinie (EU) 2018/1972), welche ihren Niederschlag in §§ 40 und 41 gefunden haben.

66 Siehe Art. 3 Zugangsrichtlinie, welcher Art. 59 Kodifizierungsrichtlinie (EU) 2018/1972 entspricht.

67 Siehe Art. 13 Zugangsrichtlinie, welcher Art. 74 Kodifizierungsrichtlinie (EU) 2018/1972 entspricht.

68 Siehe Art. 5 Zugangsrichtlinie, welcher Art. 61 Kodifizierungsrichtlinie (EU) 2018/1972 entspricht.

69 Vgl. Art. 1 Universaldienstrichtlinie, welcher Art. 1 Abs. 4, 5 Kodifizierungsrichtlinie (EU) 2018/1972 entspricht.

70 Siehe Art. 17 Universaldienstrichtlinie.

71 In der Genehmigungsrichtlinie 2002/20/EG ist die Richtlinie über einen gemeinsamen Rahmen für Allgemein- und Einzelgenehmigungen für Telekommunikationsdienste (97/13/EG) aufgegangen.

72 *Kühling/Schall/Biendl*, Telekommunikationsrecht, S. 11 Rn. 15.

73 Vgl. Erwgr. 3 der Genehmigungsrichtlinie.

74 Siehe § 6 Abs. 1.

## 2. Kodex für die elektronische Kommunikation

Ende 2018 sind die vorgenannten Richtlinien des Rechtsrahmens von 2002 in einem „*europäischen Kodex für die elektronische Kommunikation*" (Richtlinie (EU) 2018/1972) zusammengeführt worden.[75] Nicht zuletzt aufgrund der in der Vergangenheit erfolgten Richtlinienänderungen bot sich anlässlich der Überarbeitung des Richtlinienrahmens von 2002 eine kodifizierende Neufassung an.[76] In zeitlicher Hinsicht ist die Kodifizierungsrichtlinie bis zum 20.12.2020 in nationales Recht umzusetzen, so dass bis dahin weiterhin die Einzelrichtlinien des Richtlinienrahmen von 2002 beziehungsweise 2009 gelten.

In der Sache wird das Regelungskonzept des Richtlinienrahmens jedoch auch über die vorgenannte Umsetzungsfrist hinaus Geltung beanspruchen können. Denn die Kodifizierungsrichtlinie behält das Prinzip der asymmetrischen Regulierung durch Vorabverpflichtungen (vgl. Art. 16 Abs. 4 RRL, Art. 8 Abs. 2 ZRL) gegenüber marktmächtigen Unternehmen bei.[77] Weiterhin wird das geltende Marktanalyseverfahren beibehalten, wobei der aktuell noch in der Empfehlung geregelte drei-Kriterien-Test unmittelbar in der Richtlinie selbst geregelt wird.[78]

Neu ist hingegen der erweiterte Anwendungsbereich, welcher zukünftig auch sogenannte „*interpersonelle Kommunikationsdienste*" – wie beispielsweise WhatsApp, Skype und Facebook Messenger – erfassen wird.[79] Weiter kommt zu den bisherigen Regulierungszielen der Ausbau und die Nutzung von Netzen mit sehr hoher Kapazität hinzu.[80] Abseits der Marktregulierung führt die Kodifizierungsrichtlinie insbesondere Regelungen zur Frequenznutzung zusammen[81] und will hinsichtlich Endnutzerrechten sowie Kundenschutz eine Vollharmonisierung erreichen.[82]

---

75 Die Kodifizierungsrichtlinie (EU) 2018/1972 gliedert sich in einen allgemeinen Teil (Teil 1 Rahmen), Regelungen zu Netzen (Teil II) und Diensten (Teil III) sowie Schlussbestimmungen (Teil IV).

76 Vgl. Erwgr. 1 Kodifizierungsrichtlinie (EU) 2018/1972

77 Siehe Art. 67 Abs. 4 i.V.m. Art. 68 Abs. 2 Kodifizierungsrichtlinie (EU) 2018/1972.

78 Siehe Art. 67 Abs. 1 Kodifizierungsrichtlinie (EU) 2018/1972.

79 *Kiparski*, CR 2019, 179 (180). Siehe zur erweiterten Definition elektronischer Kommunikationsdienste Art. 2 lit. b) Kodifizierungsrichtlinie (EU) 2018/1972.

80 Siehe Art. 1 Abs. 2 lit. a) Kodifizierungsrichtlinie (EU) 2018/1972.

81 Siehe *Kapitel III Zugang zu Frequenzen* Art. 45 ff. Kodifizierungsrichtlinie (EU) 2018/1972.

82 Siehe hierzu *Kiparski*, CR 2019, 179 (184).

### 3. Weitergehende Harmonisierungsmaßnahmen

Der geltende Richtlinienrahmen enthält an verschiedenen Stellen Kompetenzen für die Kommission zum Erlass weitergehender Harmonisierungsmaßnahmen, von denen sie bereits mehrfach Gebrauch machte und macht.

Zunächst enthält Art. 15 Abs. 1 RRL eine spezielle Ermächtigungsgrundlage für den Erlass einer Empfehlung für Produkt- und Dienstmärkte, die grundsätzlich für die telekommunikationsrechtliche Marktregulierung in Betracht kommen.[83] Gestützt hierauf erließ die Kommission bereits in den Jahren 2002 und 2007 entsprechende Märkteempfehlungen. Die Kommission ist zur regelmäßigen Überprüfung der Märkteempfehlung verpflichtet (Art. 15 Abs. 1, 2. UAbs. RRL). Dementsprechend wurde die Empfehlung von 2007 jüngst durch die Märkteempfehlung von 2014 abgelöst.[84] Weiter findet sich in Art. 15 Abs. 2 RRL[85] eine besondere Ermächtigungsgrundlage für den Erlass von Leitlinien, auf deren Grundlage die Leitlinien zur Marktanalyse und Bewertung beträchtlicher Marktmacht fußen.[86]

Ferner ermächtigt Art. 19 Abs. 1 RRL die Kommission allgemein zum Erlass von Empfehlungen und Entscheidungen, um die in Art. 8 RRL genannten Ziele sowie eine harmonisierte Anwendung des Richtlinienrahmens sicherzustellen.[87] Sinn und Zweck dieser Harmonisierungsmaßnahmen sind die – teilweise abstrakten – Vorgaben des Richtlinienrahmens zu konkretisieren und so eine einheitliche Rechtsanwendung in den Mitgliedstaaten sicherzustellen.[88] Von dieser allgemeinen Harmonisierungskompetenz machte die Kommission etwa durch den Erlass einer Empfehlung über die Regulierung der Festnetz- und Mobilfunk-Zustellungsentgelte in der EU, der Empfehlung über den regulierten Zugang zu Zugangsnetzen der nächsten Generation sowie in jüngerer Zeit durch die Empfehlung über einheitliche

---

83 Dieselbe Ermächtigungsgrundlage sieht auch Art. 64 Abs. 1 Kodifizierungsrichtlinie (EU) 2018/1972 vor.

84 Märkteempfehlung 2014/710/EU.

85 Der Ermächtigungsgrundlage in Art. 15 Abs. 2 RRL entspricht Art. 64 Abs. 2 Kodifizierungsrichtlinie (EU) 2018/1972.

86 Nunmehr wurden die hierauf gestützten Marktanalyseleitlinien von 2002 durch die Leitlinien von 2018 abgelöst. Sie behandeln insbesondere Fragen der Marktdefinition sowie der alleinigen und gemeinsamen beträchtlichen Marktmacht (siehe 1.1. Ziffer 6 der Marktanalyseleitlinien 2018).

87 Dieser Ermächtigungsgrundlage entspricht Art. 38 Abs. 1 Kodifizierungsrichtlinie (EU) 2018/1972.

88 *Kühling/Schall/Biendl*, Telekommunikationsrecht, S. 15 Rn. 20.

Nichtdiskriminierungsverpflichtungen und Kostenrechnungsmethoden zur Förderung des Wettbewerbs und zur Verbesserung des Umfeldes für Breitbandinvestitionen Gebrauch.[89]

Die vorgenannten Empfehlungen und Entscheidungen sind für die Mitgliedstaaten nicht verbindlich (Art. 288 Abs. 5 AEUV). Gleichwohl sehen die jeweiligen Ermächtigungsgrundlagen für die Mitgliedstaaten beziehungsweise die nationalen Regulierungsbehörden eine Berücksichtigungspflicht vor, welche jedoch eine Abweichung von den Vorgaben der Kommission nicht ausschließt.[90]

### 4. Ergänzende Verordnungen und Entscheidungen

Neben dem geltenden Richtlinienrahmen gibt es einige unionale Rechtsakte, die unmittelbar gelten und daher nicht der Umsetzung durch nationales Recht bedürfen.[91]

Als geltende Verordnung ist zunächst die aktuelle Roaming-Verordnung (EU) Nr. 531/2012 zu nennen[92], welche für die Marktteilnehmer unmittelbar geltende Wirkung besitzt (Art. 288 Abs. 2 AEUV).[93] Den Erlass der Roaming-Verordnung erachtete der europäische Gesetzgeber für erforderlich, weil die nationalen Regulierungsbehörden nicht über effektive Möglichkeiten verfügen, den überhöhten Roaming-Preisen zu begegnen.[94] Wegen der grenzüberschreitenden Sachverhalte war für die Regulierungsbehörden bereits die Definition eines entsprechenden Marktes kaum möglich, geschweige denn die Bestimmung beträchtlicher Marktmacht. Wesentliches Ziel der geltenden Roaming-Verordnung ist, die Differenz zwischen Inlands- und Roamingtarifen zu verringern.[95] Sie regelt insbesondere

---

89 Im Einzelnen hierzu: *Kühling/Schall/Biendl*, Telekommunikationsrecht, S. 19 Rn. 28.

90 Siehe Art. 15 Abs. 3 sowie Art. 19 Abs. 2 RRL. Hier wird ausdrücklich klargestellt, dass die Mitgliedstaaten berechtigt sind, von den Vorgaben der Kommission abzuweichen.

91 Diese sind für den Untersuchungsgegenstand von untergeordneter Bedeutung; werden aber Gründen der Vollständigkeit kurz dargestellt.

92 Diese Verordnung löste die ursprüngliche Roaming-Verordnung (EG) Nr. 717/2007 ab.

93 Verordnung (EU) Nr. 531/2012, zuletzt geändert durch Verordnung (EU) 2017/920.

94 Vgl. *Kühling*, in: Hatje/Müller-Graff, Europäisches Sektorales Wirtschaftsrecht (Enzyklopädie Europarecht, Bd. 5), § 4 Rn. 26. Siehe dort auch zum folgenden Satz.

95 Die Verordnung versteht sich als einheitlicher Ansatz, der sicherstellen soll, dass Nutzern öffentlicher Mobilfunknetze auf Reisen innerhalb der Union für abgehende und ankommende Anrufe, das Senden und Empfangen von SMS-Nachrichten und das Benutzen paketvermittelter Datenkommunikationsdienste keine überhöhten Preise in Rechnung gestellt werden (Vgl. Erwgr. 2 der Verordnung (EU) Nr. 531/2012).

verbindliche Preishöchstgrenzen beziehungsweise Höchstentgelte für Großkunden.[96]

Im Zuge der Neufassung des Richtlinienrahmens im Jahre 2018 verabschiedete der europäische Gesetzgeber die Verordnung (EU) Nr. 2018/1971, die die ursprüngliche Verordnung (EG) Nr. 1211/2009 über die Errichtung eines Gremiums Europäischer Regulierungsstellen für elektronische Kommunikation (nachfolgend GEREK) ersetzt.[97] Bei dem GEREK handelt es sich nach wie vor um ein länderübergreifendes Gremium, das insbesondere über die einheitliche Anwendung des Rechtsrahmens für die elektronische Kommunikation in den Mitgliedstaaten wachen soll.[98] Die konkreten Aufgaben des GEREK sowie des GEREK-Büros[99] ergeben sich aus dem kodifizierten Rechtsrahmen beziehungsweise aus der konsolidierten Rahmenrichtlinie. Hiernach ist das GEREK insbesondere hinsichtlich Marktdefinition und Analyse im Rahmen des unionsweiten Konsolidierungsverfahrens zu beteiligen und in das Verfahren zur einheitlichen Anwendung von Regulierungsverpflichtungen einzubinden.[100]

Schließlich entfaltet die Frequenzentscheidung Nr. 676/2002/EG, welcher als Rechtsakt im Sinne von Art. 249 Abs. 3 EGV (Art. 288 Abs. 4 AEUV) unmittelbare Wirkung zukommt, ebenfalls noch Geltung.[101] Sie enthält harmonisierte Rahmenbedingungen hinsichtlich der Verfügbarkeit und effizienten Nutzung von Funkfrequenzen.[102] Die Frequenzentscheidung ermächtigt die Kommission – unter Mitwirkung des Frequenzausschusses – weitergehende Harmonisierungsentscheidungen zu erlassen.[103]

---

96 Siehe Art. 7, 9 und 12 Verordnung (EU) Nr. 531/2012.

97 Siehe Art. 51 Verordnung (EU) Nr. 2018/1971.

98 Siehe Art. 3 Abs. 2 Verordnung (EU) Nr. 2018/1971.

99 Hierbei handelt es sich um die Agentur zur Unterstützung des GEREK (s. Art. 1 Abs. 1 VO (EU) Nr. 2018/1971).

100 Siehe Art. 7 und 7a Rahmenrichtlinie, welche bereits durch § 12 Abs. 2 und § 13 Abs. 4 umgesetzt werden.

101 Sie wird insbesondere in Teil II, Kapitel III der Verordnung (EU) Nr. 2018/1971 in Bezug genommen.

102 Siehe zum Inhalt der Frequenzentscheidung: *Kühling*, in: Hatje/Müller-Graff, Europäisches Sektorales Wirtschaftsrecht (Enzyklopädie Europarecht, Bd. 5), § 4 Rn. 28, 29. Siehe dort auch zum folgenden Satz.

103 Vgl. Art. 4 der Frequenzentscheidung Nr. 676/2002/EG. Auf diese Kompetenz stützte die Kommission bereits zahlreiche Harmonisierungsentscheidungen (*Kühling/Schall/Biendl*, Telekommunikationsrecht, S. 15 Rn. 19).

## B. Rechte Einzelner, Rechtsschutzgarantie und sektorspezifische Rechtsbehelfsvorschriften

Die Garantie eines wirksamen gerichtlichen Rechtsschutzes des Einzelnen kennt auch das Unionsrecht. Die potentiellen Rechte von Anbietern und Netzbetreibern Zugangsleistungen von einem anderen Unternehmen zu begehren, sind als Teilmenge der Rechte des Einzelnen zu verstehen. Im Kontext des Unionsrechts ist dabei ein autonomes – von mitgliedstaatlichen Begrifflichkeiten emanzipiertes – Verständnis geboten. Vor diesem Hintergrund ist der Gewährleistungsgehalt der sektorspezifischen Rechtsbehelfsvorschrift einzuordnen.

### I. Zu Rechten des Einzelnen im Unionsrecht

Das Unionsrecht begreift sich seit jeher als eine Rechtsordnung, die den subjektiv-rechtlichen Status des Einzelnen anerkennt.[104] Gestützt hierauf befand der *EuGH* schon in der Rechtssache *van Gend & Loos*, dass auch das Gemeinschaftsrecht dem Einzelnen Rechte verleihen kann.[105] Prominentes Beispiel für die Anerkennung des individualschützenden Charakters unionsrechtlicher Vorschriften ist die schrittweise erfolgte Anerkennung des subjektiven Gehalts der Grundfreiheiten.[106] Dieser Linie entsprechend begegnen in der Rechtsprechung des *EuGH* Termini, die ausdrücklich die Einräumung individueller Rechtspositionen indizieren. Bereits in dem erwähnten Verfahren *van Gend & Loos* wird vom „*Schutz der individuellen Rechte der Einzelnen*" gesprochen.[107] Weiterhin ist etwa hinsichtlich der inhaltlichen Ausrichtung einer Richtlinie von „*Begünstigten*" die Rede.[108] Im Zusammenhang mit der Frage, ob Bestimmungen einer Verordnung geeignet seien können, Rechte Einzelner zu begründen, verwendet der *Gerichtshof* beispielsweise den Begriff der *Normadressaten*.[109] Weiterhin

---

104 Ein guter Überblick hinsichtlich der Entwicklung subjektiver Rechte im Unionsrecht findet sich bei *Nettesheim*, AöR Bd. 132 2007, 333 (334 f.).

105 *EuGH*, Urt. v. 05.02.1963, Rs. 26/62 (*Van Gend & Loos*), Slg. 1963, S. 3 (24 f.).

106 Siehe nur *EuGH*, Urt. v. 22.03.1977, Rs. 74/76 (*Iannelli/Meroni*), Slg. 1977, S. 557 Rn. 13 sowie Urt. v. 13.12.1993, Rs. 222/82 (*Apple and Pear Development Council/Lewis*), Slg. 1983, S. 4087 Rn. 37. Ausführlich zur schrittweisen Anerkennung des Einzelnen als Träger – unionsrechtlich determinerter – subjektiv-öffentlicher Rechte: *Saurer*, Der Einzelne im europäischen Verwaltungsrecht, S. 67 ff., insbes. S. 79 ff. und 94 ff..

107 *EuGH*, Urt. v. 05.02.1963, Rs. 26/62 (*Van Gend & Loos*), Slg. 1963, S. 3 (S. 26).

108 *EuGH*, Urt. v. 23.05.1985, Rs. 29/84 (Kommission/Deutschland), Slg. 1985, S. 1667 Rn. 19, 23, 27 sowie 28.

109 EuGH, Urt. v. 10.10.1973, Rs. 34/73 (Variola/*AMMINISTRAZIONE ITALIANA DELLE FINANZE*), Slg. 1973, S. 981 Rn. 11.

spricht er anlässlich der Frage des persönlichen Geltungsbereichs einer Richtlinie von interessierten Personen.[110] Darüber hinaus fällt auf, dass häufig von *„Betroffenen"* oder *„betroffenen Einzelpersonen"* gesprochen wird.[111] Teilweise ist im Urteilstenor sogar davon die Rede, dass die Vertragsbestimmungen *„den von ihnen erfassten Personen subjektive Rechte"* verleihen.[112] Teilweise wird der Rechtsbegriff des Einzelnen auch als normativ geprägter Oberbegriff verstanden, der verschiedenste soziale und ökonomische Aktuere erfassem kann.[113]

Festzuhalten bleibt, dass Rechtspositionen mit individualschützendem Gehalt dem Unionsrecht nicht fremd sind. Allerdings führen die verschiedenen Bezeichnungen für Rechte des Einzelnen beziehungsweise subjektive Rechte vor Augen, dass insoweit nicht von einer geschlossenen Terminologie die Rede sein kann.[114] Darüber hinaus lässt sich dem Unionsrecht ausdrücklich keine weitere Differenzierung zwischen subjektiven Rechten privatrechtlicher sowie öffentlich-rechtlicher Natur entnehmen, wie sie für die deutsche Rechtsordnung prägend ist.[115] Dies soll jedoch nicht darüber hinwegtäuschen, dass auch das Unionsrecht subjektive Rechte enthält, die gegen die Mitgliedstaaten oder Unionsorgane gerichtet sein können.[116] Insoweit ist lediglich zu berücksichtigen, dass die für das deutsche Verständnis des subjektiven öffentlichen Rechts

---

110 Vgl. *EuGH*, Urt. v. 11.07.1991, verb. Rs. C-87/90, C-88/90 und C-89/90 (*Verholen u. a./Verzekeringsbank Amsterdam*), Slg. 1991, I-3783 Rn. 23, wo davon die Rede ist, dass auch Personen, die nicht in den Geltungsbereich der Richtline *79/7/EWG* fallen, ein *„unmittelbares Interesse d*aran haben können, daß das Diskriminierungsverbot zugunsten der geschützten Personen beachtet wird."

111 *EuGH*, Urt. v. 04.12.1974, Rs. 41/74 (*van Duyn/Home Office*), Slg. 1974, S. 1337 insbes. Rn. 12, 13/14 sowie 16; Urt. v. 05.04.1979, Rs. 148/78 (*Ratti*), Slg. 1979, S. 1629 Rn. 18; Urt. v. 19.01.1982, Rs. 8/81 (*Becker/Finanzamt Münster*), Slg. 1982, S. 53 Rn. 22.

112 Siehe Tenor in *EuGH*, Urt. v. 07.07.1976, Rs. 118/75 (*Lynne Watson*), Slg. 1976, S. 1185.

113 Dieses normative Verständnis arbeitet *Saurer* aus der Perspektive des europäischen Verwaltungsrechts heraus, *Saurer*, Der Einzelne im europäischen Verwaltungsrecht, S. 455. Der Begriff des *„Einzelnen"* im europäischen Verwaltungsrecht erfasse Privatpersonen verschiedener ökonomischer Aktionsradien, kleine und mittlere Unternehmen, transnationale Konzerne und auch Interessengruppen (*Saurer*, a.a.O.).

114 Vgl. zu dieser Herausforderung *Saurer*, Der Einzelne im europäischen Verwaltungsrecht, S. 67 ff.

115 Soweit im Unionsrecht von individuellen Rechten die Rede ist, erfolgt keine weitere Zuordnung, ob sie öffentlich- oder privatrechtlicher Natur sind.

116 Man denke nur an Grundrechte aus der europäischen Grundrechtecharta, welche nunmehr gem. Art. 6 Abs. 1 EUV ausdrücklich Teil des unionalen Primärrechts sind. Sie binden die Union und ihre Behörden sowie grundsätzlich auch die Mitgliedstaaten. Siehe zu ihrem Anwendungsbereich nur *Herdegen*, Europarecht, § 8 Rn. 36 f.

prägende Staatsgerichtetheit im Unionsrecht nicht ausdrücklich betont wird. Vielmehr ist (nur) von Rechten des Einzelnen die Rede, wobei diese allerdings je nach Sachlage gegen die Union selbst[117] oder gegen die Mitgliedstaaten[118] gerichtet sein sowie auch Beziehungen zwischen Privaten betreffen können.[119]

## II. Zur unionsrechtlichen Rechtsschutzgarantie

Den Rechtsschutz Einzelner beziehungsweise Dritter gebietet die Rechtsschutzgarantie. Für das Unionsrecht erkannte der *EuGH* frühzeitig die Gewähr eines effektiven gerichtlichen Rechtsschutzes als allgemeinen Grundsatz[120] an. Diese Garantie leitete er unter Rekurs auf die gemeinsamen Verfassungstraditionen der Mitgliedstaaten sowie Art. 6 und 13 EMRK her.[121] Eine auf die Union bezogene Verpflichtung entsprechenden Inhalts enthält der Justizgewährleistungsanspruch nach Art. 47 GRCh.[122] Inhaltlich besagt das Gebot effektiven gerichtlichen Rechtsschutzes, dass jedermann einen Anspruch auf einen wirksamen Rechtsbehelf gegen Handlungen hat, die gegen seine aus dem Unionsrecht erwachsenden Rechte verstoßen.[123]

Für die Rechtsschutzgewährung ist die europäische Gerichtsbarkeit entsprechend dem Prinzip der begrenzten Einzelermächtigung nur in den enumerativen Fällen der Verträge zuständig.[124] Die Rechtschutzgarantie verpflichtet

---

117 So verlangt etwa die Haftung der Union nach Art. 340 Abs. 2 AEUV die hinreichend qualifizierte Verletzung einer den Einzelnen schützenden Rechtsnorm, *EuGH*, Rs. C-470/03, Slg. 2007, I-2749, Rn. 78.

118 Beispielhaft sei hierzu nur auf die Grundfreiheiten gem. 34 ff. AEUV hingewiesen.

119 Vgl. *EuGH*, Urt. v. 06.06.2000, Rs. C-281/98 (*Angonese*), Slg. 2000, I-4139 Rn. 30-36. Dem Ausgangsverfahren lag ein Streit zwischen einem zweisprachig aufgewachsenen Bewerber und einer privaten Bankgesellschaft aus Bozen zugrunde, die eine Stelle ausgeschrieben hatte und hierfür den Nachweis der Zweisprachigkeit verlangte.

120 Diesen Gedanken identifiziert auch *Classen* als tragenden Grundsatz der Rspr. des *EuGH* für die Anerkennung von Rechten des Einzelnen (*Classen*, Die Europäisierung der Verwaltungsgerichtsbarkeit, S. 182/183).

121 *Wegener*, in: Calliess/Ruffert, EUV/AEUV, Art. 19 EUV, Rn. 41; *Rengeling/Kotzur*, in: Rengeling/u. a., Handbuch des Rechtsschutzes in der Europäischen Union, § 1 Rn. 14.

122 *Oppermann/Classen/Nettesheim*, Europarecht, § 13 Rn. 1.

123 *EuGH*, 15.05.1986, Rs. 222/84 (Johnston/Chief Constable of the Royal Ulster Constabulary), Slg. 1986, S. 1663 Rn. 19; Urt. v. 13.03.2007, Rs. C-432/05 (Unibet/Justitekansler), Slg. 2007, I-2301 Rn. 38. Im Fall Johnston ging es um den Schutz von Rechten, deren Grundlage das Gleichbehandlungsgebot nach der RL 76/207/EWG bildete.

124 Siehe zur enumerativen Zuständigkeit der europäischen Gerichtsbarkeit *Oppermann/Classen/Nettesheim*, Europarecht, § 13 Rn. 7 und 29 ff.

insbesondere die Mitgliedstaaten im Rahmen ihrer Loyalitätspflicht nach Art. 4 Abs. 3 EUV dazu, eine effektive gerichtliche Kontrolle der Rechte zu gewährleisten, die dem Einzelnen aus dem Unionsrecht erwachsen. Insoweit ist es grundsätzlich Sache der Mitgliedstaaten, ein System von Rechtsbehelfen und Verfahrensordnungen vorzusehen, das das Recht auf effektiven Rechtsschutz gewährleistet.[125] Dabei dürfen die nationalen Verfahrensmodalitäten für Rechtsbehelfe, die den Schutz der dem Einzelnen aus dem Unionsrecht erwachsenden Rechte gewährleisten sollen, im Vergleich nicht weniger günstig ausgestaltet sein als im Falle des Schutzes nationalen Rechts (Äquivalenzgrundsatz). Zudem darf die Ausübung der durch das Unionsrecht verliehenen Rechte nicht praktisch unmöglich oder übermäßig erschwert werden (Grundsatz der Effektivität).

Folglich ist die für das Unionsrecht anerkannte Garantie des effektiven Rechtsschutzes akzessorischer Natur.[126] Ihre Schutzwirkung greift erst ein, wenn es um die Beeinträchtigung von Rechten geht, die dem Einzelnen aus dem Unionsrecht erwachsen. Anders gewendet begründet die Rechtsschutzgarantie keine Individualrechte, sondern setzt sie und ihre (mögliche) Verletzung voraus.

## III. Zum Inhalt der sektorspezifischen Rechtsbehelfsregelung(en)

Zu Beginn des zweiten Kapitels der Rahmenrichtlinie findet sich Art. 4 Abs. 1 S. 1, welcher die Überschrift *Rechtsbehelf* trägt. Hier heißt es:

> *„Die Mitgliedstaaten stellen sicher, dass es auf nationaler Ebene wirksame Verfahren gibt, nach denen jeder Nutzer oder Anbieter elektronischer Kommunikationsnetze und/oder -dienste, der von einer Entscheidung einer nationalen Regulierungsbehörde betroffen ist, bei einer von den beteiligten Parteien unabhängigen Beschwerdestelle einen Rechtsbehelf gegen diese Entscheidung einlegen kann.“*[127]

Mithin sind die Mitgliedstaaten verpflichtet, *wirksame Verfahren* zu schaffen, nach denen jeder bei einer *unabhängigen Beschwerdestelle* einen *Rechtsbehelf* gegen regulierungsbehördliche Entscheidungen einlegen kann.

Den nicht weiter definierten Begriff des Rechtsbehelfs vermag ein vergleichender Blick in die die englische (*right to appeal*) und französische (*Droit de recours*)

---

125 Zur Ausgestaltung der Garantie des effektiven Rechtsschutzes siehe nur *EuGH*, Urt. v. 13.03.2007, Rs. C-432/05, Slg. 2007, I-2301 Rn. 42 f. Siehe dort auch zum folgenden Satz.

126 Dies ist ebenfalls für das Recht auf einen wirksamen Rechtsbehelf nach Art. 47 Abs. 1 GRC sowie Art. 13 EMRK anerkannt (*Eser*, in: Meyer, Charta der Grundrechte der Europäischen Union, Art. 47 Rn. 4).

127 Diese Vorschrift entspricht Art. 31 der Kodifizierungsrichtlinie (EU) 2018/1971.

Sprachfassung wenig zu erhellen. Hierbei handelt es sich lediglich um identische Synonyme für den in der deutschen Sprachfassung verwendeten Begriff. Nach allgemeinem Verständnis bezeichnet ein Rechtsbehelf ein rechtliches Mittel zur Anfechtung einer behördlichen oder gerichtlichen Entscheidung.[128] Im verwaltungsprozessualen Kontext wird unter diesem Begriff im weitesten Sinne jedes von der Rechtsordnung zur Verfügung gestellte Mittel zur Verwirklichung eines Rechts verstanden.[129] Mithin ist größter gemeinsamer Nenner die Kontroll- beziehungsweise die Durchsetzungsfunktion. Aus Art. 4 Abs. 1 RRL ergibt sich, dass der Rechtsbehelf gegen die Entscheidung einer nationalen Regulierungsbehörde gerichtet ist. Er soll den Normbegünstigten deren Kontrolle ermöglichen.

Für den Begriff *Entscheidungen einer nationalen Regulierungsbehörde* enthält der sekundärrechtliche Rechtsrahmen ebenfalls keine Legaldefinition. Jedoch wird die nationale Regulierungsbehörde definiert als von den Mitgliedstaaten zu schaffende Stelle, welche die in der Rahmenrichtlinie sowie den dort genannten Einzelrichtlinien festgelegten Regulierungsaufgaben wahrzunehmen hat.[130] Zu den ebenfalls definierten Einzelrichtlinien gehören insbesondere die Zugangsrichtlinie sowie die Universaldienstrichtlinie.[131] Mithin beziehen sich die Entscheidungen im Sinne von Art. 4 Abs. 1 RRL in systematischer Hinsicht auf Aufgaben, die der Regulierungsbehörde nach dem geltenden Rechtsrahmen für den Bereich der elektronischen Kommunikation zu übertragen sind. Diesen Befund bestätigt ein Blick in die Historie des Art. 4 Abs. 1 RRL.

Eine vergleichbare Regelung wurde bereits durch Art. 5a Abs. 3 Richtlinie 97/51/EG eingeführt.[132] Die zugrundeliegende Richtlinie bezweckte die Harmonisierung der Bedingungen für den offenen und effizienten Zugang zu öffentlichen Telekommunikationsnetzen sowie deren Nutzung.[133] Sie stellte den ersten Rechtsrahmen für den Telekommunikationssektor dar und wurde durch den

128 http://www.duden.de/rechtschreibung/Rechtsbehelf, zuletzt besucht am 20.04.2019.

129 Vgl. zum Begriff des Rechtsbehelfs: *Meissner/Schenk*, in: Schoch/Schneider/Bier, VwGO, § 58 Rn. 19.

130 Siehe Art. 3 Abs. 1 Rahmenrichtlinie.

131 Sie gehören zum gemeinsamen Rechtsrahmen der elektronischen Kommunikation, vgl. ErwGr. 5 Rahmenrichtlinie. Dort ist von einem *einheitlichen Rechtsrahmen* die Rede, der sich aus der Genehmigungs-, Zugangs- und Universaldienstrichtlinie sowie der RL 97/66/EG zusammensetzt.

132 Die Richtlinie 97/51/EG änderte die Richtlinien 90/387/EWG und 92/44/EWG des Rates zwecks Anpassung an ein wettbewerbsorientiertes Telekommunikationsumfeld.

133 Siehe Art. 1 Abs. 1 Richtlinie 90/387/EWG.

einheitlichen Rechtsrahmen des Richtlinienpaktes von 2002 abgelöst.[134] Nach deren Art. 5a Abs. 3 hatten die Mitgliedstaaten sicherzustellen,

> *„daß geeignete Verfahren auf nationaler Ebene bestehen, um einer von einer Entscheidung der nationalen Regulierungsbehörde betroffenen Partei das Recht zu gewähren, bei einer von den betroffenen Parteien unabhängigen Stelle gegen diese Entscheidung Einspruch zu erheben."*

Zu den Entscheidungen in diesem Sinne zählten auch solche im Zusammenhang mit der Verordnung (EG) Nr. 2887/2000 über den entbündelten Zugang zum Teilnehmeranschluss,[135] denn diese Richtlinie diente der Ergänzung des damaligen Rechtsrahmens.[136]

Indes ist die Rechtsbehelfsregelung des Art. 4 Abs. 1 RRL abzugrenzen von den Verfahren zur Beilegung von Streitigkeiten zwischen Unternehmen (Art. 20 und 21 RRL).[137] Hierbei handelt es sich um besondere Verfahren zur schnellen Streitbeilegung, die „*zusätzlich zu den Rechtsbehelfen nach nationalem oder gemeinschaftlichem Recht*" vorgesehen sind.[138] In der Sache sind Streitigkeiten zwischen Unternehmen gemeint, die unter die Rahmenrichtlinie oder die Einzelrichtlinien fallen (vgl. Erwägungsgrund 32 RRL). Den Abschluss des zu schaffenden Streitbeilegungsverfahrens bildet eine Entscheidung der angerufenen Regulierungsbehörde (Art. 20 Abs. 3 RRL). Hinsichtlich dieser greift dann wiederum die Rechtsbehelfsregelung des Art. 4 Abs. 1 RRL.[139]

Im Übrigen verlangt Art. 4 Abs. 1 S. 1 RRL die Möglichkeit der Rechtsbehelfseinlegung bei einer unabhängigen Beschwerdestelle. Bei dieser Stelle muss es sich nicht unbedingt um ein Gericht handeln (Art. 4 Abs. 1 S. 2 RRL). Gleichwohl bestimmt Art. 4 Abs. 2 S. 2 RRL für den Fall, dass die Beschwerdestelle kein Gericht sein sollte, dass ihre Entscheidungen in einem gerichtlichen Verfahren überprüft werden können. Damit wird deutlich, dass der Unionsgesetzgeber im Ergebnis eine gerichtliche Kontrolle der aufgrund des

---

134 Vgl. ErwGr. 2 Rahmenrichtlinie.

135 Vgl. hierzu *EuGH*, Urt. v. 24.04.2008, Rs. C-55/06 (Arcor AG & Co KG/Bundesrepublik Deutschland), Slg. 2008, I-2976, Rn. 175.

136 Siehe ErwGr. 2 VO (EG) Nr. 2887/2000.

137 Diesbezüglich ist zwischen Streitigkeiten zwischen Unternehmen im Zusammenhang mit dem einheitlichen Rechtsrahmen auf nationaler Ebene (Art. 20 RRL) und entsprechenden Streitigkeiten mit grenzüberschreitendem Bezug zu unterscheiden (Art. 21 RRL).

138 ErwGr. 33 Rahmenrichtlinie.

139 Vgl. *Attendorn/Geppert*, in: Geppert/Schütz, BeckTKG-Komm, § 133 Rn. 55.

einheitlichen Rechtsrahmens ergangenen Entscheidungen einer Regulierungsbehörde wünscht.

Als Begünstigte dieser Rechtsbehelfsregelung wird jeder Anbieter oder Nutzer elektronischer Kommunikationsnetze und/oder -diente genannt, der von einer solchen Entscheidung betroffen ist. Nutzer im Sinne der Rahmenrichtlinie ist jede natürliche oder juristische Person, die einen öffentlich zugänglichen elektronischen Kommunikationsdienst in Anspruch nimmt oder beantragt[140], gleich ob dies zu privaten oder geschäftlichen Zwecken erfolgt.[141] Gegenüber dieser weiten Definition wird der Begriff des Anbieters nicht legal definiert. Nach allgemeinem Verständnis handelt es sich dabei um eine Person, die etwas zur Verfügung stellt beziehungsweise ein (Waren-)Angebot offeriert.[142] Das zur Verfügung gestellte Etwas ist mit Blick auf elektronische Kommunikationsnetze und/oder -dienste zu konkretisieren. Diese Begrifflichkeiten werden wiederum in Art. 2 lit. a) und c) RRL definiert. Mithin sind Anbieter von elektronischen Kommunikationsdiensten Personen, die entgeltlich Dienste erbringen, die ganz oder überwiegend in der Übertragung von Signalen über elektronische Kommunikationsnetze bestehen.[143] Hingegen sind unter Anbietern von Telekommunikationsnetzen diejenigen zu verstehen, die Übertragungssysteme einschließlich der Vermittlungs- und Leitungswegeeinrichtungen betreiben.[144] Da mit dem Betrieb von Telekommunikationsnetzen oder der Erbringung von Kommunikationsdiensten in der Regel ein hoher wirtschaftlicher Aufwand verbunden ist, handelt es sich bei derartigen Anbietern typischerweise um Unternehmen. Dies bestätigt ein Blick in das Verzeichnis der gemeldeten Unternehmen, die in Deutschland tatsächlich Telekommunikationsnetze betreiben oder entsprechende Dienste anbieten.[145] Hier sind nur juristische Personen gelistet.

Um von dem personellen Schutzbereich dieser Rechtsbehelfsvorschrift erfasst zu werden, ist weiter erforderlich, dass jemand, der zu den vorstehend genannten Personen zählt, durch eine regulierungsbehördliche Entscheidung *betroffen ist*. Auch dieser Begriff wird im einheitlichen Rechtsrahmen nicht weiter definiert.

---

140 Zur Definition des Begriffs *Nutzer* siehe Art. 2 lit. h) Rahmenrichtlinie.

141 Vgl. *Cornils*, in: Geppert/Schütz, § 3 Rn. 54.

142 Vgl. http://www.duden.de/rechtschreibung/anbieten, zuletzt besucht am 20.04.2019.

143 Vgl. Definition elektronischer Kommunikationsdienste in Art. 2 lit. c) Rahmenrichtlinie.

144 Vgl. Definition zu *elektronisches Kommunikationsnetz* in Art. 2 lit. a) Rahmenrichtlinie.

145 Dieses Verzeichnis ist abrufbar unter: http://www.bundesnetzagentur.de/cln_1421/DE/Sachgebiete/Telekommunikation/Unternehmen_Institutionen/Anbieterpflichten/Meldepflicht/meldepflicht-node.html, zuletzt besucht am 20.04.2019.

Gemeinhin kann hierunter jemand verstanden werden, der von etwas in Mitleidenschaft gezogen wird.[146] Fragt man, durch wen oder was die Eigenschaft des Betroffenseins ausgelöst wird, dürfte die Antwort in der „*Entscheidung einer nationalen Regulierungsbehörde*“ bestehen.

Der Begriff des Betroffenseins begegnet auch im Rahmen der Nichtigkeitsklage (Art. 263 Abs. 4, Var. 2 und 3 AEUV). Hier wird er jedoch vom *EuGH* nicht isoliert, sondern unter den Gesichtspunkten der individuellen und unmittelbaren Betroffenheit erörtert.[147] Betroffen ist zunächst, wer durch den angegriffenen Akt beschwert ist. Ausreichend hierfür ist bereits die Verletzung eines rechtlich relevanten Interesses.[148] Würde man diese Grundsätze auf Art. 4 Abs. 1 RRL übertragen, käme es auf eine Interessenverletzung an.

Allerdings ist Art. 4 Abs. 1 RRL als sektorspezifische Ausprägung der Rechtsschutzgarantie zu verstehen, weswegen eine rechtliche Betroffenheit entscheidend sein muss. Die Rechtsschutzgarantie ist akzessorischer Natur und setzt subjekive Rechte voraus. A maiore ad minus gilt dies ebenfalls für die sektorspezifische Rechtsbehelfsgarantie. Für Art. 4 Abs. 1 RRL bedeutet dies, dass Rechte des Einzelnen betroffen sein müssen, welche aus dem Unionsrecht erwachsen. Derartige Rechte können sich insbesondere aus den einschlägigen Richtlinien ergeben.[149] In der Rechtssache T-Mobile Austria/TCK[150] hat der *EuGH* dies bestätigt und zugleich konkretisiert. Betroffen im Sinne von Art. 4 Abs. 1 RRL sei ein

146 http://www.duden.de/rechtschreibung/Betroffener, zuletzt besucht am 20.04.2019.

147 *Cremer*, in: Calliess/Ruffert, EUV/AEUV, Art. 263 AEUV Rn. 35, siehe dort auch zum folgenden Satz.

148 *Ehricke*, in: Streinz, EUV/AEUV, Art. 263 AEUV Rn. 58.

149 Bereits im Fall *Johnston* entschied der *EuGH*, dass sich hinsichtlich des Gebots effektiven Rechtsschutzes Rechte des Einzelnen auch aus einem in einer Richtlinie angelegten Gleichbehandlungsgebot ergeben können, vgl. *EuGH*, Urt. v. 15.05.1986, Rs. 222/84 (Johnston/Chief Constable of the Royal Ulster Constabulary), Slg. 1986, S. 1663 Rn. 19; vgl auch *EuGH*, Urt. v. 22.01.2015, Rs. C-282/13 (T-Mobile Austria/TCK), Juris Rn. 34.

150 In diesem Vorlageverfahren ging es um die Auslegung des Begriffs des *Betroffenseins* nach Art. 4 Abs. 1 RRL im Zusammenhang Übertragung von Frequenznutzungsrechten. Diesbezüglich sieht Art. 5 Abs. 6 GRL – bzw. Art. 52 Kodifizierungsrichtlinie (EU) 2018/1972 – diverse Schutzmaßnahmen zugunsten neuer Marktteilnehmer oder zur Verhinderung von Wettbewerbsverzerrungen vor (Vgl. *EuGH*, Urt. v. 22.01.2015, Rs. C-282/13 (T-Mobile Austria/TCK), Juris Rn. 2 und 26)

*„Unternehmen, das elektronische Kommunikationsnetze oder dienste anbietet, ein Wettbewerber des Unternehmens oder der Unternehmen ist, an das bzw. die die Entscheidung der nationalen Regulierungsbehörde gerichtet ist, und die nationale Regulierungsbehörde in einem Verfahren entscheidet, das dem Schutz des Wettbewerbs dient, und die fragliche Entscheidung geeignet ist, sich auf die Marktstellung des erstgenannten Unternehmens auszuwirken."*[151]

Mithin sind drei Voraussetzungen für die Eigenschaft des Betroffenseins erforderlich: Erstens muss es sich um einen Netzbetreiber und/oder Anbieter elektronischer Kommunikationsdienste handeln, der zugleich Wettbewerber des regulierten Unternehmens ist. Zweitens muss die regulierungsbehördliche Entscheidung dem Schutz des Wettbewerbs dienen und drittens geeignet sein, Auswirkungen auf die Marktstellung des Anbieters beziehungsweise Netzbetreibers zu haben. Damit kommt es entscheidend darauf an, ob Bestimmungen des Richtlinienrahmens Wettbewerber des regulierten Unternehmens schützen.

## C. Zu subjektiven Rechten Dritter im sektoralen Rechtsrahmen

Die Suche nach Rechten Dritter betrifft einen Ausschnitt der Frage nach Rechten Einzelner. Die Frage, unter welchen Voraussetzungen eine unionsrechtliche Norm dem Einzelnen subjektive Rechte vermittelt beziehungsweise vermitteln soll, wird als eine der schwierigsten Fragen des Unionsrechts bezeichnet.[152] Dies gilt namentlich für die hier in Rede stehende Frage, unter welchen Voraussetzungen eine Richtliniennorm die Schaffung subjektiver Rechte im mitgliedstaatlichen Umsetzungsrecht angeordnet wissen will. Die einschlägige Judikatur des *EuGH* sucht die Literatur in verschiedene Richtungen zu systematisieren (I.). Vor diesem Hintergrund werden nachstehend die Bestimmungen des sektorspezifischen Rechtsrahmens hinsichtlich zu schaffender Drittrechte untersucht, wobei die einschlägige Judikatur des *EuGH* den Ausgangspunkt bildet (II.).

### I. Allgemeine Kriterien für subjektive Rechte im Richtlinienprogramm

Hinsichtlich der Frage, unter welchen Voraussetzungen Richtlinien die Schaffung subjektiver Rechte im mitgliedstaatlichen Recht verlangen, sind vorab Klarstellungen angezeigt. Grund hierfür ist die zweistufige Wirkungsweise der Richtlinie.[153] Bekanntlich wird sie vom Unionsgesetzgeber erlassen und ist an

---

151 *EuGH*, Urt. v. 22.01.2015, Rs. C-282/13 (T-Mobile Austria/TCK), Juris Rn. 39.

152 *Classen*, VerwArch 88 (1997), 645; vgl. auch *Wegener*, Rechte des Einzelnen, S. 133.

153 *Herdegen*, Europarecht, § 8 Rn. 45, siehe dort auch zum folgenden Satz; *Oppermann/Classsen/Nettesheim*, Europarecht, § 9 Rn. 83 und 89 f.

die Mitgliedstaaten adressiert. Diese haben das Richtlinienprogramm dann in innerstaatliches Recht umzusetzen. Dabei verfügen sie grundsätzlich über einen Gestaltungsspielraum (vgl. Art. 288 Abs. 3 AEUV).[154] Die Frage, wann die Schaffung von Individualrechten zum Richtlinienprogramm gehört, betrifft jedoch bereits den Richtlinieninhalt. Abzuschichten ist ferner die Frage der unmittelbaren Wirkung von Richtlinien.[155] Hierbei handelt es sich um eine Ausnahme vom Grundsatz, dass die Richtlinie nur gegenüber Mitgliedstaaten unmittelbar wirkt.[156]

### 1. Ausgangsentscheidungen des *Gerichtshofs*

Der *EuGH* ging bereits frühzeitig davon aus, dass das Richtlinienprogramm die Schaffung von Rechten des Einzelnen im nationalen Umsetzungsrecht gebieten kann.[157] Das gilt namentlich für Richtlinien in den Bereichen des Vergaberechts sowie des Umwelt- und Verbraucherschutzes.[158]

#### a) Vergaberecht

Beispielsweise entschied der *EuGH*, dass im Verfahren der öffentlichen Auftragsvergabe Bestimmungen über die Nachweispflicht für ein ungewöhnlich günstiges Angebot darauf zielen, „*den Bieter vor der Willkür des öffentlichen Auftraggebers zu schützen*".[159] Diese individualschützende Funktion begründete er

---

154 Wegen der mit diesem zweistufigen Konzept verbundenen Schonung mitgliedstaatlicher Regelungsstrukturen ist die Richtlinie das klassische Instrument zur Harmonisierung (vgl. *Oppermann/Classsen/Nettesheim*, Europarecht, § 9 Rn. 83).

155 Ebenso *Ruffert*, in: Calliess/Ruffert, EUV/AEUV, Art. 288 AEUV Rn. 44.

156 Vgl. *Oppermann/Classsen/Nettesheim*, Europarecht, § 9 Rn. 89 und 100 f.

157 Vgl. bereits *EuGH*, Urt. v. 15.05.1986, Rs. 222/84 (Johnston/Chief Constable of the Royal Ulster Constabulary), Slg. 1986, S. 1663 Rn. 19.

158 Die Frage, wann eine Richtlinie im nationalen Umsetzungsrecht Rechte Einzelner begründet wissen will, stellt sich indes nur, soweit dies nicht bereits ausdrücklich vorgegeben ist. Ein Beispiel für die ausdrückliche Rechtseinräumung stellt die Umweltinformationsrichtlinie 2003/4/EG dar. Deren Art. 3 Abs. 1 verpflichtet die Mitgliedstaaten, allen Antragstellern die bei Behörden vorhandenen Informationen zugänglich zu machen, ohne dass ein Interesse geltend gemacht zu werden braucht. Das Zugänglichmachen stellt ein Verhalten dar. Mithin kann von einem voraussetzungslosen Anspruch gesprochen werden (vgl. § 194 Abs. 1 BGB). Hinsichtlich dieses Antragrechts ist die an die Mitgliedstaaten gerichtete Verpflichtung vorgesehen, ein gerichtliches Überprüfungsverfahren zu gewährleisten (Art. 6 Abs. 2).

159 Dies führte in dem betreffenden Verfahren dazu, dass im Falle eines ungewöhnlich günstigen Angebots, die Entscheidung über die Einholung von Belegen für dieses

mit der Intention der betreffenden Richtlinie, welche im Schutz des einzelnen Bieters bestehe.[160] Ausdrücklich wird dies in der Richtlinie 71/305/EWG jedoch nicht vorgeschrieben. Gleichwohl sollen nach deren Begründungserwägungen alle Bieter in gleicher Weise behandelt beziehungsweise nicht diskriminiert werden.

In weiteren Verfahren zur Auslegung von Bestimmungen der Richtlinie 71/305/EWG nahm der *Gerichtshof* hinsichtlich der Frage, ob sich einzelne Bieter vor mitgliedstaatlichen Gerichten auf einzelne Bestimmungen dieser Richtlinie berufen können, erneut auf deren Schutzzweck Bezug.[161] Soweit die Verletzung bieterschützende Vorschriften in Aussicht stehe, müsse der Bieter auch in der Lage sein, dies rügen zu können.[162] Mithin scheitert die individualbegünstigende Wirkung nicht daran, dass die Schutzrichtung begrifflich auf die gesamte Bieterschaft ausgerichtet ist. Dieser Linie entsprechend hat der *EuGH* in neuerer Zeit wiederholt die individualschützende Wirkung von Bestimmungen über die Koordinierung der Verfahren zur Vergabe öffentlicher Aufträge durch Schutzzwecküberlegungen begründet.[163]

### b) Umweltrichtlinien

In dem Urteil zur Umsetzung der Richtlinie 80/68/EWG betreffend den Grundwasserschutz judizierte der *Gerichtshof*, dass deren Bestimmungen Rechte Einzelner auf mitgliedstaatlicher Ebene begründen sollen.[164] Zur Begründung verwies er insgesamt auf den Regelungsgehalt der Richtlinie, welcher in dem Schutz des Grundwassers vor Verschmutzung besteht.[165] Hierzu sah diese Richtlinie vor,

---

nicht im Ermessen des öffentlichen Auftraggebers steht, sondern im Interesse einer fairen Auftragsvergabe zur Einholung entsprechender Nachweise verpflichtet ist (Vgl. *EuGH*, Urt. v. 10.02.1982, Rs. C-76/81, Slg. 1982, I-417 Rn. 18).

160 *EuGH*, Urt. v. 10.02.1982, Rs. C-76/81, Slg. 1982, I-417 Rn. 17.

161 Vgl. *EuGH*, Urt. v. 20.09.1988, Rs. C-31/87, Slg. 1988, I-4635 Rn. 43.

162 *EuGH*, Urt. v. 20.09.1988, Rs. C-31/87, Slg. 1988, I-4635 Rn. 42 sowie 44. Siehe auch Urt. v. 11.08.1995, Rs. C-433/93, Slg. 1995, I-2303 Rn. 19.

163 Dies mit der Überlegung, dass diese Bestimmungen die Hemmnisse für den freien Dienstleistungs- und Warenverkehr beseitigen und auf diese Weise die Interessen der in den Mitgliedstaaten ansässigen Wirtschaftsteilnehmer schützen sollen (Siehe *EuGH*, Urt. v. 18.06.2002, Rs. C-92/00, Slg. 2002, I-5553 Rn. 43 mit weiteren Verweisen auf die insoweit ständige Rechtsprechung).

164 *EuGH*, Urt. v. 28.02.1991, Rs. C-131/88 (Kommission/Deutschland), Slg. 1991, I-825 (867) Rn. 7.

165 Siehe Art. 1 Abs. 1 der Richtlinie 80/68/EWG.

dass die Mitgliedstaaten ein System von Verboten, Genehmigungen und Überwachungsverfahren schaffen sollten.[166] Der Verweis auf diesen Richtlinieninhalt genügte dem *Gerichtshof* zur Begründung individueller Rechte.[167] Indes fällt bei genauerer Betrachtung der Richtlinie auf, dass die Legaldefinition von „*Verschmutzung*" im Zusammenhang mit der Gefährdung der „*menschlichen Gesundheit*" steht.[168]

Im Rahmen einer Entscheidung zur defizitären Umsetzung der Richtlinie über die Qualitätsanforderungen bei der Trinkwassergewinnung[169] präzisiert der *EuGH* sein Vorgehen zur Ableitung subjektiver Rechtspositionen aus Richtlinien durch Bezugnahme auf deren Begründungserwägungen. Hiernach sollen die Mitgliedstaaten die Trinkwassergewinnung aus bestimmten Oberflächen sowie die Wasseraufbereitung zum Schutze der Volksgesundheit überwachen. Aus dieser Verknüpfung leitet er ab, „*dass immer dann, wenn die mangelnde Befolgung der durch diese Richtlinie vorgeschriebenen Maßnahmen die Gesundheit von Menschen gefährden könnte, die Betroffenen die Möglichkeit haben müssen, sich auf zwingende Vorschriften zu berufen, um ihre Rechte geltend machen zu können.*"[170] Mithin wird von individualbezogenen Schutzgütern auf die individualschützende Wirkung einzelner Richtlinienbestimmungen geschlossen, denn bei der menschlichen Gesundheit handelt es sich um ein individualbezogenes Rechtsgut. Die Bezeichnung Volksgesundheit führt die Interessen der einzelnen Rechtsgutinhaber zusammen. Somit geht es in der Sache um den Gesundheitsschutz einer Gruppe beziehungsweise Vielzahl an Personen.

Ähnliche Erwägungen zur individualschützenden Funktion finden sich in einer Entscheidung zur mangelhaften Umsetzung der Richtlinie 80/779/EWG zur Luftreinhaltung.[171] In jüngerer Zeit war der *EuGH* anlässlich eines

---

166 Art. 3 ff. der Richtlinie 80/68/EWG.

167 *EuGH*, Urt. v. 28.02.1991, Rs. C-131/88 (Kommission/Deutschland), Slg. 1991, I-825 Rn. 7.

168 Nach Art. 2 Abs. 2 lit. d) der Richtlinie 80/68/EWG ist eine Verschmutzung die „*direkte oder indirekte Ableitung von Stoffen oder Energie durch den Menschen in das Grundwasser, wenn dadurch die menschliche Gesundheit oder die Wasserversorgung gefährdet, die lebenden Bestände und das Ökosystem der Gewässer geschädigt oder die sonstige rechtmäßige Nutzung der Gewässer behindert werden*".

169 Richtlinie 75/440/EWG.

170 *EuGH*, Urt. v. 17.10.1991, Rs. C-58/89 (Kommission/Deutschland), Slg. 1991, I-4983 Rn. 14.

171 Sowohl aus deren Begründungserwägungen als auch aus Art. 1 und 2 Abs. 1 Richtlinie 80/779/EWG ergibt sich die Zielvorgabe, mittels Festlegung von Grenzwerten für Schadstoffbelastungen der Luft eine Verbesserung des Schutzes der menschlichen

Vorlageverfahrens betreffend die Auslegung von Bestimmungen der Luftqualitätsrichtlinie 96/62/EG[172] erneut mit der Frage der Schutzrichtung von Richtlinienbestimmungen befasst. Diese Richtlinie sieht zur Verbesserung der Luftqualität eine Reihe von Maßnahmen vor, zu denen auch die Aufstellung eines Aktionsplans zählt.[173] Unter Bezugnahme auf seine Rechtsprechung zur Auslegung von Richtlinien über die Qualität der Luft und des Trinkwassers entschied der *EuGH*, dass einem Dritten, der in seiner Gesundheit beeinträchtigt werde, ein subjektives Recht auf Erstellung eines Aktionsplans zustehe.[174] Laut Erwägungsgrund 2 der Richtlinie 96/62/EG dienen Grenzwerte für die Schadstoffbelastung der Luft sowohl dem Schutz der Umwelt als auch der menschlichen Gesundheit. Zur Gewährleistung dieser Ziele sind die Mitgliedstaaten verpflichtet, im Falle der Grenzwertüberschreitung Maßnahmen zu ergreifen.[175] Als Maßnahme sieht der Art. 7 Abs. 3 der Richtlinie 96/62/EG die Erstellung des begehrten Aktionsplans vor. Mithin sei diese Richtlinienbestimmung so zu interpretieren, dass jemand dessen Gesundheit unmittelbar durch die Überschreitung der – gesundheitsschützenden – Grenzwerte betroffen sei, gegenüber der zuständigen Behörde einen Anspruch auf Erstellung eines Aktionsplans

---

Gesundheit und der Umwelt zu erreichen. Dieser Zweck soll nach der Richtlinie 80/779/EWG durch die Festlegung von Grenzwerten für bestimmte Schadstoffkonzentrationen erreicht werden. Mithin wird aus der Verknüpfung von Ziel und Mittel gefolgert, dass sich Einzelne, die von der Überschreitung der Grenzwerte – welche gerade dem Schutz der menschlichen Gesundheit dienen – betroffen sind, auch fähig sein sollen, sich hiergegen zu Wehr zu setzen.

172 Richtlinie 96/62/EG.

173 In dem Ausgangsverfahren vor dem *VG München* begehrte der Kläger vom Freistaat Bayern wegen wiederholter Überschreitung der zulässigen Grenzwerte für Emissionen von Feinstaubpartikeln die Aufstellung eines Aktionsplans zur Luftreinhaltung (*VG München* v. 26.07.2005 – M 1 K 05.1114 – NVwZ 2005, 1219 ff.). Im Rahmen der Revision gegen das ablehnende Ausgangsurteil hatte sich schließlich das *BVerwG* mit der Frage zu beschäftigen, ob einem Einzelnem gemäß § 47 Abs. 2 BImSchG ein Anspruch auf Erstellung eines Aktionsplans zur Luftreinhaltung zusteht. In diesem Zusammenhang legte es dem *EuGH* die Frage vor, ob Art. 7 Abs. 3 der Richtlinie 96/62/EG dahin auszulegen sei, dass er einem Dritten, der in seiner Gesundheit beeinträchtigt werde, ein subjektives Recht auf Erstellung eines Aktionsplans einräume (Siehe hierzu *BVerwG*, Vorlagebeschluss v. 29.03. 2007 – 7 C 9/06 – NVwZ 2007, 695 ff.).

174 *EuGH*, Urt. v. 25.07.2008, Rs. C-237/07 (Janecek/Freistaat Bayern), Slg. 2008 I-6221, Rn. 38.

175 Dies ergibt sich aus Erwgr. 12 der Richtlinie 96/62/EG.

haben müsse.[176] In Konsequenz dessen habe eine richtlinienkonforme Auslegung zu einem Anspruch auf Erstellung eines Aktionsplans gemäß § 47 Abs. 2 BImSchG für unmittelbar in ihrer Gesundheit Betroffene zu führen.[177]

### c) Verbraucherschutzrichtlinien

Begründungsansätze zur Ableitung individualbegünstigender Rechtspositionen begegnen auch in der unionalen Judikatur zu Richtlinien, die den Verbraucherschutz betreffen. Schon in der Rechtssache Dillenkofer hatte sich der *EuGH* mit der Frage zu beschäftigen, ob sich aus der betreffenden Pauschalreise-Richtlinie 90/314/EWG individuelle Rechte entnehmen lassen.[178] In diesem Verfahren ging es speziell um die Frage, ob es Ziel des Art. 7 der Richtlinie 90/314/EWG ist, den Verbraucher vor einer potentiellen Zahlungsunfähigkeit seines Reiseveranstalters zu schützen. Insofern stellte der *EuGH* zunächst auf den Wortlaut der betreffenden Richtlinienbestimmung selbst ab, aus welchem sich die Verpflichtung des Reiseveranstalters ergibt, im Falle seiner Zahlungsunfähigkeit die Erstattung gezahlter Beträge sowie die Rückreise des Verbrauchers sicherzustellen. Für sich betrachtet, scheint diese Verpflichtung objektiv formuliert. Daher wurde von deutscher Seite gegen deren individualschützende Wirkung eingewandt, dass sie den einzelnen Verbraucher nur *mittelbar* begünstige.[179] Gleichwohl entschied der *EuGH*, dass sie gerade den Schutz des Verbrauchers bezwecke und sich daher aus Art. 7 der Richtlinie 90/314/EWG die mitgliedstaatliche Verpflichtung entnehmen lasse, ihm im nationalen Recht ein entsprechendes Recht zu verleihen.[180]

Diese Argumentation hat der *EuGH* anlässlich eines weiteren Verfahrens zur Richtlinie 90/314/EWG, in dem es um die Frage ging, ob diese dahin gehend

---

176 Dieser Anspruch soll nach dem *EuGH* sogar unabhängig davon bestehen, ob dem Betroffenen nach nationalem Recht andere Handlungsmöglichkeiten zur Verfügung stehen. *EuGH*, Urt. v. 25.07.2008, Rs. C-237/07 (Janecek/Freistaat Bayern), Slg. 2008 I-6221, Rn. 42.

177 Vgl. *Scheidler*, NVwZ 2008, 1083 (1085).

178 In der Sache ging es in diesem Rechtsstreit um die Frage der Haftung der Bundesrepublik Deutschland wegen nicht fristgemäßer Umsetzung der sog. Pauschalreiserichtlinie 90/314/EWG.

179 Dies wurde neben der deutschen Regierung auch vom Vereinigten Königreich moniert. Vgl. *EuGH*, Urt. v. 08.10.1996, verb. Rs. C-178/94, C-179/94, C-188/94, C-189/94 und C-190/94, Slg. 1996, I-4845 Rn. 40.

180 Dass die Pauschalreise-Richtlinie neben dem Verbraucherschutz auch andere Ziele verfolgte, störte den *EuGH* nicht.

auszulegen sei, dass sie auch den Ersatz von immateriellen Schäden erfasse, ausdrücklich bestätigt.[181] Unter Rekurs auf den Wortlaut des insoweit maßgeblichen Art. 5 der Richtlinie 90/314/EWG, welcher explizit von einem Recht des Verbrauchers spricht sowie unter Bezugnahme auf die Begründungserwägungen, bejahte der *EuGH* diese Frage.[182] Die Begründung der individualbegünstigenden Wirkung von Richtlinienbestimmungen unter Berufung auf den Schutz der Verbraucher begegnet auch in Entscheidungen des *EuGH*[183] hinsichtlich der Interpretation der Richtlinie 93/13/EWG betreffend Verbraucherverträge sowie der Haustürgeschäftsrichtlinie[184].

### d) Einlagensicherungsrichtlinie

Einen interessanten Eindruck erzeugt hingegen die Entscheidung des *EuGH* zur Schutzwirkung der Einlagensicherungsrichtlinie.[185] In dem zugrundeliegenden Vorlageverfahren stellte der *BGH* unter anderem die Frage, ob die in dieser Richtlinie vorgesehenen Aufsichtsmaßnahmen gegenüber Finanzinstituten einer nationalen Vorschrift entgegenstünden, nach der die behördliche Aufsicht nur im öffentlichen Interesse erfolge.[186] Angelpunkt des Ausgangsrechtsstreits war die Frage, ob Einleger wegen fehlerhafter Aufsicht durch die Bundesanstalt für Finanzdienstleistungsaufsicht (BaFin) ein Amtshaftungsanspruch nach § 839 BGB i.V.m. mit Art. 34 GG zustehen könne. Dieser verlangt vor allem die Verletzung einer drittschützenden Amtspflicht. Diese Drittbezogenheit wird regelmäßig bejaht, soweit ein subjektives Recht des Geschädigten verletzt ist.[187] Im Ausgangsverfahren wurde dies angezweifelt, weil die BaFin nach § 6 Abs. 4 KWG (i.d.F. vom 09.09.1998) ihre Aufgaben nur im öffentlichen Interesse wahrnehme[188], was eine Schutzwirkung zugunsten einzelner Einleger gerade ausschließe. In diesem Kontext ging es um die Frage, ob der einzelne Bankkunde

---

181 *EuGH*, Urt. v. 12.03.2002, Rs. C-168/00, Slg. 2002, I-2631.

182 Insoweit ist jedoch anzumerken, dass es mehr um die Frage ging, welche Schäden vom Umfang des Schadensbegriffs in Art. 5 der Richtlinie 90/314/EWG erfasst sind.

183 Vgl. *EuGH*, Urt. v. 10.05.2001, Rs. C-144/99, Slg. 2001, I-3541 Rn. 9; *EuGH*, Urt. v. 13.12.2001, Rs. C-481/99, Slg. 2001, I-9945 Rn. 33 ff., insbes. Rn. 38.

184 Richtlinie 85/577/EWG betreffend den Verbraucherschutz im Falle von außerhalb von Geschäftsräumen geschlossenen Verträgen.

185 Richtlinie 94/19/EG.

186 *EuGH*, Urt. v. 12.10.2004, Rs. C-222/02 (*Paul u.a./BRD*), in: NJW 2004, 3479 ff.

187 Vgl. *Jarass/Pieroth*, GG, Art. 34 Rn. 15.

188 Diese Vorschrift entspricht inhaltlich § 4 Abs. 4 FinDAG, welcher § 6 Abs. 4 KWG abgelöst hat.

nach dem Richtlinienprogramm einen Anspruch darauf haben soll, dass entsprechende Aufsichtsmaßnahmen in seinem Interesse getroffen werden.[189]

Laut den Erwägungsgründen dient die Einlagensicherungsrichtlinie sowohl der Stabilität des Bankensystems als auch dem Schutz der Sparer. Neben ersterem soll im Interesse des Verbraucherschutzes ein gemeinschaftsweites Mindestdeckungsniveau geschaffen werden. Für den Fall, dass Einlagen nicht mehr verfügbar sind, normiert Art. 7 der Einlagensicherungsrichtlinie die mitgliedstaatliche Pflicht zur Schaffung eines Entschädigungsanspruchs in Höhe von EUR 20.000,00. Trotz dieser durchaus auch auf den einzelnen Bankkunden zugeschnitten Schutzintention, entschied der *EuGH*, dass die in der Richtlinie vorgesehenen Aufsichtsmaßnahmen nur dem ordnungsgemäßen Funktionieren des Einlagensicherungssystems dienen. Daher habe ein einzelner Bankkunde nach dem Richtlinienprogramm keinen Anspruch darauf, dass dieses in seinem Interesse durchgeführt wird.[190]

Dieses Ergebnis erzielt der *EuGH* unter der Prämisse, dass die Mitgliedstaaten ein Einlagensicherungssystem geschaffen haben, welches Anlegern im Falle der Nichtverfügbarkeit ihrer Einlagen einen limitierten Entschädigungsanspruch garantiert. Mithin scheint er zwar im Grundsatz von der einlegerschützenden Wirkung der Richtlinie auszugehen, gleichwohl beschränke sich die Einlagensicherungsrichtlinie auf einen Mindestschutz der Sparer, welcher darüber hinaus keine weitergehenden subjektiven Rechte – beispielsweise gerichtet auf den Erlass von Aufsichtsmaßnahmen – erfordere.

### e) Analyse der Entscheidungen des *EuGH*

Die vorstehenden Entscheidungen zeigen zunächst, dass bei der Auslegung von Richtlinienbestimmungen die Begründungserwägungen in gleichberechtigter Weise zu berücksichtigen sind. Hingegen scheint die jeweilige Rechtsgrundlage für den Richtlinienerlass – zum Beispiel Art. 95 EGV/Art. 114 AEUV – nicht von besonderer Bedeutung zu sein.

In methodischer Hinsicht begründet der *Gerichtshof* den individualschützenden Charakter einzelner Richtlinienbestimmungen unter Rekurs auf die Schutzrichtung der Richtlinie. Auf diese Weise erkennt er selbst objektiv formulierten Richtlinienbestimmungen individualschützenden Charakter zu. Hieraus lässt sich schließen, dass es für die Frage des individualschützenden Gehalts einzelner Richtlinienbestimmungen in erster Linie auf das Schutzziel

---

189 Diese sind in Art. 3 Abs. 2 bis 5 der Richtlinie 94/19/EG normiert.

190 *EuGH*, Urt. v. 12.10.2004, C-222/02 (Paul u.a./BRD), Slg. 2004, I-9460 Rn. 47.

beziehungsweise den Schutzzweck ankommt. Ausreichend ist dabei, dass Richtlinienbestimmungen den Schutz personenbezogener Allgemeingüter[191] oder ganzer Personengruppen[192] vorsehen. Dabei hält der *EuGH* es für ausreichend, wenn die Richtlinie neben anderen Zielen auch dem Schutz von personenbezogenen Allgemeingütern oder bestimmten Personengruppen dient. Anders gewendet stehen Motivbündel grundsätzlich nicht der Subjektivierung einzelner Richtlinienbestimmungen entgegen, solange diese zumindest auch dem Schutz von personenbezogenen Allgemeingütern oder bestimmten Personengruppen zuordbar sind.[193]

Gleichwohl macht der *EuGH* die individualschützende Intention stets an konkreten Richtlinienbestimmungen fest und spricht nicht generell allen Regelungen der jeweils in Rede stehenden Richtlinie individualschützende Wirkung zu.

Ferner lassen sich die Schutzgüter – und erst Recht die Personengruppen – mit denen der *Gerichtshof* den individualschützenden Gehalt konkreter Richtlinienbestimmungen begründet, stets auf dahinter stehende Individualrechtsgüter oder Rechtsinhaber zurückführen. Beispielsweise kann die Volksgesundheit unter die menschliche Gesundheit subsumiert werden.

In personeller Hinsicht spricht der *Gerichtshof* im Rahmen seiner schutzziel- und zweckorientierten Auslegung hinsichtlich der geschützten Individuen von Begünstigten und Betroffenen. Ob mit letzteren lediglich eine faktische Betroffenheit – etwa im Sinne der Beschwer nach Art. 263 Abs. 4 AEUV – gemeint ist, lässt sich der Rechtsprechung des *Gerichtshofes* nicht entnehmen. Gegen eine rein faktische Betroffenheit dürfte jedoch sprechen, dass die individualschützende Wirkung stets an konkreten Richtlinienbestimmungen beziehungsweise Instrumenten festgemacht wird.[194] Dabei wird gerade den Richtlinienbestimmungen, die Instrumente zum Schutz der personenbezogenen Allgemeingüter oder Personengruppen vorsehen, individualschützende Wirkung zugesprochen.

---

191 So sahen beispielsweise die oben referierten umweltschutzrechtlichen Richtlinien den Schutz der Qualität des Trinkwassers, der Volksgesundheit oder der menschlichen Gesundheit vor.

192 Nach dem *EuGH* soll die Richtlinie 71/305/EWG dem Schutz der Bieter sowie die Pauschalreise-Richtlinie 90/314/EWG dem Verbraucherschutz dienen.

193 So ausdrücklich *EuGH*, Urt. v. 08.10.1996, verb. Rs. C-178/94, 179/94, 188/94 und 190/94, Slg. 1996, I-4845 Rn. 39.

194 Hinsichtlich der oben dargestellten umweltschutzrechtlichen Richtlinien judizierte der *EuGH* beispielsweise, dass in ihnen vorgesehene Grenzwerte für bestimmte Schadstoffkonzentrationen dem Gesundheitsschutz dienen und die Mitgliedstaaten daher verpflichtet sind im Fall der Grenzwertüberschreitung Maßnahmen zu ergreifen.

Schließlich ist festzustellen, dass für den *Gerichtshof* Überlegungen zur zahlenmäßigen Abgrenzbarkeit der geschützten Personen keine Rolle spielen. Zum einen spricht er dies nicht an. Zum anderen begründet er den individualschützenden Charakter einzelner Richtlinienbestimmungen gerade damit, dass sie dem Schutz personenbezogener Allgemeingüter und/oder bestimmter Personengruppen dienen. Anders gewendet kommt es auf die Frage, wie viele Einzelne durch die jeweilige Richtlinienbestimmung geschützt werden, nicht entscheidend an. Erforderlich – und zugleich ausreichend – ist vielmehr, dass die konkrete Richtlinienbestimmung Einzelne als Mitinhaber des personenbezogenen Allgemeingutes beziehungsweise als Angehörige der geschützten Personengruppe schützen will.

## 2. Ansätze in der Literatur

In der Literatur wird die Rechtsprechung des *EuGH* auf verschiedene Weise interpretiert. Angesichts der ziel- und schutzzweckorientierten Auslegung des *Gerichtshofs* seien Ansätze, die primär auf das Konzept der funktionalen Subjektivierung oder auf die Übertragung der Schutznormlehre deutscher Prägung abstellen, nur der Vollständigkeit halber erwähnt.

Beispielsweise will *von Danwitz* der Rechtsprechung des *EuGH* einen allgemeinen Vollziehungsanspruch für unmittelbar geltendes Unionsrecht zugunsten des Einzelnen gegenüber den Mitgliedstaaten entnehmen.[195] Ähnlich möchte *Masing* erkennen, dass die Rechtsverleihung nicht primär zum Zwecke des Individualschutzes, sondern im Dienste eines objektiven Interesses an einem möglichst effektiven Gemeinschaftsrecht erfolge.[196] Anzumerken ist, dass diese

---

195 *Von Danwitz*, DÖV 1996, 481 (489). Dabei stützt er sich auf die Judikatur des EuGH zur unmittelbaren Wirkung von Richtlinien. Jeder Unionsbürger könne unmittelbar geltendes Unionsrecht, das inhaltlich unbedingt und hinreichend bestimmt ist, einfordern. Unter dieser Prämisse seien auch objektive Normen des Unionsrechts individuell durchsetzbar. Die Zugehörigkeit des Anspruchsstellers zum Kreis der normativ-begünstigten sowie der Inhalt unionsrechtlich gewährter Ansprüche seien keine materiell-rechtliche Voraussetzung und *„bilden auch keine qualifizierten Bedingungen für die gerichtliche Einklagbarkeit objektiven EG-Rechts"*. Daher sei die Einklagbarkeit von Unionsrecht von der Bedingung eines korrespondierenden materiellen Rechts *„in der gleichen Weise zu lösen, wie es im französischen Verwaltungsprozessrecht … der Fall ist"* (a.a.O.).

196 *Masing*, Die Mobilisierung des Bürgers für die Durchsetzung des Rechts, S. 42 ff., insbesondere S. 46. Die Rechtsverleihung erfolge nicht primär zum Zwecke des Individualschutzes, sondern stehe im Dienste eines objektiven Interesses an einem möglichst effektiven Gemeinschaftsrecht. Die Einforderbarkeit (unmittelbar wirksamer)

Ansätze vorwiegend Judikate bemühen, in denen es um die – ausnahmsweise – unmittelbare Wirkung von unzureichend umgesetzten Richtlinienbestimmungen ging. Nichtsdestotrotz ist zuzugeben, dass die Frage, wie viele Individuen durch die in Rede stehende Richtlinienbestimmung geschützt werden, unerheblich ist.[197]

Gleichsam als Gegenpol zu diesen objektiv ausgerichteten Strömungen ist der Versuch von *Triantafyllou* einzuordnen, die Schutznormtheorie deutscher Prägung dem Grunde nach auf das Unionsrecht übertragen zu wollen.[198] Unabhängig von den oben dargestellten Grundsätzen ist gegen diese Auffassung bereits einzuwenden, dass bei der Auslegung von Unionsrecht der Grundsatz der einheitlichen und autonomen Auslegung zu beachten ist. Mithin erfolgt die Auslegung von Unionsrecht grundsätzlich unabhängig von mitgliedstaatlichen Begrifflichkeiten oder Verständnissen.

Ferner entnimmt *Classen* der Rechtsprechung des *EuGH* – aus primär prozessrechtlicher Perspektive – die allgemeinen Pole, der Effektivität der Rechtsdurchsetzung und der Rechtsschutzmöglichkeit für den Einzelnen.[199] Diese

---

Richtlinienbestimmungen selbst bemesse sich allein nach den objektiven Voraussetzungen der inhaltlichen Unbedingt- und Bestimmtheit. Insbesondere aus der Entscheidung zur TA-Luft (Technischen Anleitung zur Reinhaltung der Luft) leitet er ab, dass es einem Bürger, *„der schon wegen der allgemeinen Schutzwirkung für die Gesundheit überhaupt zur Geltendmachung der Grenzwerte befugt sein soll*", nicht um die Wahrung ihm als Einzelperson verliehener Rechte gehe, *„sondern die Sicherung der Allgemeininteressen, die die Richtlinie erstrebt*" maßgeblich sei.

197 Siehe oben Kapitel 2, § 4, e) Analyse der Entscheidungen des *EuGH*, S. 148 f.

198 *Triantafyllou*, DÖV 1997, 192 (insbesondere 195 und 196), siehe dort auch zum nachfolgenden Text. *Triantafyllou* betont zunächst die Unterscheidung zwischen den Voraussetzungen unmittelbarer Anwendbarkeit bzw. Wirkung, welche er eher prozessual verordnet, und den Voraussetzungen für die grundsätzliche Begründung von Rechten im Wege der Umsetzung. Hinsichtlich Letzterem bezieht er sich vorwiegend auf die gemeinschaftliche Judikatur zur Umsetzung der Bau- und Lieferungskoordinierungsrichtlinien, in der der *EuGH* maßgeblich auf den von der Richtlinie bezweckten Schutz abstellt. Hieraus folgert er eine *„deutliche Bekenntnis zur Schutznormlehre*". Insbesondere dessen Formulierung, wonach Vorschriften über die öffentliche Auftragsvergabe den Bieter *„schützen sollen*", verdeutliche, dass es nicht auf eine faktische Betroffenheit, sondern auf die Schutzrichtung der betreffenden Norm ankomme. Weiterhin beruft er sich zur Begründung seiner These auf die Voraussetzungen für die außervertragliche Haftung der Union gem. Art. 340 AEUV (ex Art. 215 EGV), welche der Sache nach einem Schutznormmodell entsprächen.

199 *Classen*, Die Europäisierung der Verwaltungsgerichtsbarkeit, S. 182 f. Weiter arbeitet *Classen* heraus, dass der aus dem Unionsrechts folgende Grundsatz der effektiven

sicherlich zutreffenden Grundsätze, beantworten jedoch nicht die Frage der materiell-rechtlichen Voraussetzungen eines subjektiv(-öffentlichen) Rechts,[200] sondern betreffen vielmehr dessen prozessuale Geltendmachung.

Wegen der ziel- und schutzzweckorientierten Auslegung des *EuGH* sollen hingegen Auffassungen, die primär auf solche Überlegungen abstellen, näher dargestellt werden. Sucht man diese zu kategorisieren, lassen sie sich in Ansätze einteilen, die vorwiegend auf den Schutz personenbezogener Rechtsgüter oder Interessen oder eine Kombination verschiedener Kriterien abstellen.

### a) Primär schutzgutbezogene Ansätze

*Zuleeg* befasst sich mit den Voraussetzungen, unter denen subjektive Rechte im Rahmen der Umsetzung von Richtlinien entstehen. Hierfür zieht er vor allem die Judikatur zu Vertragsverletzungsverfahren mit umweltrechtlichem Hintergrund heran.[201] Er folgert, dass Richtlinien individualschützende Wirkung vermitteln sollen, sofern ein wesentliches Schutzgut Einzelnen zugutekommen soll und sich ihnen zugleich deutliche Vorgaben für die Art dieses Schutzes entnehmen lassen.[202] Dabei geht es in der in Bezug genommenen Judikatur um die Gefährdung des Einzelnen im Falle der Überschreitung von Grenzwerten.

Hingegen geht *Schoch* allgemein der Frage nach, wann ein Rechtssatz des Unionsrechts vom Einzelnen eingeklagt werden könne. Diesbezüglich folge das Unionsrecht strukturell einem schutznormtheoretischen Ansatz[203] und nicht einem System objektivrechtlicher Kontrolle.[204] Insofern spricht er sich explizit

---

Rechtsdurchsetzung nur Grenzen aus dem Unionsrecht unterworfen sein könne (S. 183).

200 Dementsprechend konstatiert *Classen* aus rechtsvergleichender Perspektive, dass eine Übernahme der deutschen Konzeption in Reinform nicht in Betracht komme, sondern ein ausgewogener Kompromiss geboten sei. Dieser müsse – neben der Rechtsschutzgewährungsfunktion – den Grundsatz berücksichtigen, dass die gerichtliche Kontrolle jedem Einzelnen so effektiv wie möglich zur Verfügung zu stellen sei (*Classen*, Die Europäisierung der Verwaltungsgerichtsbarkeit, S. 187/188). Eine nähere Ausgestaltung des proklamierten „*Kompromisses*" erfolgt hingegen nicht.

201 *Zuleeg*, NJW 1993, 31 (35 f.).

202 *Zuleeg*, NJW 1993, 31 (37), siehe dort auch zum folgenden Satz.

203 So im Ausgangspunkt auch *Ehlers*, Die Europäisierung des Verwaltungsprozeßrechts [sic], S. 55.

204 Dies folgert *Schoch* aus den Voraussetzungen im Rahmen der Klagebefugnis für eine Nichtigkeitsklage gem. Art. 263 Abs. 4 AEUV (ex Art. 230 Abs. 4 EGV) und für die außervertragliche Haftung der Union (Art. 340 AEUV) sowie der Mitgliedstaaten,

gegen die Annahme aus, dass dem Unionsrecht das System einer *Interessentenklage* zugrunde liege, für die eine lediglich faktische Betroffenheit zur Begründung der Klagebefugnis ausreiche. Vielmehr erfordere die unionsrechtliche Initiativberechtigung eine normative Basis, um dem Einzelnen eine rechtlich zuerkannte Willensmacht einzuräumen. Unionsrechtlich begründete Klagerechte des Einzelnen seien anzunehmen, sofern eine Norm des Unionsrechts auf die Verleihung von Rechten ziele. Dies sei schon dann der Fall, wenn es um den Schutz personaler Rechtsgüter gehe.[205] Hierfür genüge die Nennung von Gesamtinteressen, wie zum Beispiel der menschlichen Gesundheit oder des Verbraucherschutzes.[206] Hinsichtlich des geschützten Personenkreises sei der Begriff der *Betroffenheit* rechtsgutbezogen zu verstehen.[207] Diese sei gegeben, wenn der Träger des personalen Schutzgutes durch ein behördliches Verhalten nachteilig in den geschützten Interessen beeinträchtigt werde. Im Vergaberecht gehöre hierzu beispielsweise *„jeder (potentielle) Bieter"* sowie im Umweltrecht *„jeder von einem Umweltmedium, das Regelungsgegenstand ist, betroffene Mensch"*. Dabei sei irrelevant, wie viele Personen vom jeweiligen Schutzgut profitieren würden. In diesem Zusammenhang betont er die Funktionslogik des Unionsrechts, den Einzelnen auch an der dezentralen Vollzugskontrolle durch die Verleihung von durchsetzbaren Rechten zu beteiligen. Deswegen erfasse dieses unionsrechtliche Schutznormmodell – anders als das deutsche Schutznormverständnis – auch aggregierte Interessen.[208]

Hinsichtlich der Begründung subjektiver Rechte aus Richtlinien stellt *Nettesheim* nicht auf Interessen Einzelner, sondern auf ein rechtsgutbezogenes Konzept ab.[209] Entscheidend sei, *„wann ein Schutzgut oder Schutzziel unionaler Politik als*

---

*Schoch*, in: Hoffmann-Riem/Schmidt-Aßmann/Voßkuhle, Grundlagen des Verwaltungsrechts, Bd. III, § 50 Rn. 152 und 153, siehe dort auch zum folgenden Satz.

205 *Schoch*, in: Hoffmann-Riem/Schmidt-Aßmann/Voßkuhle, Grundlagen des Verwaltungsrechts, Bd. III, § 50 Rn. 155.

206 Dies leitet er aus der Judikatur des *EuGH* zur Verleihung von Individualrechten nach Maßgabe von Umwelt-, Verbraucher- und Vergaberichtlinien her (siehe *Schoch*, in: Hoffmann-Riem/Schmidt-Aßmann/Voßkuhle, Grundlagen des Verwaltungsrechts, Bd. III, § 50 Rn. 155).

207 *Schoch*, a.a.O., Rn. 159 f., siehe dort auch zu den folgenden Sätzen. Vgl. ferner *Schoch* NVwZ 1999, 457 (464).

208 *Schoch*, in: Hoffmann-Riem/Schmidt-Aßmann/Voßkuhle, Grundlagen des Verwaltungsrechts, Bd. III, § 50 Rn. 155 sowie 160.

209 *Nettesheim*, AöR Bd. 132 (2007), 333 (358/359), siehe dort auch zu den folgenden Sätzen.

*so sehr personalisiert anzusehen ist, dass diesbezügliche unionale Maßnahmen*" die „*Verleihung subjektiver Rechte*" verlangen. Dabei stützt er sich auf die vom *EuGH* judizierte individualisierende Eignung der Schutzgüter der Wasserreinheit sowie Luftqualität. Dieses Konzept entspräche weder dem engen deutschen Schutznormdenken noch einem allgemeinen Gesetzesvollziehungsanspruch. Auch das Ziel einer dezentralen Rechtsdurchsetzung beeinflusse die Verleihung subjektiver Berechtigungen nur insoweit, „*wie es zugleich um die Realisierung schutzwürdiger Rechtspositionen geht*".[210] Die Pflicht zur Schaffung subjektiver Berechtigungen im nationalen Umsetzungsrecht bestehe, sofern „*ein dem einzelnen zuordenbares Schutzgut oder -ziel (...) in qualifizierter Weise gefördert*"[211] werde. Wann diese qualifizierte Schutzgutförderung durch Staatshandlungen anzunehmen sei, bemesse sich nach der jeweiligen Richtlinie. Allgemein schlägt er insoweit Je-desto-Formeln vor, die an die Art des geförderten Interesses oder eine freiheitsverkürzende Wirkung anknüpfen.[212]

*Nettesheim* differenziert hinsichtlich subjektiver Rechte aus Richtlinien zwischen der unmittelbaren Begründung von Rechten im Falle unzureichender Umsetzung[213] und der in Richtlinien angelegten Verpflichtung zur Schaffung subjektiver Rechte im Umsetzungsrecht.[214] Dadurch, dass er hinsichtlich letzterem seinen Ansatz zwischen eine Übertragung der deutschen Schutznormlehre sowie einen allgemeinen Gesetzesvollziehungsanspruch stellt, entsteht ein vermittelnder Eindruck. Gerade die Judikatur des *Gerichtshofs* zu Grenzwerten, die dem Schutz der menschlichen Gesundheit dienen, vermag dies zu rechtfertigen.[215] „*Um ihre Rechte geltend machen zu können*" sind zwingende Vorschriften hinsichtlich der Grenzwerte erforderlich, damit Betroffene ihre Rechte geltend

---

210 *Nettesheim*, AöR Bd. 132 (2007), 333 (360).

211 *Nettesheim*, AöR Bd. 132 (2007), 333 (374 f.).

212 Beispielsweise sei ein individualberechtigendes Ziel um so eher anzunehmen, je kleiner und je individualisierbarer der geschützte Personenkreis sei. Weiterhin dürften Richtlinienziele die individualberechtigende Wirkung umso eher begründen, je intensiver sich das richtlinienrechtlich vorgeschriebene Verhalten eines Mitgliedstaats auf die individuelle Freiheitssphäre oder die Rechte Einzelner auswirke (vgl. *Nettesheim*, AöR Bd. 132 (2007), 333, (376)).

213 Siehe hierzu *Nettesheim*, AöR Bd. 132 (2007), 333 (376 ff.).

214 Diesbezüglich beschäftigt er sich auch mit der Frage, in welcher Art und Weise in Richtlinien angelegte subjektive Rechtspositionen ins nationale Recht umzusetzen sind. Siehe *Nettesheim*, AöR Bd. 132 (2007), 333 (362 ff.).

215 Siehe beispielsweise *EuGH*, Urt. v. 30.05.1991, Rs. C-361/88 (Kommission/Bundesrepublik Deutschland), Slg. 1991, I-2567 Rn. 16, siehe dort auch zum folgenden Satz.

machen können. In finaler Weise wird ein personenbezogenes Schutzgut mit dem Begriff *Recht* verknüpft. Hervorzuheben ist, dass das Motiv der dezentralen Vollzugskontrolle nur zum Tragen kommen soll, soweit auch schutzwürdige Rechtspositionen vorhanden sind. Anders gewendet, vermag dieses Konzept alleine keine subjektiven Rechte zu begründen. Hinsichtlich der hier interessierenden Frage, wann Richtlinien die Schaffung subjektiver Rechte im Umsetzungsrecht verlangen, überzeugt dies. Aus dem Konzept der dezentralen Vollzugskontrolle alleine lassen sich keine Kriterien ableiten, die die Schaffung subjektiver Rechte fordern. Wann eine Richtlinienbestimmung ein personenbezogenes Schutzziel in qualifizierter Weise fördert, dürfte einzelfallabhängig sein. Dieser allgemeine Ansatz kann Anwendungsunsicherheiten mit sich bringen, gleichwohl bietet er Potential für eine großflächige Verwendung.

Ähnlich *Nettesheim* geht auch *Schoch* davon aus, dass das Unionsrecht zur Begründung individueller Rechte keinem objektivem Rechtsschutzsystem beziehungsweise der Idee einer Interessentenklage folge. Stattdessen sei strukturell ein schutznormorientierter Ansatz zu erkennen, für den es jedoch ausreiche, dass ein Rechtssatz des Unionsrechts auf den Schutz personaler Rechtsgüter ziele. Hierdurch wird zugleich ein wesentlicher Unterschied zur tradierten, deutschen Schutznormlehre aufgezeigt. Ebenso wie *Nettesheim* ist für *Schoch* ein finaler Bezug auf personenbezogene Rechtsgüter das maßgebliche Kriterium für die Annahme individualschützender Wirkung. Den Kreis der Begünstigten will er durch das Kriterium einer rechtsgutbezogenen Betroffenheit identifizieren. Mithin wird das personenbezogene Schutzgut mit einem situationsbezogenen Element verknüpft. Dabei betont *Schoch*, dass die Frage, wie viele Personen geschützt werden, unerheblich sei. Dies entspricht ebenfalls der Rechtsprechung des *Gerichtshofs*. Kritisch anzumerken ist jedoch, dass *Schoch* hinsichtlich unionsrechtlich begründeter Individualrechte klassische Begrifflichkeiten aus der deutschen Rechtslehre, wie *„eine dem Einzelnen rechtlich zuerkannte Willensmacht“*, verwendet. Überdies ist der Ansatz von *Schoch* nicht primär auf die Frage zugeschnitten, wann aus Richtlinien die Verpflichtung zur Schaffung subjektiver Rechte im Umsetzungsrecht folge. Stattdessen spricht er allgemein davon, wann ein Rechtssatz des Unionsrechts dem Einzelnen Rechte verleihen solle.

Hinsichtlich *Zuleeg* ist zunächst die überwiegende Konzentration auf die Analyse von Vertragsverletzungsverfahren hervorzuheben. Dies mag auf den ersten Blick vielleicht befremdlich erscheinen, da diese Verfahren nicht von Trägern individueller Rechte, sondern nur seitens der Kommission (Art. 258 Abs. 1 AEUV) oder eines anderen Mitgliedstaates (Art. 259 Abs. 1 AEUV) eingeleitet werden können. Jedoch geht es in diesen Verfahren jeweils um die mitgliedstaatliche Verpflichtung, im Rahmen der Richtlinienumsetzung subjektive

Rechte im innerstaatlichen Rechtskreis zu schaffen. In den von *Zuleeg* untersuchten Verfahren steht eine nicht ausreichende Umsetzung von Grenzwerten durch Verwaltungsvorschriften in Rede. Dies unterstreicht zugleich, dass zwischen der Frage der unmittelbaren Anwendbarkeit von Richtlinien und dem in ihnen enthaltenden subjektiven Regelungsprogramm unterschieden werden kann. Diesbezüglich hält *Zuleeg* die Begünstigung durch ein richtlinienrechtliches Schutzgut für ausreichend, um im Rahmen der Umsetzung zur Schaffung subjektiver Rechtspositionen verpflichten zu können. Eine gewisse Engführung ergibt sich aus seiner Forderung, dass die Richtlinie deutliche Vorgaben für die Art des Schutzes machen solle. Welcher Art diese sein sollen, erläutert er jedoch nicht.

### b) Interessenbezogener Ansatz

Remmert hält eine richtlinienrechtliche Verpflichtung zur Schaffung subjektiver Rechtspositionen für gegeben, „wenn Richtlinien zur Verfolgung öffentlicher Zwecke zur nationalen Rechtssetzung zwingen und die zu schaffenden nationalen Bestimmungen – bezweckt oder unbezweckt – auch die Interessen näher betroffener Bürger an dem jeweiligen Schutzgegenstand fördern“.[216] Ihrer Ansicht nach dienen richtlinienrechtlich geforderte subjektive Rechtsstellungen nicht zwangsläufig dem Individualschutz, sondern hätten oft auch die Funktion, Einzelne für die Vollzugskontrolle des Unionsrechts zu instrumentalisieren. Insoweit bestehe ein Unterschied zum deutschen Schutzzweckgedanken, welcher verlange, dass eine Norm auch zum Schutz von Bürgern zu dienen bestimmt sei.[217] Zur Begründung stützt sie sich auf die Judikatur des EuGH zu Umweltinformations- und Vergaberichtlinien, in der auf die Schutzrichtung – wie Volksgesundheit, menschliche Gesundheit oder Bieterschutz – der jeweiligen Richtlinie abgestellt werde.[218] Hierbei handele es sich im weitesten Sinne um personenbezogene Rechtsgüter, die zugunsten von Betroffenen die Verpflichtung zur Schaffung subjektiver Berechtigungen im nationalen Umsetzungsrecht verlangen würden.

Im weiteren Sinne kann auch das Verständnis eines subjektiv-öffentlichen Rechts von *Saurer* noch als interessenorienterter Ansatz begriffen werden.[219]

---

216 *Remmert*, DV 1996, 465 (485), siehe dort auch zum folgenden Satz.

217 *Remmert*, DV 1996, 465 (475).

218 *Remmert*, DV 1996, 465 (467 ff.) sowie insbesondere 474, siehe dort auch zum folgenden Satz.

219 Da *Saurer* auf drei Faktoren abstellt, kann seine Definition durchaus auch als kombinierender Ansatz eingeordnet werden.

*Saurer* definiert das subjektiv-öffentliche Recht durch einen verpflichteten Hoheitsträger, einen Berechtigten und ein dem Berechtigten im Verhältnis zum verpflichteten Hoheitsträger zur Verfolgung zugewiesenes Interesse.[220] Prägend für die Rechtsstellung des Einzelnen sei das Spannungsverhältnis zwischen funktionaler Subjektivierung und individuellem Rechtsanspruch.[221]

In der Sache lässt die Definition von *Saurer* durchaus eine Anlehung zum subjektiv-öffentlichen Recht deutscher Prägung erkennen.[222] Im Unterschied zu den Begründungsansätzen von *Zuleeg*, *Schoch* und *Nettesheim* interpretiert *Remmert* die Judikatur des *Gerichtshofs* dahingehend, dass es um den Schutz öffentlicher Interessen gehe, in deren Rahmen auch die Interessen Betroffener gefördert werden. Es scheint, dass es sich hierbei nur um einen begrifflichen Unterschied handelt. Denn im Weiteren stellt sie selbst heraus, dass Schutzgüter – wie die menschliche Gesundheit – im weitesten Sinne einen Personenbezug aufweisen. Kriterien, wann die Interessen Betroffener an einem solchen Schutzgut gefördert werden, nennt sie nicht. Gleichwohl dienen ihrer Ansicht nach richtlinienrechtlich geforderte subjektive Rechtsstellungen nicht primär dem Individualschutz, sondern primär der im öffentlichen Interesse liegenden Vollzugskontrolle.[223] Damit scheint sie im Unterschied zu den vorgenannten Autoren die Anknüpfung an ein personenbezogenes Rechtsgut nicht für zwingend notwendig zu halten. Dies rückt ihren Ansatz in die Nähe des von *Masing* dargestellten Mobilisierungskonzepts. Unter welchen Voraussetzungen eine Förderung der Interessen Betroffener durch einen in Richtlinien angelegten öffentlichen Zweck anzunehmen sei, führt sie hingegen nicht aus.

### c) Kombinierende Ansätze

*Ruffert* differenziert zwischen subjektiven Rechten, die in der Richtlinie angelegt seien und der Transformation in nationales Recht bedürfen und solchen, die infolge der unmittelbaren Wirkung von Richtlinien entstünden.[224] Für letztere sei es erforderlich und zugleich ausreichend, wenn die nicht umgesetzte Richtlinienbestimmung inhaltlich unbedingt und hinreichend genau sei.[225] Anders

220 *Saurer*, Der Einzelne im europäischen Verwaltungsrecht, S. 456.
221 *Saurer*, Der Einzelne im europäischen Verwaltungsrecht, S. 454.
222 Siehe hierzu Kapitel 3, § 6, I. Zur Schutznormlehre, S. 232 f.
223 *Remmert*, DV 1996, 465 (485).
224 *Ruffert*, DVBl 1998, 69 (70/71); ders., in: Calliess/Ruffert, EUV/AEUV, Art. 288 AEUV Rn. 44.
225 *Ruffert*, DVBl 1998, 69 (71).

verhalte es sich im Fall von Richtlinien, deren Inhalt es sei, Rechte des Einzelnen im Umsetzungsrecht zu begründen.[226] Nur für diesen Fall spiele der individualschützende Gehalt einer Richtlinienbestimmung eine gewisse Rolle. Mithin geht er von zwei Kategorien subjektiver Rechte im Unionsrecht aus. Für die Frage, wann eine Richtlinie Rechte Einzelner im nationalen Recht begründet wissen will, lasse sich der Judikatur des *EuGH* kein einheitlicher Kriterienkatalog entnehmen.[227] Anhaltspunkte entnimmt er jedoch den Voraussetzungen der unionalen und mitgliedstaatlichen Staatshaftung sowie der Rechtsprechung zu Umwelt- und Vergaberichtlinien. Aus dem Abstellen auf den Gesundheitsschutz und den Schutz von Bietern ergebe sich, dass der schützende Regelungszweck für die Begründung von Rechten Einzelner von Bedeutung sei.[228] Insgesamt nennt *Ruffert* drei Kriterien für die Frage, wann Richtlinien die Schaffung von Individualrechten im nationalen Umsetzungsrecht einfordern sollen.[229] Erstens komme es auf Schutzzwecküberlegungen an. Dabei soll es auch möglich sein, aus dem objektiven Regelungsgehalt einer Richtlinie Rechte Einzelner abzuleiten, sofern diese genaue und detaillierte Vorgaben zur Etablierung bestimmter Maßnahmen enthalte.[230] Entscheidend sei, ob der Einzelne in ein Rechtsverhältnis eingebunden werde, welches durch die Richtlinienumsetzung im innerstaatlichen Recht entstehen solle. Zweitens komme es auf die tatsächliche Individualisierung und Betroffenheit an.[231] Schließlich seien die Anforderungen an diese Kriterien aufgrund des Prinzips der funktionalen Subjektivierung zur Verbesserung der Vollzugskontrolle locker zu handhaben.

Ähnlich wie *Ruffert* führt auch *Baumgartner* ein Kriterienbündel zur Beantwortung der Frage an, wann Richtlinien die Schaffung einklagbarer Rechte im nationalen Umsetzungsrecht einfordern.[232] Seiner Ansicht nach existiere jedoch

---

226 Ruffert, DVBl 1998, 69 (72), siehe dort auch zu den folgenden Sätzen.

227 *Ruffert*, DVBl 1998, 69, (72).

228 Hinsichtlich der Umweltrichtlinien verweist *Ruffert* auf *EuGH*, Rs. C-361/88 (Kommission/Bundesrepublik Deutschland), Slg. 1991, I-2567 Rn. 16 sowie Rs. C-58/89 (Kommission/Bundesrepublik Deutschland), Slg. 1995, I-5023 Rn. 14. Hinsichtlich der Vergaberichtlinien siehe *EuGH*, Rs. C-433/93 (Kommission/Bundesrepublik Deutschland), Slg. 1995, I-2317 Rn. 19.

229 *Ruffert*, in: Calliess/Ruffert, EUV/AEUV, Art. 288 AEUV Rn. 45.

230 *Ruffert*, DVBl 1998, 69 (72), siehe dort auch zum folgenden Satz.

231 Dieses Element entlehnt *Ruffert* aus der Rechtsprechung des *EuGH* zur Klagebefugnis im Rahmen der Nichtigkeitsklage. *Ruffert*, in: Calliess/Ruffert, EUV/AEUV, Art. 288 AEUV, Art. 288 AEUV Rn. 45, siehe dort auch zum folgenden Satz.

232 *Baumgartner*, Die Klagebefugnis nach deutschem Recht vor dem Hintergrund der Einwirkungen des Gemeinschaftsrechts, S. 136.

kein geschlossener Kriterienkatalog.[233] Gleichwohl bilde das Schutzziel der jeweiligen Richtlinie den entscheidenden Ausgangspunkt.[234] Von diesem müsse der Einzelne in objektiver Weise erfasst werden. Ähnlich wie *Ruffert*, hält *Baumgartner* es für entscheidend, ob der Einzelne in ein Rechtsverhältnis eingebunden werde, welches durch das nationale Umsetzungsrecht entstehen solle. Dabei sei erforderlich, dass sich der Einzelne in diesem Rechtsverhältnis „*auf konkrete und individuelle Interessen berufen können muss, die zumindest auch zu den Zielen der Richtlinie*" gehören. Hierfür komme es weder auf eine zahlenmäßige Abgrenzbarkeit der Begünstigten noch auf eine ausdrückliche Rechtsmachteinräumung an. Die Anforderungen an diese Individualisierung seien jedoch im Interesse der funktionalen Subjektivierung „*in einem maßvollen Rahmen zu halten*".

Der Ansatz von *Baumgartner* unterscheidet sich nicht wesentlich von *Ruffert*.[235] Wie dieser rückt er das Schutzziel der Richtlinie in den Mittelpunkt. Für die Verpflichtung zur Schaffung subjektiver Rechte im Umsetzungsrecht sei ausreichend, dass der Einzelne vom objektiven Schutzzweck der Richtlinie – wie Gesundheitsschutz oder Bieterschutz – erfasst sei. Den der Judikatur des *Gerichtshofs* entlehnten Begriff des *Betroffenen* sucht er über die Vorgaben zur Klagebefugnis im Rahmen der Nichtigkeitsklage Einzelner zu konkretisieren. Sowohl für *Baumgartner* als auch für *Ruffert* führt das Konzept der funktionalen Subjektivierung zu einer Absenkung der Anforderungen an die Einbeziehung Einzelner in den Schutzzweck der Richtlinie. Gleichwohl sehen beide – zutreffend – darin nicht den einzigen Grund für die Ableitung subjektiver Rechte. Auf den ersten Blick ermöglicht die Einbeziehung der aus dem unionalen Prozessrecht entlehnten Elemente der tatsächlichen Individualisierung und Betroffenheit eine Eingrenzung. Allerdings sind dies Voraussetzungen, die erst in einer konkreten Situation bestimmbar sind, denn die im Rahmen der Klagebefugnis Einzelner nach Art. 263 Abs. 4, Var. 2 AEUV gebotene individuelle Betroffenheit erfordert, dass ein Wirtschaftsteilnehmer „*durch den Rechtsakt auf Grund*

233 *Baumgartner*, Die Klagebefugnis nach deutschem Recht vor dem Hintergrund der Einwirkungen des Gemeinschaftsrechts, S. 112/113.

234 *Baumgartner*, Die Klagebefugnis nach deutschem Recht vor dem Hintergrund der Einwirkungen des Gemeinschaftsrechts, S. 134 f., siehe dort auch zu den folgenden Sätzen.

235 Hinsichtlich *Ruffert* ist hervorzuheben, dass er klar zwischen der unmittelbaren Wirkung einer Richtlinie und der aus ihr folgenden Verpflichtung zur Schaffung subjektiver Rechte trennt.

*bestimmter persönlicher Eigenschaften oder ihn aus dem Kreis der übrigen Personen heraushebender Umstände berührt wird*".[236]

### d) Fazit

Zuzustimmen ist zunächst, dass – siehe insbesondere *Ruffert* – zwischen der Frage, wann Richtlinienbestimmungen individualschützende Inhalte enthalten, die anschließend in nationales Recht zu transferieren sind und der unmittelbaren Wirkung von Richtlinien zu unterscheiden ist. Letzteres stellt eine Ausnahme für den Fall unzureichender Richtlinienumsetzung dar.[237]

Nicht von der Hand zu weisen ist auch, dass das Unionsrechts nicht ausschließlich einem objektiven Rechtsschutzansatz folgt. Dies verdeutlicht insbesondere die Entscheidung des *EuGH* zur Einlagensicherungsrichtlinie. Hier wurde die Befugnis Einzelner zur Berufung auf Richtlinienbestimmungen verneint, obwohl die Richtlinie sogar dem Schutz der Sparer dient. In einem System objektiver Rechtskontrolle wäre jedoch das Gegenteil zu erwarten gewesen.

Dies soll jedoch nicht darüber hinwegtäuschen, dass objektiv formulierte Richtlinienbestimmungen individualschützende Wirkung entfalten können, sofern sie ein personenbezogenes Schutzgut fördern oder zum Schutz einer bestimmten Personengruppe beitragen. Diesbezüglich besteht Einigkeit bei den schutzgutbezogenen und kombinierenden Ansätzen, dass es für die Frage des individualschützenden Charakters einer Richtlinienbestimmung letztlich entscheidend darauf ankomme, ob die Richtlinienbestimmung ein personenbezogenes Schutzgut beziehungsweise den Schutz einer Personengruppe konkretisiere.[238] Dies ist für die Annahme des individualschützenden Gehalts einer konkreten Richtlinienbestimmung erforderlich und zugleich ausreichend. In Ansehung der oben referierten Rechtsprechung des *EuGH* ist dem zuzustimmen. Angesichts dessen großzügiger Grundsätze erscheint der Ansatz von *Nettesheim* am treffendsten. Das heißt, erforderlich und zugleich ausreichend ist, wenn eine konkrete Richtlinienbestimmung den Schutz personenbezogener Rechtsgüter oder den Schutz einer Personengruppe fördert. Mithin ist im Unterschied zur Schutznormlehre deutscher Prägung nicht erforderlich, dass der Schutz von Einzelnen durch die Richtlinienbestimmung gerade auch bezweckt wird.

---

236 Siehe nur *Oppermann/Classen/Nettesheim*, Europarecht, § 13 Rn. 58.

237 Siehe zum Anwendungsbereich und den Voraussetzungen der unmittelbaren Wirkung siehe Kapitel 2, § 5, C. Zur unmittelbaren Wirkung, S. 219 ff.

238 Siehe Ansätze von Zuleeg, Schoch, Nettesheim, Remmert, Ruffert und Baumgartner.

Aus diesen Erwägungen folgt weiter, dass im Ergebnis die Anzahl der geschützten Einzelnen unerheblich sein muss. Dies deckt sich mit der Rechtsprechung des *EuGH*[239] und ist angesichts der Funktionslogik des Unionsrechts auch nicht ungewöhnlich. Denn – wie insbesondere *Ruffert* und *Baumgartner* hervorgehoben haben – ist unionsrechtlich erwünscht, dass der Einzelne als Kontrolleur zur Effektivität des Unionsrechts beitragen können soll. Diese Überlegung erklärt die geringen Hürden für die Annahme individualschützender Wirkung von Richtlinienbestimmungen. Allerdings vermag sie alleine die individualschützende Wirkung einer Richtlinienbestimmung nicht zu begründen.

Hingegen erscheinen Bemühungen, die individualschützende Wirkung in personeller Hinsicht konkretisieren zu wollen, nur begrenzt erfolgreich. Namentlich betrifft dies den Versuch das Betroffensein durch einen Vergleich mit dem Merkmal der individuellen Betroffenheit nach Art. 263 Abs. 4 AEUV konkretisieren zu wollen. Hierbei handelt es sich um eine prozessrechtliche Regelung, die einzelfallbezogen zu prüfen ist.

In personeller Hinsicht wird man als kleinsten gemeinsamen Nenner ansehen können, dass Einzelne durch das personenbezogene Rechtsgut *„begünstigt"* werden oder schlicht der Personengruppe angehören, deren Schutz die konkrete Richtlinienbestimmung fördern soll.

Zusammenfassend lässt sich festhalten, dass es – sowohl in sachlicher als auch personeller Hinsicht – für den etwaigen individualschützenden Inhalt einer konkreten Richtlinienbestimmung entscheidend darauf ankommt, ob diese den Schutz personenbezogener Rechtsgüter oder den Schutz einer Personengruppe fördert.

## II. Rechte Dritter im Lichte der unionalen Rechtsprechung zum Rechtsrahmen elektronischer Kommunikation

Prima facie steht zu erwarten, dass Regelungen der Zugangsrichtlinie individualschützende Inhalte zugunsten Dritter beziehungsweise Unternehmen enthalten können, die Zugangsleistungen zum Zwecke der Erbringung von Telekommunikationsdiensten nachfragen. Nach den oben herausgearbeiteten Grundsätzen kann der individualschützende Gehalt einer Richtlinienbestimmung anzunehmen sein, wenn eine konkrete Regelung den Schutz personenbezogener Rechtsgüter beziehungsweise einer bestimmten Personengruppe fördert. Dies ist bei der Zugangsrichtlinie der Fall. Ihr Ziel ist es, einen Rechtsrahmen für die

239 Siehe hierzu Kapitel 2, § 4, e) Analyse der Entscheidungen des *EuGH*, S. 148 ff.

Beziehungen zwischen Netzbetreibern und Diensteanbietern zu schaffen, der einen nachhaltigen Wettbewerb gewährleistet.[240]

Um diese These hinsichtlich konkreter Bestimmungen des Richtlinienrahmens zu überprüfen, gilt es zunächst die einschlägige Rechtsprechung des *EuGH* zum telekommunikationsrechtlichen Sekundärrecht in den Blick zu nehmen. Hiervon ausgehend sind Rückschlüsse für die übrigen marktregulierungsrelevanten Bestimmungen der Zugangsrichtlinie zu ziehen (III.).

### 1. Rechtssache C-426/05 (Tele2 Telekommunication GmbH/ Telekom-Control-Kommission)

Die Rechtssache C-426/05 betrifft ein Vorabentscheidungsverfahren, das vom österreichischen Verwaltungsgerichtshof initiiert worden ist.[241] Es betrifft die Auslegung von Art. 4 und Art. 16 RRL. Gegenstand des Ausgangsverfahrens war ein Rechtsstreit zwischen der Tele2 Telekommunication GmbH, einem österreichischen Unternehmen, das elektronische Kommunikationsnetze und -dienste bereitstellt[242], und der österreichischen Telekom-Control-Kommission (nachstehend TCK)[243] wegen deren Weigerung, der Tele2 in einem verwaltungsrechtlichen Marktanalyseverfahren die Stellung einer Partei zuzuerkennen.[244] Tele2 stand in Vertragsbeziehungen zu einem als marktmächtig eingestuften Unternehmen.[245] Den Antrag der Tele2, ihr die Stellung einer Partei sowie das Recht auf Akteneinsicht zuzuerkennen, lehnte die TCK unter Hinweis auf § 37 Abs. 5 TKG Österreich ab.[246] Nach dieser Vorschrift können in einem Marktanalyseverfahren nur diejenigen Unternehmen Parteistellung erlangen, gegenüber denen

240 Siehe Art. 1. Abs. 1 S. 2 Zugangsrichtlinie, welche inhaltlich nunmehr in der Kodifizierungsrichtlinie (EU) 2018/1972 aufgegangen ist.

241 *EuGH*, Urt. v. 21.02.2008, Rs. C-426/05 (Tele2/TCK), BeckRS 2008, 70279.

242 Vormals Tele2 UTA Telekommunication GmbH; nachstehend als Tele2 bezeichnet.

243 Die TCK ist die im Wesentlichen zuständige Behörde für die Wettbewerbsregulierung nach Teil 2 des österreichischen TKG (vgl. § 117 TKG Österreich). In den Bereichen Medien und Telekommunikation bestehen jedoch auch Zuständigkeiten der KommAustria sowie der RTR-GmbH (Rundfunk und Telekom Regulierung GmbH). Hinsichtlich letzter siehe https://www.rtr.at/de/rtr/RTRGmbH.

244 *EuGH* (Tele2/TCK), a.a.O., Rn. 2.

245 *Generalanwalt*, Schlussanträge v. 15.02.2007, Rs. C-426/05 (Tele2/TCK), BeckRS 2008, 70149 Rn. 15.

246 Nach österreichischem Recht geht mit der Parteistellung in einem Marktanalyseverfahren neben diversen Mitwirkungsrechten insbesondere das Recht einher, gegen die ein solches Verfahren abschließende Entscheidung Rechtsmittel einzulegen.

spezifische Regulierungsverpflichtungen auferlegt, abgeändert oder aufgehoben werden.[247] Gegen diese ablehnende Entscheidung erhob Tele2 Beschwerde beim Verwaltungsgerichtshof. Dieser legte unter anderem die Frage vor, ob Art. 4 und 16 RRL so auszulegen seien, dass unter den Begriff der Betroffenen auch solche auf dem relevanten Markt als Wettbewerber agierende Unternehmen fallen, denen gegenüber keine spezifischen Regulierungsverpflichtungen in einem Marktanalyseverfahren ergriffen oder geändert wurden.[248]

### a) Urteil des *Gerichtshofs* vom 21.02.2008

Hierzu entschied der *Gerichtshof*, dass die Begriffe des *Nutzers* oder *Anbieters*, der im Sinne von Art. 4 Abs. 1 RRL betroffen ist sowie der Begriff der *betroffenen Parteien* im Sinne des Art. 16 Abs. 3 RRL dahingehend auszulegen seien, dass sie

> „*nicht nur ein Unternehmen mit (vormals) beträchtlicher Marktmacht auf dem relevanten Markt, das einer Entscheidung einer nationalen Regulierungsbehörde in einem Marktanalyseverfahren nach Art. 16 der Richtlinie 2002/21 unterliegt und Adressat dieser Entscheidung ist, sondern auch mit einem solchen Unternehmen in Wettbewerb stehende Nutzer und Anbieter erfassen, die zwar nicht selbst Adressaten dieser Entscheidung sind, aber durch diese in ihren Rechten beeinträchtigt sind.*“[249]

Im Wesentlichen begründete der *Gerichtshof* dies mit einer auf den Zweck der Richtlinienbestimmungen gestützten Auslegung.[250] Im Rahmen der gebotenen autonomen und einheitlichen Auslegung, stellt er auf den Kontext sowie das mit den in Rede stehenden Bestimmungen verfolgte Ziel ab.[251] Art. 16

---

247 Diese Regelung ist in § 37 TKG Österreich nicht mehr zu finden. Stattdessen sind die Verfahrensgrundsätze nunmehr in § 37a TKG Österreich geregelt. Nach dessen Abs. 2 ist „*jedenfalls*“ Partei, das Unternehmen, dem gegenüber spezifische Regulierungsverpflichtungen ergriffen werden. Ferner findet sich in Abs. 3 folgende Regelung: „*Parteien in Verfahren gemäß §§ 36 und 37 sind ferner jene, die gemäß § 40 Abs. 2 KOG ihre Betroffenheit glaubhaft gemacht haben*“.

248 *EuGH*, Urt. v. 21.02.2008, C-Rs. 426/05 (Tele2/TCK), BeckRS 2008, 70279 Rn. 15. Für den Fall der Bejahung der ersten Vorlagefrage, stellte der Verwaltungsgerichtshof zudem die Frage, ob Art. 4 RRL einer nationalen Vorschrift entgegen stehe, die vorsehe, dass in einem Marktanalyseverfahren nur dem Unternehmen Parteistellung zukomme, dem gegenüber spezifische Verpflichtungen ergangen sind.

249 *EuGH* (Tele2/TCK), a.a.O., Rn. 48.

250 Vorab stellte der *Gerichtshof* jedoch den Unterschied fest, dass es im Ausgangsverfahren um das Recht auf Parteistellung in einem nichtstreitigen Verwaltungsverfahren ging und der vom vorlegenden Gericht angeführte Art. 4 RRL sich auf eine prozessuale Lage beziehe (*EuGH* (Tele2/TCK), a.a.O., Rn. 17).

251 *EuGH* (Tele2/TCK), a.a.O., Rn. 25 ff. Siehe dort auch zu den folgenden Sätzen.

Abs. 3 RRL und Art. 4 Abs. 1 würden gänzlich unterschiedliche Zwecke verfolgen. Letzterer betreffe eine prozessuale Frage und stelle einen „*Ausfluss des Grundsatzes eines effektiven gerichtlichen Rechtsschutzes*" dar, welcher freilich einen allgemeinen Grundsatz des Unionsrechts darstellt. Dieses in Art. 4 Abs. 1 RRL namentlich für Nutzer und Anbieter elektronischer Kommunikationsnetze und/oder -dienste aufgegriffene Gebot, verpflichte die Mitgliedstaaten, diesen Personen einen gerichtlichen Rechtsbehelf zu ermöglichen. Freilich folgen aus der Garantie effektiven Rechtsschutzes nicht bereits subjektive Rechte, sondern werden vorausgesetzt.[252] Dementsprechend stellt der *Gerichtshof* sodann fest, dass „*bestimmte spezifische Verpflichtungen*", die einem marktmächtigen Unternehmen auf dem relevanten Markt „*nach Art. 16 Abs. 3 und 4 Rahmenrichtlinie sowie den dort angeführten Bestimmungen der Zugangsrichtlinie auferlegt werden*" können,

„*Schutzmaßnahmen im Interesse der mit diesem Unternehmen in Wettbewerb stehenden Nutzer und Anbieter dar und können somit Rechte für sie begründen.*"[253]

In diesem Zusammenhang wird insbesondere die Verpflichtung, berechtigten Anträgen auf Zugang zu Netzeinrichtungen stattzugeben (Art. 12 Abs. 1 ZRL) sowie die Gleichbehandlungsverpflichtung nach Art. 10 ZRL genannt. Diese sollen den *interessierten Wettbewerbern* Zugang verschaffen. Mithin sind

> „*die mit einem Unternehmen mit beträchtlicher Marktmacht auf dem relevanten Markt in Wettbewerb stehenden Nutzer oder Anbieter als potenzielle Inhaber von Rechten anzusehen ..., die den spezifischen Verpflichtungen entsprechen, die dem Unternehmen mit beträchtlicher Marktmacht von einer nationalen Regulierungsbehörde nach Art. 16 der Rahmenrichtlinie sowie den dort angeführten Telekommunikationsrichtlinien auferlegt werden. Somit können diese Nutzer und diese Anbieter als von den Entscheidungen der Regulierungsbehörde, mit denen diese Verpflichtungen geändert oder aufgehoben werden, „betroffen" im Sinne von Art. 4 Abs. 1 Rahmenrichtlinie angesehen werden.*"[254]

Vor diesem Hintergrund hebt der *Gerichtshof* – in Übereinstimmung mit den Ausführungen des *Generalanwalts* – hervor, dass eine enge Auslegung, nach der Nichtadressaten gegen Entscheidungen der Regulierungsbehörde nicht rechtsbehelfsbefugt seien, „*kaum mit den politischen Zielen und regulatorischen*

---

252 Dies ist beispielsweise für die Rechtsschutzgarantie hinsichtlich Verletzungen durch die öffentliche Gewalt nach Art. 19 Abs. 4 GG anerkannt, *Jarass/Pieroth*, GG, Art. 19 Rn. 36.

253 *EuGH*, Urt. v. 21.02.2008, Rs. 426/05, (Tele2/TCK), BeckRS 2008, 70279 Rn. 33 ff. Siehe dort auch zu den folgenden Sätzen.

254 *EuGH* (Tele2/TCK), a.a.O., Rn. 40.

*Grundsätzen, insbesondere dem Ziel der Förderung des Wettbewerbs … in Einklang zu bringen*" sei. Daher sei

> „*Art. 4 Abs. 1 der Rahmenrichtlinie dahin auszulegen, dass nach dieser Vorschrift auch anderen Personen als den Adressaten einer von einer Regulierungsbehörde in einem Marktanalyseverfahren erlassenen Entscheidung ein Rechtsbehelf zustehen soll. Somit sind mit einem Unternehmen mit (vormals) beträchtlicher Marktmacht auf dem relevanten Markt in Wettbewerb stehende Nutzer und Anbieter dann als „betroffen" im Sinne der Bestimmung anzusehen, wenn ihre Rechte von einer solchen Entscheidung potenziell betroffen sind.*"[255]

Hinsichtlich Art. 16 Abs. 3 RRL[256] wird herausgestellt, dass diese Vorschrift allein für Adressaten überflüssig wäre, denn im Fall der Aufhebung einer adressatenbezogenen Maßnahme sei dies dem Adressaten stets bekannt zugeben.[257] Dagegen zeige sich der

> „*volle Sinn der Ankündigung nach Art. 16 Abs. 3 der Rahmenrichtlinie bei Wettbewerbern, denen die Verpflichtungen, deren Aufhebung beschlossen ist, zum Vorteil gereichten. Daraus ergibt sich, dass der Gemeinschaftsgesetzgeber mit der Verpflichtung zur Bekanntgabe einer solchen Ankündigung vor allem die Wettbewerber eines Unternehmens mit (vormals) beträchtlicher Marktmacht als „betroffene" Parteien schützen wollte.*"[258]

Da sowohl Art. 4 Abs. 1 als auch des Art. 16 Abs. 3 S. 3 RRL Rechte von Wettbewerbern eines auf dem relevanten Markt mächtigen Unternehmens einschließen, seien diese auch von deren maßgeblichen Bestimmungen erfasst.[259] Im Übrigen spricht sich der *Gerichtshof* gegen ein enges Verständnis der vorgenannten Regelungen aus.[260]

---

255 *EuGH* (Tele2/TCK), a.a.O., Rn. 39.

256 Dieser regelt den Fall, dass betroffenen Parteien die Aufhebung bereichsspezifischer Verpflichtungen innerhalb einer angemessenen Frist vorab anzukündigen ist (Art. 16 Abs. 3 S. 3 RRL).

257 *EuGH* (Tele2/TCK), a.a.O., Rn. 40 ff. Siehe dort auch zu den nachstehenden Sätzen.

258 *EuGH* (Tele2/TCK), a.a.O., Rn. 40.

259 Vgl. *EuGH* (Tele2/TCK), a.a.O., Rn. 41.

260 Dies folgert der Gerichtshof aus systematischen Erwägungen. Denn Aufhebungsmaßnahmen, die nach Art. 16 Abs. 3 RRL getroffen werden, bedürfen unter anderem des Konsultationsverfahren (Art. 16 Abs. 6 RRL). Hiernach sei „*interessierten Kreisen*" die Gelegenheit zur Stellungnahme zu geben (Art. 6 S. 1 RRL). Vgl. *EuGH*, a.a.O. Rn. 41. ff.

### b) Schlussanträge des *Generalanwalts* vom 15.02.2007

*Generalanwalt Maduro* fasst die erste Vorlagefrage im Wesentlichen dahingehend zusammen, ob Art. 4 RRL Personen gerichtlichen Rechtsschutz gewähre, die keine Adressaten einer regulierungsbehördlichen Entscheidung seien, jedoch von ihr negativ berührt würden.[261] Diesbezüglich kommt er zu dem Ergebnis, dass als ein durch eine regulierungsbehördliche Entscheidung im Sinne des Art. 4 Abs. 1 RRL betroffenes und damit zugleich rechtsmittelberechtigtes Unternehmen

> *„sowohl diejenigen Konkurrenzunternehmen anzusehen sind, die vertragliche Ansprüche gegen ein Unternehmen mit beträchtlicher Marktmacht haben und die von einer Entscheidung einer Regulierungsbehörde über die Aufhebung oder Änderung spezifischer Verpflichtungen in ihren Rechten berührt werden, als auch diejenigen Unternehmen, die ein Interesse an der Aufnahme vertraglicher Beziehungen zu einem Unternehmen mit beträchtlicher Marktmacht haben könnten und als von den Gemeinschaftsrechtsvorschriften zur Gewährleistung eines wirksamen Wettbewerbs im Telekommunikationssektor unmittelbar Begünstigte von einer Entscheidung einer nationalen Regulierungsbehörde negativ berührt werden.“*[262]

Zur Begründung setzt er sich zunächst mit der Frage auseinander, zu welcher Kategorie von Dritten die Klägerin des Ausgangsverfahrens gehöre.[263] Diesbezüglich stellt er fest, dass Tele2 für das regulierte Unternehmen ein Wettbewerber sei, der zugleich ein Vertragspartner sei. Die besondere Lage der Klägerin ergebe sich daher durch deren Vertragsbeziehungen zu dem marktbeherrschenden Unternehmen und nicht einfach aus ihrer Stellung als Wettbewerber.

Vor diesem Hintergrund begründet der *Generalanwalt* – im Wege teleologischer und am Regelungszusammenhang orientierter Auslegung – zunächst, dass Wettbewerber, die Vertragsbeziehungen zu einem marktmächtigen Unternehmen unterhalten, welche wiederum auf den spezifischen Regulierungsverpflichtungen beruhen, als Betroffene im Sinne des Art. 4 Abs. 1 RRL anzusehen seien.[264] Wegen des unterschiedlichen Zwecks von Art. 4 Abs. 1 sowie 16 Abs. 3 RRL könne indes aus der Annahme der Betroffenheit im Sinne letzterer Vorschrift

---

261 *Generalanwalt*, Schlussanträge v. 15.02.2007, Rs. C-426/05 (Tele2/TCK), BeckRS 2008, 70149 Rn. 14.

262 *Generalanwalt* (Tele2/TCK), a.a.O., Rn. 52.

263 *Generalanwalt* (Tele2/TCK), a.a.O., Rn. 15, siehe dort auch zu den folgenden Sätzen.

264 *Generalanwalt* (Tele2/TCK), a.a.O., Rn. 20 ff.

nicht auf die Betroffenheit im Sinne des Art. 4 RRL geschlossen werden.[265] Nach seiner Ansicht rechtfertige weder der Wortlaut von Art. 4 Abs. 1 RRL noch dessen Verständnis als Konkretisierung des Grundsatzes effektiven Rechtsschutzes eine enge – nur Adressaten erfassende – Auslegung. Dies sei zudem unvereinbar mit den politischen Zielen und regulatorischen Grundsätzen des Art. 8 Abs. 2 RRL. Damit dürfte der *Generalanwalt* indirekt sagen wollen, dass zum Ziel der Wettbewerbsförderung auch der Schutz einzelner Wettbewerber gehöre.[266] Diese Schlussfolgerung entspricht dem für das Unionsrecht anerkannten Prinzip der funktionalen Subjektivierung.[267]

Im Hinblick auf die in Art. 4 Abs. 1 RRL aufgegriffene Rechtsschutzgarantie führt der *Generalanwalt* aus, dass *„bestimmte spezifische Verpflichtungen"*, die marktmächtigen Unternehmen nach Art. 16 Abs. 3 und 4 RRL oder den dort aufgeführten Bestimmungen der ZRL auferlegt werden können, gerade *„als Schutzmaßnahmen im Interesse der Wettbewerber anzusehen"* seien.[268] Sie würden Rechte gewähren, deren Rechtsschutz Art. 4 Abs. 1 RRL fordere. Insbesondere die Zugangsverpflichtungen (Art. 12 Abs. 1 ZRL) sowie das Diskriminierungsverbot (Art. 10 ZRL) sollen *„den vom Zugang betroffenen Wettbewerbern zugutekommen"*.[269] Die Auferlegung dieser Verpflichtungen verleihe *„den dadurch begünstigten Wettbewerbern somit das Recht auf Zugang und/oder auf Gleichbehandlung."* Die vertraglichen Ansprüche von Tele2 gegen das marktmächtige Unternehmen gehen letztlich auf die spezifischen Regulierungsverpflichtungen zurück. In diesem Zusammenhang folgert der *Generalanwalt*:

> *„Tele2 hat ersichtlich deshalb vertragliche Beziehungen mit dem Unternehmen mit vormals beträchtlicher Marktmacht, weil diesem von der Regulierungsbehörde bestimmte*

---

265 Zuvor stellte der Generalanwalt ohne weitere Begründung fest, dass *„ein Unternehmen wie Tele2 meiner Ansicht nach eine „betroffene" Partei im Sinne des Art. 16 Abs. 3 RRL ist"* (*Generalanwalt* (Tele2/TCK), a.a.O., Rn. 19.

266 Vgl. *Generalanwalt* (Tele2/TCK), a.a.O., Rn. 24.

267 Siehe hierzu *Ruffert*, in Calliess/Ruffert, EUV/AEUV, Art. 1 AEUV Rn. 29. Dieses ist Ausdruck des rechtspolitischen Motivs, die Wachsamkeit der an der Wahrung ihrer Rechte interessierten Einzelnen als zusätzliche Kontrolleure einzuspannen. Vgl. *EuGH*, Urt. v. 05.02.1963, Rs. 26/62 (Van Gend & Loos/Niederländische Finanzverwaltung), Slg. 1963, S. 3 (S. 26).

268 *Generalanwalt*, Schlussanträge v. 15.02.2007, Rs. C-426/05 (Tele2/TCK), BeckRS 2008, 70149 Rn. 29.

269 *Generalanwalt* (Tele2/TCK), a.a.O., Rn. 30. Hinsichtlich der nachstehenden Sätze siehe Rn. 31 ff.

> *Verpflichtungen auferlegt wurden, die es zum Vertragsabschluss mit Tele2 zu bestimmten Bedingungen gezwungen haben.*“[270]

Mithin leite Tele2 als Wettbewerber, der zugleich Vertragspartner des regulierten Unternehmens ist, ihre Zugangsrechte aus dem Unionsrecht her.[271] In diesem Zusammenhang stellt er weiter fest:

> „*Wenn ein Wettbewerber Vertragsbeziehungen mit einem Unternehmen mit beträchtlicher Marktmacht unterhält, die auf diesem von der Regulierungsbehörde auferlegten spezifischen Verpflichtungen beruhen, muss ihm nach Art. 4 der Rahmenrichtlinie der Rechtsweg gegen Entscheidungen der Regulierungsbehörde offenstehen, die etwa solche Verpflichtungen abändern oder aufheben.*“[272]

Überdies ist er der Ansicht, dass auch Wettbewerber, die keine Vertragsbeziehungen zu einem marktmächtigen Unternehmen unterhalten, als Betroffene im Sinne der sektorspezifischen Rechtsschutzgarantie anzusehen seien können.[273] Für solche Wettbewerber, die noch keine Vertragsbeziehungen zu dem marktmächtigen Unternehmen unterhalten, die jedoch „*die konkrete Absicht geäußert haben, solche Beziehungen zwecks Zugangs zum Netz dieses Unternehmens einzugehen*“, sei es wichtig, Rechtsschutz gegen Entscheidungen der Regulierungsbehörde zu gewähren. Dahinter dürfte die oben bereits erwähnte Überlegung stehen, dass die gewünschten Vertragsbeziehungen regelmäßig erst durch die Auferlegung von Verpflichtungen – wie sie Art. 10 und 12 ZRL vorsehen – ermöglicht werden.

Ferner ist er allgemein der Ansicht, dass das Ziel der Förderung des Wettbewerbs (Art. 8 Abs. 2 RRL) es rechtfertige, nicht nur denjenigen Wettbewerbern, die bereits vertragliche Beziehungen mit einem zugangsregulierten Unternehmen unterhalten, Rechtsschutz zu eröffnen. Diesbezüglich meint er vor allem diejenigen Unternehmen, die noch keine Vertragsbeziehungen zu dem zugangsregulierten Unternehmen unterhalten, aber „*als von den Gemeinschaftsregeln zur Förderung des Wettbewerbs im Telekommunikationssektor unmittelbar Begünstigte von einer Entscheidung einer Regulierungsbehörde … negativ berührt werden*“. Diese Forderung rechtfertigt er mit der asymmetrischen Ausgangslage

---

270 *Generalanwalt* (Tele2/TCK), a.a.O., Rn. 32.

271 Vgl. *Generalanwalt* (Tele2/TCK), a.a.O., Rn. 32: „*Tele2 leitet ihre Zugangsrechte somit aus dem Gemeinschaftsrecht her, da sie sich aus spezifischen Verpflichtungen ergeben, die dem Unternehmen mit beträchtlicher Marktmacht kraft Gemeinschaftsrecht auferlegt wurden.*“

272 *Generalanwalt* (Tele2/TCK), a.a.O., Rn. 33.

273 *Generalanwalt* (Tele2/TCK), a.a.O., Rn. 34 ff. Siehe dort auch zu den folgenden Sätzen.

im Rahmen der Marktregulierung im Telekommunikationssektor. Hiernach sollen die Regulierungsmaßnahmen grundsätzlich nur gegenüber marktmächtigen Unternehmen erfolgen.[274] Durch die Verpflichtungen, den Zugang zu bestimmten Netzkomponenten und zugehörigen Einrichtungen eines marktmächtigen Unternehmens zu gewähren, soll *„ein wirksamer Wettbewerb im Telekommunikationssektor sichergestellt werden"*.[275] Diesbezüglich sei anzunehmen, dass weder das marktmächtige Unternehmen noch Wettbewerber, die bereits über Vertragsbeziehungen zu diesem verfügen, *„ein Interesse daran haben werden, den Rechtsweg gegen etwaige Entscheidungen einer Regulierungsbehörde zu beschreiten, die zu Lasten"* von Marktneulingen gehen, *„die an der Aufnahme von Beziehungen zu dem Unternehmen mit beträchtlicher Marktmacht interessiert sein können"*. Daher sei es wesentlich,

> *„solchen Konkurrenzunternehmen, die noch nicht Vertragspartner sind, einen Rechtsbehelf zuzuerkennen, (…), um einen wirklichen Schutz der Wettbewerbsziele sicherzustellen, die mit diesen Gemeinschaftsvorschriften, die den Markteintritt und die Marktintegration neuer Marktteilnehmer begünstigen sollen, verfolgt werden."*[276]

## 2. Rechtssache C-55/06 (Arcor AG & Co KG/Bundesrepublik Deutschland)

Die Rechtssache C-55/06 (Arcor AG & Co KG/Bundesrepublik Deutschland) ist ebenfalls ein Vorabentscheidungsverfahren, welches das *VG Köl*n initiierte und das im Wesentlichen die Auslegung mehrerer Bestimmungen der Verordnung (EG) Nr. 2887/2000 betraf.[277]

Im Ausgangsverfahren begehrte die Arcor AG & Co. KG mit ihrer im Jahre 2001 erhobenen Klage im Wesentlichen die Aufhebung einer Entgeltgenehmigung betreffend den entbündelten Zugang zum Teilnehmeranschluss.[278] Die Entgeltgenehmigung hatte die BNetzA der Beigeladenen – der Deutschen Telekom AG[279] – per Bescheid vom 30.03.2001, berichtigt durch Bescheid vom

---

274 Vgl. zum Begriff der *asymmetrischen Regulierung*: *Woesler/Heinen-Hosseini*, in: Säcker/u. a., TKG, § 9 Rn. 4.

275 *Generalanwalt*, Schlussanträge v. 15.02.2007, Rs. C-426/05 (Tele2/TCK), BeckRS 2008, 70149 Rn. 39. Siehe dort auch zum nachstehenden Satz.

276 *Generalanwalt* (Tele2/TCK), a.a.O., Rn. 39.

277 *EuGH*, Urt. v. 24.04.2008, Rs. C-55/06 (Arcor/BRD), Slg. 2008 I-2976 Rn. 32 ff., siehe dort zum nachfolgenden Sachverhalt.

278 Die Klägerin des Ausgangsverfahrens wird im Folgenden als Arcor bezeichnet.

279 Nachfolgend wird Deutsche Telekom AG als Deutsche Telekom bezeichnet. Bei der Deutschen Telekom handelt es sich um einen Betreiber eines öffentlichen

17.04.2001, erteilt. Arcor ist Begünstigte im Sinne von Art. 2 lit. b) Verordnung (EG) Nr. 2887/2000[280] und bietet unter anderem ISDN-Telefonanschlüsse für Endkunden an, welche jedoch erfordern, dass Arcor über Zugang zum jeweiligen Teilnehmeranschluss[281] im Telekommunikationsnetz der Deutschen Telekom verfügt. Im Jahr 1998 schloss Arcor mit der Deutschen Telekom einen Vertrag über den Zugang zu deren Teilnehmeranschlüssen, in dem unter anderem vereinbart wurde, dass die von der Regulierungsbehörde genehmigten Entgelte als vereinbart gelten. Im Jahre 1998 reichte Arcor bei der Kommission eine Beschwerde gegen die Deutsche Telekom ein. Arcor rügte die Preise, die die Deutsche Telekom für den Zugang zu ihren Ortsnetzen, die jeweils mehrere Teilnehmeranschlüsse umfassten, erhob. Hierauf verhängte die Kommission im Jahre 2003 gegen die Deutsche Telekom ein Bußgeld in Höhe von 12,6 Millionen Euro, da diese von ihren Wettbewerbern und Endkunden unangemessen hohe Entgelte für den Zugang zu ihrem Ortsnetz erhoben hatte.

Vor diesem Hintergrund setzte das VG Köln das Verfahren aus und legte dem EuGH unter anderem die Frage vor, ob „die Erfordernisse der Kostenorientierung zumindest auch dem Schutze der Rechte von Wettbewerbern als Begünstigten, und zwar mit der Folge, dass diese Wettbewerber Rechtsschutz gegen nicht an den Kosten orientierte Zugangsentgelte in Anspruch nehmen können“[282], dienen?“

---

Telefonnetzes, der im Sinne von Art. 2 lit. a) Verordnung (EG) Nr. 2887/2000 von der nationalen Regulierungsbehörde als solcher mit beträchtlicher Marktmacht im Bereich der Bereitstellung öffentlicher Telefonfestnetze gemeldet wurde. Art. 2 lit. a) VO Nr. 2887/2000 definiert einen gemeldeten Betreiber als *„einen Betreiber des öffentlichen Telefonfestnetzes, der von seiner nationalen Regulierungsbehörde als Betreiber mit beträchtlicher Marktmacht im Bereich der Bereitstellung öffentlicher Telefonfestnetze und entsprechender Dienste im Sinne von Anhang I Abschnitt 1 der Richtlinie 97/33/EG beziehungsweise der Richtlinie 98/10/EG gemeldet wurde“*.

280 Diese Vorschrift bezeichnet als Begünstigten *„einen Dritten, der gemäß der Richtlinie 97/13/EG ordnungsgemäß zugelassen ist oder nach den einzelstaatlichen Rechtsvorschriften berechtigt ist, Kommunikationsdienste bereitzustellen, und der Anspruch auf den entbündelten Zugang zu einem Teilnehmeranschluss hat“*.

281 Nach Art. 2 lit. c) VO Nr. 2887/2000 handelt es sich beim Teilnehmeranschluss um *„die physische Doppelader-Metallleitung, die den Netzabschlusspunkt am Standort des Teilnehmers mit dem Hauptverteiler oder einer entsprechenden Einrichtung des öffentlichen Telefonfestnetzes verbindet“*.

282 *VG Köln*, Beschluss vom 26.01.2006 – 1 K 3427/01 – BeckRS 2006, 21034.

### a) Urteil des *Gerichtshofs* vom 24.04.2008

Hierzu entschied der *Gerichtshof*, dass Art. 4 Abs. 1 Verordnung (EG) Nr. 2887/2000 über den entbündelten Zugang zum Teilnehmeranschluss in Verbindung mit Art. 5a Abs. 3 RL 90/387/EG in der durch die RL 97/51/EG geänderten Fassung so auszulegen sei, dass

> *„die nationalen Gerichte die innerstaatlichen Verfahrensvorschriften über die Einlegung von Rechtsbehelfen so auslegen und anwenden, dass eine Entscheidung der nationalen Regulierungsbehörde über die Genehmigung der Preise für den entbündelten Zugang zum Teilnehmeranschluss gerichtlich angefochten werden kann, und zwar nicht nur von dem Unternehmen, an das eine solche Entscheidung gerichtet ist, sondern auch von den Begünstigten im Sinne dieser Verordnung, deren Rechte von der Entscheidung potenziell betroffen sind."*[283]

Zur Begründung stützt er sich auf den Regelungszusammenhang der Verordnung (EG) Nr. 2887/2000. Eine Entscheidung nach deren Art. 4 Verordnung (EG) Nr. 2887/2000 falle in den Anwendungsbereich des Art. 5a Abs. 3 RL 90/387/EWG[284]. Aus dieser Vorschrift folgt für die Mitgliedstaaten die Verpflichtung, geeignete Verfahren zu gewährleisten, damit einer von einer regulierungsbehördlichen Entscheidung betroffenen Partei das Recht zusteht, bei einer unabhängigen Stelle Einspruch gegen diese einzulegen. Unter Verweis auf seine Ausführungen in der Rechtssache C-426/05 zu der vergleichbaren Vorschrift nach Art. 4 Abs. 1 RRL verordnet der *Gerichtshof* diese Verpflichtung als *„Ausfluss des Grundsatzes eines effektiven gerichtlichen Rechtsschutzes"*. Dieser allgemeine Grundsatz verpflichte die mitgliedstaatlichen Gerichte, den gerichtlichen Schutz von Rechten zu gewährleisten, die Einzelnen nach dem Unionsrecht zustehen. Aus dem Zusammenspiel der Verordnung (EG) Nr. 2887/2000 mit der Rechtsschutzbestimmung des Art. 5a Abs. 3 RL 90/387/EWG folge, dass unter den Begriff der betroffenen Partei sowohl Adressaten als auch Begünstigte im Sinne der Verordnung (EG) Nr. 2887/2000 fallen.

Der *Gerichtshof* führt zwar nicht weiter aus, welche Rechte diesen Begünstigten zustehen, jedoch spricht bereits die Definition der *Begünstigten* im Sinne der Verordnung (EG) Nr. 2887/2000 insoweit von Dritten, die berechtigt sind, Kommunikationsdienste bereitzustellen und *„Anspruch auf den entbündelten Zugang zum Teilnehmeranschluss"* haben.[285] Weiter konstatiert der *Gerichtshof*:

---

283 Siehe Tenor Nr. 8 des Urteils in der Rechtssache C-55/06 (Arcor/BRD), Slg. 2008, I-2976.

284 In der durch die RL 97/51/EG geänderten Fassung.

285 Siehe Art. 2 lit. b) VO (EG) Nr. 2887/2000.

*„Zum Rechtsschutz Dritter ist festzustellen, dass ein Begünstigter, da er nicht Adressat einer Entscheidung der NRB ist, die Eigenschaft einer „betroffenen Partei" erwirbt, wenn seine Rechte von einer solchen Entscheidung potenziell betroffen sind, und zwar zum einen wegen ihres Inhalts und zum anderen wegen der von ihm ausgeübten oder beabsichtigten Tätigkeit"*[286]

Aus dem Umstand, dass Arcor bereits ein Vertragsverhältnis zu der Deutschen Telekom als gemeldetem Betreiber unterhalte, folge zwangsläufig, dass eine regulierungsbehördliche Entscheidung, die das Erfordernis der Kostenorientierung der Preise für den Zugang zum Teilnehmeranschluss betreffe, Arcor in ihren Rechten als Partei eines solchen Vertrages berühre.[287] Darüber hinaus bedürfe *„es jedoch keiner Vertragsbeziehung, wie sie im Ausgangsverfahren besteht, damit die Rechte eines Begünstigten von einer solchen Entscheidung potenziell betroffen sind.*" Damit stellt der *Gerichtshof* klar, dass sich auch Unternehmen, die den Zugang zum Teilnehmeranschluss erst begehren, auf die sich in diesem Zusammenhang aus dem einschlägigen Unionsrecht ergebenden Rechte berufen können sollen.

### b) Schlussanträge des *Generalanwalts* vom 18.07.2007

*Generalanwalt Maduro* versteht unter Wettbewerbern, diejenigen Unternehmen, die Anspruch auf Zugang zu den Teilnehmeranschlüssen des gemeldeten Betreibers haben.[288] Diese sollen befugt sein, die durch eine nationale Regulierungsbehörde genehmigten Zugangsentgelte mit der Begründung gerichtlich anzufechten, dass sie nicht an den Kosten orientiert seien.

Dieses Ergebnis stützt er auf Entstehungsgeschichte und Zielsetzung der Verordnung (EG) Nr. 2887/2000.[289] Insbesondere zur Entstehungsgeschichte führt er unter Rekurs auf Erwägungsgrund 3 aus, dass es dem Gemeinschaftsgesetzgeber bekannt gewesen sei, dass im Bereich des Teilnehmeranschluss der geringste Wettbewerb geherrscht habe. Dementsprechend sei „*Hauptziel*" der Verordnung (EG) Nr. 2887/2000, die gemeldeten Betreiber zu

---

286 *EuGH*, Urt. v. 24.04.2008, Rs. C-55/06 (Arcor/BRD), Slg. 2008, I-2976 Rn. 176.

287 *EuGH* (Arcor/BRD), a.a.O., Rn. 177, siehe dort auch zum folgenden Satz.

288 *Generalanwalt*, Schlussanträge v. 18.07.2007, Rs. C-55/06 (Arcor/BRD), BeckRS 2007, 70570 Rn. 113. Siehe dort auch zum folgenden Satz.

289 Dabei stützt er sich insbesondere auf deren Erwägungsgründe (*Generalanwalt* (Arcor/BRD), a.a.O., Rn. 24 ff. Siehe dort auch zu den folgenden Sätzen.

> *„verpflichten, den neuen Marktteilnehmern einen entbündelten Zugang zu den Teilnehmeranschlüssen einzuräumen, um auf dieser Ebene rasch einen Wettbewerb zu schaffen, der bis dahin gar nicht oder kaum existiert hat“*[290].

Hinsichtlich der eigentlichen Vorlagefrage nimmt *Generalanwalt Maduro* zunächst auf seine Ausführungen in der Rechtssache C-426/05 Bezug, welche eine ähnliche Problemstellung enthalte.[291] Er ist der Ansicht,

> *„dass das Gemeinschaftsrecht den Wettbewerbern, die wie Arcor im vorliegenden Fall Anspruch auf Zugang zum Teilnehmeranschluss haben, die Befugnis einräumt, nicht an den Kosten orientierte Entgelte gerichtlich anzufechten.“*[292]

Dabei stützt er sich auf die Vorgabe der Verordnung (EG) Nr. 2887/2000, die Zugangsentgelte an den Kosten zu orientieren (Art. 3 Abs. 3). Dies sei geeignet, *„auch die Interessen der Wettbewerber zu schützen, die Anspruch auf Zugang zu den Teilnehmeranschlüssen des gemeldeten Betreibers haben“*.[293]

Für Wettbewerber, die wie Arcor Vertragspartner des zur Zugangsgewährung verpflichteten Betreibers sind, folge die Befugnis zur Anfechtung von Entgeltentscheidungen der Regulierungsbehörde bereits daraus, dass die Genehmigung die Vertragsparteien in ihrem Vertragsverhältnis berühre. Im Übrigen verweist er darauf, dass durch die Verordnung (EG) Nr. 2887/2000 *„Wettbewerb auf dem Markt für den Zugang zum Teilnehmeranschluss gefördert werden“* solle.[294] Ein *„Mittel zur Verwirklichung dieses Ziels“* solle das *„Gebot der Kostenorientierung der Preise“* darstellen. Dies begründet er damit, dass es Aufgabe der nationalen Regulierungsbehörde sei, sicherzustellen, dass durch die Preisgestaltung für den entbündelten Teilnehmeranschluss *„ein fairer und nachhaltiger Wettbewerb gefördert“* werde (vgl. Art. 4 Abs. 1 Verordnung (EG) Nr. 2887/2000). Im Lichte dieser Ziele hält er es für unvertretbar, dem gemeldeten Betreiber die Befugnis zu gewähren, Entgelte wegen mangelnder Kostenorientierung anzufechten und dies neu in den Markt eintretenden Wettbewerbern zu versagen, obwohl sie die

---

290 *Generalanwalt* (Arcor/BRD), a.a.O., Rn. 28.

291 *Generalanwalt* (Arcor/BRD), a.a.O., Rn. 103. In diesem Zusammenhang stellt er fest, dass Art. 5a Abs. 3 RL 90/387/EG sowie Art. 4 Abs. 1 der neuen Rahmenrichtlinie Ausflüsse des allgemeinen unionsrechtlichen Grundsatzes seien, dass die Mitgliedstaaten für den wirksamen gerichtlichen Schutz der Rechte verantwortlich sind, die Einzelnen aus dem Unionsrecht erwachsen.

292 *Generalanwalt* (Arcor/BRD), a.a.O., Rn. 107.

293 *Generalanwalt* (Arcor/BRD), a.a.O., Rn. 108.

294 *Generalanwalt* (Arcor/BRD), a.a.O., Rn. 110, siehe dort auch zum folgenden Satz.

von der Regulierungsbehörde festgesetzten Entgelte zu zahlen haben.[295] Für die Begünstigteneigenschaft nach Art. 2 lit. b) Verordnung (EG) Nr. 2887/2000 – mit welcher Rechte aus dieser Verordnung einhergehen – sei nicht erforderlich, dass ein Wettbewerber bereits mit dem gemeldeten Betreiber Vertragsbeziehungen unterhalte.[296] Eine nicht kostenorientierte Entgeltgenehmigungsentscheidung berühre *„auch die Wettbewerber negativ, die am Zugang zu den Teilnehmeranschlüssen des gemeldeten Betreibers interessiert sein könnten“*.

### 3. Analyse der Rechtsprechung und der Schlussanträge

Bei den Rechtssachen Arcor/BRD sowie Tele2/TCK handelt es sich um Vorabentscheidungsverfahren nach Art. 267 AEUV. Das zuletzt genannte Verfahren betrifft Vorschriften des nach wie vor geltenden sekundärrechtlichen Richtlinienrahmens. Dagegen betrifft die Rechtssache Arcor/BRD die mittlerweile außer Kraft getretene Teilnehmeranschlussverordnung (EG) Nr. 2887/2000 sowie die ONP-Richtlinie 90/387/EWG.[297] Allerdings sind deren Regelungen im Richtlinienrahmen aufgegangen.

Die Regelungen des Zugangsrechts zum Teilnehmeranschluss für Begünstigte (Art. 3 Verordnung (EG) Nr. 2887/2000) wurden durch Art. 4 beziehungsweise 12 ZRL abgelöst.[298] Das Zugangsregime der Zugangsrichtlinie ist ausdifferenzierter als das der Verordnung (EG) Nr. 2887/2000. Neben der Verhandlungspflicht über Zugangsanträge kann die Regulierungsbehörde marktmächtigen Betreibern abstrakte Verpflichtungen im Rahmen der Zugangsgewährung auferlegen (Art. 12 Abs. 1 ZRL).[299] Entsprechende Regelungen zur Aufsicht über die Tarifgestaltung hinsichtlich des Zugangs zum Teilnehmeranschluss (Art. 4 Verordnung (EG) Nr. 2887/2000) finden sich nun in Art. 13 ZRL, welcher Verpflichtungen zur Preiskontrolle und Kostenrechnung ermöglicht.[300] Mithin

---

295 Vgl. *Generalanwalt* (Arcor/BRD), a.a.O., Rn. 110. Siehe auch Rn. 111, wo der Generalanwalt unter Hinweis auf die Wettbewerbsziele der Verordnung zugleich die wichtige Rolle des Gebots der Kostenorientierung für die Zugangsentgelte betont.

296 *Generalanwalt* (Arcor/BRD), a.a.O., Rn. 111 und 112, siehe dort auch zum folgenden Satz.

297 Nach Art. 4 RL 2009/140/EG wurde die VO (EG) Nr. 2887/2000 aufgehoben, so dass sie am 18.12.2009 außer Kraft getreten ist.

298 Bzw. zukünftig Art. 74 Kodifizierungsrichtlinie (EU) 2018/1972.

299 Ausweislich von Art. 12 ZRL sind die nationalen Regulierungsbehörden allgemein zur Auferlegung von Zugangs- und Zusammenschaltungsverpflichtungen berechtigt.

300 Nach Art. 13 Abs. 1 ZRL soll die NRB befugt sein, marktmächtigen Betreibern hinsichtlich bestimmter Arten von Zusammenschaltung und/oder Zugang Verpflichtungen

kann deren Verständnis durch den *Gerichtshof* im Rahmen der Auslegung der Rahmen- und der Zugangsrichtlinie weiterhin herangezogen werden.

In methodischer Hinsicht berücksichtigen der *Gerichtshof* sowie der *Generalanwalt Maduro* im Rahmen der gebotenen autonomen und einheitlichen Auslegung den Regelungskontext unter Berücksichtigung des mit der jeweiligen Regelung verfolgten Ziels. Dabei gehen sie insbesondere auf Regelungsinhalt und Erwägungsgründe der Richtlinien ein. Dies entspricht den oben herausgearbeiteten Grundsätzen.[301]

### a) Art. 4 Abs. 1 RRL als Ausfluss der Garantie effektiven Rechtsschutzes

Die These, dass Art. 4 Abs. 1 RRL[302] als Ausfluss der Rechtsschutzgarantie zu verstehen ist, hat der *EuGH* – in Übereinstimmung mit dem *Generalanwalt* – bestätigt. Hieraus folgt zugleich, dass es für Art. 4 Abs. 1 RRL nicht lediglich auf eine faktische Betroffenheit ankommen kann, denn die Garantie effektiven Rechtsschutzes ist rechtsbezogen.

Für das Betroffensein im Sinne von Art. 4 Abs. 1 RRL kommt es entscheidend darauf an, ob die regulierungsbehördliche Entscheidung Rechte berührt, die sich aus dem einschlägigen Richtlinienrahmen ableiten lassen.[303] Mithin erteilen *Gerichtshof* und *Generalanwalt* einer an den Grundsätzen der Klagebefugnis nach Art. 263 Abs. 4 AEUV orientierten Auslegung des Merkmals der Betroffenheit eine Absage. Dem ist zuzustimmen. Hierbei handelt es sich um eine prozessrechtliche Voraussetzung, welche zunächst nichts über eine materiell-rechtliche Berechtigung aussagt. Im Übrigen ist bei dem Abstellen auf die faktische Betroffenheit stets eine einzelfallabhängige Betrachtung erforderlich.

Mit Blick auf den Rechtsschutz Dritter ist weiter festzuhalten, dass nach den Feststellungen in der Rechtssache Arcor/BRD die Garantie effektiven Rechtsschutzes sowohl für Adressaten einer regulierungsbehördlichen Entscheidung als auch für weitere „*Dritte*" gilt.[304] Entscheidend ist, dass sie sich auf Rechte aus dem Unionsrecht berufen, die durch eine nicht an sie gerichtete Entscheidung

---

betreffend Kostendeckung und Preiskontrolle einschließlich kostenorientierter Preise auferlegen zu können. Zukünftig wird dies in Art. 74 Kodifizierungsrichtlinie (EU) 2018/1972 geregelt.

301 Siehe Kapitel 2, § 4, I. Allgemeine Kriterien für subjektive Rechte im Richtlinienprogramm, S. 141 ff.

302 Dieser entspricht Art. 31 Abs. 1 der Kodifizierungsrichtlinie (EU) 2018/1972.

303 Siehe insbesondere Kapitel 2, § 4,III. Zum Inhalt der sektorspezifischen Rechtsbehelfsregelung(en).

304 *EuGH*, Urt. v. 24.04.2008, Rs. C-55/06 (Arcor/BRD), Slg. 2008, I-2976 Rn. 277.

berührt sein können. Diese Rechte sind im Richtlinienrahmen zu suchen, welcher die im mitgliedstaatlichen Recht zu schaffenden Befugnisse für regulierungsbehördliche Entscheidungen vorsieht. Bei dem geltenden Rechtsrahmen[305] handelt es sich um Richtlinien, die auf der Grundlage des Art. 114 AEUV erlassen wurden. Hierbei handelt es sich um eine funktionale Rechtsangleichungskompetenz zur Verwirklichung des Binnenmarktes.[306] Auf dieser Grundlage erlassene Vorschriften sind typischerweise konkreter als die grundsätzliche Vorgabe effektiven Rechtsschutzes.

### b) Zugangs- und Gleichbehandlungsverpflichtungen als Schutzmaßnahmen zugunsten von Wettbewerbern

Von den genannten Verfahren betrifft nur die Rechtssache Tele2/TCK spezifische Regulierungsbestimmungen des telekommunikationsrechtlichen Rechtsrahmens. Ausgangspunkt bei der Bestimmung der rechtsbezogenen Betroffenheit von Nichtadressaten im Sinne von Art. 4 Abs. 1 RRL sind für *Gerichtshof* sowie *Generalanwalt* die Entscheidungen der nationalen Regulierungsbehörde gegenüber marktmächtigen Unternehmen. Hinsichtlich der Frage, unter welchen Umständen ein „*betroffener Dritter wie Tele2*" durch eine regulierungsbehördliche Entscheidung „*in seinen Rechten berührt*" sein kann, ging *Generalanwalt Maduro* davon aus, dass bestimmte „*spezifische Verpflichtungen*", die einem marktmächtigen Unternehmen auf dem relevanten Markt nach Art. 16 Abs. 3 und 4 RRL sowie den dort aufgeführten Verpflichtungen der Zugangsrichtlinie durch die Regulierungsbehörde auferlegt werden können, „*Schutzmaßnahmen im Interesse der mit diesem Unternehmen in Wettbewerb stehenden Nutzer und Anbieter*" seien. Zur Begründung des Schutzes dieser Nichtadressaten wurde angeführt, dass es zum Regelungsprogramm der einschlägigen Richtlinienbestimmung gehöre, korrespondierende Rechte dieser Nichtadressaten zu schaffen. Namentlich genannt wurden die Gleichbehandlungsverpflichtung nach Art. 10 ZRL sowie die Verpflichtung zur Zugangsgewährung nach Art. 12 ZRL. Diesbezüglich ist der *Gerichtshof* vollumfänglich dem Vorschlag des *Generalanwalts* gefolgt. Beide hinderte die Überlegung, dass die Verpflichtungen nach

---

305 Dieser besitzt noch bis zum 21.12.2020 Geltung (vgl. Art 125 Kodifizierungsrichtlinie (EU) 2018/1972). Über dieses Datum hinaus wird jedoch das Konzept der asymmetrischen Regulierung nach der Kodifizierungsrichtlinie (EU) 2018/1972 – welche die Regelungen der Rahmenrichtlinie sowie der Einzelrichtlinien zusammenführt – fortgesetzt.

306 *Korte*, in Calliess/Ruffert, EUV/AEUV, Art. 114 AEUV Rn. 2.

Art. 12 und 10 ZRL erst im Rahmen des Abschlusses eines Vertrages zwischen dem verpflichteten und einem zugangsberechtigten Unternehmen zu beachten sind[307], nicht an deren Einstufung als Schutzmaßnahmen zugunsten Dritter.[308]

Grundlage dieser Begründung von Drittrechten sind systematische und teleologische Erwägungen. Sowohl *Generalanwalt* als auch *Gerichtshof* stellen insbesondere auf die Funktion der oben genannten Regulierungsverpflichtungen ab und beziehen dabei das Ziel der Wettbewerbsförderung (Art. 8 Abs. 2 RRL) ein.[309] So spricht Letzterer davon, dass die Zugangsgewährungs- und die Gleichbehandlungsverpflichtung den interessierten Wettbewerbern Zugang verschaffen sollen. Noch stärker betont der *Generalanwalt* die Verknüpfung der Funktionsweise mit dem Ziel der Wettbewerbsförderung, indem er darauf abstellt, dass auch andere Unternehmen als Adressaten von den Gemeinschaftsregeln zur Gewährleistung eines wirksamen Wettbewerbs im Telekommunikationssektor unmittelbar begünstigt werden.[310]

Untersucht man die genannten Bestimmungen näher, ergibt sich zunächst, dass sich Art. 16 RRL[311] im Kapitel zu den allgemeinen Bestimmungen befindet. Hierbei handelt es sich um die Kernvorschrift zur Ausgestaltung der Marktregulierung. Die nach der Zugangsrichtlinie und der Universaldienstrichtlinie möglichen Verpflichtungen von Unternehmen durch die nationale Regulierungsbehörde dürfen nur gegenüber solchen ergehen, die über beträchtliche Marktmacht verfügen (Art. 16 Abs. 4 und 2 RRL).

Der ausdrücklich genannte Art. 10 Abs. 1 ZRL bestimmt die Befugnis der nationalen Regulierungsbehörde, im Zusammenhang mit Zugang beziehungsweise Zusammenschaltung Gleichbehandlungsverpflichtungen auferlegen zu können.[312] Nach dessen Abs. 2 sollen diese insbesondere gewährleisten, dass der verpflichtete Betreiber *„anderen Unternehmen“* gleichwertige (Zugangs-)Bedingungen bietet. Mithin wird hinsichtlich des Zwecks der Gleichbehandlungsverpflichtungen ausdrücklich auf andere Unternehmen als Normbegünstigte

---

307 Dies ergibt sich aus Art. 4 Abs. 1 S. 2 ZRL.

308 Insbesondere der *Generalanwalt* spricht sogar von der unmittelbaren Begünstigung zugangsberechtigter Dritter.

309 Überdies gehen sowohl *Gerichtshof* als auch *Generalanwalts* an anderer Stelle auf das Ziel der Wettbewerbsförderung ein. Dieses stehe einer engen Auslegung entgegen, nach der nur Adressaten der Regulierungsmaßnahmen rechtsschutzberechtigt seien.

310 Siehe etwa den abschließenden Vorschlag des *Generalanwalts*, Schlussanträge v.15.02.2007, Rs. C-426/05 (Tele2/TCK), BeckRS 2008, 70149 Rn. 40.

311 Dieser entspricht Art. 67 Kodifizierungsrichtlinie (EU) 2018/1972.

312 Art. 10 ZRL entspricht Art. 70 Kodifizierungsrichtlinie (EU) 2018/1972.

abgestellt. Darüber hinaus geht es in der Sache um die Frage der Gleichberechtigung. Bereits in der Rechtssache Johnston wurde aus einer Richtlinienbestimmung gegen geschlechtsbezogene Diskriminierung ein Jedermannsrecht abgeleitet, das gerichtlich durchsetzbar sein muss.[313] Überdies stellt die Nichtdiskriminierung einen tragenden Pfeiler des Unionsrechts dar (vgl. Art. 18 AEUV). Hierbei handelt es sich um ein Recht, das geradezu in klassischer Weise den Einzelnen begünstigt beziehungsweise ihm ein subjektives Recht verleiht.[314] Mit anderen Worten stellt das Verbot der Nichtdiskriminierung die Verpflichtung zur Gleichbehandlung dar. Dementsprechend überzeugt es, wenn *Gerichtshof* und *Generalanwalt* ohne weitere Begründung von der Schutzrichtung der Gleichbehandlungsverpflichtung auf die Begünstigung Dritter schließen.

Ferner wurde Art. 12 ZRL[315] übereinstimmend als eine Schutzmaßnahme im Interesse der mit dem verpflichteten Unternehmen in Wettbewerb stehenden Nutzer und Anbieter eingestuft. Nach Art. 12 Abs. 1 S. 1 ZRL soll die nationale Regulierungsbehörde Netzbetreiber dazu verpflichten können, berechtigten Anträgen auf Zugang zu bestimmten Netzkomponenten sowie zugehörigen Einrichtungen stattzugeben, wenn sie unter anderem der Auffassung ist, dass die Verweigerung des Zugangs oder unangemessene Bedingungen mit ähnlicher Wirkung die Entwicklung eines nachhaltig wettbewerbsorientierten Marktes auf Endverbraucherebene behindern oder den Endnutzerinteressen zuwiderlaufen. *Gerichtshof* und *Generalwalt* nahmen die Schutzwirkung zugunsten von Nichtadressaten an, obwohl im Zusammenhang der Zugangsverpflichtung nicht nur auf die Interessen konkurrierender Anbieter und Nutzer abgestellt wird, sondern auf die der Endnutzer. In Ansehung der oben herausgearbeiteten Grundsätze ist dies jedoch nicht ungewöhnlich. Nach dem *EuGH* steht ein Zielbündel der individualschützenden Wirkung nicht entgegen, sofern die Richtlinienbestimmung auch ein personenbezogenes Rechtsgut fördert.[316] Der Wortlaut von Art. 12 Abs. 1 S. 1 ZRL spricht zudem von *„berechtigten Anträgen"* sowie einem nachhaltig *„wettbewerbsorientierten"* Markt auf Endnutzerebene. Ferner besteht nach den aufgeführten Regelbeispielen der mögliche Inhalt einer Zugangsverpflichtung darin, dass *„Dritten Zugang zu bestimmten Netzkomponenten und/*

---

313 Siehe *EuGH*, Urt. v. 15.05.1986, Rs. 222/84 (Johnston/Chief Constable of the Royal Ulster Constabulary), Slg. 1986, S. 1663 Rn. 16 und 19.

314 *Epiney*, in: Calliess/Ruffert, EUV/AEUV, Art. 18 AEUV Rn. 1 und 45.

315 Dieser entspricht Art. 73 der Kodifizierungsrichtlinie (EU) 2018/1972.

316 Siehe oben Kapitel 2, § 4, 3. Analyse der Rechtsprechung und der Schlussanträge, S. 174 ff.

*oder -einrichtungen*" zu gewähren ist (Art. 12 Abs. 1 S. 1 lit. a) ZRL). Dies bezieht sich auf die Vorleistungsebene und betrifft daher keine Verbraucher im Sinne der Rahmenrichtlinie.[317] In einer Netzwirtschaft wie der Telekommunikation besteht die Erbringung von elektronischen Kommunikationsdiensten in der entgeltlichen Übertragung technischer Signale über Kommunikationsnetze.[318] Mithin ist der Zugang zu solchen Netzen essentiell für die Teilnahme am Marktgeschehen.[319] Die Teilhabe am Wettbewerb wird in verfassungsrechtlicher Hinsicht durch Art. 12 Abs. 1 GG und in unionsrechtlicher Hinsicht durch die Grundfreiheiten gesichert. Bei den Grundfreiheiten handelt es sich par excellence um Rechte des Einzelnen. Mithin kann Art. 12 ZRL als sekundärrechtliche Konkretisierung höherrangiger Rechte Einzelner angesehen werden. Diese Erwägungen zementieren dessen Einstufung als Schutzmaßnahme zugunsten von Anbietern und Nutzern, die mit dem Verpflichtungsadressaten in Wettbewerb stehen beziehungsweise die Zugangsleistungen nachfragen.

### c) Zur Drittanfechtung einer Entgeltgenehmigung und Schutzrichtung des Gebots der Kostenorientierung

Die Vorlagefrage des *VG Köln* kennzeichnet die deutsche Schutznormlehre. Denn es wird gefragt, ob die Erfordernisse der Kostenorientierung zumindest auch dem Schutz von Wettbewerbern als Begünstigten dienen, mit der Folge, dass diese Wettbewerber Rechtsschutz gegen Zugangsentgelte in Anspruch nehmen können, die diesem Gebot widersprechen. Mithin wurde das Anfechtungsrecht von Nichtadressaten an die Frage der Schutzwirkung des Gebots der Kostenorientierung der Zugangsentgelte geknüpft. Die Berechtigung von Dritten zur Anfechtung der Entgeltgenehmigung hat der *EuGH* im Ergebnis bejaht. Eine regulierungsbehördliche Entscheidung über Preise für den Zugang zum Teilnehmeranschluss könne nicht nur von dem Adressaten, sondern auch von den Begünstigten im Sinne der Verordnung (EG) Nr. 2887/2000 gerichtlich angefochten werden, deren Rechte von der Entscheidung potentiell betroffen seien. Welche Rechte dies sind, wird indes nicht weiter ausgeführt. Ausgangspunkt des *Gerichtshofs* ist – wie bei der Rechtssache Tele2/TCK – eine sekundärrechtliche Konkretisierung der Rechtsschutzgarantie.[320] Hiermit ist jedoch noch keine Aussage über die erforderlichen Rechte Dritter gewonnen.

---

317 Siehe zum Verbraucherbegriff: Art. 2 lit. i) RRL.

318 Vgl. Definition elektronischer Kommunikationsdienste in Art. 2 lit. c) RRL.

319 Vgl. *Kühling/Schall/Biendl*, Telekommunikationsrecht, S. 162 Rn. 268 f.

320 Gemeint ist Art. 5a Abs. 3 RL 90/387/EWG in der Fassung der RL 97/51/EG. Als Ausfluss dieses allgemeinen Grundsatzes gelte sie sowohl für Adressaten als auch

Einen ersten Zugriff bietet hingegen der Begriff des Begünstigten. Im Sinne der in Bezug genommenen Verordnung (EG) Nr. 2887/2000 bezeichnet dieser Begriff einen „*Dritten*", der berechtigt ist, Kommunikationsdienste bereitzustellen und der „*Anspruch auf den entbündelten Zugang zu einem Teilnehmeranschluss hat*".[321] Nach der Konzeption der Verordnung (EG) Nr. 2887/2000 können zur Erbringung von Telekommunikationsdiensten berechtigte Dritte gegenüber dem gemeldeten Betreibern einen angemessenen Antrag auf Zugangsgewährung stellen, welchen dieser nur aufgrund objektiver Gründe ablehnen konnte (vgl. Art. 3 Abs. 2 VO (EG) Nr. 2887/2000). In der Sache handelt es sich um einen weitgehend voraussetzungslosen Zugangsanspruch.[322] Hiervon ausgehend kann dieses Zugangsrecht als Grundlage für die Anfechtungsberechtigung angesehen werden.

Dafür spricht auch die Systematik der Zugangsgewährung. Die Einzelheiten des Zugangs zum Teilnehmeranschluss obliegen einer vertraglichen Vereinbarung zwischen dem zugangsbegehrenden Dritten und dem gemeldeten Betreiber.[323] Der Dritte, der den vom Betreiber bereitgestellten Zugang zum Teilnehmeranschluss in Anspruch nimmt, hat hierfür typischerweise eine Gegenleistung – namentlich ein Entgelt – an diesen zu entrichten. Mithin geht mit dem Zugangsanspruch zu fremder Netzinfrastruktur regelmäßig die vertragliche Pflicht zur Entrichtung eines Zugangsentgeltes einher. Dabei ist zu berücksichtigen, dass bei dem Zugang zu fremder Infrastruktur regelmäßig ein Fall gestörter Vertragsparität vorliegt.[324] In einem solchen Fall kann auch ein gesetzlich vorgesehenes Zugangsrecht durch die Preispolitik des Infrastrukturinhabers faktisch

---

für Dritte. Dabei greift die Rechtsschutzgarantie jedoch nur ein, wenn es um die potentielle Verletzung von Rechten des Rechtsbehelfsführers geht. Mithin geht der *Gerichtshof* ebenfalls davon aus, dass die Berechtigung zur Anfechtung einer Entgeltgenehmigung nur gegeben ist, wenn die Genehmigung Rechte verletzen kann.

321 Siehe Art. 2 lit. b) VO (EG) Nr. 2887/2000.

322 Einzige Voraussetzung ist die Angemessenheit. Darüber hinaus durfte der Zugangsantrag vom gemeldeten Betreiber nur aufgrund objektiver Kriterien, wie beispielsweise der technischen Machbarkeit, abgelehnt werden (Art. 3 Abs. 2 S. 2 VO (EG) Nr. 2887/2000).

323 Vgl. Art. 3 Abs. 1 VO (EG) Nr. 2887/2000. Hiernach haben Betreiber hinsichtlich der Bereitstellung des entbündelten Zugangs zum Teilnehmeranschluss zunächst ein Standardangebot zu veröffentlichen.

324 Vgl. *Kühling/Schall/Biendl*, Telekommunikationsrecht, S. 188 Rn. 308, siehe dort auch zum folgenden Satz.

entwertet werden.[325] Vor diesem Hintergrund vermag die Schlussfolgerung zu überzeugen, dass mit dem Zugangsanspruch für Anbieter und Netzbetreiber die Berechtigung einhergeht, die regulierungsbehördliche Entgeltgenehmigung gerichtlich anzufechten.

Nach dem *Generalanwalt* sollen Wettbewerber, die Anspruch auf Zugang haben, befugt seien, die von einer Regulierungsbehörde genehmigten Entgelte mit der Begründung gerichtlich anzufechten, dass die Entgelte nicht dem Gebot der Kostenorientierung entsprechen. Er stellt ausdrücklich auf den Anspruch auf Zugang ab, welcher als Recht eines zugangswilligen Dritten anzusehen ist, allerdings erwähnt er im selben Atemzug das Gebot der Kostenorientierung. Dieses Gebot bezeichnet er ausdrücklich als ein Mittel zur Verwirklichung des mit der Verordnung (EG) Nr. 2887/2000 verfolgten Ziels, den Wettbewerb auf dem Telekommunikationsmarkt zu fördern. In diesem Lichte schütze das Gebot der Kostenorientierung auch die Interessen der Wettbewerber, die Anspruch auf Zugang haben. Hiervon ausgehend kann die Anknüpfung an das Zugangsrecht zur Beschreibung des Kreises der Wettbewerber dienen, die Verstöße gegen das Gebot der Kostenorientierung geltend machen können.

Der *Gerichtshof* versteht den Grundsatz der Kostenorientierung als eine den gemeldeten Betreibern für den Wettbewerb auferlegte Verpflichtung und sieht das mit der Verordnung verfolgte Ziel darin, Wettbewerb zu fördern.[326] Eine derartige Verknüpfung von Ziel und Regelungszusammenhang genügte dem *EuGH* bereits im Rahmen der Auslegung von umweltschutzbezogenen oder vergaberechtlichen Richtlinien, um die individualschützende Wirkung einzelner Richtlinienbestimmungen anzunehmen.[327]

---

325 Vgl. *Kühling*, in: Hatje/Müller-Graff, Europäisches Sektorales Wirtschaftsrecht (Enzyklopädie Europarecht, Bd. 5), § 4 Rn. 92.

326 *EuGH*, Urt. v. 24.04.2008, Rs. C-55/06 (Arcor/BRD), Slg. 2008, I-2976 Rn. 69. Siehe auch Rn. 108 und 109. Dort heißt es, dass der Zweck der Verordnung darin besteht, es den Begünstigten und den gemeldeten Betreibern zu ermöglichen, sich auf dem Markt zu betätigen und somit Wettbewerb entstehe. Ferner verfolge die Verordnung das Ziel, den Wettbewerb durch harmonisierte Bedingungen zu intensivieren und die wettbewerbsorientierte Bereitstellung von Diensten im Bereich der Elektronischen Kommunikation zu gewährleisten.

327 Das Ziel der Wettbewerbsförderung schützt jedenfalls die Interessen von Anbietern und Netzbetreiben, die Zugangsleistungen des regulierten Unternehmens begehren.

### d) Zum Kreis der geschützten Nichtadressaten beziehungsweise Dritten

Vor diesem Hintergrund ist der personelle Schutzbereich der genannten Regulierungsverpflichtungen nach der Zugangsrichtlinie sowie im Rahmen der Drittanfechtung einer regulierungsbehördlichen Entgeltentscheidung zu untersuchen. Hierzu sind vorab die in der Judikatur des *EuGH* verwendeten Begrifflichkeiten „*Dritter*“ sowie „*Nichtadressat*“ klarzustellen.

Die Analyse der Entscheidungsgründe der Rechtsache Tele2/TCK hat ergeben, dass bestimmte spezifische Regulierungsverpflichtungen nach der Zugangsrichtlinie nicht nur dem Schutze der Adressaten dienen, sondern auch mit diesem in Wettbewerb stehende Nutzer und Anbieter schützen. Übereinstimmend spricht bereits der *Generalanwalt* von der Schutzrichtung dieser Verpflichtungen zugunsten von Personen, die keine Adressaten sind. In den Entscheidungsgründen zur Rechtssache Arcor/BRD ist im Zusammenhang des Rechtsschutzes Dritter von Begünstigten im Sinne der Teilnehmeranschlussverordnung die Rede, die nicht Adressat der regulierungsbehördlichen Entscheidung sind. In der Definition des Begünstigten nach dieser Verordnung ist ausdrücklich von Dritten die Rede, die einen Zugangsanspruch gegen den gemeldeten Betreiber haben. Auch der *Generalanwalt* spricht von Personen, die nicht Adressaten sind. Allerdings beschreibt er diese Personen fast durchgängig als Wettbewerber, ohne jedoch die Voraussetzungen der Wettbewerbereigenschaft näher zu beschreiben.

Der in der einschlägigen Judikatur überwiegend verwendete Begriff des Nichtadressaten erklärt sich in Ansehung der jeweils in Bezug genommenen Regelungsgegenstände. Hier ging es jeweils um regulierungsbehördliche Verpflichtungen beziehungsweise die Genehmigung von Zugangsentgelten eines marktmächtigen Betreibers. Bei Letzterem handelt es sich um den Adressaten. Mit den Worten des Generalanwalts können regulierungsbehördliche Entscheidungen aus diesem Verhältnis die Interessen von Wettbewerbern – beziehungsweise Nichtadressaten – negativ berühren.[328] Dies leuchtet ein, da die in Rede stehenden Maßnahmen (Zugangsverpflichtung, Gleichbehandlungsverpflichtung sowie Entgeltgenehmigung) sich auf das Verhalten des verpflichteten, marktmächtigen Unternehmens im Markt beziehen.[329] Im Verhältnis zum

---

328 Vgl. *Generalanwalt,* Schlussanträge v. 18.07.2007, Rs. C-55/06 (Arcor/BRD), BeckRS 2007, 70570 Rn. 108 und 112.

329 Ein Unternehmen verfügt über beträchtliche Marktmacht, wenn es entweder alleine oder gemeinsam mit anderen eine beherrschende Stellung einnimmt, d. h. eine wirtschaftlich starke Stellung, die es ihm gestattet, sich in beträchtlichem Umfang unabhängig von Wettbewerbern, Kunden und letztlich Verbrauchern zu verhalten (Art. 14 Abs. 2 RRL).

regulierten Unternehmen[330] sowie der Regulierungsbehörde kann der Begriff des *Nichtadressaten* daher mit dem des *Dritten* gleichgesetzt werden.

### aa) Zum personellen Schutzbereich der drittschützenden Zugangsgewährungs- und Gleichbehandlungsverpflichtungen

Der personelle Schutzbereich der durch eine Rechtsnorm geschützten Dritten ist in Ansehung der jeweiligen Norm zu bestimmen. Mithin bilden die spezifischen Verpflichtungen der Zugangsgewährung sowie der Gleichbehandlung nach der Zugangsrichtlinie den Ausgangspunkt zur Bestimmung des personellen Schutzbereichs. Gemeinsam ist ihnen, dass sie nur marktmächtigen Betreibern durch die Regulierungsbehörde auferlegt werden können. Ihr Schutzziel besteht darin, den interessierten Wettbewerbern Zugang zu bestimmten Netzeinrichtungen und deren Nutzung zu verschaffen.[331] Mithin sollen Unternehmen geschützt werden, die Zugangsleistungen begehren. Dabei spricht der *EuGH* davon, dass es sich um Schutzmaßnahmen im Interesse der mit diesem Unternehmen in Wettbewerb stehenden Nutzer[332] und Anbieter[333] handele, die für sie Rechte begründen können.[334]

Nach dem *Gerichtshof* sollen die Verpflichtungen der Zugangsgewährung und Gleichbehandlung nur Anbieter und Nutzer schützen, die im Wettbewerb zu dem regulierten Betreiber stehen.[335] Wann ein solches Wettbewerbsverhältnis

330 Der Begriff des regulierten Unternehmens soll auch den gemeldeten Betreiber im Sinne der Verordnung (EG) Nr. 2887/2000 über den Zugang zum Teilnehmeranschluss einschließen. Ein gemeldeter Betreiber im Sinne des Art. 2 lit. a) VO (EG) Nr. 2887/2000 ist jeder „*Betreiber des öffentlichen Telefonfestnetzes, der von seiner nationalen Regulierungsbehörde als Betreiber mit beträchtlicher Marktmacht im Bereich der Bereitstellung öffentlicher Telefonfestnetze und entsprechender Dienste im Sinne von Anhang I Abschnitt 1 der Richtlinie 97/33/EG bzw. der Richtlinie 98/10/EG gemeldet wurde*".

331 *EuGH*, Urt. v. 21.02.2008, C-Rs. 426/05 (Tele2/TCK), BeckRS 2008, 70279 Rn. 35.

332 Unter „*Nutzern*" sind natürliche oder juristische Personen zu verstehen, die einen öffentlich zugänglichen Telekommunikationsdient in Anspruch nehmen oder beantragen. Siehe hierzu Art. 2 lit. h) RRL.

333 Ein „*Anbieter*" elektronischer Kommunikationsdienste kann jede Person sein, die entgeltlich Dienste gewährt, die ganz oder überwiegend in der Signalübertragung über ein elektronisches Kommunikationsnetz bestehen. Vgl. Art. 2 lit. c) ZRL.

334 *EuGH*, Urt. v. 21.02.2008, C-Rs. 426/05 (Tele2/TCK), BeckRS 2008, 70279 Rn. 34.

335 Adressat der Zugangs- und Gleichbehandlungsverpflichtungen nach der Zugangsrichtlinie kann nur ein Betreiber mit beträchtlicher Marktmacht auf einem bestimmten Markt sein. Dies ergibt sich aus dem Verweis in Art. 8 Abs. 2 ZRL auf die Art. 9 bis 13 ZRL, wo unter anderem die Zugangsgewährungsverpflichtung sowie die Gleichbehandlungsverpflichtung geregelt sind. Unter Betreiber ist „*ein Unternehmen, das*

zwischen einem marktmächtigen Betreiber sowie Nutzern oder Anbietern anzunehmen ist, wird nicht ausdrücklich definiert. Gleichwohl lässt sich die marktmächtige Stellung des Verpflichtungsadressaten nur in Ansehung eines relevanten Marktes bestimmen. Da Wettbewerber typischerweise in Konkurrenz miteinanderstehen, kann angenommen werden, dass die Wettbewerbereigenschaft eine Tätigkeit auf dem im Rahmen der Marktanalyse zu beurteilenden Markt voraussetzt.

Hingegen differenziert der *Generalanwalt* bei der Begründung der drittschützenden Wirkung dieser Verpflichtungen zwischen verschiedenen Kategorien Dritter.[336] Seiner Ansicht nach zählen hierzu sowohl Konkurrenzunternehmen, die vertragliche Ansprüche gegen das regulierte Unternehmen haben, als auch solche Unternehmen, die noch keine Vertragsbeziehungen zu diesem unterhalten. Diese könnten als unmittelbar Begünstigte der Zugangsgewährungs- sowie der Gleichbehandlungsverpflichtung von einer entsprechenden Entscheidung der Regulierungsbehörde negativ berührt werden. Dabei ist seine Terminologie jedoch nicht einheitlich, da er teils von Unternehmen und teils von Wettbewerbern spricht. Ausreichend sei, wenn Dritte *„die konkrete Absicht geäußert haben, solche Beziehungen zwecks des Zugangs zum Netz dieses Unternehmens einzugehen“*[337]. Dies stützt der *Generalanwalt* zum einen auf das mit dem Rechtsrahmen unter anderem verfolgte Ziel der Wettbewerbsförderung (Art. 8 Abs. 2 RRL) sowie zum anderen auf die asymmetrische Ausgangslage der telekommunikationsrechtlichen Marktregulierung.[338] Dies leuchtet ein, weil bei einer asymmetrischen Marktlage regelmäßig nur der Schutz des Vertragspartners zu kurz greifen dürfte. Im Interesse der Wettbewerbsförderung dürfte der zu schützende Personenkreis größer zu ziehen sein.

Obgleich der *Gerichtshof* vorgenannte Differenzierung nicht ausdrücklich aufgreift, dürfte vorstehendes Verständnis des personellen Schutzbereichs mit seiner Rechtsprechung in Einklang stehen. Dafür spricht, dass er genau wie der *Generalanwalt* annimmt, dass eine enge – nur Adressaten erfassende – Auslegung der sektorspezifischen Rechtsbehelfsvorschrift kaum mit dem Ziel der

---

*ein öffentliches Kommunikationsnetz oder eine zugehörige Einrichtung bereitstellt, oder zur Bereitstellung hiervon befugt ist“* (Vgl. Art. 2 lit. c) ZRL).

336 *Generalanwalt*, Schlussanträge v. 15.02.2007, Rs. C-426/05 (Tele2/TCK), BeckRS 2008, 70149 Rn. 15 sowie Rn. 34 f.

337 *Generalanwalt*, Schlussanträge v. 15.02.2007, Rs. C-426/05 (Tele2/TCK), BeckRS 2008, 70149 Rn. 35.

338 Vgl. *Generalanwalt*, Schlussanträge v. 15.02.2007, Rs. C-426/05 (Tele2/TCK), BeckRS 2008, 70149 Rn. 37 f.

Wettbewerbsförderung (Art. 8 Abs. 2 RRL) zu vereinbaren sei. Ebenso spricht der *Gerichtshof* im Rahmen seiner Ausführungen zur drittschützenden Wirkung der Zugangsgewährungs- sowie der Gleichbehandlungsverpflichtung davon, dass sie *„den interessierten Wettbewerbern diesen Zugang verschaffen“* sollen sowie, dass Dritte von einer entsprechenden Regulierungsentscheidung *„potentiell betroffen“* seien können.[339] Diese allgemein gehaltenen Formulierungen sprechen dafür, dass für die Eigenschaft als Dritter nicht zwingend Vertragsbeziehungen zum regulierten Unternehmen erforderlich sind. Hierfür spricht ebenfalls die Definition des Nutzers in Art. 2 lit. h) RRL, welche darauf abstellt, dass ein elektronischer Kommunikationsdienst entweder in Anspruch genommen oder *„beantragt“* wird. Letztlich ist die Ausgangslage des Vorlageverfahrens zu berücksichtigen. Tele2 als Klägerin unterhielt nämlich Vertragsbeziehungen zu dem regulierten Unternehmen.[340] Daher musste der *Gerichtshof* sich nicht ausdrücklich mit dem Schutz von Zugangsnachfragern befassen, die noch keine Vertragsbeziehungen zum regulierten Unternehmen unterhalten. Gleichwohl stützte er seine Begründung der drittschützenden Wirkung der Zugangsgewährungs- sowie Gleichbehandlungsverpflichtung nicht auf das einfache Argument bereits bestehender Vertragsbeziehungen. Diese erwähnte er sogar gar nicht. Hieraus lässt sich schließen, dass auch Dritte geschützt werden, die noch keinen Vertrag mit dem regulierten Unternehmen geschlossen haben. Schließlich spricht auch die teleologische Erwägung der Förderung von Wettbewerb auf Märkten, auf denen Unternehmen mit beträchtlicher Marktmacht tätig sind, dafür, nicht nur Unternehmen durch die Regulierungsmaßnahmen zu schützen, die bereits in Vertragsbeziehungen stehen. Wettbewerbsföderung betrifft gerade den Marktzutritt von Newcomern.[341] Diese verfügen jedoch typischerweise nicht bereits über Vertragsbeziehungen zu dem regulierten Unternehmen.

---

339 *EuGH*, Urt. v. 21.02.2008, Rs. C-426/05 (Tele2/TCK), BeckRS 2008, 70279 Rn. 35 und 39.

340 Vgl. *Generalanwalt*, Schlussanträge v. 15.02.2007, Rs. C-426/05 (Tele2/TCK), BeckRS 2008, 70149 Rn. 15.

341 Vgl. *Kühling*, in: Hatje/Müller-Graff, Europäisches Sektorales Wirtschaftsrecht (Enzyklopädie Europarecht, Bd. 5), § 4 Rn. 81.

#### bb) Zu den zur Anfechtung einer Entgeltgenehmigung berechtigten Dritten

Vorstehenden Befund bestätigte der *EuGH* – in Übereinstimmung mit dem *Generalanwalt* – in der Rechtssache Arcor/BRD[342] für die Drittanfechtung einer telekommunikationsrechtlichen Entgeltgenehmigung. Neben den Adressaten der Entgeltgenehmigung sollen auch Dritte das Recht auf eine dem Gebot der Kostenorientierung genügende Entgeltgenehmigung haben. Dies gelte namentlich für Vertragspartner des entgeltregulierten Unternehmens, da sie zwangsläufig durch die regulierungsbehördliche Entscheidung in ihren Rechten aus dem Vertragsverhältnis berührt seien. Überdies bedürfe es jedoch keiner Vertragsbeziehung, damit die Rechte eines Begünstigten im Sinne der Teilnehmeranschlussverordnung von einer Entgeltentscheidung potentiell betroffen seien.[343] Dies judizierte der *Gerichtshof*, obwohl er ausdrücklich darauf hinwies, dass Arcor als Klägerin des Ausgangsverfahrens mit dem gemeldeten Betreiber bereits einen Vertrag über den Zugang zum Teilnehmeranschluss geschlossen hatte.

Obwohl sich die Entscheidung Arcor/BRD auf Regelungen der mittlerweile außer Kraft getretenen Verordnung (EG) Nr. 2887/2000 bezieht, können die Grundsätze dieser Entscheidung auf den geltenden Richtlinienrahmen übertragen werden, da Verordnung (EG) Nr. 2887/2000 in der Zugangsrichtlinie – namentlich den Art. 3 und 4 sowie Art. 8 ff. ZRL – aufgegangen beziehungsweise ausdifferenziert worden ist.[344]

Abgesehen von diesem Negativkriterium fehlender Vertragsbeziehungen enthält die Entscheidung in der Rechtssache Arcor/BRD ausdrücklich keine weitergehenden Kriterien zur Bestimmung des Kreises der durch die Entgeltgenehmigung geschützten Dritten. Jedoch erschließt sich aus der in Bezug genommenen Legaldefinition des „*Begünstigten*", dass jedenfalls Dritte geschützt sein sollen, die berechtigt sind, Kommunikationsdienste zu erbringen. Unter dem Begriff des Begünstigten ist jeder Dritte zu verstehen, der berechtigt ist, Kommunikationsdienste zu erbringen und der Anspruch auf den entbündelten Zugang zum Teilnehmeranschluss hat.[345] Der *Generalanwalt* spricht insofern

342 Diese erging in zeitlicher Hinsicht kurz nach der Entscheidung in der Rechtssache C-426/05 Tele2/TCK.

343 *EuGH*, Urt. v. 24.04.2008, Rs. C-55/06 (Arcor/BRD), Slg. 2008, I-2976 Rn. 177.

344 Vgl. *Klotz*, in: Säcker, TKG, Einl. II, Rn. 44.

345 Siehe Art. 2 lit. b) Verordnung (EG) Nr. 2887/2000. Das zugangsregulierte Unternehmen durfte einen Antrag auf Zugangsgewährung als Ausnahme von der generellen Verpflichtung zur Zugangsgewährung nur unter engen Voraussetzungen – wie technische Verfügbarkeit oder Gefährdung der Netzintegrität – ablehnen. Vgl. Art. 3 Abs. 2 VO (EG) Nr. 2887/2000, sowie *Klotz*, in: Säcker, TKG, Einl. II, Rn. 44.

von Wettbewerbern, die Anspruch auf Zugang zu den Teilnehmeranschlüssen haben. Auch diese seien durch die Vorschriften zur Förderung des Wettbewerbs im Bereich des Teilnehmeranschlusses unmittelbar begünstigt. Dies begründet er damit, dass noch nicht in Vertragsbeziehungen zum gemeldeten Betreiber stehende Wettbewerber negativ von einer Entgeltentscheidung der Regulierungsbehörde berührt seien können, da sie die *„beabsichtigte Aufnahme einer Vertragsbeziehung"* erschweren könne.[346] Mithin dürfte zur notwendigen Voraussetzung, dass ein Dritter zur Inanspruchnahme von Kommunikationsdiensten berechtigt ist, hinzukommen, dass die Vertragsaufnahme zum Zwecke der Zugangsgewährung mit dem gemeldeten Betreiber durch einen Antrag beabsichtigt ist.[347]

Gegen diesen Befund spricht auch nicht der dem Ausgangsverfahren zugrundeliegende Sachverhalt. Hier bezog sich die in Rede stehende vertragliche Vereinbarung zwischen Arcor und der Deutschen Telekom als gemeldetem und damit marktmächtigen Betreiber auf die durch die Regulierungsbehörde festgelegten Entgelte. Mithin ist die Bindungswirkung der Zugangsentgelte zwar vertraglich vereinbart gewesen, jedoch ergibt sich bereits aus den einschlägigen Verordnungsbestimmungen, dass die Bindung an die Entgeltentscheidung ebenfalls im Wege der regulierungsbehördlichen Tarifaufsicht erfolgen kann (vgl. Art. 4 Abs. 1 Verordnung (EG) Nr. 2887/2000).[348]

### cc) Fazit

Festzuhalten ist, dass sich der personelle Schutzbereich der Zugangsgewährungs- und Gleichbehandlungsverpflichtung mit dem Kreis der zur Drittanfechtung der Entgeltgenehmigung Berechtigten überschneidet. Der *Gerichtshof* spricht

346 *Generalanwalt*, Schlussanträge v. 18.07.2007, Rs. C-55/06 (Arcor/BRD), BeckRS 2007, 70570 Rn. 112.

347 Das zugangsregulierte Unternehmen ist nur berechtigt gewesen, einen Antrag auf Zugangsgewährung – als Ausnahme von der generellen Verpflichtung zur Zugangsgewährung – unter engen Voraussetzungen – wie technische Verfügbarkeit oder Gefährdung der Netzintegrität – abzulehnen.

348 Art. 4 Abs. 3 Verordnung (EG) Nr. 2887/2000 bestimmt allgemein, dass sie tätig werden kann, um hinsichtlich der Tarifgestaltung Nichtdiskriminierung und fairen Wettbewerb sicherzustellen. Allerdings folgt hieraus zugleich, dass nur Entgelte verlangt werden dürfen, die diesen Anforderungen genügen. Andernfalls hat die Regulierungsbehörde einzugreifen. Je nach Art dieses Eingriffs – beispielsweise durch Festlegung von Entgelten, die diesen Maßstäben genügen – hätte dies Auswirkungen auf die Entgelte, die der gemeldete Betreiber verlangen darf. Gegenwärtig ist die Bindungswirkung einer Entgeltgenehmigung ausdrücklich vorgegeben (vgl. § 37 Abs. 1).

überwiegend von geschützten Nichtadressaten beziehungsweise Dritten. Hingegen spricht der *Generalanwalt* teilweise auch von Wettbewerbern, die Vertragsbeziehungen zu einem Unternehmen mit beträchtlicher Marktmacht unterhalten oder beabsichtigen. Da es jeweils um Personen geht, die berechtigt sind, elektronische Kommunikationsdienste zu erbringen, sind Unternehmen gemeint. Schließlich werden auf der Vorleistungsebene Zugangsleistungen in personeller Hinsicht nur von Unternehmen angeboten und nachgefragt. Zusammenfassend sind solche Unternehmen geschützt, die Zugangsleistungen zum Zwecke der Erbringung von elektronischen Kommunikationsdiensten bei dem regulierten Unternehmen nachfragen. Nicht erforderlich ist dabei, dass die nachfragenden Unternehmen bereits in Vertragsbeziehungen zu dem regulierten Betreiber stehen.

Hiermit übereinstimmend sind nach der Rechtsache Arcor/BRD neben Dritten, die Vertragsbeziehungen zu dem entgeltregulierten Unternehmen unterhalten, auch solche zur Anfechtung einer telekommunikationsrechtlichen Entgeltgenehmigung berechtigt, die noch nicht in Vertragsbeziehungen zum regulierten Unternehmen stehen.[349] Voraussetzung ist, dass es sich um zugangsberechtigte Unternehmen handelt, die ein Interesse an der Vertragsaufnahme haben. Mithin können Vertragsbeziehungen zu dem regulierten Unternehmen zwar die Stellung als geschützter Dritter begründen. Allerdings sind sie hierfür keine zwingende Voraussetzung.

Weiter spricht das Konzept der unionsrechtlichen Vorabregulierung dafür, Dritte zu schützen, die noch nicht in Vertragsbeziehungen zum regulierten Unternehmen stehen. Der Anwendung der sektorspezifischen Regulierungsmaßnahmen gehen zunächst Marktdefinition und -analyse voraus. Zum Prüfprogramm der Marktdefinition gehört insbesondere die Frage, ob die Regeln des allgemeinen Wettbewerbsrechts zur Bekämpfung des Marktversagens ausreichen.[350] Nur wenn dies nicht der Fall ist, darf die sektorspezifische Regulierung in Betracht kommen. Dies impliziert, dass auf derartigen Märkten die wettbewerbliche Betätigung schwieriger ist als auf Märkten, auf denen das allgemeine Wettbewerbsrecht genügt. Dies spricht gerade

349 Die streitgegenständlichen Regelungen der Verordnung (EG) Nr. 2887/2000 sind zwar mittlerweile außer Kraft getreten allerdings werden deren Regelungsgegenstände in der aktuell geltenden Zugangsrichtlinie aufgegriffen und ausdifferenziert (vgl. Art. 3 f. sowie Art. 12. ff. ZRL). Diese werden ab Dezember 2020 wiederum durch Art. 73 Kodifizierungsrichtlinie (EU) 2018/1972 fortgeführt.

350 Vgl. Erwgr. 5 Märkteempfehlung 2007/829/EG.

dafür, die Interessen von "Newcomern" beziehungsweise von Marktteilnehmern zu schützen, die noch nicht in festen Vertragsbeziehungen stehen.

Schließlich steht der Befund, dass vertragliche Beziehungen zum regulierten Unternehmen keine zwingende Voraussetzung für den personellen Schutzzweck sind, im Einklang mit den herausgearbeiteten Grundsätzen des *EuGH* zur Anerkennung subjektiver Rechte. Hiernach genügt regelmäßig bereits, dass eine konkrete Richtlinienbestimmung den Schutz einer Personengruppe fördert.[351] Dass die Zugangsrichtlinie beziehungsweise die Verordnung (EG) Nr. 2887/2000 darauf zielen, einen Rechtsrahmen für die Beziehungen zwischen Netzbetreibern und Diensteanbietern zu schaffen, der insbesondere nachhaltigen Wettbewerb gewährleistet, impliziert ihre schützende Wirkung zugunsten neuer Marktteilnehmer. Dies spricht gegen ein enges Verständnis des personellen Schutzzwecks.

## III. Folgerungen für die übrigen Regulierungsverpflichtungen

In der Rechtssache Tele2/TCK führt der *EuGH* aus, dass *„bestimmte spezifische Verpflichtungen“*, die einem auf einem bestimmten Markt mächtigen Unternehmen nach Art. 16 Abs. 3 und 4 RRL auferlegt werden können, auch als Schutzmaßnahmen zugunsten von Wettbewerbern des verpflichteten Unternehmens und damit als drittschützend anzusehen seien. In Ansehung der unionalen Grundsätze zur Anerkennung subjektiver Rechte[352], steht zu erwarten, dass die übrigen in Art. 8 ZRL sowie Art. 17 URL aufgezählten Regulierungsmaßnahmen weitere Schutzmaßnahmen zugunsten Dritter enthalten. Gerade die Zugangsrichtlinie zielt darauf, einen *„Rechtsrahmen für die Beziehungen zwischen Netzbetreibern und Diensteanbietern zu schaffen, der einen nachhaltigen Wettbewerb (…) gewährleistet“*[353]. Mithin wird ausdrücklich der Personenkreis angesprochen, der in der Telekommunikationsbranche auf der Vorleistungsebene tätig ist.

### 1. Weitere Verpflichtungen von marktmächtigen Betreibern nach der Zugangsrichtlinie

Zum Ziel der Zugangsrichtlinie gehört es, einen Rechtsrahmen für die Beziehungen zwischen Netzbetreibern und Diensteanbietern zu schaffen, der insbesondere einen nachhaltigen Wettbewerb gewährleistet (Art. 1 Abs. 1 S. 2 ZRL). Insofern betont Erwägungsgrund 6 ZRL in finaler Weise, dass auf Märkten, auf

351 Siehe oben Kapitel 2, § 4, e) Analyse der Entscheidungen des *EuGH* (S. 148) sowie d) Fazit (S. 160).

352 Siehe hierzu unter Kapitel 2, § 4, d) Fazit, S. 160.

353 Siehe Art. 1 Abs. 1 S. 2 Zugangsrichtlinie.

denen Unternehmen eine stärkere Verhandlungsposition innehaben als andere, die zur Erbringung von Dienstleistungen auf fremde Infrastruktur angewiesen sind, ein einheitlicher Regelungsrahmen das wirksame Funktionieren des Marktes gewährleisten soll. Ferner nimmt Art. 8 Abs. 4 ZRL auf die Regulierungsziele der Rahmenrichtlinie Bezug.

Mithin dienen die Eingriffsbefugnisse nach Art. 8 Abs. 1 ZRL der Förderung des Wettbewerbs und stellen einen Rechtsrahmen für die Beziehungen zwischen Netzbetreibern und Diensteanbietern dar.[354] Prima facie spricht dies dafür, dass sie – entsprechend der Terminologie aus der Rechtssache Tele2/TCK – als „*Schutzmaßnahmen*" zugunsten von Unternehmen zu werten sind, die Zugangsleistungen zum Zwecke der Erbringung von elektronischen Kommunikationsdiensten nachfragen.

### a) Transparenzverpflichtung

Nach Art. 9 ZRL soll die nationale Regulierungsbehörde marktmächtigen Betreibern verschiedene Transparenzverpflichtungen in Bezug auf Zusammenschaltung und Zugang auferlegen können.[355] Namentlich gehört hierzu die Verpflichtung bestimmte Informationen, wie technische Spezifikationen einschließlich aller Bedingungen, die den Zugang zu Diensten oder deren Nutzung beschränken, zu veröffentlichen (Art. 9 Abs. 1 ZRL).[356] Ferner enthält Art. 9 Abs. 3 ZRL die weitergehende Verpflichtungsbefugnis zur Veröffentlichung eines Standardangebots. Dies gilt insbesondere gegenüber Betreibern, denen eine Gleichbehandlungsverpflichtung auferlegt wurde.[357] Davon unabhängig hat die Regulierungsbehörde die Veröffentlichung eines Standardangebots zu verlangen, sofern sie dem Betreiber eine Verpflichtung nach Art. 12 in Bezug auf den Zugang zur Netzinfrastruktur auf Vorleistungsebene auferlegt hat. Mithin wird hinsichtlich der Verpflichtung zur Veröffentlichung eines Standardangebots an die drittschützende Verpflichtung zur Zugangsgewährung angeknüpft.

---

354 Art.8 ZRL geht inhaltlich in Art. 68 Kodifizierungsrichtlinie (EU) 2018/1982 auf.

355 Art. 9 ZRL entspricht inhaltlich Art. 69 – „*Transparenzverpflichtung*" – der Kodifizierungsrichtlinie (EU) 2018/1972.

356 Diesbezüglich kann die nationale Regulierungsbehörde auch Art, Form sowie Detaillierungsgrad der zu veröffentlichenden Informationen vorschreiben (Art. 9 Abs. 3 ZRL).

357 Dabei sind die nationalen Regulierungsbehörden sogar befugt, eine Änderung des Standardangebots zu verlangen, sofern dies zur Durchsetzung von anderen nach der Zugangsrichtlinie auferlegten Verpflichtungen nötig ist (Art. 9 Abs. 2 S. 2 ZRL).

Bei einem Standardangebot im Sinne des Art. 9 ZRL handelt es sich um ein solcherart standardisiertes Angebot für bestimmte Zugangsleistungen, das von sämtlichen Zugangsnachfragern ohne weitere Verhandlungen angenommen werden kann.[358] Hierdurch soll der Erschwerung des Zugangs durch langwierige Verhandlungen vorgebeugt werden. Überdies bestehen die Ziele der Veröffentlichungspflichten darin, hinsichtlich Zugang und Zusammenschaltung den Verhandlungsprozess zwischen dem marktmächtigen Betreiber und den Zugangsnachfragern zu beschleunigen, Streitigkeiten zu verhindern sowie Diskriminierungen vorzubeugen.[359]

Mithin stehen die Transparenzverpflichtungen in engem Zusammenhang mit dem Zugang zu Netzen marktmächtiger Betreiber, welcher insbesondere für Marktneulinge von Bedeutung ist, die noch nicht selbst über ausreichende Infrastruktur zur Erbringung elektronischer Kommunikationsdienste verfügen.[360] Überdies begünstigt die Zielsetzung der Erleichterung von Vertragsverhandlungen über den Zugang zu fremder Infrastruktur andere Marktteilnehmer unmittelbar. Dies gilt insbesondere im Fall der Auferlegung der Verpflichtung zur Veröffentlichung eines Standardangebots. Damit werden Dritte nicht nur vom Schutzzweck erfasst, sondern die Transparenzverpflichtungen haben – entsprechend den Kriterien von *Ruffert*[361] – ein Rechtsverhältnis im Blick, dass neben dem Verpflichtungsadressaten auch die Zugangsnachfrager begünstigt.

Festzuhalten ist, das gerade die Transparenzverpflichtungen den Schutz von Unternehmen fördern, die Zugangsleistungen zum Zwecke der Erbringung von elektronischen Kommunikationsdiensten nachfragen und daher – entsprechend der Terminologie in der Rechtssache Tele2/TCK – als Schutzmaßnahmen zugunsten Dritter angesehen werden können.

### b) Verpflichtung zur getrennten Buchführung

Nach Art. 11 ZRL[362] kann die Regulierungsbehörde marktmächtigen Betreibern im Zusammenhang mit Zugang und Zusammenschaltung eine getrennte

358 *Kühling*, in: Hatje/Müller-Graff, Europäisches Sektorales Wirtschaftsrecht (Enzyklopädie Europarecht, Bd. 5), § 4 Rn. 100, siehe dort auch zum folgenden Satz.

359 Erwgr. 16 Zugangsrichtlinie 2002/19/EG.

360 Vgl. *Kühling*, in: Hatje/Müller-Graff, Europäisches Sektorales Wirtschaftsrecht (Enzyklopädie Europarecht, Bd. 5), § 4 Rn. 81.

361 Siehe *Ruffert*, ders., in: Calliess/Ruffert, EUV/AEUV, Art. 288 AEUV Rn. 44.

362 Art. 11 ZRL entspricht inhaltlich Art. 71 – „*Verpflichtung zur getrennten Buchführung*“ – Kodifizierungsrichtlinie (EU) 2018/1972.

Buchführung aufgeben.[363] Insbesondere kann gegenüber einem vertikal integrierten Unternehmen verlangt werden, dass es seine Großkundenpreise sowie interne Kostentransfers transparent gestaltet. Dahinter steht das Ziel, die Befolgung auferlegter Gleichbehandlungsverpflichtungen nach Art. 10 ZRL sicherzustellen[364] sowie wettbewerbsverzerrende Quersubventionierungen zu verhindern.[365] Überdies kann sich die Regulierungsbehörde Buchungsunterlagen vorlegen lassen, um leichter überprüfen zu können, ob die Transparenz- und die Nichtdiskriminierungsverpflichtung eingehalten werden (Art. 11 Abs. 2 S. 1 ZRL). Schließlich wird die Befugnis eingeräumt, diese Unterlagen zu veröffentlichen. Hierzu rät die Empfehlung 2005/698/EG, die relevanten Informationen der Betreiber den Interessenten so detailliert wie möglich zugänglich zu machen.[366]

Damit stehen die Verpflichtungen zur getrennten Buchführung im Kontext von Zugang und Zusammenschaltung sowie Gleichbehandlungsverpflichtung. Sie bezwecken in erster Linie Transparenz und Nichtdiskriminierung. Hierdurch werden andere Marktteilnehmer als der Verpflichtungsadressat begünstigt. Da Art. 11 Abs. 1 ZRL an die Zugangsgewährung anknüpft, dürfte der Schutz zugangsberechtigter Dritter bezweckt werden. Daher kann Art. 11 ZRL als Schutzmaßnahme zugunsten Dritter beziehungsweise von Zugangsnachfragern angesehen werden.

#### c) Verpflichtung zur Preiskontrolle und Kostenrechnung

Im Verhältnis zu den vorstehenden Regulierungsinstrumenten werden die sekundärrechtlichen Steuerungsvorgaben zur Regulierung der Zugangs- beziehungsweise Vorleistungsentgelte von marktmächtigen Betreibern durch Art. 13 ZRL[367] nur punktuell vorgegeben.[368] Nach Art. 13 Abs. 1 S. 1 ZRL kann die Regulierungsbehörde einem marktmächtigen Betreiber hinsichtlich bestimmter Arten von Zusammenschaltung und/oder Zugang Verpflichtungen betreffend

---

363 Hinsichtlich der Einzelheiten zu dieser Verpflichtungsmöglichkeit hat die Kommission eine Empfehlung über die getrennte Buchführung und Kostenrechnungssysteme entsprechend dem Rechtsrahmen für die elektronische Kommunikation erlassen, Empfehlung 2005/698/EG.

364 Vgl. Erwgr. 18 ZRL.

365 Dies ergibt sich ausdrücklich aus Art. 11 Abs. 1 ZRL.

366 Siehe Ziff. 5 der Empfehlung 2005/698/EG.

367 Art. 13 ZRL entspricht inhaltlich Art. 74 – „*Verpflichtung zur Preiskontrolle und Kostenrechnung*“ – Kodifizierungsrichtlinie (EU) 2018/1972.

368 *Kühling*, in: Hatje/Müller-Graff, Europäisches Sektorales Wirtschaftsrecht (Enzyklopädie Europarecht, Bd. 5), § 4 Rn. 94.

Kostendeckung und Preiskontrolle – einschließlich kostenorientierter Preise – auferlegen sowie ihm bestimmte Auflagen in Bezug auf Kostenrechnungsmethoden machen.[369] Voraussetzungen für das Ob der Preiskontrolle sind, dass ein marktmächtiger Betreiber aufgrund fehlenden Wettbewerbs seine Preise zum Nachteil der Endnutzer auf einem übermäßig hohen Niveau hält oder Preisdiskrepanzen praktiziert.[370]

Diese Verpflichtungen werden durch Art. 13 Abs. 2 bis 4 ZRL in unterschiedlicher Intensität weiter ausgeformt. Falls im Interesse der Preiskontrolle eine Kostenrechnungsmethode durch die Regulierungsbehörde vorgegeben wird, hat diese die Beschreibung dieser Methode zu veröffentlichen.[371] Art. 13 Abs. 2 ZRL bestimmt Vorgaben hinsichtlich aller vorgeschriebenen Kostendeckungsmechanismen und Tarifsysteme. Diese müssen die wirtschaftliche Effizienz und einen nachhaltigen Wettbewerb fördern sowie für die Verbraucher möglichst vorteilhaft sein. Schließlich finden sich spezielle Vorgaben für die Preiskontrolle mit der Verpflichtung zur Kostenorientierung (Art. 13 Abs. 3 ZRL).[372] Hiervon abgesehen enthält Art. 13 ZRL keine weiteren Vorgaben für die Frage, wie die Preiskontrolle zu erfolgen hat. Insbesondere werden keine Vorgaben zu Methode und Zeitpunkt der Preiskontrolle (Ex-ante-Preiskontrolle beziehungsweise Entgeltgenehmigung und/oder Ex-post-Preiskontrolle) oder zu anderen zulässigen Kostenmaßstäben gemacht.[373] Mithin besteht diesbezüglich für die Mitgliedstaaten bei der Umsetzung ein gewisser Spielraum. Gleichwohl versucht die Kommission diesen durch verschiedene auf Art. 19 RRL gestützte Empfehlungen zu harmonisieren.[374]

Diese Spielräume erleichtern die Beantwortung der Frage der drittschützenden Wirkung von Verpflichtungen zur Preiskontrolle und Kostenrechnung nicht. In tatbestandlicher Hinsicht setzt die Verpflichtung zur Preiskontrolle

369 Dabei haben die Regulierungsbehörden stets die Investitionen des regulierten Unternehmens zu berücksichtigen sowie eine angemessene Investitionsrendite zu gewährleisten (Art. 13 Abs. 1 S. 2 ZRL).

370 Vgl. *Kühling*, in: Geppert/Schütz, BeckTKG-Komm, § 30 Rn. 5.

371 Siehe Art. 13 Abs. 4 S. 1 ZRL.

372 Diesbezüglich können die Regulierungsbehörden neben einer umfassenden Rechtfertigung der Preise sogar deren Anpassung verlangen (Art. 13 Abs. 3 S. 3 ZRL).

373 *Kühling*, in: Geppert/Schütz, BeckTKG-Komm, § 30 Rn. 5. Dagegen versteht *Klotz* Art. 13 ZRL dahingehend, dass lediglich eine Ex-ante-Preiskontrolle erlaubt sei (*Klotz*, in: Säcker, TKG, Einl. II, Rn. 171).

374 Zu nennen ist beispielsweise die Empfehlung 2009/396/EG über die Regulierung der Festnetz- und Mobilfunk-Zustellungsentgelte in der EU.

voraus, dass die Preise zum Nachteil der Endnutzer gestaltet werden. Weiter wird hinsichtlich der vorgeschriebenen Kostendeckungsmechanismen und Tarifsysteme unter anderem auf die Vorteilhaftigkeit für Verbraucher Bezug genommen (Art. 13 Abs. 2 S. 1). Prima facie erscheint daher die (unmittelbare) Begünstigung anderer Marktteilnehmer fraglich.

In systematischer Hinsicht befindet sich Art. 13 jedoch in der Zugangsrichtlinie, welche die Regulierung von Vorleistungsentgelten betrifft. Diese Entgelte betreffen Zugang und Zusammenschaltung und beziehen sich auf das Verhältnis zwischen Netzbetreibern und Diensteanbietern.[375] Zudem ist die Regulierung von Entgelten für Endnutzerleistungen subsidiär gegenüber der Entgeltregulierung auf der Vorleistungsebene.[376] Dem liegt die Annahme zugrunde, dass eine wirksame Regulierung der Vorleistungsentgelte mittelbar zu Wettbewerb auf Endkundenmärkten führen soll.[377] Mithin stehen die Interessen von Netzbetreibern und Diensteanbietern im Vordergrund und die Begünstigung von Endnutzern erfolgt nur mittelbar.[378]

Weiter wird in Art. 13 Abs. 1 und 2 ZRL mehrfach von wirksamem beziehungsweise nachhaltigem Wettbewerb gesprochen. Bereits in den Rechtssachen Tele2/TCK sowie Arcor/BRD begründete der *Gerichtshof* die Schutzmaßnahmen zugunsten der Wettbewerber beziehungsweise die drittschützende Wirkung unter Bezugnahme auf das Ziel der Wettbewerbsförderung aus Art. 8 Abs. 2 RRL. Dass dieser noch weitere Ziele – wie beispielsweise die Förderung von Bürgerinteressen – regelt, ist nach unionalen Grundsätzen zur Anerkennung subjektiver Rechte unerheblich.[379] Bei einem Motivbündel ist die Begünstigung von Zugangsnachfragern ausreichend.

Darüber hinaus ist zu berücksichtigen, dass regelmäßig ein Fall gestörter Vertragsparität vorliegt, wenn jemand zur Leistungserbringung auf die Nutzung fremder Infrastruktur angewiesen ist. Sofern ihm ein Zugangsanspruch eingeräumt wird, kann dieser durch die Gestaltung der Entgelthöhe für die Infrastrukturnutzung faktisch entwertet werden.[380] Mithin ist die Höhe der Entgelte

---

375 Vgl. Art. 1 Abs. 1 ZRL.

376 Vgl. Art. 17 Abs. 1 lit. b) URL.

377 *Kühling/Schall/Biendl*, Telekommunikationsrecht, S. 230 Rn. 393.

378 Ebenso *Klotz*, in: Säcker, TKG, Einl. II, Rn. 163, der darauf hinweist, dass der Bezug auf Endnutzer nur der Tatsache Rechnung trägt, dass der Wettbewerb auf den Vorleistungsmärkten kein Selbstzweck sei.

379 Siehe hierzu oben Kapitel 2, § 4, e) Analyse der Entscheidungen und d) Fazit.

380 *Kühling*, in: Hatje/Müller-Graff, Europäisches Sektorales Wirtschaftsrecht (Enzyklopädie Europarecht, Bd. 5), § 4 Rn. 92. Vgl. auch *Klotz*, in: Säcker, TKG, Einl. II, Rn. 161.

für Zugangsleistungen und damit auch deren Preiskontrolle für die zugangsberechtigten Dritten von unmittelbarer Bedeutung. Dies wurde in der Rechtssache Arcor/BRD bereits für Entgeltgenehmigungen nach der Verordnung (EG) Nr. 2887/2000 beziehungsweise insbesondere für das Gebot kostenorientierter Preise bestätigt.[381]

Aus der Rechtssache Arcor/BRD ergibt sich, dass das Gebot der Kostenorientierung als ein Mittel zur Verwirklichung des Wettbewerbs anzusehen ist, das auch zugangsberechtigte Dritte gegenüber einer Entgeltgenehmigung schützt. Vorgaben für die Preiskontrolle mit der Verpflichtung kostenorientierter Preise enthält auch die Zugangsrichtlinie[382], welche die betreffenden Bestimmungen der Teilnehmeranschlussverordnung abgelöst hat. Mithin können die grundlegenden Feststellungen des *Gerichtshofs* zum Begriff der Kostenorientierung auf die Zugangsrichtlinie übertragen werden.[383] Hiervon ausgehend ist jedenfalls die Verpflichtung zur Preiskontrolle mit kostenorientierten Preisen als drittschützend zugunsten von Zugangsnachfragern anzusehen. Darüber hinaus sollen alle vorgeschriebenen Kostendeckungsmechanismen und Tarifsysteme ausdrücklich einen nachhaltigen Wettbewerb fördern (Art. 13 Abs. 2 ZRL). In Verbindung mit den systematischen und teleologischen Erwägungen spricht dies ebenfalls für Schutzmaßnahmen zugunsten Dritter. Weiter dürfte die Veröffentlichungspflicht der Regulierungsbehörde hinsichtlich zur Preiskontrolle vorgeschriebenen Kostenrechnungsmethoden als Schutzmaßnahme zugunsten der Marktteilnehmer anzusehen sein (Art. 13 Abs. 4). Schließlich dient die Veröffentlichung von Informationen ausdrücklich dazu, dass „*alle Marktteilnehmer sowie potentielle Neueinsteiger*“ ihre Rechte und Pflichten kennen und wissen, wo sie einschlägige Informationen finden können.[384]

Festzuhalten ist, dass hinsichtlich des Wie der Umsetzung der Verpflichtungen zur Preiskontrolle und Kostenrechnung nach Art. 13 ZRL Spielräume für

---

381 Nach *EuGH*, Urt. v. 24.04.2008, Rs. C-55/06 (Arcor/BRD), Slg. 2008, I-2976 Rn. 178 (= Tenor Nr. 8) sind zugangsberechtigte Dritte berechtigt, regulierungsbehördliche Entgeltgenehmigungen anzufechten. Siehe Kapitel 2, § 4, c) Zur Drittanfechtung einer Entgeltgenehmigung und Schutzrichtung des Gebots der Kostenorientierung, S. 179 f.

382 Siehe Art. 13 Abs. 1 S. 1, Abs. 3 ZRL.

383 *Kühling*, in: Hatje/Müller-Graff, Europäisches Sektorales Wirtschaftsrecht (Enzyklopädie Europarecht, Bd. 5), § 4 Rn. 96. Vgl. auch *Klotz*, in: Säcker, TKG, Einl. II, Rn. 170. Die Zugangsrichtlinie hat die Verordnung (EG) Nr. 2887/2000 abgelöst.

384 Siehe Erwgr. 22 ZRL. Die Kenntnis der Berechnungsmethoden ist für diejenigen, die Zugangsleistungen in Anspruch nehmen wollen, wichtig, um die Zusammensetzung der Entgelte nachvollziehen zu können.

die Mitgliedstaaten verbleiben. Gleichwohl sprechen systematische und teleologische Erwägungen für den Schutz zugangsberechtigter Dritter im Rahmen der Preiskontrolle auf Vorleistungsebene. Insbesondere ist die Verpflichtung zur Kostenorientierung als Schutzmaßnahme zugunsten zugangsberechtigter Dritter anzusehen. Gleiches dürfte für die Verpflichtung zur Veröffentlichung vorgeschriebener Kostenberechnungsmethoden gelten.

### d) Verpflichtung zur funktionellen Trennung

Die Verpflichtung zur funktionellen Trennung nach Art. 13a ZRL[385] wurde erst im Zuge der TK-Review durch die Richtlinie 2009/140/EG eingeführt. Hiernach kann die Regulierungsbehörde ein vertikal integriertes Unternehmen verpflichten, seine Tätigkeiten im Zusammenhang mit der Bereitstellung von Zugangsprodukten auf der Vorleistungsebene in einem unabhängig arbeitenden Geschäftsbereich unterzubringen (Art. 13a Abs. 1 ZRL). Insofern handelt es sich um eine *„außerordentliche Maßnahme"*, die in tatbestandlicher Hinsicht an strenge Voraussetzungen geknüpft ist.[386] Naturgemäß ist die Verpflichtung zur funktionellen Trennung für den Adressaten von hoher Eingriffsintensität. Potentiellen Interessen Dritter steht die Organisationshoheit des Verpflichteten gegenüber, weswegen der drittschützende Charakter von Art. 13a ZRL fraglich erscheint.

Gleichwohl zählt auch diese Vorschrift aufgrund ihrer Stellung in Kapitel drei der Zugangsrichtlinie zu dem Rechtsrahmen für die Beziehungen zwischen Netzbetreibern und Diensteanbietern. Ferner ergibt sich aus ihren strengen Voraussetzungen ein enger Zusammenhang zur Zugangsgewährung sowie Gleichbehandlungsverpflichtung.[387] Insbesondere ist erforderlich, dass die Verpflichtungen nach Art. 9 bis 13 ZRL nicht zu einem wirksamen Wettbewerb auf Märkten für Zugangsprodukte auf der Vorleistungsebene geführt haben. Als Rechtsfolge der funktionellen Trennung ist der unabhängige Geschäftsbereich verpflichtet, die Zugangsprodukte allen Unternehmen zu den gleichen Konditionen bereitzustellen. Mithin werden andere Marktteilnehmer als der Verpflichtungsadressat unmittelbar begünstigt. Überdies besteht der Zweck der

---

385 Art. 13a ZRL entspricht inhaltlich Art. 77 – *„Funktionelle Trennung"* – Kodifizierungsrichtlinie (EU) 2018/1972.

386 Aus dem Verweis auf Art. 8 Abs. 2 UAbs. 2 ZRL ergibt sich hinsichtlich der Auferlegung sogar ein Veto-Recht der Kommission (Art. 13 Abs. 1 ZRL).

387 *Kühling*, in: Hatje/Müller-Graff, Europäisches Sektorales Wirtschaftsrecht (Enzyklopädie Europarecht, Bd. 5), § 4 Rn. 103.

funktionellen Trennung eines vertikal integrierten Betreibers darin, *„die Bereitstellung vollständig gleichwertiger Zugangsprodukte für alle nachgelagerten Betreiber zu gewährleisten“*[388]. In der Summe zielt die Verpflichtung zur funktionellen Trennung im Interesse eines wirksamen Wettbewerbs auf die Begünstigung der Zugangsnachfrager und kann daher ebenfalls als Schutzmaßnahme zugunsten Dritter angesehen werden.

## 2. Verpflichtungen nach Art. 5 Abs. 1 UAbs. 2 ZRL

Weitere regulierungsbehördliche Befugnisse hinsichtlich Zugang und Zusammenschaltung will Art. 5 ZRL begründet wissen.[389] Im Unterschied zu den Zugangsgewährungsverpflichtungen nach Art. 12 ZRL knüpft dieser hinsichtlich der verpflichteten Unternehmen jedoch nicht an das Merkmal beträchtlicher Marktmacht an, sondern verlangt, dass sie den Zugang zu Endnutzern kontrollieren.[390] Insbesondere soll die Regulierungsbehörde, soweit dies zur Gewährleistung eines End-zu-End-Verbundes erforderlich ist, solchen Unternehmen Zusammenschaltungsverpflichtungen auferlegen können (Art. 5 Abs. 2 UAbs. 2 lit. a)). Als weiteres Regelbeispiel wird die Verpflichtung derartiger Unternehmen genannt, ihre Dienste interoperabel zu gestalten.[391]

Gegen den drittschützenden Charakter könnte sprechen, dass die Verpflichtungen nach Art. 5 ZRL nur ergehen dürfen, soweit dies zur Gewährleistung eines End-zu-End-Verbunds von Diensten erforderlich ist. Erschwerend kommt hinzu, dass Art. 5 ZRL nicht wie die übrigen Verpflichtungen an das Merkmal beträchtlicher Marktmacht anknüpft, welches die asymmetrische Marktregulierung[392] kennzeichnet. Daher könnten zugangswillige Unternehmen bei entsprechenden Verhandlungen nicht über das normale Maß hinaus gefährdet seien.

---

388 Erwgr. 61 RL 2009/140/EG.

389 Art. 5 ZRL entspricht inhaltlich Art. 61 – *„Befugnisse und Zuständigkeiten der nationalen Regulierungsbehörden und anderen zuständigen Behörden in Bezug auf Zugang und Zusammenschaltung“* – Kodifizierungsrichtlinie (EU) 2018/1972.

390 Für den Fall, dass ein Unternehmen sowohl eine marktmächtige Stellung innehat als auch den Zugang zu Endnutzern kontrolliert, gehen die Art. 9 bis 13 ZRL jedoch als lex specialis vor (*Kühling*, in: Hatje/Müller-Graff, Europäisches Sektorales Wirtschaftsrecht (Enzyklopädie Europarecht, Bd. 5), § 4 Rn. 87).

391 Auch für diesen Fall wird das Merkmal der Erforderlichkeit aufgegriffen, Art. 5 Abs. 1 UAbs. 2 lit. b) ZRL.

392 Das Konzept der beherrschenden Marktmacht (asymmetrische Regulierung) lag bereits dem sekundärrechtlichen Reformpaket von 1998 zugrunde (*Grussmann/Honekamp*, in: Geppert/Schütz, BeckTKG-Komm, Einl. B. Rn. 27).

Allerdings ist der eigene Zugang zu Endkunden anderer Betreiber für Netzbetreiber von Bedeutung, um die Anrufe ihrer Kunden an deren Kunden zustellen zu können.[393] Greifbar wird dies beispielsweise daran, dass Betreiber von Fest- und Mobilfunknetzen ihren Kunden die Terminierung[394] von Sprachverkehr im Mobilfunknetz regelmäßig nur anbieten können, wenn die Zusammenschaltung mit Mobilfunknetzbetreibern anderer Kunden erfolgt ist.[395] Zusammenschaltung bezeichnet einen Unterfall des Zugangs und stellt die physische beziehungsweise logische Verbindung öffentlicher Kommunikationsnetze dar, die von demselben oder anderen Unternehmen genutzt werden, um Nutzern eines Unternehmens die Kommunikation mit Nutzern desselben oder eines anderen Unternehmens zu ermöglichen.[396] In vergleichbarer Weise begünstigt auch die Zugangsdefinition andere Unternehmen.[397] Mithin ist im Zusammenhang mit dem Zugang ausdrücklich von anderen Unternehmen die Rede. Zudem erscheint die Kontrolle über den Zugang zu Endnutzern geeignet, andere Anbieter von der Terminierung auszuschließen.

Darüber hinaus ergibt sich aus Art. 5 Abs. 1 ZRL eine Garantiepflicht der nationalen Regulierungsbehörden, angemessenen Zugang sowie Zusammenschaltung auch im Interesse eines nachhaltigen Wettbewerbs zu gewährleisten.[398] Dies und die Stellung von Art. 5 ZRL in der Zugangsrichtlinie sprechen für den Schutz anderer Marktteilnehmer. Der *„Rechtsrahmen“* der Zugangsrichtlinie soll unter anderem den Zielen eines nachhaltigen Wettbewerbs und der Interoperabilität der elektronischen Kommunikationsdienste dienen (Art. 1 Abs. 1 S. 2 ZRL). Interoperabilität bezeichnet die Fähigkeit der Zusammenarbeit von verschiedenen Systemen beziehungsweise Techniken und ist typischerweise für einen Wirtschaftssektor, in dem es um die technische Übertragung von Signalen geht, von grundlegender Bedeutung. Dementsprechend ist für diesen Kontext auch eine Zugangsgewährungsverpflichtung in Art. 12 Abs. 1 lit. e) ZRL

---

393 Vgl. Erwgr. 8 ZRL.

394 Unter Terminierung beziehungsweise Anrufzustellung ist die Zuführung eines Gesprächs von einem Kunden an den Teilnehmer eines anderen Netzes zu verstehen.

395 Vgl. *Schütz*, in: Geppert/Schütz, BeckTKG-Komm, § 18 Rn. 7 mit weiteren Beispielen zur Umsetzungsvorschrift des Art. 5 ZRL.

396 Vgl. Definition von Zusammenschaltung in Art. 2 lit. b) ZRL.

397 Unter Zugang im Sinne von Art. 2 lit. a) ZRL ist *„die ausschließliche oder nicht ausschließliche Bereitstellung von Einrichtungen und/oder Diensten für ein anderes Unternehmen unter bestimmten Bedingungen zur Erbringung von elektronischen Kommunikationsdiensten, …“* zu verstehen.

398 *Schütz*, in: Geppert/Schütz, BeckTKG-Komm, § 18 Rn. 9.

vorgesehen. Schließlich müssen die Verpflichtungen im Rahmen des Art. 5 ZRL insbesondere transparent und nichtdiskriminierend sein (Art. 5 Abs. 2 ZRL).[399] Diesen Anforderungen ist die Begünstigung zugangsnachfragender Betreiber und Anbieter immanent.

Nach alledem können jedenfalls die beispielhaft aufgezählten Verpflichtungsmöglichkeiten nach Art. 5 ZRL als Schutzmaßnahmen zugunsten Dritter angesehen werden. In personeller Hinsicht dürfte sich der Befund zum Drittschutz im Rahmen von Art. 12 ZRL übertragen lassen. Ebenso wie dieser bezieht sich Art. 5 ZRL auf Zugang und Zusammenschaltung. Mithin handelt es sich bei den geschützten Dritten um zugangsberechtigte Nachfrager.

### 3. Regulierungsmaßnahmen hinsichtlich marktmächtiger Unternehmen auf Endkundenmärkten

Infolge der Änderungsrichtlinie 2009/136/EG finden sich Vorgaben für die Regulierung marktmächtiger Unternehmen auf bestimmten Endkundenmärkten nur noch in Art. 17 URL.[400] Nach Art. 17 Abs. 1 URL soll die nationale Regulierungsbehörde befugt sein, Unternehmen, die auf bestimmten Endnutzermärkten über beträchtliche Marktmacht verfügen, geeignete regulatorische Verpflichtungen aufzuerlegen, wenn auf dem relevanten Endnutzermarkt kein Wettbewerb herrscht und sie der Ansicht ist, dass die im Rahmen der Vorleistungsregulierung auferlegten Verpflichtungen[401] nicht zur Erreichung der in Art. 8 RRL vorgesehenen Ziele geführt haben. Damit sind die Voraussetzungen für entsprechende regulatorische Verpflichtungen konkret vorgegeben. Hinsichtlich der Rechtsfolgen derartiger Verpflichtungen belässt Art. 17 URL jedoch erheblichen Umsetzungsspielraum.[402] Lediglich in Art. 17 Abs. 2 URL werden Beispiele für konkrete Verpflichtungen aufgezählt. So können „*auch*" Verpflichtungen auferlegt werden, die Anforderungen enthalten, dass Unternehmen keine überhöhten Preise berechnen, den Markteintritt nicht behindern sowie keine Kampfpreise zur Ausschaltung des Wettbewerbs anwenden. Bei diesen Verpflichtungen steht die Verhinderung missbräuchlicher Preissetzungsstrategien

---

399 Ebenso Art. 61 Abs. 5 Kodifizierungsrichtlinie (EU) 2018/1972.

400 Nach Art. 1 Ziff. 11 und 13 RL 2009/136/EG wurden die Art. 16, 18 und 19 URL gestrichen.

401 Namentlich geht es um die Verpflichtungen nach Art. 9 bis 13 ZRL, Art. 17 Abs. 1 lit. b) ZRL.

402 Vgl. *Kühling/Neumann*, in: Säcker, TKG, § 39 Rn. 23.

im Vordergrund.[403] Ferner sollen die nationalen Regulierungsbehörden insbesondere geeignete Maßnahmen zur Einhaltung von Obergrenzen bei Endnutzerpreisen, Maßnahmen zur Kontrolle von Einzeltarifen oder Maßnahmen im Hinblick auf kostenorientierte Tarife treffen können, um die Interessen der Endnutzer zu schützen und einen wirksamen Wettbewerb zu fördern.[404] Überdies sollen zur Einhaltung auferlegter Preissetzungsverpflichtungen den regulierten Unternehmen bestimmte Kostenrechnungssysteme und -methoden vorgegeben werden können (Art. 17 Abs. 4 ZRL).

Gegen die drittschützende Wirkung der beispielhaft aufgezählten Verpflichtungen zugunsten anderer Marktteilnehmer könnte sprechen, dass der *EuGH* im Kontext der spezifischen Verpflichtungen nach Art. 16 RRL ausdrücklich nur Art. 8 ZRL genannt hat. Allerdings verweist Art. 16 Abs. 3 und 4 RRL auch nicht unmittelbar auf Art. 8 ZRL, sondern auf Art. 16 Abs. 2 RRL. Dieser wiederum nimmt neben Art. 8 ZRL ausdrücklich auch Art. 17 URL in Bezug. Die Universaldienstrichtlinie betrifft zwar die Bereitstellung elektronischer Kommunikationsnetze und -dienste für Endnutzer (Art. 1 Abs. 1 S. 1 URL) und hat damit prima facie die Interessen von Nutzern sowie den Universaldienst im Blick[405], allerdings enthält sie ein eigenes Kapitel für Regulierungsmaßnahmen in Bezug auf Unternehmen mit beträchtlicher Marktmacht auf Endnutzermärkten. Ferner gehört es zu ihrer Zielsetzung, die Verfügbarkeit hochwertiger und öffentlich zugänglicher Dienste *„durch wirksamen Wettbewerb und Angebotsvielfalt zu gewährleisten"*[406]. Mithin wird Wettbewerb als Mittel zur Zielerreichung verstanden.

Die konkreten Regelungsgegenstände der Beispielverpflichtungen nach Art. 17 Abs. 2 URL bezwecken die Verhinderung missbräuchlicher Preise. Sie beziehen sich dabei auf Verhaltensweisen von Unternehmen im Markt.[407] Die auferlegbaren Maßnahmen zur Einhaltung von Obergrenzen bei Endnutzerpreisen oder im Hinblick auf kostenorientierte Tarife sollen dazu dienen, die

---

403 *Kühling*, in: Hatje/Müller-Graff, Europäisches Sektorales Wirtschaftsrecht (Enzyklopädie Europarecht, Bd. 5), § 4 Rn. 97.

404 Siehe Art. 17 Abs. 2 S. 3 ZRL.

405 Unter Universaldienst ist ein Mindestangebot an Diensten bestimmter Qualität zu verstehen, zu denen alle Endnutzer unter Berücksichtigung der spezifischen nationalen Gegebenheiten zu einem erschwinglichen Preis und unter Vermeidung von Wettbewerbsverzerrungen Zugang haben (vgl. Art. 3 Abs. 1 URL).

406 Siehe Art. 1 Abs. 1 S. 2 URL.

407 Wie beispielsweise Behinderung des Markteintritts oder Ausschaltung des Wettbewerbs durch Kampfpreise usw.

Interessen der Endnutzer zu schützen und wirksamen Wettbewerb zu fördern (Art. 17 Abs. 2 S. 3 URL). Mithin wird hinsichtlich dieser Verpflichtungen gerade auch auf den Schutz der Wettbewerber abgestellt. Dies genügte dem *Gerichtshof* in den Rechtssachen Tele2/TCK und Arcor/BRD bereits, um auf die Begünstigung anderer Marktteilnehmer beziehungsweise Dritter zu schließen.

Überdies sprechen systematische Erwägungen dafür jedenfalls die aufgezählten Beispielverpflichtungen, als „*Schutzmaßnahmen*" zugunsten von Wettbewerbern anzusehen. Die Verpflichtungen nach Art. 17 URL sind tatbestandlich gegenüber denen auf der Vorleistungsebene (Art. 17 Abs. 1 lit. b) URL) subsidiär. Auf sie darf erst zurückgegriffen werden, wenn die Verpflichtungen auf der Vorleistungsebene nicht zur Förderung des Wettbewerbs ausreichen. Bei diesen handelt es sich jedoch durchweg um Schutzmaßnahmen zugunsten anderer Marktteilnehmer. Dies muss dann auch für die hilfsweise eingreifenden Verpflichtungen nach Art. 17 URL gelten, die gleichsam den verlängerten Arm der Vorleistungsregulierung darstellen.[408] Weiter ist zu berücksichtigen, dass Adressaten der Verpflichtungen nach Art. 17 URL marktmächtige Unternehmen auf Endnutzermärkten sind. Wie bei den meisten Verpflichtungen auf der Vorleistungsebene (Art. 9 bis 13a ZRL) wird eine asymmetrische Ausgangslage zugrunde gelegt. Auf dieser Ebene ist regelmäßig die Vertragsparität aufgrund der marktmächtigen Stellung des Infrastrukturinhabers gestört, was wiederum für die Schutzbedürftigkeit von Wettbewerbern spricht.

Festzuhalten ist, dass jedenfalls die beispielhaft aufgezählten Regulierungsmaßnahmen in Art. 17 Abs. 2 URL auch als Schutzmaßnahmen zugunsten anderer Marktteilnehmer und in diesem Sinne als drittschützend angesehen werden können. Der personelle Schutzzweck dieser Verpflichtungen lässt sich hingegen nicht so eindeutig bestimmen. Die geschützten Marktteilnehmer können sich zunächst aus dem Kreis der zugangsberechtigten Unternehmen rekrutieren. Die Verpflichtungen nach Art. 17 URL sollen subsidiär die Regulierungsmaßnahmen auf der Vorleitungsebene flankieren. Diese sind gerade als Schutzmaßnahmen zugunsten zugangsberechtigter Unternehmen anzusehen. Hiervon ausgehend dürften insbesondere zugangsberechtigte Dritte durch die Beispielverpflichtungen nach Art. 17 Abs. 2 URL geschützt werden. Allerdings dürfte deren personeller Schutzzweck in erster Linie situationsbezogen zu bestimmen sein, denn die Beispielverpflichtungstatbestände beziehen sich auf missbräuchliche

---

408 Dahinter steht die Annahme, dass mit einer effektiven Vorleistungsregulierung regelmäßig Wettbewerb auf Endkundenmärkten einhergeht (Vgl. *Kühling/Schall/Biendl*, Telekommunikationsrecht, S. 230 Rn. 393).

Verhaltensweisen des marktmächtigen Unternehmens. Daher dürften diese Verpflichtungen dem Schutz anderer Marktteilnehmer dienen, die durch das missbräuchliche Verhalten beeinträchtigt werden.

### 4. Fazit

Nach alledem können die übrigen in Art. 8 Abs. 1 ZRL sowie die in Art. 17 Abs. 2 aufgezählten Beispielverpflichtungen als Schutzmaßnahmen zugunsten Dritter verstanden werden. Dies gilt namentlich für die flankierenden Zugangsverpflichtungen[409] und Verpflichtungen zur Preiskontrolle (Art. 13 ZRL)[410] sowie preisbezogene Regulierungsmaßnahmen auf Endkundenmärkten (Art. 17 Abs. 2 URL). Mithin sind die regulierungsbehördlichen Verpflichtungen sowohl nach der Zugangs- als auch der Universaldienstrichtlinie, die an Unternehmen mit beträchtlicher Marktmacht gerichtet sind, zugleich als Schutzmaßnahmen zugunsten Dritter anzusehen. Allerdings bestehen nach Art. 13 ZRL und Art. 17 URL Umsetzungsspielräume hinsichtlich des Wie der zu schaffenden Verpflichtungen.

Darüber hinaus sind ebenfalls die Verpflichtungen hinsichtlich Zugang und Zusammenschaltung gegenüber Unternehmen, die den Zugang zu Endnutzern kontrollieren, als Schutzmaßnahmen zugunsten Dritter zu werten (Art. 5 Abs. 1 UAbs. 2 ZRL).

Die Einzelnormbetrachtung hat gezeigt, dass sich in personeller Hinsicht der Befund zu den Rechtssachen Tele2/TCK sowie Arcor/BRD übertragen lässt. Hinsichtlich der begleitenden Verpflichtungen (Transparenz, getrennte Buchführung, funktionelle Trennung) sowie der Zugangsverpflichtungen gegenüber Unternehmen, die den Zugang zu Endnutzern kontrollieren sind zugangsberechtigte Dritte geschützt. Hierbei handelt es sich um Anbieter und Betreiber, die Zugangsleistungen zum Zwecke der Erbringung von elektronischen Kommunikationsdiensten nachfragen. Diese Verpflichtungen dienen der Förderung des Wettbewerbs im Bereich elektronischer Kommunikation und beziehen sich auf das Verhältnis zwischen Netzbetreibern und Diensteanbietern. Entsprechendes gilt hinsichtlich der Verpflichtungen zur Preiskontrolle auf Vorleistungsebene, denn die Verpflichtungen zur Entgeltkontrolle[411] knüpfen naturgemäß

---

409 Dies sind Art. 9, 11 sowie Art. 13a ZRL, welche Art. 69, 71 sowie Art. 77 Kodifizierungsrichtlinie (EU) 2018/1972 entsprechen.

410 Art. 13 ZRL entspricht inhaltlich Art. 74 Kodifizierungsrichtlinie (EU) 2018/1972.

411 Vgl. zu dieser Terminologie: *Kühling*, in: Hatje/Müller-Graff, Europäisches Sektorales Wirtschaftsrecht (Enzyklopädie Europarecht, Bd. 5), § 4 Rn. 92 und 97.

an die Zugangsregulierung an, wobei die Entgelthöhe zu einer faktischen Marktzugangsbeschränkung führen kann.[412] Bei ihnen handelt es sich um Gegenleistungen für die Inanspruchnahme fremder Einrichtungen und/oder Diensten zur Erbringung von elektronischen Kommunikationsdiensten.[413].

Hingegen lässt sich der personelle Schutzzweck der Regulierungsmaßnahmen nach Art. 17 URL nicht so eindeutig bestimmen. Ausgehend von den verhaltensbezogenen Beispielverpflichtungen dürften die Träger des normativ geschützten Interesses situationsbezogen – im Hinblick auf die regulierte Verhaltensweise – zu bestimmen sein.

---

412 Vgl. *Klotz*, in: Säcker, TKG, Einl. II, Rn. 161.
413 Vgl. Zugangsdefinition in Art. 2 lit. a) ZRL.

## § 5 Zur Umsetzung richtlinienrechtlich indizierter Rechte Dritter

Im Hinblick auf den Rechtsschutz Dritter haben bereits die Vorabentscheidungsverfahren Tele2/TCK sowie Arcor/BRD offenbart, dass bei der Anwendung des Telekommunikationsrechts, welches der Umsetzung des Richtlinienrahmens dient, durchaus Unsicherheiten bestehen können. Daneben fanden Vertragsverletzungsverfahren wegen verspäteter[414] sowie fehlerhafter[415] Umsetzung des Richtlinienrahmens statt. Nicht zuletzt deswegen ist zu untersuchen, auf welche Weise sich die drittschützenden Vorgaben des Richtlinienrahmens für den Rechtsschutzsuchenden aktualisieren können beziehungsweise welche Anwendungsherausforderungen sich stellen. Aus der Perspektive Dritter gilt es entsprechend dem Lebenszyklus der Richtlinie Umsetzung, Anwendung des Umsetzungsrechts sowie den Fall defizitärer Umsetzung in den Blick zu nehmen.

### A. Zur Umsetzung individualschützender Richtlinienvorgaben

Zunächst fragt es sich, wie die richtlinienrechtlichen Schutzmaßnahmen zugunsten Dritter in nationales Recht umzusetzen sind.[416] Dies ist nicht mit der Frage zu verwechseln, unter welchen Voraussetzungen eine Richtlinie unmittelbare Wirkung entfalten kann.[417] Vielmehr geht es darum, wie subjektive Rechtspositionen, die bereits im Umsetzungsprogramm der Richtlinie angelegt sind, in mitgliedstaatliches Recht zu transformieren sind.

---

414 Der Richtlinienrahmen von 2004 war bis zum 24.07.2003 in nationales Recht umzusetzen. Wegen nicht fristgerechter Umsetzung leitete die Kommission gegen mehrere Mitgliedstaaten – u.a. Deutschland – Vertragsverletzungsverfahren ein. Das entsprechende Verfahren gegen Deutschland hat sich mit Inkrafttreten des TKG am 26.06.2004 erledigt. Überdies erfolgte – wenngleich ohne Vertragsverletzungsverfahren – auch die Umsetzung der Änderungsrichtlinien von 2009 verspätet zum 03.05.2012, *Klotz*, in: Säcker, TKG, Einl. II, Rn. 54.

415 Die mittlerweile aufgehobene Regelung des § 9a TKG a.F. – welche bestimmte, dass neue Märkte grundsätzlich nicht der Regulierung unterliegen – erklärte der *EuGH* für unvereinbar mit richtlinienrechtlich eingeräumtem Ermessen der nationalen Regulierungsbehörden (*EuGH*, Urt. v. 21.02.2008, Rs. C-424/07 (Kommission/Deutschland), Slg. 2009, I-11431 Rn. 53 ff.).

416 Zu den Drittschutzvorgaben im Einzelnen siehe unter Kapitel 2, § 4, C. Zu subjektiven Rechten Dritter im sektoralen Rechtsrahmen, S. 141 ff.

417 Siehe hierzu Kapitel 2, § 5, C. Zur unmittelbaren Wirkung von telekommunikationsrechtlichen Richtlinien, S. 219 ff.

Hintergrund ist, dass die Richtlinie gemäß Art. 288 Abs. 3 AEUV ein zweistufiges Rechtssetzungsinstrument ist, welches sich durch eine gestufte Verbindlichkeit auszeichnet.[418] Hinsichtlich ihres Ziels ist die Richtlinie für jeden Mitgliedstaat, an den sie sich richtet, verbindlich. Im Rahmen ihrer Umsetzungsverpflichtung sind die Mitgliedstaaten hinsichtlich Wahl von Form und Mittel grundsätzlich frei.

In ständiger Rechtsprechung fordert der *EuGH* jedoch, dass die Mitgliedstaaten im Rahmen der Umsetzung die Rechte des Einzelnen effektiv zu gewährleisten haben, soweit deren Einräumung zum Umsetzungsprogramm der Richtlinie gehört.[419] Dabei stellt er hohe Anforderungen hinsichtlich Transparenz, Rang und Verbindlichkeit. Insbesondere steht fest, dass, soweit Richtlinien Rechte Einzelner im Umsetzungsrecht begründen sollen, die Umsetzung durch Verwaltungsvorschriften nicht ausreichend ist.[420] Im Hinblick auf den Richtlinienrahmen ist die Rechtsverbindlichkeit der Umsetzung unproblematisch, da es sich bei dem TKG – als Umsetzungsmedium – um ein Parlamentsgesetz handelt.

## I. Prozessrechtliche und materiell-rechtliche Lösung

Nach der ständigen Rechtsprechung des *EuGH* ist geklärt, dass Richtlinien bei ihrer Umsetzung die Entstehung von Individualrechten auf mitgliedstaatlicher Ebene verlangen können.[421] Hingegen bestehen hinsichtlich der Art, wie die richtlinienrechtlich indizierten, subjektiven Rechtspositionen umzusetzen sind, unterschiedliche Auffassungen.[422] Insbesondere im Öffentlichen Recht werden zwei Umsetzungsarten diskutiert.[423] Hintergrund ist die hier herrschende Unterscheidung von subjektiven und objektiven Rechtssätzen.[424] Die Einhaltung

418 Siehe nur *Ruffert*, in: Calliess/Ruffert, EUV/AEUV, Art. 288 AEUV Rn. 23. Siehe dort auch zum folgenden Satz.

419 Vgl. nur *EuGH*, Urt. v. 23.05.1985, C-29/84 (Kommission/Deutschland), Slg. 1985, S. 1667 Rn. 23. Vgl. auch *W. Schroeder*, in: Streinz, EUV/AEUV, Art. 288 AEUV Rn. 81, siehe dort auch zum folgenden Satz.

420 Zusammenfassend: *Ruffert*, in: Calliess/Ruffert, EUV/AEUV, Art. 288 AEUV Rn. 38 f.

421 Siehe nur die unter Kapitel 2, § 4, B. Rechte Einzelner, Rechtsschutzgarantie und sektorspezifische Rechtsbehelfsvorschriften, S. 133 ff. aufgearbeitete Rechtsprechung sowie *Ruffert*, in: Calliess/Ruffert, EUV/AEUV, Art. 288 AEUV Rn. 42.

422 *W. Schroeder*, in: Streinz, EUV/AEUV, Art. 288 AEUV Rn. 83. Vgl. zur Unterscheidung der „*materiell-rechtlichen*" und der „*prozessualen*" Lösung: *Ehlers*, Die Europäisierung des Verwaltungsprozeßrechts [sic], S. 61 ff.

423 Vgl. *Schmidt-Aßmann*, in: Maunz/Dürig, GG, Art. 19 Abs. 4 Rn. 152 f, insbes. Rn 152c.

424 Vgl. hierzu *Erbguth/Guckelberger*, Allgemeines Verwaltungsrecht, § 9 Rn. 1 f., siehe dort auch zum folgenden Satz.

von letzteren kann der Einzelne nach tradiertem Verständnis nur dann verlangen, wenn zu seinen Gunsten insoweit ein subjektives-öffentliches Recht besteht.

Unproblematisch ist diese Frage, sofern im mitgliedstaatlichen Recht ausdrückliche Regelungen enthalten sind. Sofern beispielsweise im Informationsfreiheitsgesetz für Jedermann von einem *„Anspruch auf Zugang zu amtlichen Informationen“* die Rede ist, stellt dies ausdrücklich ein Recht des Einzelnen dar.[425] Schließlich bezeichnet ein Anspruch naturgemäß das Recht, von einem anderen ein Tun, Dulden oder Unterlassen verlangen zu können (vgl. § 194 Abs. 1 BGB). Im Hinblick auf Dritte sprechen die Regelungen zur Marktregulierung jedoch nicht ausdrücklich von Ansprüchen.

Teilweise wird vertreten, richtlinienrechtlich geforderte Individualrechtspositionen durch die Einräumung eines bloßen Rechtsdurchsetzungsanspruchs beziehungsweise einer *„prozessualen Initiativberechtigung“* umzusetzen.[426] Auf diese Weise sollen Einzelne in die Lage versetzt werden, die durch Richtlinien geforderten staatlichen Pflichten gerichtlich kontrollieren zu können. Dies soll gerade dann in Betracht kommen, wenn die nach der Richtlinie zu schaffende einklagbare Rechtsposition sich nicht mit dem tradierten Verständnis des subjektiv-öffentlichen Rechts decke. Dies gelte namentlich, sofern die umsetzungsbedürftigen Vorgaben primär darauf abzielen, den Einzelnen als Kontrolleur im Interesse eines effektiven Unionsrechts einzuspannen.[427] Die Klagbarkeit derartiger Kontrollrechte soll prozessual über die Ausnahmeregelung nach § 42 Abs. 2, 1. Hs. VwGO sichergestellt werden.[428] Diese prozessuale Initiativberechtigung soll sich in der Möglichkeit erschöpfen, die mutmaßliche Rechtswidrigkeit der Verwaltungsmaßnahme vor ein Gericht bringen zu können.[429] Eine materielle Rechtsposition soll dem Kläger hingegen nicht zugewiesen werden. Als ein Klagerecht im Sinne des § 42 Abs. 2, 1. Hs. VwGO ist beispielsweise § 64

---

425 Siehe § 1 Abs. 1 S. 1 IFG.

426 Vgl. *Remmert*, DV 1996, 465 (478) sowie *Nettesheim*, AöR Bd. 132 (2007), 334 (349). Dieser Ansatz wird auch als prozessrechtliche Lösung bezeichnet, vgl. *Schmidt-Aßmann*, in: Maunz/Dürig, GG, Art. 19 Abs. 4 Rn. 152c; vgl. *Schoch*, in: Hoffmann-Riem/Schmidt-Aßmann/Voßkuhle, Grundlagen des Verwaltungsrechts, Bd. III, § 50 Rn. 150; Ehlers/Pünder, Allgemeines Verwaltungsrecht, § 12 Rn. 40, siehe dort auch zu den folgenden Sätzen.

427 *Wahl*, in: Schoch/Scheider/Bier, VwGO, Vorb. § 42 Abs. 2, Rn. 128.

428 Vgl. *Wahl*, in: Schoch/Scheider/Bier, VwGO, Vorb. § 42 Abs. 2, Rn. 128. Siehe hierzu auch *Ehlers*, Die Europäisierung des Verwaltungsprozeßrechts [sic], S. 64.

429 *Wahl*, in: Schoch/Scheider/Bier, VwGO, Vorb. § 42 Abs. 2, Rn. 128, siehe dort auch zum folgenden Satz.

Abs. 1 BNatSchG anzusehen, welcher anerkannten Naturschutzvereinigungen das Recht einräumt, unabhängig von einer Verletzung in eigenen Rechten, die Einhaltung bestimmter umweltrechtlicher Vorschriften im Klagewege prüfen lassen zu können.[430]

Dagegen wird vorgeschlagen, individualbegünstigende Richtlinienvorgaben in Form eines Rechts mit materiellem Inhalt umzusetzen, kraft dessen der Berechtigte vom Verpflichteten ein bestimmtes Verhalten einfordern könne.[431] Jedenfalls solle dies der Fall sein, soweit Richtlinienvorgaben darauf zielen, dem Einzelnen einen Anspruch gegenüber einer mitgliedstaatlichen Stelle einzuräumen. Um die Begünstigten in die Lage zu versetzen, eine staatliche Leistung verlangen zu können, sei die Einrichtung eines subjektiven Rechts mit materiellem Inhalt notwendig. Im öffentlichen Recht entspreche dies der tradierten Figur des subjektiv-öffentlichen Rechts. Daher wird vorgeschlagen, individualbegünstigende Richtlinienvorgaben generell als solche Rechte anzusehen.[432] Der praktische Nutzen eines materiellen Rechts steht und fällt mit der Möglichkeit seiner gerichtlichen Durchsetzbarkeit. Für subjektiv-öffentliche Rechte garantiert Art. 19 Abs. 4 S. 1 GG die Möglichkeit gerichtlichen Rechtsschutzes.[433] Auf einfachgesetzlicher Ebene wird dies über § 42 Abs. 2, 2. Hs. VwGO sichergestellt.

## II. Grundrechtlicher Ansatz

Weiter begegnen in der Literatur Überlegungen, nach Richtlinienvorgaben zu schaffende subjektive Rechtspositionen unter Rekurs auf die Grundrechte praktisch handhabbar zu machen.

Die Integration richtlinienrechtlich verlangter Rechte des Einzelnen ins verwaltungsprozessuale Rechtsschutzsystem, sucht *Ruthig* aus prozessualer Perspektive zu beantworten, indem er fragt, wie derartige Rechtspositionen über

430 Vgl. *Kopp/Schenke*, VwGO, § 42 Rn. 180, 181.

431 *Nettesheim*, AöR Bd. 132 (2007), 334 (364 f.), siehe dort auch zu den folgenden Sätzen. Dieser Ansatz wird als „*materiell-rechtliche Lösung*" bezeichnet, vgl. etwa *Scherzberg*, in: Ehlers/Pünder, Allgemeines Verwaltungsrecht, § 12 Rn. 40 oder *Ehlers*, Die Europäisierung des Verwaltungsprozeßrechts [sic], S. 63.

432 Siehe *Ruffert*, DVBL 1998, 69 (72), der davon spricht, dass sich Richtlinienpositionen mit individualberechtigendem Inhalt „*sinnvoll nur als subjektiv-öffentliche Rechte in das deutsche Verwaltungsrecht einführen*" lassen würden; vgl. auch *Scherzberg*, in: Ehlers/Pünder, Allgemeines Verwaltungsrecht, § 12 Rn. 40.

433 *Jarass/Pieroth*, GG, Art. 19 Rn. 36.

§ 42 Abs. 2 VwGO effektiv verwirklicht werden können.[434] Dabei unterscheidet er zwischen solchen, die mit dem tradierten Verständnis subjektiv-öffentlicher Rechte übereinstimmen und solchen, bei denen dies nicht der Fall sei. Die Klagbarkeit letzterer sucht er über eine Verbindung von Verstößen gegen nationales Umsetzungsrecht mit einer Verletzung dahinterstehender subjektiver Rechtspositionen herzustellen.[435] Diese sollen aus den Grundrechten folgen können. Ausgangspunkt bildet der Rechtsgedanke, dass die Grundrechte auch vor faktischen beziehungsweise mittelbaren Beeinträchtigungen ihrer Schutzbereiche schützen.[436] Derartige Eingriffe sollen auch im Falle der Verletzung objektivrechtlicher Bestimmungen vorliegen können, sofern diese einen grundrechtlichen Schutzbereich ausformen. Die *„schwierige"* Frage, wann ein faktischer Eingriff anzunehmen sei, soll durch Wertungen der entsprechenden Richtlinie erleichtert werden. Dienen diese zugleich dem Schutz grundrechtlicher geschützter Rechtsgüter, sei in jedem Verstoß gegen entsprechendes Umsetzungsrecht *„regelmäßig ein relevanter Grundrechtseingriff"* zu sehen.[437]

Hingegen setzt *Calliess* dogmatisch an anderer Stelle an. Er sucht die Vorgaben von Richtlinien in das allgemeine Verhältnis von Grundrechten und einfachem Recht einzubinden.[438] *Calliess* will die Klagbarkeit umsetzungsbedürftiger Rechtspositionen, die nach Maßgabe des Unionsrechts vom Einzelnen gerichtlich durchsetzbar sein sollen, über eine *„Koppelung an die Grundrechtsbetroffenheit"* herbeiführen. Die Überlegungen von *Ruthig* aufgreifend sucht er die Klagebefugnis des Einzelnen nach § 42 Abs. 2 VwGO über eine faktische Verletzung seiner Grundrechte zu bejahen. Diese soll in einem Verstoß gegen

434 *Ruthig*, BayVBl 1997, 289 (294), siehe dort auch zum folgenden Satz. *Ruthig* lässt jedoch offen, welcher Halbsatz von § 42 Abs. 2 VwGO hinsichtlich der umsetzungsbedürftigen Rechte Einzelner einschlägig sein soll.

435 *Ruthig*, BayVBl 1997, 289 (295/296), dort auch zu den nachstehenden Sätzen.

436 Für *Ruthig* bildet die Elfes-Rechtsprechung des *BVerfG* die wesentliche Basis für die Integration von Richtlinienvorgaben, die nach unionalen Maßstäben dem Einzelnen ein subjektives Recht vermitteln wollen (vgl. hierzu auch, *Kopp/Schenke*, VwGO, § 42 Rn. 124). Dahinter steht die Überlegung, dass die Grundrechte den Einzelnen vor jeder staatlichen Beeinträchtigung schützen, die den Schutzbereich eines Grundrechts verkürzt.

437 Auf diese Weise solle im Ergebnis die Klagbarkeit umsetzungsbedürftiger Richtlinienvorgaben sichergestellt werden, wobei jedoch die Einräumung subjektiver Rechte unmittelbar durch die Umsetzungsvorschriften nicht notwendig sei (*Ruthig*, BayVBl 1997, 289 (295/296).

438 *Calliess*, NVwZ 2006, 1 (4/5), siehe dort auch zu den folgenden Sätzen.

nationales Umsetzungsrecht liegen. Dabei rekurriert er auf die norminterne Wirkungsweise der Grundrechte[439]. Er geht in erster Linie davon aus, dass die Grundrechte die Einräumung subjektiv-öffentlicher Rechte durch das einfache Recht fordern, sofern dieses einem grundrechtlichen Schutzgut nütze. Er betont, dass aus den Grundrechten nicht nur Abwehrrechte des Einzelnen, sondern auch Schutzpflichten des Staates folgen können. Sofern grundrechtliche Schutzbereiche berührt werden, sollen subjektiv-öffentliche Rechte vorgezeichnet sein. Dabei weist er – zu Recht – darauf hin, dass die Dispositionsfreiheit des Gesetzgebers insoweit eingeschränkt sei. Dieser sei durch die aus Grundrechten folgende Schutzpflicht gebunden. Kommen subjektiv-öffentliche Rechte im Fall der Berührung grundrechtlicher Schutzbereiche im einfachen Recht nicht ausdrücklich zur Geltung, soll der Schutznormcharakter im Wege grundrechtskonformer Auslegung zu begründen sein. Auf diese Weise soll dem Schutzpflichtcharakter der Grundrechte Rechnung getragen werden. Dies gelte auch, sofern Richtlinienvorgaben grundrechtliche Schutzpflichten berühren. Wo nun der Gesetzgeber Regeln erlassen hat, die der Umsetzung entsprechender Richtlinien dienen, habe eine Subjektivierung über die berührten grundrechtlichen Schutzpflichten zu erfolgen. Diese „*Versubjektivierung*" habe sich jedoch nach unionalen Maßstäben zur Anerkennung subjektiver Rechte zu richten.[440] Auf diese Weise soll die grundsätzliche Gestaltungsfreiheit bei der Erfüllung grundrechtlicher Schutzpflichten – methodisch – letztlich im Wege richtlinienkonformer Auslegung konkretisiert werden.[441]

## III. Bewertung

*Ruthig* will die Klagbarkeit von Rechten des Einzelnen, die nach dem Richtlinienprogramm im mitgliedstaatlichen Umsetzungsrecht zu schaffen sind, im Ergebnis über den Rekurs auf einen Grundrechtseingriff gewährleisten.[442] In ähnlicher Weise stellt *Calliess* auf die norminterne Wirkungsweise der Grundrechte zur Gewährleistung der Klagbarkeit von Rechten ab, deren Umsetzung Richtlinien fordern.[443] Sofern das einfachgesetzliche Umsetzungsrecht grundrechtliche Schutzbereiche betreffe, seien subjektiv-öffentliche Rechte

---

439 Siehe hierzu *Schmidt-Aßmann*, in: Maunz/Dürig, GG, Art. 19 Abs. 4 Rn. 123 oder *Scherzberg*, in: Ehlers/Pünder, Allgemeines Verwaltungsrecht, § 12 Rn. 12.

440 *Calliess*, NVwZ 2006, 1 (6).

441 *Calliess*, NVwZ 2006, 1 (6).

442 Siehe *Ruthig*, BayVBl 1997, 289 ff.

443 Siehe *Calliess*, NVwZ 2006, 1 ff.

vorgezeichnet. Vorteil dieser Ansätze ist, dass der subjektiv-rechtliche Charakter nicht ausdrücklich in der Umsetzungsnorm zum Ausdruck gebracht werden muss. Dies ermöglicht zugleich eine flexible Handhabung.

Nichtsdestotrotz sind diese "Umwege" über grundrechtliche Bemühungen zur Umsetzung individualbegünstigender Richtlinienvorgaben abzulehnen. Zum einen bedürfen die richtlinienrechtlichen Vorgaben für ihre Geltung keines Rückgriffes auf nationale Grundrechte. Mit Inkrafttreten der jeweiligen Richtlinie sind sie bereits Teil des unmittelbar geltenden Unionsrechts und partizipieren an dessen grundsätzlichem Anwendungsvorrang.[444] Ihre Verbindlichkeit folgt bereits unmittelbar aus Art. 288 Abs. 3 AEUV. Hiernach sind die Mitgliedstaaten verpflichtet, die Richtlinienziele durch nationales Transformationsrecht umzusetzen. Zielt nun eine Richtlinie auf die Schaffung von Individualrechten, müssen die Mitgliedstaaten bereits deswegen im Rahmen der Umsetzung einen effektiven gerichtlichen Rechtsschutz gewährleisten.[445] Zum anderen erscheint zweifelhaft, ob die normkonkretisierende Wirkung der Grundrechte den Anforderungen des Gerichtshofs gerecht werden kann, die er an die Umsetzung von individualschützenden Richtlinienvorgaben stellt. Bei Richtlinien, die dem Einzelnen gerichtlich durchsetzbare Rechtspositionen vermitteln sollen, muss gewährleistet sein, dass die Begünstigten von ihren Rechten Kenntnis erlangen können, um diese gegebenenfalls gerichtlich durchsetzen zu können.[446] Soll nun die Klagbarkeit umsetzungsbedürftiger Rechtspositionen stets unter Rekurs auf die Verletzung grundrechtlicher Schutzbereiche gewährleistet werden, ist für den Rechtsschutzsuchenden nicht eindeutig, welche Regelungen des einfachen Rechts seinem Schutz dienen sollen. Überdies ist zu berücksichtigen, dass gerade an die Verletzung grundrechtlicher Schutzpflichten hohe Anforderungen gestellt werden. Dies wird regelmäßig erst angedacht, soweit entweder überhaupt keine Vorkehrungen zum Schutz des betreffenden Grundrechts getroffen wurden oder diese völlig unzureichend sind.[447]

Für die Frage, welcher Art die im Rahmen der Richtlinienumsetzung zu schaffenden Rechte Einzelner zu sein haben, ist letztlich das Gebot effektiver

---

444 Von der unmittelbaren Geltung des Unionsrechts ist die Frage der unmittelbaren Anwendbarkeit einer Richtlinienbestimmung im Ausnahmefall zu unterscheiden. Siehe hierzu Kapitel 2, § 5, C. Zur unmittelbaren Wirkung, S. 219 ff.

445 Vgl. *W. Schroeder*, in: Streinz, EUV/AEUV, Art. 288 AEUV Rn. 81.

446 *W. Schroeder*, in: Streinz, EUV/AEUV, Art. 288 AEUV Rn. 83 m. w. N. zur Rspr. des *EuGH*; vgl. *Herdegen*, Europarecht, § 8 Rn. 49.

447 *Jarass/Pieroth*, GG, Vorb. vor Art. 1 Rn. 56.

Umsetzung sowie der Äquivalenzgrundsatz maßgeblich. Diese Maßstäbe sind bei Umsetzung des Richtlinienziels zwingend zu beachten.[448]

Aus dem Gebot effektiver Umsetzung folgt zunächst, dass die Mitgliedstaaten im Rahmen ihrer Entscheidungsfreiheit, diejenigen Formen und Mittel zu wählen haben, die sich für die praktische Wirksamkeit der Richtlinie unter Berücksichtigung ihres Ziels am besten eignen.[449] Sofern eine Richtlinienbestimmung – ausdrücklich oder ihrem Sinn und Zweck nach – darauf zielt, eine individuelle Rechtsposition zu verleihen, darf dies durch nationale Regeln nicht übermäßig erschwert oder unmöglich gemacht werden.[450] Dies bedeutet, dass soweit nach dem Richtlinieninhalt Einzelne fähig sein sollen, von einem Verpflichteten ein bestimmtes Verhalten verlangen zu können, die Einräumung eines bloßen Kontrollanspruchs nicht genügen kann. In diesem Falle könnte der Begünstigte doch nur eine objektive Rechtmäßigkeitskontrolle verlangen beziehungsweise die potentielle Rechtswidrigkeit eines behördlichen Verhaltens überprüfen lassen. Die Einklagbarkeit einer materiellen Rechtsposition wäre hingegen fraglich.

Weiter ist bei der Richtlinienumsetzung der Äquivalenzgrundsatz zu beachten. Hiernach dürfen nationale Verfahren, die bei der Durchführung von Unionsrecht zur Anwendung kommen, nicht ungünstiger ausgestaltet sein als entsprechende Verfahren, die nur einen mitgliedstaatlichen Sachverhalt betreffen.[451]

In Ansehung dieser Grundsätze sprechen sowohl Effektivitäts- als auch Äquivalenzgesichtspunkte dafür, Schutzmaßnahmen zugunsten Dritter im Sinne des Richtlinienrahmens im Wege materiell-rechtlicher Rechtspositionen umzusetzen. Denn bei der Umsetzung durch prozessuale Initiativberechtigungen wäre deren materieller Gehalt fraglich. Aus Sicht des Begünstigten wäre unklar, ob auch die Leistung eingeklagt werden kann, die die betreffende Umsetzungsnorm vorsieht. Nach der Rechtssache Tele2/TCK sind jedoch gerade die Zugangs- und Gleichbehandlungsverpflichtungen als Schutzmaßnahmen zugunsten Dritter anzusehen. Diese Verpflichtungen soll die jeweilige Regulierungsbehörde

448 Vgl. *W. Schroeder*, in: Streinz, EUV/AEUV, Art. 288 AEUV Rn. 75.

449 *Ruffert*, in: Calliess/Ruffert, EUV/AEUV, Art. 288 AEUV Rn. 26.

450 *EuGH*, Urt. v. 05.10.2006, Rs. C-368/04 (Transalpine Ölleitung/Finanzlandesdirektion Tirol), Slg. 2006, I-9957 Rn. 45.

451 *W. Schroeder*, in: Streinz, EUV/AEUV, Art. 288 Rn. 75; *EuGH*, Urt. v. 16.12.1976, Rs. 45/76 (*Comet*), Slg. 1976, 2043 Rn. 11/18 oder aus neuerer Zeit Urt. v. 19.09.2006, verb. Rs. C-392/04 und 422/04 (*i-21 Germany*), Slg. 2006, I-8559 Rn. 57.

marktmächtigen Berteibern auferlegen können. Daher muss zum effektiven gerichtlichen Rechtsschutz nicht nur deren Rechtmäßigkeitskontrolle, sondern gerade auch die Befugnis des Einzelnen gehören, diese Schutzmaßnahmen gegebenenfalls gerichtlich einfordern zu können.

Nach alledem sprechen gewichtige Gründe dafür, für die Umsetzung der „*Schutzmaßnahmen zugunsten Dritter*" im Sinne des Richtlinienrahmens materielle Rechtspositionen vorzusehen. Diese enthalten Verpflichtungsmöglichkeiten gegenüber marktmächtigen Unternehmen, deren Einhaltung auch der geschützte Dritte einfordern können muss.[452] Dies muss jedoch nicht ausdrücklich geschehen, sondern kann im Rahmen der mitgliedstaatlichen Methoden und Regeln und damit letztlich im Wege der zulässigen Auslegungsregeln erfolgen.[453]

## B. Zur richtlinienkonformen Auslegung im multipolaren Marktregulierungsverhältnis

Nach Umsetzung einer Richtlinie wird diese nicht bedeutungslos, sondern ist insbesondere im Rahmen der Auslegung des mitgliedstaatlichen Umsetzungsrechts weiterhin zu beachten. Da – wenn auch verspätet – der Richtlinienrahmen sowie die Änderungsrichtlinien von 2009 durch das TKG umgesetzt worden sind, fragt es sich, inwieweit die richtlinienkonforme Auslegung des TKG in multipolaren beziehungsweise tripolaren Marktregulierungsverhältnissen zulässig ist.

### I. Grundzüge der richtlinienkonformen Auslegung

Die richtlinienkonforme Auslegung ist in der ständigen Rechtsprechung des *EuGH* anerkannt.[454] Bereits in der Rechtssache *von Colson & Kamann/Land NRW* entschied er, dass die sich aus der Richtlinie ergebenden Verpflichtungen, das in ihr vorgesehene Ziel zu erreichen sowie die Pflicht, alle zur Erfüllung dieser Verpflichtung geeigneten Maßnahmen allgemeiner oder besonderer Art zu treffen, alle Träger öffentlicher Gewalt in den Mitgliedstaaten betreffe.[455] Vor allem haben nationale Gerichte das nationale Recht einschließlich des mitgliedstaatlichen Umsetzungsrechts im Lichte des Wortlauts und des Zwecks der

---

452 Vgl. *EuGH*, Urt. v. 21.02.2008, C-426/05 (Tele2/TCK), BeckRS 2008, 70279 Rn. 34.

453 Siehe hierzu unter Kapitel 2, § 5, B. Zur richtlinienkonformen Auslegung im multipolaren Marktregulierungsverhältnis, S. 218 ff.

454 *Ruffert*, in: Calliess/Ruffert, EUV/AEUV, Art. 288 AEUV Rn. 77.

455 Dies gelte – im Rahmen ihrer Zuständigkeiten – auch für die Gerichte. Siehe *EuGH*, Urt. v. 10.04.1984, Rs. 14/83 (von Colson & Kamann/Land NRW), Slg. 1984, 1891 Rn. 26, siehe dort auch zum folgenden Satz.

Richtlinie auszulegen, um der Verpflichtung nach Art. 288 Abs. 3 AEUV gerecht zu werden.[456]

Gegenstand der richtlinienkonformen Auslegung ist das gesamte nationale Recht.[457] Mithin ist sie nicht nur auf das eigentliche Umsetzungsrecht begrenzt. Irrelevant ist auch, ob das nationale Recht vor oder nach Ablauf der Umsetzungsfrist der jeweiligen Richtlinie erlassen worden ist.[458]

Die richtlinienkonforme Auslegung verpflichtet insbesondere die mitgliedstaatlichen Gerichte,

„unter Berücksichtigung des gesamten nationalen Rechts und unter Anwendung ihrer Auslegungsmethoden alles zu tun, was in ihrer Zuständigkeit liegt, um die volle Wirksamkeit der fraglichen Richtlinie zu gewährleisten und zu einem Ergebnis zu gelangen, das mit dem von der Richtlinie verfolgten Ziel übereinstimmt“[459].

---

456 Die Pflicht der Mitgliedstaaten zur richtlinienkonformen Auslegung wird im Wesentlichen unmittelbar aus Art. 288 Abs. 3 AEUV hergeleitet (vgl. nur *EuGH*, Urt. v. 10.04.1984, Rs. 14/83 (von Colson & Kamann/Land NRW), Slg. 1984, 1891 Rn. 26 oder Urt. v. 13.11.1990, Rs. C-106/89 (Marleasing), Slg. 1990, I-4135, Rn. 8) sowie daneben auch der mitgliedstaatlichen Kooperationspflicht aus Art. 4 Abs. 3 EUV entnommen (Siehe *EuGH*, Urt. v. 14.07.1994, Rs. C-91/92 (Faccini Dori), Slg. 1994, I-3325 Rn. 26, der allerdings noch auf Art. 5 EWG-Vertrag verweist). Mittlerweile ergibt sich die Kooperationsverpflichtung bzw. der Grundsatz der loyalen Zusammenarbeit aus Art. 4 Abs. 3 EUV. Indes wird in der Literatur teilweise darauf hingewiesen, dass die Kooperationsverpflichtung zur Begründung der Pflicht zur richtlinienkonformen Auslegung nicht erforderlich sei und nur ergänzenden Charakter habe (So *Roth/Jopen*, in: Riesenhuber, Europäische Methodenlehre, § 13 Rn. 4).

457 Der Grundsatz der richtlinienkonformen Auslegung erfasst nicht nur das eigentliche Umsetzungsrecht, sondern gilt insgesamt für das nationale Recht. Vgl. insoweit bereits *EuGH*, Urt. v. 10.04.1984, Rs. 14/83 (von Colson & Kamann/Land NRW), Slg. 1984, 1891 Rn. 26; vgl. *EuGH*, Urt. v. 09.03.2004, verb. Rs. C-397/01 bis C-403/01 (Pfeifer u.a./Deutsches Rotes Kreuz), Slg. 2004, I-8835, Rn. 115.

458 Gleichwohl ist für die Verpflichtung zur richtlinienkonformen Auslegung in zeitlicher Hinsicht zu beachten, dass diese Verpflichtung erst mit Ablauf der Umsetzungsfrist beginnt. Vgl. aus neuerer Zeit *EuGH*, Urt. v. 04.07.2006, Rs. C-212/04 (Adeneler u.a./ELOG), Slg. 2006, I-6057, Rn. 115 ff. Vor Ablauf der Umsetzungsfrist besteht nur die Pflicht keine Maßnahmen zu erlassen, die die Erreichung des Richtlinienziels ernsthaft gefährden.

459 *EuGH*, Urt. v. 04.07.2006, Rs. C-212/04 (Adeneler u.a./ELOG), Slg. 2006, I-6057, Rn. 111 m.w.N.

Mithin lässt sich die richtlinienkonforme Auslegung als Optimierungsgebot beziehungsweise als „*interpretatorische Vorrangregel*" beschreiben.[460] Das heißt, bei verschiedenen Interpretationsvarianten ist diejenige zu wählen, die am weitesten das Richtlinienprogramm realisiert. Gleichwohl besteht die Verpflichtung zur richtlinienkonformen Auslegung nicht grenzenlos. Grenzen ergeben sich zunächst aus dem Unionsrecht selbst. Dessen allgemeine Rechtsgrundsätze – Gebot der Rechtssicherheit, Vertrauensschutzgrundsatz sowie Rückwirkungsverbot – sind im Rahmen der Umsetzung und Anwendung von Richtlinien zu beachten und daher auch als Grenzen für die richtlinienkonforme Auslegung anerkannt.[461]

Weiter steht die Verpflichtung zur richtlinienkonformen Auslegung nach ständiger Judikatur des *EuGH* unter dem Vorbehalt des nach nationalem Recht und dessen Zuständigkeitsordnung Möglichen.[462] Daher sei eine richtlinienkonforme Auslegung „*contra legem*" nicht zulässig.[463] Allerdings folge hieraus kein generelles Verbot einer Auslegung über den Wortlaut des nationalen Rechts, sondern lediglich einer Rechtsfindung, die mit den nationalen Methoden und Regeln nicht mehr vereinbar ist.[464] Verfassungsrechtliche Grenze für

---

460 Vgl. *Brechmann*, Die richtlinienkonforme Auslegung, S. 259 sowie *Auer*, NJW 2007, 1106; Vgl. auch *Roth/Jopen*, in: Riesenhuber, Europäische Methodenlehre, § 13 Rn. 43.

461 Vgl. *W. Schroeder*, in: Streinz, EUV/AEUV, Art. 288 AEUV Rn. 113, 114.

462 *EuGH*, Urt. v. 04.07.2006, Rs. C-212/04 (Adeneler u.a./ELOG), Slg. 2006, I-6057, Rn. 110.

463 *W. Schroeder*, in: Streinz, EUV/AEUV, Art. 288 AEUV Rn. 113. Siehe dort auch zum folgenden Satz.

464 Nach *Canaris* soll der Begriff des contra-legem-Judizierens in funktioneller Weise den Bereich der Rechtsfindung beschreiben, welcher der richterlichen Rechtsfortbildung verschlossen und diese ergo unzulässig ist (*Canaris*, in: Festschrift für Bydlinski, S. 47 (91), siehe dort auch zu den folgenden Sätzen). Dies sei bei einer Rechtsfindung der Fall, die zugleich dem Wortsinn und Zweck des Gesetzes widerspreche. Entscheidend sei dabei der doppelte Widerspruch. Im Quelle-Fall entschied der *BGH* nach einem entsprechenden Vorlageverfahren entgegen des Wortlauts von § 439 Abs. 4 BGB, diesen teleologisch zu reduzieren, um ein richtlinienkonformes Ergebnis zu erzielen (*BGH*, Urt. v. 26.11.2008 – VIII ZR 200/05 – in: NJW 2009, 427 (429). Nach dem gerade Erwähnten, kann dies nur zulässig sein, sofern die Rechtsfortbildung nicht zugleich Wortlaut und Gesetzeszweck widerspricht. Der *BGH* nahm diese Hürde, indem er von der Absicht des Gesetzgebers ausging, bei der Umsetzung ein richtlinienkonformes Ergebnis schaffen zu wollen. Die Annahme einer generellen Umsetzungsabsicht wird jedoch in der Literatur kritisch bewertet. Kann sie im Ergebnis doch dazu führen, dass das erwähnte Doppelkriterium nur selten vorliegen wird und bei der richterlichen Rechtsfortbildung von nationalem Umsetzungsrecht ein

die Rechtsprechung ist jedenfalls die Bindung an Recht und Gesetz (Art. 20 Abs. 3 GG).[465]

## II. Richtlinienkonforme Auslegung im Horizontalverhältnis

Die richtlinienkonforme Auslegung mitgliedstaatlichen Rechts in privatrechtlichen beziehungsweise horizontalen Verhältnissen ist – im Unterschied zur unmittelbaren Anwendbarkeit einer Richtlinie – zulässig.[466] Die grundlegenden Entscheidungen zur Verpflichtung, nationales Recht im Lichte der maßgeblichen Richtlinie auszulegen, betrafen Konstellationen aus dem Arbeits- und Gesellschaftsrecht.[467] Dabei betonte der *EuGH* zunächst zwar, dass Richtlinien keine unmittelbaren Verpflichtungen gegenüber dem Einzelnen begründen können, allerdings ging es in den Rechtssachen *von Colson & Kamann* und *Marleasing* um Streitigkeiten zwischen Privaten, für die die Auslegung mitgliedstaatlichen Umsetzungsrechts maßgeblich war.[468]

Dabei ist privatrechtlichen Streitigkeiten immanent, dass mit der Begünstigung einer Partei regelmäßig eine Benachteiligung der anderen korrespondiert. Der *EuGH* entwickelte das Gebot richtlinienkonformer Auslegung also gerade in Fällen, in denen es aufgrund der Berücksichtigung von Richtlinienbestimmungen bei der Anwendung nationalen Rechts zwangsläufig zu nachteiligen Auswirkungen für ein weiteres Privatrechtssubjekt kam.[469] Dabei ist zu unterstreichen, dass abgesehen von dem Verweis auf die Umsetzungsverpflichtung der Mitgliedstaaten keine weitere Begründung für die richtlinienkonforme Auslegung angeführt wurde. Dies rechtfertigt den Schluss, dass die Benachteiligung einer Partei infolge richtlinienkonformer Auslegung mitgliedstaatlichen Umsetzungsrechts

contra-legem-Judizieren praktisch ausgeschlossen würde (Vgl. *Schnürbrand*, JZ 2007, 910 (916); *Herdegen*, Europarecht, § 8 Rn. 52).

465 Zu den zulässigen Auslegungsmethoden gehören insbesondere die Rechtsfortbildung sowie die Möglichkeiten der teleologischen Extension sowie Reduktion.

466 *Roth/Jopen*, in: Riesenhuber, Europäische Methodenlehre, § 13 Rn. 36.

467 *EuGH*, Urt. v. 10.04.1984, Rs. 14/83 (*von Colson & Kamann/Land NRW*), Slg. 1984, 1891 ff.; Urt. v. 13.11.1990, Rs. C-106/89 (*Marleasing*), Slg. 1990, I-4135.

468 Zu beachten ist dabei, dass es nicht um die unmittelbare Anwendbarkeit von defizitär umgesetzten Richtlinien ging, sondern um die Auslegung mitgliedstaatlichen Umsetzungsrechts.

469 So waren etwa in der Rechtssache *Marleasing* mitgliedstaatliche Normen, die die Nichtigkeit von Gesellschaften betrafen, so auszulegen, dass nur die in der betreffenden Richtlinie vorgesehenen Tatbestände die Nichtigkeit erzeugen konnten (Vgl. *EuGH*, Urt. v. 13.11.1990, Rs. C-106/89 (*Marleasing*), Slg. 1990, I-4135 Rn. 8 ff).

der Zulässigkeit dieser Methode nicht entgegensteht. Dies bestätigte der *EuGH* in der Rechtssache *Pfeiffer* ausdrücklich, indem er auf die Verpflichtung der mitgliedstaatlichen Gerichte hinwies, Richtlinien bei der Auslegung nationalen Rechts zu berücksichtigen, auch wenn es um einen „*Rechtsstreit ausschließlich zwischen Privaten*" gehe.[470] Im Ergebnis führte dies in vorgenanntem Verfahren dazu, dass das vorlegende Gericht verpflichtet wurde, bei der Auslegung nationalen Rechts im Rahmen seiner Zuständigkeit sicherzustellen, dass die in der Richtlinie festgelegte Höchstarbeitszeit gewahrt wird.[471]

## III. Richtlinienkonforme Auslegung im Vertikalverhältnis

Im Vertikalverhältnis – zwischen Einzelnem und Mitgliedstaat – kann zwischen der richtlinienkonformen Auslegung zu Lasten und zu Gunsten Einzelner unterschieden werden.

Die richtlinienkonforme Auslegung zugunsten des Einzelnen ist stets zulässig. Beispielsweise führte die richtlinienkonforme Auslegung des damaligen Aufenthaltsgesetzes in der Rechtssache *Bosignore*[472] zu einer Begünstigung des Adressaten einer Ausweisungsverfügung. Gegenstand dieses Falles war die Ausweisung eines italienischen Staatsangehörigen. Diese wurde von der zuständigen Behörde der Stadt Köln auf der Grundlage des damaligen Aufenthaltsgesetzes verfügt und maßgeblich mit generalpräventiven Gesichtspunkten beziehungsweise Abschreckungsgesichtsaspekten begründet. Die hierfür maßgeblichen Regelungen des damaligen Aufenthaltsgesetzes waren jedoch im Lichte der Richtlinie 64/221/EWG[473] auszulegen. Deren restriktiv zu verstehende Vorgaben führten im Ergebnis dazu, dass eine Ausweisung nicht allein aus generalpräventiven Gründen erfolgen darf.[474]

---

470 *EuGH*, Urt. v. 05.10.2004, verb. Rs. C-397/01 bis C-403/01 (*Pfeiffer*), Slg. 2004, I-8835, Rn. 119.

471 Vgl. *EuGH*, Urt. v. 05.10.2004, verb. Rs. C-397/01 bis C-403/01 (*Pfeiffer*), Slg. 2004, I-8835, Rn. 107 ff., insbesondere 117 f. Dies stellte für den Kläger eine Begünstigung dar, die gleichzeitig für seinen Arbeitgeber von Nachteil war.

472 *EuGH*, Urt. v. 26.02.1975, Rs. 67/74 (*Bosignore*), Slg. 1975, S. 297 ff.

473 Richtlinie 64/221/EWG zur Koordinierung der Sondervorschriften für die Einreise und den Aufenthalt von Ausländern, soweit sie aus Gründen der öffentlichen Ordnung, Sicherheit oder Gesundheit gerechtfertigt sind.

474 Hiermit war jedoch zuvor die Ausweisung durch die zuständige Behörde der Stadt Köln begründet worden.

Hingegen soll die richtlinienkonforme Auslegung im Vertikalverhältnis zu Lasten des Einzelnen unzulässig sein.[475] Hierzu wird vorwiegend auf die Rechtssache *Kolpinghuis Nijmegen* – ein Verfahren mit strafrechtlichem Hintergrund – abgestellt.[476] Hier ging es vor allem um die Frage, ob im Falle defizitärer Richtlinienumsetzung die strafrechtliche Verantwortlichkeit eines Einzelnen im Wege der richtlinienkonformen Auslegung verschärft beziehungsweise begründet werden kann.[477] Hierauf stützte die zuständige niederländische Staatsanwaltschaft ihre Vorwürfe. Der *EuGH* lehnte und lehnt in diesem Zusammenhang eine entsprechende Auslegung zu Lasten des Einzelnen ab.[478] Diese ablehnende Haltung stützt sich jedoch maßgeblich darauf, dass die Auslegung im Lichte von Richtlinien ebenso wie die Anwendung des übrigen Gemeinschaftsrechts ihre Grenzen in dessen allgemeinen Rechtsgrundsätzen findet. Zu diesen gehört auch das strafrechtliche Rückwirkungsverbot, auf das es in dem erwähnten Fall ankam.[479] Mithin erscheint die richtlinienkonforme Auslegung von Umsetzungsnormen im Vertikalverhältnis zu Lasten des Einzelnen – soweit dem nicht allgemeine Rechtsgrundsätze entgegen stehen – nicht grundsätzlich unzulässig.[480]

Diesem Befund steht auch nicht das Belastungsverbot im Rahmen der – ausnahmsweise zulässigen – unmittelbaren Anwendbarkeit von Richtlinien entgegen.[481] Im Unterschied zur richtlinienkonformen Auslegung des Umsetzungsrechts kann sich die Frage der unmittelbaren Anwendbarkeit einer Richtlinie nur im Falle ihrer unzureichenden Umsetzung stellen. Letztlich dürfte dies auch die Rechtssache *Arcaro* bestätigen. In diesem Fall – mit strafrechtlichem Hintergrund – entschied der *EuGH*, dass abgesehen von Rückwirkungsverbotsaspekten die richtlinienkonforme Auslegung innerstaatlichen Rechts durch nationale Richter nicht dazu führen dürfe, dass dem „*Einzelnen eine in einer nicht umgesetzten Richtlinie vorgesehene Verpflichtung entgegengehalten wird*“[482].

---

475 Siehe beispielsweise *Kühling*, JuS 2014, 481 (484).

476 *Kühling*, JuS 2014, 481 (484); Vgl. *Roth/Jopen*, in: Riesenhuber, Europäische Methodenlehre, § 13 Rn. 36.

477 *EuGH*, Urt. v. 08.10.1987, Rs. 80/86 (*Kolpinghuis Nijmegen)*, Slg. 1986, 3969 ff.

478 Vgl. aus neuerer Zeit nur *EuGH*, Urt. v. 03.05.2005, verb. Rs. C-387/02, C-391/02 und C-403/02 (*Berlusconi u. a.*), Slg. 2005, I-3565 Rn. 74.

479 *EuGH*, Urt. v. 08.10.1987, Rs. 80/86 (*Kolpinghuis Nijmegen)*, Slg. 1986, 3969 ff. Rn. 13.

480 Im Ergebnis ebenso: *W. Schroeder*, in: Streinz, EUV/AEUV, Art. 288 AEUV Rn. 114.

481 Siehe hierzu unten Kapitel 2, § 5, C. Zur unmittelbaren Wirkung von telekommunikationsrechtlichen Richtlinien, S. 219 ff.

482 *EuGH*, Urt. v. 26.06.1996, Rs. C-168/95 (*Arcaro*), Slg. 1996, I-4705 Rn. 42, vgl. dort auch zum folgenden Satz.

Soweit ein Mitgliedstaat seiner Umsetzungsverpflichtung nicht nachgekommen sei, solle bestehendes nationales Recht von mitgliedstaatlichen Stellen nicht zu Ungunsten des Einzelnen ausgelegt werden dürfen. Dieses Treuwidrigkeitsargument kann jedoch nicht generell, sondern lediglich in Fällen unzureichender Richtlinienumsetzung in Ansatz gebracht werden.

## IV. Richtlinienkonforme Auslegung im multipolaren Marktregulierungsverhältnis

Nach vorstehenden Grundsätzen ist die richtlinienkonforme Auslegung des TKG im multipolaren Marktregulierungsverhältnis grundsätzlich zulässig. Bei der Marktregulierung geht es jeweils um vertikale Verhältnisse zwischen dem regulierten beziehungsweise zu regulierenden (marktmächtigen) Unternehmen gegenüber der BNetzA sowie zugangsberechtigten Dritten.

Begehren zugangsberechtigte Dritte beispielsweise den Erlass (weitergehender) Regulierungsmaßnahmen von der BNetzA gegenüber einem marktmächtigen Betreiber, ist die richtlinienkonforme Auslegung der zugrundeliegenden Marktregulierungsvorschriften zugunsten der zugangsberechtigten Dritten grundsätzlich zulässig. Hiermit dürfte im Ergebnis eine Belastung des Regulierungsadressaten verbunden sein. Solange diese jedoch nicht unmittelbar aus dem Richtlinienrahmen, sondern aus dem richtlinienkonform ausgelegten TKG erfolgt, steht dies der richtlinienkonformen Auslegung nicht entgegen. Denn auch im Vertikalverhältnis gibt es keinen allgemeinen Rechtsgrundsatz, nach dem eine richtlinienkonforme Auslegung zulasten Einzelner unzulässig sein soll. Vorausgesetzt die maßgebliche Richtlinie wurde ordnungsgemäß umgesetzt, greifen der Sanktionsgedanke sowie das Treuwidrigkeitsargument, das der unmittelbaren Anwendbarkeit unzureichend umgesetzter Richtlinien zulasten Einzelner entgegen steht, gerade nicht ein.[483]

Abgesehen von dieser richtlinienkonformen Auslegung zugunsten zugangsberechtigter Dritter ist ebenso eine Auslegung zu ihren Lasten zulässig. Sofern beispielsweise das regulierte Unternehmen eine belastende Regulierungsverfügung gerichtlich anfechtet, wäre auch in diesem Rechtsstreit eine richtlinienkonforme Auslegung zulässig. Ergibt diese im Ergebnis, dass die angefochtene Regulierungsmaßnahme aufzuheben ist, kann dies für zugangsberechtigte Dritte nachteilhaft sein. Dies steht jedoch der richtlinienkonformen Auslegung nicht entgegen, daauch in dieser Konstellation zugangsberechtigte Dritte nicht

483 Siehe hierzu Kapitel 2, § 5, I. Voraussetzungen der unmittelbaren Wirkung, S. 219 f.

unmittelbar aus der Richtlinie, sondern aus dem auszulegenden Umsetzungsrecht belastet werden.

## C. Zur unmittelbaren Wirkung von telekommunikationsrechtlichen Richtlinien

Weiter fragt es sich, ob zugangsberechtigte Dritte sich im Falle unzureichender Richtlinienumsetzung gegenüber der BNetzA unmittelbar auf Bestimmungen des Richtlinienrahmens berufen können.

Beispielsweise wird diskutiert, ob Art. 17 Abs. 1 ZRL durch das TKG ausreichend umgesetzt worden ist.[484] Dieser enthält eine Generalklausel, nach der die Regulierungsbehörde ermächtigt ist, Unternehmen, die auf bestimmten Endnutzermärkten über beträchtliche Marktmacht verfügen, geeignete regulatorische Verpflichtungen auferlegen zu können. Ausweislich der Gesetzesbegründung soll der jetzige § 39 der Umsetzung von Art. 17 Abs. 1 ZRL dienen.[485] Jedoch regelt § 39 in der Sache nur die Regulierung von Entgelten für Endnutzerleistungen. Dies entspricht eher den Beispielverpflichtungen nach Art. 17 Abs. 2 ZRL. Eine Generalklausel für Regulierungsmaßnahmen gegenüber Unternehmen, die auf Endnutzermärkten über beträchtliche Marktmacht verfügen, ist in § 39 jedoch nicht enthalten.

### I. Voraussetzungen der unmittelbaren Wirkung einer Richtlinie

Im Grundsatz ist die unmittelbare Wirkung einer unzureichend umgesetzten Richtlinie sowohl in der unionalen als auch in der mitgliedstaatlichen Judikatur anerkannt.[486] Sofern ein Mitgliedstaat gegen die Umsetzungsverpflichtung verstoßen hat, kann einzelnen Richtlinienbestimmungen ohne den an sich erforderlichen Umsetzungsakt unmittelbare Wirkung zukommen.[487]

Nach der Rechtsprechung des *EuGH* kann eine Richtlinienbestimmung ausnahmsweise unmittelbar zur Anwendung kommen beziehungsweise direkt

---

484 *Heinickel/Scherer*, in: Arndt/Fetzer/Scherer/Graulich, TKG, § 39 Rn. 3; vgl. auch *Kühling/Neumann*, in: Säcker, TKG, § 39 Rn. 23.

485 Siehe BT-Drucks. 15/2316, S. 70.

486 *W. Schroeder*, in: Streinz, EUV/AEUV, Art. 288 AEUV Rn. 87; *Ruffert*, in: Calliess/Ruffert, EUV/AEUV, Art. 288 AEUV Rn. 47.

487 *W. Schroeder*, in: Streinz, EUV/AEUV, Art. 288 AEUV Rn. 91. Dieser Fall wird teilweise auch als „*Drittwirkung*" bezeichnet. Siehe zu dieser Begrifflichkeit: *Herdegen*, Europarecht, § 8 Rn. 58 ff. Dem liegt zugrunde, dass Richtlinien grundsätzlich nur an Mitgliedstaaten adressiert und für diese verbindlich sind (Art. 288 Abs. 3 AEUV).

wirken, wenn (1) die Frist für die Umsetzung der Richtlinie abgelaufen ist, ohne dass der Mitgliedstaat diese vollständig und korrekt in mitgliedstaatliches Recht umgesetzt hat und (2) die Richtlinie von ihrem Inhalt her unbedingt und hinreichend bestimmt ist, um im Einzelfall unmittelbar angewendet werden zu können.[488] Unter diesen Voraussetzungen kann einer konkreten Richtlinienbestimmung – nicht hingegen dem kompletten Richtlinieninhalt – unmittelbare Wirkung zukommen.

Im Schrifttum wird darüber hinaus diskutiert, ob sich zusätzlich zu den vorgenannten Voraussetzungen aus der unzureichend umgesetzten Richtlinienbestimmung ein subjektiv-öffentliches Recht des Einzelnen ergeben müsse.[489] Dies wird mittlerweile – zu Recht – überwiegend abgelehnt.[490] Die bisherige Rechtsprechung hat im Vertikalverhältnis zugunsten des Einzelnen[491] hinsichtlich jeder unbedingten und hinreichend bestimmten Richtlinienverpflichtung, dem Einzelnen die Berechtigung zuerkannt, sich gegenüber dem säumigen Mitgliedstaat auf nicht umgesetzte Richtlinienbestimmung zu berufen.[492] Diese Berechtigung des Einzelnen ist vielmehr Folge und nicht zusätzliche Voraussetzung der unmittelbaren Wirkung.

## II. Eingeschränkte vertikale Direktwirkung

Der *EuGH* entwickelte das Institut der unmittelbaren Wirkung unzureichend umgesetzter Richtlinienbestimmungen anhand von Rechtsbeziehungen, in denen sich ein Einzelner gegenüber einer mitgliedstaatlichen Stelle auf nicht umgesetzte Richtlinienbestimmungen beruft.[493] Diese Konstellation kann als vertikale Direktwirkung bezeichnet werden.[494]

---

488 *Ruffert*, in: Calliess/Ruffert, EUV/AEUV, Art. 288 AEUV Rn. 51 ff.; *W. Schroeder*, in: Streinz, EUV/AEUV, Art. 288 AEUV Rn. 91 f., siehe dort auch zum folgenden Satz; *Herdegen*, Europarecht, § 8 Rn. 55.

489 *Ruffert*, in: Calliess/Ruffert, EUV/AEUV, Art. 288 AEUV Rn. 66 ff.; *W. Schroeder*, in: Streinz, EUV/AEUV, Art. 288 AEUV Rn. 95, 96.

490 *Ruffert*, in: Calliess/Ruffert, EUV/AEUV, Art. 288 AEUV Rn. 68; *W. Schroeder*, in: Streinz, EUV/AEUV, Art. 288 AEUV Rn. 96.

491 Siehe hierzu Kapitel 2, § 5, II. Eingeschränkte vertikale Direktwirkung, S. 220 f.

492 *W. Schroeder*, in: Streinz, EUV/AEUV, Art. 288 AEUV Rn. 95. Siehe dort auch zum folgenden Satz.

493 Siehe etwa *EuGH*, Urt. v. 19.01.1982, Rs. 8/81 (Becker/Finanzamt Münster), Slg. 1982, S. 53 ff. Rn. 25.

494 Vgl. *Generalanwalt*, Schlussanträge v. 09.02.1994, Rs. C-91/92 (Faccini Dori), Slg. 1994, I-3328 Rn. 31, welcher von „*vertikale(r) Direktwirkung*“ spricht.

Hierbei sind jedoch die Konstellationen der vertikalen Wirkung zugunsten Einzelner und die – unzulässige – umgekehrte vertikale Direktwirkung zu unterscheiden.[495] Die vertikale Wirkung bezeichnet den Fall, dass sich ein Einzelner zu seinen Gunsten gegenüber dem säumigen Mitgliedstaat auf eine nicht fristgerecht und unzureichend umgesetzte Richtlinienbestimmung beruft, die unbedingt und hinreichend bestimmt ist. Die Zulässigkeit dieser vertikalen Direktwirkung ist anerkannt.[496]

Begründet wird die vertikale Direktwirkung mit dem Gedanken des effet utile.[497] Hiernach würde die praktische Wirksamkeit des Unionsrechts gefährdet, sofern sich Einzelne im Falle der unzureichenden Richtlinienumsetzung nicht auf deren Regelungen berufen könnten. Weiter sind Treuwidrigkeitsüberlegungen von tragender Bedeutung.[498] Denn die Mitgliedstaaten sind verpflichtet, die Richtlinienvorgaben in ihr nationales Recht umzusetzen (Art. 288 Abs. 3 AEUV). Sofern sich nun ein Einzelner gegenüber dem Mitgliedstaat auf eine nicht umgesetzte Richtlinienbestimmung beruft, soll sich dieser seiner Umsetzungsverpflichtung nicht unter Berufung auf seine pflichtwidrige Säumnis entziehen können. Daneben soll der säumige Mitgliedstaat durch die vertikale Direktwirkung für den Verstoß gegen seine Umsetzungspflicht sanktioniert werden.[499]

Dagegen kann sich nach ständiger Rechtsprechung des *EuGH* ein Mitgliedstaat nicht gegenüber und zulasten des Einzelnen auf eine nicht umgesetzte Richtlinienbestimmung berufen.[500] Dies wird als „*umgekehrte vertikale Wirkung*" bezeichnet.[501] Die Ablehnung dieser Wirkungsweise fußt letztlich auf spiegelbildlichen Erwägungen wie die Begründung der zulässigen vertikalen

---

495 Vgl. zu diesen Begrifflichkeiten *W. Schroeder*, in: Streinz, EUV/AEUV, Art. 288 AEUV Rn. 99 f.

496 Siehe nur *Herdegen*, Europarecht, § 8 Rn. 55, 57.

497 *Ruffert*, in: Calliess/Ruffert, EUV/AEUV, Art. 288 AEUV Rn. 48, siehe dort auch zum folgendem Satz.

498 *Ruffert*, in: Calliess/Ruffert, EUV/AEUV, Art. 288 AEUV Rn. 48; *W. Schroeder*, in: Streinz, EUV/AEUV, Art. 288 AEUV Rn. 88, siehe dort auch zu den folgenden Sätzen.

499 *W. Schroeder*, in: Streinz, EUV/AEUV, Art. 288 AEUV Rn. 88.

500 *EuGH*, Rs. 152/84 (Marshall/Southampton), Slg. 1986, 723, Rn. 48; Siehe auch *Ruffert*, in: Calliess/Ruffert, EUV/AEUV, Art. 288 AEUV Rn. 57 m.w.N.

501 *W. Schroeder*, in: Streinz, EUV/AEUV, Art. 288 AEUV Rn. 100, siehe dort auch zu den folgenden Sätzen.

Wirkung, denn die Umsetzungsverpflichtung richtet sich ausdrücklich nur an Mitgliedstaaten.[502]

## III. Keine horizontale Direktwirkung

Mit der im Schrifttum diskutierten „*horizontalen Drittwirkung*“[503], ist die unmittelbare Wirkung von Richtlinien angesprochen, die inhaltlich privatrechtliche Verpflichtungen enthalten. Gemeint ist die unmittelbare Wirkung im Verhältnis zwischen Privatpersonen beziehungsweise im Horizontalverhältnis.

Allerdings lehnt der *EuGH* die horizontale Direktwirkung in ständiger Rechtsprechung ab.[504] Bereits in der Rechtssache *Faccini Dori*, die eine Verbraucherrechtsstreitigkeit und damit gerade ein horizontales Verhältnis betraf, entschied er, dass sich für eine Verbraucherin gegenüber einem Unternehmer auch nach Ablauf der Umsetzungsfrist kein Widerrufsrecht unmittelbar aus der Richtlinie 85/577/EWG ergeben könne.[505] Dies obwohl die in Rede stehenden Richtlinienbestimmungen unbedingt und hinreichend genau waren.[506] Dieser Linie entsprechend lehnte er in einem weiteren Verfahren Rechte des Verbrauchers aus der Richtlinie 87/102/EWG gegen den Kreditgeber ab.[507]

Wesentliches Begründungselement für die Ablehnung der horizontalen Direktwirkung ist, dass Richtlinien nach Art. 288 Abs. 3 AEUV nur an die Mitgliedstaaten gerichtet sind und auch nur diese unmittelbar verpflichten können.[508] Daher können sie nicht ausnahmsweise zu belastenden Verpflichtungen in reinen Privatrechtsstreitigkeiten führen. Andernfalls wäre für Einzelne die Rechtssicherheit gefährdet. Bestünde die Möglichkeit, dass sich für den Einzelnen auch Verpflichtungen unmittelbar aus Richtlinien ergeben könnten, müsste

---

502 Wird gegen diese verstoßen, soll der Mitgliedstaat keine Vorteile aus seiner Säumnis ziehen können, sondern vielmehr sanktioniert werden.

503 *Herdegen*, Europarecht, § 8 Rn. 58, 60; vgl. auch *W. Schroeder*, in: Streinz, EUV/AEUV, Art. 288 AEUV Rn. 101, siehe dort auch zum folgenden Satz.

504 Siehe *EuGH*, Urt. v. 16.07.1998, Rs. C-355/96 (Silhouette International/Hartlauer Handelsgesellschaft), Slg. 1998, I-4799 Rn. 36 m.w.N.

505 *EuGH*, Urt. v. 14.07.1994, Rs. C-91/92 (Faccini Dori/Recreb Srl), Slg. 1994, I-3325 Rn. 22 ff.

506 Siehe Art. 1 Abs. 1, Art. 2 sowie Art. 5 der Richtlinie 85/577/EWG.

507 *EuGH*, Urt. v. 07.03.1996, Rs. C-192/94 (El Corte Ingles/Rivero), Slg. 1996, I-1281 Rn. 15-21.

508 *EuGH*, Urt. v. 14.07.1994, Rs. C-91/92 (Faccini Dori/Recreb Srl), Slg. 1994, I-3325 Rn. 20; Urt. v. 07.03.1996, Rs. C-192/94 (El Corte Ingles/Rivero), Slg. 1996, I-1281 Rn. 16.

dieser nicht nur das Umsetzungsrecht, sondern stets auch die zugrundeliegenden Richtlinien auf Wertungen zu seinen Ungunsten hinterfragen. Dies würde jedoch der natürlichen Wirkungsweise von Richtlinien widersprechen (vgl. Art. 288 Abs. 3 AEUV). Überdies passe der aus dem Grundsatz venire contra factum proprium gefolgerte Sanktionsgedanke nicht auf Horizontalverhältnisse.[509] Schließlich wird die Ablehnung der horizontalen Direktwirkung unter Bezug auf das Gesetzmäßigkeitsprinzip begründet. Denn die Union könne nur dort unmittelbar wirkende Verpflichtungen zulasten des Einzelnen anordnen, wo sie die Befugnis hierzu habe.[510] Dies sei bei unmittelbar wirkenden Verordnungen – nicht jedoch bei Richtlinien im Sinne des Art. 288 Abs. 3 AEUV – der Fall. Mithin fehle hier die erforderliche Eingriffsgrundlage.

Diesen Grundsätzen steht auch nicht die Entscheidung in der Rechtssache *Unilever Italia* entgegen.[511] Hier entschied der *EuGH*, dass sofern ein Mitgliedstaat seine richtlinienrechtliche Verpflichtung zur Mitteilung technischer Vorschriften verletze, die entsprechende technische Vorschrift unanwendbar sei.[512] Dies gelte auch für einen Rechtsstreit zwischen Privaten. Hierdurch konnte sich im Ausgangsverfahren eine Partei nicht auf die Verletzung einer technischen Vorschrift berufen, weil diese wegen der Verletzung der mitgliedstaatlichen Mitteilungspflicht nicht anwendbar war.[513] Die Nichtanwendbarkeit einer technischen Vorschrift in einem Zivilrechtsstreit wegen eines Verstoßes gegen eine richtlinienrechtliche Mitteilungspflicht mag auf den ersten Blick einer horizontalen Direktwirkung gleich kommen. Allerdings führte in der Sache die Missachtung der in der Richtlinie vorgesehenen begleitenden Verfahrenspflicht zur Unabwendbarkeit der nationalen Vorschrift.[514] Diese oblag jedoch gemäß

---

509 Vgl. *W. Schroeder*, in: Streinz, EUV/AEUV, Art. 288 AEUV Rn. 88 und 100. Mitgliedstaaten sollen aus einer fehlerhaften Richtlinienumsetzung keinen Nutzen ziehen dürfen. Hingegen haben Einzelne keinen Einfluss auf die Richtlinienumsetzung, weswegen ihnen auch keine Umsetzungsfehler zugerechnet werden können.

510 *EuGH*, Urt. v. 14.07.1994, Rs. C-91/92 (Paola Faccini Dori/Recreb Srl), Slg. 1994, I-3325 Rn. 24. Vgl. dort auch zum folgenden Satz.

511 Im Ergebnis ebenso: *Ruffert*, in: Calliess/Ruffert, EUV/AEUV, Art. 288 AEUV Rn. 58.

512 *EuGH*, Urt. v. 26.09.2000, Rs. C-443/98 (Unilever Italia/Central Food), Slg. 2000, I-7535 Rn. 45 ff., siehe dort auch zum folgenden Satz.

513 Der Schuldner konnte der Zahlungsforderung für bestellte Waren nicht entgegenhalten, dass die gelieferte Ware nicht nach der entsprechenden italienischen Vorschrift etikettiert war, da diese Vorschrift infolge der Missachtung der Meldepflicht aus Art. 9 Abs. 3 der Richtlinie 83/189/EWG nicht anzuwenden war.

514 Vgl. *Ruffert*, in: EUV/AEUV, Calliess/Ruffert, Art. 288 AEUV Rn. 58; *Jarass*, EuR 2004, 714 (722).

Art. 12 der Richtlinie 83/189/EWG[515] dem Mitgliedstaat und nicht einem Privaten. Hingegen ergaben sich aus der verletzten Richtlinienvorschrift selbst keine unmittelbaren Rechtsfolgen für die im Ausgangsverfahren streitenden Parteien.

Mit Blick auf die Entscheidung in der Rechtssache Mangold wird stellenweise vertreten, dass der *Gerichtshof* sein Verbot der horizontalen Direktwirkung relativiere.[516] In der Sache hielt er im Ergebnis eine unzureichend umgesetzte Richtlinienbestimmung in einem Rechtsstreit zwischen Privaten für unmittelbar anwendbar.[517] Dies jedoch mit der Begründung, dass die streitgegenständliche Richtlinienbestimmung einen allgemeinen Rechtsgrundsatz des Unionsrechts – namentlich das Verbot der (Alters)Diskriminierung – konkretisiere. Dieser allgemeine Rechtsgrundsatz ist Bestandteil des Primärrechts und daher für Private verbindlich und partizipiert am unionsrechtlichen Anwendungsvorrang.[518]

## IV. Zur unmittelbaren Wirkung in mehrpoligen Rechtsverhältnissen

Nicht so eindeutig lässt sich der Fall beurteilen, in dem es nicht ausschließlich um ein Vertikalverhältnis geht, sondern um rechtliche Verpflichtungen der Mitgliedstaaten, die sich einerseits zugunsten eines Rechtsschutzsuchenden und andererseits – gegebenenfalls mittelbar – zulasten eines weiteren Privatrechtssubjektes auswirken können. Diese Konstellation kann als „*mehrpoliges*“[519] beziehungsweise multipolares Rechtsverhältnis bezeichnet werden.

### 1. Ansätze im Schrifttum

Hinsichtlich derartiger Konstellationen wird im Schrifttum – überwiegend einheitlich – davon gesprochen, dass sich der Einzelne in mehrpoligen Verwaltungsrechtsverhältnissen gegenüber der Verwaltung auch dann auf eine ihn begünstigende Richtlinienbestimmung berufen können solle, wenn sich hieraus negative Auswirkungen auf die Rechte Dritter ergeben können.[520] Angesprochen

---

515 Richtlinie 83/189/EWG über ein Informationsverfahren auf dem Gebiet der Normen und technischen Vorschriften.

516 *Schroeder*, in: Streinz, EUV/AEUV, Art. 288 AEUV Rn. 102; *Herdegen*, Europarecht, § 8 Rn. 61.

517 *EuGH*, Urt. v. 22.11.2005, Rs. C-144/04 (Mangold/Helm), Slg. 2005, I-9981 ff. Rn. 55 ff. Siehe dort auch zu den folgenden Sätzen.

518 Vgl. *Streinz/Herrmann*, RdA 2007, 165 (168).

519 *W. Schroeder*, in: Streinz, EUV/AEUV, Art. 288 AEUV Rn. 103.

520 *Herdegen*, Europarecht, § 8 Rn. 60. Vgl. *Ruffert*, in: Calliess/Ruffert, EUV/AEUV, Art. 288 AEUV Rn. 63 f. sowie *Schroeder*, in: Streinz, EUV/AEUV, Art. 288 AEUV Rn. 103.

sind damit Rechtsverhältnisse, in denen Rechtspositionen von Privatrechtssubjekten durch mitgliedstaatliches Handeln – wie beispielsweise die Erteilung einer Genehmigung oder den Zuschlag im Vergabeverfahren – vermittelt werden.[521]

Im Ausgangspunkt könne zwischen faktischen Belastungen und echten Rechtspflichten unterschieden werden.[522] Faktische Belastungen seien durchaus zulässig. Dies sei jedoch nicht mehr der Fall, „*wenn eine staatliche Verpflichtung aktiviert wird, die unmittelbar im Zusammenhang mit der Verpflichtung eines privaten Dritten steht*". Dabei sei letztlich entscheidend, wen die betreffende Richtlinienbestimmung verpflichte. Sind Adressaten der betreffenden Richtlinienverpflichtung mitgliedstaatliche Einrichtungen, nicht aber Privatpersonen selbst, sei die unmittelbare Anwendung zulässig.

## 2. Judikatur des *Gerichtshofs*

Dem vorstehenden Ansatz liegt überwiegend die Betrachtung der Entscheidungen des *Gerichtshofes* in den Rechtsachen Arcor II sowie Delena Wells zugrunde. In der Rechtssache Delena Wells bekräftigte der *EuGH* zunächst, dass Richtlinien keine Verpflichtungen für den Einzelnen, aber doch Rechte für diesen begründen können.[523] Daher könne sich ein Einzelner gegenüber einem Mitgliedstaat auch auf eine mitgliedstaatliche Verpflichtung berufen, soweit diese nicht zugleich eine Verpflichtung enthalte, die unmittelbar einen Privaten treffe.

Hintergrund war die Frage, ob sich ein Anwohner gegenüber seinem Mitgliedstaat auf eine sich aus der Richtlinie 85/337/EWG[524] ergebende mitgliedstaatliche Verpflichtung zur Durchführung einer Umweltverträglichkeitsprüfung für einen Steinbruch berufen könne.[525] Diese war im zugrundeliegenden Genehmigungsverfahren nicht erfolgt. Die Verpflichtung eine Umweltverträglichkeitsprüfung anzuordnen, oblag gemäß Art. 2 Abs. 1 der Richtlinie 85/337/EWG dem

---

521 Zusammenfassend: *Ruffert*, in: Calliess/Ruffert, EUV/AEUV, Art. 288 AEUV Rn. 63.

522 *Ruffert*, in: Calliess/Ruffert, EUV/AEUV, Art. 288 AEUV Rn. 63. Siehe dort auch zu den folgenden Sätzen.

523 Dabei „*rechtfertigen bloße negative Auswirkungen auf die Rechte Dritter, selbst wenn sie gewiss sind, es nicht, dem Einzelnen das Recht auf Berufung auf die Bestimmungen einer Richtlinie gegenüber dem betreffenden Mitgliedstaat zu versagen*", EuGH, Urt. v. 07.01.2004, Rs. C-201/02 (Delena Wells), Slg. 2004, I-723 Rn. 56 ff., siehe dort auch zu den folgenden Sätzen.

524 Diese Richtlinie regelte die Umweltverträglichkeitsprüfung bei bestimmten öffentlichen und privaten Projekten.

525 *EuGH*, Urt. v. 07.01.2004, Rs. C-201/02 (Delena Wells), Slg. 2004, I-723 Rn. 55 ff.

Mitgliedstaat. Mithin fehlte es an der unmittelbaren Verpflichtung des Steinbrucheigentümers aus der Richtlinie selbst.

Die vorstehenden Grundsätze bestätigte der *Gerichtshof* in einer jüngeren Entscheidung betreffend den Telekommunikationssektor.[526] Auch hier geht er zunächst unter Rekurs auf seine ständige Rechtsprechung davon aus, dass „*eine Richtlinie selbst keine Verpflichtungen für einen Einzelnen begründen kann, sondern nur Rechte.*“ Daher könne sich ein Einzelner nicht gegenüber einem Mitgliedstaat auf eine Richtlinie berufen, „*wenn es sich um eine Verpflichtung des Staates handelt, die unmittelbar im Zusammenhang mit der Erfüllung einer anderen Verpflichtung steht, die aufgrund dieser Richtlinie einem Dritten obliegt*“[527]. Dagegen sollen absehbare, „*bloße negative Auswirkungen auf die Rechte Dritter*“ der Berechtigung des Einzelnen nicht entgegenstehen können, sich gegenüber dem säumigen Mitgliedstaat auf einzelne Richtlinienbestimmungen zu berufen.[528]

### 3. Stellungnahme

Mithin kann für mehrpolige Verwaltungsrechtsverhältnisse festgehalten werden, dass eine begrenzte Direktwirkung defizitär umgesetzter Richtlinien durchaus zulässig ist. Entscheidend ist, dass sich aus der betreffenden Richtlinienbestimmung keine unmittelbare Verpflichtung für ein Privatrechtssubjekt ergibt. Hingegen stehen absehbare negative Auswirkungen auf Rechte privater Dritter der Drittwirkung von Richtlinienbestimmungen nicht entgegen.

In Ansehung der vorstehenden Judikatur ist dabei zu betonen, dass die unmittelbare Wirkung einer Richtlinienbestimmung nur dann in Betracht kommen kann, wenn es um eine mitgliedstaatliche Verpflichtung geht. Mit anderen Worten darf es sich nicht um eine Verpflichtung handeln, deren Erfüllung unmittelbar einem Privaten obliegt.[529] Dies liegt auf einer Linie mit den Feststellungen zur Rechtssache Faccini Dori. Hier ging es um die horizontale Direktwirkung. Gleichwohl wurde diese aber abgelehnt, weil ansonsten einem

---

526 *EuGH*, Urt. v. 17.07.2008, verb. Rs. C-152/07 bis C-154/07 (Arcor u.a./BRD), Slg. 2008, I-5959, Rn. 35 ff. Siehe dort auch zu den folgenden Sätzen.

527 *EuGH* (Arcor u.a./BRD), a.a.O., Rn. 35.

528 Insofern spricht *Ruffert* davon, dass sich aus der einschlägigen Judikatur kein Belastungsverbot aus Richtlinien ergebe (*Ruffert*, in: Calliess/Ruffert, EUV/AEUV, Art. 288 AEUV Rn. 65).

529 Siehe insbesondere *EuGH*, Urt. v. 07.01.2004, Rs. C-201/02 (Delena Wells), Slg. 2004, I-723 Rn. 56.

Privaten ein Widerrufsrecht – gegenüber seinem Vertragspartner – unmittelbar aus der unzureichend umgesetzten Richtlinie erwachsen wäre. Hingegen ging es beispielsweise in der Rechtssache Delena Wells um die Verpflichtung zur Durchführung einer Umweltverträglichkeitsprüfung in einem behördlichen Genehmigungsverfahren. Deren Erfüllung oblag jedoch einer mitgliedstaatlichen Einrichtung und nicht unmittelbar einem Privaten.

Dieser eingeschränkten Direktwirkung in mehrpoligen Verwaltungsrechtsverhältnissen ist zuzustimmen. Denn in derartigen Verwaltungsrechtsverhältnissen geht es letztlich um verschiedene Verhältnisse von Privatrechtssubjekten zu einer Behörde. Beruft sich nun ein Privatrechtsubjekt etwa in einem verwaltungsgerichtlichen Anfechtungsstreit gegen die einem anderen erteilte Genehmigung auf eine defizitär umgesetzte Richtlinienbestimmung, stellt dies für den Anfechtenden keine belastende Wirkung dar. Erfolgt dann die Aufhebung der angefochtenen Genehmigung aufgrund nationaler Aufhebungsregeln – beispielsweise über Rücknahme oder Widerrufsvorschriften – wird der Genehmigungsinhaber auch nicht unmittelbar aufgrund einer defizitär umgesetzten Richtlinienbestimmung belastet. Dies steht mit der ständigen Rechtsprechung des *EuGH* in Einklang, dass Richtlinienbestimmungen keine unmittelbaren Verpflichtungen des Einzelnen begründen können.

## V. Schlussfolgerungen für die unmittelbare Richtlinienwirkung in multipolaren Marktregulierungsverhältnissen

Im Schrifttum wird stellenweise vertreten, dass sich im Falle unzureichender Umsetzung von Bestimmungen des Richtlinienrahmens Einzelne im Vertikalverhältnis gegenüber der BNetzA auf solche Richtlinienbestimmungen berufen können, die inhaltlich hinreichend genau und unbedingt sind.[530]

In dieser Allgemeinheit kann dem nicht beigepflichtet werden. Zunächst sind – entsprechend der Regulierungsgegenstände – regulierungsbehördliche Verpflichtungen zur Zugangsregulierung und Entgeltgenehmigungen sowie entgeltspezifische Anordnungen zu unterscheiden. Dabei handelt es sich überwiegend um Eingriffsbefugnisse der BNetzA gegenüber marktmächtigen Netzbetreibern. Weiter ist zwischen Drittverpflichtungs- und Drittanfechtungssituationen zu differenzieren.

In Ansehung der vorstehenden Grundsätze können sich zugangsberechtigte Dritte in einem Rechtsstreit mit der BNetzA nur in Anfechtungskonstellationen

---

530 Vgl. *Klotz*, in: Säcker, TKG, Einl. II, Rn. 52.

auf etwaig unzureichend umgesetzte Bestimmungen des Richtlinienrahmens berufen.[531] Den Fall, dass sich ein zugangsberechtigter Dritter bei der Anfechtung einer telekommunikationsrechtlichen Entgeltgenehmigung darauf beruft, dass diese gegen unzureichend umgesetzte Richtlinienbestimmungen verstoße, hat der *EuGH* bereits entschieden.[532] Hier ist die unmittelbare Wirkung von Richtlinienbestimmungen zulässig, weil sie sich zugunsten des anfechtenden Dritten auswirken. Zugleich wird der Genehmigungsadressat nicht unmittelbar aus der missachteten Richtlinienbestimmung verpflichtet. Dies erfolgt vielmehr durch eine kassatorische Urteilswirkung oder aufgrund von Regeln zur Rücknahme beziehungsweise zum Widerruf der Entgeltgenehmigung. Diese nachteiligen Folgen ergeben sich jedoch nicht unmittelbar aus der defizitär umgesetzten Richtlinienbestimmung.

Entsprechendes gilt allgemein für den Fall der Drittanfechtung einer regulierungsbehördlichen Verpflichtung unter Berufung auf den Verstoß gegen eine unzureichend umgesetzte Bestimmung des Richtlinienrahmens. Dessen Regelungen ermächtigen überwiegend nur die nationale Regulierungsbehörde. Mithin folgt aus ihnen keine unmittelbare Verpflichtung eines marktmächtigen Betreibers. Weiter würde die Aufhebung der angefochtenen Regulierungsverpflichtung entweder durch behördlichen Widerruf oder durch ein kassatorisches Urteil erfolgen.

Von diesen Fällen zulässiger Drittwirkung ist jedoch die Konstellation zu unterscheiden, dass ein zugangsberechtigter Dritter unter Berufung auf nicht ausreichend umgesetzte Bestimmungen des Richtlinienrahmens den Erlass (weitergehender) Regulierungsverpflichtungen gegenüber einem marktmächtigen Unternehmen begehrt. Dies könnte beispielsweise hinsichtlich der eingangs angesprochenen dürftigen Umsetzung von Art. 17 Abs. 1 URL in Betracht kommen.[533] In diesem Fall ist jedoch der Erlass von Regulierungsverpflichtungen unmittelbar aus Art. 17 Abs. 1 URL aus zwei Gründen unzulässig.[534] Zunächst stünde der Vorbehalt des Gesetzes der unmittelbaren Belastung eines marktmächtigen Unternehmens auf der Grundlage von Art. 17 Abs. 1 URL entgegen.

531 Sofern diese inhaltlich hinreichend bestimmt und unbedingt sind.

532 *EuGH*, Urt. v. 24.04.2008, Rs. C-55/06 (Arcor/BRD), Slg. 2008, I-2976 ff.

533 Dieser sieht eine Generalklausel für geeignete regulatorische Verpflichtungen gegenüber Unternehmen vor, die auf bestimmten Endnutzermärkten über beträchtliche Marktmacht verfügen.

534 Daneben erscheint fraglich, ob der generalklauselartige Art. 17 Abs. 1 URL hinreichend bestimmt ist, um unmittelbar Anwendung finden zu können.

Dieser erfordert für belastende Maßnahmen eine hinreichend bestimmte Eingriffsgrundlage.[535] Sofern diese generalklauselartige Richtlinienbestimmung nicht umgesetzt wurde, würde es hieran jedoch fehlen.[536] Überdies könnte mangels Umsetzungsakt die Verpflichtung des marktmächtigen Unternehmens nur unmittelbar auf der Grundlage von Art. 17 Abs. 1 URL erfolgen. Dies steht jedoch im Widerspruch zur ständigen Rechtsprechung des *EuGH*. Hiernach ist die Verpflichtung des Einzelnen unmittelbar aus einer Richtlinie unzulässig.

## D. Exkurs: Staatshaftung wegen unzureichender Richtlinienumsetzung

Schließlich ist für rechtsschutzsuchende Dritte die Ebene der Staatshaftung wegen unzureichend umgesetzter Richtlinienbestimmungen in den Blick zu nehmen. Dieses Rechtsinstitut wurde vom *EuGH* zur Durchsetzung des Unionsrechts entwickelt[537] und ist ebenfalls auf mitgliedstaatlicher Ebene anerkannt.[538] Soweit eine Richtlinie die Einräumung einer subjektiven Rechtsposition im nationalen Recht verlangt, diese aber im Umsetzungsakt nicht vorgesehen ist und auch nicht im Wege einer richtlinienkonformen Auslegung begründet werden kann, ist an einen unionsrechtlich fundierten Staatshaftungsanspruch zu denken.[539]

Ein solcher Staatshaftungsanspruch setzt voraus, dass (1) die nicht fristgemäß umgesetzte Richtlinienbestimmung darauf zielt, dem Einzelnen Rechte zu verleihen, (2) der Inhalt dieser Rechte nach Maßgabe der Richtlinie so weit bestimmbar ist, dass sich ein Mindestmaß der gebotenen Begünstigung konkretisieren lässt und (3) zwischen dem Verstoß gegen die Umsetzungsverpflichtung

---

535 Vgl. *Jarass/Pieroth*, GG, Art. 20 Rn. 73.

536 Vgl. *Kühling*, JuS 2014, 481 (485).

537 Die Verpflichtung zur effektiven Richtlinienumsetzung richtet sich an die Mitgliedstaaten, weswegen ein Haftungsanspruch wegen Missachtung dieser Pflicht auch gegen den jeweiligen Mitgliedstaat gerichtet ist. Historisch betrachtet, stellt diese Konstellation sogar den Ausgangspunkt für die Entwicklung dieses Rechtsinstituts dar. Siehe schon *EuGH*, Urt. v. 19.11.1991, Verb. Rs. C-6/90 und C-9/90, Slg. 1991, I-5357, Rn. 38 ff. sowie Urt. v. 05.03.1996, Verb. Rs. 46/93 und 48/93, Slg. 1996, I-1029, Rn. 20 ff.; Urt. v. 26.03.1996, Rs. C-392/93, Slg. 1996, I-1631, Rn. 40; Urt. v. 25.02.1999, Rs. C-131/97, Slg. 1999, I-1103, Rn. 52.

538 Siehe etwa *Herdegen*, Europarecht, § 10 Rn. 10 f.

539 Vgl. auch *Burgi*, Verwaltungsprozeß[sic] und Europarecht, S. 54 sowie *Ehlers*, Die Europäisierung des Verwaltungsprozeßrechts [sic], S. 60.

und dem für den Begünstigten entstandenen Schaden ein Kausalzusammenhang besteht.[540]

Ein unionsrechtlicher Staatshaftungsanspruch[541] wegen unzureichender Richtlinienumsetzung kommt gerade dann in Betracht, wenn sich der Leidtragende der unzureichenden Umsetzung vor einem mitgliedstaatlichen Gericht nicht unmittelbar auf bestimmte Richtlinienvorschriften berufen kann, weil sie nicht hinreichend genau und unbedingt sind.[542] Erforderlich ist nur, dass sich der Inhalt der Individualbegünstigung den richtlinienrechtlichen Zielvorgaben entnehmen lässt. Kann sich der Einzelne dann wegen der Nichteinräumung eines durchsetzbaren subjektiven Rechts im Umsetzungsrecht nicht wehren und resultiert hieraus ein kausaler Schaden, dürften die Voraussetzungen des unionsrechtlich begründeten Staatshaftungsanspruchs vorliegen.

Mithin kann im unterstellten Fall unzureichender Umsetzung des Richtlinienrahmens für zugangsberechtigte Dritte – anders als die richtlinienkonforme Auslegung oder unmittelbare Direktwirkung – der Staatshaftungsanspruch nur soweit in Betracht kommen, wie die verletzte Richtlinienvorschrift individualschützende Vorgaben enthält.[543] Dies ist grundsätzlich hinsichtlich der Verpflichtungen im Rahmen der Zugangsregulierung sowie hinsichtlich der Verpflichtungen zur Preis- und Kostenkontrolle nach der Zugangsrichtlinie der Fall. Ebenfalls dürfte dies hinsichtlich der generalklauselartigen Verpflichtung marktmächtiger Unternehmen nach Art. 17 Abs. 1 URL gelten. Mithin könnte – vorbehaltlich der übrigen Voraussetzungen – bezüglich der dürftigen Umsetzung von Art. 17 Abs. 1 URL für zugangsberechtigte Dritte durchaus ein Staatshaftungsanspruch in Betracht kommen können.

540 Zusammenfassend zu den Voraussetzungen des gemeinschaftsrechtlichen Staatshaftungsanspruches: *Herdegen*, Europarecht, § 10 Rn. 11.

541 Dieser ist verschuldensunabhängig und kommt auch bei normativem Unrecht in Betracht. Letzteres kann insbesondere der Fall sein, wenn normative Handlungen eines Mitgliedstaates gemeinschaftsrechtlichen Vorgaben zur Begründung von Rechten des Einzelnen widersprechen. Der unionsrechtliche Staatshaftungsanspruch hängt von drei Voraussetzungen ab. Die Handlung eines mitgliedstaatlichen Organs muss zu einem Gemeinschaftsrechtsverstoß führen, wobei die verletzte Unionsvorschrift dem Schutz des Einzelnen dienen muss. Weiterhin muss dieser Unionsrechtsverstoß einen kausalen Schaden begründen. Siehe hierzu: *Ruffert*, in: Calliess/Ruffert, EUV/AEUV, Art. 340 AEUV Rn. 40 ff.

542 Vgl. *EuGH*, Verb. Rs. 46/93 und 48/93 (Brasserie du pecheur/BRD), Slg. 1996, I-1029, Rn. 21.

543 *Herdegen*, Europarecht, § 10 Rn. 11.

# Kapitel 3: Öffentlich-rechtlicher Drittschutz im Rahmen der Marktregulierung nach dem TKG

Notwendige Voraussetzung für den Rechtsschutz Dritter im öffentlichen Recht ist regelmäßig die Existenz eines mit dem Rechtsschutzbegehren korrespondierenden subjektiv-öffentlichen Rechts. Die Rechtsschutzgarantie des Art. 19 Abs. 4 S. 1 GG kommt nur dann zum Tragen, soweit die einschlägige Norm dem Betroffenen ein subjektiv-öffentliches Recht einräumt.[1] Dieser Zuschnitt auf den Individualrechtsschutz wird auf einfachgesetzlicher Ebene durch § 113 Abs. 1 und 5 sowie § 42 Abs. 2 VwGO konkretisiert.[2] Letzterer verlangt die Klagebefugnis als Zulässigkeitsvoraussetzung für die Erhebung von Anfechtungs- und Verpflichtungsklagen und wird darüber hinaus auf die übrigen verwaltungsrechtlichen Klagen entsprechend angewendet.[3] Hierin materialisiert sich die grundsätzliche Entscheidung für ein Individualrechtsschutzsystem im Gegensatz zur objektiven Rechtmäßigkeitskontrolle.[4]

Wegen dieses subjektiv-rechtlichen Zuschnitts werden nachstehend zunächst die Vorschriften der telekommunikationsrechtlichen Marktregulierung daraufhin untersucht, ob sie Dritten subjektiv-öffentliche Rechte verleihen (§ 5). Nur unter dieser Grundvoraussetzung kann für Dritte verwaltungsgerichtlicher Rechtsschutz in Betracht kommen. Vor dem so gewonnenen Befund gilt es, die sektorspezifischen Besonderheiten im Rahmen der gerichtlichen Durchsetzung zu untersuchen (§ 6).

## § 6 Materiell-rechtliche Drittschutznormen der Marktregulierung

Mit der Figur des subjektiv-öffentlichen Rechts ist eine Kernfrage des materiellen Verwaltungsrechts von grundlegender Bedeutung für den verwaltungsprozessualen Rechtsschutz sowie für den Rechtsschutz Dritter.[5] Die Theoriebildung

---

1 *Jarass/Pieroth*, GG, Art. 19 Rn. 36.

2 *Schmidt-Kötters*, in: Posser/Wolff, BeckOK VwGO, § 42 Rn. 109, 110.

3 Siehe nur *Kopp/Schenke*, VwGO, § 42 Rn. 62.

4 Vgl. *Schmidt-Kötters*, in: Posser/Wolff, BeckOK VwGO, § 42 Rn. 108, 109.

5 *Maurer/Waldhoff*, Allgemeines Verwaltungsrecht, § 8 Rn. 4.

um diese Rechtsfigur reicht bis in die Zeit vor der VwGO zurück.[6] Gleichwohl beschäftigt die Ermittlung subjektiv-öffentlicher Rechte immer noch die Gemüter. Um herauszufinden, welche Vorschriften der sektorspezifischen Marktregulierung Dritten subjektiv-öffentliche Rechte verleihen, gebietet es sich, zunächst den Maßstab für die Ermittlung derartiger Rechte zu bestimmen.

## A. Zur Ermittlung subjektiv-öffentlicher Rechte

Im Grundsatz ist der Gesetzgeber bei der Entscheidung darüber frei, welche rechtlichen Begünstigungen der Einzelne gelten machen darf.[7] Dieser legislatorische Einschätzungsspielraum findet seine Grenze in den Grundrechten[8] sowie sonstiger verfassungsgemäßer Rechte als subjektiv-rechtlichem Mindestbestand.[9] Sofern Normen des öffentlichen Rechts nicht ausdrücklich dem Einzelnen ein subjektives Recht einräumen[10], bestimmt sich die Frage der Ermittlung subjektiv-öffentlicher Rechte gemeinhin nach der tradierten Schutznormlehre beziehungsweise Schutznormtheorie. Dieser Ansatz beherrscht nach wie vor Literatur und Rechtsprechung[11] und wird vor allem im Bereich von Drittklagen herangezogen.[12]

### I. Zur Schutznormlehre

Die Frage, wann aus einem Rechtssatz des öffentlichen Rechts subjektive Rechte folgen, wird – in der Rechtspraxis – nach der Schutznormlehre bestimmt.[13] Sie ist eng mit der Definition des subjektiv-öffentlichen Rechts verwoben. Die Wurzeln der heutigen Schutznormlehre reichen zurück bis in die Zeit des

---

6 Vgl. *Wahl*, in: Schoch/Schneider/Bier, VwGO, Vorb. § 42 Abs. 2, Rn. 44.

7 *Sachs*, in: ders., GG, Art. 19 Rn. 130.

8 Zur beschränkten Bedeutung der Grundrechte für den Drittschutz im Rahmen der telekommunikationsrechtlichen Marktregulierung, siehe Kapitel 1, § 2, c) Regulierungsbegründende Wirkung der Wirtschaftsgrundrechte?, S. 66 f.

9 *BVerfG*, Beschluss vom 09.01.1991 – 1 BvR 207/87 – in BVerfGE 83, 182 (195).

10 Wie zum Beispiel § 4 Abs. 1 UIG.

11 *Scherzberg*, in: Ehlers/Pünder, Allgemeines Verwaltungsrecht, § 12 Rn. 9; Siehe nur *Schmidt-Kötters*, in: BeckOK VwGO, § 42 Rn. 151; *Masing*, in: Hoffmann-Riem/Schmidt-Aßmann/Voßkuhle, Grundlagen des Verwaltungsrechts, Bd. I, § 7 Rn. 106.

12 Vgl. *Wahl*, in: Schoch/ Schneider/Bier, VwGO, Vorb. § 42 Abs. 2 Rn. 95 oder *Scharl*, Die Schutznormtheorie – Historische Hintergründe, S. 174 f. u. 215.

13 Siehe etwa *Schmidt-Kötters*, in: BeckOK VwGO, § 42 Rn. 151 oder *Kopp/Schenke*, VwGO, § 42 Rn. 78 u. 83 ff.

Spätkonstitutionalismus[14] und sind bis heute nicht in Vergessenheit geraten. Den maßgeblichen Brückenkopf für die Frage der Ermittlung subjektiver öffentlicher Rechte bildet nach wie vor die Definition von *Bühler* aus dem Jahre 1914.[15] Hiernach ist ein

> *„Subjektives öffentliches Recht (…) diejenige rechtliche Stellung des Untertanen zum Staat, in der er auf Grund eines Rechtsgeschäfts oder eines zwingenden, zum Schutz seiner Individualinteressen erlassenen Rechtssatzes, auf den er sich der Verwaltung gegenüber soll berufen können, vom Staat etwas verlangen kann oder ihm gegenüber etwas tun darf.“*[16]

Mithin sind drei Voraussetzungen für das Vorliegen eines subjektiv-öffentlichen Rechts maßgeblich. Nötig ist ein zwingender Rechtssatz, bei dem es sich um eine Schutznorm handeln muss („*zum Schutz seiner Interessen erlassenen Rechtssatzes*“), die dem Einzelnen die Rechtsmacht verleiht, etwas verlangen zu können.[17] Im Laufe der Zeit haben sich sowohl das Verständnis dieser Voraussetzungen als auch deren einzelne Gewichtung stark verändert.[18] Insbesondere der Einfluss unseres Grundgesetzes führte zu einem Bedeutungsverlust des Kriteriums der verliehenen Rechtsmacht.[19] Nach dem gegenwärtigen Verständnis der Schutznormlehre ist für die Annahme eines subjektiv-öffentlichen Rechts eine besondere (Durchsetzungs-)Verleihung im Sinne der Bühlerschen Formel nicht mehr erforderlich.[20] Vielmehr kommt es entscheidend darauf an, ob die betreffende

---

14 Soweit die gesamte Entwicklung bis zum gegenwärtigen Verständnisstand dieser Lehre nachgezeichnet wird, begegnet im Schrifttum des Öfteren die Unterscheidung zwischen ursprünglichen bzw. älteren und neueren Schutznormtheorien (vgl. *Bauer*, AöR Bd. 113 (1988), 582 (585 ff.)); *Huber*, Konkurrenzschutz im Verwaltungsrecht, S. 107 ff. oder *Scharl*, Die Schutznormtheorie – Historische Hintergründe, S. 39 ff.

15 So etwa *Wahl*, in: Schoch/Schneider/Bier, VwGO, Vorb. § 42 Abs. 2 Rn. 94. Vgl auch *Huber*, Konkurrenzschutz im Verwaltungsrecht, S. 107 f. oder *Reiling*, Zu individuellen Rechten im deutschen und im Gemeinschaftsrecht, S. 83 sowie *Scharl*, Die Schutznormtheorie – Historische Hintergründe, S. 52 ff. u. 150 ff.

16 *Bühler*, Die subjektiven öffentlichen Rechte, S. 224.

17 Vgl. *Wahl*, in: Schoch/Schneider/Bier, VwGO, Vorb. § 42 Abs. 2 Rn. 94.

18 Zum gewandelten Verständnis der einzelnen Voraussetzungen siehe *Bauer*, Geschichtliche Grundlagen der Lehre vom subjektiven öffentlichen Recht, S. 135 ff. oder *Scharl*, Die Schutznormtheorie – Historische Hintergründe, S. 140 ff. u. 158 ff.

19 *Bauer*, Geschichtliche Grundlagen der Lehre vom subjektiven öffentlichen Recht, S. 138 sowie *Scharl*, Die Schutznormtheorie – Historische Hintergründe, S. 143 ff. u. 160 ff.

20 *Wahl*, in: Schoch/Schneider/Bier, VwGO, Vorb. § 42 Abs. 2 Rn. 95, siehe dort auch zum folgenden Satz. Siehe zum Bedeutungsverlust der ursprünglichen Voraussetzungen

Norm neben ihrem objektiven Regelungsprogramm zumindest auch den Schutz von Individualinteressen bezweckt.[21]

## 1. Gegenwärtiger Stand in der Literatur

Nach der herrschenden Schutznormtheorie ist ein subjektiv-öffentliches Recht dann anzunehmen, wenn ein Rechtssatz des öffentlichen Rechts, der die Verwaltung zu einem bestimmten Verhalten verpflichtet, nicht nur dem öffentlichen Interesse, sondern zumindest auch dem Schutz der Interessen einzelner Rechtssubjekte zu dienen bestimmt ist.[22] Entscheidend ist dabei, dass der Interessenschutz des Einzelnen aus dem Gesetz folgt beziehungsweise gesetzlich bezweckt ist. Insoweit kann von der *„individualschützenden Wirkung"* beziehungsweise der *„individualschützenden Zweckrichtung"* gesprochen werden.[23] Diese sei nicht gegeben, wenn dem Einzelnen aus einer öffentlich-rechtlichen Norm bloße Vorteile beziehungsweise faktische Begünstigungen erwachsen.[24] Vielmehr sei erforderlich, dass die Begünstigung des Einzelnen rechtlich gewollt und damit gesetzlich bezweckt ist.

Andernfalls handele es sich bei der Begünstigung um bloße *„Rechtsreflexe"*[25]. Solche seien anzunehmen, wenn eine Norm ausschließlich dem öffentlichen Interesse dient und lediglich als tatsächliche Nebenwirkung auch Individualinteressen zugutekommt.[26] Exemplarisch kann dies anhand von § 1 Abs. 3 S. 1 BauGB aufgezeigt werden. Dieser statuiert für die Gemeinde die Pflicht zur Aufstellung eines Bebauungsplans, wenn städtebauliche Gründe dies erfordern. Hiermit geht für denjenigen, der im Plangebiet über ein Grundstück verfügt,

---

eines zwingenden Rechtssatzes und der Rechts- bzw. Willensmacht: *Scharl*, Die Schutznormtheorie – Historische Hintergründe, S. 140 f. und 143 ff.

21 Siehe nur *Erbguth/Guckelberger*, Allgemeines Verwaltungsrecht, § 9 Rn. 2: Unter einem subjektiven-öffentlichen Recht kann *„die einem Bürger zuerkannte Rechtsmacht verstanden"* werden, *„vom Staat zur Verfolgung eigener Interessen ein bestimmtes Verhalten verlangen zu können"* oder *Scharl*, Die Schutznormtheorie – Historische Hintergründe, S. 150 ff. u. 162 ff.

22 Siehe etwa *Erbguth/Guckelberger*, Allgemeines Verwaltungsrecht, § 9 Rn. 3 sowie *Maurer/Waldhoff*, Allgemeines Verwaltungsrecht, § 8 Rn. 8, vgl. dort auch zum folgenden Satz.

23 Vgl. *Wahl*, in: Schoch/Schneider/Bier, VwGO, Vorb. § 42 Abs. 2 Rn. 95.

24 *Erbguth/Guckelberger*, Allgemeines Verwaltungsrecht, § 9 Rn. 3, siehe dort auch zum nachstehenden Satz.

25 *Sodan*, in: Sodan/Ziekow, VwGO, § 42 Rn. 388.

26 *Redeker/von Oertzen*, Verwaltungsgerichtsordnung, § 42 Rn. 52.

in der Regel eine Wertsteigerung seines Grundstücks einher.[27] Gleichwohl ist diese Begünstigung nur als bloßer Rechtsreflex anzusehen, da diese planungsrechtliche Bestimmung dem Interesse an einer geordneten städtebaulichen Entwicklung dient.[28]

Ferner erfordert die Annahme der individualschützenden Wirkung einer Norm, dass aus individualisierenden Tatbestandsmerkmalen ein Personenkreis entnommen werden kann, der sich von der Allgemeinheit unterscheidet.[29] Eine „*zahlenmäßige Abgegrenztheit*" ist jedoch nicht mehr erforderlich.[30]

Als Zwischenergebnis lässt sich festhalten, dass für das gegenwärtige Verständnis der Schutznormtheorie zwei Elemente wichtig sind.[31] Erstens bedarf die Annahme eines subjektiv-öffentlichen Rechts eines Rechtssatzes, der die Verwaltung zu einem bestimmten Verhalten verpflichtet. Dieser muss – zweitens – zumindest auch dem Interesse des Einzelnen zu dienen bestimmt sein. Dies ist wiederum der Fall, wenn die Norm den Schutz eines Personenkreises bezweckt, der sich von der Allgemeinheit abgrenzen lässt.

Die Frage, ob eine Norm des öffentlichen Rechts nur dem öffentlichen Interesse dient oder zumindest auch den Schutz der Interessen Einzelner bezweckt, ist im Wege der Auslegung zu ermitteln.[32] *Schmidt-Aßmann* fasst die gegenwärtigen Regeln für die Ermittlung der individualschützenden Zweckrichtung einer öffentlich-rechtlichen Norm in drei Aussagen zusammen.[33] Erstens komme – im Gegensatz zu älteren Ansätzen – dem Willen des Gesetzgebers bei der Bestimmung des Schutzzwecks keine vorrangige Bedeutung mehr zu. Zweitens sei in die Schutzzweckbestimmung nicht nur die jeweilige Norm selbst, sondern auch das sie umgebende Normgefüge miteinzubeziehen. Drittens seien die Grundrechte in ihrer norminternen Wirkungsweise zu berücksichtigen. Sie könnten eine wertverdeutlichende, systematisierende Rolle bei der Bestimmung des

27 Bauland ist regelmäßig ein höherer Verkehrswert zu eigen als dies etwa bei bloßem Bauerwartungsland der Fall ist.

28 *Battis/u. a.*, BauGB, § 1 Rn. 10. Im Übrigen stellt § 1 Abs. 3 S. 2 BauGB ausdrücklich klar, dass auf die Aufstellung eines Bebauungsplans kein Anspruch besteht.

29 Vgl. *Hufen*, Verwaltungsprozessrecht, § 14 Rn. 73; *Schmidt-Kötters*, in: Posser, Wolff, BeckOK VwGO, § 42 Rn. 154.

30 *Couzinet*, DVBL 2008, 754 (760); vgl. *Schoch*, in: Hoffmann-Riem/Schmidt-Aßmann/Voßkuhle, Grundlagen des Verwaltungsrechts, Bd. III, § 50 Rn. 142.

31 Vgl. *Hufen*, Verwaltungsprozessrecht, § 14 Rn. 73.

32 *Kopp/Schenke*, VwGO, § 42 Rn. 83.

33 *Schmidt-Aßmann*, in: Maunz/Dürig, GG, Art. 19 Rn. 128, siehe dort auch zu den folgenden Sätzen.

Schutzzwecks spielen. In diesem Zusammenhang versteht *Schmidt-Aßmann* das Schutznormdenken als Schutznormlehre, die wiederum ein „*Kanon*“ von „*Methoden und Regeln*“ sei, nach denen der subjektiv-rechtliche Gehalt eines Rechtssatzes im Wege der Auslegung erschlossen werden soll. Dieser Kanon sei entwicklungsoffen und erschöpfe sich nicht in einem singulären Kriterium.[34]

### 2. Gegenwärtiger Stand in der Rechtsprechung

Die aktuelle Handhabung der Schutznormlehre zur Bestimmung subjektiv-öffentlicher Rechte Dritter durch die Rechtsprechung wird nachstehend anhand von höchstrichterlichen Judikaten zu Verwaltungsrechtsstreitigkeiten dargestellt, die das *BVerwG* in Drittkonstellationen mit telekommunikationsrechtlichen Hintergrund in Bezug nimmt.[35] Seit Aufkommen der Adressatentheorie stellt der Bereich von Drittklagen gegenwärtig den primären Anwendungsbereich der Schutznormlehre dar.[36]

In seiner wegweisenden Entscheidung zur drittschützenden Wirkung von Vorschriften zur Marktregulierung des TKG 2004[37] nimmt das *BVerwG* im Rahmen seiner Ausführungen zur Klagebefugnis Dritter unter Hinweis auf seine ständige Rechtsprechung unter anderem auf seine Entscheidung vom 16.09.1993 Bezug.[38] Auf diese Entscheidung wird ebenfalls in einem Urteil des BVerwG zum TKG 1996 verwiesen.[39] In dem in Bezug genommenen Judikat stand unter anderem die nachbarschützende Wirkung von § 12 Abs. 2 BauNVO in Frage.[40] Diesbezüglich führte der *Senat* aus, dass

> *„es für den Drittschutz nicht darauf ankommen könne, ob die Norm ausdrücklich einen fest „abgrenzbaren Kreis der Betroffenen“ benenne. Entscheidend sei vielmehr, daß [sic] sich aus den individualisierenden Tatbestandsmerkmalen der Norm ein Personenkreis entnehmen lasse, der sich von der Allgemeinheit unterscheide.“*

---

34 *Schmidt-Aßmann*, in: Maunz/Dürig, GG, Art. 19 Rn. 128; *Wahl*, in: Schoch/Schneider/Bier, VwGO, Vorb. § 42 Abs. 2 Rn. 95.

35 Obgleich hier nicht ausdrücklich von der „*Schutznormlehre*“ gesprochen wird, betreffen sie Drittschutzkonstellationen.

36 *Wahl*, in: Schoch/Schneider/Bier, VwGO, Vorb. § 42 Abs. 2 Rn. 95.

37 BVerwGE 130, 39 (41). Auf dieses Urteil wird im Rahmen der Untersuchung der drittschützenden Wirkung des § 21 näher eingegangen (siehe hierzu Kapitel 3, § 6, bb) Entscheidung des *BVerwG* vom 28.11.2007).

38 BVerwGE 94, 151 (158).

39 BVerwGE 117, 93 (99).

40 BVerwGE 94, 151 (158), siehe dort auch zum folgenden Satz.

Dementsprechend führt der *6. Senat* in dem erwähnten Urteil zum TKG 2004 aus, dass es für die Klagebefugnis einer Klägerin, die nicht Adressatin des von ihr erstrebten Verwaltungsaktes sei, darauf ankomme, *„dass sie sich auf eine öffentlich-rechtliche Norm stützen kann, die nach dem in ihr enthaltenen Entscheidungsprogramm (zumindest auch) sie als Dritte schützt.*“[41] Dabei wird auf eine Entscheidung zum TKG 1996 Bezug genommen, in der es heißt, dass der Schutzzweck der streitgegenständlichen Norm im Wege der Auslegung zu ermitteln sei. Ergebe diese, dass *„sie unmittelbar (auch) den rechtlichen Interessen dieses Personenkreises zu dienen bestimmt ist und daher nicht nur tatsächlich, also reflexartig, seine Rechte berührt*“, sei ein subjektiv-öffentliches Recht eines Dritten anzunehmen.[42] In einer Entscheidung aus dem Jahre 2013, deren Streitgegenstand unter anderem mehrere Anfechtungsbegehren einer Nichtadressatin hinsichtlich einer Regulierungsverfügung waren, bezieht sich der *6. Senat* im Rahmen seiner Ausführungen zur Klagebefugnis auf die vorstehende Entscheidung.[43] Wie in dieser wird darauf abgestellt, ob auch die Interessen einer Nichtadressatin *„unmittelbar*“ durch das *„Entscheidungsprogramm*“ von § 21 geschützt werden.

Mithin wird stets darauf abgestellt, ob das *„Entscheidungsprogramm*“ der streitgegenständlichen Norm auch den Interessen von Nichtadressaten zu dienen bestimmt sei. Diese können im Verhältnis zu Verpflichtungsadressat – Beigeladener – und Regulierungsbehörde – die für die Beklagte handelt[44] – als Dritte bezeichnet werden. Deckungsgleichheit besteht insofern, als dass für den drittschützenden Charakter maßgeblich ist, dass nach den individualisierenden Tatbestandsmerkmalen der Norm ein von der Allgemeinheit unterscheidbarer Personenkreis geschützt werde. Hinsichtlich dieser Voraussetzung werden jedoch feine Unterschiede gemacht. Im Gegensatz zur grundlegenden Entscheidung von 2007 stellt das *BVerwG* in den vorgestellten Judikaten aus 2002 und 2013 hinsichtlich der Frage, ob das Entscheidungsprogramm den Schutz eines individualisierbaren Personenkreises bezwecke, darauf ab, ob unmittelbar auch die rechtlichen Interessen dieses Personenkreises geschützt werden.

---

41 BVerwGE 130, 39 (41) Rn. 11. Entscheidend sei, *„dass sich aus den individualisierenden Tatbestandsmerkmalen der Norm ein Personenkreis entnehmen lässt, der sich hinreichend von der Allgemeinheit unterscheidet*“ (a.a.O.).

42 BVerwGE 117, 93 (95), siehe dort zum folgenden Satz.

43 *BVerwG*, Urt. 11.12.2013 – 6 C 24/12 – NVwZ 2014, 942 (946) Rn. 30.

44 In Ansehung des Rechtsträgerprinzips ist bei Klagen gegen telekommunikationsrechtliche Regulierungsmaßnahmen der BNetzA die Bundesrepublik Deutschland die richtige Beklagte (§ 78 Abs. 1 Nr. 1 VwGO).

## II. Neuere Herausforderungen für die Schutznormlehre

Trotz ihrer mehr als 100-jährigen Tradition war und ist die Schutznormlehre nicht unkritisiert geblieben.[45] Gleichwohl wird im Schrifttum ihre Anpassungsfähigkeit[46] beziehungsweise ihre Flexibilität[47] hervorgehoben oder jedenfalls für Weiterentwicklungen auf dem Grundgedanken – der Schutznorm – aufgesetzt.[48]

Hinsichtlich der hergebrachten Kritik[49] soll es genügen, dem grundlegenden Vorwurf zu begegnen, dass die Schutznormlehre die Rechtssicherheit gefährde, da letztlich eine Einzelnormanalyse maßgeblich sei, was zu einer kaum mehr übersichtlichen Kasuistik führe.[50] Dem ist entgegen zu halten, dass der entscheidende Vorteil einer abstrakten Formel gerade darin liegt, in vielfältigen Sachverhalten anwendbar zu sein. Wenn es dann im Hinblick auf den geschützten Personenkreis beispielsweise im Bauplanungsrecht[51] und Immissionsschutzrecht[52] zu unterschiedlichen Ergebnissen kommt, dürfte dies eher der Unterschiedlichkeit der besonderen Regelungsgegenstände geschuldet sein. Denn beispielsweise geht es hinsichtlich der immissionsrechtlichen Schutzpflicht um den Schutz der menschlichen Gesundheit (vgl. § 5 Abs. 1 Nr. 1 BImSchG). Hingegen dient das Bauplanungsrecht der städtebaulichen Entwicklung und der geordneten Bauleitplanung, welche typischerweise eher grundstücksbezogen sind.

---

45 Ein Überblick über die Kritikströmungen findet sich bei *Wahl*, in: Schoch/Schneider/Bier, VwGO, Vorb. § 42 Abs. 2 Rn. 96; *Gärditz*, VwGO, § 42 Rn. 55 ff.

46 *Schoch*, in: Hoffmann-Riem/Schmidt-Aßmann/Voßkuhle, Grundlagen des Verwaltungsrechts, Bd. III, § 50 Rn. 139.

47 *Pietzcker*, in: Festschrift für Josef Isensee, S. 577 (580); *Redeker/von Oertzen*, Verwaltungsgerichtsordnung, § 42 Rn. 52.

48 So ausdrücklich, in: Schoch/Schneider/Bier, VwGO, Vorb. § 42 Abs. 2 Rn. 97. Vgl. auch *Schoch*, in: Hoffmann-Riem/Schmidt-Aßmann/Voßkuhle, Grundlagen des Verwaltungsrechts, Bd. III, § 50 Rn. 139.

49 Siehe hierzu *Bauer*, AöR Bd. 113 (1988), S. 582 (592 ff.).

50 Vgl. *Schmidt-Aßmann*, in: Maunz/Dürig, GG, Art. 19 Abs. 4 Rn. 130, welcher gegen diese Vorwürfe einwendet, dass die Schutznormlehre zu mehr Rechtssicherheit führe. Vgl. auch *Schmidt-Kötters*, in: Posser/Wolff, BeckOK VwGO, § 42 Rn. 163.

51 Unter den baurechtlichen Nachbarbegriff fallen nur Grundstückseigentümer oder Inhaber eigentumsähnlicher Rechtspositionen (vgl. *Kopp/Schenke*, VwGO, § 42 Rn. 97).

52 Hinsichtlich schädlicher Umwelteinwirkungen nach § 5 Abs. 1 Nr. 1 BImSchG gehört zur geschützten Nachbarschaft, wer sich nicht nur gelegentlich im Einwirkungsbereich der Anlage aufhält (*Schmidt-Kötters*, in: Giesberts/Reinhardt, BeckOK Umweltrecht, § 5 Rn. 40).

Zwei neuere Stoßrichtungen in der Diskussion um die Schutznormlehre sind jedoch für diese Arbeit besonders relevant. Zum einen ist der Einfluss des Unionsrechts[53] – insbesondere hinsichtlich nationaler Rechtsvorschriften, die der Umsetzung von Richtlinien dienen – und zum anderen ist die Bewältigung multipolarer Konfliktlagen in Drittschutzkonstellationen[54] gemeint.

### 1. Bewältigung mehrpoliger Konfliktlagen

Die tradierte Schutznormlehre fragt danach, ob eine Norm des öffentlichen Rechts zumindest auch den Individualinteressen Einzelner zu dienen bestimmt ist. Im Blickfeld steht damit eine bipolare Staat-Bürger-Beziehung. Primäres Anwendungsfeld der Schutznormlehre sind jedoch Drittschutzkonstellationen. In verwaltungsgerichtlichen Drittschutzkonstellationen stehen sich aber nicht nur ein privater Kläger und eine beklagte Behörde gegenüber,[55] sondern in der Regel ist ein weiteres Rechtssubjekt beizuladen. Dabei resultiert die Dynamik in derartigen Drittkonstellationen regelmäßig aus dem Interessenkonflikt, der aus dem Verhältnis zwischen Kläger und Beigeladenen stammt.

Das klassische Beispiel einer Drittanfechtungsklage gegen eine Baugenehmigung zeigt, dass es in der Regel um gegenläufige Interessen – von Privaten – geht. In einer solchen Situation treffen regelmäßig aktive Gestaltungsinteressen des Anfechtenden auf passive Verschonungsinteressen des (beigeladenen) Genehmigungsadressaten.[56] Dieser Umstand findet in der herrschenden Schutznormlehre keine ausdrückliche Berücksichtigung, wenn lediglich gefragt wird, ob eine Norm des Öffentlichen Rechts zumindest auch dem Schutz von Individualinteressen zu dienen bestimmt ist. Dies führte in der Literatur zur Entwicklung von Ansätzen, bei denen die Bewältigung des rechtlichen Horizontalverhältnisses zwischen Privaten den Mittelpunkt für die Ermittlung des subjektiv-rechtlichen Gehalts verwaltungsrechtlicher Normen bildet. [57] Da es bei der Marktregulierung

---

53 Siehe nur Couzinet, DVBL 2008, 754 (760/761) oder *Schmidt-Kötters*, in: Posser/Wolff, BeckOK VwGO, § 42 Rn. 165 f. Vgl. auch *Saurer*, Der Einzelne im europäischen Verwaltungsrecht, S. 454 u. 456.

54 *Wahl*, in: Schoch/Schneider/Bier, VwGO, Vorb. § 42 Abs. 2 Rn. 99; *Schmidt-Preuß*, Kollidierende Privatinteressen, S. 193 ff.

55 Wobei die prozessrechtlichen Beteiligtenstellungen genauso gut mit umgekehrten Vorzeichen versehen sein können.

56 Vgl. zu dieser Terminologie *Schmidt-Preuß*, Kollidierende Privatinteressen, S. 711.

57 *Schmidt-Preuß*, Kollidierende Privatinteressen, S. 713. Vgl. *Wahl*, in: Schoch/Schneider/Bier, VwGO, Vorb. § 42 Abs. 2 Rn. 97.

regelmäßig um mehrpolige Rechtsverhältnisse geht, gilt es diese eingehender zu untersuchen.

### a) Rechtsverhältnislehre

Der Versuch einer grundlegenden Neuorientierung hinsichtlich der Ermittlung subjektiv-öffentlicher Rechte in mehrpoligen Konfliktlagen ging mit der sogenannten Rechtverhältnislehre einher. *Henke*, als einer der prominentesten Vertreter dieser Lehre, versteht unter dem Rechtsverhältnis eine Beziehung, die eine Person unmittelbar mit einer oder mehreren verbindet.[58] Die Besonderheit der öffentlich-rechtlichen Natur eines solchen Verhältnisses liege nicht in der Beschreibung der Beziehung vom Einzelnen und Staat, sondern in der besonderen gesetzlichen Bindung der Verwaltung – als einer Beteiligten – bei ihren Entscheidungen.[59] Pointierter ist die Charakterisierung des Rechtsverhältnisses als *„rechtsnormgestaltende Beziehung zwischen zwei oder mehreren Subjekten"*, wobei die *„Determination durch Rechtsnormen"* entscheidend sei.[60] Die Rechtsverhältnislehre ist damit nicht auf ein zweipoliges Staat-Bürger-Verhältnis beschränkt, sondern weist von Natur aus die Fähigkeit auf, multipolare Beziehungen zu erfassen.[61] Der Inhalt des Rechtverhältnisses – also die Einzelberechtigungen und -verpflichtungen – sei aus der Rechtsordnung abzuleiten.[62] Insofern sei eine Gesamtbetrachtung des in Frage kommenden Normenmaterials anzustellen, bei der die konkreten Sachstrukturen des jeweiligen Rechtsbereichs sowie auch verfassungsrechtliche Wertungen mit zu berücksichtigen seien.[63] Sofern es um grundrechtliche Schutzbereiche gehe, sollen diese als Rahmenstruktur des Rechtverhältnisses subjektiv-öffentliche Rechte vorzeichnen. Deren konkreter Inhalt sei dann im Rahmen der erwähnten Gesamtbetrachtung zu ermitteln. Anschaulich wird dies anhand der Position von *Reiner Schmidt* für

---

58 Dabei unterscheidet er zwischen allgemeinen und besonderen Rechtsverhältnissen. Ersteres solle in abstrakter Form insgesamt die Stellung von Bürgern und Staat charakterisieren und noch keine konkreten Rechte oder Pflichten zeichnen. Diese würden erst infolge der Anwendung von Normen oder durch tatsächliches Handeln zwischen konkreten Rechtssubjekten entstehen. *Henke*, DÖV 1980, 621 (622 und 624).

59 *Henke*, DÖV 1980, 621 (624).

60 *Achterberg*, in: Gedächtnisschrift für Küchenhoff, S. 13 (S. 15/16.).

61 *Achterberg*, in: Gedächtnisschrift für Küchenhoff, S. 13 (S. 16); *Schulte*, DVBL 1988, 512 (514).

62 Vgl. *Schmidt*, Öffentliches Wirtschaftsrecht – Allg. Teil, § 10 S. 456/457, der von der Normabhängigkeit der Einzelberechtigungen und -verpflichtungen spricht.

63 *Bauer*, AöR Bd. 118 (1988), S. 583 (631).

die Ermittlung der materiellen Rechtsstellung des Konkurrenten bei staatlichen Einwirkungen auf den Wettbewerb.[64] Ausgangspunkt sei die grundrechtlich geschützte Berufsfreiheit. Gerade bei drei- und mehrseitigen Rechtsverhältnissen im Subventionsrecht gehe mit dem Vorteil des einen regelmäßig ein Nachteil des anderen Konkurrenten einher. Das Grundrecht der Berufsfreiheit gewährleiste die subjektiven Rechte des Konkurrenten dem Grunde nach. Dabei sollen sich der konkrete Inhalt und die Reichweite der subjektiven Berechtigungen aus den einfachgesetzlichen Vorschriften ergeben, die die Teilnahme am Wettbewerb ausformen.

Mittlerweile ist die Euphorie hinsichtlich der Eignung der Rechtsverhältnislehre für eine grundlegende Neuorientierung in der Diskussion um das subjektiv-öffentliche Recht abgeklungen.[65] Letzten Endes dürfte der Grund hierfür in der Natur dieser Lehre liegen, denn der Rechtsverhältnisansatz ist in erster Linie ein grundsätzliches Erklärungsmuster. Dies veranschaulicht schon die soeben aufgezeigte Einbeziehung der Grundrechte. Sofern es um staatliches Handeln geht, das den Schutzbereich eines Grundrechtes berührt, zeichnet dieses dem Grunde nach ein subjektiv-öffentliches Recht vor. Dessen konkrete Ausgestaltung ergibt sich dann aber aus unterverfassungsrechtlichen Normen. So verhält es sich insgesamt bei dem Rechtsverhältnisansatz. Die Grundidee des Rechtsverhältnisses führt ohne Ausdifferenzierung durch konkrete Normen, die die Rechtssubjekte in Beziehung zueinander setzen, zur Bestimmung des subjektiv-öffentlichen Rechts nicht weiter. Konkrete Aussagen zu subjektiv-öffentlichen Rechten sind nur in Abhängigkeit der spezifischen Situation und ihrer normativen Ausgestaltung möglich. Der Rechtsverhältnisansatz liefert damit keine Definition in der Art von *O. Bühler*, deren Voraussetzungen gleichzeitig eine Anleitung zur konkreten Ermittlung des subjektiv-öffentlichen Rechts enthielten. Die Rechtsverhältnislehre kann eher als „*dogmatische Grundfigur*“ bezeichnet werden.[66]

---

64 *Schmidt*, Öffentliches Wirtschaftsrecht – Allg. Teil, § 10 S. 457 f. (insbes. S. 461), siehe dort auch zu den folgenden Sätzen.

65 Bereits *Schulte*, als Vertreter dieser Lehre, warnte vor einer Überbewertung der Rechtsverhältnisidee, DVBL 1988, S. 512 (514). Aus neuerer Zeit attestiert *Masing* dieser Lehre nur einen geringen Mehrwert, in: Hoffmann-Riem/Schmidt-Aßmann/Voßkuhle, Grundlagen des Verwaltungsrechts, Bd. I, § 7 Rn. 122; Vgl. auch *Reiling*, Zu individuellen Rechten im deutschen und im Gemeinschaftsrecht, S. 315.

66 So schon *Schmidt*, Öffentliches Wirtschaftsrecht - Allg. Teil, § 10 S. 456 oder *Huber*, Konkurrenzschutz im Verwaltungsrecht, S. 169; vgl. auch *Schmidt-Aßmann*, Ordnungsidee, 2. Kap. Rn. 69 ff.

### b) Konfliktschlichtungsformel

Für multipolare Verwaltungsrechtsverhältnisse entwickelte *Schmidt-Preuß* mit seiner Konfliktschlichtungsformel einen weiteren Ansatz zur Begründung subjektiv-öffentlicher Rechte. Dieser wird insbesondere in der jüngeren Literatur zum Telekommunikationsrecht sowie auch hinsichtlich der Drittschutzdiskussion im Rahmen des EnWG aufgegriffen.[67] Ausgangspunkt seiner Konfliktschlichtungsformel ist die Überlegung, dass eine Drittschutzkonstellation nicht in mehrere bipolare Verhältnisse zwischen dem jeweiligen Beteiligten und der Behörde aufgespalten werden dürfe.[68] Vielmehr sei zu ermitteln, inwiefern die kollidierenden Privatinteressen durch eine verwaltungsrechtliche Norm dergestalt geordnet würden, dass der eine seine Interessen nur auf Kosten des anderen verwirklichen dürfe.[69]

Unter dem Begriff der multipolaren Konfliktsituation im Verwaltungsrecht versteht *Schmidt-Preuß* einen Sachverhalt, in dem eine öffentlich-rechtliche Norm einen Konflikt regelt, bei dem es im Kern um einen Streit zwischen Privaten geht.[70] Diese Konfliktsituation beschreibt er anhand eines Dreiecks. Die Träger der kollidierenden Privatinteressen stehen sich an den zwei Eckpunkten der Hypotenuse gegenüber. An dem Punkt, an dem sich die von diesen Eckpunkten ausgehenden Geraden schneiden – an der Spitze des Dreiecks – befindet sich ein staatlicher Verwaltungsträger, dem die Schlichtung der kollidierenden Privatinteressen obliegt. Dieser sei stets Pflichtsubjekt beziehungsweise passivlegitimiert.[71] Mithin geht es nicht um Direktansprüche zwischen Privaten. *Schmidt-Preuß* teilt die multipolaren Konfliktsituationen in die Grundtypen der Kehrseitigkeit und Wechselbezüglichkeit ein.[72] Wechselbezüglich seien Konstellationen, bei denen es um den Wettbewerb um knappe Ressourcen gehe. Dagegen stehe der Typus der Kehrseitigkeit für Konfliktsituationen, in denen sich aktive Gestaltungsinteressen und Verschonungsinteressen gegenüberstehen.[73]

---

67 Vgl. *Peters*, Rechtsschutz Dritter im Rahmen des EnWG, S. 85 f.

68 *Schmidt-Aßmann*, in: Maunz/Dürig, GG, Art. 19 Rn. 140.

69 *Schmidt-Preuß*, Kollidierende Privatinteressen, S. 709.

70 *Schmidt-Preuß*, Kollidierende Privatinteressen, S. 1, siehe dort auch zu den folgenden Sätzen.

71 *Schmidt-Preuß*, Kollidierende Privatinteressen, S. 709/710, siehe dort auch zum nächsten Satz.

72 Diese zwei Grundtypen teilt *Schmidt-Preuß* in fünf Konstellationen ein: Drittabwehr, Drittvornahme, Gestaltungsvornahme, Gestaltungsabwehr und im Verteilungsstreit die Zugangsvornahme (siehe *Schmidt-Preuß*, Kollidierende Privatinteressen, S. 9 f).

73 *Schmidt-Preuß*, Kollidierende Privatinteressen, S. 711, siehe dort auch zum nächsten Satz.

Dabei definiert *Schmidt-Preuß* das subjektiv-öffentliche Recht *„seinem Inhalt nach als die rechtliche Fähigkeit …, die eigenen Privatinteressen auf Kosten des privaten Konfliktgegners verwirklichen zu dürfen und gegen den Staat als Pflichtsubjekt durchsetzen zu können.“*[74] Grundlage und Reichweite subjektiv-öffentlicher Rechte im multipolaren Verwaltungsrechtsverhältnis sollen darin liegen, dass nach Maßgabe einer öffentlich-rechtlichen Ordnungsnorm eine Abwägung kollidierender Privatinteressen stattfinde. Maßgeblich sei die tatbestandliche Ausgestaltung der verwaltungsrechtlichen Beziehungen zwischen den privaten Konfliktgegnern durch eine Ordnungsnorm. Zusammengefasst sei eine verwaltungsrechtliche Ordnungsnorm drittschützend, wenn sie

> *„die kollidierenden Privatinteressen in ihrer Gegensätzlichkeit und Verflochtenheit wertet, begrenzt, untereinander gewichtet und derart in ein normatives Konfliktschlichtungsprogramm einordnet, daß [sic] die Verwirklichung der Interessen des einen Privaten notwendig auf Kosten des anderen geht.“*[75]

Durch das Merkmal der Gegensätzlichkeit werden gleichlaufende Interessen aus der Formel ausgenommen.[76] Dagegen steht Verflochtenheit für die Grundtypen kollidierender Privatinteressen der Kehrseitigkeit und Wechselbezüglichkeit. Wertung bedeute, dass in der Ordnungsnorm die kollidierenden Privatinteressen je für sich anerkannt werden müssen. Dagegen soll Begrenzung auf die kompromisshafte normative Balance hindeuten. Gewichtung stehe für die *„multipolare Abwägung im Rahmen des anspruchsbegründenden und maßstabsbildenden Horizontalverhältnisses“*. Den Bezugsrahmen hierfür stelle das in der Ordnungsnorm angelegte Konfliktschlichtungsprogramm dar, welches zugleich den *„Sachmaßstab für den Ausgleich der kollidierenden Privatinteressen darstellt“*.[77] Dieses *„enthält die rechtsbegründende normative Reglung der verwaltungsrechtlichen Konfliktbeziehungen“* und hat zudem *„Kompromisscharakter“*. Kennzeichnend sei, dass jeder der privaten Konfliktgegner Abstriche von seinen Freiheiten zugunsten des anderen zum Zwecke einer im einfachen Recht angelegten Gesamtlösung machen müsse.[78] Sofern die kollidierenden

---

74 *Schmidt-Preuß*, Kollidierende Privatinteressen, S. 247, siehe dort zu den folgenden Sätzen.

75 *Schmidt-Preuß*, Kollidierende Privatinteressen, S. 713.

76 *Schmidt-Preuß*, Kollidierende Privatinteressen, S. 713, siehe dort auch zu den folgenden Sätzen.

77 *Schmidt-Preuß*, Kollidierende Privatinteressen, S. 248, siehe dort zu den folgenden Sätzen.

78 *Schmidt-Preuß*, Kollidierende Privatinteressen, S. 248.

Privatinteressen derart durch eine Ordnungsnorm einem normativen Ausgleich unterworfen werden, soll jedem der Konfliktgegner die Rechtsmacht zustehen, die Einhaltung der normativ gebotenen Konfliktschlichtung für sich beanspruchen zu können.[79] Mithin ist die entscheidende Frage, ob die kollidierenden Privatinteressen einer normativen Ausgleichsordnung unterworfen werden, im Wege der Auslegung der jeweiligen Norm zu beantworten.[80]

Festzuhalten ist, dass es sich bei der Konfliktschlichtungsformel um einen rechtssatzabhängigen Ansatz zur Ermittlung subjektiv-öffentlicher Rechte Dritter handelt. Entscheidend ist, dass sich im Wege der Auslegung einer Norm des öffentlichen Rechts ergibt, dass sie einen kompromisshaften Ausgleich kollidierender Privatinteressen darstellt.[81] Veranschaulichen lässt sich dieser Ansatz beispielsweise an § 20 EnWG. Dieser verpflichtet Netzbetreiber, jedermann nach sachlich gerechtfertigten Kriterien diskriminierungsfrei zu vorab veröffentlichten Bedingungen Zugang zum Netz zu gewähren (§ 20 Abs. 1 S. 1 EnWG). Hier werden verschiedene Rechtssubjekte tatbestandlich anerkannt. Zugleich ist diese Zugangsregelung Ausdruck der normativen Bewältigung gegenläufiger Privatinteressen. Der diskriminierungsfreie Zugang ermöglicht den Transport von Energie und sichert das entsprechende Interesse des Petenten. Umgekehrt wird die Rechtsstellung des Netzbetreibers durch die Verweigerungsgründe berücksichtigt (§ 20 Abs. 2 EnWG).[82] Damit sind gegenläufige Privatinteressen normativ anerkannt und gewichtet, so dass § 21 Abs. 1 EnWG nach der Konfliktschlichtungsformel als drittschützend anzusehen ist.[83]

Diese Formel ist nicht nur auf mehrpolige Konfliktsituationen im Verwaltungsrecht zugeschnitten. Vielmehr stehen diese in ihrem Mittelpunkt. Prima

---

79 *Schmidt-Preuß*, Kollidierende Privatinteressen, S. 713.

80 Abhängig von Normausprägung und Regelungsmaterie könne bei Auslegung und Anwendung die Berücksichtigung der „*situativen Faktoren*“ erforderlich sein. Sofern nach den Voraussetzungen der Konfliktschlichtungsformel nur ein Teil des objektivrechtlichen Ordnungsgefüges subjektiviert ist, sei von partiellem Drittschutz zu sprechen (*Schmidt-Preuß*, Kollidierende Privatinteressen, S. 714).

81 In diesem Fall steht, jedem der Interessenträger die Rechtsmacht zu, die normativ vorgesehene Konfliktschlichtung gegen den Staat als Pflichtsubjekt durchsetzen zu können. Vgl. *Schmidt-Preuß*, Kollidierende Privatinteressen, S. 247/248.

82 § 20 Abs. 2 S. 1 EnWG erlaubt die Zugangsverweigerung unter anderem, soweit die Zugangsgewährung aus betriebsbedingten Gründen unter Berücksichtigung der Ziele des § 1 EnWG unmöglich oder unzumutbar erscheint (*Arndt*, in: Britz/Hellermann/Hermes, EnWG, § 20 Rn. 200).

83 *Schmidt-Preuß*, Kollidierende Privatinteressen, S. 762.

facie ist die Konfliktschlichtungsformel für die Beurteilung des drittschützenden Charakters der telekommunikationsrechtlichen Normen, die die Verhältnisse zwischen Netzbetreiber und Zugangsnachfrager betreffen[84], besonders geeignet. Die normative Bewältigung dieser Konfliktlage entscheidet über den drittschützenden Charakter. So gesehen fragt auch *Schmidt-Preuß* nach einer Schutznorm. Im Gegensatz zum tradierten Schutznormverständnis stellt er jedoch nicht darauf ab, ob eine Norm zumindest auch dem Schutz von Individualinteressen zu dienen bestimmt ist. Diese Frage ist für den Bereich der Adressatenklagen seit der Elfes-Entscheidung des *BVerfG* ohnehin obsolet.[85] Daher kann die tradierte Formel für den primären Anwendungsfall der Drittklagen auch weiterentwickelt beziehungsweise ersetzt werden. Mit *Schmidt-Preuß* sei stattdessen entscheidend, ob in einer öffentlich-rechtlichen Norm Wertung und Ausgleich gegenläufiger Privatinteressen zum Ausdruck kommen. Darüber hinaus wird so einerseits die weiterführende Frage ersetzt, ob ein von der Allgemeinheit unterscheidbarer Personenkreis geschützt wird. Andererseits werden nicht nur Interessen eines Privaten gegenüber der Verwaltung berücksichtigt, sondern ebenso die des Adressaten beziehungsweise des Dritten in die Frage nach dem Schutznormcharakter mit einbezogen. Hierdurch wird eine einseitige Betrachtung vermieden. Der Ausgleich gegenläufiger Rechte wird bereits im Rahmen der Schutznormfrage berücksichtigt. Dies ist verfahrensökonomisch und trägt zugleich dem Umstand Rechnung, dass ein staatlicher Eingriff in den Wettbewerb regelmäßig für den Adressaten belastend und zugleich für Dritte vorteilhaft sein kann. Dies gilt namentlich im Hinblick auf das oben geschilderte Zugangsrecht. Auf diese Weise wird zugleich die mitunter schwierige und unscharfe Abgrenzung zwischen öffentlichen und privaten Interessen vermieden. Nach *Schmidt-Preuß* ist allein maßgeblich, ob in der öffentlich-rechtlichen Ordnungsnorm der Ausgleich von gegenläufigen Privatinteressen angelegt ist.

### c) Ansatz von *Wahl*

*Wahl* hält ebenfalls die Bewältigung von Konflikten, die ihren Ursprung in rechtlichen Horizontalverhältnissen haben, für die wesentliche Herausforderung im Rahmen der Ermittlung subjektiv-öffentlicher Rechte.[86] Im Ausgangspunkt

---

84 Neben den Vorschriften der Entgeltregulierung werden die Beziehungen zwischen Netzbetreiber und Zugangsnachfrager insbesondere durch die Normen der Zugangsregulierung nach Teil 2 des TKG bestimmt (siehe Kapitel 1, § 2, I. Zugangsregulierung sowie II. Entgeltregulierung).

85 *Schmidt-Kötters*, in: Posser/Wolff, BeckOK VwGO, § 42 Rn. 173.

86 *Wahl*, in: Schoch/Schneider/Bier, VwGO, Vorb. § 42 Abs. 2 Rn. 97.

betont er die doppelte Abhängigkeit des subjektiv-öffentlichen Rechts von einem aus den Grundrechten folgenden Subjektivierungsgebot sowie dessen Ausformung durch Gesetzgeber und Richterrecht.[87] Vor diesem Hintergrund sollen in Drittschutzkonstellationen drei Punkte den Tatbestand des subjektiv-öffentlichen Rechts kennzeichnen.[88] Erstens sei erforderlich, dass eine öffentlich-rechtliche Norm private Interessenkollisionen abstimme und zum Ausgleich bringe.

> *„Wo das Gesetz konfliktschlichtend die aktiven Gestaltungsinteressen des einen mit den passiven Verschonungsinteressen des anderen (Kehrseitigkeitsstrukturen) oder die konkurrierenden Zugangsinteressen von Mitbewerbern (Wechselbezüglichkeitsstrukturen) in sein Entscheidungsprogramm aufnimmt, sie gewichtet und einer horizontalen Ausgleichsordnung zuführt, dort ist das Entscheidungsprogramm grundsätzlich vorsubjektiviert.“*[89]

Diesbezüglich sei jedoch zwischen Normen, die den Ausgleich horizontaler Interessenkonflikte bereits in abstrakt-generellen Tatbestandsmerkmalen konstituieren[90] und solchen Normen, die den Ausgleich widerstreitender Privatinteressen erst durch einen Verweis auf eine konkrete Situation erzeugen, zu unterscheiden.[91] Diese *„Schutznormen unter Situationsvorbehalt“* seien nur anzunehmen, wenn das einfache Recht auf die faktischen Gegebenheiten verweise.[92] Zweitens werde der Inhalt eines subjektiv-öffentlichen Rechts durch dessen sachlichen Schutzzweck bestimmt, welcher in Ansehung der vorstehenden Differenzierung entweder abstrakt-generell umschrieben sein kann oder sich aus situationsbezogenen Kriterien ergebe. Drittens sei in personeller Hinsicht erforderlich, dass der Einzelne vom personellen Schutzzweck der Schutznorm erfasst werde. Dieser könne sich ebenfalls durch abstrakt-generelle Tatbestandsmerkmale ergeben oder erst mit Blick auf die konkrete Situation.

In konzeptioneller Hinsicht setzt *Wahl* auf dem Ansatz von *Schmidt-Preuß* auf. Im Lichte der Prämisse der doppelten Abhängigkeit des subjektiv-öffentlichen

---

87 *Wahl* in: Schoch/Schneider/Bier, VwGO, Vorb. § 42 Abs. 2 Rn. 98.

88 *Wahl*, in: Schoch/Schneider/Bier, VwGO, Vorb. § 42 Abs. 2 Rn. 114, siehe dort auch zum folgenden Satz.

89 *Wahl*, a.a.O.

90 Als Beispiel nennt *Wahl* insofern Abstandsflächenregelungen wie § 6 Abs. 5 S. 4 BW LBO (*Wahl*, in: Schoch/Schneider/Bier, VwGO, Vorb. § 42 Abs. 2 Rn. 103).

91 Beispielsweise sei im Rahmen des § 34 Abs. 1 BauGB die Berücksichtigung der konkreten räumlichen Situation erforderlich, weswegen es sich hierbei um eine Schutznorm unter Situationsvorbehalt handele (vgl. *Wahl*, in: Schoch/Schneider/Bier, VwGO, Vorb. § 42 Abs. 2, Rn. 106).

92 In diesem Fall sei die Bestimmung des subjektiv-öffentlichen Rechts nur situations- beziehungsweise einzelfallbezogen möglich.

Rechts hält er diesen jedoch für zu einseitig.[93] Er betont die Grenzen generell-abstrakter Normierung, welche sich insbesondere aus der Eigenart des zu regelnden Sachgebiets ergeben sollen.[94] In der Sache gehen jedoch beide davon aus, dass eine Norm auf den Ausgleich kollidierender Privatinteressen gerichtet sein müsse. Hierdurch wird das tradierte Kriterium des bezweckten Schutzes von Individualinteressen modifiziert. Im Unterschied zu *Schmidt-Preuß* betont *Wahl* die Unterscheidung zwischen Normen mit generell-abstrakt drittschützendem Gehalt und solchen, bei denen dieser erst durch einen Verweis auf die konkrete Situation hergestellt werden kann.[95] Abhängig von dem jeweiligen Regelungsbereich sei der Begriff des *Dritten* relativ zu verstehen. Für den hier interessierenden Bereich des Wirtschaftsverwaltungsrechts – beziehungsweise der telekommunikationsrechtlichen Marktregulierung – sei die Wahrung gleicher Wettbewerbschancen entscheidend. [96] Daher hänge die Annahme eines subjektiv-öffentlichen Rechtes maßgeblich davon ab, ob durch das normative Regelungsprogramm die Teilnahme am Wettbewerb zu gleichen Bedingungen gewährleistet werde. In diesem Fall sei das Entscheidungsprogramm grundsätzlich subjektiviert. Das Horizontalverhältnis lasse sich hier jedoch nicht räumlich erfassen – wie etwa im Baurecht – sondern, werde durch die Marktverhältnisse bestimmt. Daher setze der personelle Schutzzweck wirtschaftsverwaltungsrechtlicher Normen mindestens das Bestehen eines Konkurrenzverhältnisses zum potentiell rechtswidrig Begünstigten voraus.

## 2. Zum Einfluss des Unionsrechts

So wie das Verwaltungsrecht generell Einflüssen des Unionsrechts ausgesetzt ist, gilt dies auch für die Schutznormlehre als methodisches Instrument zur Ermittlung des subjektiv-rechtlichen Gehalts eines Rechtssatzes.[97] Dabei besteht in

---

93 *Wahl*, in: Schoch/Schneider/Bier, VwGO, Vorb. § 42 Abs. 2 Rn. 100. Ebenso hält er den Ansatz von *Huber*, das subjektiv-öffentliche Recht aus einer Interpretation abzuleiten, für zu einseitig (Siehe hierzu *Huber*, Konkurrenzschutz im Verwaltungsrecht, S. 281 ff.).

94 *Wahl*, in: Schoch/Schneider/Bier, VwGO, Vorb. § 42 Abs. 2 Rn. 105 f.

95 Diese Unterscheidung gelte sowohl bei der Ermittlung des sachlichen als auch des persönlichen Schutzzweckes, wobei es auch zu Überschneidungen kommen könne. *Wahl*, in: Schoch/Schneider/Bier, VwGO, Vorb. § 42 Abs. 2 Rn. 111 f., vgl. dort auch zu folgenden Sätzen.

96 *Wahl*, in: Schoch/Schneider/Bier, VwGO, Vorb. § 42 Abs. 2 Rn. 113, siehe dort auch zu den folgenden Sätzen.

97 Vgl. *Wahl*, in: Schoch/Schneider/Bier, VwGO, Vorb. § 42 Abs. 2, Rn. 121.

zweierlei Hinsicht weitgehend Einigkeit. Erstens soll die Schutznormlehre als Strukturmodell in der Lage sein, die europarechtlichen Entwicklungsimpulse verarbeiten zu können.[98] Zweitens werden aus unionsrechtlicher Sicht an die Annahme von subjektiven Rechten keine hohen Anforderungen gestellt, was im Ergebnis zu einer großzügigeren Anerkennung subjektiver Rechte führt als dies nach tradiertem Schutznormverständnis der Fall ist.[99]

Als Momente für die Weiterentwicklung der tradierten Schutznormformel lassen sich insbesondere zwei – sich teilweise überschneidende – Gesichtspunkte ausmachen. Allgemein ist das unionsrechtliche Konzept der funktionalen Subjektivierung von Bedeutung[100]. Hiernach wird der Einzelne gleichsam als Kontrolleur des Unionsrechts instrumentalisiert, was wiederum die Einräumung von klagbaren Individualrechten erfordert. Ferner folgen entscheidende Entwicklungsimpulse aus dem Umstand, dass zum Richtlinienprogramm die Forderung von Individualrechten im nationalen Umsetzungsrecht gehören könne.[101] In diesem Zusammenhang ist von einer richtlinienkonform anzuwendenden Schutznormtheorie die Rede.[102]

### a) Schutznormrezeption von *Schoch*

Hinsichtlich der Bewältigung unionsrechtlicher Vorgaben für die Annahme subjektiver Rechte im Rahmen des Schutznormmodells wird überwiegend darauf abgestellt, dass auch eine Richtlinienbestimmung die Schaffung von Klagerechten im Umsetzungsrecht fordern kann, sofern sie auf den Schutz personenbezogener Rechtsgüter oder auf den Schutz von Allgemeininteressen ziele, die auch den Rechtskreis des Einzelnen berühren.[103] Die Rezeption dieser Vorgaben im

---

98 *Schoch*, NVwZ 1999, 457 (465); *Pietzcker*, in: Festschrift für Josef Isensee, S. 577 (595); vgl. auch *Gärditz*, VwGO, § 42 Rn. 70; *Schoch*, in: Hoffmann-Riem/Schmidt-Aßmann/Voßkuhle, Grundlagen des Verwaltungsrechts, Bd. III, § 50 Rn. 161, *ders.*, in: Schoch/Schneider/Bier, VwGO, Einl. Rn. 21a.

99 *Gärditz*, VwGO, § 42 Rn. 70, 71; vgl. *Schoch*, NVwZ 1999, 457 (465).

100 Hierbei soll der Einzelne durch die Einräumung von gerichtlich einforderbaren Rechten zugleich als Kontrolleur zur Einhaltung des Unionsrechts beitragen (siehe etwa *Saurer*, Der Einzelne im europäischen Verwaltungsrecht, S. 308 ff. und insbesondere S. 334 ff. oder *Masing*, in: Hoffmann-Riem/Schmidt-Aßmann/Voßkuhle, Grundlagen des Verwaltungsrechts, Bd. I, § 7 Rn. 92. Siehe dort auch zum folgenden Satz).

101 *Couzinet*, DVBL 2008, 754 (761); vgl. auch *Wahl*, in: Schoch/Schneider/Bier, VwGO, Vorb. § 42 Abs. 2, Rn. 127.

102 *Couzinet*, DVBL 2008, 754 (761).

103 Vgl.*Gärditz*, VwGO, § 42 Rn. 71; *Schmidt-Kötters*, in: Posser/Wolff, BeckOK VwGO, § 42 Rn. 165 ff. sowie *Couzinet*, DVBL 2008, 754 (761).

Rahmen der Schutznormlehre lässt sich exemplarisch anhand des Ansatzes von *Schoch* aufzeigen.

*Schoch* hält die deutsche Schutznormlehre auch in Zeiten der zunehmenden Europäisierung als Strukturmodell für europarechtstauglich.[104] Übereinstimmend mit der tradierten Schutznormformel verlangt er eine normative Basis. Dabei komme nur solchen Rechtssätzen individualschützende Wirkung zu, „*die auf den Schutz personaler Rechtsgüter gerichtet sind und damit den Schutz des Einzelnen bezwecken beziehungsweise ihn zum Träger des geschützten Interesses machen.*"[105] Zum geschützten Personenkreis gehöre jeder Rechtsgutinhaber, der durch ein Verhalten eines Hoheitsträgers betroffen sei. Im umweltrechtlichen Kontext könne dies beispielsweise jeder sein, der von dem Umweltmedium, das Regelungsgegenstand der jeweiligen Norm ist, betroffen sei. [106] Dabei sei unerheblich, wie viele Personen von dem Schutzgut profitieren würden. Auf diese Weise sollen auch aggregierte Interessen Privater einklagbar sein.[107] Zur Begründung stützt sich *Schoch* neben dem Bezug auf das unionsrechtliche Konzept der funktionalen Subjektivierung insbesondere auf die Analyse von *EuGH*-Entscheidungen zur Frage, wann der Inhalt von Richtlinien die Schaffung von subjektiven Rechten im nationalen Umsetzungsrecht vorschreibe.[108]

Mithin kann *Schochs* Ansatz dahingehend verstanden werden, dass eine Norm zumindest auch den Interessen Einzelner zu dienen bestimmt sein muss. Im Unterschied zur tradierten Schutznormformel wird jedoch nicht ausdrücklich darauf abgestellt, ob sich ein geschützter Personenkreis identifizieren lasse, der sich von der Allgemeinheit unterscheidet. Gleichwohl spricht *Schoch* von

---

104 *Schoch*, in: Hoffmann-Riem/Schmidt-Aßmann/Voßkuhle, Grundlagen des Verwaltungsrechts, Bd. III, § 50 Rn. 161, siehe dort auch zu den folgenden Sätzen. Vgl. auch *Schoch*, Die Europäisierung des verwaltungsgerichtlichen Rechtsschutzes, S. 33 ff.

105 *Schoch*, in: Hoffmann-Riem/Schmidt-Aßmann/Voßkuhle, Grundlagen des Verwaltungsrechts, Bd. III, § 50 Rn. 161.

106 Vgl. *Schoch*, in: Hoffmann-Riem/Schmidt-Aßmann/Voßkuhle, Grundlagen des Verwaltungsrechts, Bd. III, § 50 Rn. 160, siehe dort auch zum nachstehenden Satz.

107 Hierunter versteht *Schoch* die Bündelung von Einzelinteressen, in: Hoffmann-Riem/Schmidt-Aßmann/Voßkuhle, Grundlagen des Verwaltungsrechts, Bd. III, § 50 Rn. 160.

108 Insofern bezieht sich *Schoch* vor allem auf die Rechtsprechung des *EuGH* zu Umweltschutz, Verbraucherschutz und Vergaberichtlinien (siehe *Schoch*, in: Hoffmann-Riem/Schmidt-Aßmann/Voßkuhle, Grundlagen des Verwaltungsrechts, Bd. III, § 50 Rn. 155). Vgl. zur Funktionslogik auch bereits *Schoch*, Die Europäisierung des verwaltungsgerichtlichen Rechtsschutzes, S. 19 ff.

einem geschützten Personenkreis. Dieser bestimme sich durch eine rechtsgutbezogene Betroffenheit, wofür ausreichend sei, dass ein personenbezogenes Schutzgut – beispielsweise die menschliche Gesundheit – den Rechtskreis des Einzelnen schütze. Hier liegt jedoch die wesentliche Neuerung zum tradierten Schutznormverständnis. Denn die rechtsgutbezogene Betroffenheit sei auch anzunehmen, wenn es um den Schutz aggregierter Interessen gehe, die die Bündelung von Einzelinteressen enthalten. Ausdrücklich spricht er dies zwar nicht an, aber letztlich dürfte daher auch eine reflexartige Begünstigung ausreichen können, sofern sie sich auf ein personales Rechtsgut bezieht. Hierin liegt eine deutliche Erweiterung der tradierten Schutznormformel.

### b) Ansatz von *Masing*

Der Ansatz von *Masing* ist im Ausgangspunkt ebenfalls von schutznormtheoretischer Natur.[109] Allerdings will er die Schutznormformel grundsätzlich erweitern. Subjektiv-öffentliche Rechte seien anzunehmen, wenn Normen *„entweder dem Interesse einzelner Bürger zu dienen bestimmt sind oder sie den Bürger final als Anwalt gemeiner Belange anerkennen, d. h. in eine prokuratorische Rechtsstellung bringen.“*[110] Diese erweiterte Schutznormtheorie begründet er mit einem gewandelten Begriffsverständnis des subjektiv-öffentlichen Rechts. Seiner Ansicht nach können im modernen Verwaltungsrecht subjektiv-öffentliche Rechte nicht nur auf die Wahrnehmung individueller Interessen reduziert bleiben, sondern können auch zur Durchsetzung von öffentlichen Interessen verliehen werden.[111] Dies beruht auf der Annahme, dass subjektiv-öffentliche Rechte neben der Garantie individueller Freiheit und Selbstbestimmung ebenso der Mobilisierung des Bürgers für die Durchsetzung des geltenden Rechts dienen. Hierdurch vermögen sie die im öffentlichen Interesse liegende Gesetzmäßigkeit der Verwaltung zu fördern. Vorbild ist das dem Unionsrecht entlehnte Prinzip der funktionalen Subjektivierung. Hinsichtlich des Inhalts subjektiv-öffentlicher Rechte unterscheidet *Masing* zwischen solchen – klassisch – privatnütziger und

---

109 *Masing*, in: Hoffmann-Riem/Schmidt-Aßmann/Voßkuhle, Grundlagen des Verwaltungsrechts, Bd. I, § 7 Rn. 106 f, siehe dort auch zu den folgenden Sätzen. Er selbst schlägt die Bezeichnung *„erweiterte Schutznormtheorie“* vor.

110 *Masing*, in: Hoffmann-Riem/Schmidt-Aßmann/Voßkuhle, Grundlagen des Verwaltungsrechts, Bd. I, § 7 Rn. 107.

111 *Masing*, in: Hoffmann-Riem/Schmidt-Aßmann/Voßkuhle, Grundlagen des Verwaltungsrechts, Bd. I, § 7 Rn. 102, siehe dort zu den nachstehenden Sätzen.

solchen – im erweiterten Sinne – prokuratorischer Natur.[112] Letztere sollen nicht zur Wahrung individueller Interessen verliehen werden, sondern machen den Berechtigten zum Sachwalter im öffentlichen Interesse.

Schlussstein dieser erweiterten Schutznormtheorie ist das dem Unionsrecht entlehnte Prinzip der funktionalen Subjektivierung. Dieser Gedanke ist dem tradierten Verständnis subjektiv-öffentlicher Rechte fremd. Allerdings können durch die Aufnahme prokuratorischer Rechte Öffentlichkeitsbeteiligungsrechte oder voraussetzungslose Informationszugangsansprüche unschwer unter den Begriff des subjektiv-öffentlichen Rechts gefasst werden.[113] Durch die Anknüpfung an derartige Berechtigungen kann sein Ansatz von einem allgemeinen Normvollziehungsanspruch abgrenzt werden. *Masing* selbst räumt ein, dass es sehr schwache Beteiligungsrechte geben könne, mit denen kein Recht zur materiell-gerichtlichen Überprüfung verbunden sei. Damit will er wohl dem deutschen Verständnis von relativen und absoluten Verfahrensrechten Rechnung tragen.[114] Gleichwohl ist eine Übertragung des Prinzips der funktionalen Subjektivierung auf die Figur des subjektiv-öffentlichen Rechts nicht zwingend. Im Hinblick auf die Bewältigung von multipolaren Rechtsbeziehungen im Verwaltungsrecht führt er lediglich aus, dass die Schutznormtheorie eine Auslegung des jeweiligen Normprogramms erfordere. Dabei sei maßgeblich, „*wessen Interessen in Abgrenzung zu welchen anderen Interessen geschützt werden*“[115]. Mit dieser vage formulierten Auslegungsregel scheint er andeuten zu wollen, dass in der jeweiligen Norm ein Ausgleich gegenläufiger Privatinteressen angelegt sein müsse. Andernfalls würde sein Ansatz hinsichtlich der Ermittlung rein privatnütziger Rechte mit der tradierten Frage, wann eine Norm auch den Interessen des Einzelnen zu dienen bestimmt ist, übereinstimmen und insoweit keine Neuerung enthalten.

---

112 *Masing*, in: Hoffmann-Riem/Schmidt-Aßmann/Voßkuhle, Grundlagen des Verwaltungsrechts, Bd. I, § 7 Rn. 108 ff. Vgl. dort auch zum folgenden Satz.

113 Siehe insbesondere *Masing*, in: Hoffmann-Riem/Schmidt-Aßmann/Voßkuhle, Grundlagen des Verwaltungsrechts, Bd. I, § 7 Rn. 113.

114 Zu dieser Unterscheidung: *Schemmer*, Bader/Ronellenfitsch, BeckOK VwVfG, § 46 Rn. 26 ff.

115 *Masing*, in: Hoffmann-Riem/Schmidt-Aßmann/Voßkuhle, Grundlagen des Verwaltungsrechts, Bd. I, § 7 Rn. 111.

### c) Verständnis von *Saurer*

Aus jüngerer Zeit ist auf den Ansatz von *Saurer* hinzuweisen, welcher sich der Definition des subjektiv-öffentlichen Rechts aus der Perspektive des Einzelnen im europäischen Verwaltungsrechts nähert.[116] Dabei sei der Begriff des Einzelnen normativ zu verstehen und könne dementsprechend eine Vielzahl an gesellschaftlichen Akteuren – wie beispielsweise kleine oder globale Unternehmen oder Interessengruppen – erfassen.[117] Nach seiner Ansicht würden drei Faktoren das Wesen des subjektiv-öffentlichen Rechts kennzeichnen: Entscheidend sei ein verpflichteter Hoheitsträger, ein Berechtigter und ein dem Berechtigten im Verhältnis zum verpflichteten Hoheitsträger zur Verfolgung zugewiesenes Interesse.[118] Dieses Verständnis gewinnt *Saurer* aus der schrittweisen Anerkennung des Einzelnen als Träger subjektiv-öffentlicher Rechte im Unionsrecht. Die Rechtsstellung des Einzelnen werde geprägt durch das Spannungsverhältnis der funktionalen Subjektivierung und der Verleihung individueller Rechtsmacht.[119] Dabei könne zwischen individualbegünstigenden Primärzwecken und situativ-steuernden Sekundärzwecken unterschieden werden. Hinsichtlich der Bestimmung des – berechtigten – Einzelnen könne weiter entsprechend des normativen Statusverhältnisses differenziert werden.[120]

Das Verständnis von *Saurer* ähnelt dem Ansatz von *Masing*, wobei ersterer den Status des Einzelnen von den Gründungsverträgen bzw. Rechtsgrundlagen des Unionsrechts herleitet. Entscheidend ist letztlich ein normativ zugewiesenes Interesse, welches zur Rechtsverfolgung ermächtigten soll. Dabei kann dies sowohl zur Individualbegünstigung als auch zur Verfolgung anderer – situativsteuernder – Zwecke erfolgen. Eine entsprechende Unterscheidung begegnet ebenfalls bei *Masing*.

### d) Zwischenfazit

Gemeinsamer Nenner der vorstehenden Ansätze ist ein im Gegensatz zur tradierten Schutznormformel weiter gefasstes Verständnis. Insbesondere *Schoch*

---

116 Siehe *Saurer*, Der Einzelne im europäischen Verwaltungsrecht, insbes. S. 67 ff. und S. 454.

117 *Saurer*, Der Einzelne im europäischen Verwaltungsrecht, S. 455.

118 *Saurer*, Der Einzelne im europäischen Verwaltungsrecht, insbes. S. 456.

119 *Saurer*, Der Einzelne im europäischen Verwaltungsrecht, S. 454.

120 So ergebe sich die Einteilung in Träger von Grundfreiheiten, Unionsgrundrechten und einfachen subjektiv-öffentlichen Rechten des Unionsrechts (*Saurer*, Der Einzelne im europäischen Verwaltungsrecht, S. 455)

will das tradierte Kriterium des Schutzes von Individualinteressen durch den Schutz personenbezogener Rechtsgüter modifizieren, an denen auch der Einzelne partizipiert. In der verwaltungsgerichtlichen Rechtsprechung ist der erweiternde Einfluss von Richtlinien hinsichtlich der Frage nach subjektiven Rechten Einzelner im Umsetzungsrecht nach anfänglichem Zögern angekommen. Beispielsweise geht das *BVerwG* im Anschluss an die Entscheidung des *EuGH* in der Rechtssache *Janecek/Freistaat Bayern*[121] davon aus, dass Art. 7 Abs. 3 RL 96/62/EG dahingehend auszulegen sei, dass unmittelbar betroffene Einzelne bei drohender Überschreitung der Grenzwerte für Feinstaubpartikel von der zuständigen Behörde die Erstellung eines Aktionsplanes verlangen können.[122] Unter Verweis auf dieses Judikat heißt es, dass Richtlinienbestimmungen, die den Schutz der menschlichen Gesundheit bezwecken, ein Klagerecht für die von den Immissionsgrenzwertüberschreitungen unmittelbar betroffenen Personen fordern können.[123] In seiner Entscheidung zur Erweiterung der Klagebefugnis anerkannter Umweltverbände[124] geht das *BVerwG* im Anschluss an die Rechtssache *Janecek/Freistaat Bayern* ausdrücklich davon aus, dass die sekundärrechtlichen Vorgaben zur Luftqualität eine *„Ausdehnung des Begriffs des subjektiven Rechts zur Folge"* haben.[125] Dabei wird explizit auf das Konzept der Mobilisierung des Einzelnen zur Durchsetzung des Unionsrechts sowie – unter Verweis auf das Verständnis von *Masing* – die dem Einzelnen insofern zukommende prokuratorische Stellung hingewiesen.[126]

Allerdings ist zu berücksichtigen, dass sich diese Entscheidungen auf Rechtsbereiche beziehen, die durch unionsrechtliche Richtlinien vorgesteuert werden. Für derartige Bereiche zwingt bereits das Gebot zur effektiven Umsetzung zur Berücksichtigung des unionsrechtlichen Verständnisses des jeweiligen Richtlinieninhaltes. Davon abgesehen fehlt dem Unionsrecht die Kompetenz zur

---

121 *EuGH*, Urt. v. 25.07.2008, Rs. C-237/07 (Janecek/Freistaat Bayern), Slg. 2008, I-6221 (6237) Rn. 38/39.

122 Vgl. *Kopp/Schenke*, VwGO, § 42 Rn. 152.

123 *BVerwGE* 147, 312 (324).

124 Im Anschluss an die Urteile des *EuGH* in den Rechtssachen Janecek/Freistaat Bayern sowie in der Rs. C-240/09 (Lesoochranárske zoskupenie VLK/Ministerstvo životného prostredia Slovenskej republiky – *„slowakischer Braunbär"*), Slg. 2011, I- 1255 ff. entschied das *BVerwG*, dass auch ein anerkannter Umweltverband einen Anspruch auf Aufstellung eines Luftreinhalteplans nach § 47 Abs. 1 BImSchG zustehe *(BVerwGE* 147, 312 (325)).

125 *BVerwGE* 147, 312 (324).

126 *BVerwGE* 147, 312 (325).

generellen Anpassung des Verwaltungsrechts sowie zur grundlegenden Neuorientierung der Schutznormlehre.[127] Anders gewendet kann das Unionsrecht nur punktuelle Anpassungen verlangen. Dies gilt namentlich für den Fall der Umsetzung von Richtlinien. Die Gefahr von punktuellen Anpassungen besteht jedoch darin, dass eine einheitliche Anwendung der Schutznormlehre gefährdet wird. Dessen ungeachtet, erscheint das tradierte Merkmal der zumindest auch geschützten Individualinteressen hinreichend interpretationsoffen, um richtlinienrechtlich geforderte Rechte zu erfassen. Zumal auch für dieses eine zahlenmäßige Bestimmtheit nicht mehr gefordert wird.[128] Allerdings dürfte das einschränkende Negativkriterium der Ausgrenzung lediglich reflexartiger Begünstigungen nur schwer mit dem Schutz des Einzelnen im Rahmen aggregierter Interessen zu vereinbaren sein.

In methodischer Hinsicht können und müssen die richtlinienrechtlichen Vorgaben zur Schaffung subjektiver Rechte im Umsetzungsrecht im Wege der richtlinienkonformen Auslegung berücksichtigt werden. Diese ist ebenfalls in multipolaren Regulierungsverhältnissen zulässig.[129] Anders gewendet entfalten Richtlinienvorgaben subjektiv-rechtlichen Inhalts norminterne Wirkung[130], welche bei der Bestimmung des Schutzzwecks zu berücksichtigen ist. Schließlich handelt es sich bei der richtlinienkonformen Auslegung um eine *„interpretatorische Vorrangregel“*, welche verlangt, dass bei mehreren möglichen Auslegungsmethoden diejenige Vorrang genießt, die das Richtlinienziel am effektivsten gewährleistet.[131]

## III. Fazit

Hinsichtlich der neueren Entwicklungsimpulse ist festzuhalten, dass die Schutznormlehre nach wie vor als methodisches Mittel zur Subjektivierung öffentlichrechtlicher Normen herangezogen werden kann.

Einerseits entspricht dies der gängigen Rechtsprechungspraxis, andererseits gilt nichts Abweichendes für Normen, die der Umsetzung von unionalen Richtlinien dienen. Im Fall ordnungsgemäßer Umsetzung ist nur das nationale

---

127 *Schmidt-Aßmann/Schenk*, in: Schoch/Schneider/Bier, VwGO, Einl. Rn. 21a, siehe dort auch zum folgenden Satz.

128 Siehe Kapitel 3, § 6, I. Zur Schutznormlehre.

129 Siehe Kapitel 2, § 5, B. Zur richtlinienkonformen Auslegung im multipolaren Marktregulierungsverhältnis, S. 212 ff.

130 Vgl. *Kopp/Schenke*, VwGO, § 42 Rn. 152.

131 *Roth/Jopen*, in: Riesenhuber, Europäische Methodenlehre, § 13 Rn. 26 und 43.

Umsetzungsrecht für den Einzelnen verbindlich.[132] Die Subjektivierung des Umsetzungsrechts beurteilt sich zunächst nach nationalen Regeln und Methoden.[133] Gleichwohl ist auch nach der Umsetzung das Effektivitätsgebot zu beachten. Mithin sind im Rahmen der Schutzzweckbestimmung subjektiv-rechtliche Richtlinienvorgaben in norminterner Wirkungsweise zu berücksichtigen.[134] Zu beachten ist, dass bei mehreren möglichen Auslegungsvarianten derjenigen Vorrang einzuräumen ist, die das Richtlinienziel am effektivsten gewährleistet.[135] Dies lässt die hierauf aufbauende Weiterentwicklung von *Schoch* in einem günstigen Licht erscheinen. Gleichwohl ist zu berücksichtigen, dass die individualschützenden Richtlinienvorgaben nur hinsichtlich des Richtlinienprogramms zu einer Lockerung des tradierten Schutznormverständnisses zwingen können.[136]

Zur Bewältigung multipolarer Konfliktlagen bieten sich mit *Schmidt-Preuß* und *Wahl* zwei Ansätze, die speziell auf dieses Problemfeld zugeschnitten sind. Da die Schutznormlehre überwiegend nur noch in Drittschutzkonstellationen zur Anwendung kommt, erscheint eine entsprechende Neuausrichtung sinnvoll. Bei der telekommunikationsrechtlichen Marktregulierung handelt es sich prima facie um einen Bereich multipolarer Konfliktlagen. Dies macht die vorstehenden Neuorientierungen besonders attraktiv für die Frage der Subjektivierung der Marktregulierungsvorschriften. Allerdings verwendet die verwaltungsgerichtliche Rechtsprechung bislang nicht explizit die multipolaren Neuausrichtungen. Vielmehr wird nach tradiertem Verständnis danach gefragt, ob das normative Entscheidungsprogramm zumindest auch Dritte schütze.[137] In die Anknüpfung an das Entscheidungsprogramm könnte hineingelesen werden, dass die jeweilige Norm kollidierende Privatinteressen zum Ausgleich zu bringen hat. Zwingend ist dies nicht. Insbesondere kann zugunsten der an der multipolaren Konfliktschlichtung orientierten Ansätze keine Berufung auf einen zwingenden, höherrangigen Grundsatz ins Feld geführt werden. Allerdings wird die Schutznormlehre als entwicklungsoffener Kanon von Methoden und Regeln

---

132 Sofern Richtlinien verspätet oder unzureichend umgesetzt worden sind, kommt ausnahmsweise die unmittelbare Wirksamkeit von Richtlinien in Betracht.

133 *Burgi*, Verwaltungsprozeß [sic] und Europarecht, S. 53.

134 Siehe oben zur richtlinienkonformen Auslegung Kapitel 2, § 5, B. Zur richtlinienkonformen Auslegung im multipolaren Marktregulierungsverhältnis, S. 212 ff.

135 *Roth/Jopen*, in: Riesenhuber, Europäische Methodenlehre, § 13 Rn. 26 und 48.

136 Mithin handelt es sich um einen punktuellen Entwicklungsimpuls.

137 Dies sei der Fall, wenn sich aus den individualisierenden Tatbestandsmerkmalen der Norm ein Personenkreis entnehmen lasse, der sich von der Allgemeinheit unterscheide (siehe Kapitel 3, § 6, 2. Gegenwärtiger Stand in der Rechtsprechung).

beschrieben, mit dem der subjektiv-rechtliche Gehalt von Normen ermittelt werden soll. Unter dem Gesichtspunkt der teleologischen Auslegung kann das Kriterium der Wertung und des Ausgleichs kollidierender Privatinteressen in die Frage nach dem Schutzzweck integriert werden.[138] Gerade *Schmidt-Preuß* fragt, ob eine Ordnungsnorm Ausdruck einer normativen Konfliktschlichtung gegenläufiger Privatinteressen sei. Mithin ist insbesondere die systematisch-teleologische Auslegung von Bedeutung. Ist dies der Fall, kann – in Anlehnung an *Masing* – von einer Subjektivierung des Entscheidungsprogramms und damit vom grundsätzlich drittschützenden Normcharakter gesprochen werden. Allerdings dürfte die normative Konfliktschlichtung nur ein Indiz unter den gängigen Methoden und Regeln darstellen, das keinen zwingenden Vorrang genießt.

Nach alledem sind für die Ermittlung des drittschützenden Charakters von Normen der Marktregulierung folgende Grundsätze festzuhalten:

Erstens ist das Mittel zur Ermittlung des drittschützenden Normcharakters die Schutznormlehre, welche als entwicklungsoffener Kanon von Methoden und Regeln zu verstehen ist. Zweitens sind die individualschützenden Richtlinienvorgaben in ihrer norminternen Wirkungsweise bei der Auslegung der telekommunikationsrechtlichen Umsetzungsnorm zwingend zu berücksichtigen. Drittens stellt das Kriterium der normativen Konfliktschlichtung von kollidierenden Privatinteressen in Drittschutzkonstellationen ein gewichtiges Indiz für den drittschützenden Normcharakter dar, welches im Rahmen des Auslegungskanons der Schutznormlehre berücksichtigt werden kann.

## B. Zum Drittschutzcharakter der einzelnen Verpflichtungstatbestände im Rahmen der Regulierungsverfügung

Nachstehend gilt es die einzelnen Tatbestände der Regulierungsverfügung auf ihren drittschützenden Gehalt zu untersuchen. Hierbei handelt es sich – überwiegend – um Ermächtigungsgrundlagen kraft derer die BNetzA gegenüber marktmächtigen Netzbetreibern bestimmte regulatorische Verhaltensweisen anordnen kann.[139] Diese dienen zuvörderst der ökonomisch motivierten Marktregulierung.[140]

---

138 Für eine Integration im Wege systematisch-strukturbezogener Auslegung: *Schmidt-Aßmann*, in: Maunz/Dürig, GG, Art. 19 Abs. 4 GG Rn. 140.

139 Im Einzelnen geht es um die §§ 19, 20, 21, 23, 24, 30, 39 oder 42 Abs. 4 S. 3 sowie um § 18 (vgl. § 13 Abs. 1 S. 1 und 5).

140 Siehe Kapitel 1, § 2, F. Regelungsgegenstände der telekommunikationsrechtlichen Marktregulierung.

Es steht zu vermuten, dass insbesondere die Verpflichtungstatbestände der Zugangsregulierung grundsätzlich als Schutzmaßnahmen zugunsten zugangsberechtigter Dritter in Betracht kommen. Hierfür spricht zunächst deren konfliktschlichtendes Ausgleichspotential. Denn bei den Regelungen zur Zugangsregulierung dürfte es sich per se um die gesetzliche Abwägung der Interessen des zugangsverpflichteten Netzbetreibers sowie des zugangsberechtigten Dritten handeln. Auch indiziert die Adressatenrichtung der einzelnen Verpflichtungstatbestände die Schutzbedürftigkeit der zugangsnachfragenden Unternehmen, da die möglichen Verpflichtungstatbestände der Regulierungsverfügung überwiegend an die marktmächtige Stellung des Verpflichtungsadressaten anknüpfen.[141]

Soweit die Verpflichtungstatbestände der Regulierungsverfügung Verpflichtungen beziehungsweise Maßnahmen der Vorabregulierung nach Maßgabe der Zugangsrichtlinie umsetzen, ist weiter zu berücksichtigen, dass diese nach unionalen Maßstäben durchweg als Schutzmaßnahmen zugunsten Dritter anzusehen sind.[142] Die entsprechende richtlinienkonforme Auslegung ist in multipolaren Marktregulierungsverhältnissen zulässig und genießt überdies bei mehreren möglichen Auslegungsvarianten den Vorrang.[143]

Methodisch wird zur Klärung des drittschützenden Charakters der einzelnen Verpflichtungstatbestände ausgehend vom jeweiligen Norminhalt – in der Terminologie von *Wahl* – zunächst der sachliche Schutzzweck ermittelt.[144] Ausgehend von diesem Befund ist sodann der personelle Schutzzweck zu definieren.

## I. Verpflichtungen zur Zugangsgewährung nach § 21 TKG

Die Kernnorm für Zugangsverpflichtungen gegenüber marktmächtigen Netzbetreibern bildet § 21, an die wiederum weitere Verpflichtungen nach den §§ 19 ff. anknüpfen.[145] Die Regulierungspraxis der BNetzA zeigt, dass nahezu alle Regulierungsverfügungen hinsichtlich der Zugangsmärkte Verpflichtungen nach § 21

---

141 Siehe Kapitel 1, § 2, III. Adressaten der Marktregulierung.

142 Siehe Kapitel 2, § 4, II. Rechte Dritter im Lichte der unionalen Rechtsprechung zum Rechtsrahmen elektronischer Kommunikation.

143 Kapitel 2, § 5, B. Zur richtlinienkonformen Auslegung im multipolaren Marktregulierungsverhältnis.

144 Dabei gilt es insbesondere zu klären, ob die jeweilige Verpflichtungsnorm der Umsetzung richtlinienrechtlicher Schutzmaßnahmen zugunsten Dritter dient.

145 Vgl. *Eifert*, in: Ehlers/Fehling/Pünder, Besonderes Verwaltungsrecht Bd. 1, § 23 Rn. 62; *Geppert/Attendorn*, in: Geppert/Schütz, BeckTKG-Komm, § 21 Rn. 1.

enthalten.[146] Dessen ratio legis besteht darin, Unternehmen, die Telekommunikationsdienstleistungen erbringen, die Mitbenutzung existierender und zugleich fremder Infrastruktur von Netzbetreibern mit beträchtlicher Marktmacht zu ermöglichen und auf diese Weise die Ziele der (Markt-)Regulierung sicher zu stellen.[147]

§ 21 Abs. 1 ist generalklauselartig formuliert und enthält zugleich die Voraussetzungen und Grenzen der Verpflichtung zur Zugangsgewährung.[148] Nach § 21 Abs. 1 S. 1 kann die BNetzA auf Antrag oder von Amts wegen Betreiber öffentlicher Telekommunikationsnetze, die über beträchtliche Marktmacht verfügen, verpflichten, anderen Unternehmen Zugang nach Maßgabe dieser Vorschrift zu gewähren, insbesondere wenn andernfalls die Entwicklung eines nachhaltig wettbewerbsorientierten Endnutzermarktes behindert oder diese Entwicklung den Interessen der Endnutzer zuwiderlaufen würde.[149] Mithin ist die Feststellung beträchtlicher Marktmacht notwendige Bedingung einer Zugangsverpflichtung.[150] Weitere materiellrechtliche Voraussetzungen ergeben sich aus § 21 Abs. 1 S. 2, welcher als Ausfluss des Verhältnismäßigkeitsgrundsatzes für die Prüfung, ob und welche Zugangsverpflichtungen gerechtfertigt sind sowie in einem angemessenen Verhältnis zu den Regulierungszielen stehen, einen Kriterienkatalog enthält. Beispielsweise ist für die Möglichkeit der Zugangsgewährung die verfügbare Kapazität zu berücksichtigen (§ 21 Abs. 2 S. 2 Nr. 2). Inhaltlich erfasst die Zugangsgewährungsverpflichtung sowohl Zugang[151] als auch Zusammenschaltung als besondere Form des

146 *Neumann/Thomaschki*, in: Säcker, TKG, § 21 Rn. 6.

147 Vgl. *Neumann/Thomaschki*, in: Säcker, TKG, § 21 Rn. 1. Vgl. aus der Regulierungspraxis auch Beschl. *BNetzA*, Beschl. v. 22.04.2009 (BK 3d-08/023), S. 12, https://www.bundesnetzagentur.de/DE/Service-Funktionen/Beschlusskammern/1_GZ/BK3-GZ/2008/2008_0001bis0999/2008_001bis099/BK3-08-0023/BK3d-08-0023_Regulierungsverfuegung_Beschluss_bf.pdf?__blob=publicationFile&v=2, zuletzt besucht am 28.04.2019.

148 *Geppert/Attendorn*, in: Geppert/Schütz, BeckTKG-Komm, § 21 Rn. 3.

149 Der Zusatz „nach Maßgabe dieser Vorschrift" wurde im Zuge der TKG-Novelle von 2012 eingeführt und soll der Abgrenzung zu § 18 dienen (*Neumann/Thomaschki*, in: Säcker, TKG, § 21 Rn. 123).

150 *Ziekow*, Öffentliches Wirtschaftsrecht, § 14 Rn. 37, siehe dort auch zu folgendem Satz.

151 Der Zugangsbegriff wird in § 3 Nr. 32 definiert als *„die Bereitstellung von Einrichtungen oder Diensten für ein anderes Unternehmen unter bestimmten Bedingungen zum Zwecke der Erbringung von Telekommunikationsdiensten"* und erfasst unter anderem den *„Zugang zu Netzkomponenten, einschließlich nicht aktiver Netzkomponenten, …"* (§ 3 Nr. 32 lit. a)).

Zugangs.[152]

In den § 21 Abs. 2 und 3 werden einzelne Zugangsvarianten als Regelbeispiele aufgezählt, die jedoch nicht abschließend sind.[153] Bei den in § 21 Abs. 3 genannten Zugangsverpflichtungen handelt es sich um besonders wichtige Verpflichtungen, die auferlegt werden „*sollen*".[154] Diese Formulierung steht dafür, dass die genannten Verpflichtungen in der Regel und ohne weitere Begründung aufzuerlegen sind und nur in atypischen Fällen eine Abweichung geboten sein kann.[155] Gleichwohl entschied das *BVerwG*, dass diese gesetzliche Vorstrukturierung mit den unionsrechtlichen Richtlinienvorgaben nicht zu vereinbaren sei und der BNetzA für jeden Einzelfall eine freie Ermessensauübung zustehe.[156] Darüber hinaus enthält § 21 Abs. 4 besondere Verweigerungsgründe bezüglich der Aufrechterhaltung der Netzintegrität oder der Sicherheit des Netzbetriebs, die jedoch vom Verpflichtungsadressaten nachgewiesen werden müssen.[157]

Die Regelung des § 21 wurde im Rahmen der Gesetzesreform von 2004 geschaffen und hat das Zugangsregime der Verpflichtung zur Gewährung des Netzzugangs nach § 35 TKG 1996 im Zusammenspiel mit der besonderen Missbrauchsaufsicht nach § 33 TKG 1996 abgelöst.[158] Nach § 35 TKG 1996 galt die Pflicht zur Gewährung des Netzzugangs unmittelbar kraft Gesetzes. Im Unterschied hierzu bedarf die Verpflichtung zur Zugangsgewährung nach § 21 einer entsprechenden Auferlegung seitens der BNetzA. Im Rahmen der Regulierungsverfügung werden dabei dem marktmächtigen Netzbetreiber die

152 Nach § 3 Nr. 34 ist Zusammenschaltung „*derjenige Zugang, der die physische und logische Verbindung öffentlicher Telekommunikationsnetze herstellt, um Nutzern eines Unternehmens die Kommunikation mit Nutzern desselben oder eines anderen Unternehmens oder die Inanspruchnahme von Diensten eines anderen Unternehmens zu ermöglichen; Dienste können von den beteiligten Parteien erbracht werden oder von anderen Parteien, die Zugang zum Netz haben. Zusammenschaltung ist ein Sonderfall des Zugangs und wird zwischen Betreibern öffentlicher Telekommunikationsnetze hergestellt.*"

153 *Geppert/Attendorn*, in: Geppert/Schütz, BeckTKG-Komm, § 21 Rn. 3.

154 *Kühling/Schall/Biendl*, Telekommunikationsrecht, S. 170 Rn. 282.

155 Vgl. *Eifert*, in: Ehlers/Fehling/Pünder, Besonderes Verwaltungsrecht Bd. 1, § 23 Rn. 66.

156 *BVerwG*, Urt. v. 27.01.2010 – 6 C 22.08 – BeckRS 2010, 47973 Rn. 15; siehe auch *Kühling/Schall/Biendl*, Telekommunikationsrecht, S. 27 Rn. 43.

157 Weiter kann die BNetzA hinsichtlich einer Zugangsverpflichtung technische oder betriebliche Bedingungen festlegen, soweit dies für den normalen Netzbetrieb erforderlich ist (Abs. 5).

158 *Heun*, in: ders., Handbuch Telekommunikationsrecht, Teil H S. 751 Rn. 21.

in Betracht kommenden Zugangsgewährungsverpflichtungen quasi als „*Grundverfügung*“[159] beziehungsweise „*abstrakt*“[160] auferlegt. Beispielsweise heißt es in der Regulierungsverfügung vom 07.07.2014 (BK 2 13/005) betreffend die Deutsche Telekom AG auf dem Markt des Zugangs von Privat- und Geschäftskunden zum öffentlichen Telefonnetz an festen Standorten, dass „*die Betroffene anderen Unternehmen Zugang zu denjenigen Netzkomponenten, Netzeinrichtungen und Diensten gewähren muss, die erforderlich sind, um den anderen Unternehmen ein Angebot von Betreiberauswahl und Betreibervorauswahl gegenüber den Teilnehmern der Betroffenen auf dem*“ relevanten Markt zu ermöglichen.[161]

Im Falle der Auferlegung einer Zugangsverpflichtung nach § 21 folgt für den verpflichteten Betreiber jedoch nach § 22 Abs. 1 ipso iure die Pflicht gegenüber Unternehmen, die diese Leistung nachfragen, ein entsprechendes Angebot abzugeben.[162] Der Anspruch auf die Nutzung der Einrichtungen und Dienste des marktmächtigen Betreibers ergibt sich für das nachfragende Unternehmen regelmäßig erst aus dem Abschluss einer entsprechenden Zugangsvereinbarung (vgl. § 22), welche die konkreten Zugangsmodalitäten der Nutzung regelt.[163] Auf diese Weise wird zum einen der grundgesetzlich garantierten Vertragsfreiheit der Beteiligten[164] und zum anderen dem Umstand Rechnung getragen, dass es sich bei einer Verpflichtung zur Zugangsgewährung für das regulierte Unternehmen letztlich um Freiheitsverkürzung handelt.[165]

---

159 *Neumann/Thomaschki*, in: Säcker, TKG, § 21 Rn. 13.

160 Vgl. *Kühling/Schall/Biendl*, Telekommunikationsrecht, S. 174 Rn. 286.

161 Siehe Verfügungstenor 2.1 der Regulierungsverfügung vom 07.07.2014 betreffend den Markt Nr. 1 „*Zugang von Privat- und Geschäftskunden zum öffentlichen Telefonnetz an festen Standorten*“ der Märkteempfehlung 2007/879/EG, https://www.bundesnetzagentur.de/DE/Service-Funktionen/Beschlusskammern/1_GZ/BK2-GZ/2013/2013_0001bis0999/2013_001bis099/BK2-13-0005/BK2-13-0005_RegV_bf.pdf?__blob=publicationFile&v=2, zuletzt besucht am 27.04.2019.

162 *Neumann/Thomaschki*, in: Säcker, TKG, § 22 Rn. 1.

163 Überdies kann der Zugang im Falle des Nichtzustandekommens einer Zugangsvereinbarung durch die BNetzA nach Maßgabe des § 25 angeordnet werden.

164 Grundlage der Vertragsfreiheit ist Art. 2 Abs. 1 GG. Siehe *Jarass/Pieroth*, GG, Art. 2 Rn. 22a; *Di Fabio*, in: Maunz/Dürig, GG, Art. 2 Rn. 101.

165 Dementsprechend ist von der Zweistufigkeit der Zugangsgewährung die Rede (*Neumann/Thomaschki*, in: Säcker, TKG, § 21 Rn. 1).

### 1. Zum Drittschutzcharakter von § 21 TKG

Es fragt sich, ob § 21 Abs. 1 nach Maßgabe der obigen Grundsätze zur Schutznormlehre als drittschützend zu qualifizieren ist.[166] Dies ist der Fall, wenn dessen Entscheidungsprogramm zumindest auch dem Schutz der Interessen Dritter zu dienen bestimmt ist. Nach der Rechtsprechung ist dies der Fall, wenn sich aus den individualisierenden Tatbestandsmerkmalen der Norm ein Personenkreis entnehmen lässt, der sich von der Allgemeinheit unterscheidet.

Auf Rechtsfolgenseite ermächtigt § 21 Abs. 1 die BNetzA marktmächtige Netzbetreiber zu verpflichten, anderen Unternehmen Zugang nach Maßgabe dieser Vorschrift zu gewähren. Mithin werden andere Unternehmen ausdrücklich als Normbegünstigte genannt. Unter Zugang ist allgemein die Bereitstellung von Einrichtungen oder Diensten für ein anderes Unternehmen zum Zwecke der Erbringung von Telekommunikationsdiensten zu verstehen (§ 3 Nr. 32). Nutznießer der Verpflichtung zur Zugangsgewährung sind daher andere Unternehmen, die Telekommunikationsdienste erbringen wollen. Hierbei handelt es sich zugleich um einen Personenkreis, der sich von der Allgemeinheit unterscheiden lässt. Diesbezüglich ergeben sich aus § 21 Abs. 1 S. 1 auch Anhaltspunkte, die die Bestimmung des personellen Schutzzwecks ermöglichen. Nach der Zugangsdefinition erfolgt die Bereitstellung von Diensten und Einrichtungen für andere Unternehmen zum Zwecke der Erbringung von Telekommunikationsdiensten. Zudem wird hinsichtlich des Inhalts einer Zugangsverpflichtung ausdrücklich eine nachgefragte Entbündelung hervorgehoben.[167] Dieser besondere Fall verdeutlicht, dass der personelle Schutzzweck auf andere Unternehmen bezogen ist, die Zugangsleistungen zum Zwecke der Erbringung von Telekommunikationsdiensten nachfragen. Hiermit übereinstimmend heißt es in der Gesetzesbegründung, dass zur Zugangsnachfrage „*Unternehmen, die bestimmte Leistungen nachfragen, um selbst Telekommunikationsdienste erbringen zu können*", berechtigt seien sollen.[168] Überdies lässt sich über die telekommunikationsrechtliche Meldepflicht für die Erbringung von Telekommunikationsdiensten sogar eine zahlenmäßige Abgrenzung vornehmen.[169]

---

166 Siehe hierzu Kapitel 3, § 6, III. Fazit.

167 Nachgefragte Entbündelung bedeutet, dass das nachfragende Unternehmen keine Leistungen abnehmen muss, die nicht nachgefragt werden. *Neumann/Thomaschki*, in: Säcker, TKG, § 21 Rn. 124.

168 BT-Drucks. 15/2316, S. 64.

169 Diese ergibt sich aus § 6 Abs. 1. Die BNetzA hat ein entsprechendes Verzeichnis der gemeldeten Unternehmen veröffentlicht (§ 6 Abs. 4), welches abrufbar ist unter: http://www.bundesnetzagentur.de/cln_1411/DE/Sachgebiete/Telekommunikation/

Diesem Befund dürfte im Ergebnis auch nicht entgegenstehen, dass eine Verpflichtung nach Maßgabe von § 21 nicht unmittelbar zu einem Anspruch des Dritten auf Nutzung der fremden Dienste und Einrichtungen führt. Zwar begründet die Zugangsgewährungsverpflichtung zunächste eine abstrakte Verpflichtungen des Adressaten, jedoch folgt aus der Auferlegung einer derartigen Verpflichtung ipso iure die Pflicht, gegenüber nachfragenden Unternehmen ein entsprechendes Angebot abzugeben (vgl. § 22 Abs. 1). Mithin ergibt sich durchaus eine Rechtsfolge, die nachfragende Zugangspetenten begünstigt. Weiter steht die Zielsetzung, dass eine Zugangsverpflichtung insbesondere dann auferlegt werden soll, wenn andernfalls die Entwicklung eines nachhaltig wettbewerbsorientierten, nachgelagerten Endkundenmarktes behindert oder diese Entwicklung den Interessen der Endnutzer zuwiderlaufen würde (§ 21 Abs. 1 S. 1 a. E.), der Annahme der drittschützenden Wirkung nicht entgegen. Bereits die Verwendung des Wortes „*insbesondere*" verdeutlicht, dass es sich bei dieser Zielrichtung lediglich um ein Regelbeispiel handelt, dass andere Schutzrichtungen nicht ausschließt. Dementsprechend zeigt der historische Hintergrund, dass die Förderung von Wettbewerb in der Telekommunikationswirtschaft ein bedeutendes Anliegen ist. Denn bei diesem Sektor handelt es sich um einen ehemals durch staatliche Monopolbetriebe beherrschten Wirtschaftszweig, der liberalisiert und privatisiert worden ist, um die Erbringung von Telekommunikationsdiensten durch die Marktwirtschaft zu ermöglichen.[170] Vor diesem Hintergrund spricht der Umstand, dass als Verpflichtete nur marktmächtige Betreiber in Betracht kommen, ebenfalls für den drittschützenden Charakter von § 21. Denn ein marktmächtiger Betreiber kann sich per definitionem unabhängig von seinen Wettbewerbern verhalten.[171] Dies indiziert, dass ohne eine entsprechende Verpflichtung zur Zugangsgewährung Nachfrager im Rahmen von Vertragsverhandlungen mit dem Netzbetreiter die schwächere Verhandlungsposition einnehmen. Anders gewendet sind zugangsnachfragende Unternehmen gegenüber dem marktmächtigen Betreiber in besonderer Weise schutzbedürftig.

Schließlich ist der drittschützende Charakter von § 21 Abs. 1 unter dem Gesichtspunkt der normativen Konfliktschlichtungsformel von *Schmdit-Preuß* anzunehmen. Die Zugangsgewährung regelt die gegenläufigen Interessen von

---

Unternehmen_Institutionen/Anbieterpflichten/Meldepflicht/meldepflicht-node.html (zuletzt besucht am 27.04.2019).

170 Siehe zur Entwicklung des Telekommunikationsrechts in Deutschland *Kühling/Schall/Biendl*, Telekommunikationsrecht, S. 31 f. Rn. 49 f.

171 Siehe zur Definition § 3 Nr. 4 i.V.m. § 11.

Netzbetreiber und Zugangsnachfrager. Die Nutzung fremder Infrastruktur ist für Newcomer gerade in Bereichen von essentieller Bedeutung, die teilweise durch natürliche Monopole geprägt[172] oder in denen Ressourcen, die für die Erbringung von Telekommunikationsdiensten erforderlich sind, nicht endlich verfügbar sind[173]. Letzteres gilt für die Frequenzen, die zum Aufbau und Betrieb funkgestützter Telekommunikationsnetze erforderlich sind.[174] Demgegenüber kommen als Verpflichtete nach § 21 Abs. 1 nur Betreiber öffentlicher Telekommunikationsnetze in Betracht, die über beträchtliche Marktmacht verfügen. Dabei bedarf die Auferlegung von Zugangsverpflichtungen einer besonders strukturierten Rechtfertigungs- und Angemessenheitsprüfung. Insoweit sind insbesondere die Anfangsinvestitionen (§ 21 Abs. 1 S. 2 Nr. 3) zu berücksichtigen. Dies ist Ausdruck der Eigentumsinteressen des Netzbetreibers. Mithin werden in § 21 Abs. 1 gegenläufige Privatinteressen gewichtet und zum Ausgleich gebracht, so dass dessen Entscheidungsprogramm drittschützend ist.[175]

### a) Entwicklung in der Rechtsprechung

Den hiesigen Befund zum drittschützenden Charakter von § 21 Abs. 1 gilt es im Lichte der verwaltungsgerichtlichen Rechtsprechung zu beleuchten. Grundlegende Aussagen hierzu ergeben sich aus der verwaltungsgerichtlichen Judikatur des *VG Köln* sowie des *BVerwG* zur Regulierungsverfügung betreffend den Teilnehmeranschluss.[176]

---

172 Natürliche Monopole werden für Infrastrukturen angenommen, deren Duplizierung partiell volkswirtschaftlich nicht sinnvoll ist. Dies wird nach wie vor für im Bereich des Festnetzes für das letzte Stück der Anschlussleitungen zum Haus des Endnutzers angenommen (*Kühling*, in: Hatje/Müller-Graff, Europäisches Sektorales Wirtschaftsrecht (Enzyklopädie Europarecht, Bd. 5), § 4 Rn. 12).

173 Vgl. *Kühling/Schall/Biendl*, Telekommunikationsrecht, S. 312 f. Rn. 572.

174 Vgl. *Sörries*, in: Säcker, TKG, § 52 Rn. 2.

175 Schließlich ist das in § 21 Abs. 1 S. 1 vorgesehene Antragsrecht ein entsprechendes Indiz für ein subjektiv-öffentliches Drittrecht, denn regelmäßig dienen Verfahrensrechte der Absicherung dahinterstehender materieller Rechte.

176 Auch als sogenannte TAL-Regulierungsverfügung bezeichnet. TAL steht für Zugang zur Teilnehmeranschlussleitung. Die Regulierungsverfügung BK 4-04-075/R ist abrufbar unter: https://www.bundesnetzagentur.de/DE/Service-Funktionen/Beschlusskammern/1_GZ/BK4-GZ/2004/2004_0001bis0999/2004_001bis099/BK4-04-0075/BK4-04-0075-R_Regulierungsverfpdf_bf.pdf?__blob=publicationFile&v=3, zuletzt besucht am 27.04.2019.

### aa) Entscheidung des *VG Köln* vom 19.10.2006

In diesem Urteil hatte sich das *VG Köln* mit einer Drittschutzkonstellation hinsichtlich der Regulierungsverfügung vom 20.04.2005 betreffend den Zugang zum Teilnehmeranschluss (BK 4-04-075/R) zu befassen.[177] Die Klägerin, eine alternative Teilnehmernetzbetreiberin (sogenannter City-Carrier[178]), verfolgte mit ihrer Klage verschiedene Verpflichtungs- und Anfechtungsbegehren im Zusammenhang mit der vorgenannten Regulierungsverfügung.[179] Die Beigeladene betreibt ein bundesweites Telekommunikationsnetz. Sie bot ihren Wettbewerbern, zu denen auch die Klägerin gehörte, den Zugang zur Teilnehmeranschlussleitung an. Mit der Regulierungsverfügung vom 20.04.2005 traf die Regulierungsbehörde erstmals Regelungen in Bezug auf den Markt Nr. 11 der Märkteempfehlung 2003/311/EG.[180] Im Wesentlichen umfasste der definierte Markt den Zugang zur Teilnehmeranschlussleitung in Form der Kupferdoppelader sowie bestimmter hybrider Varianten.[181] Diesen Markt hatte die Regulierungsbehörde für Telekommunikation und Post – nunmehr BNetzA – für das Bundesgebiet als regulierungsbedürftig festgelegt und diesbezüglich zugleich die Beigeladene als marktbeherrschend im Sinne des § 11 Abs. 1 S. 2 und 3 eingestuft.[182] Unter I. Ziffer 1 der Regulierungsverfügung vom 20.04.2005 wurden der Beigeladenen verschiedene Zugangsverpflichtungen auf der Grundlage von § 9 Abs. 2 i.V.m. §§ 13 Abs. 1, 21 Abs. 2 und 3 auferlegt. Die Klägerin begehrte unter anderem, die Beklagte zu verpflichten, der Beigeladenen weitergehende Zugangsverpflichtungen aufzuerlegen. Namentlich ging es zum einen um die

---

177 *VG Köln*, Urt. v. 19.10.2006 – 1 K 2976/05 – MMR 2007, 198 ff.

178 Als City-Carrier werden regionale Anbieter von Telefon und Internetdiensten bezeichnet. In Bereichen, in denen sie über keine eignen Leitungen verfügen, sind sie in der Regel auf die Nutzung bestehender Netze angewiesen.

179 Wegen des Rechtsträgerprinzips ist Beklagte die Bundesrepublik Deutschland (vgl. § 78 Abs. 1 Nr. 1 VwGO).

180 Es handelte sich um den Bereich des Zugangs zum Teilnehmeranschluss (Markt Nr. 11 der Märkteempfehlung 2003/311/EG: „Entbündelter Großkunden-Zugang (einschließlich des gemeinsamen Zugangs) zu Drahtleitungen und Teilleitungen für die Erbringung von Breitband- und Sprachdiensten").

181 Der Teilnehmeranschluss aus reiner Glasfaser war hingegen nicht erfasst.

182 *RegTP*, Beschl. v. 20.04.2005 (BK 4-04-075/R), https://www.bundesnetzagentur.de/DE/Service-Funktionen/Beschlusskammern/1_GZ/BK4-GZ/2004/2004_0001bis0999/2004_001bis099/BK4-04-0075/BK4-04-0075-R_Regulierungsverfpdf_bf.html, zuletzt besucht am 30.06.2019. Bei der Adressatin dieser Regulierungsverfügung handelte es sich um die Deutsche Telekom AG.

Verpflichtung den Zugang zum Teilnehmeranschluss auch dann anzubieten, wenn dafür ein Kapazitätsausbau erforderlich sein sollte und zum anderen um die Verpflichtung im Rahmen der Erfüllung der Verpflichtung zur Kollokationsgewährung Nutzungsmöglichkeiten von Zugangsleistungen zuzulassen (§ 21 Abs. 2 Nr. 6).[183]

Insofern wies das *VG Köln* die Klage mit der Begründung ab[184], dass § 21 nicht drittschützend sei.[185] Die Abgrenzbarkeit eines individualisierten Personenkreises verneinte die Kammer trotz Bezugnahme auf die Zugangsdefinition in § 3 Nr. 32 damit, dass die hohe „*Zahl der in Betracht kommenden Interessenten viel zu groß*" und daher nicht „*hinreichend genug abgegrenzt*" werden könne. Weiter wurde ausgeführt, dass „*§ 21 nicht den Zugangsinteressen von einzelnen Wettbewerbern des beträchtlich Marktmächtigen zu dienen bestimmt*" sei. § 21 Abs. 1 S. 1 bezwecke neben dem Schutz der Endnutzerinteressen die Entwicklung eines nachhaltig wettbewerbsorientierten, nachgelagerten Endnutzermarktes. Hiermit sei nicht der einzelne Wettbewerber, sondern „*nur der Wettbewerb als solcher gemeint*". Bei der Prüfung, ob die Auferlegung einer Zugangsverpflichtung gerechtfertigt sei, seien die Ziele des § 2 zu berücksichtigen (§ 21 Abs. 1 S. 2). Das Ziel, der Sicherstellung eines chancengleichen Wettbewerbs sowie die Förderung wettbewerbsorientierter Telekommunikationsmärkte, dienen nur dem Schutz des „*Wettbewerb(s) als Institution*".[186] Weiter sei in dem Antragsrecht nach § 21 Abs. 1 S. 1 lediglich ein „*Indiz für den Drittschutz*" zu sehen, dass

183 Darüber hinaus begehrte sie die Auferlegung zusätzlicher Regulierungsverpflichtungen gegenüber der Beigeladenen in Form von Transparenzverpflichtungen, getrennter Rechnungslegung und verlangte, die bereits angeordneten Zugangsverpflichtungen auf den Teilnehmeranschluss aus reiner Glasfaser zu erstrecken. Vgl. *VG Köln*, Urt. v. 19.10.2006 - 1 K 2976/05 - in: MMR 2007, 198 ff.

184 Abgesehen von der Frage, ob § 21 Dritten ein subjektiv-öffentliches Recht einräume, entschied das *VG Köln* insbesondere, dass § 21 keine Ermächtigungsgrundlage zur Auferlegung einer Zugangsverpflichtung enthalte, wenn dafür ein Kapazitätsausbau erforderlich sei.

185 Im Rahmen der Zulässigkeit hatte das VG die Klagebefugnis unter Bezugnahme auf die Möglichkeitstheorie noch bejaht. Denn bei der Frage, ob § 21 drittschützend sei, handele es sich um eine komplexe Rechtsfrage. Daher sei es auf Zulässigkeitsebene ausreichend, wenn die Verletzung eigener Rechte möglich erscheine. Vgl. *VG Köln*, Urt. v. 19.10.2006 – 1 K 2976/05 – in: MMR 2007, 198 ff., siehe dort auch zu den nachfolgenden Sätzen.

186 Vgl. BVerwGE 117, 93 (101).

jedoch nicht von der Geltendmachung eigener Rechte befreie.[187] Im Übrigen mangele es an dem Kriterium der Unmittelbarkeit, da die Zugangsverpflichtung nach § 21 nicht zu einem Zugangsanspruch des Petenten führe, sondern „*nur einen Anspruch des Zugangsinteressenten auf Abgabe eines Angebots nach § 22 TKG*“ bewirke.[188]

### bb) Entscheidung des *BVerwG* vom 28.11.2007

Die vorgenannte – klageabweisende – Entscheidung des *VG Köln* wurde in der Revision im Ergebnis zwar bestätigt, im Gegensatz zur Vorinstanz entschied das *BVerwG* jedoch, dass § 21 „*auch dem Schutz von Wettbewerbern zu dienen bestimmt*“ sei.[189] Im Rahmen der Klagebefugnis hatte das *BVerwG* zu entscheiden, ob sich die Klägerin als Nichtadressatin des begehrten Verwaltungsaktes auf eine öffentlich-rechtliche Norm stützen kann, die nach ihrem Entscheidungsprogramm zumindest auch sie als Dritte schützt. Diesbezüglich urteilte der *6. Senat* hinsichtlich der auf § 21 Abs. 1 S. 1 und S. 2 sowie Abs. 2 Nr. 6 gestützten Anträge, dass § 21 zu Gunsten der Klägerin drittschützend sei.

Zur Begründung führte der *6. Senat* im Wesentlichen aus, dass bereits der Wortlaut von § 21 „*deutliche Hinweise*“ auf dessen Schutznormcharakter enthalte.[190] Dadurch, dass „*andere Unternehmen*“ ausdrücklich als Zugangsbegünstigte genannt werden, seien sie erkennbar in den Schutzzweck einbezogen. Im Gegensatz zum *VG Köln* befand der *Senat*, dass über die gesetzliche Definition des Zugangs zudem „*ein Personenkreis konkretisiert*“ werde, „*der sich hinreichend deutlich von der Allgemeinheit unterscheidet*“.[191] Denn im Rahmen der Zugangsdefinition wird von anderen Unternehmen gesprochen, die Telekommunikationsdienste erbringen. Ferner sei die Einräumung eines Antragsrechts

---

187 Mit der Antragstellung gehe „*gerade keine Verfahrensbeteiligung im Sinne von § 134 Abs. 2 Nr. 1 TKG*“ einher, „*da für Regulierungsverfügungen … eine abweichende Regelung*“ gelte (vgl. *VG Köln*, Urt. v. 19.10.2006 – 1 K 2976/05 – in: MMR 2007, 198 ff.).

188 Im Übrigen stehe jedoch die Regelung des § 13 Abs. 1 S. 2 (nunmehr Abs. 1 S. 3) der Verneinung von Drittschutz nicht entgegen. Denn sie betreffe den Fall des Widerrufs einer bestehenden Zugangsverpflichtung und unterscheide sich daher von der Konstellation der erstmaligen Auferlegung (Vgl. *VG Köln*, Urt. v. 19.10.2006 – 1 K 2976/05 – in: MMR 2007, 198 ff).

189 BVerwGE 130, 39 ff. Grund für die Klageabweisung war jedoch nicht die fehlende Klagebefugnis, sondern der Umstand, dass die Klägerin im Verwaltungsverfahren keinen Antrag auf Erlass der begehrten Regulierungsverpflichtungen gestellt hatte.

190 *BVerwG*, BVerwGE 130, 39 (42 f.), siehe dort auch zu den folgenden Sätzen.

191 Siehe zur Definition des Zugangs § 3 Nr. 32.

für andere Unternehmen in § 21 Abs. 1 S. 1 als ein *„zusätzlicher Anhaltspunkt für den Drittschutz zugunsten der Wettbewerbsunternehmen“* zu werten. Bestätigt werde dieser Befund durch systematische und entstehungsgeschichtliche Überlegungen. Beispielsweise sei auch im Rahmen der Transparenzverpflichtung von zum Zugang berechtigten Unternehmen die Rede (§ 20 Abs. 1). Hierbei handele es sich um ein rechtssystematisch selbstständig neben § 21 stehendes Regulierungsinstrument. Überdies würden auch die Motive zu § 21 *„erkennbar von einem subjektiven Zugangsrecht“* ausgehen. Dieses werde von der Norm vorausgesetzt und nicht näher ausgestaltet. Begründet wird dies mit einem Verweis auf Gesetzgebungsmaterialien. So spreche der Regierungsentwurf davon, dass *„berechtigt zur Nachfrage nach Zugangsleistungen“* Unternehmen seien, die bestimmte Leistungen nachfragen.[192]

Ebenfalls im Unterschied zur Vorinstanz geht der *Senat* zudem auf den unionsrechtlichen Hintergrund von § 21 und insbesondere dessen Deutung durch den *Generalanwalt* in seinen Schlussanträgen vom 15.02.2007 in der Rechtssache C 426/05 ein.[193] Unter Hinweis auf Art. 4 Abs. 1 der RRL wird ausgeführt, dass ersichtlich davon auszugehen sei, *„dass bestimmte spezifische Verpflichtungen, die marktmächtigen Unternehmen gemäß Art. 16 Abs. 2, 4 RRL und der dort aufgeführten Zugangsrichtlinie auferlegt werden, als Schutzmaßnahmen im Interesse der Wettbewerber anzusehen sind.“* Hierzu gehören namentlich insbesondere die Zugangsverpflichtungen nach Art. 12 ZRL.

### b) Richtlinienrechtliche Vorsteuerung

Damit ist die Frage der Berücksichtigung des richtlinienrechtlichen Hintergrundes angesprochen. Nach der Vorstellung des Gesetzgebers dient § 21 der Umsetzung von Art. 12 ZRL.[194] In der Sache entspricht § 21 Abs. 1 S. 1 dem Inhalt des Art. 12 Abs. 1 S. 1 ZRL[195]. Unterschiede bestehen lediglich im Detail. So ist in Art. 12 Abs. 1 S. 1 ZRL konkreter vom Zugang zu bestimmten

192 Siehe Entwurf zu dem entsprechenden § 19, BT-Drs. 15/2316, S. 64. Überdies verweist der Senat auf S. 64 der Regierungsbegründung, wo betreffend des Widerrufs von Verpflichtungen hinsichtlich der betroffenen Unternehmen sowohl von Verpflichteten als auch Anspruchsberechtigten die Rede ist.

193 *Generalanwalt*, Schlussanträge v. 15.02.2007, Rs. C-426/05 (Tele2/TCK), BeckRS 2008, 70149 Rn. 29.

194 Vgl. BT-Drs. 15/2316, S. 64. Vgl. auch aus der Literatur: *Neumann/Thomaschki*, in: Säcker, TKG, § 21 Rn. 1; *Geppert/Attendorn*, in: Geppert/Schütz, BeckTKG-Komm, § 21 Rn. 9 f.

195 Art. 12 ZRL entspricht inhaltlich Art. 73 Kodifizierungsrichtlinie (EU) 2018/1972.

Netzkomponenten und zugehörigen Einrichtungen die Rede. Allerdings lässt sich im TKG eine entsprechende Konkretisierung über die allgemeine Zugangsdefinition in § 3 Nr. 32 sowie das Regelbeispiel in § 21 Abs. 2 Nr. 1 herstellen. Auffällig ist jedoch, dass Art. 12 Abs. 1 S. 1 ZRL im Unterschied zur Umsetzungsnorm von berechtigten Anträgen auf Zugang spricht. Der in § 21 Abs. 1 S. 2 enthaltene Abwägungskatalog für die Rechtfertigungsprüfung hinsichtlich der Auferlegung von Zugangsverpflichtungen entspricht demjenigen des Art. 12 Abs. 2 ZRL. Dessen im Zuge der Richtlinienreform von 2009 erfolgte Änderung wurde im Zuge der TKG-Novelle von 2012 umgesetzt.[196] Hinsichtlich Art. 12 ZRL steht fest, dass die zu schaffenden Verpflichtungen zur Zugangsgewährung auch dem Schutz von Dritten dienen.[197] Eine effektive Umsetzung muss diese Vorgabe berücksichtigen. Überdies genießt die richtlinienkonforme Auslegung innerhalb der Grenzen ihrer zulässigen Anwendung grundsätzlich Vorrang.[198] Der Wortlaut der Umsetzungsvorschrift schließt eine entsprechende richtlinienkonforme Auslegung nicht aus. Im Gegenteil spricht sogar eine richtlinienunabhängige Auslegung für den drittschützenden Charakter der Generalklausel nach § 21 Abs. 1 S. 1.

### c) Würdigung

Die Anerkennung des grundsätzlich drittschützenden Charakters von § 21 (Abs. 1) hat das *BVerwG* in seiner Folgejudikatur bestätigt.[199] Ebenso zeichnet die Literatur die drittschützende Wirkung von § 21 nach.[200] Im Vergleich der gegensätzlichen Judikate des *VG Köln* und des *BVerwG* fällt jedoch dreierlei auf.

Erstens geht das *BVerwG* nicht auf das vom *VG* bemängelte Kriterium der Unmittelbarkeit ein. Dieses wird auch im Rahmen der Schutznormformel nicht erwähnt. Allerdings taucht es in der Folgeentscheidung aus dem Jahre 2013, in der die grundsätzlich drittschützende Wirkung bestätigt wird, wieder auf.[201] Im

196 Vgl. BT-Drs. 17/5707, S. 59. Siehe auch *Geppert/Attendorn*, in: Geppert/Schütz, BeckTKG-Komm, § 21 Rn. 10.

197 Siehe oben Kapitel 2, § 4, b) Zugangs- und Gleichbehandlungsverpflichtungen als Schutzmaßnahmen zugunsten von Wettbewerbern.

198 Siehe Kapitel 2, § 5, B. Zur richtlinienkonformen Auslegung im multipolaren Marktregulierungsverhältnis.

199 *BVerwG*, Urt. v. 11.12.2013 – 6 C 24/12 – NVwZ 2014, 942 (946) Rn. 29; Urt. v. 12.06.2013 – 6 C 10/12 – NVwZ 2013, 1352 (1353) Rn. 17.

200 *Geppert/Attendorn*, in: Geppert/Schütz, BeckTKG-Komm, § 21 Rn. 278 f.; *Neumann/Thomaschki*, in: Säcker, TKG, § 21 Rn. 19 f.

201 *BVerwG*, Urt. v. 11.12.2013 – 6 C 24/129 – NVwZ 2014, 942 (946) Rn. 30.

Ergebnis lässt dies den Schluss zu, dass auch das *BVerwG* von einem unmittelbaren Schutz zugangsberechtigter Unternehmen ausgeht. Nach hiesiger Ansicht fehlt es im Hinblick auf zugangsberechtigte Unternehmen, die Zugangsleistungen nachfragen, auch nicht an einem Unmittelbarkeitszusammenhang. Deren unmittelbare Begünstigung ergibt sich im Zusammenspiel mit der Angebotspflicht nach § 22.

Zweitens bemüht das *BVerwG* in seinen Feststellungen nicht das Ziel der Sicherstellung und Förderung chancengleichen Wettbewerbs (vgl. § 2 Abs. 2 Nr. 2). Unter Rekurs auf dieses hatte das *VG* noch ausgeführt, dass durch § 21 Abs. 1 nur der Wettbewerb als Institution und nicht die Interessen einzelner Wettbewerber geschützt würden.

Drittens geht das *BVerwG* im Gegensatz zum *VG* verstärkt auf systematische Überlegungen sowie den entstehungsgeschichtlichen Hintergrund des § 21 ein. Insbesondere wird das Zusammenspiel von Art. 4 Abs. 1 RRL mit Art. 12 ZRL in die Auslegung mit einbezogen. Dabei wird insbesondere das Verständnis von *Generalanwalt Maduro* in der Rechtssachte Tele2/TCK herangezogen, welches anschließend durch den *Gerichtshof* bestätigt worden ist.[202]

Abgesehen von diesen Unterschieden gelangt das *BVerwG* im Rahmen der Auslegung des § 21 (Abs. 1) hinsichtlich derselben Gesichtspunkte zu einer gänzlich anderen rechtlichen Beurteilung als noch das *VG*. Deutlich zeigt sich dies an der Wertung des geschützten Personenkreises. Dies lässt den Schluss zu, dass im Ergebnis der drittschützende Charakter des Art. 12 ZRL die tragende Erwägung für die Annahme der drittschützenden Wirkung der Umsetzungsvorschrift des § 21 Abs. 1 ist. Mithin wird hierdurch das Auslegungsergebnis nicht lediglich *„abgerundet“*.[203] Insbesondere entkräftet die Berücksichtigung des drittschützenden Charakters von Art. 12 ZRL, die Erwägung des *VG Köln*, dass die Verpflichtung zur Zugangsgewährung nur dem Schutz des Wettbewerbs diene. Aus den Rechtssachen Tele2/TCK sowie Arcor/BRD ergibt sich, dass sich Wettbewerber des marktmächtigen Unternehmens im Lichte der Förderung des Wettbewerbs auf entsprechende Schutzmaßnahmen berufen können müssen. Darüber hinaus greift das *BVerwG* weder die normative Konfliktschlichtungsformel noch den Ansatz von *Wahl* auf.

---

202 Siehe Kapitel 2, § 4, 1. Rechtssache C-426/05 (Tele2 Telekommunication GmbH/ Telekom-Control-Kommission), S. 162 ff.

203 So das *BVerwG*. BVerwGE 130, 39 (43) Rn. 16.

### 2. Folgerungen für die Regelverpflichtungen nach § 21 Abs. 2, 3 sowie 5

Dies vorausgeschickt gilt es den sachlichen Schutzzweck der konkreten Verpflichtungstatbestände des § 21 Abs. 1 bis 5 zu untersuchen.

#### a) Kann-Verpflichtungen nach § 21 Abs. 2

Für den drittschützenden Charakter der Verpflichtungstatbestände nach § 21 Abs. 2 sprechen insbesondere systematische sowie entstehungsgeschichtliche Erwägungen.

Nach § 21 Abs. 2 kann die BNetzA marktmächtige Betreiber öffentlicher Telekommunikationsnetze unter Beachtung des § 21 Abs. 1 unter anderem verpflichten, Zugang zu bestimmten Netzkomponenten oder -einrichtungen einschließlich des entbündelten Breitbandzugangs zu gewähren (Nr. 1). Die Bezugnahme auf Absatz eins sowie die Formulierung „*unter anderem*" zeigt, dass es sich bei den Verpflichtungstatbeständen nach § 21 Abs. 2 um Regelbeispiele für Zugangsgewährungsverpflichtungen handelt, die nicht abschließend sind.[204] Der drittschützende Charakter des generalklauselartig formulierten § 21 Abs. 1 steht fest. A maiore ad minus muss dies auch für dessen (Zugangs-) Konkretisierungen gelten. Insoweit zeigt sich, dass nahezu alle Beispielverpflichtungen von § 21 Abs. 2 das Tatbestandsmerkmal *Zugang* verwenden. Dessen Definition bezieht sich ausdrücklich auf die Bereitstellung von Einrichtungen und Diensten für ein „*anderes Unternehmen*", um Telekommunikationsdienste zu erbringen.[205] Diesen Befund bestätigt ein Blick in die einschlägige Judikatur des *BVerwG*, dessen Erwägungen sich allgemein auf den drittschützenden Charakter des § 21 beziehen. Konkret ging es jedoch um die Verpflichtungstatbestände nach § 21 Abs. 2 Nr. 1 und Nr. 6.[206]

Lediglich im Rahmen der Interoperabilitätsverpflichtung nach § 21 Abs. 2 Nr. 4 ist nicht von *Zugang* die Rede. Diese bezieht sich auf die Schaffung bestimmter für die Interoperabilität der Ende-zu-Ende-Kommunikation notwendigen Voraussetzungen einschließlich der Bereitstellung von Einrichtungen für intelligente Netzdienste oder Roaming.[207] Unter Interoperabilität ist

---

204 Vgl. BT-Drucks. 15/2316, S. 65.

205 Siehe § 3 Nr. 32 S. 1.

206 Siehe BVerwGE 130, 39 (41) Rn. 13 sowie *BVerwG*, Urt. v. 11.12.2013 – 6 C 24/129 – NVwZ 2014, 942 (946) Rn. 29.

207 Zu den Voraussetzungen der Interoperabilität bei der Ende-zu-Ende-Kommunikation zählen die grundsätzliche Erreichbarkeit der Dienste sowie die Abrechenbarkeit der erbrachten Dienste über die Netzgrenzen hinweg. *Geppert/Attendorn*, in: Geppert/Schütz, BeckTKG-Komm, § 21 Rn. 121, 122, siehe dort auch zum folgenden Satz.

allgemein die Möglichkeit der Zusammenarbeit von verschiedenen, unabhängigen und unter Umständen auch heterogenen Systemen oder Techniken zu verstehen. Um die Interoperabilität der Kommunikation zwischen Endnutzern zu gewährleisten, sind über die Zusammenschaltung verschiedener Netze hinaus Vereinbarungen erforderlich, die die uneingeschränkte und störungsfreie Weitergabe der Kommunikationsverkehre zwischen Nutzern verschiedener Netze ermöglichen.[208] Im Kern geht es – über die Zusammenschaltung hinaus – um die Erweiterung der Erreichbarkeit eines Endnutzers des nachfragenden Netzbetreibers. Die Erreichbarkeit über die Netzgrenzen ist sowohl für Endnutzer als auch für Diensteanbieter von Bedeutung. Weiter wird im Zusammenhang von Roaming auf nachfragende Mobilfunknetzbetreiber abgestellt.[209] Damit kann im Ergebnis von der drittschützenden Natur des Regelbeispiels nach Nr. 4 ausgegangen werden.

Diese Befunde stützt ein Blick in den unionsrechtlichen Hintergrund. Für die zuletzt angesproche Verpflichtung hinsichtlich Dienstleistungen im Bereich Fakturierung und Inkasso (§ 21 Abs. 2 Nr. 7) findet sich zwar keine ausdrückliche Entsprechung, jedoch kann sie durchaus auf Art. 12 Abs. 1 UAbs. 2 lit. h) ZRL gestützt werden.[210] Für die übrigen Beispielverpflichtungen nach § 21 Abs. 2 Nr. 1 bis 5 sowie Nr. 8 finden sich jeweils ausdrückliche Entsprechungen in Art. 12 Abs. 1 UAbs. 2 ZRL.[211] Hinsichtlich Art. 12 (Abs. 1) ZRL steht fest, dass die Verpflichtungen in Bezug auf den Zugang zu bestimmten Netzeinrichtungen als Schutzmaßnahmen zugunsten von interessierten Wettbewerbern des regulierten Unternehmens anzusehen sind. A maiore ad minus muss dies für den Beispielkatalog des Art. 12 Abs. 1 UAbs. 2 ZRL gelten.[212] Verstärkend kommt hinzu, dass die spezifischen Schutzmaßnahmen nach Art. 8 Abs. 1 ZRL im Lichte des Ziels der Wettbewerbsförderung stehen[213] und nach unionsrechtlichen Maßstäben

---

208 *Geppert/Attendorn*, in: Geppert/Schütz, BeckTKG-Komm, § 21 Rn. 123, siehe dort auch zum folgenden Satz.

209 *Scherer*, in: Arndt/Fetzer/Scherer/Graulich, TKG, § 21 Rn. 31.

210 *Geppert/Attendorn*, in: Geppert/Schütz, BeckTKG-Komm, § 21 Rn. 154.

211 In der Sache geht es um die Umsetzung von Art. 12 Abs. 1 UAbs. 2 lit. a) bis c), d), g) sowie j) (vgl. BT-Drucks. 15/2316, S. 65 sowie 17/5707, S. 59).

212 In der Formulierung „*unter anderem*" beziehungsweise – nach der englischen Sprachfassung - „*inter aliter*" kommt der Beispielcharakter der nachstehend aufgezählten Verpflichtungen zum Ausdruck (Art. 12 Abs. 1 UAbs. 2 ZRL).

213 So ausdrücklich *Generalanwalt*, Schlussanträge v. 15.02.2007, Rs. C-426/05 (Tele2/TCK), BeckRS 2008, 70149 Rn. 36 sowie Schlussanträge v. 18.07.2007, Rs. C- 55/06 (Arcor/BRD), BeckRS 2007, 70570 Rn. 110, 111.

bereits der Schutz von Allgemeininteressen für die individualschützende Wirkung ausreichen kann, sofern auch der Rechtskreis Einzelner betroffen ist.

### b) Soll-Verpflichtungen nach § 21 Abs. 3

Auch die Regelverpflichtungen nach § 21 Abs. 3 sind drittschützender Natur. Hiernach soll die BNetzA marktmächtige Betreiber öffentlicher Telekommunikationsnetze nach § 21 Abs. 1 – beispielsweise – verpflichten, den Zugang zu nicht aktiven Netzkomponenten zu gewähren (Nr. 1).[214] Im Unterschied zu Absatz zwei werden Verpflichtungen nach § 21 Abs. 3 als *„unabdingbar für die Schaffung und Aufrechterhaltung von Wettbewerb auf den nachgelagerten Märkten angesehen"*.[215] In systematischer Hinsicht wird noch deutlicher als bei den Beispielverpflichtungen nach § 21 Abs. 2 auf § 21 Abs. 1 Bezug genommen. In fast jeder der Konkretisierungen nach Nr. 1 bis 6 ist entweder von *„Zugang"* oder – der besonderen Zugangsvariante – *„Zusammenschaltung"* die Rede.[216]

Lediglich die Regelverpflichtung nach § 21 Abs. 2 Nr. 5 stellt auf *„Kollokation"* oder andere Formen gemeinsamer Einrichtungsnutzung ab. Zu diesen Einrichtungen sollen *„Nachfrager"* oder ihre *„Beauftragten"* jederzeit Zutritt haben. Unter *Kollokation* ist das Mitbenutzen von Ressourcen am Standort des Hauptverteilers zu verstehen.[217] Sinn und Zweck ist es, Wettbewerbern den Zugang zu Netzelementen des zugangsverpflichteten Betreibers zu verschaffen, um so den Zugangsanspruch überhaupt erst zu ermöglichen.[218] Mithin sprechen Wortlaut und Zweck dieser Regelverpflichtungen auch ohne die Bezugnahme auf den Zugangsbegriff eindeutig für deren drittschützenden Charakter.

Überdies dient die Kollokationsverpflichtung nach Nr. 5 der Umsetzung von Art. 12 Abs. 1 UAbs. 1 lit. f) ZRL.[219] Die Regelverpflichtungen nach § 21 Abs. 3

---

214 Zur Problematik der Unionsrechtswidrigkeit der Vorsteuerung des Ermessens der BNetzA durch die Soll-Regelung in § 21 Abs. 3 vgl. oben Kapitel 1, § 4. Rechtsfolgen von Marktdefinition und -analyse.

215 *Kühling/Schall/Biendl*, Telekommunikationsrecht, S. 170 Rn. 282.

216 Nach § 21 Abs. 2 Nr. 3 soll die Zusammenschaltung von Telekommunikationsnetzen ermöglicht werden.

217 Alternative Netzbetreiber benötigen in der Regel am Standort des Hauptverteilers Raum, in dem sie ihre eigenen technischen Geräteschaften unterbringen können (sogenannter Kollokationsraum). http://de.wikipedia.org/wiki/Kollokation_%28Telekommunikation%29, zuletzt besucht am 27.04.2019.

218 *BNetzA*, Beschl. v. 21.03.2011 (BK-39-09/085), S. 31. Vgl. auch *Neumann/Thomaschki*, in: Säcker, TKG, § 21 Rn. 223.

219 *Neumann/Thomaschki*, in: Säcker, TKG, § 21 Rn. 223.

Nr. 1, 2 und 6 setzen den im Rahmen der Richtlinienreform von 2009 geänderten Art. 12 Abs. 1 UAbs. 1 lit. a) ZRL um.[220] Dessen lit. e) ist nahezu wortgleich mit der Verpflichtung nach § 21 Abs. 3 Nr. 4. Schließlich dient die Zusammenschaltungsverpflichtung nach § 21 Abs. 2 Nr. 3 der Umsetzung von Art. 12 Abs. 1 UAbs. 1 lit. i) ZRL.[221] Dementsprechend sind die drittschützenden Vorgaben von Art. 12 ZRL auch hinsichtlich der Subjektivierung der Regelverpflichtungen nach § 21 Abs. 3 im Rahmen der Auslegung zu berücksichtigen.

### c) Festlegung von Betriebsbedingungen hinsichtlich Zugangsverpflichtungen

Fraglich erscheint jedoch, ob die Festlegung von Betriebsbedingungen nach § 21 Abs. 5 drittschützender Natur sein kann. Wenn die BNetzA einem Betreiber eine Zugangsverpflichtung auferlegt, kann sie technische oder betriebliche Bedingungen festlegen, die vom Betreiber oder den Nutzern dieses Zugangs erfüllt werden müssen, soweit dies erforderlich ist, um den normalen Betrieb des Netzes sicherzustellen (§ 21 Abs. 5 S. 1). Prima facie scheint eher ein Allgemeininteresse – Betriebssicherheit – geschützt. Gleichwohl ist in tatbestandlicher Hinsicht die Auferlegung einer Zugangsverpflichtung nach § 21 Abs. 1 bis 3 erforderlich.[222] Zugangsverpflichtungen beziehen sich auf das Verhältnis von marktmächtigem Betreiber und Zugangspetent. Überdies müssen die festgelegten Bedingungen sowohl vom Betreiber als auch den Nutzern[223] der betreffenden Zugangsverpflichtung beachtet werden.[224] Damit ergibt sich ein von der Allgemeinheit abgrenzbarer Personenkreis, der sich zudem mit dem Schutzzweck der Zugangsverpflichtungen nach Maßgabe des § 21 Abs. 1 bis 3 deckt. Ferner zielt die Ausgestaltung der Betriebsbedingungen darauf, Beeinträchtigungen des Netzbetriebs zu verhindern, die sich aus der Einräumung von Zugangsmöglichkeiten für Dritte ergeben.[225] Überdies bindet die Festlegung von Betriebsbedingungen die Zugangsnachfrager – wie das regulierte Unternehmen als Normverpflichtete – in adressatenähnlicher Weise. Hiervon ausgehend dürfte die Festlegung von technischen oder betrieblichen Bedingungen hinsichtlich einer angeordneten

---

220 BT-Drucks. 17/5707, S. 59.

221 Vgl. BT-Drucks. 17/2316, S. 65. Vor der Gesetzesnovelle von 2012 fand sich die Regelverpflichtung betreffend Zusammenschaltung in Nr. 2.

222 *Neumann/Thomaschki*, in: Säcker, TKG, § 21 Rn. 243.

223 Siehe zur Definition des Nutzers § 3 Nr. 14.

224 *Neumann/Thomaschki*, in: Säcker, TKG, § 21 Rn. 244.

225 *Neumann/Thomaschki*, in: Säcker, TKG, § 21 Rn. 247.

Zugangsverpflichtung jedenfalls unter dem Gesichtspunkt der Adressatenstellung auch für Nutzer dieses Zugangs anfechtbar sein. In diesem Sinne kann durchaus von drittschützender Wirkung gesprochen werden. Überdies geht das *BVerwG* in einem jüngeren Urteil davon aus, dass die Ermächtigungsnorm des § 21 „*insgesamt*" drittschützend sei.[226] Zu berücksichtigen ist jedoch, dass die Regelung des § 21 Abs. 5 nicht Gegenstand dieser Entscheidung war.

Darüber hinaus bietet ein Blick in den unionsrechtlichen Hintergrund keinen weitergehenden Erkenntnisgewinn. Die Befugnis zur Festlegung von Bedingungen nach § 21 Abs. 5 wurde im Zuge der TKG-Reform von 2012 eingeführt und dient der Umsetzung von Art. 12 Abs. 3 ZRL.[227] Inhaltlich entspricht dieser dem im Zuge der Reform von 2009 gestrichenen Art. 5 Abs. 2 ZRL.[228] Mithin hat der deutsche Gesetzgeber diese Richtlinienvorgaben erstmals im Jahre 2012 umgesetzt. Zum Entscheidungszeitpunkt in der Rechtssache Tele2/TCK gehörte die relevante Richtlinienbestimmung also noch nicht zu den spezifischen Verpflichtungen nach Art. 16 Abs. 3 und 4 RRL, die als Schutzmaßnahmen zugunsten von Wettbewerbern des regulierten Unternehmens anzusehen sind. Da sich die relevante Richtlinienbestimmung nun jedoch in Art. 12 ZRL befindet, wird sie vom Regime des Art. 16 Abs. 3 und 4 RRL erfasst. Zudem geht es in der Sache um eine Maßnahme gegenüber einem marktmächtigen Betreiber im Rahmen einer Zugangsverpflichtung. Die Verpflichtungen in Bezug auf den Zugang zu bestimmten Netzeinrichtungen sieht der *Gerichtshof* ausdrücklich als Schutzmaßnahmen zugunsten von interessierten Wettbewerbern des regulierten Unternehmens an.

### 3. Zum personellen Schutzzweck des § 21 TKG

Vor dem Hintergrund des drittschützenden Charakters der Verpflichtungen zur Zugangsgewährung nach § 21 ist dessen personeller Schutzzweck zu prüfen. Hierzu sind dessen individualisierende Tatbestandsmerkmale im Lichte der verwaltungsgerichtlichen Judikatur zum Kreis der geschützten Dritten sowie des unionsrechtlichen Hintergrundes zu untersuchen.

---

226 *BVerwG*, Urt. v. 11.12.2013 – 6 C 24/12 – NVwZ 2014, 942 (946) Rn. 29.

227 BT-Drucks. 17/5707, S. 59.

228 *Neumann/Thomaschki*, in: Säcker, TKG, § 21 Rn. 242, siehe dort auch zum folgenden Satz.

### a) Verwaltungsgerichtliche Rechtsprechung

Den drittschützenden Umfang von § 21 in personeller Hinsicht vermag neben jüngeren Entscheidungen aus der verwaltungsgerichtlichen Rechtsprechung zum TKG 2004 auch ein Judikat des *BVerwG* zum TKG 1996 zu erhellen.

#### aa) Rechtsprechung zum TKG 1996

In der Entscheidung des *BVerwG* vom 10.10.2002 ging es um die drittschützende Wirkung von Vorschriften der nachträglichen Entgeltregulierung[229], die die Regulierungsbehörde berechtigen, vom betroffenen Unternehmen die Anpassung seiner Entgelte zu verlangen, sofern diese den Maßstäben der Entgeltregulierung widersprechen.[230] Aufschlussreich ist diese Entscheidung, weil das *BVerwG* hinsichtlich der Ermittlung des drittschützenden Normgehalts zwischen verschiedenen Kategorien von Dritten unterscheidet. Überdies zählen die Regelungen zur Entgeltregulierung ebenso wie die interessierende Vorschrift über die Verpflichtungen zur Zugangsgewährung zur Regulierung marktrelevanten Verhaltens.[231] Namentlich prüft das *BVerwG* die drittschützende Wirkung zugunsten der „*Nutzer von Telekommunikationsdiensten*“ sowie zugunsten von „*Wettbewerbern*“ des entgeltregulierten Unternehmens. Hinsichtlich Ersterer wurde die drittschützende Wirkung verneint. Nach § 3 Nr. 11 TKG 1996 ist unter dem Nutzer jeder Nachfrager von Telekommunikationsdienstleistungen zu verstehen. Unter diese allgemein gehaltene Definition können sowohl Verbraucher als auch Kunden subsumiert werden.[232] Letztere sind nur diejenigen Nutzer, die zugleich Vertragspartner des Anbieters von Telekommunikationsdienstleistungen sind. Im zu entscheidenden Fall ging das *BVerwG* auf diese Definition zwar nicht ein, führte jedoch im Rahmen der Klagebefugnis aus, dass die Möglichkeit einer Rechtsverletzung der Klägerinnen als Kunden des regulierten Unternehmens (beziehungsweise der Beigeladenen) oder als deren Wettbewerber nicht von vornherein auszuschließen sei.[233]

---

229 BVerwGE 117, 93 ff.

230 In der Sache stand die drittschützende Wirkung des § 30 Abs. 4 i.V.m. § 24 Abs. 2 TKG 1996 in Frage.

231 Vgl. BVerwGE 117, 93 (101), vgl. dort auch zum folgenden Satz.

232 *Schütz/Schuster*, in: Büchner/u.a., BeckTKG-Komm (2. Aufl., 2000), § 3 Rn. 14, siehe dort auch zum folgenden Satz. Ferner sollen unter Verbrauchern diejenigen Nutzer zu verstehen sein, die insbesondere nicht Wettbewerber des Anbieters von Telekommunikationsdienstleistungen sind (a.a.O.).

233 BVerwGE, 117, 93 (96).

Bezüglich der Stellung als Wettbewerber ließ das *BVerwG* die drittschützende Wirkung des Verbots ungerechtfertigter Preisabschläge offen, weil die Klägerinnen mangels eines Konkurrenzverhältnisses nicht als Wettbewerber des entgeltregulierten Unternehmens anzusehen seien.[234] Den Begriff des *Wettbewerbers* definierte das *BVerwG* in Bezug auf das in Rede stehende Verbot ungerechtfertigter Preisaufschläge.[235] Diesbezüglich sei eine Wettbewerberstellung nur anzunehmen, wenn das den Aufschlag fordernde und das von ihm betroffene Unternehmen mit ihren konkurrierenden Produkten oder Dienstleistungen auf demselben Markt der Telekommunikation tätig seien.[236]

### bb) Rechtsprechung zum TKG 2004

Im Unterschied zu dem vorstehenden Judikat differenziert das *BVerwG* in seiner grundlegenden Entscheidung zum drittschützenden Charakter von § 21 nicht mehr zwischen verschiedenen Kategorien Dritter. Im amtlichen Leitsatz heißt es, dass § 21 auch dem Schutz von Wettbewerbern beziehungsweise Wettbewerbsunternehmen des zugangsregulierten Unternehmens diene.[237] Ohne Voraussetzungen der Wettbewerbereigenschaft darzulegen, geht das *BVerwG* davon aus, dass die Klägerin als Wettbewerberin des zugangsregulierten Unternehmens anzusehen sei.

Anhaltspunkte ergeben sich jedoch zunächst aus dem zugrundeliegenden Sachverhalt, nach dem die Klägerin eine alternative Teilnehmernetzbetreiberin (sogenannter City-Carrier) gewesen ist. Ferner heißt es im erstinstanzlichen Tatbestand, dass die Beigeladene – welche die BNetzA als ein den bundesweiten Markt für den Zugang zum Teilnehmeranschluss[238] beherrschendes Unternehmen qualifiziert hatte – ihren Wettbewerbern, zu denen auch die Klägerin zu zählen sei, den Zugang zum Teilnehmeranschluss anbiete.[239] Das Klagebegehren

---

234 BVerwGE, 117, 93 (108).

235 Grundlage war § 24 Abs. 2 Nr. 1 TKG 1996.

236 BVerwGE, 117, 93 (108). Die Frage desselben Marktes richte sich nach der Abgrenzung des relevanten Marktes in sachlicher Hinsicht, wofür die funktionelle Austauschbarkeit der Produkte oder Dienstleistungen aus Sicht der Nachfrager maßgeblich sei (BVerwGE, a.a.O.).

237 BVerwGE 130, 39 ff.

238 Hierbei handelte es sich um den Markt Nr. 11 im Sinne der Märkteempfehlung 2003/311/EG zum entbündelten Großkunden-Zugang (einschließlich des gemeinsamen Zugangs) zu Drahtleitungen und Teilleitungen für die Erbringung von Breitband- und Sprachdiensten.

239 *VG Köln*, Urt. v. 26.10.2006 – 1 K 2976/05 – MMR 2007, 198.

war unter anderem auf die Auferlegung weitergehender Zugangsverpflichtungen auf der Grundlage des § 21 Abs. 2 Nr. 6 gerichtet. Hinsichtlich der Feststellungen zu dessen drittschützenden Charakter heißt es, dass als Zugangsbegünstigte andere Unternehmen anzusehen seien, die Telekommunikationsdienste erbringen.[240] Ferner sei das Antragsrecht nach § 21 Abs. 1 S. 1 als ein Anhaltspunkt für den Drittschutz zugunsten der Wettbewerbsunternehmen zu werten. Diese auf die Tatbestandsvoraussetzungen des § 21 Abs. 1 bezogene Argumentation erweckt den Eindruck, dass andere Unternehmen, die Telekommunikationsdienste erbringen und hierzu Zugangsleistungen des regulierten Netzbetreibers in Anspruch nehmen, als Wettbewerber anzusehen seien sollen.

*aaa) Drittanfechtung einer Zugangsgewährungsverpflichtung*

Weiter hat das *BVerwG* für Wettbewerber des regulierten Unternehmens die Möglichkeit einer Drittanfechtungsklage gegen im Rahmen der Regulierungsverfügung auferlegte Zugangsverpflichtungen bejaht.[241] Bei der Klägerin des zugrundeliegenden Verfahrens handelte es sich um ein regional tätiges Telekommunikationsunternehmen, das eigene Glasfasernetze betreibt. Mit der streitgegenständlichen Regulierungsverfügung – betreffend den Vorleistungsmarkt des Zugangs zum Teilnehmeranschluss[242] – hatte die BNetzA gegenüber der Beigeladenen unter anderem eine vormals auferlegte Verpflichtung widerrufen.[243] Die Klägerin, welche beim Betrieb ihres Netzes teilweise auch die Teilnehmeranschlussleitungen der Beigeladenen in Anspruch nimmt, begehrte nun die Aufhebung der gegenüber der Beigeladenen erlassenen Regulierungsverfügung hinsichtlich des Zugangs zum Teilnehmeranschluss für die Nutzung von Frequenzen oberhalb 2,2 MHz. Grundlage für diese besondere Zugangsverpflichtung ist § 21 (Abs. 1) gewesen.

Das *BVerwG* bejahte die Klagebefugnis unter Bezugnahme auf seine Entscheidung vom 28.11.2007, in der es die drittschützende Wirkung von § 21 anerkannt hatte.[244] Die Interessenlage im Rahmen einer Drittanfechtungsklage, gerichtet auf die Aufhebung einzelner Zugangsverpflichtungen, sei mit einer

240 BVerwGE 130, 39 (42).

241 *BVerwG*, Urt. v. 21.09.2018 – 6 C 6/17 – Juris Rn. 26 ff.

242 Hierbei handelt es sich um den Markt Nr. 3a der Märkteempfehlung 2014/710/EU.

243 Dies geschah in einem turnusmäßigen Überprüfungsverfahren der vormaligen Regulierungsverfügung gemäß § 14 Abs. 2.

244 *BVerwG*, Urt. v. 21.09.2018 – 6 C 6/17 – Juris Rn. 26, 27. Vgl. dort auch zu den folgenden Sätzen.

Verpflichtungsklage, gerichtet auf den Erlass weitergehender Zugangsverpflichtungen, vergleichbar. Dies sei der Fall, wenn ein Wettbewerber zumindest auch die Bedingungen des von ihm genutzten Zugangs zum Netz des regulierten Unternehmens verbessern und nicht lediglich mittelbare Nachteile für eine von diesem Zugang unabhängige Wettbewerberposition abwehren wolle. Dies sah das *BVerwG* im Fall der Klägerin als erfüllt an, denn sie ist bei dem Betrieb ihres Netzes jedenfalls teilweise auf den entbündelten Zugang zu den Teilnehmeranschlussleitungen der Beigeladenen angewiesen gewesen.

Die Bejahung einer Drittanfechtungsklage eines Zugangsnutzers, gerichtet auf die Aufhebung belastender Zugangsgewährungsverpflichtungen, ist nur folgerichtig. Zum einen handelt es sich bei der Drittanfechtungsklage gleichsam um die Kehrseite einer Drittverpflichtungsklage, zum anderen wäre eine Beschränkung der drittschützenden Wirkung von § 21 auf Verpflichtungskonstellationen schwerlich mit den individualschützenden Wertungen von Art. 4 Abs. 1 RRL und Art. 12 ZRL zu vereinbaren.[245] Insbesondere Art. 4 Abs. 1 RRL differenziert nicht zwischen Anfechtungs- und Verpflichtungskonstellationen, sondern stellt auf eine (rechtsgutbezogene) Betroffenheit durch die regulierungsbehördliche Entscheidung ab.[246] Dies kann sowohl in Verpflichtungs- als auch Anfechtungskonstellationen der Fall sein.

#### *bbb) Schutz der tatsächlichen Zugangsnutzer*

Hingegen ergeben sich eingrenzende Anhaltspunkte zur Bestimmung des personellen Schutzzwecks aus der Entscheidung des *BVerwG* vom 11.12.2013.[247] Obwohl das *BVerwG* vom drittschützenden Charakter des § 21 ausging, verneinte es im konkreten Fall die Klagebefugnis der Klägerin. Diese begehrte im Wesentlichen weitergehende Zugangsverpflichtungen im Rahmen des Teilnehmeranschlusses.[248] Bei der Klägerin handelte es sich um eine Dachgesellschaft, die über Zwischengesellschaften 100 % der Anteile an verschiedenen Einzelgesellschaften hielt, die ihrerseits – ebenso wie die Beigeladene – Telekommunikationsdienstleistungen für Endkunden und andere Telekommunikationsunternehmen

---

245 Siehe hierzu Kapitel 2, § 4, b) Zugangs- und Gleichbehandlungsverpflichtungen als Schutzmaßnahmen zugunsten von Wettbewerbern, S. 176 f.

246 Siehe oben Kapitel 2, § 4, III. Zum Inhalt der sektorspezifischen Rechtsbehelfsregelung(en), S. 136 f.

247 *BVerwG*, Urt. v. 11.12.2013 – 6 C 24/12 – Juris Rn. 29 ff.

248 Siehe zu den einzelnen Klageanträgen *VG Köln*, Urt. v. 22.08.2012 – 21 K 2317/11 – BeckRS 2012, 59587.

anbot.[249] Diese nicht operativ tätige Holding-Gesellschaft hatte bis dato keine Zugangsdienste in Anspruch genommen und beabsichtigte dies auch für die Zukunft nicht. Im Rahmen der Regulierungsverfügung vom 21.03.2011 war die Beigeladene als Unternehmen mit beträchtlicher Marktmacht auf dem bundesweiten Vorleistungsmarkt für den (physischen) Zugang zu Netzinfrastrukturen (einschließlich des gemeinsamen oder vollständig entbündelten Zugangs) an festen Standorten identifiziert worden, weswegen ihr verschiedene Zugangsverpflichtungen auf der Grundlage des § 21 Abs. 2 und 3 auferlegt worden waren.[250] Die Klägerin machte im Wesentlichen geltend, dass sie als Betreiberin von Glasfaserinfrastrukturen in Konkurrenz zu der Beigeladenen stehe.[251] Durch die Vorabregulierung werde der Markt geprägt, auf dem sie agiere. Die regulierten Bedingungen und Entgelte seien Messlatte auch für ihre eigenen Angebote. Mithin wollte sie die Auferlegung von Zugangsverpflichtungen gegenüber der Beigeladenen lediglich deswegen verhindern, weil sie befürchtete, dass hierdurch der Markt, auf dem auch ihre Konzerngesellschaften Zugangsleistungen anbieten, geprägt würde.

Bezüglich der personellen Schutzrichtung des grundsätzlich drittschützenden § 21 entschied das *BVerwG*, dass diese nicht solche Unternehmen einschließe, die sich lediglich gegen nachteilige Auswirkungen der Zugangsgewährung zur Netzinfrastruktur des regulierten Unternehmens auf ihre eigene Wettbewerberstellung als Anbieter auf dem betreffenden Vorleistungsmarkt wenden würden.[252]

Zur Begründung knüpfte das *BVerwG* an die Auslegung des Tatbestandsmerkmals *„andere Unternehmen"* in § 21 Abs. 1 sowie an entstehungsgeschichtliche Erwägungen an.[253] Hierunter seien regelmäßig Wettbewerber des

249 *BVerwG*, Urt. v. 11.12.2013 – 6 C 24/12 – Juris Rn. 1 sowie Rn. 18 ff., siehe dort auch zu den folgenden Sätzen.

250 *BNetzA*, Beschl. v. 21.03.2011 (BK 3g-09/085), S. 2 und 19 f, https://www.bundesnetzagentur.de/DE/Service-Funktionen/Beschlusskammern/1_GZ/BK3-GZ/2009/2009_0001bis0999/2009_001bis099/BK3-09-0085/BK3-09-0085_RegVfg_BKV.html, zuletzt besucht am 30.06.2019. Rechtsgrundlage der einzelnen Zugangsverpflichtungen war §§ 9 Abs. 2 i.V.m. §§ 13 Abs. 1, 21 Abs. 2 Nr. 1 und 6, Abs. 3 Nr. 1, und 4.

251 *BVerwG*, Urt. v. 11.12.2013 – 6 C 24/12 – Juris Rn. 24 ff., siehe dort auch zu den folgenden Sätzen.

252 *BVerwG*, Urt. v. 11.12.2013 – 6 C 24/12 – Juris Rn. 27 ff., siehe dort auch zu den folgenden Sätzen.

253 Insofern wurde auf die Gesetzesbegründung zum TKG 2004 verwiesen. Siehe BT-Drucks. 15/2316 S. 64.

marktmächtigen Unternehmens zu verstehen.[254] Allerdings seien Voraussetzungen für die Einbeziehung in den personellen Schutzzweck, dass sie erstens durch die Zugangsgewährung begünstigt und zweitens „*den gewährten Zugang zur Erbringung von Telekommunikationsdiensten nutzen*" würden. Nur diese Eingrenzung ermögliche die Konkretisierung eines Personenkreises, der sich hinreichend deutlich von der Allgemeinheit unterscheide.[255] Mithin zeigt das *BVerwG* klare Voraussetzungen für den personellen Schutzzweck auf, die sich aus der Tatbestandsauslegung ergeben und von einer bloßen Wettbewerbereigenschaft losgelöst sind.

#### *ccc) Zugangsverpflichtungen schützen nicht den regulierten Netzbetreiber*

Schließlich betrifft der zurückweisende Beschluss des *BVerwG* vom 08.04.2011 eine andere Perspektive im Rahmen des personellen Schutzzwecks von § 21.[256] Gleichwohl lässt sich hieraus eine negative Eingrenzung ableiten. Mit der Beschwerde wollte die Klägerin im Wesentlichen geklärt wissen, ob § 21 Abs. 3 auch gegenüber einem marktmächtigen Betreiber eines öffentlichen Telefonnetzes subjektiv-rechtliche Schutzwirkung entfaltet. Bei der Klägerin handelte es sich um eine Netzbetreiberin, für die die marktmächtige Stellung auf dem Markt für Anrufzustellung in einzelnen öffentlichen Telefonnetzen an festen Standorten[257] festgelegt worden war.[258] Anlässlich der Regelüberprüfung wurden im Wege der Regulierungsverfügung vom 07.09.2009 unter anderem einige Verpflichtungen widerrufen, die durch eine Regulierungsverfügung aus dem Jahre 2006 gegenüber der Rechtsvorgängerin der Klägerin auferlegt worden waren. Mit ihrer Klage begehrte die Klägerin, die BNetzA zu verpflichten, ihr – mithin gegen sich selbst – bestimmte Zugangsverpflichtungen nach Maßgabe des § 21 Abs. 3 aufzuerlegen. Diesbezüglich entschied das *BVerwG*, dass ein als

---

254 *BVerwG*, Urt. v. 11.12.2013 - 6 C 24/12 - Juris Rn. 30 ff., siehe dort auch zu den folgenden Sätzen.

255 Dieses Auslegungsergebnis hält das *BVerwG* auch mit der Entscheidung des *EuGH* in der Rechtssache Tele2/TCK für vereinbar.

256 *BVerwG*, Beschl. v. 08.04.2011 - 6 B 48/10 –, in: BeckRS 2011, 50589. In der Sache ging es um eine Nichtzulassungsbeschwerde im Anschluss an *VG Köln*, Urt. v. 01.07.2010 - 1 K 6671/09 - BeckRS 2011, 50602.

257 Insoweit handelt es sich um Markt Nr. 3 der Märkteempfehlung 2007/879/EG.

258 *VG Köln*, Urt. v. 01.07.2010 - 1 K 6671/09 - BeckRS 2011, 50602. Siehe dort auch zu den folgenden Sätzen.

marktmächtig identifiziertes Unternehmen aus § 21 keinen Anspruch herleiten kann, dass ihm selbst Zugangsverpflichtungen auferlegt werden.

Zur Begründung stützt sich das *BVerwG* im Wesentlichen auf teleologische und grammatikalische Auslegungserwägungen. [259] Nach Art. 8 Abs. 4 S. 1 ZRL müssten die zu schaffenden Verpflichtungen der Zugangsregulierung der Art des aufgetretenen Problems entsprechen. Über die Verweisung der Klammervorschrift des Art. 8 ZRL Abs. 1 ZRL auf die nachstehend aufgeführten Regulierungsvorschriften gilt dessen Wertung auch für diese.[260] Mit diesem Problem sei die beträchtliche Marktmacht gemeint, gegenüber der Wettbewerbsunternehmen und Endverbraucher – nicht jedoch der Inhaber beträchtlicher Marktmacht selbst – schutzbedürftig seien. Aus Art. 8 Abs. 2 ZRL ergibt sich, dass die nach den Art. 9 bis 13a ZRL zu schaffenden Regulierungsverpflichtungen in tatbestandlicher Hinsicht nur gegenüber marktmächtigen Betreibern auferlegt werden dürfen. Hierin kommt der Grundsatz der asymmetrischen Regulierung zum Ausdruck.[261] Hieraus lässt sich auf die Schutzbedürftigkeit der übrigen Marktteilnehmer schließen. Ferner können unter *„anderen Unternehmen"* im Sinne des § 21 Abs. 1 nur die mit dem marktmächtigen Betreiber in Wettbewerb stehenden Unternehmen und nicht das marktmächtige Unternehmen selbst gemeint sein.[262]

Dieser Entscheidung liegt eine ungewöhnliche Konstellation zugrunde. In der Regel ist das Begehren des Adressaten eines belastenden Verwaltungsaktes darauf gerichtet, diesen mittels Anfechtungsrechtsbehelfen zu beseitigen. Insofern ergibt sich dessen Klagebefugnis regelmäßig ohne weiteres aus einer jedenfalls möglichen Verletzung seiner allgemeinen Handlungsfreiheit.[263] So kann sich das marktmächtige Unternehmen vor der Auferlegung unrechtmäßiger Verpflichtungen schützen. Im vorstehenden Verfahren wollte jedoch eine marktmächtige Betreiberin, gegenüber der in der Vergangenheit auferlegte Regulierungsverpflichtungen teilweise widerrufen worden waren, deren erneute Auferlegung

---

259 *BVerwG*, Beschl. v. 08.04.2011 – 6 B 48/10 – BeckRS 2011, 50589 Rn. 4 f., siehe dort auch zu den folgenden Sätzen.

260 Zu diesen zählen die nach Art. 12 ZRL zu schaffenden Verpflichtungen betreffend die Zugangsgewährung, deren Umsetzung § 21 dient (vgl. BT-Drucks. 15/2316 S. 64).

261 Vgl. Erwgr. 27 RRL.

262 *BVerwG*, Beschl. v. 08.04.2011 – 6 B 48/10 – BeckRS 2011, 50589 Rn. 5.

263 Dies ergibt sich aus der sogenannten Adressatentheorie. Hiernach kann der Adressat eines belastendenden Verwaltungsaktes regelmäßig geltend machen, durch diesen (möglicherweise) in seinem Freiheitsrecht aus Art. 2 Abs. 1 GG beeinträchtigt zu sein (*Kopp/Schenke*, VwGO, § 42 Rn. 69).

gegen sich selbst erreichen. Hintergrund war ihre Erwägung, durch die begehrten Zugangsverpflichtungen streitige Zugangsbedingungen mit den nachfragenden Unternehmen leichter lösen zu können. Mithin ging es um eine Verpflichtungskonstellation. In diesem Fall genügt die Berufung auf den abwehrrechtlichen Gehalt der allgemeinen Handlungsfreiheit nicht, um einen Anspruch auf Erlass einer Regulierungsverpflichtung gegen sich selbst zu begründen.

### b) Richtlinienrechtliche Vorsteuerung

Die vorstehende Judikatur bietet durchaus Ansätze den drittschützenden Schutzzweck der Zugangsverpflichtungen in personeller Hinsicht zu definieren. Insofern fragt es sich zunächst, ob diese Ansätze mit Art. 12 ZRL vereinbar beziehungsweise konkretisierbar sind.

Festzuhalten ist zunächst, dass Art. 12 Abs. 1 ZRL Einschränkungen des personellen Schutzzwecks nicht entgegen steht. Im Gegenteil spricht er sogar von „*berechtigten Anträgen auf Zugang zu bestimmten Netzkomponenten*“[264]. Gleichwohl stellt die unionsrechtliche Zugangsdefinition – ebenso wie die Umsetzung im TKG – auf „*andere Unternehmen*“ als Normbegünstigte ab.[265] Ferner ergab die Auswertung der Rechtssache *Tele2/TCK*, dass Zugangsverpflichtungen dazu dienen, den am Zugang interessierten Wettbewerbern des regulierten Unternehmens Zugang zu verschaffen.[266] Hierfür soll ausreichend sein, wenn entweder ein Vertragsverhältnis betreffend die Zugangsgewährung zum regulierten Unternehmen besteht oder jedenfalls die Aufnahme einer solchen Beziehung beabsichtigt ist. Dies zugrunde gelegt, erscheint die verwaltungsgerichtliche Dialektik hinsichtlich der normativ Begünstigten einheitlich von Wettbewerbern zu sprechen, zunächst nicht zu beanstanden.[267]

Weiter dürfte die in der Entscheidung vom 11.12.2013[268] herausgearbeitete Ausgrenzung eines Unternehmens, dass lediglich die Auferlegung von

264 Siehe Art. 12 Abs. 1 S. 1 ZRL. Hingegen spricht Art.73. Abs. 1 S. 1 Kodifizierungsrichtlinie (EU) 2018/1972 anstatt von berechtigten Anträgen von „*angemessenen*“ Anträgen.

265 Siehe Art. 2 lit. a) ZRL.

266 Siehe Kapitel 2, § 4, d) Zum Kreis der geschützten Nichtadressaten beziehungsweise Dritten, S. 182 ff. Siehe dort auch zum folgenden Satz.

267 Zur Frage der Tauglichkeit des *Wettbewerberbegriffs* siehe c) Katpitel 3, § 6, c) Stellungnahme, S. 283 f.

268 Siehe Kapitel 3, § 6, bbb) Schutz der tatsächlichen Zugangsnutzer, S. 278 f.

Zugangsverpflichtungen gegen sich selbst begehrt[269], aus dem personellen Schutzbereich von § 21 mit Art. 12 ZRL zu vereinbaren sein. Denn nach Art. 12 ZRL sollen sowohl Wettbewerber, die in Vertragsbeziehungen zum regulierten Unternehmen stehen, als auch solche geschützt werden, die die Aufnahme entsprechender Beziehungen zur Erbringung von Zugangsleistungen beabsichtigen. Mithin wird im Ergebnis zur Beschreibung der geschützten Dritten auf die Zugangsdefinition abgestellt.[270] Dabei ist für den *Gerichtshof* entscheidend, dass mindestens die Absicht der Nutzung nachgefragter Zugangsleistungen besteht. Mithin ist der Schutz von Unternehmen, die die Auferlegung von Zugangsleistungen gegen sich selbst begehren, ohne diese in Anspruch nehmen zu wollen, unionsrechtlich nicht geboten.

### c) Stellungnahme

Ausgangspunkt für die Bestimmung des personellen Schutzzwecks muss § 21 (Abs. 1) sein. Soweit diese Norm individualisierende Tatbestandsmerkmale enthält, ist an diese anzuknüpfen. Hiervon ausgehend ist der Schutzzweck der Zugangsgewährung zur Erbringung von Telekommunikationsdiensten zugunsten *anderer* Unternehmen entscheidend. Unter Berücksichtigung der normininternen Wirkung von Art. 12 ZRL sind hierunter (1) Unternehmen zu verstehen, die durch die Zugangsgewährung begünstigt werden. Dementsprechend wird das regulierte Unternehmen nicht vom Schutzzweck erfasst, sofern es weitergehende Verpflichtungen gegen sich selbst begehrt.[271] Ferner ist (2) erforderlich, dass die Zugangsgewährung zur Erbringung von Telekommunikationsdiensten begehrt wird. Dies ist entweder der Fall, wenn das zugangsberechtigte Unternehmen bereits Vertragsbeziehungen betreffend den Zugang mit dem regulierten Betreiber unterhält oder jedenfalls die Aufnahme solcher konkret beabsichtigt.

Nach diesen Grundsätzen werden andere Unternehmen nicht vom Schutzzweck der Zugangsgewährungsverpflichtungen erfasst, wenn sie keine Zugangsdienste in Anspruch nehmen oder dies tatsächlich nicht beabsichtigen. Neben

269 Um so die eigene Konzernposition bei der Bereitstellung von Zugangsleistungen günstig zu gestalten.

270 Siehe Art. 2 lit. a) ZRL, welcher inhaltlich der Legaldefinition nach § 3 Nr. 32 entspricht. Vgl. auch Art. 2 Nr. 27 Kodifizierungsrichtlinie (EU) 2018/1972.

271 Gleichwohl ist theoretisch denkbar, dass es als Zugangsnachfrager gegenüber einem anderen marktmächtigen Unternehmen die Auferlegung von Zugangsverpflichtungen gegenüber diesem begehrt. In diesem Fall wird es als Nachfrager von Zugangsleistungen grundsätzlich vom Schutzzweck erfasst.

dem Wortlaut des § 21 Abs. 1 spricht hierfür der Telos der telekommunikationsrechtlichen Zugangsregulierung. Deren besondere Regulierungsinstrumente dürfen erst zum Einsatz kommen, wenn die Regulierungsbedürftigkeit des relevanten Marktes im Rahmen der Marktdefinition festgestellt wurde. Dies setzt unter anderem voraus, dass dem Marktversagen mit den Mitteln des allgemeinen Wettbewerbsrechts nicht abzuhelfen ist (§ 10 Abs. 2 S. 1). Diese bleiben daneben grundsätzlich anwendbar (§ 2 Abs. 4). Mithin zielt das TKG nicht darauf, nachteilige Auswirkungen der Zugangsgewährung auf die allgemeine Wettbewerbsstellung anderer Anbieter zu verhindern. Stattdessen dient die Zugangsregulierung dazu, dem spezifischen Wettbewerbsproblem des Marktzutritts von Unternehmen abzuhelfen, die nicht über hinreichende eigene Infrastruktur zur Erbringung von Telekommunikationsdiensten verfügen.[272] Diesbezüglich gebietet auch Art. 12 ZRL kein anderes Verständnis. Schließlich stellt dieser eine Schutzmaßnahme zugunsten am Zugang interessierter Wettbewerber des regulierten Unternehmens dar.

Aus dem Vorstehenden folgt weiter, dass der in der Rechtsprechung verwendete Begriff des *Wettbewerbers* nur bedingt geeignet erscheint, um den personellen Schutzzweck von § 21 zu beschreiben. Zum einen ist die Zugangsdefinition nicht an eine Wettbewerberstellung gekoppelt. Zum anderen dürfte die Wettbewerbereigenschaft zugangsberechtigter Unternehmen im Verhältnis zum regulierten Netzbetreiber regelmäßig eine faktische Nebenfolge im Rahmen der Zugangsgewährung sein. Beispielsweise begehren andere Unternehmen den Zugang zum Teilnehmeranschluss um ihren Kunden den Anruf zu Endkunden eines anderen Netzbetreibers anbieten zu können. Sofern der marktmächtige Netzbetreiber sich nicht ausschließlich auf den Netzbetrieb beschränkt, wird er regelmäßig ebenfalls gegenüber Endkunden Telekommunikationsdienste anbieten.[273]

Auch ist letztlich das Kriterium des relevanten Marktes – zur Bestimmung der Wettbewerbereigenschaft – nur mittelbar von Bedeutung. Denn Zugangsverpflichtungen nach § 21 ergehen gegenüber einem marktmächtigen Betreiber um infrastrukturschwachen Unternehmen – respektive "Newcomern" – die

---

272 Vgl. *Klotz*, in: Säcker, TKG, Einl. II Rn. 155 sowie *Kühling/Schall/Biendl*, Telekommunikationsrecht, S. 162 Rn. 268.

273 Dies ist zum Beispiel bei der Telekom Deutschland GmbH der Fall. Einerseits hat sie das klassische leitungsvermittelte Telefonnetz (Festnetz) inne und bietet andererseits Telekommunikationsdienste an (vgl. *Kühling/Schall/Biendl*, Telekommunikationsrecht, S. 55 Rn. 98/99).

Erbringung von Telekommunikationsdiensten zu ermöglichen.[274] Hieraus folgt, dass die Zugangsgewährungsverpflichtung stets auf einen relevanten Markt bezogen ist, für den die beträchtliche Marktmacht des Netzbetreibers festgestellt worden ist.

Festzuhalten bleibt, dass § 21 in personeller Hinsicht zugangsberechtigte Dritte schützt. Ausreichend und erforderlich hierfür ist, dass ein Unternehmen die Nutzung von Zugangsleistungen zum Zwecke der Erbringung von Telekommunikationsdiensten beabsichtigt. Dabei dürfte es sich regelmäßig um Anbieter öffentlich zugänglicher Telekommunikationsdienste und/oder Betreiber öffentlich zugänglicher Telekommunikationsnetze handeln.[275]

## II. Zugangsbegleitende Verpflichtungen (§§ 19,20, 23, 24)

Neben Zugangsverpflichtungen kann die BNetzA im Rahmen der Regulierungsverfügung auch Gleichbehandlungsgebote, Transparenzverpflichtungen, Standardangebote sowie die getrennte Rechnungsführung verfügen.[276] Da diese Verpflichtungen im Zusammenhang mit der Zugangsgewährung nach § 21 stehen, werden sie als zugangsbegleitende Verpflichtungen bezeichnet.[277] Gemeinsam ist den zugrundeliegenden Ermächtigungsgrundlagen, dass sie nur gegenüber Betreibern öffentlicher Telekommunikationsnetze ergriffen werden dürfen, die über beträchtlicher Marktmacht verfügen.

Hinsichtlich der vorgenannten Verpflichtungen liegt die Annahme nahe, dass ihr Entscheidungsprogramm – in den Worten von *Wahl* – grundsätzlich zugunsten Dritter vorsubjektiviert ist. Denn als zugangsbegleitende Verpflichtungen sind sie naturgemäß dazu geeignet, die gegenläufigen, aktiven Infrastrukturnutzungsinteressen des Zugangspetenten und die passiven Verschonungsinteressen des Netzbetreibers zu gewichten und einem kompromisshaften Ausgleich zuzuführen. Überdies ist die in ihnen angelegte asymmetrische Marktregulierung ein weiteres Indiz für ihre drittschützende Wirkung. Die potentiellen Verpflichtungsadressaten können sich per definitionem aufgrund ihrer wirtschaftlich starken Stellung in beträchtlichem Umfang unabhängig von Wettbewerbern verhalten.[278] Weiter indiziert die gestörte Vertragsparität im Zusammenhang

---

274 Vgl. *Geppert/Attendorn*, in: Geppert/Schütz, BeckTKG-Komm, § 21 Rn. 22.

275 Vgl. § 6 Abs. 1.

276 Siehe §§ 19, 20, 23 und 24.

277 Siehe etwa *Kühling/Schall/Biendl*, Telekommunikationsrecht, S. 175 Rn. 288.

278 Vgl. § 11 Abs. 1 S. 3, welcher die Voraussetzungen für die Annahme der beträchtlichen Marktmacht vorgibt.

mit dem Zugang zu fremder Netzinfrastruktur die grundsätzliche Gefährdung von Nachfragerinteressen. Andererseits könnte der Umstand, dass die zugangsbegleitenden Verpflichtungen überwiegend allgemeine Verhaltensweisen des regulierten Unternehmens festlegen, generell gegen deren drittschützenden Charakter sprechen.

### 1. Diskriminierungsverbot nach § 19 TKG

Im Unterschied zur amtlichen Überschrift ermächtigt § 19 Abs. 1 die BNetzA marktmächtigen Betreibern öffentlicher Telekommunikationsnetze in Bezug auf Vereinbarungen über Zugänge verschiedene Gleichbehandlungsverpflichtungen[279] aufzuerlegen.[280] Neben der Voraussetzung bezüglich der marktmächtigen Stellung des Verpflichtungsadressaten ist erforderlich, dass sich die Verpflichtungen in der Sache auf Vereinbarungen über Zugänge beziehen. Da die Zusammenschaltung per definitionem einen Sonderfall des Zugangs darstellt, können sich die Gleichbehandlungsverpflichtungen auch auf solche Verträge beziehen.[281] Im Unterschied zur Ermächtigungsgrundlage nach § 19 Abs. 1 statuiert § 19 Abs. 2 ein Sicherstellungsgebot, welches das Ziel der Auferlegung von Gleichbehandlungsverpflichtungen näher beschreibt.[282] Der heutige § 19 wurde erst im Laufe des Gesetzgebungsverfahrens von 2004 auf Vorschlag des Ausschusses für Wirtschaft und Arbeit eingeführt und ist auch durch die Gesetzesnovelle des Jahres 2012 unverändert geblieben.[283] Mittelbar sprach sich das *BVerwG* in seinem richtungsweisenden Urteil vom 28.11.2007 für den drittschützenden Charakter des § 19 Abs. 2 aus.[284]

#### a) Richtlinienrechtliche Vorsteuerung

Die Regelung des § 19 Abs. 1 dient der Umsetzung von Art. 10 Abs. 1 ZRL[285] (i.V.m. Art. 8 ZRL), welcher die Befugnis der Regulierungsbehörde zur Auferlegung

---

279 Vgl. *Geppert/Attendorn*, in: Geppert/Schütz, BeckTKG-Komm, § 19 Rn. 3.

280 Inhaltlich beziehen sich die in § 19 Abs. 1 genannten Verpflichtungen darauf, dass die Vereinbarungen auf objektiven Maßstäben beruhen, nachvollziehbar sind, einen gleichwertigen Zugang gewähren und den Geboten der Chancengleichheit und Billigkeit zu genügen haben.

281 Dies ergibt sich aus der Definition der Zusammenschaltung in § 3 Nr. 34.

282 *Nolte*, in: Säcker, TKG, § 19 Rn. 12.

283 *Geppert/Attendorn*, in: Geppert/Schütz, BeckTKG-Komm, § 19 Rn. 5.

284 Vgl. BVerwGE 130, 39 (44) Rn. 17.

285 Art. 10 ZRL entspricht inhaltlich Art. 70 – *„Nichtdiskriminierungsverpflichtungen"* – Kodifizierungsrichtlinie (EU) 2018/1972.

von Gleichbehandlungsverpflichtungen statuiert.[286] Im Unterschied zu diesem ist die Umsetzungsnorm mit dem Titel „*Diskriminierungsverbot*" überschrieben. Allerdings werden in der Sache fünf Gleichbehandlungsverpflichtungen geregelt.[287] Sinn und Zweck dieser Verpflichtungen ist es, zu garantieren, dass marktmächtige Unternehmen nicht den Wettbewerb verzerren. Dies gilt insbesondere, wenn es sich um vertikal integrierte Unternehmen handelt, die Dienste für andere Anbieter erbringen, mit denen sie auf nachgelagerten Märkten konkurrieren.[288] Aus Erwägungsgrund 13 und 14 der Zugangsrichtlinie ergibt sich, dass Gleichbehandlungsverpflichtungen zum Instrumentarium der Vorabregulierung gehören.

Zum Teil wird moniert, dass § 19 Abs. 1 die Vorgaben des Art. 10 Abs. 1 ZRL unzureichend umsetze.[289] Hintergrund ist die Erwägung, dass Letzterer als Generalklausel formuliert ist und die Umsetzungsregelung dagegen fünf konkrete Gleichbehandlungsverpflichtungen benennt. Dem ist jedoch entgegenzuhalten, dass die in § 19 Abs. 1 genannten Verpflichtungstatbestände jeweils generalklauselartiger Natur sind.[290] Überdies ergibt sich aus dem Verhältnis zum Sicherstellungsgebot, dass sie unter den Oberbegriff der Gleichbehandlungsverpflichtungen zu subsumieren sind.[291] Im Übrigen wurde der Inhalt von Art. 10 Abs. 2 ZRL nahezu wortgleich in § 19 Abs. 2 übernommen.[292]

### b) Zum Drittschutzcharakter

Nach der Schutznormlehre dient das Entscheidungsprogramm von § 19 Abs. 1 und 2 auch dem Schutz der Individualinteressen Dritter. Bereits aus der

---

286 Vgl. *Nolte*, in: Säcker, TKG, § 19 Rn. 5; *Geppert/Attendorn*, in: Geppert/Schütz, BeckTKG-Komm, § 19 Rn. 6. Zur einheitlichen Anwendung von Art. 10 ZRL verhält sich die Empfehlung 2013/466/EU der Kommission.

287 *Geppert/Attendorn*, in: Geppert/Schütz, BeckTKG-Komm, § 19 Rn. 20.

288 Erwgr. 17 ZRL.

289 So *Neitzel/Hofmann*, in: Spindler/Schuster, Recht der elektronischen Medien, Teil 11, § 19 Rn. 11 u. 12, siehe dort auch zum folgenden Satz.

290 Beispielsweise handelt es sich bei den Verpflichtungen zur Gewährung gleichwertigen Zugangs und dem Gebot der Chancengleichheit um unbestimmte Rechtsbegriffe, deren Grundaussage dahingehend verstanden werden kann, dass die Nachfrager untereinander durch das regulierte Unternehmen nicht unterschiedlich behandelt werden dürfen. Vgl. *Nolte*, in: Säcker, TKG, § 19 Rn. 24 und 26.

291 *Geppert/Attendorn*, in: Geppert/Schütz, BeckTKG-Komm, § 19 Rn. 20; vgl. auch *Scherer* in: Arndt/Fetzer/Scherer/Graulich, TKG, § 19 Rn 16.

292 Lediglich das Wort „*bietet*" wurde durch „*anbietet*" ersetzt.

tatbestandlichen Voraussetzung, dass sich die Gleichbehandlungsverpflichtungen auf Vereinbarungen über Zugänge beziehen müssen, ergibt sich, dass die Interessen potentieller Vertragspartner im Fokus der Norm stehen.[293] Zudem werden im konkretisierenden Sicherstellungsgebot ausdrücklich „*andere Unternehmen*" genannt. Überdies geht es bei dem Vertragsgegenstand des Zugangs um die Bereitstellung von Einrichtungen und/oder Diensten für andere Unternehmen zum Zwecke der Erbringung von Telekommunikationsdiensten (vgl. § 3 Nr. 32). Mithin geht es um die Gleichbehandlung potentieller Zugangsnachfrager.

Allerdings könnte gegen den drittschützenden Charakter sprechen, dass etwaige Gleichbehandlungsverpflichtungen zunächst losgelöst von einem konkreten Sachverhalt abstrakt gegenüber dem marktmächtigen Netzbetreiber ergehen. Angesichts der norminternen Wirkung des Art. 10 ZRL – dessen Umsetzung § 19 dient – kann dieser systematische Einwand jedoch nicht verfangen. Denn Art. 10 ZRL enthält insoweit drittschützende Vorgaben, als dass Gleichbehandlungsverpflichtungen zumindest auch die am Zugang interessierten Wettbewerber des regulierten Unternehmens schützen. Schließlich zählt Art. 10 ZRL nach der Rechtsprechung des *EuGH* zu den Schutzmaßnahmen zugunsten zugangsberechtigter Unternehmen.[294]

### 2. Transparenzverpflichtung nach § 20 TKG

§ 20 enthält verschiedene Ermächtigungsgrundlagen zur Herstellung von Transparenz im Zusammenhang des Zugangs zu fremder Netzinfrastruktur. Dementsprechend ermächtigt § 20 Abs. 1 die BNetzA, Verpflichtungen aufzuerlegen, nach denen für die zum Zugang berechtigten Unternehmen alle für die Inanspruchnahme der entsprechenden Zugangsleistungen benötigten Informationen zu veröffentlichen sind.[295] Hierzu gehören insbesondere Informationen zur Buchführung sowie Bereitstellungs- und Nutzungsbedingungen, einschließlich aller Bedingungen, die den Zugang zu und die Nutzung von Diensten und Anwendungen beschränken.[296] Typischerweise erlegt die

---

293 Ebenso *Nolte*, in: Säcker, TKG, § 19 Rn. 14.

294 Siehe Kapitel 2, § 4, b) Zugangs- und Gleichbehandlungsverpflichtungen als Schutzmaßnahmen zugunsten von Wettbewerbern, S. 176 f.

295 Im Gegensatz hierzu sah der Referentenentwurf zum TKG 2004 noch unmittelbar aus dem Gesetz folgende Transparenzverpflichtungen vor (*Geppert/Attendorn*, in: Geppert/Schütz, BeckTKG-Komm, § 20 Rn. 5).

296 Ferner bezieht sich der Regelbeispielkatalog möglicher Transparenzverpflichtungen auf Informationen zu technischen Spezifikationen, Netzmerkmalen, sowie der zu zahlenden Entgelte (§ 20 Abs. 1).

BNetzA Transparenzverpflichtungen auf, wenn sie die Verpflichtung zur Veröffentlichung eines Standardangebots nach § 23 für zu weitgehend hält.[297] In der Regulierungspraxis sind potentielle Adressaten entsprechender Transparenzverpflichtungen marktmächtige Betreiber öffentlicher Telekommunikationsnetze. In sachlicher Hinsicht müssen sich die etwaigen Verpflichtungen auf Informationen beziehen, die für die Inanspruchnahme des Zugangs benötigt werden. Ferner darf die BNetzA die zu veröffentlichenden Informationen sowie Vorgaben für die Art und Weise der Veröffentlichung festlegen (§ 19 Abs. 2). Schließlich enthält § 19 Abs. 3 eine besondere Ermächtigungsgrundlage, nach der marktmächtige Betreiber verpflichtet werden können, aufforderungslos alle Verträge über gewährte Zugangsleistungen vorzulegen.[298] Diese Regelung wurde erst im Zuge der Gesetzesnovelle von 2012 eingeführt.[299] Im Übrigen wurde lediglich § 19 Abs. 1 um einen weiteren Halbsatz ergänzt.

### a) Richtlinienrechtliche Vorsteuerung

Die Transparenzverpflichtungen nach § 20 dienen der Umsetzung des Art. 9 ZRL[300] (i.V.m. Art. 8 ZRL).[301] Dessen Art. 9 Abs. 1 ZRL wird durch den nahezu wortgleichen § 20 Abs. 1 umgesetzt. § 20 Abs. 2 wiederum setzt – ebenfalls fast identisch – die Vorgaben des Art. 9 Abs. 3 ZRL um. Nach dem Konzept der Zugangsrichtlinie sollen Transparenzverpflichtungen im Zusammenhang mit Zugang und Zusammenschaltung insbesondere Verhandlungsprozesse beschleunigen, Streitigkeiten vorbeugen sowie *„den Marktteilnehmern die Gewissheit“* bieten, *„dass ein bestimmter Dienst ohne Diskriminierung erbracht wird“*[302]. Überdies zählen die zu schaffenden Transparenzverpflichtungen zu Verpflichtungen der Vorabregulierung.[303]

Der im Zuge der Gesetzesnovelle 2012 neu eingeführte § 20 Abs. 3 ersetzt die gesetzesunmittelbare Vorlagepflicht für Vereinbarungen über die Zugangsgewährung nach dem bisherigen § 22 Abs. 3.[304] Im Hinblick auf das Konzept des Richtlinienrahmens, die Auferlegung von regulatorischen Vorabverpflichtungen

---

297 Vgl. *Heun*, in: ders., Handbuch Telekommunikationsrecht, Teil H S. 847 Rn. 212.

298 Diese werden anschließend von der BNetzA veröffentlicht (§ 19 Abs. 3 S. 2).

299 BT-Drucks. 17/5707, S. 58/59. Siehe dort auch zum folgenden Satz.

300 Art. 9 ZRL entspricht inhaltlich Art. 69 – *„Transparenzverpflichtung“* – Kodifizierungsrichtlinie (EU) 2018/1972.

301 BT-Drucks. 17/5707, S. 58/59. Vgl. auch BT-Drucks. 15/2316, S. 66.

302 Erwgr. 16 ZRL.

303 Vgl. Erwgr. 13 und 14 ZRL.

304 BT-Drucks. 17/5707, S. 58/59. Siehe dort auch zum folgenden Satz.

in das Ermessen der Regulierungsbehörde zu stellen, räumt § 20 Abs. 3 dieser nun ein Entschließungsermessen hinsichtlich der Auferlegung der Vorlagepflicht ein. Allerdings findet sich für die Vorlagepflicht keine ausdrückliche Vorgabe in Art. 9 ZRL. Gleichwohl ist dieser generalklauselartig formuliert[305] und schließt daher eine entsprechende Verpflichtung nicht per se aus.[306] Diese Wertung stützt auch die regulatorische Grundnorm des Art. 8 Abs. 4 ZRL. Hiernach kann die Regulierungsbehörde unter außergewöhnlichen Umständen andere als die in den Art. 9 bis 13a ZRL genannten Verpflichtungen auferlegen.[307]

### b) Zum Drittschutzcharakter

Das *BVerwG* entschied, dass § 20 auch dem Schutz von Wettbewerbern zu dienen bestimmt ist. Indes befasste es sich nur mit der Auslegung von § 20 Abs. 1 und ging nicht auf dessen unionsrechtliche Vorsteuerung ein. Im Ergebnis bezweckt das gesamte Entscheidungsprogramm von § 20 auch den Schutz Dritter.

Zunächst spricht § 20 Abs. 1 ausdrücklich davon, dass zugangsrelevante Informationen *„für die zum Zugang berechtigten Unternehmen“* veröffentlicht werden müssen. Mithin werden als Normbegünstigte potentielle Zugangsnachfrager genannt. Ferner müssen sich die Transparenzverpflichtungen auf alle für den Zugang benötigten Informationen beziehen. Zugang im Sinne des § 3 Nr. 32 soll andere Anbieter von Telekommunikationsdienstleistungen in die Lage versetzen, ihre Leistungen erbringen zu können.[308] Typischerweise erfordert die Nutzung des vom regulierten Unternehmen bereitgestellten Zugangs, die Kenntnis konkreter Informationen über die bereitgestellten Einrichtungen und Dienste.[309] Ohne diese kann auch ein gewährtes Zugangsrecht faktisch leer laufen. Mithin sprechen teleologische Erwägungen für den drittschützenden Zweck von § 20 Abs. 1. Diese Erwägungen gelten zudem entsprechend für die Konkretisierungsbefugnis nach § 20 Abs. 2. Die veröffentlichten Informationen müssen für die zugangsberechtigten Nachfrager auch nachvollziehbar sein.[310] Überdies

---

305 In Art. 9 Abs. 1 ZRL heißt es, dass Verpflichtungen zur Transparenz in Bezug auf Zusammenschaltung und/oder Zugang auferlegt werden können, wonach marktmächtige Betreiber bestimmte Informationen, zum Beispiel solche zur Buchführung, von Ihnen veröffentlicht werden müssen.

306 *Nolte*, in: Säcker, TKG, § 20 Rn. 12.

307 Allerdings ist hierfür ein besonderes Verfahren vorgesehen, in dem der Kommission ein Veto-Recht zusteht. Vgl. Art. 8 Abs. 4 ZRL.

308 Vgl. *Fetzer*, in: Arndt/Fetzer/Scherer/Graulich, TKG, § 3 Rn. 123.

309 *Kühling/Schall/Biendl*, Telekommunikationsrecht, S. 176 Rn. 293.

310 Vgl. *Scherer*, in: Arndt/Fetzer/Scherer/Graulich, TKG, § 20 Rn. 2.

spricht hierfür die norminterne Berücksichtigung von Art. 9 ZRL. Diesbezüglich zeigt Erwägungsgrund 16 ZRL für die Art und Weise der Veröffentlichung auf, dass hierfür unter anderem eine gebührenfreie Veröffentlichung vorgeschrieben werden kann. Dies bezieht sich auf die Interessen der Nachfrager. Im Übrigen sind die Verpflichtungen nach Art. 9 ZRL als Schutzmaßnahmen zugunsten der am Zugang interessierten Wettbewerber anzusehen.[311]

Schließlich dient auch die Vorlageverpflichtung für Verträge über gewährte Zugänge – unabhängig von einer etwaigen norminternen Wirkung von Art. 9 ZRL – dem Schutz von zugangsberechtigten Dritten (§ 20 Abs. 3). In systematischer Hinsicht handelt es sich um eine besondere Transparenzverpflichtung. Zudem wird hinsichtlich der anschließenden Veröffentlichung ausdrücklich auf die Einsichtnahme von „*Nachfrager(n) nach Zugangsleistungen*“ abgestellt. Darüber hinaus ist gerade die Kenntnis bestehender Zugangsvereinbarungen geeignet, um die mit den Transparenzverpflichtungen verfolgten Ziele, Beschleunigung von Vertragsverhandlungen sowie Vorbeugung von Diskriminierungen, zu realisieren.[312]

### 3. Standardangebotsverpflichtung nach § 23 TKG

Nach § 23 Abs. 1 kann die BNetzA marktmächtige Betreiber öffentlicher Telekommunikationsnetze verpflichten, ein umfassendes und für sie selbst bindendes Standardangebot zu veröffentlichen.[313] In sachlicher Hinsicht ist erforderlich, dass sich die Standardangebotsverpflichtung auf Zugangsleistungen bezieht, hinsichtlich derer eine allgemeine Nachfrage besteht.[314] Sofern die BNetzA dem marktmächtigen Betreiber eine Zugangsverpflichtung nach § 21 auferlegt hat, ist ihr Ermessen insofern eingeschränkt, als dass sie sicherzustellen hat, dass dieser ein entsprechendes Standardangebot veröffentlicht (§ 23 Abs. 7).[315]

Als Rechtsfolge der Auferlegung einer Verpflichtung nach § 23 hat das regulierte Unternehmen ein Standardangebot innerhalb von drei Monaten zu veröffentlichen (§ 23 Abs. 1). Ferner besteht unmittelbar kraft Gesetzes die

---

311 Siehe oben Kapitel 2, § 4, III. Folgerungen für die übrigen Regulierungsverpflichtungen, S. 189 ff.

312 Vgl. *Scherer*, in: Arndt/Fetzer/Scherer/Graulich, TKG, § 20 Rn. 12, 13.

313 *Kühling/Schall/Biendl*, Telekommunikationsrecht, S. 175 Rn. 290.

314 Der Begriff der *allgemeinen Nachfrage* ist gesetzlich nicht definiert. Er bezieht sich auf Zugangsleistungen, die von der Marktgegenseite des marktmächtigen Betreibers generell nachgefragt werden. *Neumann/Thomaschki*, in: Säcker, TKG, § 23 Rn. 62.

315 *Scherer*, in: Arndt/Fetzer/Scherer/Graulich, TKG, § 23 Rn. 38.

Verpflichtung das Standardangebot in die Allgemeinen Geschäftsbedingungen aufzunehmen (§ 23 Abs. 8). Darüber hinaus enthält § 23 Abs. 5 eine spezielle Ermächtigungsgrundlage mittels derer die BNetzA den marktmächtigen Betreiber verpflichten kann, eine bereits geschlossene Zugangsvereinbarung als Standardangebot auch anderen Nachfragern diskriminierungsfrei zur Verfügung zu stellen.[316]

Für den Fall, dass der verpflichtete Betreiber kein oder nur ein unzureichendes Standardangebot abgegeben hat, regelt § 23 Abs. 2 und 3 ein spezielles Verwaltungsverfahren zur Ermittlung des Standardangebots. Ferner bestehen spezielle Prüfungs- und Änderungsbefugnisse der BNetzA sowie eine Anzeigepflicht des regulierten Unternehmens für Änderungen des Standardangebots (§ 23 Abs. 4).[317]

Die Regelung des § 23 Abs. 1 ist im Zuge der TKG-Reform von 2004 als Soll-Vorschrift eingeführt worden.[318] Aufgrund von Bedenken hinsichtlich der damit verbundenen gesetzlichen Ermessensvorsteuerung wurde sie im Jahre 2007 in eine Kann-Vorschrift geändert. Neben redaktionellen Änderungen von § 23 Abs. 1 ist im Zuge der Novelle von 2012 der § 23 Abs. 7 neu eingeführt worden.[319]

### a) Richtlinienrechtliche Vorsteuerung

§ 23 soll der Umsetzung von Art. 9 Abs. 2 und 4 ZRL (i.V.m. Art. 8 ZRL) dienen.[320] Art. 9 Abs. 2 ZRL sieht jedoch lediglich die Befugnis zur Auferlegung und zur Änderung eines Standardangebots vor.[321] Art. 9 Abs. 4 ZRL regelt die Vorsteuerung des regulierungsbehördlichen Ermessens im Falle der zusätzlichen Auferlegung einer Zugangsverpflichtung nach § 21. Hingegen finden sich für die verfahrensrechtlichen Regelungen (§ 23 Abs. 2 und 3), die spezielle Auferlegungsbefugnis hinsichtlich der Übernahme von erfolgten Zugangsvereinbarungen

---

316 Erforderlich ist, dass es um eine Vereinbarung im Sinne von § 22 geht, die sich auf eine Zugangsleistung bezieht, hinsichtlich derer eine allgemeine Nachfrage besteht (§ 23 Abs. 5 S. 1).

317 Weiter ermächtigt § 23 Abs. 6 die BNetzA im Falle nachträglicher, wesentlicher Änderungen der allgemeinen Nachfrage, eine Änderung des Standardangebots zu verlangen.

318 *Geppert/Attendorn*, in: BeckTKG-Komm, § 23 Rn. 14 und 16. Siehe dort auch zum folgenden Satz.

319 BT-Drucks. 17/5707, S. 59.

320 BT-Drucks. 15/2316, S. 66 sowie BT-Drucks. 17/5707, S. 59.

321 Art. 9 Abs. 2 bis IV ZRL entspricht Art. 69 Abs. 2 bis IV Kodifizierungsrichtlinie (EU) 2018/1972.

(§ 23 Abs. 5) sowie für die gesetzesunmittelbare Verpflichtung in § 23 Abs. 8 keine ausdrücklichen Richtlinienvorgaben. Ergänzend sei erwähnt, dass die NGA-Empfehlung 2010/572/EG einige Vorgaben hinsichtlich der Auferlegung von Standardangeboten durch die Regulierungsbehörden enthält.[322]

### b) Zum Drittschutzcharakter

In der Literatur wird der drittschützende Charakter von § 23 zwar unterschiedlich beurteilt[323], allerdings hat das *BVerwG* den Schutznormcharakter von § 23 Abs. 2 bis 4 nunmehr bestätigt.[324]

Das Entscheidungsprogramm der Grundnorm von § 23 Abs. 1 enthält keine ausdrücklich individualisierenden Tatbestandsmerkmale. Im Gegenteil ist erforderlich, dass sich das Standardangebot auf Zugangsleistungen bezieht, für die eine allgemeine Nachfrage besteht. Der Bezug auf eine allgemeine Nachfrage könnte gegen einen gesetzlich bezweckten Individualschutz sprechen. Allerdings muss sich das Standardangebot auf Zugangsleistungen beziehen. Der Zugangsbegriff wiederum nimmt ausdrücklich auf andere Unternehmen Bezug. Ferner sind im Verwaltungsverfahren hinsichtlich der Ermittlung, für welche Zugangsleistungen eine allgemeine Nachfrage besteht, Stellungnahmerechte zugunsten der „*tatsächlichen oder potentiellen Nachfrager*" vorgesehen (§ 23 Abs. 2 S. 2). Derartige Rechte sind jedenfalls ein Indiz für den drittschützenden Charakter. Ferner ermöglicht die spezielle Auferlegungsbefugnis des § 23 Abs. 5 S. 1 es, eine bestehende Vereinbarung über Zugangsleistungen, für die eine allgemeine Nachfrage besteht, als Standardangebot zu übernehmen, damit sie auch „*anderen Nachfragern diskriminierungsfrei*" zur Verfügung steht. In der Sache stellt diese Befugnis eine spezielle Gleichbehandlungsverpflichtung dar.[325] Gleichbehandlungsverpflichtungen nach § 19 sind als drittschützend anzusehen.[326] Ferner

---

322 *Geppert/Attendorn*, in: BeckTKG-Komm, § 23 Rn. 23.

323 Für dessen drittschützende Wirkung: *Neumann/Thomaschki*, in: Säcker, TKG, § 23 Rn. 34 und wohl auch *Scherer*, in: Arndt/Fetzer/Scherer/Graulich, TKG, § 23 Rn. 42. Dagegen: *Neitzel/Hofmann*, in: Spindler/Schuster, Recht der elektronischen Medien, Teil 11, § 23 Rn. 39.

324 *BVerwG*, Urt. v. 24.02.2016 – 6 C 62/14 – Juris Rn. 19 ff.

325 Vgl. *Geppert/Attendorn*, in: Geppert/Schütz, BeckTKG-Komm, § 23 Rn. 3.

326 Siehe oben Kapitel 2, § 4, b) Zugangs- und Gleichbehandlungsverpflichtungen als Schutzmaßnahmen zugunsten von Wettbewerbern, S. 176 ff.

besteht der Normzweck von § 23 darin, hinsichtlich Zugangsvereinbarungen die Transparenz für die Nachfrager zu erhöhen.[327]

Überdies verlangt die Berücksichtigung der norminternen Wirkung von Art. 9 (Abs. 2) ZRL jedenfalls eine drittschützende Auslegung der Verpflichtung zur Veröffentlichung eines Standardangebots. Bei dieser Vorschrift handelt es sich um eine weitergehende Transparenzverpflichtung, die neben den grundlegenden Vorgaben für eine entsprechende Verpflichtung auch eine Änderungsbefugnis vorgibt. Sie ist zu den Schutzmaßnahmen zugunsten von Unternehmen zu zählen, die am Zugang interessiert sind.[328]

Schließlich spricht die norminterne Berücksichtigung der Vertragsfreiheit als Ausprägung der allgemeinen Handlungsfreiheit[329] für den drittschützenden Charakter. Die Anzeigepflicht für Änderungen sowie die Änderungsbefugnis der BNetzA zeigen, dass das regulierte Unternehmen an das festgelegte Standardangebot gebunden sein soll. Zudem besteht die gesetzesunmittelbare Verpflichtung zur Aufnahme des Standardangebots in die allgemeinen Geschäftsbedingungen. Hieraus folgt, dass auch Nachfrager an den Inhalt des Standardangebots gebunden sind. Im Übrigen muss das Standardangebot so konkret sein, dass es ohne weitere Verhandlungen angenommen werden kann (§ 23 Abs. 3 S. 4). Nach alledem sprechen gewichtige Gründe dafür, dass der sachliche Schutzzweck der Auferlegungsermächtigungen (§ 23 Abs. 1 und 5) sowie der Änderungsbefugnisse (§ 23 Abs. 4 und 6) auf den Schutz Dritter ausgerichtet sein dürfte. Hiervon ausgehend kann entsprechendes für die verfahrensrechtlichen Regelungen gelten.

Der personelle Schutzzweck lässt sich anhand des Gegenstands des Standardangebots, welches sich auf Zugangsleistungen bezieht, bestimmen. Mithin sind zunächst tatsächliche Nachfrager entsprechender Zugangsleistungen geschützt. In Ansehung der richtlinienrechtlichen Wertungen gilt dies für Unternehmen, die zur Nachfrage von Zugangsleistungen berechtigt sind.

### 4. Verpflichtungen zur getrennten Rechnungsführung nach § 24 TKG

Nach § 24 Abs. 1 S. 1 kann die BNetzA marktmächtige Betreiber öffentlicher Telekommunikationsnetze zur getrennten Rechnungsführung hinsichtlich bestimmter

---

327 Vgl. *Geppert/Attendorn*, in: Geppert/Schütz, BeckTKG-Komm, § 23 Rn. 3; *Scherer*, in: Arndt/Fetzer/Scherer/Graulich, TKG, § 23 Rn. 2.

328 Siehe oben Kapitel 2, § 4, a) Transparenz, S. 190 f.

329 Vgl. hierzu *Jarass/Pieroth*, GG, Art. 2 Rn. 22, 22a.

Tätigkeiten im Zusammenhang mit Zugangsleistungen verpflichten.[330] Bis 2007 erlegte die BNetzA in drei Fällen Verpflichtungen zur getrennten Rechnungsführung auf.[331] Neben dieser generalklauselartigen Ermächtigungsgrundlage enthält § 24 Abs. 1 S. 2 ein Regelbeispiel, nach dem insbesondere von einem vertikal integriertem Unternehmen verlangt werden kann, seine Vorleistungspreise und seine internen Verrechnungspreise transparent zu gestalten. Konkretisiert wird die Verpflichtung zur getrennten Rechnungsführung durch die Befugnis bestimmte Rechnungsführungsmethoden vorgeben zu können (§ 24 Abs. 1 S. 4). Darüber hinaus ist die BNetzA berechtigt, von dem verpflichteten Unternehmen die Vorlage sämtlicher für die auferlegte Verpflichtung nach § 24 Abs. 1 relevanten Kostenrechungs- und Buchungsunterlagen einschließlich zusammenhängender Dokumente zu verlangen (§ 24 Abs. 2 S. 1).[332]

### a) Richtlinienrechtliche Vorsteuerung

Die Regelung des § 24 dient der Umsetzung von Art. 11 ZRL (i.V.m. Art. 8 ZRL).[333] Im Einzelnen ist der Inhalt von Art. 11 Abs. 1 ZRL nur mit kleinen Änderungen in § 24 Abs. 1 übernommen worden.[334] Weiter stimmt § 24 Abs. 2 – abgesehen von geringen Unterschieden in der Formulierung – mit Art. 11 Abs. 2 ZRL überein. Darüber hinaus enthält die Mitteilung der Kommission 2005/698/EG über die getrennte Buchführung und Kostenrechnungssysteme Leitlinien für die einheitliche Anwendung von Rechnungslegungsgrundsätzen und -methoden.

### b) Zum Drittschutzcharakter

In seiner Entscheidung vom 28.11.2007 sprach sich das *BVerwG* unter Bezugnahme auf den in § 24 Abs. 1 S. 3 angesprochenen Normzweck für den drittschützenden Charakter des § 24 aus.[335] Hiernach sollen unter anderem

---

330 Die im Zuge der TKG-Reform neu gestaltete Regelung des § 24 wurde durch die TKG-Novelle von 2012 nicht verändert.

331 Vgl. zur Auferlegungspraxis bezüglich § 24: *Scherer/Sassmann*, in: Arndt/Fetzer/Scherer/Graulich, TKG, § 24 Rn. 3.

332 Die vorzulegenden Informationen kann die BNetzA in geeigneter Form veröffentlichen, soweit dies zur Erreichung der Regulierungsziele beiträgt (§ 24 Abs. 2 S. 2).

333 Art. 11 ZRL wurde durch die Änderungsrichtlinie 2009/140/EG nicht verändert. Nunmehr entspricht Art. 11 ZRL inhaltlich Art. 71 – „*Verpflichtung zur getrennten Buchführung*“ – Kodifizierungsrichtlinie (EU) 2018/1972.

334 Vgl. BT-Drucks. 15/2316, S. 66.

335 BVerwGE 130, 39 (44) Rn. 17.

unzulässige Quersubventionierungen sowie Verstöße gegen das Diskriminierungsverbot verhindert werden. Im Zusammenhang des Zugangs zu fremder Netzinfrastruktur auf Vorleistungsebene ist letzteres per se auf den Schutz am Zugang interessierter Unternehmen angelegt. Zudem müssen sich Verpflichtungen zur getrennten Rechnungsführung auf *„bestimmte Tätigkeiten im Zusammenhang mit Zugangsleistungen"* beziehen (§ 24 Abs. 1 S. 1). Solche Leistungen sind nur für zugangsinteressierte Nachfrager von Bedeutung. Im Übrigen kann § 24 (Abs. 1) als spezielle Transparenzverpflichtung angesehen werden[336], deren drittschützender Gehalt fest steht.[337] Diese vorwiegend teleologischen Erwägungen bestätigt die norminterne Berücksichtigung des Schutzzwecks von Art. 11 (Abs. 1) ZRL, welcher ebenfalls als eine Schutzmaßnahme zugunsten der am Zugang interessierten Unternehmen angesehen werden kann.[338]

Darüber hinaus ist das Entscheidungsprogramm der Veröffentlichungsregelung drittschützender Natur. § 24 Abs. 2 S. 2 enthält ausdrücklich keine individualisierenden Tatbestandsmerkmale, sondern stellt insgesamt auf die Regulierungsziele nach § 2 ab. Allerdings spricht bereits der Sinn und Zweck der Veröffentlichung von Informationen für die drittschützende Wirkung. Erst die Offenlegung des Zusammenhangs von Zugangsentgelten und ihren Kosten versetzt Wettbewerber in die Lage, selbst zu prüfen, ob eine Diskriminierung vorliegt.[339] Entsprechendes folgt aus unionsrechtlichen Wertungen. Denn die Empfehlung 2005/698/EG rät ausdrücklich dazu, dass die Regulierungsbehörden *„den Interessenten"* die relevanten Rechnungslegungsinformationen zugänglich machen sollen.[340] Dabei sollen die offengelegten Informationen so detailliert sein, dass eine unzulässige Diskriminierung zwischen internen und externen Diensten ausgeschlossen ist.

### 5. Zum personellen Schutzzweck der zugangsbegleitenden Verpflichtungen

Hinsichtlich der Frage des personellen Schutzzwecks der drittschützenden, zugangsbegleitenden Regulierungsverpflichtungen lässt sich der Befund zum personellen Schutzzweck von § 21 übertragen. Das heißt, die zugangsbegleitenden

336 *Neitzel/Hofmann*, in: Spindler/Schuster, Recht der elektronischen Medien, Teil 11, § 24 Rn. 4; *Holthoff-Frank*, in: Geppert/Schütz, BeckTKG-Komm, § 24 Rn. 6.

337 Siehe oben Kapitel 2, § 4, a) Transparenz, S. 190.

338 Siehe oben Kapitel 2, § 4, b) Verpflichtung zur getrennten Buchführung, S. 191 f.

339 *Busse von Colbe*, in: Säcker, TKG, § 24 Rn. 37.

340 Ziff. 5 Empfehlung 2005/698/EG, siehe dort auch zum nachfolgenden Satz.

Verpflichtungen schützen auch Dritte, bei denen es sich um zugangsberechtigte Anbieter oder Betreiber handelt, die entweder bereits Zugangsleistungen zur Erbringung von Telekommunikationsdiensten in Anspruch nehmen oder die konkrete Absicht hierzu haben.

Zunächst ist in den §§ 19 Abs. 2, 20 Abs. 1 und 3, 23 Abs. 2 S. 2 von „*anderen Unternehmen*", „*zum Zugang berechtigten Unternehmen*", „*tatsächlichen oder potentiellen Nachfragern*" beziehungsweise von „*anderen Unternehmen*" die Rede. Ferner gehört zum Normzweck der Verpflichtung zur getrennten Rechnungsführung, „*Verstöße gegen das Diskriminierungsverbot*" zu verhindern. Neben diesen individualisierenden Tatbestandsmerkmalen nehmen alle zugangsbegleitenden Verpflichtungen auf die Begriffe *Zugang* und/oder *Zugangsleistungen* Bezug. Im Rahmen der Zugangsdefinition wird ausdrücklich auf die Bereitstellung von Netzinfrastruktur für andere Unternehmen zum Zwecke der Erbringung von Telekommunikationsdiensten abgestellt.[341] Mithin können die zugangsbegleitenden Verpflichtungen als eine Vorsteuerung des Verhältnisses zwischen marktmächtigem Netzbetreiber und Nachfrager begriffen werden, die im Rahmen einer behördlichen Regulierungspraxis erfolgt.

In systematischer Hinsicht befinden sich die zugangsbegleitenden Verpflichtungen im Abschnitt zur Zugangsregulierung. Weiter tragen Gleichbehandlungs- und Transparenzverpflichtungen sowie die Verpflichtung zur Veröffentlichung eines Standardangebots dazu bei, die tatsächliche Inanspruchnahme von Zugangsleistungen abzusichern. Mithin dienen sie dazu, den Zugang Dritter zur Netzinfrastruktur marktmächtiger Betreiber zu ermöglichen. Schließlich wird der personelle Schutzzweck zugunsten zugangsberechtigter und -williger Unternehmen durch die norminterne Berücksichtigung der Schutzwirkung der Art. 9, 10 sowie 11 ZRL im Rahmen der Umsetzungsvorschriften bestätigt. Diese schützen (auch) am Zugang interessierte Unternehmen.[342]

## III. Auswahl der Entgeltregulierungsart

Neben den Verpflichtungen zur Zugangsregulierung können auch Anordnungen der Entgeltregulierung Gegenstand einer Regulierungsverfügung sein.[343] Namentlich geht es um § 30 aus dem Unterabschnitt zur Entgeltregulierung hinsichtlich Zugangsleistungen sowie um § 39, der die Regulierung von Entgelten

341 Siehe § 3 Nr. 32 S. 1.

342 Siehe hierzu Kapitel 2, § 4, cc) Fazit (S. 60) sowie 4. Fazit (S. 202).

343 § 13 Abs. 1 S. 1 i.V.m. § 30 bzw. § 39.

für Endnutzerleistungen betrifft[344]. Damit ist die Unterscheidung der Entgeltart – für Zugangsleistungen oder für Endnutzerleistungen – angesprochen.[345] Zur Regulierung dieser Gegenleistungen kennt die Entgeltregulierung nach Abschnitt 3 neben dem Instrument der Entgeltgenehmigung die nachträgliche Regulierung von Entgelten.[346] Im Rahmen der Regulierungsverfügung trifft die BNetzA die Auswahl zwischen diesen Instrumenten und ordnet die entsprechende Entgeltregulierungsart an. Die Erteilung der eigentlichen Entgeltgenehmigung ist einem gesonderten Verwaltungsverfahren vorbehalten.[347] Entsprechendes gilt für die nachträgliche Entgeltregulierung.

Die verwaltungsgerichtliche Praxis zeigt, dass Klagebegehren zugangsberechtigter Dritter darauf gerichtet sein können, die BNetzA zu verpflichten, Entgelte eines marktmächtigen Unternehmens für bestimmte Zugangsleistungen einer Entgeltgenehmigungspflicht zu unterwerfen[348] oder die Auferlegung einer bestimmten Art der Entgeltregulierung für Zugangsleistungen zu fordern.[349] Dabei wird von der Rechtsprechung die drittschützende Wirkung der Ermächtigungsgrundlagen über die Art der Entgeltregulierung bislang verneint.[350]

Dagegen ist nach *Wahl* das Entscheidungsprogramm einer Norm grundsätzlich vorsubjektiviert, wenn es gegenläufige Privatinteressen aufnimmt, gewichtet und einem Ausgleich zuführt.[351] Staatliche Eingriffe in die Preissetzungshoheit beeinflussen die auf dem Markt grundsätzlich frei verhandelbaren Leistungsbeziehungen zwischen Anbieter und Nachfrager.[352] Mithin scheinen derartige Maßnahmen grundsätzlich geeignet, die unternehmerische Handlungs- und Vertragsfreiheit der Marktbeteiligten zu beeinträchtigen. Ferner sind deren

344 Vgl. Gliederung des TKG *„Unterabschnitt 3“ „Regulierung von Entgelten für Endnutzerleistungen“*.

345 Siehe hierzu Kapitel 1, § 2, II. Entgeltregulierung, S. 89 ff.

346 Dies ergibt sich hinsichtlich der Entgelte für Zugangsleistungen aus § 30 Abs. 1 S. 1 und §§30 Abs. 1 S. 2, 38 sowie für die Regulierung von Entgelten für Endnutzerleistungen aus § 39 Abs. 1 und 3.

347 *Kühling/Schall/Biendl*, Telekommunikationsrecht, S. 205 Rn. 344.

348 Siehe nur *VG Köln*, Urt. v. 01.08.2007 – 21 K 4013/06 – Juris Rn. 15.

349 Vgl. *BVerwG*, Urt. v. 11.12.2013 – 6 C 24/12 – NVwZ 2014, 942 (947) Rn. 35. Hier begehrte die Klägerin u.a. gegenüber der Beigeladenen die Auferlegung der nachträglichen Entgeltregulierung anstatt der bereits verfügten Ex-ante-Regulierung nach § 31.

350 Siehe etwa *BVerwG*, Urt. v. 11.12.2013 – 6 C 24/12 – NVwZ 2014, 942 (947) Rn. 35 ff.

351 Vgl. *Wahl*, in Schoch/Schneider/Bier, VwGO, Vorb. § 42 Abs. 2 Rn. 114.

352 Vgl. *Paschke*, in: Geppert/Schütz, BeckTKG-Komm, § 27 Rn. 5. Vgl. dort auch zum folgenden Satz.

unternehmerische Interessen hinsichtlich der Preisgestaltung regelmäßig gegenläufiger Natur. Im Interesse des Anbieters liegt die Forderung eines möglichst hohen Preises für die angebotene Leistung. Hingegen wird der Nachfrager regelmäßig an einem möglichst günstigen Preis interessiert sein. Hiervon ausgehend erscheinen Maßnahmen der Entgeltregulierung grundsätzlich geeignet, sowohl die Interessen von marktmächtigen Netzbetreibern als auch diejenigen von Zugangsnachfragern zu gewichten und zum Ausgleich zu bringen. Anders gewendet erscheint deren Entscheidungsprogramm grundsätzlich subjektiviert.

### 1. Zu den Entgeltregulierungsarten

Bei der Methode der Entgeltgenehmigung handelt es sich um eine präventive Kontrolle.[353] Denn sofern einem marktmächtigen Betreiber im Wege der Regulierungsverfügung die Genehmigungspflicht auferlegt wurde, darf er die entsprechenden Entgelte erst nach Genehmigungserteilung einfordern (§ 37 Abs. 1). Mithin handelt es sich bei der Entgeltgenehmigung um ein präventives Verbot mit Erlaubnisvorbehalt. Genehmigungsfähig sind Entgelte regelmäßig nur, wenn sie nicht missbräuchlich im Sinne des § 28 sind und die Kosten der effizienten Leistungserbringung[354] nicht übersteigen (§ 35 Abs. 3 S. 1). Mithin bezeichnen die Kosten der effizienten Leistungserbringung die zulässige Preisobergrenze im Rahmen der Regelvorgehensweisen nach § 31 Abs. 1.[355]

Anders verhält es sich im Falle der Ex-post-Entgeltregulierung. Hier werden erhobene Entgelte – nachträglich – lediglich auf etwaige Verstöße gegen die Missbrauchstatbestände des § 28 überprüft,[356] wobei sie mit und ohne Vorlagepflicht angeordnet werden kann.[357]

### 2. Richtlinienrechtliche Vorsteuerung

Ausweislich der Gesetzgebungsmaterialien dient § 39 (Abs. 3) der Umsetzung von Art. 17 Abs. 1 und 2 URL.[358] Zudem ist im Zuge der Gesetzesnovelle von 2012 davon die Rede, dass der neue § 30 Abs. 3 der Umsetzung von Art. 13 Abs. 2 ZRL diene.[359] Nach der Literatur soll § 30 die Vorgaben von Art. 13 (Abs. 1) ZRL

---

353 Deswegen wird sie auch als Ex-ante-Entgeltregulierung bezeichnet (§§ 31-37). Vgl. auch *Kühling/Schall/Biendl*, Telekommunikationsrecht, S. 202 Rn. 338.

354 Siehe hierzu § 32 (Abs. 1).

355 *Kühling/Schall/Biendl*, Telekommunikationsrecht, S. 206 Rn. 346.

356 Vgl. § 38 Abs. 1, 2 u. 4 sowie § 39 Abs. 3.

357 Siehe oben Kapitel 1, § 2, b) Ex-post-Entgeltregulierung, S. 94 f.

358 BT-Drucks. 15/2316, S. 70 sowie 17/5707, S. 63.

359 BT-Drucks. 17/5707, S. 60.

zur Preiskontrolle und Kostenrechnung umsetzen.[360] Dabei besteht Einigkeit, dass letzterer den Mitgliedstaaten Umsetzungsspielraum hinsichtlich des Wie der Preiskontrolle lässt.

Der Begriff der *Preiskontrolle* ist im Richtlinienrahmen nicht definiert. Durch den *EuGH* entschieden ist, dass die Verpflichtung zur kostenorientierten Preisgestaltung auch die Befugnis umfasst, die Preise für die von der Zugangsverpflichtung erfassten Dienstleistungen auf einem Niveau festzusetzen, das unter den Kosten liegt, die dem regulierten Unternehmen durch die Leistungserbringung entstehen, falls diese Kosten höher sind als die eines effizienten Betreibers.[361] Weiter ist sicher, dass es sich um eine Verpflichtung durch die Regulierungsbehörde handelt, die ein bestimmtes Problem von unwirksamem Wettbewerb bei der Preisbildung beheben soll.[362] Unter dieses allgemeine Verständnis kann sowohl eine präventive als auch eine nachträgliche Kontrolle von Preisen durch die Regulierungsbehörde subsumiert werden. Grenzen ergeben sich lediglich aus dem Äquivalenz- und Effektivitätsgrundsatz sowie dem Gebot effektiver Richtlinienumsetzung.[363] Die präventive Genehmigung sowie die nachträgliche, entgeltspezifische Missbrauchskontrolle, erscheinen grundsätzlich zur Erfüllung dieser Anforderungen geeignet. Hierbei handelt es sich zum einen um gängige Instrumente aus dem Gewerberecht, zum anderen sind sie nicht schlechthin ungeeignet, um das Ziel der Wettbewerbsförderung zu erreichen.[364]

Prima facie sprechen die Entscheidungsgrundsätze in der Sache *Arcor/BRD* für die drittschützende Intention des Art. 13 ZRL[365], so dass auch dessen Umsetzungsnormen Schutzwirkung zugunsten zugangsberechtigter Dritter zu kommen dürfte.

---

360 *Groebel*, in: Säcker, TKG, § 30 Rn. 14 f. sowie *Kühling*, in: Geppert/Schütz, BeckTKG-Komm, § 30 Rn. 5. Siehe dort auch zum folgenden Satz.

361 *EuGH*, Urt. v. 20.12.2017, Rs. C-277/26 (Polkomtel), Juris Rn. 27 ff.

362 Dies ergibt sich aus einer Zusammenschau von Art. 13 Abs. 1 S. 1 und Art. 8 Abs. 4 S. 1 ZRL.

363 Vgl. *Ruffert*, in: Calliess/Ruffert, EUV/AEUV, Art. 288 AEUV Rn. 26 ff.

364 Vgl. *EuGH*, Urt. v. 24.04.2008, Rs. C-55/06 (Arcor/BRD), Slg. 2008, I-29 Rn. 170.

365 Siehe hierzu Kapitel 2, § 4, c) Verpflichtung zur Preiskontrolle und Kostenrechnung, S. 192 ff.

### 3. Zum drittschützenden Charakter der Regulierungsart von Entgelten nach § 30 Abs. 1 TKG

In der verwaltungsgerichtlichen Rechtsprechung und einem Teil der Literatur[366] wird die drittschützende Wirkung der Rechtsgrundlagen zur Auferlegung einer bestimmten Art der Entgeltregulierung verneint.[367]

Zuzugeben ist zunächst, dass das Entscheidungsprogramm von § 30 Abs. 1 und 2 – ebenso wie das von § 38 – ausdrücklich keine individualisierenden Tatbestandsmerkmale erkennen lässt. Lediglich die marktmächtigen Betreiber öffentlicher Telekommunikationsnetze beziehungsweise die Unternehmen, die Entgelte für Zugangsleistungen fordern und die über beträchtliche Marktmacht verfügen, werden als Adressaten benannt.[368] Weiter scheinen teleologische Erwägungen im Zusammenhang der nationalen Regelungen nicht zwingend für eine drittschützende Wirkung der Rechtsgrundlagen zur Auferlegung der Entgeltregulierung zu sprechen. Die BNetzA bei der Entgeltregulierung generell sicherzustellen, dass alle Entgelte insbesondere einen „*nachhaltigen Wettbewerb fördern*" (§ 30 Abs. 3 S. 1), allerdings werden im selben Atemzug die wirtschaftliche Effizienz sowie die Vorteilhaftigkeit für die Verbraucher als weitere Zielsetzungen vorgegeben. Dies könnte dafürsprechen, dass die Auferlegung einer Entgeltregulierungsart allgemein der Ordnung des Marktgeschehens dient und Interessen drittbetroffener Marktteilnehmer nur beiläufig berührt werden. Ähnlich nennt die allgemeine Vorschrift des § 27 Abs. 1 verschiedene Ziele der Entgeltregulierung.[369] Hiernach dient die Entgeltregulierung neben dem Schutz von Endnutzern der Verhinderung missbräuchlicher Ausbeutung oder Diskriminierung von Wettbewerbern durch preispolitische Maßnahmen marktmächtiger Unternehmen. Diesem Schutz können sowohl die präventive Kontrolle im Wege der Entgeltgenehmigung als auch die nachträgliche Missbrauchskontrolle dienen. So gesehen scheint für Wettbewerber kein Schutzbedürfnis zu bestehen, wenn die BNetzA eine dieser Entgeltregulierungsarten auswählt.[370]

---

366 Siehe *Groebel*, in: Säcker, TKG, § 30 Rn. 25a, der die drittschützende Wirkung von § 30 Abs. 1 S. 1 und S. 2 verneint.

367 *VG Köln*, Urt. v. 01.08.2007 – 21 K 4013/06 – Juris Rn. 61 ff.; vgl. auch Urt. v. 25.04.2012 – 21 K 1147/10 – Juris.

368 Siehe § 30 Abs. 1 S. 1, Abs. 2 Nr. 2 sowie 38 Abs. 2. Ferner kommen nach § 30 Abs. 2 Nr. 1 auch Betreiber in Betracht, denen Verpflichtungen nach § 18 auferlegt wurden.

369 Vgl. *VG Köln*, Urt. v. 01.08.2007 – 21 K 4013/06 – Juris Rn. 79 ff.

370 Vgl. *Kühling*, in: Geppert/Schütz, BeckTKG-Komm, § 30 Rn. 57.

Allerdings ist in der Gesetzesbegründung davon die Rede, dass durch die Beschränkung der Preissetzungsspielräume von Anbietern mit beträchtlicher Marktmacht sowohl Wettbewerber als auch Nachfrager vor missbräuchlichen Verhaltensweisen geschützt werden sollen.[371] Diese Intention sah das *VG Köln* jedoch im Hinblick auf die Frage der Auferlegung einer bestimmten Entgeltregulierungsart im Ergebnis als unerheblich an.[372] Ausgehend von einer zweistufigen Entgeltregulierung in Form der Auferlegung einer bestimmten Art und einem anschließenden Entgeltregulierungsverfahren, erscheint dies nicht unvertretbar. Denn über etwaige missbräuchliche Verhaltensweisen wird letztlich erst auf der zweiten Stufe entschieden.

Jedoch wirkt sich die Anordnung der Entgeltgenehmigungspflicht nach § 30 Abs. 1 S. 1 auf die Vertragsfreiheit der Vertragspartner des entgeltregulierten Unternehmens sowie diejenigen aus, die den Abschluss entsprechender Verträge beabsichtigen.[373] Im Falle der Entgeltgenehmigung dürfen nur die genehmigten Entgelte verlangt werden (§ 37 Abs. 1, 2). Mithin beeinträchtigt die Auferlegung der Entgeltgenehmigungspflicht unmittelbar die Vertragsfreiheit der an der Entgeltvereinbarung Beteiligten. Überdies beeinflusst die Entgeltregulierungsart letztlich die Höhe der zu entrichtenden Gegenleistung.[374] Im Falle der Genehmigungspflicht bilden regelmäßig die Kosten der effizienten Leistungsbereitstellung die zulässige Preisobergrenze (vgl. § 31 Abs. 1 S. 2). Hingegen sind im Rahmen der nachträglichen Entgeltkontrolle lediglich die Missbrauchstatbestände des § 28 maßgeblich.

Entscheidend für die drittschützende Wirkung der Rechtsgrundlagen zur Auferlegung der Entgeltgenehmigung spricht jedoch die norminterne Berücksichtigung von Art. 13 Abs. 1 S. 1 ZRL. In systematischer Hinsicht sind Verpflichtungen zur Preiskontrolle als Schutzmaßnahmen zugunsten von Wettbewerbern anzusehen, die für die Inanspruchnahme von Zugangsleistungen Entgelte zu entrichten haben.[375] Dies kann auch für die Auferlegung einer bestimmten Entgeltregulierungsart gelten. Dies lässt sich unter den Oberbegriff *Preiskontrolle* subsumieren. Dem steht ein etwaiger Umsetzungsspielraum hinsichtlich des Wie der Entgeltregulierung nicht zwingend entgegen. Entscheidend ist letztlich

371 BT- Drucks. 15/2316, S. 66.

372 *VG Köln*, Urt. v. 01.08.2007 – 21 K 4013/06 – Juris Rn. 82 ff.

373 Vgl. *BVerwG*, Urt. v. 25.02.2015 – 6 C 37/13 – NVwZ 2015, 1136 (1137) Rn. 18.

374 *Kühling*, in: Geppert/Schütz, BeckTKG-Komm, § 30 Rn. 59.

375 Siehe oben Kapitel 2, § 4, c) Verpflichtung zur Preiskontrolle und Kostenrechnung, S. 192 ff.

eine effektive Umsetzung. Diese darf nicht durch die Aufspaltung in verschiedene Stadien der Entgeltregulierung gefährdet werden. Überdies ist Art. 13 Abs. 1 ZRL die deutsche Unterscheidung zwischen der Auferlegung einer Entgeltregulierungsart und dem anschließenden Genehmigungsverfahren beziehungsweise der nachträglichen Aufsicht unbekannt. Schließlich ist zu berücksichtigen, dass die Maßnahmen nach Art. 13 ZRL im Lichte des Ziels der Wettbewerbsförderung auszulegen sind. In diesem Ziel finden sich die Preisgestaltungsinteressen von Zugangsnachfragern wieder, die die entsprechenden Entgelte zu entrichten haben.

Nach alledem sprechen gewichtige – unionsrechtliche, teleologische sowie systematische – Gründe für die drittschützende Wirkung der Rechtsgrundlagen über die Auswahl der Entgeltregulierungsart beziehungsweise für ein subjektiv-öffentlilches Recht Dritter auf ermessensfehlerfreie Entscheidung über die Auferlegung einer Entgeltregulierungsart für Zugangsleistungen.[376]

### 4. Zum drittschützenden Charakter der Regulierungsart von Entgelten nach § 39 Abs. 1 u. 3 TKG

Bleibt zu prüfen, ob Dritte ebenfalls ein Recht auf ermessensfehlerfreie Entscheidung über die Auferlegung einer bestimmten Entgeltregulierungsart hinsichtlich Endnutzerleistungen haben können. Wie im Vorleistungsbereich unterscheidet § 39 in methodischer Hinsicht zwischen der Genehmigungspflicht (Abs. 1) und der nachträglichen Kontrolle von Entgelten (Abs. 3).[377]

Zu erwägen ist zunächst, ob eine drittschützende Wirkung dieser Rechtsgrundlagen aus dem Regelungsgegenstand Endnutzerleistungen abzuleiten ist. Aus der Zusammenschau der Definitionen von Telekommunikationsdiensten und Endnutzern ergibt sich, dass hierunter alle Telekommunikationsdienste zu verstehen sind, die ein Endnutzer am Ende der Wertschöpfungskette nutzt.[378] Hinzu kommt, dass an die Erreichung der Regulierungsziele angeknüpft wird, zu denen neben der Wahrung der Verbraucherinteressen auch die Sicherstellung eines chancengleichen Wettbewerbs gehört (§ 39 Abs. 1 S. 1).[379]

Allerdings gehört § 39 zu den Vorschriften der Marktregulierung, die der Regelung des Marktgeschehens beziehungsweise der Verhaltensweisen von

---

376 Im Ergebnis ebenso: *Kühling*, in: Geppert/Schütz, BeckTKG-Komm, § 38 Rn. 59, 60.

377 Diese Entscheidung zwischen diesen Regulierungsarten erfolgt ebenfalls im Wege der Regulierungsverfügung (vgl. § 13 Abs. 1 S. 1).

378 *Kühling*, in: Geppert/Schütz, BeckTKG-Komm, § 30 Rn. 23 f.

379 Siehe § 2 Abs. 2 Nr. 1 und Nr. 2.

marktmächtigen Unternehmen auf einem Telekommunikationsmarkt für Endnutzerleistungen dienen.[380] Besonders deutlich wird diese Zielrichtung an dem Tatbestandsmerkmal der Subsidiarität gegenüber den Verpflichtungen im Zugangsbereich (§ 39 Abs. 1 S. 1). Diese betreffen jedoch lediglich die Beziehungen zwischen Netzbetreibern und Zugangsnachfragern. Das Subsidiaritätserfordernis soll zum einen eine Doppelregulierung verhindern. Zum anderen fußt es auf der Überlegung, dass durch eine effiziente Vorleistungsregulierung bereits ausreichender Wettbewerb auf Endkundenmärkten erzeugt wird.[381] Überdies finden sich spezifische Vorschriften zum Schutz der Endnutzer in Teil 3 des TKG („*Kundenschutz*").[382] Dies spricht dafür, dass § 39 keine drittschützende Wirkung zugunsten von Endnutzern entfaltet.

Jedoch spricht die erwähnte tatbestandliche Verknüpfung mit der Zugangsregulierung dafür, dass § 39 dem Schutz von Wettbewerbern eines Unternehmens dient, das bezüglich des Angebots von Telekommunikationsdiensten für Endnutzer über beträchtliche Marktmacht verfügt.[383]

Sofern man Art. 17 (Abs. 2) URL[384] ebenfalls als Schutzmaßnahme zugunsten von Wettbewerbern ansieht[385], kann aus dessen norminterner Berücksichtigung der grundsätzlich drittschützende Charakter der Rechtsgrundlagen zur Auferlegung der Entgeltregulierung nach § 39 gefolgert werden.[386] Dieser Annahme steht der Umsetzungsspielraum, den Art. 17 URL gewährt, auch nicht prinzipiell entgegen.[387] Insbesondere die umsetzungsbedürftigen Regelbeispiele des Art. 17 Abs. 2 URL – keine überhöhten Preise, die den Markteintritt behindern, keine

---

380 Vgl. *Kühling/Neumann*, in: Säcker, TKG, § 39 Rn. 159. Hier wird ebenfalls die Schutzwirkung der Rechtsgrundlagen zur Regulierungsart nach § 39 zugunsten von Endnutzern verneint.

381 *Kühling/Schall/Biendl*, Telekommunikationsrecht, S. 230 Rn. 393.

382 Dieser umfasst die §§ 43a bis 47b.

383 Im Ergebnis ebenfalls für die drittschützende Wirkung von § 39: *Geppert/Berger-Kögler*, in: Geppert/Schütz, BeckTKG-Komm, § 39 Rn. 72.

384 Art. 17 URL wird jedoch durch die Kodifzierungsrichtlinie (EU) 2018/1972 zum 21.12.2020 aufgehoben (Art. 125 Kodifizierungsrichtlinie (EU) 2018/1972).

385 Siehe oben Kapitel 1, § 2, 3. Regulierungsmaßnahmen hinsichtlich marktmächtiger Unternehmen auf Endkundenmärkten, S. 199 f.

386 Siehe oben Kapitel 2, § 4, 3. Regulierungsmaßnahmen hinsichtlich marktmächtiger Unternehmen auf Endkundenmärkten, S. 199 f.

387 Insofern gelten die Ausführungen zum Gestaltungsspielraum bezüglich des Wie der Preiskontrolle nach Art. 13 ZRL im Vorleistungsbereich entsprechend. Siehe oben Kapitel 2, § 4, c) Verpflichtung zur Preiskontrolle und Kostenrechnung, S. 192 ff.

Kampfpreise zur Ausschaltung des Wettbewerbs – schützen Wettbewerber des auf einem Endnutzermarkt als marktmächtig eingestuften Unternehmens.[388]

Mithin sprechen durchaus teleologische, systematische und insbesondere unionsrechtliche Erwägungen für einen Anspruch Dritter auf ermessensfehlerfreie Entscheidung über die Auferlegung der Art der Entgeltregulierung von Endnutzerleistungen.

### 5. Zum personellen Schutzzweck

Ausgehend von der sachlich drittschützenden Wirkung der Rechtsgrundlagen zur Auferlegung einer Entgeltregulierungsart nach § 30 sowie § 39, bleibt noch deren personeller Schutzzweck zu klären.

#### a) Auswahl der Regulierungsart von Entgelten für Zugangsleistungen

Rechtsgrundlage hinsichtlich der Entscheidung über die Entgeltregulierungsart von Zugangsleistungen bildet § 30. Daher kann der Befund zum personellen Schutzzweck der Zugangsverpflichtungen der §§ 21 ff. übertragen werden. Ausgehend von der Zugangsdefinition sind Träger des normativ geschützten Interesses Unternehmen, die Zugangsleistungen entweder aufgrund bestehender Verträge mit dem regulierten Unternehmen nachfragen oder die die Aufnahme eines entsprechenden Vertragsverhältnisses konkret beabsichtigen.[389]

Diesen Befund stützt die Entscheidung des *EuGH* in der Rechtssache Arcor/BRD.[390] Hier sprach sich der *Gerichtshof* für die drittschützende Wirkung einer telekommunikationsrechtlichen Entgeltgenehmigung sowie des Gebots kostenorientierter Preise aus. Diese Mechanismen sollen auch Wettbewerber des entgeltregulierten Unternehmens schützen. Namentlich seien dies zugangsberechtigte Unternehmen.

#### b) Auswahl der Regulierungsart von Entgelten für Endnutzerleistungen

Nicht so eindeutig gestaltet sich die Bestimmung des personellen Schutzzwecks von § 39. Ausgehend von dessen tatbestandlicher Subsidiarität gegenüber der Zugangsregulierung, könnte ebenfalls – wie bei § 30 – auf die Zugangsdefinition abzustellen sein.

---

388 Siehe zu diesen Beispielen Art. 17 Abs. 2 S. 2 URL.

389 Vgl. hierzu Kapitel 4, § 6, c) Stellungnahme, S. 283 f.

390 *EuGH*, Urt. v. 24.04.2008, Rs. C-55/06 (Arcor/BRD), Slg. 2008, I-2976, siehe hierzu Kapitel 2, § 4, a) Urteil des *Gerichtshofs* vom 24.04.2008, S. 171 ff. Vgl. dort auch zu den folgenden Sätzen.

Allerdings knüpft § 39 nicht ausdrücklich an Leistungsbeziehungen zwischen Netzbetreiber und Zugangsnachfrager an. Daher führt die Zugangsdefinition für die Beschreibung des personellen Schutzzwecks nicht weiter.

Stattdessen dürfte es bei dem allgemeinen Begriff des *Wettbewerbers* zur Beschreibung des personellen Schutzzwecks bleiben. Hierfür spricht zunächst, dass die Vorschriften der Entgeltregulierung dem Schutz von „*Wettbewerbern*" dienen sollen (vgl. § 27 Abs. 1).[391] Regulierungsgegenstand von § 39 sind Entgelte für Endnutzerleistungen eines Unternehmens, das auf dem Endnutzermarkt über beträchtliche Marktmacht verfügt. Mithin muss es um ein entsprechendes Konkurrenzverhältnis zum marktmächtigen Unternehmen, das solche Endnutzerleistungen erbringt, gehen. In diesem Fall dürften Anbieter von Telekommunikationsdiensten sowie Betreiber von Telekommunikationsnetzen, die in einem Wettbewerbsverhältnis zum Unternehmen mit beträchtlicher Marktmacht bezüglich des Angebots von Telekommunikationsdiensten für Endnutzer stehen, einen Anspruch auf ermessensfehlerfreie Entscheidung nach § 39 haben können. Dabei muss es nicht um ein aktuelles Wettbewerbsverhältnis auf demselben sachlich und räumlich relevanten Markt gehen.[392] Dieses Kriterium hat das *BVerwG* in seiner Rechtsprechung zu § 28 fallen gelassen. Hiernach kann ein Wettbewerbsverhältnis auch anzunehmen sein, wenn es um ein Verhalten auf einem Drittmarkt – und damit nicht nur um den beherrschten Markt – geht. Entscheidend sei der Kausalzusammenhang zwischen der Marktbeherrschung und dem missbilligten Verhalten beziehungsweise der wettbewerbsbeeinträchtigenden Wirkung. In Ansehung dieser Grundsätze dürfte der personelle Schutzzweck von § 39 – in den Worten von *Wahl* – situationsbezogen zu bestimmen sein.[393] Zu fragen ist, ob die Auferlegung einer bestimmten Entgeltregulierungsart geeignet ist, sich auf die Marktstellung des Wettbewerbers auszuwirken.

391 Vgl. *Geppert/Berger-Kögler*, in: Geppert/Schütz, BeckTKG-Komm, § 39 Rn. 72.

392 Vgl. zu diesem im Rahmen der Entgeltregulierung auf Vorleistungsebene aufgegebenem Kriterium: *BVerwG*, Urt. v. 20.10.2010 – 6 C 18/09 – NVwZ 2011, 623 (624) Rn.16. Vgl. dort auch zu den folgenden Sätzen.

393 Vgl. Kapitel 3, § 6, c) Ansatz von *Wahl*, S. 245 f.

## IV. Präventive Missbrauchsaufsicht auf Endkundenmärkten nach § 42 Abs. 4 S. 3 TKG

Im Rahmen der Regulierungsverfügung kann die BNetzA auch Maßnahmen der präventiven Missbrauchsaufsicht[394] gegenüber marktmächtigen Unternehmen anordnen, sofern Tatsachen die Annahme rechtfertigen, dass ein solches Unternehmen seine Stellung auf Endkundenmärkten missbräuchlich auszunutzen droht (§§ 13 Abs. 1 S. 1, 42 Abs. 4 S. 3).[395] Diese präventive Eingriffsermächtigung wurde erst im Jahre 2007 in das TKG implementiert.[396] Hiermit wollte der Gesetzgeber klarstellen, dass die Verhaltensauflagen nach § 42 auch vorab – nicht nur nachträglich – auferlegt werden können, wenn konkrete Verdachtsmomente für ein beabsichtigtes missbräuchliches Verhalten eines marktmächtigen Unternehmens vorliegen. Die einzelnen Missbrauchstatbestände sind in § 42 Abs. 1 bis 3 normiert .[397] Die Art und Weise wie die BNetzA einer künftigen, missbräuchlichen Ausnutzung einer marktmächtigen Stellung entgegentreten kann, steht in ihrem Ermessen (§ 42 Abs. 4 S. 2). Hierzu kann sie beispielsweise dem Unternehmen, das seine marktmächtige Stellung auszunutzen droht, ein bestimmtes Verhalten auferlegen oder untersagen.

### a) Kartellrechtliche Vorbilder

Ausweislich der Gesetzgebungsmaterialen standen die Generalklausel des Missbrauchsverbots nach § 19 Abs. 1 GWB sowie die behördliche Eingriffsbefugnis des § 32 GWB Modell für die sektorspezifische Generalklausel des § 42. Mithin fragt es sich, welche Impulse die wettbewerbsrechtlichen Regelungen für dessen Subjektivierung liefern können.

Die Generalklausel des § 42 Abs. 1 ist derjenigen des § 19 Abs. 1 GWB nachempfunden.[398] Das in letzterem enthaltene allgemeine Behinderungs- und Diskriminierungsverbot ist seit der 6. GWB-Novelle als Verbotsgesetz ausgestaltet.[399]

---

394 Zur Abgrenzung der *„besonderen Missbrauchsaufsicht“* nach § 42 zu den Regelungen der Zugangs- und Entgeltregulierung sowie zum allgemeinen Wettbewerbsrecht siehe Kapitel 3, § 6, II. Zur Schutzrichtung der nachträglichen Missbrauchsaufsicht, S. 365 f.

395 . In diesem Fall gelten die Eingriffsbefugnisse nach § 42 Abs. 4 S. 1 und 2 entsprechend.

396 BT-Drucks. 16/2581 S. 24. Vgl. dort auch zum nachfolgenden Satz.

397 Das Missbrauchsverbot nach § 42 Abs. 1 S. 1 wird durch das Regelbeispiel in S. 2 konkretisiert. Weiter wird missbräuchliches Verhalten bei unternehmensexterner Diskriminierung (§ 42 Abs. 2) sowie bei der Verzögerung von Zugangsvereinbarungen (§ 42 Abs. 3) jeweils vermutet.

398 BT-Drucks. 15/2316, S. 71.

399 *Fuchs*, in: Immenga/Mestmäcker, Wettbewerbsrecht Bd. 2, § 19 Rn. 5.

Gleichwohl ist in der wettbewerbsrechtlichen Rechtsprechung[400] und Literatur anerkannt, dass einem vom Missbrauch betroffenen Dritten gegen die Kartellbehörde im Grundsatz kein Anspruch auf Einschreiten zusteht.[401] Begründet wird dies im Wesentlichen damit, dass dem GWB ein öffentlicher-rechtlicher Drittschutz fremd sei und dem betroffenen Dritten vielmehr eigene Beseitigungs-, Schadensersatz- sowie Unterlassungsansprüche zustehen.

Auch das TKG enthält neben dem Missbrauchstatbestand des § 42 Beseitigungs-, Unterlassungs- sowie Schadensersatzansprüche (§ 44), welche mit denen des GWB vergleichbar sind. In Ansehung der wettbewerbsrechtlichen Grundsätze könnte daher der drittschützende Charakter von § 42 entsprechend zu verneinen sein.

### b) Richtlinienrechtliche Vorsteuerung

Eine generalklauselartige Missbrauchsaufsicht – in der Ausprägung des § 42 – wird durch den Richtlinienrahmen von 2002 nicht explizit gefordert.[402] Ausweislich der Gesetzgebungsmaterialien soll der Vermutungstatbestand des Diskriminierungsmissbrauchs nach § 42 Abs. 2 jedoch der Umsetzung von Art. 10 ZRL dienen.[403] Dieser enthält Vorgaben für eine Maßnahme der Vorabregulierung, mit der die Gleichbehandlung von Zugangsinteressenten bei der Nachfrage nach Zugangsleistungen sichergestellt werden soll. Indem der Missbrauch beträchtlicher Marktmacht für den Fall, dass ein marktmächtiges Unternehmen Zugangsleistungen Nachfragern zu unterschiedlichen Bedingungen anbietet, vermutet wird, dürfte letztlich eine Gleichbehandlung angestrebt sein.

Die in der Zugangsrichtline aufgeführten Vorabverpflichtungen sind im Grundsatz als Obergrenze für mögliche Verpflichtungen zu verstehen, wodurch zugleich eine Überregulierung vermieden werden soll.[404] Allerdings ergibt sich aus Art. 8 Abs. 3 UAbs. 2 ZRL, dass neben diesen ausnahmsweise weitere Verpflichtungen möglich seien können. Weiter handelt es sich bei der Missbrauchsaufsicht – abgesehen von § 42 Abs. 4 S. 3 – um eine nachträgliche

---

400 BGHZ 51, 61 (67 f.).

401 *Fuchs*, in: Immenga/Mestmäcker, Wettbewerbsrecht Bd. 2, § 19 Rn. 68, siehe dort auch zum folgenden Satz.

402 *Gersdorf*, in: Säcker, TKG, § 42 Rn. 1; *Schütz*, in: Geppert/Schütz, BeckTKG-Komm, § 42 Rn. 5. Siehe dort auch zu den folgenden Sätzen.

403 BT-Drucks. 15/2316 S. 71.

404 Erwgr. 14 ZRL.

Verhaltenskontrolle. Das Ansinnen der Zugangsrichtlinie eine Überregulierung zu vermeiden, bezieht sich jedoch nur auf die Vorabregulierung.

Im Übrigen soll die im Zuge der Gesetzesnovelle eingeführte, präventive Eingriffsbefugnis zur Verhinderung missbräuchlichen Verhaltens auf Endkundenmärkten zur Umsetzung von Art. 17 Abs. 2 ZRL dienen.[405]

### c) Zum Drittschutzcharakter

Der Tatbestand zur präventiven Regulierung von Endkundenmärkten enthält keine ausdrücklich individualisierenden Tatbestandsmerkmale. Eine derartige Vorabregulierung kommt im Wege der Regulierungsverfügung in Betracht, wenn der Verdacht besteht, dass ein marktmächtiges Unternehmen, seine Stellung auf einem Endkundenmarkt missbräuchlich auszunutzen droht.[406] Neben dem spezifischen Endnutzermarkt wird auf die missbräuchliche Ausnutzung der marktmächtigen Stellung abgestellt. Die missbräuchlichen Verhaltensweisen werden in § 42 Abs. 1 bis 3 konkretisiert. Beispielsweise liegt nach dem Regelbeispiel in § 42 Abs. 1 S. 2 ein verbotener Missbrauch insbesondere vor, wenn „*andere Unternehmen*" unmittelbar oder mittelbar unbillig behindert oder deren Wettbewerbsmöglichkeiten ohne sachlich gerechtfertigten Grund erheblich beeinträchtigt werden. Im Umkehrschluss ergibt sich daraus, dass andere Unternehmen als Normbegünstigte vor dem missbräuchlichen Verhalten des marktmächtigen Unternehmens geschützt werden sollen. Noch deutlicher wird dies im Rahmen der Vermutungstatbestände (Abs. 2 und 3). Die Vermutungsregel bei unternehmensexterner Diskriminierung nennt als Normbegünstigte ebenfalls „*andere Unternehmen*", die Zugangsleistungen nachfragen. Bei der Vermutungsregel nach § 42 Abs. 3 geht es um die verzögerte Bearbeitung von Zugangsanträgen im Rahmen der Zugangsvereinbarungen nach § 22 Abs. 1. Mithin werden Unternehmen geschützt, die Zugangsleistungen zur Erbringung von Telekommunikationsdiensten nachfragen.

Überdies geht es bei der Feststellung einer missbräuchlichen Verhaltensweise im Sinne des § 42 Abs. 1 letztlich um die Unterbindung von Verhaltensweisen, die dem marktmächtigen Unternehmen allein aufgrund seiner Marktmacht möglich sind und die andere Unternehmen behindern oder deren Wettbewerbsmöglichkeiten ohne Rechtfertigung einschränken.[407] Im Ergebnis geht es um die Abwägung der wirtschaftlichen Handlungsfreiheit des marktmächtigen

---

405 BT-Drucks. 16/2581, S. 24.
406 *Schütz*, in: Geppert/Schütz, BeckTKG-Komm, § 42 Rn. 175.
407 *Schütz*, in: Geppert/Schütz, BeckTKG-Komm, § 42 Rn. 36.

Unternehmens und hierdurch beeinträchtigter Marktteilnehmer. Mithin greift das Entscheidungsprogramm kollidierende Interessen Privater auf, was nach der normativen Konfliktschlichtungsformel für den drittschützenden Charakter des Missbrauchsverbotes spricht.[408]

Dementsprechend ist die drittschützende Wirkung von § 42 Abs. 1 und 4 in der verwaltungsgerichtlichen Rechtsprechung anerkannt.[409] Diese Entscheidung bezieht sich zwar nicht auf die präventive Missbrauchsaufsicht auf Endkundenmärkten, jedoch dürfte die Anerkennung des drittschützenden Charakters für die nachträgliche Missbrauchsaufsicht nach § 42 Abs. 1 und Abs. 4 hinsichtlich der präventiven Missbrauchsaufsicht im Rahmen der Regulierungsverfügung entsprechend gelten. Insofern handelt es sich um dieselben Tatbestandsmerkmale. Im Unterschied zur nachträglichen Missbrauchsaufsicht erfordert ein präventives Eingreifen lediglich zusätzlich, dass Tatsachen vorliegen, die die Annahme rechtfertigen, dass die missbräuchliche Ausnutzung der marktmächtigen Stellung auf Endkundenmärkten droht. Diese Prognose entspricht den Grundsätzen eines Unterlassungsanspruches (vgl. § 44 Abs. 1 S. 2).

Den drittschützenden Charakter der präventiven Missbrauchsaufsicht nach § 42 vermag auch die wettbewerbsrechtliche Wertung, nach der die drittschützende Wirkung der kartellbehördlichen Eingriffsbefugnis grundsätzlich abgelehnt wird, im Ergebnis nicht zu entkräften. Richtig ist zwar, dass § 42 dem wettbewerbsrechtlichen Vorbild nachempfunden ist. Weiter finden sich mit § 44 im TKG Schadensersatz-, Beseitigungs- sowie Unterlassungsansprüche betroffener Unternehmen gegen Unternehmen, die gegen dieses Gesetz oder Verfügungen der BNetzA verstoßen.[410] Allerdings ist die Interessenlage bei der telekommunikationsrechtlichen Marktregulierung eine andere als im allgemeinen Wettbewerbsrecht. Die Instrumente der Marktregulierung sind nämlich nur anwendbar, sofern im Verfahren nach den §§ 10, 11 die sektorspezifische Regulierungsbedürftigkeit festgestellt worden ist. Dies ist nur der Fall, wenn der definierte Markt durch Marktzutrittsschranken gekennzeichnet ist, längerfristig nicht zu wirksamem Wettbewerb tendiert und die Anwendung des allgemeinen Wettbewerbsrechts nicht ausreicht, um dem betreffenden Marktversagen zu

408 Darüber hinaus knüpfen die Vermutungstatbestände an Sachverhalte mit Zugangsbezug an, in denen es regelmäßig um die gegenläufigen Interessen von Netzbetreibern und Unternehmen geht, die Zugangsleistungen nachfragen.

409 BVerwGE 128, 305 (306/307).

410 Siehe hierzu Kapitel 4, § 9 Zum Rechtsschutz im Rahmen des telekommunikationsrechtlichen Schadensersatz-, Unterlassungs- und Beseitigungsanspruches, S. 478 ff.

begegnen. Dagegen geht das GWB von grundsätzlich funktionierendem Wettbewerb aus. Diese andere Ausgangslage verbietet zum einen die Übertragung der wettbewerbsrechtlichen Grundsätze. Zum anderen spricht das attestierte Marktversagen für die Schutzbedürftigkeit anderer Unternehmen gegenüber solchen mit beträchtlicher Marktmacht und damit letztlich für den Drittschutz. Im Übrigen zeigt ein Blick auf den nachbarrechtlichen Immissionsschutz, dass sich subjektive Rechte des öffentlichen und privaten Rechts nicht zwingend ausschließen.[411]

In personeller Hinsicht ist der geschützte Personenkreis betreffend die missbräuchliche Ausnutzung der marktmächtigen Stellung auf einem Endnutzermarkt situationsbezogen zu bestimmen. Eine missbräuchliche Verhaltensweise liegt insbesondere vor, wenn andere Unternehmen behindert oder beeinträchtigt werden (Vgl. § 42 Abs. 1 S. 2). Prima facie dürfte ein solchermaßen individualisiertes Unternehmen in erster Linie aus dem Kreis der Anbieter von Telekommunikationsdiensten und Betreiber von Telekommunikationsnetzen stammen, die auf einem Endkundenmarkt tätig sind.[412]

## V. Marktmachtunabhängige Zugangsverpflichtungen nach § 18 TKG

In § 18 finden sich spezielle Eingriffsbefugnisse der BNetzA zur Zugangsregulierung, die in tatbestandlicher Hinsicht nicht an das Erfordernis beträchtlicher Marktmacht anknüpfen.[413] Insofern stellt § 18 eine Sondervorschrift zu den übrigen Verpflichtungen der Zugangsregulierung dar.

Im Einzelnen kann die BNetzA, Betreiber öffentlicher Telekommunikationsnetze, *„die den Zugang zu Endnutzern kontrollieren“*, in begründeten Fällen auf entsprechende Nachfrage zur Zusammenschaltung verpflichten (§ 18 Abs. 1 S. 1).[414]

---

411 Vgl. § 906 BGB sowie §§ 22 Abs. 1 Nr. 1, 5 Abs. 1 Nr. 1 BImSchG.

412 Insgesamt soll der Kreis der Normbegünstigten – entsprechend dem Charakter als allgemeinem, sektorspezifischen Missbrauchstatbestand – weit zu verstehen sein. Geschützt werden sollen nicht nur Unternehmen, die Zugangsleistungen zur Erbringung von Telekommunikationsdiensten nachfragen, sondern beispielsweise auch sonstige Contentanbieter oder Rundfunkveranstalter (*Gersdorf*, in: Säcker, TKG, § 42 Rn. 20).

413 BT-Drucks. 17/5707 S. 58.

414 Unter *„Zusammenschaltung“* ist derjenige Zugang zu verstehen, *„der die physische und logische Verbindung öffentlicher Telekommunikationsnetze herstellt, um Nutzern eines Unternehmens die Kommunikation mit Nutzern desselben oder eines anderen Unternehmens oder die Inanspruchnahme von Diensten eines anderen Unternehmens zu ermöglichen; Dienste können von den beteiligten Parteien erbracht werden oder von*

Weiter setzt eine entsprechende Verpflichtung voraus, dass diese Zusammenschaltung erforderlich ist, um die Kommunikation der Nutzer, die Bereitstellung von Diensten sowie deren Interoperabilität zu gewährleisten. Folge einer solchen Verpflichtung ist, dass der verpflichtete Netzbetreiber gegenüber nachfragenden Betreibern ein Angebot auf Zusammenschaltung abgeben muss.[415] Der Begriff „*Zugang zu Endnutzern*" ist nicht lediglich im Sinne der Legaldefinition nach § 3 Nr. 32 zu verstehen, sondern eher im Sinne eines End-zu-End-Verbundes.[416] Aus Sicht anderer Netzbetreiber oder Diensteanbieter ist hierunter die Verbindung des Endnutzers zu einem Telekommunikationsnetz zu verstehen, die erforderlich ist, um einen Übertragungsvorgang zu realisieren. Mithin geht es bei dem Zugang im Sinne von § 18 um ein „*bottleneck-Phänomen*" im Verhältnis zwischen Netzbetreiber und Endnutzer.[417] Beispielsweise kann § 18 in Betracht kommen, wenn Betreiber von Fest- und Mobilfunknetzen die Zusammenschaltung mit einem Mobilfunknetzbetreiber wünschen, um ihren Kunden die Terminierung[418] von Sprachverkehr im Mobilfunknetz anbieten zu können.[419]

Ferner ist die BNetzA ermächtigt, weitere Zugangsverpflichtungen gegenüber Betreibern, die den Zugang zu Endnutzern kontrollieren, zu ergreifen (§ 18 Abs. 1 S. 2). Der Begriff der „*weitere(n) Zugangsverpflichtungen*" ist nicht ausdrücklich definiert.[420] Jedenfalls sollen inhaltlich Verpflichtungen entsprechend dem Katalog von § 21 in Betracht kommen.[421] Diese Verpflichtungen müssen objektiv, transparent nichtdiskriminierend sein (§ 18 Abs. 3).[422]

---

*anderen Parteien, die Zugang zum Netz haben. Zusammenschaltung ist ein Sonderfall des Zugangs und wird zwischen Betreibern öffentlicher Telekommunikationsnetze hergestellt*" (§ 3 Nr. 34).

415 *Schütz*, in: Geppert/Schütz, BeckTKG-Komm, § 18 Rn. 35; *Kühling/Schall/Biendl*, Telekommunikationsrecht, S. 178 Rn. 296.

416 *Schütz*, in: Geppert/Schütz, BeckTKG-Komm, § 18 Rn. 16; *Nolte*, in: Säcker, TKG, § 18 Rn. 15. Siehe dort auch zu dem folgenden Satz.

417 *Nolte*, in: Säcker, TKG, § 18 Rn. 15.

418 Unter Terminierung ist die Anrufzustellung in ein fremdes Netz beziehungsweise die Zustellung eines Anrufs aus einem fremden Netz zu verstehen.

419 *Schütz*, in: Geppert/Schütz, BeckTKG-Komm, § 18 Rn. 7, siehe dort auch zu weiteren Anwendungsfällen.

420 *Nolte*, in: Säcker, TKG, § 18 Rn. 38; *Schütz*, in Geppert/Schütz, BeckTKG-Komm, § 18 Rn. 32.

421 BT-Drucks. 15/2316, S. 64.

422 Ferner enthält § 18 Abs. 2 eine spezielle Ermächtigungsgrundlage zur Auferlegung von Gleichbehandlungsverpflichtungen gegenüber Unternehmen, die den Zugang zu Endnutzern kontrollieren.

### 1. Richtlinienrechtliche Vorsteuerung

Ausweislich der Gesetzgebungsmaterialien dienen die Ermächtigungsgrundlagen nach § 18 Abs. 1 der Umsetzung von Art. 5 Abs. 1 UAbs. 2 lit. a) ZRL.[423] Art. 5 Abs. 3 ZRL wird nahezu wortgleich durch § 18 Abs. 2 umgesetzt.[424]

Hingegen findet sich für § 18 Abs. 2 keine ausdrückliche Richtliniengrundlage. Da Art. 5 Abs. 1 UAbs. 2 lit. a) ZRL mit den Verpflichtungen zur Zusammenschaltung und Interoperabilität jedoch nur Beispielfälle aufzählt, sind weitergehende Verpflichtungen im nationalen Umsetzungsrecht nicht ausgeschlossen.[425]

### 2. Zum Drittschutzcharakter

Fraglich ist, ob das Entscheidungsprogramm von § 18 Abs. 1 S. 1 und S. 2 in sachlicher Hinsicht zumindest auch den Schutz Dritter bezweckt. Individualisierende Tatbestandsmerkmale lassen sich aus dessen Wortlaut gewinnen. Die Voraussetzung für die Auferlegung einer Zusammenschaltungsverpflichtung *„auf entsprechende Nachfrage“* (§ 18 Abs. 1 S. 1) ist nur erfüllt, wenn eine konkrete Nachfrage durch einen anderen Netzbetreiber erfolgt.[426] Mithin werden die Interessen nachfragender Netzbetreiber tatbestandlich vorausgesetzt. Zudem ist die Verpflichtung nach § 18 Abs. 1 S. 1 inhaltlich auf die Zusammenschaltung und damit auf einen Sonderfall des Zugangs zwischen Netzbetreibern gerichtet.[427] Die Maßnahmen nach § 18 Abs. 1 müssen insbesondere nichtdiskriminierend sein (§ 18 Abs. 3). Hierbei handelt es sich klassischerweise um eine Anforderung, die auf den Schutz Dritter gerichtet ist.[428] Verstärkend kommt hinzu, dass Zugang und Zusammenschaltung Regulierungsgegenstände sind, die letztlich der Wettbewerbsförderung auf der Vorleistungsebene dienen.[429]

Hingegen könnte gegen die Annahme der drittschützenden Wirkung von § 18 Abs. 1 sprechen, dass Zusammenschaltungs- (S. 1) sowie weitergehende

---

423 BT-Drucks. 15/2316, S. 64 sowie BT-Drucks. 17/5707, S. 58.

424 Art. 5 Abs. 1 ZRL entspricht Art. 61 Abs. 2 lit. a) Kodifizierungsrichtlinie (EU) 2018/1972.

425 Vgl. Art. 5 Abs. 1 UAbs. 2 ZRL. Hier heißt es, dass *„insbesondere“* Ermächtigungsgrundlagen für die nachstehend genannten Verpflichtungen zu schaffen sind.

426 *Nolte*, in: Säcker, TKG, § 18 Rn. 24.

427 Siehe zur Zusammenschaltungsdefinition § 3 Nr. 34. Hiernach ist Zusammenschaltung ein Sonderfall des Zugangs und wird zwischen Betreibern öffentlicher Telekommunikationsnetze hergestellt.

428 Vgl. BVerwGE 130, 39 (44) Rn. 17.

429 Vgl. *Kühling/Schall/Biendl*, Telekommunikationsrecht, S. 162 Rn. 268 und 269.

Zugangsverpflichtungen (S. 2) nur auferlegt werden dürfen, soweit dies erforderlich ist, um insbesondere die Kommunikation der Nutzer sowie die Interoperabilität zu gewährleisten. Die netzübergreifende Endnutzkommunikation stellt eine gemeinwohlbezogene Zielrichtung dar.[430] Allerdings lässt sich diese nicht von der wettbewerbsschützenden Zielrichtung trennen. Die netzübergreifende Kommunikation ist zugleich *„essentielle Voraussetzung für das Funktionieren eines Telekommunikationsmarktes“*[431]. Überdies handelt es sich bei der Telekommunikation um einen Wirtschaftssektor, dessen Produkte zugleich die Daseinsvorsorge betreffen. Dies indiziert, dass sich ökonomische und nichtökonomische Zielsetzungen mitunter nicht trennen lassen, sondern in einem engen Zusammenhang stehen.[432] Mithin schließt die Zielrichtung der netzübergreifenden Endnutzerkommunikation die Begünstigung nachfragender Betreiber nicht aus.

Weiter dürfte die Überlegung, dass § 18 nicht an eine marktmächtige Stellung des Verpflichteten anknüpft, dessen drittschützenden Charakter nicht ausschließen. Denn die tatbestandlich verlangte *„Kontrolle des Zugangs zu Endnutzern“* stellt ein bottleneck dar, durch welches der kontrollierende Netzbetreiber andere Betreiber von der Anbindung an Endnutzer ausschließen könnte. Diese Zugangskontrolle bietet insbesondere Missbrauchsmöglichkeiten, wenn andere Netzbetreiber auf den Zugang zum Endkunden und damit auf eine Zusammenschaltungsvereinbarung mit dem kontrollierenden Betreiber angewiesen sind.[433] Mithin liegt § 18 eine vergleichbare Gefährdung von Nachfragern zugrunde, wie dies regelmäßig im Falle gestörter Vertragsparität im Rahmen der asymmetrischen Regulierung vermutet wird.

Ferner steht die Rechtsfolge von Zusammenschaltungsverpflichtungen und weiteren Zugangsverpflichtungen der Begünstigung von nachfragenden Unternehmen nicht zwingend entgegen. Zwar haben entsprechende Verpflichtungen keine unmittelbar privatrechtgestaltende Wirkung gegenüber Nachfragern[434],

---

430 *Neitzel/Hofmann*, in: Spindler/Schuster, Recht der elektronischen Medien, Teil 11, § 18 Rn. 2.

431 *Nolte*, in: Säcker, TKG, § 18 Rn. 2.

432 Hierfür spricht auch § 1, der als Gesetzeszwecke sowohl die Wettbewerbsförderung als auch die angemessene Versorgung mit Telekommunikationsdienstleistungen benennt. Durch den Zusatz *„auch in der Fläche“* im Rahmen des Ziels der Wettbewerbsförderung in § 2 Abs. 2 Nr. 2 kommt die Verknüpfung verschiedener Zielsetzungen durchaus zum Vorschein.

433 *Schütz*, in: Geppert/Schütz, BeckTKG, § 18 Rn. 1.

434 *Vgl. Scherer*, in: Arndt/Fetzer/Scherer/Graulich, TKG, § 18 Rn. 21 f.

jedoch hinderte dieser Einwand bereits das *BVerwG* nicht daran, die drittschützende Wirkung von § 21 – bei dem es in der Sache um Zugangsgewährungsverpflichtungen geht – anzunehmen.[435]

Nach der normativen Konfliktschlichtungsformel ist vom drittschützenden Charakter des § 18 Abs. 1 auszugehen. Tatbestandlich werden Netzbetreiber sowie Nachfrager angesprochen. Da eine Verpflichtung nur auf bestimmte Nachfrage und soweit sie erforderlich ist, ergehen darf, werden gegenläufige Zugangs- und Verschonungsinteressen normativ gewichtet und einem Ausgleich zugeführt, bei dem sich die Interessen des einen nur auf Kosten des anderen et vice versa realisieren lassen dürften.

Schließlich bestätigen die richtlinienrechtlichen Wertungen den drittschützenden Befund. Zwar gehört Art. 5 ZRL nicht zu den Maßnahmen, die zum Schluss des Marktanalyseverfahrens ergriffen werden können[436], jedoch zählt Art. 5 ZRL zu den Richtlinienbestimmungen, deren Ziel es ist, einen einheitlichen Rahmen für die Beziehungen zwischen Netzbetreibern und Diensteanbietern zu schaffen (vgl. Art. 1 Abs. 1 S. 2 ZRL). Daher kann diese Richtlinienbestimmung als eine Vorschrift angesehen werden, die zumindest auch den Schutz der an der Zusammenschaltung interessierten Unternehmen bezweckt.[437]

Ebenso wie die Verpflichtungen nach § 18 Abs. 1 sind die speziellen Gleichbehandlungsverpflichtungen nach § 18 Abs. 2 drittschützender Natur. Zusätzlich zu den vorstehenden Erwägungen wird ausdrücklich darauf abgestellt, dass *„einzelne nachfragende Betreiber öffentlicher Telekommunikationsnetze"* im Verhältnis zu anderen nachfragenden Netzbetreibern nicht ohne sachlich gerechtfertigten Grund unterschiedlich behandelt werden dürfen (§ 18 Abs. 2). Mithin wird – wie im Ergebnis auch bei § 18 Abs. 1 – ausdrücklich auf den Schutz nachfragender Betreiber öffentlicher Telekommunikationsnetze abgestellt.

In personeller Hinsicht dient § 18 Abs. 1 dem Schutz von Zugangsnachfragern. Im Unterschied zu den § 21 werden jedoch nur andere Netzbetreiber geschützt, die die Zusammenschaltung, nachfragen. Hierbei handelt es sich um eine spezielle Form des Zugangs.[438] Mithin ist der personelle Schutzbereich von § 18 Abs. 1 enger als der von § 21.

---

435 BVerwGE 130, 39 ff.

436 Siehe Art. 16 Abs. 3 und 4 RRL.

437 Siehe oben Kapitel 2, § 4, 2. Verpflichtungen nach Art. 5 Abs. 1 UAbs. 2 ZRL, S. 197 ff.

438 Bei der Zusammenschaltung geht es um die Verbindung unterschiedlicher Telekommunikationsnetze (vgl. § 3 Nr. 34).

## C. Zugangsanordnung nach § 25 TKG

Sofern Vereinbarungen über Zugangsleistungen nach § 21 oder nach § 18 nicht zustande kommen, ordnet die BNetzA den Zugang zwischen den (Verhandlungs-) Beteiligten an (§ 25 Abs. 1).[439] Diese Zugangsanordnung ergeht außerhalb der Regulierungsverfügung.

Im Unterschied zu den einzelnen Verpflichtungstatbeständen innerhalb der Regulierungsverfügung steht die Anordnung nach § 25 nicht im Ermessen der BNetzA. Rechtsfolge der Zugangsanordnung ist ein privatrechtsgestaltender Verwaltungsakt[440], der für die Beteiligten einer gescheiterten Zugangsvereinbarung alle Bedingungen einer solchen, einschließlich der zu entrichtenden Entgelte für die nachgefragte Zugangsleistung, regeln kann (§ 25 Abs. 5).[441] Mithin begründet die Anordnung zwischen den beteiligten Parteien – Zugangspetent und Zugangsverpflichteter – eine zivilrechtliche Zugangsvereinbarung beziehungsweise einen angeordneten Vertrag.[442] Diese Anordnung müssen die betroffenen Betreiber grundsätzlich unverzüglich befolgen.[443] In der Regulierungspraxis machte die BNetzA bereits mehrfach von der Befugnis nach § 25 Abs. 1 Gebrauch.[444] Inhaltlich betraf die Mehrheit dieser Anordnungen Entgeltfragen.

In tatbestandlicher Hinsicht setzt eine Zugangsanordnung voraus, dass erstens Verpflichtungen entweder nach § 21 oder § 18 auferlegt worden und zweitens, dass konkrete Vertragsverhandlungen zwischen dem zugangsverpflichteten Netzbetreiber und dem nachfragenden Anbieter oder Betreiber gescheitert sind. Damit ist die Zugangsanordnung zum einen subsidiär gegenüber vertraglichen Vereinbarungen[445], zum anderen dient sie der individualisierten Durchsetzung

---

439 Seit der Einführung der Anordnungsbefugnis im Jahre 2004 hat sich der § 25 kaum verändert. Im Zuge der TKG-Novelle von 2012 erfolgte lediglich eine klarstellende Ergänzung (vgl. BT-Drucks. 17/5707, S. 60).

440 *Kühling/Neumann*, in: Säcker, TKG, § 25 Rn. 80; *Geppert/Attendorn*, in: Geppert/Schütz, BeckTKG-Komm, § 25 Rn. 65.

441 Insofern kann die BNetzA auch Teilentscheidungen treffen (§ 25 Abs. 6).

442 *Kühling/Neumann*, in: Säcker, TKG, § 25 Rn. 80; *Geppert/Attendorn*, in: Geppert/Schütz, BeckTKG-Komm, § 25 Rn. 65.

443 Anders ist dies nur, falls die BNetzA eine Umsetzungsfrist bestimmt (§ 25 Abs. 8 S. 2).

444 *Geppert/Attendorn*, in: Geppert/Schütz, BeckTKG-Komm, § 25 Rn. 8, siehe dort auch zum folgenden Satz.

445 Dies kommt in § 25 Abs. 2 zum Ausdruck.

des (abstrakten) Kontrahierungszwanges, der infolge der Verpflichtungen nach den §§ 21, 22 sowie § 18 (§ 16) besteht.[446]

In verfahrensrechtlicher Hinsicht erfolgt die Zugangsanordnung entweder infolge der Anrufung durch eine Verhandlungspartei der zu schließenden Zugangsvereinbarung[447] oder ex officio nach Maßgabe des § 25 Abs. 4. Letzteres wird vor allem in den Fällen relevant, in denen sich der Zugangsnachfrager wegen der übermächtigen Stellung seines Verhandlungspartners scheut, die BNetzA anzurufen.[448]

### 1. Richtlinienrechtliche Vorsteuerung

Laut der Begründung zum Gesetzesentwurf des TKG 2004 dient die Anordnungsbefugnis der BNetzA der Umsetzung des Art. 5 Abs. 4 ZRL a. F.[449] Durch die Änderungsrichtlinie 2009/140/EG wurde dieser zu Art. 5 Abs. 3 ZRL.[450] Zudem ist der Passus gestrichen worden, dass die Regulierungsbehörde auf Ersuchen einer der beteiligten Parteien tätig werden kann, falls keine Übereinkunft zwischen den Unternehmen besteht. Im Übrigen ist Art. 5 Abs. 3 ZRL recht vage gehalten und enthält – abgesehen von der Einleitung ex officio – keine Vorgaben zu Form und Frist einer Zugangsanordnung.[451]

### 2. Zur Schutzrichtung der Zugangsanordnung

Der sachliche Schutzzweck der Befugnis zur Zugangsanordnung nach § 25 (Abs. 1, 5) ist auf den Schutz von Unternehmen gerichtet, die Zugangsleistungen nachfragen. Bereits dessen Wortlaut enthält individualisierende Tatbestandsmerkmale wie „*Vereinbarungen über Zugangsleistungen*" sowie die „*Anhörung der Beteiligten*". Zudem ist eine Zugangsanordnung nur zulässig, „*soweit und solange die Beteiligten keine Zugangs- oder Zusammenschaltungsvereinbarung treffen*" (§ 25 Abs. 2). Weiter indiziert die Möglichkeit der Verfahrenseinleitung auf Anrufung durch einen an der zu schließenden Zugangsvereinbarung Beteiligten deren rechtliche Begünstigung.

---

446 *Geppert/Attendorn*, in: Geppert/Schütz, BeckTKG-Komm, § 25 Rn. 2; *Kühling/Schall/Biendl*, Telekommunikationsrecht, S. 180 Rn. 298.

447 Für diesen Fall ergeben sich aus § 25 Abs. 3 formelle Anforderungen für Verfahrenseinleitung.

448 *Kühling/Neumann*, in: Säcker, TKG, § 25 Rn. 2.

449 BT-Drucks. 15/2316, S. 66.

450 Art. 5 Abs. 3 ZRL entspricht Art. 61 Abs. 6 Kodifizierungsrichtlinie (EU) 2018/1972.

451 *Kühling/Neumann*, in: Säcker, TKG, § 25 Rn. 14 und 16.

In systematischer Hinsicht steht die Zugangsanordnung im engen Zusammenhang mit den – abstrakten – Verpflichtungen zur Zugangsgewährung nach § 18 oder § 21. Falls Vereinbarungen auf deren Grundlage (vgl. § 16 sowie § 22) scheitern, will § 25 gewährleisten, dass die auferlegten beziehungsweise gesetzlichen Zugangsverpflichtungen nicht leerlaufen.[452] Darüber hinaus sprechen Inhalt und Wirkung einer Zugangsanordnung für deren Schutzwirkung zugunsten der an der zu schließenden Vereinbarung Beteiligten. Inhaltlich können alle Bedingungen einer Zugangsvereinbarung einschließlich der zu entrichtenden Zugangsentgelte geregelt werden. Als privatrechtegestaltender Verwaltungsakt führt die Zugangsanordnung zu einem bindenden Vertragsverhältnis zwischen den Beteiligten. Dementsprechend werden durch die Zugangsanordnung die gegenläufigen Privatinteressen des Zugangspetenten und des zugangsverpflichteten Unternehmens normativ zum Ausgleich gebracht, so dass auch nach der Konfliktschlichtungsformel die individualschützende Wirkung anzunehmen ist.

Diesem Auslegungsergebnis steht der Richtlinienhintergrund nicht entgegen. Einerseits spricht die vage und offene Formulierung des Art. 5 Abs. 3 ZRL, die nur verlangt, dass die Regulierungsbehörde aus eigener Initiative in der Lage sein muss, die Regulierungsziele des Art. 8 RRL sicherzustellen, für einen Umsetzungsspielraum. Maßstab hierfür ist das Gebot zur effektiven Umsetzung. Dem genügt § 25. Durch dessen Anordnungsbefugnis können Zugang und Zusammenschaltung im Sinne der Zugangsrichtlinie im Konfliktfall durch die Regulierungsbehörde realisiert werden. Andererseits dient die Anordnungsbefugnis letztlich der Sicherstellung einer effektiven Wettbewerbsförderung (vgl. Art. 8 Abs. 2 RRL), denn sie soll die Zugangsgewährung im Streitfall gewährleisten. Ihre Subsidiarität gegenüber Zugangsvereinbarungen trägt wiederum dem Verhältnismäßigkeitsgrundsatz regulatorischer Verpflichtungen Rechnung (Art. 8 Abs. 1 RRL).

Der persönliche Schutzzweck der Zugangsanordnungen lässt sich in Ansehung der individualisierenden Tatbestandsmerkmale in abstrakt-genereller Weise beschreiben. Insbesondere in § 25 Abs. 2 ist von den Beteiligten der Zugangs- oder Zusammenschaltungsvereinbarung die Rede. Diese bestehen aus Zugangspetent und zugangsverpflichtetem Unternehmen. Letzteres ist ein Betreiber eines öffentlichen Telekommunikationsnetzes, der entweder über beträchtliche Marktmacht verfügt oder den Zugang zu Endnutzern kontrolliert.[453] Auf

---

452 Vgl. *Scherer*, in: Arndt/Fetzer/Scherer/Graulich, TKG, § 25 Rn. 2 sowie *Kühling/Neumann*, in: Säcker, TKG, § 25 Rn. 1.

453 Dies ist abhängig von der zugrundeliegenden Zugangsverpflichtung (§ 21 oder § 18).

Nachfragerseite steht ein Unternehmen, das entweder Zugangs- oder Zusammenschaltungsleistungen zum Zwecke der Erbringung von Telekommunikationsdiensten begehrt. Zusammengefasst werden die potentiellen Vertragsparteien einer Zugangs- oder Zusammenschaltungsvereinbarung geschützt.

Dagegen ist nicht ersichtlich, dass andere Marktteilnehmer, die nicht zu den potentiellen Vertragsparteien gehören, beziehungsweise Wettbewerber, die nachteilige Auswirkungen der Zugangs- oder Zusammenschaltungsanordung auf ihre eigene Stellung im Markt befürchten, durch § 25 geschützt werden sollen. Dessen Wortlaut bietet insofern keine Anknüpfungspunkte. Ferner sind Sinn und Zweck des § 25 auf die Durchsetzung der abstrakten Verpflichtungen nach §§ 18 oder 21 im konkreten Einzelfall gerichtet. Mithin geht es um die Interessen potentieller Vertragsparteien im Einzelfall. Die Interessen übriger Marktteilnehmer werden dagegen weder im Wortlaut aufgegriffen noch tatsächlich unmittelbar gestaltet. Schließlich fordert auch der Richtlinienhintergrund keine andere Bewertung. Zwar gibt Art. 5 (Abs. 1) ZRL Verpflichtungsbefugnisse der Regulierungsbehörden vor, die als Schutzmaßnahmen zugunsten am Zugang interessierter Wettbewerber zu verstehen sind. Allerdings fallen hierunter nur Vertragspartner des regulierten Unternehmens oder solche Unternehmen, die konkret den Abschluss von Zugangs- oder Zusammenschaltungsvereinbarungen beabsichtigen.

## D. Zum Drittschutzcharakter der Normen zur Entgeltgenehmigung und zur nachträglichen Entgeltkontrolle

Gemäß dem zweistufigen Konzept der telekommunikationsrechtlichen Entgeltregulierung schließt sich an die Entscheidung über die Regulierungsart – im Rahmen der Regulierungsverfügung – die eigentliche Entgeltregulierung an.[454] Diese besteht entweder im Genehmigungsverfahren (§§ 31 bis 37) oder in der nachträglichen, entgeltspezifischen Missbrauchskontrolle (§§ 38; 39 Abs. 3 i.V.m. § 28). Gemeinsam ist den Entscheidungen im Entgeltgenehmigungsverfahren sowie Verfügungen im Wege der nachträglichen Entgeltkontrolle, dass sie außerhalb der Regulierungsverfügung ergehen.

Ausgehend von *Wahls* Ansatz[455] erscheinen die normativen Entscheidungsprogramme der Grundlagen zur präventiven Entgeltgenehmigung sowie zur nachträglichen Missbrauchsaufsicht grundsätzlich zugunsten Dritter

454 Siehe hierzu Kapitel 1, § 2, II. Entgeltregulierung, S. 89 ff.

455 Siehe hierzu Kapitel 3, § 6, c) Ansatz von *Wahl*, S. 245 f.

vorsubjektiviert. Derartige Maßnahmen beeinflussen das Preissetzungsverhalten des Anbieters.[456] Typischerweise sind Entgelte für Zugangsleistungen oder Endnutzerleistungen Gegenstand privatrechtlicher Leistungsbeziehungen zwischen Netzbetreiber und/oder Anbieter und dem nachfragenden Unternehmen. Entgeltrelevante Maßnahmen der BNetzA sind daher grundsätzlich geeignet, neben der aus Art. 2 Abs. 1 GG folgenden Vertragsfreiheit[457] des Netzbetreibers beziehungsweise Anbieters ebenso diejenige des konkreten Nachfragers zu beeinflussen. Verstärkend kommt hinzu, dass sich im Zuge der TKG-Novelle von 2004 das Verständnis der Entgeltregulierung von einer Marktstrukturgestaltung hin zu einem eher missbrauchsbezogenen Kontrollansatz gewandelt hat.[458] Besonders deutlich wird dies an der allgemeinen Zielsetzung der Entgeltregulierung, missbräuchliche Verhaltensweisen bei der Preissetzung durch Unternehmen mit beträchtlicher Marktmacht im Interesse *„von Endnutzern oder von Wettbewerbern"* zu verhindern (§ 27 Abs. 1). Mithin können preisrelevante Maßnahmen der BNetzA im Rahmen der präventiven oder nachträglichen Entgeltregulierung grundsätzlich als Konfliktschlichtung gegenläufiger Privatinteressen im Bereich der Preisverhandlung angesehen werden.

## I. Entgeltspezifische Missbrauchsverbote nach § 28 TKG

Zu prüfen ist, ob sich diese Vorsubjektivierung hinsichtlich der konkreten Missbrauchstatbestände des § 28 zur drittschützenden Wirkung verdichten lässt.[459] § 28 Abs. 1 S. 1 normiert einen generellen Verbotstatbestand, nach dem es marktmächtigen Anbietern von Telekommunikationsdiensten oder Betreibern öffentlicher Telekommunikationsnetze untersagt ist, ihre Marktmacht bei der Forderung und Vereinbarung von Entgelten missbräuchlich auszunutzen.[460]

---

456 *Paschke*, in: Geppert/Schütz, BeckTKG-Komm, § 27 Rn. 5.

457 Die Vertragsfreiheit beziehungsweise Privatautonomie kann als Unterfall der allgemeinen Handlungsfreiheit nach Art. 2 Abs. 1 GG angesehen werden. Für Wirtschaftsgesellschaften bezieht sich dieses Grundrecht auch auf die wirtschaftliche Betätigungsfreiheit (vgl. *Jarass/Pieroth*, GG, Art. 2 Rn. 22, 25, 8).

458 *Paschke*, in: Geppert/Schütz, BeckTKG-Komm, § 27 Rn. 27 und 28.

459 Darüber hinaus regelt § 27 – als Teil der allgemeinen Vorschriften der Entgeltregulierung (Unterabschnitt 1. des 3. Abschnitts Entgeltregulierung) – die *„Ziele der Entgeltregulierung"*. Da diese Norm jedoch keine Eingriffsbefugnisse enthält, sondern lediglich Ziele bzw. Aufgaben normiert, soll sie im Rahmen der Untersuchung drittschützender Maßnahmen zur Marktregulierung nicht isoliert betrachtet werden.

460 Im System der telekommunikationsrechtlichen Missbrauchstatbestände handelt es sich bei § 28 Abs. 1 um ein spezielles Missbrauchsverbot im Verhältnis zum

Ausweislich der Gesetzesbegründung orientiert sich § 28 an dem allgemeinen Missbrauchsverbot nach § 19 GWB.[461] Für diesen ist anerkannt, dass die Annahme einer missbräuchlichen Ausnutzung grundsätzlich auch die Abwägung der Interessen der Marktbeteiligten erfordert.[462]

Das allgemeine entgeltspezifische Missbrauchsverbot wird durch die in § 28 Abs. 1 S. 2 aufgezählten Regelbeispiele des Preishöhenmissbrauchs, des Behinderungsmissbrauchs sowie der ungerechtfertigten Preisdiskriminierung[463] konkretisiert.[464] Die Fallgruppe des Behinderungsmissbrauchs wird wiederum durch die Vermutungstatbestände nach § 28 Abs. 3 ausgeformt.[465] In systematischer Hinsicht gehören die entgeltspezifischen Missbrauchstatbestände zum einen zu den materiellen Genehmigungsvoraussetzungen der Entgeltgenehmigung (§ 35 Abs. 3), zum anderen bestimmen sie die Eingriffsvoraussetzungen im Rahmen der nachträglichen Entgeltkontrolle.[466]

## 1. Richtlinienrechtliche Vorsteuerung

Die Gesetzgebungsmaterialien enthalten nur dürftige Hinweise auf den richtlinienrechtlichen Hintergrund von § 28. Namentlich ist in den Materialien der

allgemeinen, sektorspezifischen Verbot nach § 42 (vgl. *Kühling/Schall/Biendl*, Telekommunikationsrecht, S. 190 Rn. 314).

461 BT-Drucks. 15/2316, S. 67.

462 Vgl. *Fuchs*, in: Immenga/Mestmäcker, Wettbewerbsrecht Bd. 2, § 19 Rn. 88.

463 Diese Begrifflichkeiten werden üblicherweise verwendet, um die Regelbeispiele in Kürze zu beschreiben. Näher zu diesen nicht abschließenden Regelbeispielen: *Groebel*, in: Säcker, TKG, § 28 Rn. 22 ff.

464 Nur die Regel- und Vermutungstatbestände des Behinderungsmissbrauchs oder Diskriminierungsmissbrauchs kann das jeweilige marktbeherrschende Unternehmen durch eine sachliche Rechtfertigung seines Verhaltens widerlegen (§ 28 Abs. 2 S. 2 a. E.).

465 Diese Vermutungstatbestände betreffen den Fall der Dumpingpreise, das heißt, die Erhebung solcher Entgelte, die die langfristigen zusätzlichen Kosten der betreffenden Leistung einschließlich einer angemessenen Verzinsung des eingesetzten Kapitals nicht decken (Nr. 1), die Preis-Kosten-Schere, welche vorliegt, wenn die Spanne zwischen dem erhobenen Entgelt und dem entsprechenden Endnutzerentgelt nicht ausreicht, um einem effizienten Anbieter eine angemessene Verzinsung seines Kapitals zu ermöglichen (Nr. 2) sowie der sachlich ungerechtfertigten Bündelung des Produktangebots durch ein Unternehmen (Nr. 3). Siehe im Einzelnen zu diesen Vermutungstatbeständen *Kühling/Schall/Biendl*, Telekommunikationsrecht, S. 192 ff. Rn. 317 ff.

466 Für die nachträgliche Entgeltkontrolle im Vorleistungsbereich siehe § 38 Abs. 1, 2 und 4 sowie hinsichtlich Endnutzerleistungen § 39 Abs. 3.

Novelle von 2004 davon die Rede, dass der Begriff der ungerechtfertigten Bündelung im Rahmen des missbrauchsbezogenen Vermutungstatbestandes nach § 28 Abs. 2 Nr. 3 einer Beispielverpflichtung nach Art. 17 Abs. 2 S. 2 URL entsprechen solle.[467]

Wenig ergiebig ist ebenfalls die Kommentarliteratur. Teilweise heißt es pauschal, dass die §§ 30 bis 38 der Umsetzung von Art. 13 ZRL[468] dienen.[469] An anderer Stelle liegt die Betonung auf der Vereinbarkeit von § 28 mit Art. 13 Abs. 1 ZRL.[470] Letzterer verlangt unter anderem regulierungsbehördliche Verpflichtungen zur Preiskontrolle, die der Behebung von Wettbewerbsproblemen dienen sollen, die in einer übermäßig hohen Preisgestaltung von marktmächtigen Netzbetreibern liegen oder entsprechende Preisdiskrepanzen im Rahmen von Zugangsvereinbarungen betreffen. Der Missbrauchstatbestand des § 28 Abs. 1 S. 1 knüpft allgemein an missbräuchliches Verhalten bei der Forderung und Vereinbarung von Entgelten an. Zudem lassen sich die Regelbeispiele des Preishöhen-, des Behinderungsmissbrauchs sowie der ungerechtfertigten Preisdiskriminierung nach § 28 Abs. 1 S. 2 unter den offenen Oberbegriff der Preiskontrolle subsumieren, die der Verhinderung übermäßig hoher Preise dient. Wesentlich deutlicher finden sich die Vermutungstatbestände des § 28 Abs. 1 S. 2 in dem Beispielkatalog des Art. 17 Abs. 2 S. 2 URL wieder, welcher Regulierungsmaßnahmen in Bezug auf Dienste für Endnutzermärkte vorsieht.[471]

Mithin finden sich sowohl die entgeltbezogenen Vorgaben der Zugangs- als auch der Universaldienstrichtlinie in der entgeltspezifischen Missbrauchsregelung wieder. Nach der Konzeption der Rahmenrichtlinie gehören diese Vorgaben zu den spezifischen Verpflichtungen, die marktmächtigen Unternehmen auferlegt und die als Schutzmaßnahmen zugunsten von dessen Wettbewerbern angesehen werden können.[472] Die Umsetzung dieser Vorgaben

---

467 BT-Drucks. 15/2316, S. 67.

468 Art. 13 ZRL entspricht Art. 74 Kodifizierungsrichtlinie (EU) 2018/1972.

469 *Groebel*, in: Säcker, TKG, § 28 Rn. 11. Vgl. auch Fetzer, in: Arndt/Fetzer/Scherer/Graulich, TKG, § 28 Rn. 1.

470 *Schütz/Neumann*, in: Geppert/Schütz, BeckTKG-Komm, § 28 Rn. 4.

471 Namentlich ist dort von auferlegbaren Verpflichtungen die Rede, nach denen keine überhöhten Preise berechnet, der Markteintritt nicht behindert und keine Kampfpreise zur Ausschaltung des Wettbewerbs angewendet werden dürfen.

472 *EuGH*, Urt. v. 21.02.2008, Rs. C-426/ (Tele2/TCK), Slg. 2008, BeckRS 2008, 70279 Rn. 34. Siehe hierzu auch Kapitel 2, § 4, 1. Rechtssache C-426/05 (Tele2 Telekommunication GmbH/Telekom-Control-Kommission), S. 162 ff.

entspricht der gesetzlichen Systematik des § 28, welcher als allgemeiner Missbrauchstatbestand sowohl für die Entgeltregulierung von Zugangs- als auch von Endnutzerleistungen gilt.

## 2. Zum drittschützenden Charakter der entgeltspezifischen Missbrauchstatbestände

Hinsichtlich der Frage, ob das Entscheidungsprogramm von § 28 zumindest auch den Schutz Dritter bezweckt, ist zunächst festzuhalten, dass dessen allgemeiner Missbrauchstatbestand ausdrücklich nur die Verpflichtungsadressaten benennt.[473] Tatbestandlich will diese Generalklausel die missbräuchliche Ausnutzung der beträchtlichen Markmacht *„bei der Forderung und Vereinbarung von Entgelten“* verhindern.

Mit Blick auf Dritte im Sinne dieser Untersuchung ist hiermit im Falle von Zugangsleistungen ein Vertragsverhältnis – zwischen Netzbetreiber und Anbieter, der zum Zwecke der Erbringung von Telekommunikationsdiensten Zugangsleistungen nachfragt – angesprochen. Hinsichtlich Entgelten für Endnutzerleistungen dürfte hingegen primär ein Wettbewerbsverhältnis zwischen einem Unternehmen mit beträchtlicher Marktmacht bezüglich des Angebots von Telekommunikationsdiensten und anderen Anbietern von Telekommunikationsdiensten betroffen sein.[474] In beiden Fällen stehen sich regelmäßig gegenläufige Interessen verschiedener Marktakteure gegenüber. Mithin ist bereits im Tatbestand der entgeltspezifischen Generalklausel die Bewältigung gegenläufiger Privatinteressen angelegt. In den Worten von *Wahl* erscheint das Entscheidungsprogramm von § 28 Abs. 1 S. 1 daher grundsätzlich zugunsten Dritter vorsubjektiviert.

### a) Behinderungs- und Diskriminierungstatbestände nach § 28 Abs. 1 S. 2 Nr. 2 und Nr. 3

Diese grundsätzliche Vorsubjektivierung zugunsten Dritter ist in der höchstrichterlichen Rechtsprechung hinsichtlich der Vorgängerregelungen des TKG 1996 zu den Regelbeispielen des Behinderungsmissbrauches (§ 28 Abs. 1 S. 2 Nr. 2) sowie des Diskriminierungsmissbrauches (§ 28 Abs. 1 S. 2 Nr. 3) anerkannt.[475]

---

473 Dies sind neben Anbietern von Telekommunikationsdiensten auch Betreiber öffentlich zugänglicher Telekommunikationsnetze, die jeweils über beträchtliche Marktmacht im Sinne von § 11 verfügen (§ 28 Abs. 1 S. 1).

474 Vgl. § 39 (Abs. 1 S. 1).

475 Vgl. *BVerwG*, Urt. v. 20.10.2010 – 6 C 18/09 – NVwZ 2011, 623 (624) noch zu den Vorgängerregelungen des TKG 1996.

In systematischer Hinsicht beschreiben die Regelbeispiele missbräuchliche Verhaltensweisen bei der Forderung und Vereinbarung von Entgelten für Zugangsleistungen sowie für Endnutzerleistungen[476] und beziehen sich damit entweder auf Zugangs- und/oder Wettbewerbsverhältnisse zwischen Netzbetreibern und/oder Anbietern von Telekommunikationsdiensten. Denn bei den Tatbeständen von § 28 Abs. 1 S. 2 Nr. 2 und 3 handelt es sich um Regelbeispiele des entgeltspezifischen Missbrauchsverbotes nach § 28 Abs. 1 S. 1.[477]

Darüber hinaus stellt der Wortlaut des Diskriminierungstatbestandes auf die unterschiedliche Behandlung von *„anderen Nachfragern"* und damit auf einen von der Allgemeinheit individualisierbaren Personenkreis ab (§ 28 Abs. 1 S. 2 Nr. 3). Mit Nachfragern sind externe – das heißt nicht unternehmensinterne – Abnehmer der Produkte beziehungsweise Dienstleistungen des marktmächtigen Unternehmens gemeint.[478] Solche Nachfrager können nur Personen sein, die mit dem marktbeherrschenden Unternehmen nicht verbunden sind.[479] Nachfrager können sowohl Endkunden als auch Abnehmer von Zugangsleistungen sein, wobei letztere zugleich auch Wettbewerber des marktbeherrschenden Unternehmens sein können.[480] Dieses Diskriminierungsverbot war bereits in vergleichbarer Weise in § 24 Abs. 2 Nr. 3 TKG 1996 geregelt.[481] Der Verhinderung von Diskriminierungen ist immanent, dass es um die Gleichbehandlung der Nachfrager geht. Mithin ist der Diskriminierungstatbestand drittschützend.[482]

Weiter nimmt der Behinderungstatbestand (§ 28 Abs. 1 S. 2 Nr. 2) auf die *„Wettbewerbsmöglichkeiten anderer Unternehmen auf einem Telekommunikationsmarkt"* Bezug und stellt damit auf einen individualisierbaren Personenkreis ab. Mithin geht es um Unternehmen des betreffenden Telekommunikationsmarktes. Die Wettbewerbsmöglichkeiten dieser Unternehmen müssen *„beeinträchtigt"* sein. Die Auswirkungen des wettbewerberschädigenden Verhaltens können sowohl im Horizontalverhältnis, das heißt auf die tatsächlichen und

---

476 Dies folgt aus der systematischen Stellung von § 28 als *„allgemeine Vorschrift"* vor der Regulierung von Entgelten für Zugangsleistungen (§§ 31 bis 38) und für Endnutzerleistungen (§ 39).

477 Insbesondere für den Fall des *„Forderns"* von Entgelten (Vgl. *Schütz/Neumann*, in: Geppert/Schütz, BeckTKG-Komm, § 28 Rn. 1).

478 *Schütz/Neumann*, in: Geppert/Schütz, BeckTKG-Komm, § 28 Rn. 73.

479 Vgl. *VG Köln*, Urt. v. 27.08.2009 – 1 K 3427/01 – Juris Rn. 50.

480 *Schütz/Neumann*, in: Geppert/Schütz, BeckTKG-Komm, § 28 Rn. 74.

481 *Fetzer*, in Arndt/Fetzer/Scherer/Graulich, TKG, § 28 Rn. 70.

482 Vgl. im Ergebnis BVerwGE 117, 93 (110) zum vergleichbaren Diskriminierungsverbot nach § 24 Abs. 1 Nr. 3 TKG 1996.

potentiellen Wettbewerber des marktmächtigen Unternehmens, als auch auf vertikaler Achse, also auf Unternehmen als Abnehmer und Nachfrager, in Betracht kommen.[483] Da § 28 Abs. 1 S. 2 Nr. 2 dem marktbeherrschenden Unternehmen verbietet, durch seine Entgeltpraxis die Wettbewerbsmöglichkeiten anderer Unternehmen zu beeinträchtigen, zielt dieser Behinderungstatbestand gerade darauf, gegen andere Unternehmen gerichtete Handlungen beim Fordern von Entgelten zu verhindern. § 28 Abs. 1 S. 2 Nr. 2 ist ausschließlich auf das Verhältnis von Wettbewerbern zum marktmächtigen Unternehmen bezogen.[484] Sinn und Zweck ist es, Verdrängungspraktiken zu unterbinden.[485] Mithin sprechen grammatikalische und teleologische Gesichtspunkte für den drittschützenden Charakter von § 28 Abs. 1 S. 2 Nr. 2.

Abgrundet wird dieses Auslegungsergebnis durch einen Blick auf die Vorgängernorm des Behinderungstatbestandes in § 24 Abs. 1 Nr. 2 TKG 1996. Gegenüber dieser stellt § 28 Abs. 1 S. 2 Nr. 2 nicht lediglich auf das Verbot ungerechtfertigter Preisabschläge, sondern generell auf die Beeinträchtigung anderer Unternehmen durch die Entgeltpraxis des marktbeherrschenden Unternehmens ab.[486] Daher steht auch der Übertragung der Rechtsprechung zum drittschützenden Charakter der Vorgängerregelung auf den aktuellen Behinderungsmissbrauchstatbestand nichts entgegen. Durch die Formulierung *„auf erhebliche Weise beeinträchtigen"* sollte der Behinderungsmissbrauchstatbestand an § 19 GWB angeglichen werden.[487]

### b) Vermutungstatbestände nach § 28 Abs. 2

A maiore ad minus sind die Vermutungstatbestände des § 28 Abs. 2 für missbräuchliche Verhaltensweisen bei der Forderung von Entgelten ebenfalls drittschützend. In systematischer Hinsicht wird ein Behinderungsmissbrauch im Sinne des § 28 Abs. 1 S. 2 Nr. 2 vermutet, wenn die Tatbestände des § 28 Abs. 2 erfüllt sind. Nach den obigen Ausführungen ist der Tatbestand des Behinderungsmissbrauches drittschützend. Mithin muss dies ebenso für die Vermutungstatbestände gelten, die den Behinderungsmissbrauch konkretisieren beziehungsweise ergänzen.[488]

---

483 *Schütz/Neumann*, in: Geppert/Schütz, BeckTKG-Komm, § 28 Rn. 62.
484 *Fetzer*, in: Arndt/Fetzer/Scherer/Graulich, TKG, § 28 Rn. 34.
485 *Groebel*, in: Säcker, TKG, § 28 Rn. 33.
486 Vgl. *Schütz/Neumann*, in: Geppert/Schütz, BeckTKG-Komm, § 28 Rn. 60.
487 Vgl. BT/Drucks. 15/2316, S. 67.
488 Vgl. *Schütz/Neumann*, in: Geppert/Schütz, TKG, § 28 Rn. 93.

Nach § 28 Abs. 2 wird ein Missbrauch im Sinne von § 28 Abs. 1 S. 1 Nr. 2 im Falle der Kostenunterdeckung (Nr. 1), der Preis-Kosten-Schere (Nr. 2) sowie der sachlich ungerechtfertigten Produktbündelung (Nr. 3) vermutet.[489] Ausweislich des Wortlauts zur Preis-Kosten-Schere nach § 28 Abs. 2 Nr. 2 soll eine Entgeltpraxis des marktbeherrschenden Betreibers unterbunden werden, nach der die Spanne der von den „*Wettbewerbern für eine Zugangsleistung in Rechnung*" gestellten Entgelte und dem entsprechenden Endnutzerentgelt nicht ausreicht, um einem effizienten Unternehmen die Erzielung einer angemessenen Verzinsung des eingesetzten Kapitals auf dem Endnutzermarkt zu ermöglichen. Diese Preis-Kosten-Schere beschreibt ein missbräuchliches Marktverhalten, das mit der Preisbildung eines vertikal integrierten Unternehmens auf der Vorleistungs- und der Endkundenebene verbunden ist.[490] Im Unterschied zu seinen Wettbewerbern hat das integrierte Unternehmen mit beträchtlicher Marktmacht die Möglichkeit, seine eigenen Vorleistungs- und Endkundenpreise so aufeinander abzustimmen, dass die Wettbewerbsmöglichkeiten von Unternehmen, die auf Grund von Größen- und Verbundvorteilen – beziehungsweise Nachteilen – nicht entsprechend vertikal integriert sind, nachteilig beeinträchtigt werden. Nicht integrierte Anbieter sind auf den Bezug der Zugangsleistungen angewiesen, um ihre eigenen Endkundenleistungen zu erbringen. Nur so können sie mit dem vertikal integrierten Unternehmen in diesem nachgelagerten Markt in Konkurrenz treten. Ein missbräuchliches Verhalten folgt dann aus der Addition der Preise in der Art, dass die Spanne beziehungsweise der Abstand zwischen Zugangs- und Endkundenpreis nicht ausreicht, um auf verbundenen Märkten, die unterschiedlichen Wertschöpfungsstufen angehören, gewinnbringend anbieten zu können. Mithin dient dieser Vermutungstatbestand dem Schutz der Wettbewerber des marktbeherrschenden Betreibers. Auf diese wird in tatbestandlicher Hinsicht auch ausdrücklich Bezug genommen. Damit lässt sich dem Wortlaut der Preis-Kosten-Schere ein geschützter, individualisierbarer Personenkreis entnehmen.

Entsprechendes gilt für die Vermutung eines Behinderungsmissbrauches im Falle von ungerechtfertigten Produktbündelungen (§ 28 Abs. 2 Nr. 3). Eine Produktbündelung liegt vor, wenn bestimmte Dienste (nur) gemeinsam gegenüber

---

489 Instruktiv zu den einzelnen Vermutungstatbeständen: *Kühling/Schall/Biendl*, Telekommunikationsrecht, S. 193 ff. Rn. 319 ff.

490 *Schütz/Neumann*, in: Geppert/Schütz, BeckTKG-Komm, § 28 Rn. 104, siehe dort auch zu den folgenden Sätzen.

den Abnehmern vermarktet werden.[491] Produktbündelungen können von marktbeherrschenden Unternehmen als Mittel benutzt werden, um Wettbewerber auf verschiedenen Märkten zu verdrängen oder vom Markteintritt fernzuhalten. Auf „*Wettbewerber*" stellt auch § 28 Abs. 2 Nr. 3 ab, indem gefragt wird, „*ob es effizienten Wettbewerbern des Unternehmens mit beträchtlicher Marktmacht möglich ist, das Bündelprodukt zu vergleichbaren Konditionen anzubieten.*"

Hingegen stellt der Wortlaut von § 28 Abs. 2 Nr. 1, welcher einen Fall von missbräuchlichen Preisdumpings vermutet[492], zwar nicht auf andere Unternehmen oder Wettbewerber ab. Gleichwohl will dieser Vermutungstatbestand missbräuchliche „*Kampfpreise*" verhindern[493] und bezweckt damit gerade den Schutz der Wettbewerber. Aus § 28 Abs. 2 Nr. 1 folgt eine Preisuntergrenze für Entgelte eines Telekommunikationsdiensteanbieters beziehungsweise Netzbetreibers mit beträchtlicher Marktmacht. Dementsprechend wird ein Behinderungsmissbrauch bei einer Kampfpreisstrategie im Sinne des § 28 Abs. 2 Nr. 1 vermutet. Im unternehmerischen Verkehr ist zu vermuten, dass langfristig Gewinne erwirtschaftet werden sollen. Daher kann bei nicht gewinndeckenden Entgelten für Zugangsleistungen gefolgert werden, dass diese dazu dienen, Wettbewerber zu verdrängen beziehungsweise vom Markteintritt fern zu halten.[494]

Im Übrigen sollen die Vermutungstatbestände des § 28 Abs. 2 der Umsetzung von Art. 17 Abs. 2 URL dienen.[495] Zu den nach Art. 17 Abs. 2 S. 2 URL möglichen Regelverpflichtungen gehören die Anforderungen, keine überhöhten Preise zu berechnen, den Markteintritt nicht zu behindern, keine Kampfpreise zur Ausschaltung des Wettbewerbs anzuwenden sowie Dienste nicht ungerechtfertigt zu bündeln. Diese Regelfälle finden sich – wie oben ausgeführt – in den Vermutungstatbeständen des § 28 Abs. 2 wieder. Art. 17 (Abs. 2) URL hat der *EuGH* zwar nicht ausdrücklich als Schutzmaßnahme zugunsten der Wettbewerber des regulierten Unternehmens genannt, allerdings sprechen gewichtige Gründe dafür, auch Art. 17 Abs. 2 URL drittschützenden Charakter beizumessen.[496]

---

491 *Kühling/Schall/Biendl*, Telekommunikationsrecht, S. 196 Rn. 325. Siehe dort auch zum folgenden Satz.

492 Siehe zur Funktionsweise der Vermutung des Preisdumpings *Fetzer*, in: Arndt/Scherer/Fetzer/Graulich, TKG, § 28 Rn. 39 ff.

493 *Schütz/Neumann*, in: Geppert/Schütz, BeckTKG-Komm, § 28 Rn. 95.

494 *Kühling/Schall/Biendl*, Telekommunikationsrecht, S. 194 Rn. 319.

495 *Schütz/Neumann*, in: Geppert/Schütz, BeckTKG-Komm, § 28 Rn. 93.

496 Siehe oben Kapitel 2, § 4, 3. Regulierungsmaßnahmen hinsichtlich marktmächtiger Unternehmen auf Endkundenmärkten, S. 199 ff.

Mithin spricht auch der unionsrechtliche Hintergrund für den drittschützenden Charakter der Vermutungstatbestände des § 28 Abs. 2.

### c) Preishöhenmissbrauch nach § 28 Abs. 1 S. 2 Nr. 1

Hingegen nimmt § 28 Abs. 1 S. 2 Nr. 1 andere Unternehmen oder gar Wettbewerber nicht in Bezug und enthält damit keine ausdrücklich drittschützenden Tatbestandsmerkmale.[497]

Allerdings ist nach § 28 Abs. 1 S. 2 Nr. 1 die Forderung eines Entgeltes missbräuchlich, wenn dieses nur auf Grund der beträchtlichen Marktmacht auf dem jeweiligen Telekommunikationsmarkt durchsetzbar ist. Durchsetzbar ist ein Entgelt wiederum, wenn es von der Marktgegenseite für die Inanspruchnahme der korrespondierenden Leistung gezahlt wird.[498] Damit ist das Interesse der Nachfrager an einer fairen Preisgestaltung angesprochen. Deren Kreis wird wiederum durch § 28 Abs. 1 S. 2 Nr. 1 konkretisiert, welcher auf den „*jeweiligen Telekommunikationsmarkt*“ abstellt.[499] Mithin lässt sich dem normativen Entscheidungsprogramm durchaus ein individualisierbarer Personenkreis entnehmen. Verstärkend kommt hinzu, dass die Entgeltregulierung – und damit auch § 28 – insbesondere dazu dient, die missbräuchliche Ausbeutung von Wettbewerbern durch preispolitische Maßnahmen marktmächtiger Unternehmen zu verhindern (vgl. § 27 Abs. 1).

Das Regelbeispiel des Preishöhenmissbrauches ist § 19 Abs. 2 Nr. 2 GWB nachempfunden.[500] Hier findet sich noch der Zusatz, dass „*insbesondere die Verhaltensweisen von Unternehmen auf vergleichbaren Märkten mit wirksamem Wettbewerb zu berücksichtigen*“ sind. Der persönliche Schutzbereich von § 19 Abs. 2 Nr. 2 GWB erfasst auch andere Unternehmen.[501] Dabei bezieht sich der Preishöhenmissbrauch typischerweise auf die Ausplünderung der Marktgegenseite. Seit der Umgestaltung des § 19 GWB zum Verbotstatbestand[502], kann jedes

---

497 Für die vergleichbare Vorgängerregelung des § 24 Abs. 2 Nr. 1 TKG 1996 hatte das *BVerwG* die drittschützende Wirkung offengelassen (BVerwGE 117, 93 (95)). Hingegen sprach sich das *VG Köln* für dessen drittschützenden Charakter aus (*VG Köln*, Urt. v. 05.06.2003 – 1 K 6475/99 – Juris Rn. 28).

498 *Kühling/Schall/Biendl*, Telekommunikationsrecht, S. 190 Rn. 315.

499 Vgl. *Groebel*, in: Säcker, TKG, § 28 Rn. 18.

500 *Schütz/Neumann*, in: Geppert/Schütz, BeckTKG-Komm, § 28 Rn. 44.

501 *Fuchs/Möschel*, in: Immenga/Mestmäcker, Wettbewerbsrecht Bd. 2, § 19 Rn. 246, siehe dort auch zum folgenden Satz.

502 Siehe etwa *Fuchs/Möschel*, in: Immenga/Mestmäcker, Wettbewerbsrecht Bd. 2, § 19 Rn. 60 und 80.

beeinträchtigte Unternehmen dessen Einhaltung im Wege eines Unterlassungsanspruch geltend machen (vgl. § 33 Abs. 1 GWB).

Schließlich spricht auch die Berücksichtigung der Art. 13 Abs. 1 ZRL sowie Art. 17 Abs. 2 URL für den drittschützenden Charakter.[503] Nach Art. 13 (Abs. 1) ZRL sollen gegenüber dem Unternehmen mit beträchtlicher Marktmacht Maßnahmen zur Verhinderung von Preisdiskrepanzen sowie übermäßig hoher Preise zulässig seien. Hingegen sind nach Art. 17 Abs. 2 URL in der Regel insbesondere Kampfpreise zur Ausschaltung des Wettbewerbs unzulässig. Diese Richtlinienbestimmungen wurden vom *EuGH* zwar nicht ausdrücklich als Schutzmaßnahmen zugunsten von Wettbewerbern bezeichnet, jedoch lassen sie sich aufgrund der entsprechenden Verweisungskette als solche qualifizieren.[504] Unter vorgenannte Allgemeinfälle lässt sich der Tatbestand des Preishöhenmissbrauchs durchaus subsumieren. Mithin spricht die norminterne Berücksichtigung der vorgenannten Richtlinienbestimmungen ebenfalls für den drittschützenden Charakter des Preishöhenmissbrauchs nach § 28 Abs. 1 S. 2 Nr. 1.

#### d) Zum personellen Schutzzweck

In personeller Hinsicht erfasst der Schutzzweck von § 28 in erster Linie Wettbewerber beziehungsweise Unternehmen.[505] Ausweislich der Überschrift will § 28 die missbräuchliche Entgeltpraxis eines Unternehmens „*bei der Forderung und Vereinbarung von Entgelten*" verhindern. Mithin werden zunächst tatsächliche oder potentielle Vertragspartner des Anbieters und/oder Betreibers mit beträchtlicher Marktmacht geschützt, die dessen Zugangsleistungen in Anspruch nehmen und hierfür einer Entgeltforderung unterworfen sind. Dies tritt im Falle des Diskriminierungsmissbrauches nach § 28 Abs. 1 S. 2 Nr. 3 besonders deutlich zu Tage, wenn von der Ungleichbehandlung „*anderer Nachfrager*" die Rede ist.

Nachfrager können sowohl Abnehmer von Vorleistungsprodukten als auch zugleich – auf einem nachgelagerten oder benachbarten Markt – Wettbewerber des Unternehmens mit beträchtlicher Marktmacht sein.[506] Auf Wettbewerber

---

503 Deren Umsetzung soll § 28 dienen (Vgl. *Groebel*, in: Säcker, TKG, § 28 Rn. 11 f.).

504 Siehe oben Kapitel 2, § 4, 3. Regulierungsmaßnahmen hinsichtlich marktmächtiger Unternehmen auf Endkundenmärkten, S. 199 ff.

505 Zur Frage, ob die Missbrauchstatbestände des § 28 auch Verbraucher schützen siehe: *Schütz/Neumann*, in: Geppert/Schütz, BeckTKG-Komm, § 28 Rn. 149.

506 *Schütz/Neumann*, in: Geppert/Schütz, BeckTKG-Komm, § 28 Rn. 74.

wiederum nehmen die Vermutungstatbestände nach § 28 Abs. 2 für den Behinderungsmissbrauch Bezug.[507]

Fraglich ist, wann eine solche Wettbewerbereigenschaft anzunehmen sein kann. In Abkehr von seiner früheren Judikatur hält das *BVerwG* ein aktuelles Wettbewerbsverhältnis auf demselben sachlich und räumlich relevanten Markt nicht mehr für erforderlich.[508] Vielmehr könne die relevante Beeinträchtigung nicht nur auf dem beherrschten, sondern auch auf einem Drittmarkt eintreten. Hiermit wird eine Anpassung an die zum Vorbild des § 19 GWB entwickelten Grundsätze nachgezeichnet.[509] Erforderlich sei lediglich, dass zwischen der Marktbeherrschung und dem nach Maßgabe von § 28 missbilligten Verhalten ein kausaler Zusammenhang bestehe.[510]

Mithin kommt es im Ergebnis für die Wettbewerbereigenschaft im Sinne des § 28 auf einen Situationsbezug beziehungsweise marktbezogenen Situationsvorbehalt an. Dies kommt bereits hinsichtlich des grundlegenden Regeltatbestandes des Behinderungsmissbrauches zum Ausdruck, wenn hier davon die Rede ist, dass „*die Wettbewerbsmöglichkeiten anderer Unternehmen auf einem Telekommunikationsmarkt auf erhebliche Weise*“[511] beeinträchtigt sein müssen. Unter „*beeinträchtigen*“ im Sinne des § 28 Abs. 1 S. 2 Nr. 2 ist „*jeder für die Wettbewerbsmöglichkeiten anderer Unternehmen auf demselben oder einem anderen Markt nachteilige Wirkungszusammenhang zu verstehen*“[512]. Mithin ist jedes Verhalten erfasst, das sich nachteilig auf die Wettbewerbsmöglichkeiten auswirkt. Hierfür kommt es auf die jeweilige Entgeltpraxis des Anbieters und/oder Netzbetreibers mit beträchtlicher Marktmacht in Ansehung des jeweiligen Telekommunikationsmarktes an.

Bei Wettbewerbern im Sinne des § 28 kann es sich grundsätzlich um Unternehmen handeln, die selbst Zugangsleistungen anbieten und/oder in Anspruch nehmen oder Endnutzerleistungen anbieten. Denn unter Entgelt im Sinne des TKG ist jede geldwerte Gegenleistung für die Inanspruchnahme einer Zugangs- oder Endnutzerleistung zu verstehen.[513] Im Rahmen der Marktregulierung geht

---

507 Siehe etwa § 28 Abs. 2 Nr. 2 zur Preis-Kosten-Schere sowie § 28 Abs. 2 Nr. 3 zur sachlich ungerechtfertigten Produktbündelung.

508 *BVerwG*, Urt. v. 20.10.2010 – 6 C 18.09 – Juris Rn. 16, siehe dort auch zum folgenden Satz.

509 Vgl. hierzu: *Loewenheim*, in: Loewenheim/u.a., Kartellrecht, § 19 Rn. 13.

510 *BVerwG*, Urt. v. 20.10.2010 – 6 C 18.09 – Juris Rn. 16.

511 § 28 Abs. 1 S. 2 Nr. 2.

512 *Schütz/Neumann*, in: Geppert/Schütz, BeckTKG-Komm, § 28 Rn. 63. Siehe dort auch zum nächsten Satz.

513 Vgl. *Schütz/Neumann*, in: Geppert/Schütz, BeckTKG-Komm, § 28 Rn. 35.

es dabei um geldwerte Gegenleistungen für Zugangsleistungen (§§ 30 bis 38) sowie für Endnutzerleistungen (§ 39).

## II. Anordnungsbefugnisse hinsichtlich Unterlagen, Kostenrechnungsmethoden und Tarifsystemen nach § 29 TKG

§ 29 gibt der BNetzA verschiedene Anordnungskompetenzen gegenüber dem entgeltregulierten Unternehmen[514] an die Hand, welche dazu dienen sollen, die Informationsasymmetrie zwischen reguliertem Unternehmen und BNetzA zu verringern.[515]

So kann die BNetzA im Rahmen oder zur Vorbereitung von Entgeltregulierungsverfahren von dem regulierten Unternehmen Informationen zum Leistungsangebot, zum Umsatz für Dienstleistungen und Kosten fordern (§ 29 Abs. 1 S. 1 Nr. 1) sowie Vorgaben zur Ausgestaltung der Kostenrechnung (§ 29 Abs. 1 S. 1 Nr. 2) anordnen. Weiter kann sie dem entgeltregulierten Unternehmen Verpflichtungen in Bezug auf bestimmte Kostenrechnungsmethoden (§ 29 Abs. 2) auferlegen. Nach § 29 Abs. 3 kann sie das entgeltregulierte Unternehmen verpflichten, Zugang unter bestimmten Tarifsystemen anzubieten und bestimmte Kostendeckungsmechanismen anzuwenden. Zudem eröffnet § 29 Abs. 5 die Möglichkeit, bestimmte Vorgaben für die Form der Veröffentlichung von Entgelten anzuordnen. Mithin gehen diese Eingriffsbefugnisse über die reine Datenerhebung hinaus. Abgerundet werden diese Befugnisse durch Sanktionsmöglichkeiten (§ 29 Abs. 4).

### 1. Richtlinienrechtliche Vorsteuerung

Die Anordnungsbefugnisse des § 29 gehen auf verschiedene Vorgaben des telekommunikationsrechtlichen Richtlinienrahmens zurück. Die Befugnisse der BNetzA zur Informationsgewinnung nach § 29 Abs. 1 und 2 sollen der Umsetzung von Art. 13 Abs. 1 ZRL sowie Art. 17 Abs. 4 URL dienen.[516] Hingegen fußt die Befugnis, das entgeltregulierte Unternehmen zu verpflichten, Zugang unter bestimmten Tarifsystemen anzubieten sowie bestimmte Kostendeckungsmechanismen anzuwenden, auf Art. 13 Abs. 2 ZRL.[517]

---

514 Darüber hinaus erweitert § 29 Abs. 6 den Adressatenkreis auch auf Unternehmen, die nicht über beträchtliche Marktmacht verfügen.

515 Vgl. *Höffler*, in: Arndt/Fetzer/Scherer/Graulich, TKG, § 29 Rn. 1.

516 *Cornils*, in: Geppert/Schütz, BeckTKG-Komm, § 29 Rn. 1.

517 BT/Drucks. 15/2316, S. 68.

Art. 13 Abs. 1 ZRL sieht vor, dass die nationale Regulierungsbehörde ermächtigt sein soll, marktmächtigen Netzbetreibern hinsichtlich bestimmter Arten von Zusammenschaltung und/oder Zugang Verpflichtungen betreffend die Kostendeckung sowie bestimmte Auflagen in Bezug auf die Kostenrechnungsmethoden machen zu können. Angesichts dieser offenen Formulierung können hierunter durchaus die Informationsbefugnisse nach § 29 Abs. 1 subsumiert werden.[518]

Hinsichtlich Endnutzerleistungen regelt Art. 17 Abs. 2 URL die Befugnis zur Preiskontrolle sowie Art. 17 Abs. 4 URL die Anordnungsbefugnisse zu erforderlichen und geeigneten Kostenrechnungssystemen sowie anzuwendender Berechnungsmethoden. Dementsprechend kann auch § 29 Abs. 2 und 3 hinsichtlich Entgelten für Endnutzerleistungen auf einen richtlinienrechtlichen Hintergrund zurückblicken.

Schließlich soll die Ausweitung des Kreises potentieller Verpflichtungsadressaten nach § 29 Abs. 6 der Umsetzung von Art. 5 Abs. 1 lit. a) ZRL dienen.[519]

## 2. Zur Schutzrichtung der einzelnen Anordnungsbefugnisse

Prima facie scheinen die Anordnungsbefugnisse der BNetzA gegenüber dem entgeltregulierten Unternehmen nach § 29 nicht drittschützend zu seien. Zum einen dienen sie in erster Linie der Informationsgewinnung und damit dazu, der BNetzA eine ausreichende Entscheidungsgrundlage für die Verfahren der Entgeltregulierung zu verschaffen.[520] Zum anderen betreffen sie primär das Verhältnis des entgeltregulierten Unternehmens zur BNetzA und umgekehrt. Dagegen geht es gerade nicht um konkrete Leistungen – wie zum Beispiel Zugangsleistungen oder die Entgelthöhe –, die andere Unternehmen betreffen können. Mithin dient das Normprogramm von § 29 (Abs. 1 und 2) nicht dem Ausgleich gegenläufiger Privatinteressen.

Diese These bestätigt der Wortlaut von § 29 Abs. 1 und 2. Individualisierende Tatbestandsmerkmale, die einen geschützten Personenkreis erkennen lassen, sind hier nicht ersichtlich. Auch die Gesetzgebungsmaterialien lassen keine drittschützende Intention erkennen.

Allerdings gehen die Anordnungsbefugnisse nach § 29 Abs. 3 sowie 5 über die bloße Informationsgewinnung hinaus. Insofern fordert der unionsrechtliche Hintergrund ausdrücklich kein drittschützendes Auslegungsergebnis, steht diesem aber auch nicht entgegen. In Ansehung der Rechtsprechung des *EuGH*

---

518 Vgl. *Höffler*, in: Arndt/Fetzer/Scherer/Graulich, TKG, § 29 Rn. 1.

519 BT/Drucks. 15/2316, S. 68.

520 Vgl. *Groebel*, in: Säcker, BeckTKG-Komm, § 29 Rn. 4.

spricht vielmehr einiges dafür, Art. 13 ZRL sowie Art. 17 URL – jedenfalls im Hinblick auf Preiskontrolle und Kostenrechnung – drittschützende Intention zugunsten Unternehmen, die Zugangsleistungen nachfragen sowie Wettbewerbern des entgeltregulierten Unternehmens, zuzuerkennen.[521] Allerdings sind die Richtlinienvorgaben allgemein gehalten und eröffnen mitgliedstaaten Umsetzungsspielräume.

Nach § 29 Abs. 3 kann die BNetzA ein Unternehmen mit beträchtlicher Marktmacht verpflichten, Zugang unter bestimmten Tarifsystemen anzubieten und bestimmte Kostendeckungsmechanismen anzuwenden. Zugangsleistungen – das heißt Einrichtungen oder Dienste zum Zwecke der Erbringung von Telekommunikationsdiensten (vgl. § 3 Nr. 32) – begehren nur Unternehmen, die Telekommunikationsdienste anbieten. Mithin ist ein individualisierbarer Personenkreis erkennbar. Ebenso scheinen Sinn und Zweck Dritte durchaus zu begünstigen. Bei der Ausgestaltung eines Tarifsystems geht es um ein System, das aus mehreren Einzeltarifen besteht, die wiederum in einem bestimmten Verhältnis zueinander stehen.[522] Die Art und Weise des Aufbaus kann Einfluss auf den Wettbewerb haben, da die Leistungen in der Regel von Wettbewerbern in unterschiedlichem Maße nachgefragt werden. Dieser Einschränkung des Unternehmens mit beträchtlicher Marktmacht bei der Tarifgestaltung bedarf es, weil dieses ansonsten den Markt durch wettbewerbsfeindliche Tarifsysteme steuern könnte.

Gleichwohl spricht entscheidend gegen die drittschützende Wirkung der Verpflichtung zu bestimmten Tarifsystemen, dass diese nur entgeltbezogene Ausgestaltungsvorgaben, insbesondere im Hinblick darauf, welche Leistungen anhand welches Maßstabes bepreist werden, betrifft.[523] Festlegungen oder Überprüfungen der Entgelthöhe sind dagegen dem Entgeltgenehmigungsverfahren oder der nachträglichen Entgeltkontrolle vorbehalten. Erst diese Verfahren betreffen die letztlich von Zugangsnachfragern zu entrichtende Gegenleistung beziehungsweise das die Wettbewerber interessierende Entgelt. Mithin hat die Verpflichtung zu bestimmten Tarifsystemen im Sinne des § 29 Abs. 3 S. 1, 1. Alt. keine unmittelbare Auswirkung auf die Rechtsstellung Dritter.

Im Ergebnis ebenso verhält es sich hinsichtlich der Verpflichtung des entgeltregulierten Unternehmens bestimmte Kostendeckungsmechanismen anzu-

---

521 Siehe oben Kapitel 2, § 4, c) Verpflichtung zur Preiskontrolle und Kostenrechnung, S. 192 ff.

522 *Groebel*, in: Säcker, TKG, § 29 Rn. 35 u. 36, siehe dort auch zu den folgenden Sätzen.

523 *Cornils*, in: Geppert/Schütz, BeckTKG-Komm, § 29 Rn. 62.

wenden (§ 29 Abs. 3 S. 1, 2. Alt.). Hier geht es weder um den materiellen Entgeltgenehmigungsmaßstab – wie die Kosten der effizienten Leistungsbereitstellung im Sinne von § 32 – noch um die materiellen Voraussetzungen für ein Einschreiten im Rahmen der nachträglichen Entgeltkontrolle (§ 38 oder § 39 Abs. 3 i.V.m. § 28). Vielmehr geht es um Auflagen zur Ausgestaltung von Entgelten unter dem Gesichtspunkt der Kostendeckung.[524] Ein Kostendeckungsmechanismus beschreibt die Art und Weise mit der Kosten über die Einrechnung in die Preise verdient werden sollen.[525]

Schließlich ist die Verpflichtung, Entgelte oder eine Entgeltgenehmigung einschließlich Leistungsbeschreibung zu veröffentlichen (§ 29 Abs. 5), nicht drittschützend. Zwar dienen diese fakultativen Veröffentlichungsvorgaben dazu, Transparenz im Markt zu schaffen und kommen damit letztlich den Marktteilnehmern zugute.[526] Allerdings finden sich in § 29 Abs. 5 keine individualisierenden Tatbestandsmerkmale, die auf den Schutz eines bestimmten Personenkreises hindeuten. Überdies kann die BNetzA nach § 29 Abs. 5 nur Vorgaben für die Form der Veröffentlichung machen. Mithin geht es weder um das Ob der Veröffentlichung noch wird die Entgelthöhe geregelt. Daher betreffen die Veröffentlichungsvorgaben die Rechtsstellung anderer Marktteilnehmer nicht unmittelbar.

### III. Zum drittschützenden Charakter der Vorgehensweisen zur Entgeltgenehmigung nach § 31 TKG

Im Zuge der TKG Novelle von 2004 wurde § 31 als neue Grundvorschrift für das Entgeltgenehmigungsverfahren konzipiert, die sämtliche Vorgehensweisen zur Genehmigung der nach Maßgabe von § 30 Abs. 1 S. 1 und Abs. 2 S. 2 genehmigungspflichtigen Entgelte zusammenfasst.[527]

Als mögliche Vorgehensweisen sieht § 31 Abs. 1 die Genehmigung am Maßstab der Kosten der effizienten Leistungsbereitstellung unter Anwendung des Einzelgenehmigungs- (§ 31 Abs. 1 S. 1 Nr. 1) oder des sogenannten Price-Cap-Verfahrens (§ 31 Abs. 1 S. 1 Nr. 2) vor. Bei diesen Verfahren bilden die Kosten der effizienten Leistungsbereitstellung (§ 32) die Obergrenze für die Genehmigungsfähigkeit.[528] Als weitere Vorgehensweisen regelt § 31 Abs. 2 Nr. 1 die

524 *Cornils*, in: Geppert/Schütz, BeckTKG-Komm, § 29 Rn. 65.
525 *Groebel*, in: Säcker, TKG, § 29 Rn. 37.
526 Vgl. *Groebel*, in: Säcker, TKG, § 29 Rn. 43.
527 Vgl. BT-Drucks. 17/5707 S. 62.
528 BT-Drucks. 17/5707 S. 62.

Abschlagsmethode bei Resale-Vorleistungen sowie – als Auffangvariante – sonstige Vorgehensweisen (§ 31 Abs. 2 Nr. 2).[529]

Obwohl § 31 Abs. 1 u. 2 nicht ausdrücklich als Kann-Vorschrift ausgestaltet ist, steht der BNetzA – insbesondere nach dem Willen des Gesetzgebers[530] – ein Auswahlermessen hinsichtlich der anzuwendenden Vorgehensweise zu.[531] Hierbei handelt es sich nicht um einen Fall des sogenannten Regulierungsermessens.[532] Grundsätzlich stehen die Vorgehensweisen beziehungsweise Verfahrensarten nach § 31 Abs. 1 S. 1 gleichranging nebeneinander. Ein Vorgehen nach Maßgabe der Abschlagsmethode bei Resale-Vorleistungen oder einer sonstigen Vorgehensweise bedarf jedoch einer besonderen Begründung.[533]

Die Auswahl der jeweiligen Vorgehensweise bedingt den heranzuziehenden Entgeltgenehmigungsmaßstab und damit materiell-rechtliche Voraussetzungen für die Entgeltgenehmigung.[534] Beispielsweise stellen die Kosten der effizienten Leistungsbereitstellung im Rahmen der Vorgehensweisen nach § 31 Abs. 1 die zulässige Preisobergrenze dar, wogegen sie nach § 31 Abs. 2 Nr. 1 die Preisuntergrenze bilden.[535]

Weiter finden sich in § 31 Abs. 3 und 4 Vorgaben zur Verfahrenseinleitung, der mit Stellung des Genehmigungsantrages einzureichenden Unterlagen sowie insbesondere eine Ermächtigungsgrundlage zur Aufforderung zur Antragstellung.[536]

### 1. Richtlinienrechtliche Vorsteuerung

Richtlinienrechtliche Grundlagen zu § 31 finden sich in Art. 13 ZRL[537] für Vorleistungsentgelte[538] sowie in Art. 17 URL für die Entgeltregulierung von Endnutzerleistungen.[539] Diese sind allerdings nur rudimentär und belassen dem nationalen

---

529 Vgl. *Groebel*, in: Säcker, TKG, § 31 Rn. 4.

530 BT-Drucks. 17/5707 S. 62.

531 *Kühling/Schall/Biendl*, Telekommunikationsrecht, S. 212 Rn. 358; vgl. *BVerwG*, Urt. v. 30.05.2018 – 6 C 4/17 – Juris Rn. 21.

532 *BVerwG*, Urt. v. 30.05.2018 – 6 C 4/17 – Juris Rn. 21; *Kühling*, in: Geppert/Schütz, BeckTKG-Komm, § 31 Rn. 48.

533 Vgl. *Kühling*, in: Geppert/Schütz, BeckTKG-Komm, § 31 Rn. 38. Im Fall einer sonstigen Vorgehensweise ist dies ausdrücklich geregelt (§ 31 Abs. 2 S. 3).

534 vgl. *BVerwG*, Urt. v. 30.05.2018 – 6 C 4/17 – Juris Rn. 21; vgl. auch *Kühling*, in: Geppert/Schütz, BeckTKG-Komm, § 31 Rn. 2.

535 Vgl. *Kühling/Schall/Biendl*, Telekommunikationsrecht, S. 213 Rn. 363.

536 *Groebel*, in: Säcker, TKG, § 31 Rn. 1.

537 Art. 13 ZRL entspricht Art. 74 – „*Verpflichtung zur Preiskontrolle und Kostenrechnung*" – Kodifizierungsrichtlinie (EU) 2018/1972.

538 *BVerwG*, Urt. v. 25.09.2013 – 6 C 13/12 – Juris Rn. 19.

539 *Groebel*, in: Säcker, TKG, § 31 Rn. 10.

Gesetzgeber Umsetzungsspielraum.[540] Im Ergebnis stehen sie jedoch einer Preiskontrolle anhand einer Kostenorientierung beziehungsweise anhand der Kosten der effizienten Leistungsbereitstellung nicht entgegen. Dieser Maßstab wird in Art. 13 Abs. 3 ZRL zur Kostenorientierung ausdrücklich aufgegriffen. Überdies ist in Art. 13 Abs. 1 S. 1 von Verpflichtungen des markmächtigen Netzbetreibers betreffend Kostendeckung und Preiskontrolle einschließlich kostenorientierter Preise die Rede. Mittlerweile ist durch den *EuGH* geklärt, dass Art. 13 ZRL sogar dazu ermächtigt, Preise festzusetzen, die die Kosten der tatsächlichen Leistungserbringung unterschreiten, falls die Kosten eines effizienten Betreibers höher sind.[541] Ferner gestatte Art. 13 Abs. 3 ZRL von einem regulierten Unternehmen die Preisanpassung sowohl im Vorfeld als auch nachträglich zu verlangen.[542] Dieses Auslegungsergebnis des *Gerichtshofs* spricht dafür, dass die deutsche Unterscheidung zwischen der präventiven Entgeltgenehmigung sowie der nachträglichen Missbrauchsaufsicht mit dem Richtlinienrahmen zu vereinbaren ist.

Schließlich heißt es hinsichtlich Endnutzerleistungen in Art. 17 Abs. 2 S. 2 URL, dass marktmächtige Unternehmen auch dazu verpflichtet werden können, keine überhöhten Preise zu berechnen.

### 2. Zum drittschützenden Charakter der Auswahl der Vorgehensweisen

Zu prüfen ist, ob die gesetzlichen Vorgaben hinsichtlich der Auswahl der Vorgehensweisen zur Entgeltgenehmigung nach § 30 Abs. 1 und Abs. 2 drittschützend sind. Bejahendenfalls hätten Dritte ein subjekt-öffentliches Recht auf ermessensfehlerfreie Auswahl der Vorgehensweise zur Entgeltgenehmigung.[543]

Hinsichtlich der Wahl der Vorgehensweisen zur Entgeltgenehmingung gewährt die Rechtsprechung in personeller Hinsicht nur eingeschränkt Drittschutz.[544] Lediglich Wettbewerber, die in einer direkten Vertragsbeziehung zu dem entgeltregulierten Unternehmen stehen, sind befugt, im Rahmen einer Drittanfechtungsklage die Verletzung von § 31 Abs. 1 und 2 zu rügen. Dies vor

540 *Kühling*, in: Geppert/Schütz, BeckTKG-Komm, § 31 Rn. 4 und 5. Siehe dort auch zum nächsten Satz.

541 *EuGH*, Urt. v. 20.12.2017, Rs. C-277/16 – Polkomtel – BeckRS 2017, 136183 Rn. 40.

542 Vgl. hierzu *EuGH*, Urt. v. 20.12.2017, Rs. C-277/16 – Polkomtel – BeckRS 2017, 136183 Rn. 63.

543 Die Auswahl der konkreten Vorgehensweise nach § 31 Abs. 1 und 2 steht im Ermessen der BNetzA (*Kühling/Schall/Biendl*, Telekommunikationsrecht, S. 212 Rn. 358).

544 *BVerwG*, Urt. v. 25.02.2015 – 6 C 37.13 – BeckRS 2015, 44904 Rn. 14.

dem Hintergrund, dass – wie unten zu § 37 noch näher ausgeführt wird[545] – die Entgeltgenehmigung privatrechtsgestaltende Wirkung zwischen dem entgeltregulierten Unternehmen und demjenigen entfaltet, der die entgeltpflichtigen Zugangsleistungen nachfragt.[546] Mithin kann eine – etwa wegen Verstoßes gegen § 31 Abs. 1 und 2 – rechtswidrige Entgeltgenehmigung neben der Privatautonomie des entgeltregulierten Unternehmens auch diejenige dessen beeinträchtigen, der aufgrund einer Zugangsvereinbarung entgeltpflichtige Zugangsleistungen bezieht. Darüber hinaus wird Drittschutz hinsichtlich § 31 Abs. 1 und 2 von der Rechtsprechung abgelehnt.[547] Hingegen wird die drittschützende Wirkung der Rechtsgrundlagen zur Auswahl der Genehmigungsvorgehensweise im Schrifttum stellenweise uneingeschränkt bejaht.[548]

Für den drittschützenden Charakter der Vorgehensweisen zur Entgeltgenehmigung könnte sprechen, dass diese nicht unerheblichen Einfluss auf die zulässige Entgelthöhe haben.[549] Abhängig von der gewählten Vorgehensweise können die Kosten der effizienten Leistungsbereitstellung entweder die zulässige Preisobergrenze[550] oder aber – im Fall der Abschlagsmethode bei Resale-Vorleistungen – die Preisuntergrenze bilden[551].

Der Wortlaut von § 31 Abs. 1 und 2 enthält keine unmittelbar individualisierenden Tatbestandsmerkmale zugunsten Dritter. Allerdings nehmen die jeweiligen Vorgehensweisen – unter unterschiedlichen Vorzeichen – auf die Kosten der effizienten Leistungsbereitstellung Bezug. Dieser Preismaßstab soll der Gefahr entgegen wirken, dass der marktmächtige Netzbetreiber überhöhte Preise für die Zugangsleistung von seinen Wettbewerbern fordert.[552] Mithin ist das Normprogramm von § 31 Abs. 1 und 2 auf den Ausgleich der Interessen des entgeltregulierten Unternehmens und seiner Zugangsnachfrager angelegt, so dass unter

545 Siehe Kapitel 3, § 6, VI. Zur Schutzwirkung der Entgeltgenehmigung nach § 37 TKG, S. 345 f.

546 *BVerwG*, Urt. v. 25.02.2015 – 6 C 37/13 – BeckRS 2015, 44904 Rn. 18. Siehe dort auch zum folgenden Satz.

547 *BVerwG*, Urt. v. 25.02.2015 – 6 C 37/13 – BeckRS 2015, 44904 Rn. 14, 18; *VG Köln*, Urt. v. 14.05.2014 – 21 K 3096/09 – BeckRS 2014, 54839.

548 So *Kühling*, in: Geppert/Schütz, BeckTKG-Komm, § 31 Rn. 64.

549 *Kühling*, in: Geppert/Schütz, BeckTKG-Komm, § 31 Rn. 63.

550 Dies ist nach § 31 Abs. 1 S. 2 der Fall für die Vorgehensweisen nach § 31 Abs. 1 S. 1 Nr. 1 und 2.

551 Dies ergibt sich aus § 31 Abs. 2 Nr. 1. Vgl. auch *Kühling/Schall/Biendl*, Telekommunikationsrecht, S. 213 Rn. 363.

552 *Fetzer*, in: Arndt/Fetzer/Scherer/Graulich, § 32 Rn. 6.

dem Gesichtspunkt der normativen Konfliktschlichtung durchaus ein Drittschutztatbestand angenommen werden kann.

Im Hinblick auf die unionsrechtlichen Steuerungsvorgaben geht das *BVerwG* davon aus, dass weder Art. 4 Abs. 1 RRL noch Art. 13 ZRL verlangen würden, dass Wettbewerber ohne Vertragsbeziehung zum entgeltregulierten Unternehmen den in § 31 normierten Kostenmaßstab der effizienten Leistungsbereitstellung gerichtlich rügen könnten.[553] Dies dürfte jedoch zu kurz greifen. Art. 13 ZRL sieht zwar keine Vorgehensweisen zur Entgeltgenehmigung vor, jedoch ist die Verpflichtung Zugang nach Maßgabe kostenorientierter Preise zu gewähren (Art. 13 Abs. 1 S. 1, Abs. 3) als Schutzmaßnahme zugunsten zugangsberechtigter Dritter zu qualifizieren.[554] Nimmt nun eine Umsetzungsnorm – wie § 31 Abs. 1 und 2 – auf die Kosten der effizienten Leistungsbereitstellung als zulässige Preisober- oder Preisuntergrenze Bezug, darf die drittschützende Vorsteuerung durch Art. 13 Abs. 1 S. 1, Abs. 3 ZRL nicht unterlaufen werden. Mithin spricht die richtlinienrechtliche Vorsteuerung durchaus dafür, § 31 Abs. 1 und 2 als Drittschutztatbestand auszulegen.

In personeller Hinsicht dürften – in generell-abstrakter Weise – Unternehmen geschützt sein, die entweder als Vertragspartner Zugangsleistungen des entgeltregulierten Unternehmens nachfragen oder dies konkret beabsichtigten. Letzteres dürfte anzunehmen sein, sobald der potentielle Zugangsnachfrager Vertragsverhandlungen zum entgeltregulierten Unternehmen aufgenommen hat.

Bleibt zu erörtern, ob auch Dritte die Einleitung des Entgeltgenehmigungsverfahrens nach § 31 Abs. 4 beanspruchen können. Im Ergebnis ist ein solches Antragsrecht der Wettbewerber abzulehnen.[555] § 31 Abs. 4 will gewährleisten, dass genehmigungsbedürftige Entgelte gegebenenfalls auch ohne Antragstellung durch das entgeltregulierte Unternehmen genehmigt werden können.[556] Der Wortlaut von § 31 Abs. 4 enthält keine Tatbestandsmerkmale, die auf den Schutz eines individualisierbaren Personenkreises hindeuten. Lediglich unter systematischen Gesichtspunkten könnte für dessen drittschützende Wirkung sprechen, dass die Antragsstellung letztlich dazu dient, Rechtsunsicherheit über

553 *BVerwG*, Urt. v. 25.02.2015 – 6 C 37/13 – BeckRS 2015, 44904 Rn. 22 und 26.

554 Siehe hierzu sowie zum Umsetzungsspielraum bei Art. 13 ZRL: Kapitel 2, § 4, c) Verpflichtung zur Preiskontrolle und Kostenrechnung.

555 Vgl. *Fetzer*, in: Arndt/Fetzer/Scherer/Graulich, TKG, § 31 Rn. 46; *Kühling*, in: Geppert/Schütz, BeckTKG-Komm, § 31 Rn. 65.

556 *Kühling*, in: Geppert/Schütz, BeckTKG-Komm, § 31 Rn. 65.

die Entgelthöhe eines genehmigungsbedürftigen Entgeltes zu vermeiden.[557] Dies ist für zugangsnachfragende Unternehmen von Bedeutung, denn sie haben nur Entgelte zu errichten, die genehmigt worden sind (§ 37 Abs. 2). Dieser Gefahr kann jedoch bereits über § 25 entgegen getreten werden, indem eine entsprechende Zugangsanordnung beantragt wird.[558] Gegenstand einer solchen Zugangsvereinbarung können auch Entgelte sein (§ 25 Abs. 5 S. 1). Mithin ist für ein zusätzliches Antragsrecht zur Einleitung des Entgeltgenehmigungsverfahrens kein Bedarf.[559]

## IV. Zum drittschützenden Charakter des Kostenmaßstabes der effizienten Leistungsbereitstellung nach § 32 TKG

Zu erwägen ist, ob dem Kostenmaßstab der effizienten Leistungsbereitstellung nach § 32 drittschützende Wirkung zukommen kann.[560] Für die Regulierungspraxis im Rahmen der Entgeltregulierung ist der KeL-Maßstab – entweder als zulässige Preisober- oder Untergrenze – von herausragender Bedeutung.[561] Für die Vorgehensweisen des Einzelgenehmigungs- oder des Price-Cap-Verfahrens bestimmt er im Wesentlichen die Frage der Genehmigungsfähigkeit genehmigungsbedürftiger Entgelte (§§ 35 Abs. 3 S. 1, 31 Abs. 1 S. 2, Abs. 2 Nr. 1).[562] Überdies wird das Verbot des Preishöhenmissbrauchs nach § 28 Abs. 1 S. 2 Nr. 1 im Rahmen des Einzelgenehmigungsverfahrens vom strengeren KeL-Maßstab (einschließlich etwaiger neutraler Aufwendungen) verdrängt.[563]

Die KeL sind legaldefiniert als die Summe aus den langfristigen Kosten der Leistungsbereitstellung und einem angemessenen Zuschlag für leistungsneutrale Gemeinkosten, einschließlich einer angemessenen Verzinsung des eingesetzten

---

557 *Kühling*, in: Geppert/Schütz, BeckTKG-Komm, § 31 Rn. 65 siehe dort auch zu den folgenden Sätzen.

558 Ebenso *Fetzer*, in Arndt/Fetzer/Scherer/Graulich, TKG, § 31 Rn. 46.

559 Diesem Auslegungsergebnis dürfte auch der Richtlinienrahmen nicht entgegenstehen, denn dieser sieht kein Antragsrecht von Wettbewerbern zur Einleitung des Entgeltgenehmigungsverfahrens vor.

560 Die Kosten der effizienten Leistungsbereitstellung werden nachfolgend als KeL bezeichnet.

561 Vgl. *Kühling*, in: Geppert/Schütz, BeckTKG-Komm, § 32 Rn. 1.

562 Die Summe der Kosten der effizienten Leistungsbereitstellung mit etwaigen Aufwendungen nach § 32 Abs. 1 bildet die zulässige Preisobergrenze für Entgelte, die nach den Verfahrensweisen des § 31 Abs. 1 S. 1 genehmigt werden.

563 *Kühling/Schall/Biendl*, Telekommunikationsrecht, S. 208 Rn. 352.

Kapitals (vgl. § 32 Abs. 1).[564] Im Rahmen der Gesetzesnovelle von 2012 wurden die bis dato bestehenden Regelungen zum KeL-Maßstab in einer eigenständigen Vorschrift erfasst.[565]

### 1. Richtlinienrechtliche Vorsteuerung

Die Gesetzgebungsmaterialien enthalten zwar keine Hinweise auf eine richtlinienrechtliche Vorsteuerung von § 32, jedoch besteht Einigkeit, dass Art. 13 Abs. 1 ZRL als dessen richtlinienrechtliche Grundlage anzusehen ist.[566] Bereits seiner Überschrift nach regelt Art. 13 ZRL zu schaffende Verpflichtungen zur Preiskontrolle und Kostenrechnung. Dabei ist insbesondere von der Verpflichtung zur Verwendung „*kostenorientierter Preise*" die Rede.[567] Diese Verpflichtung wird in Art. 13 Abs. 3 ZRL aufgegriffen.[568] In diesem Zusammenhang ist ausdrücklich von den „*Kosten einer effizienten Leistungsbereitstellung*" die Rede.[569] Überdies spricht Erwägungsgrund 20 ZRL davon, dass Preise auf regulierungsbedürftigen Märkten kostenorientiert sein sollen, um nachhaltigen Wettbewerb zu fördern.

Der Begriff der Kosten der effizienten Leistungsbereitstellung wird in Art. 13 ZRL nicht definiert.[570] Indes existieren mittlerweile verschiedene Harmonisierungsempfehlungen der Kommission, die sich mit dem Maßstab der Kostenorientierung beschäftigen.[571] Gleichwohl spricht die begriffliche Übereinstimmung von Art. 13 Abs. 3 ZRL und § 32 dafür, letzteren als dessen nationale Konkretisierung zu begreifen. Dies wird auch durch die Gesetzessystematik bestärkt, nach der § 32 zu den Vorschriften der Ex-ante-Regulierung von Entgelten für Zugangsleistungen gehört, welche der Umsetzung der Art. 8 bis 13b ZRL dienen.

---

564 Ferner enthält § 32 Abs. 3 Kriterien zur Festlegung der angemessenen Verzinsung. Zusätzlich eröffnet § 32 Abs. 2 die Möglichkeit, neutrale Aufwendungen kostenseitig anzuerkennen, die nicht unter den KeL-Maßstab fallen (*Kühling*, in: Geppert/Schütz, BeckTKG-Komm, § 32 Rn. 56).

565 BT-Drucks. 17/5707, S. 62.

566 *Groebel*, in: Säcker, TKG, § 32 Rn. 8; *Kühling*, in: Geppert/Schütz, BeckTKG-Komm, § 32 Rn. 2; vgl. auch *Wieland*, DÖV 2011, 705 (710/711).

567 Siehe Art. 13 Abs. 1 S. 1 ZRL, welcher inhaltlich Art. 74 Abs. 1 S. 1 Kodifizierungsrichtlinie (EU) 2018/1972 entspricht.

568 Art. 13 Abs. 3 ZRL entspricht Art. 74 Abs. 3 Kodifizierungsrichtlinie (EU) 2018/1972.

569 In der englischen Sprachfassung "cost of efficient provision of services".

570 Die Kodifizierungsrichtlinie (EU) 2018/1972 enthält ebenfalls keine Legaldefinition.

571 Eine Zusammenfassung der einschlägigen Harmonisierungsrichtlinien findet sich bei *Kühling*, in: Geppert/Schütz, BeckTKG-Komm, § 32 Rn. 3 f.

## 2. Zum drittschützenden Charakter

Prima facie scheint § 32 Abs. 1 nicht drittschützender Natur zu sein. Dessen Entscheidungsprogramm lässt keine individualisierenden Tatbestandsmerkmale zugunsten Dritter erkennen.

Dementsprechend verneinte das *BVerwG* bereits für das Gebot der Entgeltorientierung an den Kosten der effizienten Leistungsbereitung nach § 24 Abs. 1 S. 1 TKG 1996 – welcher als Vorgängerregelung von § 32 begriffen werden kann – die drittschützende Wirkung.[572] Folgt man dem *VG Köln,* kann die drittschützende Wirkung nicht bereits aus der Berücksichtigung der allgemeinen Zielrichtung von § 27 Abs. 1 – auch Wettbewerber vor entgeltspezifischen Diskriminierungen zu schützen – gefolgert werden.[573] Dem kann durchaus zugestimmt werden. Ansonsten müsste jeder Wettbewerber berechtigt sein, alle Verwaltungsakte gerichtlich anzufechten, die die BNetzA zum Zwecke der Entgeltregulierung nach Maßgabe der §§ 28 ff. erlässt. Allerdings indiziert die generell auch Wettbewerber schützende Zielrichtung des § 27 Abs. 1, dass einzelne Normen der Entgeltregulierung durchaus drittschützende Wirkung zukommen kann. Insbesondere, wenn sie der Verhinderung von entgeltspezifischen Diskriminierungen der Wettbewerber durch preispolitische Maßnahmen des marktmächtigen Unternehmens dienen.[574]

Nach der normativen Konfliktschlichtungsformel scheint § 32 auf den ersten Blick ebenfalls nicht drittschützend zu sein. Die Legaldefinition der Kosten der effizienten Leistungsbereitstellung in § 32 Abs. 1 lässt unmittelbar keinen normativen Ausgleich widerstreitender Privat- beziehungsweise Zugangsinteressen erkennen.[575] Die Anknüpfungen an eine „*angemessene Verzinsung*", „*die Kapitalstruktur des regulierten Unternehmens*" (§ 32 Abs. 3 Nr. 1) sowie die Berücksichtigungsmöglichkeit zusätzlicher Aufwendungen nach § 32 Abs. 2 sprechen für die normative Berücksichtigung der Interessen des entgeltregulierten Unternehmens. Allerdings ist in systematischer Hinsicht zu berücksichtigen, dass im Falle genehmigungsbedürftiger Entgelte für Zugangsleistungen, das regulierte Unternehmen nur genehmigte Entgelte von Nachfragern verlangen kann, mit denen

---

572 BVerwGE 117, 93 (111); vgl. auch *BVerwG*, Urt. v. 25.02.2015 – 6 C 37/13 – Juris Rn. 19 ff.

573 *VG Köln*, Urt. v. 01.08.2007 – 21 K 4013/06 – Juris Rn. 77 ff. (insbes. Rn. 81).

574 Dies ergibt sich bereits aus § 27 Abs. 1.

575 Vgl. *Schmidt-Preuß*, Kollidierende Privatinteressen, S. 760 zum Begriff der Kosten der Effizienten Leistungsbereitstellung in § 31 Abs. 1 TKG 2004.

Zugangs- und/oder Zusammenschaltungsvereinbarungen bestehen.[576] Solche Dritte wiederum dürften ein genuines Interesse an angemessenen Preisen und damit an der Preisbildung anhand der Kosten der effizienten Leistungsbereitstellung haben. Dieser Maßstab begrenzt – zur Sicherstellung eines chancengleichen Wettbewerbs – die Preissetzungsfreiheit des regulierten Unternehmens.[577] Mithin kann die Festlegung der Kosten der effizienten Leistungsbereitstellung durchaus als normativer Ausgleich kollidierender Privatinteressen begriffen werden.

Weiter dürfte die norminterne Berücksichtigung der Schutzrichtung von Art. 13 ZRL die Annahme der drittschützenden Wirkung des KeL-Maßstabs fordern.[578] Die Verpflichtung zur Preiskontrolle mit kostenorientierten Preisen kann als eine Schutzmaßnahme zugunsten von Wettbewerbern, die tatsächlich oder potentiell Zugangsleistungen nachfragen, angesehen werden.[579] Nach dem *EuGH* sollen zugangsberechtigte Dritte insbesondere eine Entgeltgenehmigung auf die Einhaltung des Gebots kostenorientierter Preise gerichtlich überprüfen dürfen. Der offene Wortlaut von § 32 Abs. 1 steht einer entsprechenden richtlinienkonformen Auslegung auch nicht entgegen.

Ausgehend von der Rechtsprechung des *EuGH* dürfte der personelle Schutzzweck der Kosten der effizienten Leistungsbereitstellung solche Anbieter von Telekommunikationsdiensten und Netzbetreiber erfassen, die entweder tatsächlich oder potentiell Zugangsleistungen des regulierten Unternehmens nachfragen.[580] Diese haben – da sie Zugangsleistungen regelmäßig zum Zwecke der Erbringung von Telekommunikationsdiensten nachfragen – ein berechtigtes Interesse an der Verhinderung von preispolitischen Diskriminierungen im Sinne des § 27 Abs. 1. Einschränkend ist jedoch zu fordern, dass entweder entgeltpflichtige Zugangsleistungen bereits aufgrund einer bestehenden Zugangs-/Zusammenschaltungsvereinbarung vom regulierten Unternehmen bezogen werden oder jedenfalls der Abschluss einer solchen Zugangsvereinbarung konkret beabsichtigt ist. Dies dürfte auch dem Richtlinienhintergrund nicht entgegenstehen. Schließlich dient

576 Dies ergibt sich aus § 37 Abs. 2. Siehe hierzu unter Kapitel 3, § 6, VI. Zur Schutzwirkung der Entgeltgenehmigung nach § 37 TKG, S. 345 f.

577 Vgl. *Kühling*, in: Geppert/Schütz, BeckTKG-Komm, § 32 Rn. 1.

578 Im Ergebnis ebenso: *Kühling*, in: Geppert/Schütz, BeckTKG-Komm, § 32 Rn. 62.

579 Siehe oben Kapitel 2 § 4, c) Verpflichtung zur Preiskontrolle und Kostenrechnung, S. 192 f. Siehe dort auch zum folgenden Satz.

580 Siehe hierzu Kapitel 2, § 4, c) Verpflichtung zur Preiskontrolle und Kostenrechnung, S. 192 f.

die Zugangsregulierung der Schaffung eines Rechtsrahmens für die Beziehungen von Netzbetreibern und Diensteanbietern.[581]

## V. Zur Schutzrichtung der Kostenermittlungsmethoden nach § 35 TKG

Im Rahmen des eigentlichen Entgeltgenehmigungsverfahrens sieht § 35 Abs. 1 drei gleichrangige Methoden zur Kostenermittlung vor.[582] § 35 Abs. 2 regelt – in Abhängigkeit von der gewählten Vorgehensweise nach § 31 – die Prüfung der jeweils maßgeblichen materiellen Entgeltvoraussetzungen nach § 28 und § 32.[583] In § 35 Abs. 4 (und Abs. 5) finden sich Regelungen zur zeitlichen Geltung einer Entgeltgenehmigung.[584]

Die Rechtsgrundlage für einen gebundenen Anspruch auf (Teil)Erteilung der Entgeltgenehmigung bildet § 35 Abs. 3.[585] Hiernach ist die Genehmigung zu erteilen, soweit die Entgelte – abhängig von der jeweils gewählten Vorgehensweise nach § 31 Abs. 1 oder Abs. 2 – den Anforderungen des § 28 und gegebenenfalls des § 32[586] entsprechen und keine Versagungsgründe vorliegen. Wegen des Rechtsgrundverweises auf § 28 und § 31 kann § 35 Abs. 3 als unselbstständige Anspruchsgrundlage bezeichnet werden. Deren drittschützende Wirkung wurde bereits oben untersucht.[587] Bleibt noch die Schutzrichtung der Kostenermittlungsmethoden nach § 35 Abs. 1 zu beleuchten.

581 Vgl. Art. 1 Abs. 1 S. 2 ZRL.

582 Namentlich sind dies die Kostenunterlagen des regulierten Unternehmens (vgl. § 34), die sogenannte Vergleichsmarktbetrachtung (§ 35 Abs. 1 S. 1 Nr. 1) sowie die vom regulierten Unternehmen unabhängige Kostenberechnung unter Heranziehung von Kostenmodellen (§ 31 Abs. 1 S. 1 Nr. 2).

583 *Kühling*, in: Geppert/Schütz, BeckTKG-Komm, § 35 Rn. 53.

584 Weiter enthält § 35 Abs. 5 und Abs. 6 Spezialregelungen für ein verwaltungsgerichtliches Eilverfahren zur Anordnung eines beantragten Entgeltes.

585 Vgl. *Kühling/Schall/Biendl*, Telekommunikationsrecht, S. 212 Rn. 374 und 377.

586 In Abhängigkeit der gewählten Vorgehensweise nach § 31 bilden die Kosten der effizienten Leistungsbereitstellung (§ 32) entweder die zulässige Preisobergrenze oder Preisuntergrenze (*Kühling/Schall/Biendl*, Telekommunikationsrecht, S. 213 Rn. 363).

587 Siehe hierzu Kapitel 3, § 6, 3. Zum drittschützenden Charakter der Regulierungsart von Entgelten nach § 30 Abs. 1 TKG, S. 301 ff. sowie I. Entgeltspezifische Missbrauchsverbote nach § 28 TKG, S. 320 ff.

### 1. Richtlinienrechtliche Vorsteuerung

Die Regelungen von § 35 Abs. 1 und 2 sollen der Umsetzung von Art. 13 Abs. 2 und Abs. 3 ZRL dienen.[588] Art. 13 Abs. 2 ZRL verlangt, dass die nationalen Regulierungsbehörden gewährleisten, dass die vorgeschriebenen Kostendeckungsmechanismen und Tarifsysteme die wirtschaftliche Effizienz und einen nachhaltigen Wettbewerb fördern und für die Verbraucher möglichst vorteilhaft sind.[589] Hierzu kann die nationale Regulierungsbehörde „*auch Preise berücksichtigen, die auf vergleichbaren, dem Wettbewerb geöffneten Märkten gelten*"[590].

Für den Fall, dass ein Betreiber verpflichtet wird, seine Preise an den Kosten der effizienten Leistungsbereitstellung zu orientieren, kann die nationale Regulierungsbehörde eine „*von den Kostenberechnungen des Unternehmens unabhängige Kostenrechnung anstellen*"[591]. Der Umsetzung dieser Vorgabe dienen die Kostenermittlungsmethoden auf Grundlage der Kostenunterlagen des entgeltregulierten Unternehmens (vgl. §§ 35 Abs. 1 S. 2, 34) sowie die Möglichkeit der unabhängigen Kostenrechnung (§ 35 Abs. 1 S. 1 Nr. 2).

### 2. Zur Schutzrichtung der Kostenermittlungsmethoden

Die Rechtsprechung geht nicht von der drittschützenden Wirkung der Kostenermittlungsmethoden nach § 35 Abs. 1 aus.[592] Prima facie bestätigt diesen Befund die Betrachtung des Normprogramms, welches keinen Ausgleich gegenläufiger Privatinteressen erkennen lässt, sondern objektiv formuliert ist.

Der Wortlaut von § 35 Abs. 1 enthält ebenfalls keine individualisierenden Tatbestandsmerkmale, die auf den Schutz eines über den Adressaten hinausgehenden Kreises von Personen zielen.

Ein gegenteiliges Auslegungsergebnis gebietet auch der unionsrechtliche Richtlinienhintergrund nicht. Der maßgebliche Richtlinienrahmen lässt hinsichtlich der Kostenermittlungsmethoden keine Begünstigung Dritter erkennen.[593] Art. 13 Abs. 3 S. 2 ZRL spricht nur von der regulierungsbehördlichen Befugnis zur Ermittlung der Kosten der effizienten Leistungsbereitstellung eine

---

588 *Höffler*, in: Arndt/Fetzer/Scherer/Graulich, TKG, § 35 Rn. 2.

589 Art. 13 Abs. 2 ZRL entspricht Art. 74 Abs. 2 Kodifizierungsrichlinie (EU) 2018/1972.

590 Siehe Art. 13 Abs. 2 S. 2 ZRL, welcher Art. 74 Abs. 3 S. 2 Kodifizierungsrichlinie (EU) 2018/1972 entspricht.

591 Siehe Art. 13 Abs. 3 S. 2 ZRL.

592 Siehe etwa *VG Köln*, Urt. v. 14.05.2014 – 21 K 3096/09 – BeckRS 2014, 54839.

593 Vgl. hierzu oben Kapitel 2, § 4, c) Verpflichtung zur Preiskontrolle und Kostenrechnung, S. 192 f.

unabhängige Kostenberechnung vornehmen zu können. Hinsichtlich dieser behördlichen Befugnis ist ein drittschützender Bezug – anders als bei dem Gebot zur Verwendung kostenorientierter Preise – nicht erkennbar und nicht geboten. Ebenso verhält es sich bei der in Art. 13 Abs. 2 S. 2 ZRL angesprochenen Kostenermittlungsmethode. Hier wird lediglich der Regulierungsbehörde die Befugnis eröffnet, eine Vergleichsmarktbetrachtung anzustellen. Diese Regulierungsbefugnisse sind nicht gleichzusetzen mit konkreten Schutzmaßnahmen zugunsten Dritter.

## VI. Zur Schutzwirkung der Entgeltgenehmigung nach § 37 TKG

Es fragt sich, inwieweit die Wirkungen der Entgeltgenehmigung auch den Schutz von Nichtadressaten bezwecken können.[594]

Ausweislich der Überschrift will § 37 Rechtsfolgen im Falle der Abweichung von genehmigten Entgelten regeln. Diese Norm gilt für alle genehmigungsbedürftigen Entgelte – sowohl hinsichtlich Zugangsleistungen als auch Endnutzerleistungen – im Rahmen der telekommunikationsrechtlichen Marktregulierung.[595]

Nach § 37 Abs. 1 darf ein marktmächtiger Netzbetreiber keine anderen als die von der BNetzA genehmigten Entgelte verlangen. Soweit Entgelte nach Maßgabe des TKG genehmigungsbedürftig sind, handelt es sich um ein präventives Verbot mit Erlaubnisvorbehalt. Mithin ist die Entgeltgenehmigung ein Verwaltungsakt im Sinne von § 35 S. 1 VwVfG. Geregelt wird die Erlaubnis zur Erhebung des genehmigten Entgeltes.[596]

Bei der Entgeltgenehmigung handelt es sich um einen Verwaltungsakt mit Drittwirkung. Die privatrechtsgestaltende Wirkung der Entgeltgenehmigung[597] ergibt sich aus § 37 Abs. 2.[598] Hiernach werden Verträge über andere als die genehmigten Entgelte mit der Maßgabe des genehmigten Entgelts wirksam.

---

594 Diese ergeben sich aus § 37 Abs. 1 bis Abs. 3 S. 1. Weiter ermächtigt § 37 Abs. 3 S. 2 die BNetzA insbesondere zur Untersagung des Abschlusses eines Rechtsgeschäftes, dessen Gegenstand andere als die genehmigten Entgelte enthält.

595 Die Genehmigungspflicht für Zugangsleistungen folgt aus § 30 Abs. 1 S. 1, Abs. 2 S. 2. Endnutzerentgelte können nach Maßgabe des § 39 Abs. 1 S. 1 der Entgeltgenehmigung unterworfen werden. Für diesen Fall ordnet § 39 Abs. 1 S. 3 die Anwendung der §§ 31 bis 37 des Entgeltgenehmigungsverfahrens an.

596 Vgl. *Kühling/Schall/Biendl*, Telekommunikationsrecht, S. 219 Rn. 379.

597 So bereits auch zum TKG 1996 *Neumann/Bosch*, CuR 2001, 225 (225).

598 *Cornils*, in: Geppert/Schütz, BeckTKG-Komm, § 37 Rn. 3, vgl. dort auch zu den folgenden Sätzen.

Diese Regelung modifiziert die Rechtsfolgen von § 134 BGB im Falle ungenehmigter Entgeltvereinbarungen dahingehend, dass diese nur schwebend unwirksam sind.[599] Hinsichtlich der Gegenleistung – entweder Zugangs- oder Endnutzerleistungen – stellt § 37 Abs. 3 S. 1 klar, dass die vertragliche Verpflichtung zur Leistungserbringung unabhängig vom Vorliegen einer Genehmigung besteht. Dies schafft Rechtssicherheit für die Vertragspartner des entgeltregulierten Unternehmens. Im Ergebnis führt dies zur Aushebelung der Rechtsfolgen von § 139 BGB.[600] Grundlage der Leistungspflicht bleibt damit die entsprechende vertragliche Vereinbarung. Mithin regelt § 37 – entsprechend dem Umstand, dass es bei der Marktregulierung um die Regulierung von Verhaltensweisen der Betreiber und Anbieter geht – sowohl öffentliche als auch zivilrechtliche Rechtsfolgen.[601] Abgesehen von der öffentlich-rechtlichen Wirkung der Entgeltgenehmigung als Verbot mit Erlaubnisvorbehalt stellt § 37 Abs. 1 in zivilrechtlicher Hinsicht sowohl ein Verbotsgesetz im Sinne des § 134 BGB als auch ein Schutzgesetz im Sinne des § 823 Abs. 2 BGB dar.[602]

Der Wortlaut von § 37 (Abs. 1) lässt keine individualisierenden Tatbestandsmerkmale erkennen, die für den Schutz Dritter sprechen. Kollidierende Privatinteressen werden ebenfalls nicht ausdrücklich angesprochen. Weiter folgt aus dem unionalen Richtlinienrahmen keine unmittelbar zwingende Subjektivierungsvorgabe, da dieser das Instrument der Entgeltgenehmigung nicht vorsieht.[603] Auf den ersten Blick scheint zudem die Anwendung der normativen Konfliktschlichtungsformel nicht zwingend für den Schutz Dritter zu sprechen, denn das Normprogramm von § 37 kennt nur den Genehmigungsadressaten als Privaten. Eine unmittelbar im Normprogramm angelegte Abwägung mit gegenläufigen Interessen Dritter ist nicht erkennbar.

Allerdings ergibt sich die normative Konfliktschlichtung aus der privatrechtsgestaltenden Wirkung nach § 37 Abs. 2. Hier wird angeordnet, dass Verträge über Dienstleistungen, die andere als die genehmigten Entgelte zum Gegenstand haben, mit der Maßgabe der genehmigten Entgelte wirksam werden. Im Ergebnis greift die Entgeltgenehmigung damit auch in die Vertragsfreiheit (Art. 2

599 *Cornils*, in: Geppert/Schütz, BeckTKG-Komm, § 37 Rn. 16.

600 *Cornils*, in: Geppert/Schütz, BeckTKG-Komm, § 37 Rn. 19, siehe dort auch zum folgenden Satz.

601 Vgl. *Cornils*, in: Geppert/Schütz, BeckTKG-Komm, § 37 Rn. 1.

602 *Müller*, in: Spindler/Schuster, Recht der elektronischen Medien (2. Aufl. 2011), Teil 11, § 37 Rn. 10 und 11.

603 Vgl. *Cornils*, in: Geppert/Schütz, BeckTKG-Komm, § 37 Rn. 4. Siehe auch *Peters/Mielke*, in: Säcker, TKG, § 37 Rn. 5.

Abs. 1 GG)[604] ein.[605] Die gegenläufigen Preissetzungsinteressen des entgeltregulierten Betreibers sowie dessen Vertragspartners werden durch die Entgeltgenehmigung – deren Wirkungen § 37 Abs. 2 bestimmt – geregelt.

Dementsprechend hat das *BVerwG* – unter Bezug auf die norminterne Wirkung der in Art. 2 Abs. 1 GG normierten Privatautonomie – personell eingeschränkten Drittschutz hinsichtlich der privatrechtsgestaltenden Entgeltgenehmigung anerkannt.[606] Geschützt würden grundsätzlich diejenigen, die vertraglich zur Entgeltzahlung verpflichtet sind. Das privatrechtliche Rechtsverhältnis zwischen dem entgeltregulierten Betreiber und dem Unternehmen, das entgeltpflichtige Leistungen nachfragt, wird durch die Entgeltgenehmigung nach Maßgabe von § 37 Abs. 1, 2 unmittelbar gestaltet. Ist nun die Genehmigung – etwa wegen Verstoßes gegen den nach § 31 Abs. 1 S. 2 bestimmten Maßstab der Kosten der effizienten Leistungsbereitstellung als zulässige Preisobergrenze – rechtswidrig, liegt hierin zugleich ein Eingriff in die durch Art. 2 Abs. 1 GG geschützte Privatautonomie des Vertragspartners des entgeltregulierten Unternehmens. Infolge der Entgeltgenehmigung werden Verträge über genehmigungspflichtige Entgelte nur nach Maßgabe der Genehmigung wirksam (§ 37 Abs. 2). Mithin wird den Vertragsparteien die Freiheit genommen, die Entgelthöhe zu bestimmen. Für die Parteien des zugrundeliegenden Vertrages – in der Regel Zusammenschaltungs- oder Zugangsvereinbarungen – bewirkt die Entgeltgenehmigung als Verwaltungsakt aufgrund von § 37 Abs. 2 unmittelbar verbindliche Rechtsfolgen.[607] Die Genehmigung erfüllt damit alle Merkmale des klassischen Eingriffs in die grundrechtlich geschützte Vertragsfreiheit.

Über die norminterne Berücksichtigung der grundrechtlich geschützten Vertragsfreiheit lässt sich zugleich der personelle Schutzzweck der Entgeltgenehmigung bestimmen. Neben dem Genehmigungsadressaten werden diejenigen geschützt, für die die Entgeltgenehmigung unmittelbar privatrechtsgestaltende

604 Die Privatautonomie schützt die Freiheit von Privatrechtspersonen Verträge zu schließen und die einzelnen Bedingungen auszuhandeln (*Jarass/Pieroth*, GG, Art. 2 Rn. 22, 22a).

605 So im Ergebnis auch zur alten Rechtslage (TKG 1996) *Ladeur*, CuR 2000, 433 (439/440).

606 *BVerwG*, Urt. v. 25.02.2015 – 6 C 37/13 – BVerwGE 151, 268 Rn. 18; Urt. v. 16.12.2015 – 6 C 27/14 – Juris Rn. 19 m.w.N., siehe dort auch zu den folgenden Sätzen.

607 Im Falle eines genehmigungsbedürftigen Entgeltes darf ein solches nur eingefordert werden, soweit es zuvor durch die BNetzA genehmigt worden ist (§ 37 Abs. 1). Verträge über andere Entgelte werden mit der Maßgabe wirksam, dass das genehmigte Entgelt das vereinbarte ersetzt (§ 37 Abs. 2).

Wirkung erzeugt. Namentlich sind dies in erster Linie die Vertragspartner des entgeltregulierten Unternehmens.[608] Darüber hinaus dürften jedoch auch solche Netzbetreiber und Anbieter von Telekommunikationsdiensten drittanfechtungsberechtigt seien, die zwar noch keine Zugangsvereinbarung mit dem entgeltregulierten Unternehmen abgeschlossen haben, dies jedoch konkret beabsichtigten. Dies dürfte jedenfalls die unionsrechtliche Wertung aus Art. 4 Abs. 1 RRL gebieten, die auch den Schutz von Unternehmen einschließt, die ein Interesse am Abschluss einer Zugangsvereinbarung haben.[609] Das *BVerwG* fordert insofern einschränkend, dass die beabsichtigte Zugangsnutzung nicht lediglich theoretischer Natur sein solle.[610] Weiter sei unerheblich, ob sich die Entgeltgenehmigung auf ein anderes Vertragsverhältnis als mit dem entgeltregulierten Unternehmen auswirken könne. Eine derart mittelbare Beeinträchtigung solle nicht zur Drittanfechtung berechtigen. Dem ist zuzustimmen. Die Zugangsverpflichtung dient dem Schutz des nachfragenden Unternehmens.

Festzuhalten ist, dass für die Berechtigung zur Drittanfechtung eine vertragliche Vereinbarung mit dem entgeltregulierten Unternehmen nicht zwingend ist. Liegt eine solche vor, ist die Drittanfechtungsbefugnis gegeben. Andernfalls kommt es entscheidend darauf an, ob eine hinreichend konkrete Absicht zum Abschluss einer Zugangsvereinbarung mit dem regulierten Unternehmen besteht und der Zugang auch tatsächlich genutzt werden soll. Maßgeblich ist dabei das (potentielle) Vertragsverhältnis mit dem regulierten Unternehmen. Etwaige Auswirkungen auf andere Vertragsbeziehungen als mit dem entgeltregulierten Unternehmen sind unerheblich.

Dagegen kommt der Untersagungsbefugnis nach § 37 Abs. 3 S. 2 keine drittschützende Wirkung zu.[611] Dieser Eingriffstatbestand knüpft nicht an individualisierende Tatbestandsmerkmale an, die den Schutz Dritter bezwecken. Auch kann hier die norminterne Wirkung von Art. 2 Abs. 1 GG nicht zum Tragen kommen. Im Falle einer rechtswidrig unterlassenen Anordnung nach § 37 Abs. 3 S. 2 ist die Verletzung der Vertragsfreiheit von Vertragspartnern des entgeltregulierten Unternehmens nicht ersichtlich. Die Untersagungsbefugnis

608 *BVerwG*, Urt. v. 17.08.2016 – 6 C 24/15 – BVerwGE 156, 59 Rn. 24.

609 So dürften insbesondere die Schlussanträge des *Generalanwalts* vom 15.02.2007 (Tele2/TCK) zu verstehen sein (siehe hierzu ausführlich Kapitel 2, § 4, b) Schlussanträge des *Generalanwalts* vom 15.02.2007, S. 166 ff.).

610 *BVerwG*, Urt. v. 16.12.2015 – 6 C 27/14 – Juris Rn. 22, siehe dort auch zu den folgenden Sätzen.

611 *Stamm*, in: Scheurle/Mayen, TKG, § 37 TKG Rn. 39.

ist präventiver Natur. Diese Vorfeldmaßnahme ist auf die Verhinderung der Werbung, des Geschäftsabschlusses oder der Anbahnung eines Rechtsgeschäfts gerichtet, das andere als die genehmigten oder nicht genehmigten Entgelte zum Gegenstand hat. Mithin entfaltet eine entsprechende Untersagungsverfügung als Verwaltungsakt für Dritte keine unmittelbar bindende Rechtsfolge.[612] Im Übrigen besteht auch kein Schutzbedürfnis für etwaige Vertragspartner, da sie im Ergebnis nur das genehmigte Entgelt zu entrichten haben (vgl. § 37 Abs. 2).

## VII. Zum drittschützenden Charakter der nachträglichen Entgeltkontrolle

Abgerundet wird der Abschnitt der Entgeltregulierung durch die Regelungen zur nachträglichen Entgeltkontrolle hinsichtlich Zugangsleistungen (§ 38) sowie für Endnutzerleistungen (§ 39 Abs. 3 u. 4).[613]

Die Kontroll- und Eingriffsbefugnisse der BNetzA im Rahmen der nachträglichen Entgeltregulierung können als Preisüberwachungsmaßnahmen verstanden werden. Die BNetzA kontrolliert – entweder nach Anzeige oder von Amts wegen nach Kenntniserlangung von der jeweiligen Entgeltmaßnahme – die Einhaltung der entgeltspezifischen Missbrauchsmaßstäbe des § 28.[614] Bei der Preisbildung handelt es sich um eine originär marktrelevante Verhaltensweise. Mithin liegt die Annahme nahe, dass das Entscheidungsprogramm der jeweiligen Befugnisnorm zur nachträglichen Entgeltkontrolle auch der Konfliktschlichtung gegenläufiger Preissetzungsinteressen der Marktteilnehmer dienen kann. So gesehen erscheinen sie grundsätzlich zugunsten der – jeweils betroffenen – Marktteilnehmer vorsubjektiviert.

---

612 Vgl. allgemein zum Regelungsmerkmal: *Kopp/Ramsauer*, VwVfG, § 35 Rn. 89.

613 Die Entscheidung über die Art der Entgeltregulierung – d.h. die Auferlegung einer Entgeltgenehmigungspflicht oder die nachträgliche Entgeltkontrolle nach den §§ 38 bzw. 39 – trifft die BNetzA nach pflichtgemäßem Ermessen im Rahmen der Regulierungsverfügung. Dies ergibt sich aus § 13 Abs. 1 S. 1, welcher die Grundnormen der Entgeltregulierung (§§ 30 und 39) benennt und damit die Weichenstellung zwischen den Entgeltregulierungsmöglichkeiten eröffnet. Zur drittschützenden Wirkung dieser Eingriffstatbestände siehe oben Kapitel 3, § 6, III. Auswahl der Entgeltregulierungsart, S. 297 ff.

614 Vgl. *Kühling/Schall/Biendl*, Telekommunikationsrecht, S. 225 Rn. 386 sowie S. 230/231 Rn. 393.

### 1. Nachträgliche Regulierung von Entgelten für Zugangsleistungen nach § 38 TKG

§ 38 regelt zwei Unterarten der nachträglichen Entgeltregulierung. Zunächst bestimmt § 38 Abs. 1 S. 1, dass ein – marktmächtiges – Unternehmen, dem gegenüber im Rahmen der Regulierungsverfügung die nachträgliche Entgeltregulierung angeordnet wurde, die betreffende Entgeltmaßnahme vor dem geplanten Inkrafttreten der BNetzA zur Überprüfung vorzulegen hat. Im Falle der offensichtlichen Unvereinbarkeit der geplanten Entgeltmaßnahme mit den Maßstäben des § 28, ist die BNetzA zur vorläufigen – d.h. bis zum Abschluss der Überprüfung – Untersagung der vorgelegten Entgeltmaßnahme berechtigt (§ 38 Abs. 1 S. 2).

Darüber hinaus muss die BNetzA sobald ihr Tatsachen bekannt werden, die die Annahme rechtfertigen, dass Entgelte für Zugangsleistungen von Unternehmen mit beträchtlicher Marktmacht nicht den Maßstäben des § 28 genügen, eine Überprüfung von Amts wegen einleiten (§ 38 Abs. 2 S. 1). Dabei ist sie befugt Entgeltmaßnahmen, die nicht den Maßstäben von § 28 genügen, zu untersagen. In diesem Fall kann sie sogar Entgelte anordnen, die den Vorgaben von § 28 gerecht werden.[615]

Für beide Ausprägungen der nachträglichen Entgeltregulierung gelten die Bestimmungen des § 38 Abs. 2 bis 4.[616] Weiter bildet das entgeltspezifische Missbrauchsverbot des § 28 den materiellen Prüfungsmaßstab.[617]

#### a) Richtlinienrechtliche Vorsteuerung

Hinsichtlich der Eingriffsbefugnisse im Rahmen der nachträglichen Regulierung von Zugangsleistungen sehen die Gesetzgebungsmaterialien keine ausdrückliche Umsetzung von Richtlinienvorgaben vor. Dementsprechend heißt es stellenweiße im Schrifttum, dass sich für § 38 keine Entsprechung im Richtlinienrahmen finde.[618] Andererseits wird vertreten, dass § 38 der Umsetzung von Art. 13 ZRL diene.[619]

---

615 Dies ergibt sich aus § 38 Abs. 4 S. 2.

616 *Kühling/Schall/Biendl*, Telekommunikationsrecht, S. 225 Rn. 386.

617 Vgl. § 38 Abs. 1 S. 2, Abs. 2 S. 1, Abs. 4 S. 1, 2, 3 und § 39 Abs. 3 S. 3, Abs. 4 S. 1.

618 *Peters/Mielke*, in Säcker, TKG, § 38 Rn. 10.

619 *Heinickel/Scherer*, in: Arndt/Fetzer/Scherer/Graulich, TKG, § 38 Rn. 1. Vgl. auch *Geppert/Berger-Kögler*, in: Geppert/Schütz, BeckTKG-Komm, § 38 Rn. 19, welcher hinsichtlich der nachträglichen Entgeltregulierung nach § 38 von einem deutschen Sonderweg spricht.

Art. 13 Abs. 1 ZRL will Befugnisse eingeräumt wissen, nach denen die Regulierungsbehörde gegenüber marktmächtigen Netzbetreibern Verpflichtungen zur Preiskontrolle sowie Kostenrechnung im Hinblick auf Entgelte für Zugangsleistungen auferlegen kann.[620] Einen regulatorischen Eingriffszeitpunkt – also im Vorfeld oder erst nach der Entgelterhebung – nennt Art. 13 ZRL nicht. Darüber hinaus erscheint der Oberbegriff der „*Preiskontrolle* beziehungsweise englisch „*Prize controll*" hinreichend offen, um sowohl präventive als auch repressive, regulatorische Entgeltmaßnahmen erfassen zu können. Mithin kann § 38 durchaus als Mittel zur Umsetzung von Art. 13 Abs. 1 ZRL begriffen werden.

Die Suche nach dem richtlinienrechtlichen Hintergrund überschneidet sich mit der Frage der Vereinbarkeit von § 38 mit dem Richtlinienrahmen. Prima facie erscheint diese fraglich, wenn man allein die Bezeichnungen „*nachträgliche*" Entgeltregulierung im Sinne des § 38 mit den Oberbegriffen „*Vorabregulierung/ex ante regulatory obligations*" beziehungsweise „*Vorabverpflichtungen/ex ante obligations*" aus der Rahmenrichtlinie vergleicht.[621] Auch hat die Kommission im Rahmen von Konsolidierungsverfahren zum Ausdruck gebracht, dass sie Zweifel daran habe, die Ex-post-Entgeltregulierung als geeignete und wirksame Abhilfemaßnahme im Rahmen der Preisregulierung zu verstehen.[622]

Allerdings ist festzuhalten, dass die Begriffe der Vorabregulierung oder der Vorabverpflichtungen nicht legaldefiniert sind.[623] Ferner ist in der maßgeblichen Kapitelüberschrift der Zugangsrichtlinie allgemein von „*Verpflichtungen*"[624] die Rede. Darüber hinaus ist die zweistufige Systematik der telekommunikationsrechtlichen Entgeltregulierung zu berücksichtigen. Die Unterwerfung unter die Art der Entgeltregulierung – Genehmigung beziehungsweise nachträgliche Kontrolle mit und ohne Anzeigepflicht – erfolgt im Wege der Regulierungsverfügung und ergeht damit gleichsam vorab. Anschließend folgt – auf der zweiten Stufe – abhängig von der auferlegten Entgeltregulierungsart entweder das Entgeltgenehmigungsverfahren oder Maßnahmen der nachträglichen Entgeltregulierung. Hiervon ausgehend kann das System der

620 Art. 13 ZRL entspricht Art. 74 – „*Verpflichtungen zur Preiskontrolle und Kostenrechnung*" – Kodifizierungsrichtlinie (EU) 2018/1972.

621 Siehe Art. 3 Abs. 3a, Art. 8 Abs. 5 lit. f) sowie Erwgr. 25 und 27 RRL.

622 Vgl. *Geppert/Berger-Kögler*, in: Geppert/Schütz, BeckTKG-Komm, § 38 Rn. 19.

623 Die Bezeichnung *Vorabregulierung* wird als Synonym für die bereichsspezifische Regulierung im Gegensatz zum allgemeinen Wettbewerbsrecht verstanden (vgl. *Geppert/Berger-Kögler*, in: Geppert/Schütz, BeckTKG-Komm, § 38 Rn. 18).

624 In der englischen Sprachfassung „*obligations*".

telekommunikationsrechtlichen Entgeltregulierung insgesamt durchaus als Vorabregulierung begriffen werden.[625]

Im Übrigen trägt die Möglichkeit zur Preiskontrolle – alternativ zur Auferlegung einer Entgeltgenehmigungspflicht – mittels der nachträglichen Kontrolle durch eine sachkundige Behörde im Ergebnis dem Verhältnismäßigkeitsgrundsatz Rechnung.[626] Die nachträgliche Entgeltkontrolle nach § 38 mit dem Prüfungsmaßstab des entgeltspezifischen Missbrauchsverbotes stellt im Verhältnis zu einem präventiven Genehmigungserfordernis das mildere Eingriffsmittel dar.

### b) Zum Drittschutzcharakter

Die Untersagungs- und Überprüfungsbefugnisse nach § 38 Abs. 1 S. 1, Abs. 4 S. 1 sowie § 38 Abs. 2 enthalten selbst keine unmittelbar individualisierenden Tatbestandsmerkmale. Allerdings handelt es sich hier um unselbstständige Tatbestände, die in materieller Hinsicht jeweils die Voraussetzungen des entgeltspezifischen Missbrauchsverbotes inkorporieren. Demzufolge sind die Untersagungs- und Prüfungsbefugnisse der nachträglichen Entgeltregulierung nach § 38 insoweit drittschützend wie § 28 Drittschutz vermittelt.[627]

Überdies spricht für die drittschützende Wirkung der Untersagungsbefugnis nach § 38 Abs. 1 zugunsten anderer Unternehmen die Regelung des § 38 Abs. 1 S. 3. Hiernach müssen Entgeltmaßnahmen hinsichtlich individuell vereinbarter Leistungen, „*die nicht ohne weiteres auf eine Vielzahl von Nachfragern übertragbar sind*“, der BNetzA unmittelbar nach Vertragsschluss angezeigt werden. Für diesen Fall wird also ausdrücklich auf Nachfrager und damit auf andere Unternehmen abgestellt, die Telekommunikationsdienste erbringen.

Schließlich steht Art. 13 ZRL der drittschützenden Wirkung der nachträglichen Eingriffsbefugnisse nach § 38 nicht entgegen. Im Gegenteil spricht dessen Schutzrichtung zugunsten zugangsberechtigter Dritter für den drittschützenden Charakter der nachträglichen Eingriffsbefugnisse von § 38.[628]

---

625 Ebenso *Geppert/Berger-Kögler*, in: Geppert/Schütz, BeckTKG-Komm, § 38 Rn. 18.

626 Dieser ist bei der Auferlegung regulatorischer Maßnahmen stets zu berücksichtigen. Vgl. Art. 8 Abs. 1 S. 2 RRL sowie Art. 8 Abs. 2 und 4 ZRL. Art. 8 Abs. 4 ZRL entspricht Art. 68 Abs. 4 Kodifizierungsrichtlinie (EU) 2018/1972.

627 Vgl. *Heinickel/Scherer* in: Arndt/Fetzer/Scherer/Graulich, TKG, § 38 Rn. 68, 69 sowie *Geppert/Berger-Kögler*, in Geppert/Schütz, BeckTKG-Komm, § 38 Rn. 89.

628 Siehe hierzu Kapitel 2, § 4, c) Verpflichtung zur Preiskontrolle und Kostenrechnung, S. 192 f.

## 2. Nachträgliche Entgeltregulierung von Endnutzerleistungen gemäß § 39 TKG

§ 39 Abs. 1, 3 und 4 regelt die Regulierung von Entgelten für Endnutzerleistungen, welche grundsätzlich subsidiär zur Entgeltregulierung von Zugangsleistungen ist.[629] Sofern ein Entgelt von Unternehmen mit beträchtlicher Marktmacht auf Endnutzermärkten nicht genehmigungspflichtig ist[630], unterwirft § 39 Abs. 3 S. 1 diese Entgeltmaßnahme der nachträglichen Regulierung. Das heißt, die BNetzA hat Entgeltmaßnahmen zu untersagen, sofern diese nicht mit § 28 vereinbar sind. Weiter können stattdessen Entgelte angeordnet werden, die den Maßstäben des § 28 genügen.[631] Adressaten der nachträglichen Entgeltregulierung nach § 39 Abs. 3 sind Anbieter von Telekommunikationsdiensten für Endnutzer, deren beträchtliche Marktmacht zuvor im Marktdefinitions- und Analyseverfahren festgestellt worden ist.

Ferner steht es im Ermessen der BNetzA, marktmächtige Anbieter zur Vorlage der geplanten Entgeltmaßnahme zu verpflichten (§ 39 Abs. 3 S. 2). Ist diese offensichtlich nicht mit den Maßstäben des § 28 vereinbar, hat die BNetzA diese zu untersagen.[632] Weiter enthält § 39 Abs. 3 S. 4 eine spezielle, im Ermessen der BNetzA stehende Anordnungsbefugnis zur Anzeige von individuell ausgehandelten Entgeltmaßnahmen, sofern diese nicht ohne weiteres auf eine Vielzahl von anderen Endnutzern übertragbar sind.

Schließlich regelt § 39 Abs. 4 S. 2 eine spezielle Untersagungsbefugnis für den Fall, dass ein Unternehmen, das einen Endkundenmarkt beherrscht und Zugangsleistungen nach § 21 zu gewähren hat, nicht gleichzeitig mit einer geplanten Entgeltmaßnahme im Endnutzerbereich ein Angebot für Vorleistungen vorlegt.[633] Soweit ersichtlich hat die BNetzA bis dato von dieser Eingriffsermächtigung noch keinen Gebrauch gemacht.[634]

---

629 *Kühling/Schall/Biendl*, Telekommunikationsrecht, S. 230 Rn. 393. Dies deckt sich mit der Vorgabe des Art. 17 Abs. 1 URL.

630 § 39 Abs. 1 regelt die Frage, ob ein Entgelt für das Angebot von Endnutzerleistungen genehmigungspflichtig ist. Diese Entscheidung ist Teil der Regulierungsverfügung. Zur Schutzrichtung der Genehmigungspflicht siehe oben Kapitel 3, § 6, III. Auswahl der Entgeltregulierungsart, S. 297 ff.

631 Dies folgt aus der entsprechenden Anwendbarkeit von § 38 Abs. 2 bis 4 (§ 39 Abs. 4 S. 1, 2. HS).

632 Für diese Prüfung steht der BNetzA ein Zeitraum von zwei Wochen ab Anzeige der Entgeltmaßnahme zur Verfügung (§ 39 Abs. 3 S. 3).

633 Dieses muss insbesondere den Vorgaben des § 28 genügen (§ 39 Abs. 4 S. 2).

634 Vgl. *Geppert/Berger-Kögler*, in Geppert/Schütz, BeckTKG-Komm, § 39 Rn. 68.

### a) Richtlinienrechtliche Vorsteuerung

Ausweislich der Gesetzgebungsmaterialien soll § 39 der Umsetzung von Art. 17 Abs. 1 URL dienen.[635] Dieser schreibt generalklauselartig die Schaffung geeigneter regulatorischer Verpflichtungen gegenüber Unternehmen vor, die auf einem bestimmten Endnutzermarkt als Unternehmen mit beträchtlicher Marktmacht identifiziert wurden.[636] Daher wird stellenweise vertreten, dass § 39 die generalklauselartige Vorgabe des Art. 17 Abs. 1 URL nur teilweise umsetze.[637] Festzuhalten ist zunächst, dass Art. 17 Abs. 1 URL generalklauselartig formuliert ist und damit dem Gesetzgeber grundsätzlich einen Umsetzungsspielraum einräumt. Insgesamt will Art. 17 URL missbräuchliche Preissetzungsstrategien verhindern.[638] Denn die Beispielverpflichtungen nach Art. 17 Abs. 2 S. 2 URL sehen unter anderem vor, dass ein Unternehmen keine überhöhten Preise berechnen darf, die den Markteintritt neuer Wettbewerber behindern oder dass keine Kampfpreise zur Ausschaltung des Wettbewerbs angewendet werden dürfen. Entsprechende Zielsetzungen finden sich in § 28, welcher missbräuchliche Verhaltensweisen von marktmächtigen Unternehmen bei Entgeltmaßnahmen verhindern soll. Diese Maßstäbe werden durch die Verweisung auf die Untersagungs- und Anordnungsbefugnis nach § 38 Abs. 2 und 4 im Rahmen der nachträglichen Entgeltregulierung inkorporiert.[639] So betrachtet kann § 39 als hinreichende Umsetzung von Art. 17 URL angesehen werden.[640]

### b) Zum Drittschutzcharakter

Die Untersagungs- und Anordnungsbefugnisse hinsichtlich Entgelten für Endnutzerleistungen marktmächtiger Anbieter von Telekommunikationsdiensten nach § 39 Abs. 3 S. 1, 2. HS i.V.m. § 38 Abs. 2 beziehungsweise Abs. 4 enthalten keine unmittelbar individualisierenden Tatbestandsmerkmale. Allerdings handelt es sich um unselbstständige Eingriffsgrundlagen. Die materiellen Voraussetzungen für die Entgeltuntersagung sowie Anordnung ergeben sich aus § 28. Auf dessen Missbrauchsmaßstäbe nimmt § 39 Abs. 2 S. 1, 2 HS i.V.m. § 38 Abs. 2 beziehungsweise Abs. 4 Bezug.[641] Demzufolge sind die Eingriffsgrundlagen

---

635 BT-Drucks. 15/2316, S. 70.

636 Art. 17 Abs. 1 URL.

637 *Heinickel/Scherer*, in: Arndt/Fetzer/Scherer/Graulich, TKG, § 39 Rn. 3.

638 *Kühling*, in: Hatje/Müller-Graff, Europäisches Sektorales Wirtschaftsrecht (Enzyklopädie Europarecht, Bd. 5), § 4 Rn. 97.

639 § 39 Abs. 3 S. 1, 2 HS ordnet die entsprechende Anwendung von § 38 Abs. 2 bis 4 an.

640 Im Ergebnis ähnlich: *Kühling/Neumann*, in: Säcker, TKG, § 39 Rn. 24.

641 Siehe § 39 Abs. 3 S. 1, 2 HS, Abs. 3 S. 3.

des § 39 in sachlicher Hinsicht soweit drittschützend, wie das Normprogramm von § 28 den Schutz Dritter bezweckt. Das heißt, sofern die jeweilige Entgeltmaßnahme in missbräuchlicher Weise gemäß § 28 andere Unternehmen beeinträchtigt, können diese ein Einschreiten im Rahmen der nachträglichen Entgeltregulierung verlangen. Mithin führt die Anwendung von § 28 mittelbar zum drittschützenden Charakter der nachträglichen Eingriffstatbestände des § 39 Abs. 3.

Dieser Befund deckt sich mit der im Rahmen dieser Untersuchung vertretenen Interpretation von Art. 17 (Abs. 2) URL. Dieser kann in Ansehung der Rechtsprechung des *EuGH* durchaus als Schutzmaßnahme zugunsten Dritter begriffen werden.[642]

Die Tatbestände des – praktisch bislang nicht bedeutsamen – Gleichzeitigkeitsgebotes sowie der hiermit verbundenen Untersagungsbefugnis nach § 39 Abs. 4 enthalten ebenfalls keine unmittelbar individualisierenden Tatbestandsmerkmale. Gleichwohl tritt die Verpflichtungswirkung der gleichzeitigen Angebotsvorlage auf Vorleistungsebene und damit im Ergebnis zwischen Netzbetreiber und Diensteanbieter ein.[643] Auch hat das auf der Vorleistungsebene anzubietende Angebot den Maßstäben des § 28 zu genügen, welche wiederum drittschützend zugunsten beeinträchtigter Anbieter von Telekommunikationsdiensten sowie Netzbetreiber sein können. Jedoch spricht gegen die drittschützende Wirkung, dass die Rechtsfolge wegen eines Verstoßes gegen das Gleichzeitigkeitsgebot darin besteht, dass die Forderung des Endkundenentgeltes untersagt werden kann. Mithin betrifft die Rechtsfolge letztlich die Endnutzerebene.[644] Dies spricht eher gegen einen unmittelbar zugunsten von Wettbewerbern bezweckten Drittschutz.[645]

### 3. Zum personellen Schutzzweck

Hinsichtlich der Eingriffstatbestände der nachträglichen Entgeltregulierung von Zugangs- sowie Endnutzerleistungen können grundsätzlich die Ausführungen

---

642 Siehe Kapitel 2, § 4, 3. Regulierungsmaßnahmen hinsichtlich marktmächtiger Unternehmen auf Endkundenmärkten, S. 199 f.

643 Vgl. *Heinickel/Scherer*, in: Arndt/Fetzer/Scherer/Graulich, TKG, § 39 Rn. 53; *Kühling/Neumann* in: Säcker, TKG, § 39 Rn. 131.

644 Vgl. *Kühling/Neumann* in: Säcker, TKG, § 39 Rn. 131.

645 Angesichts der praktisch unbedeutenden Rolle von § 39 Abs. 4 dürfte die Frage nach dessen drittschützendem Charakter eher theoretischer Natur bleiben.

zum personellen Schutzzweck der entgeltspezifischen Missbrauchstatbestände von § 28 übertragen werden.

Sowohl § 38 Abs. 1 S. 2, Abs. 4 S. 1 und 2 als auch § 39 Abs. 3 S. 1 und S. 3 stellen in materieller Hinsicht auf die Maßstäbe der entgeltspezifischen Missbrauchstatbestände von § 28 ab. Insbesondere dessen Regelbeispiele dienen auch dem Schutz von Wettbewerbern, die durch die missbräuchliche Entgeltpraxis eines marktmächtigen Diensteanbieters oder Netzbetreibers beeinträchtigt werden.[646] Anderes ergibt sich auch nicht aus dem Wortlaut von § 38 Abs. 1 S. 2, Abs. 4 S. 1 und 2 sowie von § 39 Abs. 3 S. 1 und S. 3. Diese Eingriffstatbestände enthalten keine Tatbestandsmerkmale, die den Schutz beeinträchtigter Anbieter und Netzbetreiber ausschließen.

Mithin steht – wie bei den Missbrauchstatbeständen des § 28 – der personelle Schutzzweck der Eingriffstatbestände im Rahmen der nachträglichen Entgeltregulierung unter Situationsvorbehalt. Entscheidend kommt es darauf an, ob ein anderer Diensteanbieter beziehungsweise Netzbetreiber durch die jeweilige Entgeltmaßnahme des marktmächtigen Unternehmens beeinträchtigt wird.[647]

## E. Zum Drittschutzcharakter der nachträglichen Missbrauchsaufsicht und der Separierungsregelungen

Im vierten und fünften Abschnitt der Marktregulierung finden sich die *„sonstigen Verpflichtungen"* sowie Regeln zur besonderen Missbrauchsaufsicht, die der Förderung des Wettbewerbs auf den Märkten elektronischer Kommunikation und vor allem der Verhinderung von Diskriminierungen außerhalb der Zugangs- und Entgeltregulierung dienen.[648] Prima facie spricht diese Zweckrichtung durchaus für den drittschützenden Charakter der in diesen Abschnitten geregelten Marktregulierungsmaßnahmen.

646 Vgl. oben Kapitel 3, § 6, d) Zum personellen Schutzzweck, S. 329 f.

647 Im Ergebnis ebenso: *Geppert/Berger-Kögler* in: Geppert/Schütz, BeckTKG-Komm, § 39 Rn. 72. Ob auch Endnutzer vom personellen Schutzzweck erfasst sein können, kann angesichts der Untersuchungsperspektive offenbleiben. Diese dürften nicht unmittelbar vom personellen Schutzzweck der nachträglichen Regulierung von Entgelten für Endnutzerleistungen erfasst sein (*Kühling/Neumann* in: Säcker, TKG, § 39 Rn. 159. Siehe dort auch zum nächsten Satz). Beispielsweise dürfte die Verhinderung von Kampfpreisen – wie dies Art. 17 Abs. 2 S. 2 URL und auch § 28 Abs. 1 S. 2 Nr. 1 fordern – im Ergebnis zu höheren Zahlungsverpflichtungen der Endnutzer führen können.

648 *Kühling/Schall/Biendl*, Telekommunikationsrecht, S. 234 Rn. 400.

## I. Zur funktionellen und freiwilligen Trennung vertikal integrierter Unternehmen

Der vierte Abschnitt der Marktregulierung wurde im Zuge der TKG-Novelle von 2012 neu gefasst und enthält nun im Wesentlichen[649] das Instrumentarium der funktionellen Trennung (§§ 40, 41).[650] Die Unabhängigkeit zwischen verschiedenen Geschäftsfeldern eines Unternehmens soll Diskriminierungsanreize verhindern.[651] Gemeinsam ist den vorstehenden Regelungen, dass sie als Normadressaten vertikal integrierte Unternehmen, die auf einem Telekommunikationsmarkt über beträchtliche Marktmacht verfügen, im Blick haben.[652] Generell handelt es sich um ein vertikal integriertes Unternehmen, wenn es auf zwei unterschiedlichen Produktionsstufen tätig ist, welche entweder vor- oder nachgelagert sind.[653] Demgemäß kommt als Adressat der §§ 40, 41 nur ein marktmächtiges Unternehmen in Betracht, das neben Zugangsprodukten und -diensten auch Telekommunikationsdienstleistungen auf dem nachgelagerten Endkundenmarkt anbietet.[654]

In § 40 Abs. 1 S. 1 findet sich eine Ermächtigungsgrundlage zur Anordnung der funktionellen Trennung, die im Ermessen der BNetzA steht. Tatbestandlich setzt sie voraus, dass die im Rahmen der Zugangs- und Entgeltregulierung ergriffenen Maßnahmen nicht zu einem wirksamen Wettbewerb geführt haben und andauernde Wettbewerbsprobleme bestehen (§ 40 Abs. 1 S. 1). Angesichts der hiermit verbundenen Eingriffsintensität handelt es sich um eine

---

649 Darüber hinaus enthält dieser Abschnitt mit § 41a insbesondere eine Ermächtigungsgrundlage für die Bundesregulierung zum Erlass einer Rechtsverordnung im Hinblick auf die Netzneutralität.

650 BT-Drucks. 17/5707, S. 64. Die Vorschriften zur Betreiberauswahl (§ 40 TKG 2004) sowie zum Angebot von Mietleitungen (§ 41 TKG 2004) wurden überwiegend ersatzlos aufgehoben.

651 Vgl. *Schreiber* in: Geppert/Schütz, BeckTKG-Komm, § 40 Rn. 6.

652 Für § 41 ergibt sich dies bereits aus dessen Wortlaut. Siehe zudem *Schreiber* in: Geppert/Schütz, BeckTKG-Komm, § 41 Rn. 8. Hinsichtlich § 40 folgt dies aus systematischen Erwägungen. Nach § 40 Abs. 1 S. 1 kommt die Verpflichtung zur funktionellen Trennung nur in Betracht, wenn die im Rahmen der Zugangs- und Entgeltregulierung auferlegten Verpflichtungen nicht zu wirksamen Wettbewerb geführt haben.

653 Vgl. *Kühling*, Sektorspezifische Regulierung in den Netzwirtschaften, S. 337.

654 Erwgr. 17 ZRL beschreibt ein vertikal integriertes Unternehmen als solches, das Dienste für andere Anbieter erbringt, mit denen es auf den nachgelagerten Märkten im Wettbewerb steht (Siehe auch *Schreiber* in: Geppert/Schütz, BeckTKG-Komm, § 40 Rn. 17).

ultima-ratio-Verpflichtung.[655] Auf Rechtsfolgenseite steht der BNetzA hinsichtlich der Ausgestaltung der Verpflichtung zur funktionellen Trennung ebenfalls Ermessen zu.[656] Den Rahmen bildet die grundsätzliche Rechtsfolge, dass das vertikal integrierte Unternehmen seine Tätigkeiten im Zusammenhang mit der Bereitstellung der betreffenden Zugangsprodukte auf Vorleistungsebene in einem unabhängig arbeitenden Geschäftsbereich unterzubringen hat (§ 40 Abs. 1 S. 1). Zugleich ist dieser betrieblich getrennte Geschäftsbereich verpflichtet, die Zugangsprodukte und -dienste allen Unternehmen zu den gleichen Konditionen zur Verfügung zu stellen.[657] Darüber hinaus ergeben sich aus dem Inhaltskatalog des Antrags an die Kommission, der für die Auferlegung der Verpflichtung zur funktionellen Trennung erforderlich ist, Rückschlüsse auf die mögliche Ausgestaltung einer entsprechenden Verpflichtung. Hiernach sind unter anderem genaue Angaben über den rechtlichen Status des getrennten Geschäftsbereichs, die organisatorischen Modalitäten zur Gewährleistung der Unabhängigkeit des Personals des getrennten Geschäftsbereichs sowie Vorgaben zur Gewährleistung der Transparenz der betrieblichen Verfahren insbesondere gegenüber den anderen Interessengruppen erforderlich.[658]

Anders als bei den übrigen Marktregulierungsmaßnahmen erfordert diese Verpflichtung die Zustimmung der Kommission.[659] Im Anschluss an deren Entscheidung führt die BNetzA eine koordinierte Marktanalyse einschließlich der benachbarten Märkte durch und entscheidet auf dieser Grundlage über die Anordnung von Abhilfemaßnahmen nach § 13 auf diesen Märkten.[660]

Aufgrund der hohen Anforderungen wird § 40 nur geringe praktische Bedeutung zugeschrieben.[661] Schließlich stellt § 40 Abs. 5 klar, dass die Auferlegung

---

655 Dies ergibt sich bereits aus der Formulierung *„als außerordentliche Maßnahme“* (§ 40 Abs. 1 S. 1).

656 *Höffler/Fetzer* in: Arndt/Fetzer/Scherer/Graulich, TKG, § 40 Rn. 40.

657 Vgl. Erwgr. 61 RL 2009/140/EG.

658 Siehe § 40 Abs. 3 Nr. 1, 3 und 5. Insgesamt regelt § 40 Abs. 2 bis 4 das Verfahren der funktionellen Trennung.

659 *Mohr* in: Säcker, TKG, § 40 Rn. 48. Im Anschluss an die Entscheidung der Kommission führt die BNetzA ein neues Marktanalyseverfahren durch und passt gegebenenfalls die Regulierungsverfügungen an (§ 40 Abs. 4). Ferner besteht die Möglichkeit von Regulierungsverfügungen gegenüber jedem separierten Geschäftsfeld (§ 40 Abs. 5).

660 Zum Verfahrensablauf der Auferlegung einer Verpflichtung zur funktionellen Trennung siehe: *Schreiber*, in: Geppert/Schütz, BeckTKG-Komm, § 40 Rn. 38 ff.

661 *Schreiber* in: Geppert/Schütz, BeckTKG-Komm, § 40 Rn. 1; vgl. *Kühling/Schall/Biendl*, Telekommunikationsrecht, S. 235 Rn. 403.

der funktionellen Trennung kein Hindernis für die Auferlegung weiterer Regulierungsverpflichtungen ist.

Im Unterschied zur Anordnung der funktionellen Trennung eröffnet § 41 dem vertikal integrierten Unternehmen mit beträchtlicher Marktmacht spezielle Alternativen zur freiwilligen Trennung bezüglich des Geschäftsfeldes der Anlagen zum Ortsanschluss.[662] Der Anschluss des Endnutzers beziehungsweise die "*letzte Meile*" bietet besonderes Diskriminierungspotential.[663] Nach § 41 Abs. 1 S. 1 können entweder die relevanten Anlagen ganz oder teilweise auf eine eigene Rechtsperson mit einem anderen Eigentümer übertragen werden (eigentumsrechtliche Entflechtung) oder es wird ein getrennter Geschäftsbereich eingerichtet (funktionelle Trennung).[664] Da die Trennung nach Maßgabe des § 41 jedoch auf eigene Initiative des marktmächtigen Unternehmens erfolgt, kommt sie als Anspruchsgrundlage zugunsten Dritter nicht in Betracht. Daher wird nachfolgend nur die drittschützende Wirkung der Anordnungsbefugnis nach § 40 untersucht.

## II. Zum Drittschutzcharakter der Verpflichtung zur funktionellen Trennung

Soweit das Entscheidungsprogramm von § 40 gegenläufige Privatinteressen aufnimmt und im Wege einer normativen Wertung zum Ausgleich bringt, ist es – mit den Worten von *Wahl* – grundsätzlich vorsubjektiviert. Prima facie scheint dies bei der Verpflichtung zur funktionellen Trennung nicht der Fall zu sein.

§ 40 Abs. 1 S. 1 knüpft neben der Benennung des Adressaten an dessen eigene Organisierungsfreiheit an. Die Qualifizierung als „*außerordentliche Maßnahme*" ist Ausfluss des Verhältnismäßigkeitsgrundsatzes.[665] Allerdings gehört

---

662 Mit Begriff Anlagen zum Ortsanschluss ist der Begriff des Teilnehmernetzes gleichzusetzen. *Schreiber* in: Geppert/Schütz, BeckTKG-Komm, § 41 Rn. 10.

663 Dies ergibt sich bereits aus der gesetzlichen Wertung von § 18, welcher aus Ausnahme vom Grundsatz der asymmetrischen Regulierung Zugangsverpflichtungen gegenüber Betreibern zulässt, die den Zugang zum Endnutzer kontrollieren.

664 Diesbezüglich statuiert § 41 Abs. 1 S. 2 für das betreffende Unternehmen zunächst eine Anzeigepflicht gegenüber der BNetzA, welche diese in die Lage versetzten soll, die Auswirkungen der beabsichtigten Trennung auf bestehende Verpflichtungen der Zugangs- und Entgeltregulierung zu prüfen (§ 41 Abs. 2). Anschließend ergreift die BNetzA auf Grundlage ihrer Prüfung Verpflichtungen nach § 13. Darüber hinaus stellt § 41 Abs. 3 klar, dass die freiwillige Separierung die BNetzA nicht daran hindert, weitere Regulierungsverfügungen zu erlassen.

665 Vgl. *Schreiber* in: Geppert/Schütz, BeckTKG-Komm, § 40 Rn. 27.

zu den generellen Rechtsfolgen, dass „*allen Unternehmen*" durch den getrennten Geschäftsbereich, Zugangsprodukte und -dienste zu einheitlichen Konditionen zur Verfügung gestellt werden müssen (§ 40 Abs. 1 S. 2). Mithin wird auf Rechtsfolgenseite ausdrücklich dem Gleichberechtigungsinteresse von Nachfragern hinsichtlich Produkten der Vorleistungsebene Rechnung getragen. Verstärkt wird dies durch die Tatbestandsmerkmale andauernder Wettbewerbsprobleme oder Marktversagen (§ 40 Abs. 1 S. 1). Dabei werden als Indizien für dauerhafte Wettbewerbsprobleme beispielseweise dauerhafte Diskriminierungsprobleme oder Beschwerden über diskriminierendes Verhalten angesehen.[666] Mithin knüpft das Entscheidungsprogramm von § 40 Abs. 1 durchaus an gegenläufige Privatinteressen an, die im Rahmen der funktionellen Trennung zum Ausgleich gebracht werden können. Hiervon ausgehend kann dessen drittschützende Wirkung grundsätzlich vermutet werden.

### 1. Vergleich mit anderen sektorspezifischen Entflechtungsvorschriften

Entflechtungsvorgaben finden sich nicht nur im TKG. Vielmehr existieren auch für andere Netzwirtschaften – wie Energie und Eisenbahn – Entflechtungsregelungen. In der Regel geht es um die Trennung des Betriebs der Netzinfrastruktur von den jeweils vor- oder nachgelagerten Wertschöpfungsstufen.

Sehr ausgeprägt sind die Entflechtungsregelungen im Energiewirtschaftsgesetz, welches diesem Themenbereich einen eigenen Teil widmet.[667] Dieser enthält neben einem allgemeinen Abschnitt, der für alle vertikal integrierten Energieversorgungsunternehmen gilt, spezielle Entflechtungsvorgaben für Verteilernetzbetreiber und Betreiber von Speicheranlagen[668] sowie besondere Entflechtungsvorgaben für Transportnetzbetreiber[669]. Das übergreifende Ziel der Entflechtungsregelungen besteht in der „*Gewährleistung von Transparenz sowie diskriminierungsfreier Ausgestaltung und Abwicklung des Netzbetriebs*" (§ 6 Abs. 1 S. 1 EnWG). Die Erreichung dieser Zielsetzung sollen die nachfolgenden Entflechtungsregeln sicherstellen (§ 6 Abs. 1 S. 2 EnWG). Im Einzelnen geht es

---

666 *Schreiber*, in: Geppert/Schütz, BeckTKG-Komm, § 40 Rn. 25.

667 Namentlich handelt es sich um Teil 2 des EnWG.

668 Siehe Abschnitt 2 von Teil 2 des EnWG, welcher aus den §§ 7 bis 7b besteht. Verteilernetzbetreiber ist ein Unternehmen, das Strom- oder Gasnetze zur Verteilung an Endverbraucher betreibt (vgl. § 3 Nr. 3 EnWG).

669 Der auf Transportnetzbetreiber bezogene Abschnitt 3 enthält die §§ 8 bis 10e EnWG. Transportnetzbetreiber ist jeder Betreiber eines Übertragungs- oder Fernleitungsnetzes (§ 3 Nr. 31c EnWG).

um buchhalterische, informatorische, operationelle und sogar spezielle eigentumsrechtliche Entflechtungsreglungen, die durchweg an vertikal integrierte Energieversorgungsunternehmen[670] adressiert sind. Beispielsweise sind solche Unternehmen im Rahmen der buchhalterischen Entflechtung verpflichtet,

> *„zur Vermeidung von Diskriminierung und Quersubventionierung in ihrer internen Rechnungslegung jeweils getrennte Konten für jede ihrer Tätigkeiten … so zu führen, wie dies erforderlich wäre, wenn diese Tätigkeiten von rechtlich selbstständigen Unternehmen ausgeführt würden“*.[671]

Ferner sind vertikal integrierte Energieversorgungsunternehmen im Rahmen der operationellen Trennung nach § 7a EnWG verpflichtet, die Unabhängigkeit ihrer verbundenen Verteilernetzbetreiber hinsichtlich Organisation, Entscheidungsgewalt und der Ausübung des diskriminierungsfreien Netzgeschäftes sicherzustellen.[672]

Darüber hinaus enthielt das Allgemeine Eisenbahngesetz bis zum 02.09.2016 gesetzesunmittelbare Entflechtungsvorgaben (§§ 9, 9a AEG).[673]. § 9 AEG verpflichtete öffentliche Eisenbahnverkehrsunternehmen beispielsweise dazu, bestimmte Tätigkeiten in getrennten Unternehmensbereichen (§ 9 Abs. 1c AEG) auszuüben sowie dazu, die Buchfühung für die Erbringung von Verkehrsleistungen und den Eisenbahninfrastrukturbetrieb zu trennen (§ 9 Abs. 1a AEG). Die Buchführung sollte ausdrücklich *„für Dritte nachvollziehbar“* sein.[674] Diese

---

670 Nach § 3 Nr. 38 EnWG ist ein vertikal integriertes Energieversorgungsunternehmen *„ein in der Europäischen Union im Elektrizitäts- oder Gasbereich tätiges Unternehmen oder eine Gruppe von Elektrizitäts- oder Gasunternehmen, die … miteinander verbunden sind, wobei das betreffende Unternehmen oder die betreffende Gruppe in der Europäischen Union im Elektrizitätsbereich mindestens eine der Funktionen Übertragung oder Verteilung und mindestens eine der Funktionen Erzeugung oder Vertrieb von Elektrizität oder im Erdgasbereich mindestens eine der Funktionen Fernleitung, Verteilung, Betrieb einer LNG-Anlage oder Speicherung und gleichzeitig eine der Funktionen Gewinnung oder Vertrieb von Erdgas wahrnimmt“*.

671 Siehe § 6b Abs. 3 S. 1 EnWG.

672 Beispielsweise haben vertikal integrierte Unternehmen für die mit den Tätigkeiten des Netzbetriebs befassten Mitarbeiter ein Gleichbehandlungsprogramm vorzugeben, dass verbindlichen Maßnahmen zur diskriminierungsfreien Ausübung des Netzgeschäfts enthält und dessen Einhaltung zu überwachen ist (§ 7a Abs. 5 EnWG).

673 § 9a AEG regelte materielle Verpflichtungen, die die Unabhängigkeit des öffentlichen Betreibers von Schienenwegen bei der Entscheidung über die Zuweisung von Zugtrassen einschließlich zu entrichtender Entgelte gewährleisten sollten.

674 § 9 Abs. 1a S. 3 AEG.

gesetzesunmittelbaren Verpflichtungen richten sich in erster Linie an integrierte Unternehmen sowie Konzernunternehmen, die als Eisenbahnverkehrs- oder Eisenbahninfrastrukturunternehmen mit entsprechenden Unternehmen verbunden gewesen sind.[675]

Festzuhalten ist, dass die vorstehenden Entflechtungsbestimmungen übergreifend der Schaffung von Transparenz sowie Vermeidung von Diskriminierungen dienen. Im Unterschied zu § 40 handelt es sich überwiegend um gesetzesunmittelbare Verpflichtungen. Weiter knüpfen die energiewirtschaftlichen sowie eisenbahnrechtlichen Entflechtungsvorschriften nicht an eine marktbeherrschende Stellung an, sondern stellen die jeweilige Unternehmensstruktur in den Vordergrund.

## 2. Richtlinienrechtliche Vorsteuerung

Ausweislich der Gesetzgebungsmaterialien dient die Regelung des § 40 der Umsetzung von Art. 13a ZRL[676], welcher zu dem im Zuge der TK-Review von 2009 neu eingeführten Regulierungsinstrumentarium der funktionellen Trennung gehört.[677] Die Einführung der funktionellen Trennung geht insbesondere zurück auf Forderungen neuer Marktteilnehmer sowie der Gruppe Europäischer Regulierungsstellen für elektronische Kommunikationsnetze und -dienste.[678] Nach Erwägungsgrund 61 der Änderungsrichtlinie 2009/140/EG besteht der Zweck der funktionellen Trennung darin, „*betrieblich getrennte Geschäftsbereiche einzurichten*“, die „*die Bereitstellung vollständig gleichwertiger Zugangsprodukte für alle nachgelagerten Betreiber … gewährleisten, einschließlich der nachgelagerten Bereiche des vertikal integrierten Betreibers selbst.*“ Hierdurch soll der Anreiz zu Diskriminierung verringert und zugleich die Überprüfung sowie Durchsetzung von Verpflichtungen zur Nichtdiskriminierung erleichtert werden.[679] Dies soll wiederum der Verbesserung des Wettbewerbs auf den relevanten Märkten dienen. Die Regelung des Art. 13a ZRL wurde nahe wortgleich durch § 40 umgesetzt.[680]

---

675 Vgl. § 9 Abs. 1 AEG.

676 Art. 13a ZRL entspricht Art. 77 – „*Funktionelle Trennung*“ –Kodifizierungsrichtlinie (EU) 2018/1972.

677 BT-Drucks. 17/7521, S. 64.

678 Zudem entspricht sie der Anregung einer im Auftrag der EU-Kommission erstellten Studie aus dem Jahr 2006 über die nächsten Schritte für die Regulierung des Telekommunikationssektors (*Schreiber* in: Geppert/Schütz, BeckTKG-Komm, § 40 Rn. 3).

679 Siehe Erwgr. 61 RL 2009/140/EG. Siehe dort auch zum folgenden Satz.

680 *Mohr* in: Säcker, TKG, § 40 Rn. 11; *Schreiber* in: Geppert/Schütz, BeckTKG-Komm, § 40 Rn. 2.

### 3. Zum Drittschutzcharakter

Fraglich ist, ob sich die vermutete drittschützende Wirkung bestätigen lässt. Nach der herrschenden Schutznormformel kommt es darauf an, ob das Entscheidungsprogramm des § 40 zumindest auch den Schutz Dritter bezweckt. Entscheidend ist, dass sich aufgrund individualisierender Tatbestandsmerkmale ein von der Allgemeinheit unterscheidbarer Personenkreis ergibt. Dies ist hinsichtlich der Rechtsfolgenseite von § 40 (Abs. 1 S. 2) der Fall. Hier wird ausdrücklich die Gleichbehandlung von Nachfragern telekommunikationsrechtlicher Zugangsprodukte oder -dienste verlangt. Mithin werden zugangsberechtigte Unternehmen der Telekommunikationsbranche vom Entscheidungsprogramm aufgegriffen. Zudem muss die konkrete Ausgestaltung der funktionellen Trennung unter anderem Vorgaben zur Transparenz der betrieblichen Verfahren insbesondere gegenüber anderen Interessengruppen enthalten.[681] Dieser Begriff ist zwar unbestimmt, nimmt jedoch auf andere Personen Bezug.[682]

Jedoch wird gegen die drittschützende Wirkung eingewandt, dass die funktionelle Trennung primär dem Schutz des Wettbewerbs insgesamt diene und die funktionelle Trennung keine unmittelbare Begünstigung für Dritte entfalte.[683] Diese Einwände überzeugen allerdings nicht. Zunächst schließt die Förderung von Wettbewerb den Schutz einzelner Marktteilnehmer nicht aus. Erforderlich ist lediglich, dass diese auch geschützt werden. Ferner besteht der Normzweck von Entflechtungsvorgaben – sektorübergreifend – in der Schaffung von Transparenz sowie der Verhinderung von Diskriminierungen.[684] Bei letzteren geht es spiegelbildlich um die Gleichbehandlung anderer Personen. Vor allem die mit der Transparenz einhergehende Möglichkeit, die Diskriminierungsfreiheit überwachen zu können, erleichtert Dritten die Inanspruchnahme von Zugangsleistungen.[685] Zudem soll die funktionelle Trennung gerade dazu dienen, den Diskriminierungsanreiz zu unterbinden, der sich aus der vertikalen Unternehmensstruktur ergibt. Konkret könnten beispielsweise für Konzernunternehmen nachgelagerte Angebote günstiger angeboten werden als für die übrigen

681 Siehe § 40 Abs. 3 Nr. 5.

682 Eine ähnliche Regelung enthielt § 9a Abs. 1a AEG, der bezüglich der getrennten Buchführung u.a. die Nachvollziehbarkeit für Dritte gewährleisten wollte.

683 *Schreiber* in: Geppert/Schütz, BeckTKG-Komm, § 40 Rn. 48.

684 Dies ergibt sich aus dem Vergleich mit den Entflechtungsregelungen anderer netzwirtschaftsbezogener Gesetze (Kapitel 3, § 6, 1. Vergleich mit anderen sektorspezifischen Entflechtungsvorschriften, S. 360).

685 *Schreiber* in: Geppert/Schütz, BeckTKG-Komm, § 40 Rn. 9.

Marktteilnehmer.[686] Darüber hinaus sprechen systematische Erwägungen für die Begünstigung – zugangsberechtigter – Dritter. Inhaltlich steht die funktionelle Trennung in engem Zusammenhang mit dem Diskriminierungsverbot und der Verpflichtung zur getrennten Rechnungsführung.[687] Für letzteres erkannte das *BVerwG* ausdrücklich die drittschützende Wirkung an[688], obwohl die Auferlegung zunächst abstrakt im Wege der Regulierungsverfügung erfolgt. Daher ist nicht ersichtlich, warum im Falle einer ähnlich abstrakten Verpflichtung zur funktionellen Trennung eine unmittelbare Begünstigung zugangsberechtigter Dritter ausgeschlossen sein soll. Verstärkend kommt hinzu, dass die funktionelle Trennung als Hilfsinstrument zusätzlich zu den Verpflichtungen der Zugangs- und Entgeltregulierung gedacht ist.[689] Dies ergibt sich bereits aus den Tatbestandsvoraussetzungen von § 40 Abs. 1 S. 1. Ferner enthält das TKG abseits der Marktregulierung in § 7 eine spezielle Regelung zur strukturellen Trennung für Betreiber oder Anbieter, die in der Union besondere oder ausschließliche Rechte genießen. Dessen alternative Verpflichtungen bestehen ipso iure und nehmen nicht auf andere Unternehmen Bezug, wie dies aber bei § 40 Abs. 1 S. 1 der Fall ist.

Überdies dürfte die norminterne Berücksichtigung von Art. 13a ZRL für die drittschützende Wirkung der Umsetzungsvorschrift sprechen.[690] Dieser kann als Schutzmaßnahme zugunsten der am Zugang interessierten Dritten verstanden werden. Hervorzuheben ist zudem Erwägungsgrund 61 RL 2009/140/EG, wonach die funktionelle Trennung ausdrücklich der Verhinderung von Diskriminierungen dienen soll. Im Lichte der dezentralen Vollzugskontrolle muss dies auch für Dritte möglich sein. Ferner schließt die erforderliche Genehmigung durch die Kommission den drittschützenden Charakter nicht zwingend aus. Dieses Erfordernis ist in der Sache vergleichbar mit einem verwaltungsrechtlichen Einvernehmen, welches für die Frage der materiellen Schutzwirkung einer Norm jedoch nicht maßgeblich ist. Nach alledem kann § 40 durchaus als Schutznorm zugunsten Dritter verstanden werden.

Aufschluss über die Reichweite des personellen Schutzzwecks dürfte die Rechtsfolgenregelung in § 40 Abs. 1 S. 2 geben. Hiernach ist der zu trennende Geschäftsbereich so zu organisieren, dass Zugangsprodukte und -dienste allen

---

686 *Eifert* in: Ehlers/Fehling/Pünder, Besonderes Verwaltungsrecht Bd. 1, § 23 Rn. 104.
687 *Kühling/Schall/Biendl*, Telekommunikationsrecht, S. 235 Rn. 401.
688 BVerwGE 130, 39 Rn. 17.
689 Im Ergebnis ebenso: *Mohr* in: Säcker, TKG, § 40 Rn. 10.
690 Kapitel 2, § 4, d) Verpflichtung zur funktionellen Trennung, S. 196 f.

Unternehmen zu gleichen Bedingungen zur Verfügung gestellt werden. Mithin dürften als Träger dieses normativ geschützten Interesses beziehungsweise als geschützte Dritte solche Unternehmen in Betracht kommen, die Zugangsprodukte und -dienste des vertikal integrierten Unternehmens tatsächlich nachfragen beziehungsweise dies konkret beabsichtigten.

## II. Zur Schutzrichtung der nachträglichen Missbrauchsaufsicht

Bleibt zu prüfen, wie es sich mit der drittschützenden Wirkung der Maßnahmen zur nachträglichen Missbrauchsaufsicht (§ 42) und der Vorteilsabschöpfung (§ 43) verhält. Gesetzestechnisch schließen diese Eingrifftatbestände den Teil der telekommunikationsrechtlichen Marktregulierung ab. Diese Maßnahmen sind jedoch nicht Bestandteil einer Regulierungsverfügung.[691]

Bereits im Rahmen der Ausführungen zur präventiven Missbrauchsaufsicht wurde herausgearbeitet, dass der Abschnitt der besonderen Missbrauchsaufsicht des TKG an Regelungen des allgemeinen Wettbewerbsrechts angelehnt ist.[692] Dieses enthält ebenfalls Regelungen zur Missbrauchsaufsicht sowie zur Vorteilsabschöpfung (§§ 32 und 34 GWB). Das Verhältnis des allgemeinen Wettbewerbsrechts zum TKG regelt § 2 Abs. 4 S. 1. Hiernach sind die Vorschriften des allgemeinen Wettbewerbsrechts nicht anwendbar, soweit das TKG nicht ausdrücklich abschließende Regelungen enthält. Ausdrücklich ist dies zwar nicht geregelt, allerdings, dass die Regelungen der besonderen Missbrauchsaufsicht des fünften Abschnitts in ihrem Anwendungsbereich die Vorschriften des allgemeinen Wettbewerbsrechts verdrängen.[693] In diesem Verhältnis rechtfertigt sich die Abschnittsüberschrift „*Besondere Missbrauchsaufsicht*".[694] Hintergrund ist, dass die sektorspezifische Missbrauchsaufsicht nur zur Anwendung kommen kann, sofern im Marktdefinition- und Marktanalyseverfahren die Regulierungsbedürftigkeit des definierten Marktes und die beträchtliche Marktmacht des oder der potentiellen Normadressaten festgestellt wurde.[695] Dies folgt zwar nicht

---

691 In verfahrenstechnischer Hinsicht ergehen sie – ebenso wie Maßnahmen im Rahmen der Regulierungsverfügung – im Beschlusskammerverfahren (vgl. § 132 Abs. 1 S. 1).

692 Siehe hierzu oben Kapitel 3, § 6, a) Kartellrechtliche Vorbilder, S. 307 f.

693 *Gersdorf* in: Säcker, TKG, § 42 Rn. 12; *Kühling/Schall/Biendl*, Telekommunikationsrecht, S. 241 Rn. 416.

694 Ebenso: *Eifert* in: Ehlers/Fehling/Pünder, Besonderes Verwaltungsrecht Bd. 1, § 23 Rn. 99.

695 BVerwGE 128, 305 (309 ff.). Siehe auch *Schütz* in: Geppert/Schütz, BeckTKG-Komm, § 42 Rn. 16.

ausdrücklich aus den §§ 42, 43[696], jedoch knüpfen deren Tatbestände an das Merkmal beträchtlicher Marktmacht an, welches nur im Rahmen von Marktdefinition und -analyse festzustellen ist.[697]

Innerhalb der Vorschriften zur Marktregulierung stellen die Regeln der besonderen Missbrauchsaufsicht jedoch wiederum allgemeine Regeln dar. Das heißt, die spezielleren Regelungen der Zugangs- sowie Entgeltregulierung gehen der generalklauselartigen (nachträglichen) Missbrauchsaufsicht des § 42 vor.[698]

### 1. Zum drittschützenden Charakter der nachträglichen Missbrauchsaufsicht nach § 42 TKG

Der Tatbestand von § 42 gliedert sich in das generelle Verbot der missbräuchlichen Ausnutzung beträchtlicher Marktmacht.[699] Insbesondere ist die Behinderung beziehungsweise Beeinträchtigung anderer Unternehmen verboten (§ 42 Abs. 1 S. 2). Weiter wird ein Missbrauch im Sinne von § 42 Abs. 1 bei unternehmensexterner Diskriminierung (§ 42 Abs. 2) sowie bei der Verzögerung von Zugangsvereinbarungen (§ 42 Abs. 3) vermutet.

Die drittschützende Wirkung zugunsten „*anderer Unternehmen*“ wurde bereits vom *BVerwG* anerkannt.[700] Dem ist zuzustimmen. Der Wortlaut des Regelbeispiels (§ 42 Abs. 1 S. 2) sowie der Vermutungstatbestände für missbräuchliche Verhaltensweisen (§ 42 Abs. 2 und 3) stellt auf die Benachteiligung anderer Unternehmen ab. Hinsichtlich des drittschützenden Charakters der einzelnen Missbrauchstatbestände können die Ausführungen zur präventiven Missbrauchsaufsicht entsprechend gelten.[701]

---

696 Für die Vorteilsabschöpfung folgt dies daraus, dass § 43 in tatbestandlicher Hinsicht an sektorspezifische Verfügungen der BNetzA nach § 42 Abs. 4 sowie allgemein gegen Verstöße gegen das TKG und damit auch der Vorschriften zur Marktregulierung anknüpft.

697 Im Umkehrschluss folgt hieraus jedoch auch, dass die Vorschriften des allgemeinen Wettbewerbsrecht anwendbar sind beziehungsweise werden, sofern entweder noch keine Marktdefinition und -analyse erfolgt ist oder diese ergeben haben, dass der betreffende Markt nicht mehr regulierungsbedürftig ist (*Gersdorf* in: Säcker, TKG, § 42 Rn. 10).

698 *Kredel* in: Arndt/Fetzer/Scherer/Graulich, TKG § 42 Rn. 12, 13.

699 Zu den einzelnen Missbrauchstatbeständen siehe oben IV. Präventive Missbrauchsaufsicht auf Endkundenmärkten nach § 42 Abs. 4 S. 3 TKG, S. 307.

700 BVerwGE 128, 305 (306/307) Rn. 10.

701 Siehe hierzu unter IV. Präventive Missbrauchsaufsicht auf Endkundenmärkten nach § 42 Abs. 4 S. 3 TKG, c) Zum Drittschutzcharakter, S. 309.

In personeller Hinsicht ist der Schutzbereich der nachträglichen Missbrauchsaufsicht, entsprechend ihrem Charakter als Auffangvorschrift, weit gefasst.[702] Neben „*anderen Unternehmen*" (§ 42 Abs. 1 S. 1) werden auch solche geschützt, die Zugangsleistungen zur Erbringung von Telekommunikationsdiensten nachfragen (vgl. § 42 Abs. 3). Gleichwohl ist die nachträgliche Missbrauchsaufsicht nicht nur auf den Schutz von Unternehmen zugeschnitten, die Zugangsleistungen zur Erbringung von Telekommunikationsdiensten nachfragen, sondern schützt beispielsweise auch sonstige Contentanbieter oder Rundfunkveranstalter.[703] Entscheidend ist, dass sie durch einen der Missbrauchstatbestände des § 42 beeinträchtigt werden. Mithin ist der Kreis der geschützten Dritten in Ansehung der Missbrauchstatbestände in erster Linie situationsbezogen zu bestimmen. Beispielsweise ist für die Begünstigung im Rahmen des Diskriminierungsmissbrauchs die Nachfrage nach Zugangsleistungen erforderlich, die in ungerechtfertigter Weise zu unterschiedlichen Konditionen angeboten werden (vgl. § 42 Abs. 2).

## 2. Zur Schutzrichtung der Vorteilsabschöpfung nach § 43 TKG

Es fragt sich, ob die Vorteilsabschöpfung nach § 43 Schutzwirkung zugunsten zugangsberechtigter Dritter entfaltet. § 43 Abs. 1 ermächtigt die BNetzA, die Abschöpfung des wirtschaftlichen Vorteils anzuordnen, den ein Unternehmen aufgrund eines Verstoßes gegen eine ihrer Missbrauchsverfügungen oder infolge eines schuldhaften Verstoßes gegen Vorschriften des TKG, erlangt hat. In Ansehung der beiden Tatbestandsalternativen kommen als Adressaten im Wesentlichen marktmächtige Betreiber öffentlicher Telekommunikationsnetze in Betracht. Insgesamt handelt es sich um eine nachträgliche Sanktionsbefugnis. Dabei macht die Formulierung „*soll*" deutlich, dass die Abschöpfungsanordnung im Falle einer der beiden Tatbestandsalternativen den Regelfall darstellt, von dem nur in atypischen Fällen abgewichen werden kann.[704] Die Höhe des abzuschöpfenden wirtschaftlichen Vorteils kann die BNetzA schätzen.[705]

Dessen ungeachtet ist die Vorteilsabschöpfung subsidiär gegenüber Schadensersatzleistungen oder einer anderweitigen Einziehung der Taterträge, welche ebenfalls den rechtswidrig erlangten, wirtschaftlichen Vorteil ausgleichen

---

702 Vgl. *Gersdorf* in: Säcker, TKG, § 42 Rn. 8.

703 *Gersdorf* in: Säcker, TKG, § 42 Rn. 20.

704 *Kredel* in: Arndt/Fetzer/Scherer/Graulich, TKG, § 43 Rn. 3; vgl. *Holtfoll-Frank* in: Geppert/Schütz, BeckTKG-Komm, § 43 Rn. 24, der von einem Dispensermessen spricht.

705 Siehe § 43 Abs. 4.

sollen (§ 43 Abs. 2).[706] Diese Regelung ist als Ausfluss des Verhältnismäßigkeitsgrundsatzes zugunsten des Normadressaten zu sehen.[707] Ferner „*soll*" die BNetzA im Falle unbilliger Härte von der Vorteilsabschöpfung absehen können (§ 43 Abs. 3 S. 1).[708]

Prima facie dürften die Regelungen zur Vorteilsabschöpfung nicht drittschützend sein. Das Entscheidungsprogramm von § 43 lässt keine normative Konfliktschlichtung von gegenläufigen Privatinteressen erkennen. Lediglich im Rahmen der Einschränkungsregelungen zur Subsidiarität sowie im Fall der unbilligen Härte kommt die normative Berücksichtigung der Interessen des Verpflichtungsadressaten zum Ausdruck.

### a) Kartellrechtlicher Ursprung

Vorwegzuschicken ist, dass der unionale Rechtsrahmen keine Vorgabe für die Schaffung einer Vorteilsabschöpfungsregelung enthält. Da dieser jedoch vorrangig auf die Vorabregulierung ausgerichtet ist, steht er einer nachträglichen Vorteilsabschöpfung nicht entgegen.[709] Stattdessen soll sich die telekommunikationsrechtliche Vorteilsabschöpfung ausweislich der Gesetzgebungsmaterialien an der Regelung von § 34 GWB orientieren.[710]

Bei § 34 GWB handelt es sich um ein verwaltungsrechtliches und nicht um ein straf- oder bußgeldrechtliches Instrument, das der Verstärkung von Sanktionen für Kartellrechtsverstöße dient.[711] Durch die Vorteilsabschöpfung soll sichergestellt werden, dass dem wettbewerbswidrig handelnden Unternehmen keine Rendite aus dem Wettbewerbsverstoß verbleibt. Mithin hat die Vorteilsabschöpfung als verwaltungsrechtliche Eingriffsbefugnis (auch) präventiven Charakter. Wie § 43 Abs. 3 enthält auch § 34 Abs. 3 GWB eine Ausnahmeregelung für den Fall unbilliger Härte, welche Ausfluss des Verhältnismäßigkeitsgrundsatzes

706 In zeitlicher Hinsicht darf die Vorteilsabschöpfung nur innerhalb einer Frist von fünf Jahren ab Beendigung der Zuwiderhandlung im Sinne des Absatzes eins erfolgen.

707 Vgl. § 43 Abs. 2 S. 2, welcher einen Rückerstattungsanspruch für den Fall regelt, dass nach erfolgter Vorteilsabschöpfung Schadensersatz geleistet werden muss. Hierdurch soll eine Doppelbestrafung verhindert werden.

708 Darüber hinaus „*soll*" sie unterbleiben, wenn der wirtschaftliche Vorteil gering ist (§ 43 Abs. 3 S. 2).

709 Vgl. oben Kapitel 3, § 6, b) Richtlinienrechtliche Vorsteuerung, S. 308 f.

710 BT-Drucks. 15/2316, S. 72.

711 *Emmerich* in: Immenga/Mestmäcker, Wettbewerbsrecht Bd. 2, § 34 Rn. 3, siehe dort auch zum folgenden Satz.

ist.[712] Ferner wird die Doppelbelastung des verstoßenden Unternehmens durch die Subsidiarität der Vorteilsabschöpfung gewährleistet (§ 34 Abs. 2 GWB).

Gleichwohl bestehen Unterschiede zur telekommunikationsrechtlichen Vorteilsabschöpfung, welche diese enger und restriktiver erscheinen lassen.[713] So handelt es sich bei § 34 GWB um eine Kann-Regelung, die für jede Tatbestandsvariante ein Verschulden voraussetzt. Darüber hinaus erfasst sie neben Verstößen gegen Art. 101 und 102 AEUV insbesondere Zuwiderhandlungen gegen jedwede kartellbehördliche Verfügung.[714]

Schließlich lässt § 34 GWB keine individualisierenden Tatbestandsmerkmale zugunsten Dritter erkennen, die durch den zugrundeliegenden Kartellrechtsverstoß beeinträchtigt wurden. Überdies spricht gegen dessen drittschützenden Charakter zugunsten von Marktteilnehmern, die keine Adressaten der Vorteilsabschöpfung sind, dass die vorgeschaltete kartellbehördliche Eingriffsbefugnis nach § 32 GWB nicht von Dritten geltend gemacht werden kann.[715]

### b) Kein drittschützender Charakter

Ebenso wie seine Vorbildvorschrift enthält § 43 keine ausdrücklich individualisierenden Tatbestandsmerkmale zugunsten (zugangsberechtigter) Dritter. Allerdings zielt die telekommunkationsrechliche Vorteilsabschöpfung darauf, die Rendite einzuziehen, die Unternehmen aus Verstößen gegen telekommunikationsrechtliche Vorschriften sowie Missbrauchsverfügungen der BNetzA ziehen. Diese repressive Funktion soll zugleich einen Anreiz für Marktteilnehmer darstellen, nicht gegen das TKG zu verstoßen.[716] Mithin dient die Abschöpfung der durch Zuwiderhandlungen erlangten Rendite im Ergebnis der Widerherstellung der Chancengleichheit im Markt. Die Möglichkeit zur Teilnahme am Wettbewerb zu gleichen Bedingungen wird durch Art. 12 Abs. 1 GG geschützt. Verstärkend kommt hinzu, dass die Tatbestandsalternativen des § 43 Abs. 1 unter anderem Zuwiderhandlungen gegen Vorschriften der Marktregulierung erfassen, zu denen insbesondere die Verstößße gegen Missbrauchsverfügungen gehören. Diese beziehen sich vorwiegend auf das Verhalten von

---

712 *Emmerich* in: Immenga/Mestmäcker, Wettbewerbsrecht Bd. 2, § 34 Rn. 26.

713 *Gersdorf* in: Säcker, TKG, § 43 Rn. 8.

714 Dies bestärkt das Verständnis von § 43 als sektorspezifischer Spezialvorschrift im Verhältnis zu § 34 GWB.

715 Vgl. oben Kapitel 3, § 6, a) Kartellrechtliche Vorbilder, S. 307 f.

716 Vgl. *Gersdorf* in: Säcker, TKG, § 43 Rn. 1.

Marktteilnehmern[717] beziehungsweise die Beziehungen zwischen Netzbetreibern und Diensteanbietern[718].

Jedoch spricht entscheidend gegen die drittschützende Wirkung der dem Kartellrecht entlehnte Gesichtspunkt, dass drittbetroffene Marktteilnehmer angesichts spezieller Schadensersatz- und Unterlassungsansprüche nicht schutzbedürftig erscheinen. Diese generelle Erwägung vermag zwar im Rahmen der Missbrauchsaufsicht nach § 42 nicht zu überzeugen, allerdings gehört sie zum Entscheidungsprogramm der Vorteilsabschöpfung. Die sektorspezifische Vorteilsabschöpfung ist ausdrücklich subsidiär gegenüber Schadensersatzforderungen Dritter, mit denen der wirtschaftliche Vorteil ausgeglichen wird (§ 43 Abs. 2 S. 1). Nach alledem kommt § 43 keine drittschützende Wirkung zu.

## F. Zur Schutzrichtung des Marktregulierungsverfahrens

Bleibt zu prüfen, inwieweit die Bestimmungen zum *Verfahren der Marktregulierung* zumindest auch dem Schutz (zugangsberechtigter) Dritter zu dienen bestimmt sein können.[719]

Zwar sind die Bestimmungen zur Marktdefinition nach § 10 nach dem *BVerwG* rein objektiver Natur.[720] Allerdings dient das Marktdefinitions- und Marktanalyseverfahren im Ergebnis der Identifikation von Unternehmen mit beträchtlicher Marktmacht im Sinne des § 11 Abs. 1. Damit wird zugleich das grundlegende Tatbestandsmerkmal für die Eingriffstatbestände der asymmetrischen Regulierungstatbestände quasi vorab festgelegt. Das heißt, Regulierungsmaßnahmen, die an die Feststellung beträchtlicher Marktmacht anknüpfen, können nur ergehen, wenn zuvor diese Eigenschaft im Marktdefinitions- und Analyseverfahren festgestellt worden ist. Anders gewendet besteht ohne die Festlegung beträchtlicher Marktmacht – soweit diese Eigenschaft Tatbestandsvoraussetzung ist – grundsätzlich eine Regulierungssperre. Daher erscheint die gerichtliche Überprüfung beziehungsweise Feststellung dieser Eigenschaft für Wettbewerbsunternehmen durchaus von nicht unerheblicher Bedeutung.[721]

---

717 Vgl. *Holthoff-Frank* in: Geppert/Schütz, BeckTKG-Komm, § 43 Rn. 11.

718 Siehe Art. 1 Abs. 1 S. 2 ZRL.

719 Zum Ablauf des Marktregulierungsverfahrens siehe Kapitel 1, § 2, I. Zum Ablauf des Marktregulierungsverfahrens, S. 70 ff.

720 Siehe BVerwGE 130, 39 (44/45).

721 In der Praxis erfolgt die Veröffentlichung der Festlegungen zur Marktdefinition zusammen mit denjenigen zur Marktanalyse. Die einheitlichen Festlegungen der Präsidentenkammer zur Marktdefinition und Analyse sind abrufbar unter: https://

## I. Richtlinienrechtliche Vorsteuerung

Das Verfahren zur Marktanalyse ist in besonderer Weise unionsrechtlich vorbestimmt.[722] Die wesentlichen Vorgaben für das Marktregulierungsverfahren finden sich im vierten Kapitel der Rahmenrichtlinie[723], welche ihrerseits im Verhältnis zu den übrigen Richtlinien von 2002 einen allgemeinen Rahmen darstellt.[724] Zwar wird der Begriff des Marktregulierungsverfahrens nicht ausdrücklich verwendet, jedoch sollen Art. 14 bis 16 RRL durch die Vorschriften des telekommunikationsrechtlichen Marktregulierungsverfahrens[725] umgesetzt werden. [726]

Die materiellen Vorgaben für das Marktregulierungsverfahren enthalten die Art. 14 bis 16 RRL.[727] Verfahrensrechtliche Vorgaben finden sich in Art. 6 bis 7b RRL, welche Stellungnahmerechte interessierter Kreise sowie Vorgaben für die behördliche Zusammenarbeit auf Unionsebene enthalten. Für die konkreten Rechtsfolgen des Marktregulierungsverfahren nimmt Art. 16 RRL auf die Maßnahmen der Vorabregulierung nach Art. 8 ff. ZRL sowie Art. 17 URL Bezug.[728]

---

www.bundesnetzagentur.de/DE/Service-Funktionen/Beschlusskammern/BK01/BK1_node.html, zuletzt besucht am 23.05.2019.

722 *Geers* in: Arndt/Fetzer/Scherer/Graulich, TKG, § 10 Rn. 1; *Schütz* in: BeckTKG-Komm, § 9 Rn. 8 f.; *Woesler/Heinen-Hosseini* in: Säcker, TKG, § 9 Rn. 10; *Kühling/Schall/Biendl*, Telekommunikationsrecht, S. 94 Rn. 154.

723 Siehe Art. 14 bis 16 RRL. Diese entsprechen Kapitel III „*Marktanalyse und beträchtliche Marktmacht*“, Art. 63 bis 67 Kodifizierungsrichlinie (EU) 2018/1972

724 *Woesler/Heinen-Hosseini* in: Säcker, TKG, § 9 Rn. 11.

725 Hierbei handelt es sich um die §§ 9-15a des ersten Abschnitts der telekommunikationsrechtlichen Marktregulierung. Darüber hinaus enthält das TKG in Teil 8 (§§ 116 ff., 132 ff.) u.a. allgemeine Regelungen über die Organisation der BNetzA und ihrer Beschlusskammern.

726 Vgl. BT-Drucks. 15/2316, S. 55; *Woesler/Heinen-Hosseini* in: Säcker, TKG, § 9 Rn 10; vgl. *Schütz* in: Geppert/Schütz, BeckTKG-Komm, § 9 Rn. 8.

727 In der Sache gibt Art. 16 RRL, der die Überschrift „*Marktanalyseverfahren*“ trägt, den konkreten Verfahrensablauf vor. Art. 16 RRL entspricht Art. 67 Kodifizierungsrichtlinie (EU) 2018/1972.

728 Darüber hinaus sind die aktuelle Märkteempfehlung und die Marktanalyseleitlinien der Kommission zu nennen, welche insbesondere die vorstehend genannten Richtlinienvorgaben konkretisieren. *Kühling/Schall/Biendl*, Telekommunikationsrecht, S. 94 Rn. 154.

### 1. Unionales Grundkonzept

Die Grundstruktur des Marktregulierungsverfahrens wird durch Art. 16 Abs. 1 und 2 RRL vorgegeben.[729] Nach Art. 16 Abs. 1 S. 1 RRL führen die nationalen Regulierungsbehörden eine Analyse der relevanten Märkte für elektronische Kommunikationsprodukte und -dienste durch. Dabei haben sie den in der „*Empfehlung festgelegten Märkten Rechnung (zu) tragen*“ und „*weitestgehend die Leitlinien zu berücksichtigen*“. In dieser Empfehlung werden von der Kommission diejenigen Märkte für elektronische Kommunikationsprodukte und -dienste festgelegt, die grundsätzlich für die Auferlegung von Verpflichtungen nach den Einzelrichtlinien in Betracht kommen (Art. 15 Abs. 1 RRL).[730] Die Leitlinien stammen ebenfalls von der Kommission und dienen der Konkretisierung und Interpretation der Vorgaben der Rahmenrichtlinie bezüglich Marktanalyse und Ermittlung beträchtlicher Marktmacht (Art. 15 Abs. 2 RRL).[731] Im Rahmen der Marktanalyse prüft die Regulierungsbehörde, ob auf einem relevanten Markt wirksamer Wettbewerb besteht und – in Abhängigkeit von dieser Frage –, ob Verpflichtungen gemäß Art. 17 URL[732] oder gemäß Art. 8 ZRL für Unternehmen aufzuerlegen, beizubehalten, zu ändern oder aufzuheben sind (Art. 16 Abs. 2 RRL).[733] Bei den betreffenden Verpflichtungen nach der Zugangsrichtlinie handelt es sich um solche der Transparenz, der Gleichbehandlung, zur getrennten Buchführung, der Zugangsgewährung zu bestimmten Netzeinrichtungen sowie Verpflichtungen zur Preiskontrolle und Kostenrechnung.[734] Diese regulatorischen Maßnahmen werden als „*Vorabverpflichtungen*“ beziehungsweise als „*Vorabregulierung*“ bezeichnet.[735]

---

729 Art. 16 RRL entspricht Art. 67 Kodifizierungsrichtlinie (EU) 2018/1972, wobei Art. 67 Abs. 1 Kodifizierungsrichtlinie (EU) 2018/1972 nunmehr ausdrücklich den Drei-Kriterien-Test im Rahmen der Marktdefinition vorsieht (*Kiparski*, CR 2019, 179 (181).

730 Siehe hierzu Märkteempfehlung 2014/710/EU.

731 Die ursprünglichen Marktanalyseleitlinien von 2002 sind mittlerweile durch die Leitlinien zur Marktananlyse von 2018 abgelöst worden (Siehe Ziff. 33 ff. Marktanalyseleitlinien 2018).

732 Zu den möglichen Verpflichtungen nach der Universaldienstrichtlinie siehe *Woesler/Heinen-Hosseini* in: Säcker, TKG, § 9 Rn. 14.

733 Dasselbe Muster ergibt sich entsprechend aus Art. 8 Abs. 2 ZRL sowie Art. 17 Abs. 1 URL.

734 Art. 8 Abs. 2 RRL verweist auf die in den Art. 9 bis 13 ZRL genannten Verpflichtungen. Vgl. auch Art. 67 Abs. 4 bzw. Art. 68 Abs. 1 Kodifizierungsrichtlinie (EU) 2018/1972.

735 Siehe Erwgr. 27 RRL sowie Erwgr. 13 ZRL.

Die Rechtsfolgen der Marktanalyse bestimmt Art. 16 Abs. 3 und 4 RRL.[736] Stellt die Regulierungsbehörde fest, dass auf dem relevanten Markt wirksamer Wettbewerb besteht, darf sie weder eine der in Art. 16 Abs. 2 RRL genannten spezifischen Verpflichtungen auferlegen noch beibehalten (Art. 16 Abs. 3 S. 1 RRL).[737] Sofern sie zu dem Ergebnis kommt, dass kein wirksamer Wettbewerb herrscht, ermittelt sie, welche Unternehmen allein oder gemeinsam über beträchtliche Marktmacht auf dem relevanten Markt verfügen und erlegt diesen geeignete Verpflichtungen nach Art. 16 Abs. 2 RRL auf.[738] Insoweit geben die Marktanalyseleitlinien ausdrücklich vor, dass die Regulierungsbehörde einem als marktmächtig definierten Unternehmen mindestens eine Verpflichtung auferlegt werden muss.[739] Mithin verfügt die Regulierungsbehörde hinsichtlich der Frage, ob Vorabverpflichtungen zu erlassen sind, über ein eingeschränktes Entschließungsermessen.[740] Dagegen ergibt sich aus einer Zusammenschau der Art. 8 Abs. 1 S. 2 RRL, Art. 8 Abs. 2 ZRL sowie Art. 17 Abs. 1 URL, dass ihr hinsichtlich der einzelnen Regulierungsverpflichtungen ein Auswahlermessen zusteht.[741]

Die Marktanalyse bezieht sich stets auf einen relevanten Markt (Art. 16 Abs. 2 RRL).[742] Dieser ist nach Art. 15 Abs. 3 S. 1 RRL unter weitestgehender

736 *Woesler/Heinen-Hosseini* in: Säcker, TKG, § 9 Rn. 15.

737 Siehe auch Erwgr. 27 RRL.

738 Art. 16 Abs. 4 RRL.

739 Vgl. Erwgr. 114 der Marktanalyseleitlinien 2002.

740 Vgl. *Geers*, in: Arndt/Fetzer/Scherer/Graulich, TKG, § 9 Rn. 1.

741 In verfahrensrechtlicher Hinsicht bestimmt Art. 16 Abs. 6 RRL, dass bezüglich der Maßnahmen nach Abs. 3 und 4 die Verfahren der Konsultation (Art. 6 RRL) und Konsolidierung (Art. 7 RRL) Anwendung finden. Im Konsultationsverfahren wird interessierten Kreisen die Möglichkeit einer fristgebundenen Stellungnahme hinsichtlich Maßnahmen nach der Rahmenrichtlinie oder den Einzelrichtlinien eröffnet. Hingegen betrifft das Konsolidierungsverfahren die gemeinschaftsweite Zusammenarbeit. Sofern die jeweilige Regulierungsbehörde beabsichtigt, eine Maßnahme zu ergreifen, die Auswirkungen auf den innergemeinschaftlichen Handel haben könnte, hat sie den Maßnahmenentwurf der Kommission, dem GEREK und den übrigen Regulierungsbehörden der Mitgliedstaaten zur Verfügung zu stellen und diese entsprechend zu unterrichten (Art. 7 Abs. 3 RRL). Ferner bestimmt Art. 16 Abs. 5 RRL, dass die Regulierungsbehörden in Fällen länderübergreifender Märkte die Marktanalyse gemeinsam durchführen.

742 Vorgaben für das Verfahren der Definition von Märkten enthält Art. 15 RRL. Dieser ermächtigt die Kommission zum Erlass der oben erwähnten Märkteempfehlung und den Marktanalyseleitlinien, wobei diese mit den Grundsätzen des europäischen

Berücksichtigung der Empfehlung und der Leitlinien entsprechend den nationalen Gegebenheiten sowie im Einklang mit den Grundsätzen des Wettbewerbsrechts zu definieren.[743]

Indes finden sich die inhaltlichen Vorgaben zur Marktdefinition in der Märkteempfehlung 2014/710/EU sowie den Marktanalyseleitlinien 2018. Die Märkteempfehlung 2014 enthält Vordefinitionen der sachlich relevanten Märkte[744] sowie Vorgaben für die Prüfung der Regulierungsbedürftigkeit des jeweiligen Marktes.[745] Mithin erfolgt die Marktdefinition in zwei Schritten.[746] Zunächst ist der relevante Markt durch eine sachliche und räumliche Marktabgrenzung zu bestimmen.[747] Anschließend ist zu prüfen, ob dieser der sektorspezifischen Regulierung bedarf.[748]

Im Rahmen der Marktanalyse ist dann festzustellen, ob auf dem definierten Markt wirksamer Wettbewerb herrscht.[749] Wann dies der Fall ist, wird in der Rahmenrichtlinie jedoch nicht definiert. Aus dem Zusammenspiel von Art. 16 Abs. 2 und 4 RRL erschließt sich jedoch, dass wirksamer Wettbewerb mit der Abwesenheit beträchtlicher Marktmacht gleich gesetzt wird.[750] Wann

---

Wettbewerbsrechts vereinbar sein müssen (Siehe Art. 15 Abs. 1 S. 1 und 3 sowie Abs. 2 RRL).

743 Zum Verhältnis zum Wettbewerbsrecht vgl. Rn. 12, Marktanalyseleitlinien 2018. Überdies eröffnet Art. 15 Abs. 3 S. 2 RRL für die nationale Regulierungsbehörde die Möglichkeit, Märkte zu definieren, die von denjenigen der Märkteempfehlung abweichen. In diesem Fall hat die Regulierungsbehörde jedoch die in Art. 6 und 7 RRL genannten Verfahren anzuwenden.

744 Siehe Ziff. 1 i.V.m. dem Anhang der Märkteempfehlung 2014.

745 Siehe Erwgr. 11 ff. Märkteempfehlung 2014.

746 Vgl. Erwgr. 5 und 6 der Märkteempfehlung 2014 sowie *Kühling/Schall/Biendl*, Telekommunikationsrecht, S. 96 Rn. 159.

747 Siehe hierzu Rn. 24 ff., Marktanalyseleitlinien 2018, welche konkrete Kriterien für die Marktabgrenzung regeln.

748 Vgl. hierzu Erwgr. 5 der Märkteempfehlung 2014. Regulierungsbedürftigkeit ist gegeben, wenn beträchtliche, anhaltende Marktzugangshindernisse bestehen, der Markt innerhalb des relevanten Zeitraums nicht zu einem wirksamen Wettbewerb tendiert und das Wettbewerbsrecht allein nicht ausreicht, um dem betreffenden Marktversagen angemessen entgegenzuwirken. Diese Voraussetzungen müssen kumulativ vorliegen, um eine Vorabregulierung zu rechtfertigen.

749 Siehe Art. 16 Abs. 2 RRL.

750 *Säcker* in: ders., TKG, § 3 Rn. 94. Dies wird in den Marktanalyseleitlinien bestätigt (Siehe insbesondere Rn. 24, Marktanalyseleitlinien 2018.

das Merkmal beträchtlicher Marktmacht gegeben ist, bestimmt schließlich Art. 14 RRL.[751] Nach Art. 14 Abs. 1 S. 1 RRL verfügt ein Unternehmen über beträchtliche Marktmacht, wenn es entweder allein oder gemeinsam mit anderen eine marktbeherrschende Stellung einnimmt. Dies ist bei einer wirtschaftlich starken Stellung der Fall, die es erlaubt, sich in beträchtlichem Umfang unabhängig von Wettbewerbern und Kunden zu verhalten.[752]

### 2. Keine drittschützende Vorsteuerung durch die Rahmenrichtlinie

Es fragt sich, ob die materiellen Richtlinienvorgaben hinsichtlich Marktdefinition und -ana-lyse zumindest auch den Schutz (zugangsberechtigter) Dritter bezwecken. Ausgangspunkt für die Beurteilung der individualschützenden Wirkung von Richtlinienvorgaben ist deren Schutzgut beziehungsweise Schutzziel.[753] Ausreichend ist, dass im weitesten Sinne ein Schutzziel verfolgt wird, unter das sich Rechte des Einzelnen subsumieren lassen. Im Lichte der dezentralen Vollzugskontrolle sind an den personalen Bezug des Schutzgutes keine hohen Anforderungen zu stellen. Beispielsweise erkannte der *EuGH* die individualschützende Wirkung einer Richtlinienregelung an, die den Schutz der Bieter im Rahmen der öffentlichen Auftragsvergabe bezweckt. Hingegen verneinte er im Fall der Einlagensicherungsrichtlinie 94/19/EG die Schutzwirkung der Bankenaufsicht zugunsten einzelner Sparer.[754]

Nach diesen Grundsätzen scheinen die materiellen Richtlinienbestimmungen zur Marktdefinition und -analyse (Art. 14 und 15 RRL) nicht den Schutz

751 Nach Art. 14 Abs. 1 RRL finden dessen Abs. 2 und 3 Anwendung, wenn die Regulierungsbehörde aufgrund der Einzelrichtlinien nach dem Marktanalyseverfahren nach Art. 16 RRL zu bestimmen haben, ob Betreiber über beträchtliche Marktmacht verfügen.

752 Die Kriterien zur Ermittlung beträchtlicher Marktmacht sind in Rn. 52 ff. der Marktanalyseleitlinien 2018 geregelt. Neben Marktanteilen (Rn. 55) sind auch sonstige Kriterien (Rn. 58) zu berücksichtigen. Die Definition der marktbeherrschenden Stellung entspricht dem Verständnis des *EuGH* zur marktbeherrschenden Stellung im Sinne des Wettbewerbsrechts (Siehe Rn. 52, Marktanalyseleitlinien 2018). Im Übrigen regelt Art. 14 RRL zwei besondere Fälle der beträchtlichen Marktmacht: Art. 14 Abs. 2 S. 2 RRL regelt den Fall gemeinsamer Marktbeherrschung durch mehrere Unternehmen. Art. 14 Abs. 3 RRL bestimmt, wann das Merkmal beträchtlicher Marktmacht bei benachbarten Märkten anzunehmen ist.

753 Siehe oben Kapitel 2, § 4, d) Fazit, S. 160 f.

754 *EuGH*, Urt. v. 12.10.2004, Rs. C-222/02 (Paul u. a./BRD), Slg. 2004 I-9460 Rn. 33 ff. (siehe insbes. Rn. 47).

zugangsberechtigter Dritter zu bezwecken.[755] Die Rahmenrichtlinie sieht neben den Zielen der Entwicklung des Binnenmarktes sowie der Förderung von Bürgerinteressen in Art. 8 Abs. 2 RRL die Förderung des Wettbewerbs bei der Bereitstellung elektronischer Kommunikationsnetze und -dienste vor.[756] Insofern ist insbesondere zu gewährleisten, dass es keine Wettbewerbsverzerrungen oder -beschränkungen im Bereich der elektronischen Kommunikation gibt (Art. 8 Abs. 2 lit. b) RRL). Prima facie handelt es sich bei der Wettbewerbsförderung um ein Ziel, in dem sich die Interessen einzelner Wettbewerber wiederfinden. Allerdings dürften Sinn und Zweck der Vorgaben zu Marktdefinition und -analyse gegen deren Schutzwirkung zugunsten einzelner Marktteilnehmer sprechen. Zunächst ist das übergreifende Ziel der Rahmenrichtlinie die Schaffung eines harmonisierten Rechtsrahmens für die Regulierung elektronischer Kommunikationsdienste, elektronischer Kommunikationsnetze, zugehöriger Einrichtungen und Dienste (Art. 1 Abs. 1 S. 1 RRL). Darüber hinaus sollen Vorabverpflichtungen nur auf Märkten auferlegt werden, auf denen kein wirksamer Wettbewerb besteht.[757] In diesem Lichte sind die materiellen Vorgaben zur Marktdefinition und -analyse zu sehen. Art. 14 und 15 RRL enthalten im Wesentlichen die Definition eines Unternehmens mit beträchtlicher Marktmacht und nehmen zur Beschreibung der Marktdefinition auf die Märkteempfehlung sowie die Analyseleitlinien der Kommission Bezug. Art. 16 RRL regelt im Wesentlichen die Folgen der Marktanalyse, wobei auf die spezifischen Verpflichtungen der Zugangs- sowie der Universaldienstrichtlinie verwiesen wird (siehe insbes. Art. 16 Abs. 2 RRL).

Mithin finden sich in Art. 14 und 15 RRL inhaltliche Vorgaben, die regeln, ob die spezifischen Regulierungsverpflichtungen der Einzelrichtlinien zur Anwendung kommen dürfen. Insbesondere die Marktanalyseleitlinien verdeutlichen, dass die Vorgaben zu Marktdefinition und der Würdigung beträchtlicher Marktmacht der einheitlichen Anwendung in den Mitgliedstaaten dienen.[758] Diese Zielrichtung ist nicht vergleichbar mit den spezifischen Verpflichtungen nach den einzelnen Bestimmungen der Zugangsrichtlinine, die als Schutzmaßnahmen zugunsten zugangsberechtigter Dritter anzusehen sind.[759] Im Unterschied

755 Deren Regelungen entsprechen Art. 14 und 15 Kodifizierungsrichtlinie (EU) 2018/1972.

756 Vgl. auch Art. 3 Abs. 2 Kodifizierungsrichtlinie (EU) 2018/1972.

757 Siehe Erwgr. 27 RRL.

758 Vgl. Ziff. 1.1 Rn. 6 Marktanalyseleitlinien 2018.

759 Siehe hierzu Kapitel 2, § 4, III. Folgerungen für die übrigen Regulierungsverpflichtungen, S. 189 ff.

zur allgemeinen Rahmenrichtlinie besteht die Zielsetzung der Zugangsrichtlinie darin, einen wettbewerbsorientierten Rechtsrahmen für die Beziehungen zwischen Netzbetreibern und Diensteanbietern zu schaffen (Art. 1 Abs. 1 S. 2).

Dieses Auslegungsergebnis kann sich auf die Wertung des *EuGH* in der Rechtssache Paul/BRD stützen. Hier wurde die Schutzwirkung der Bankenaufsicht zugunsten einzelner Sparer verneint, obwohl in ihren Erwägungsgründen ausdrücklich vom Schutz der Einleger die Rede war.[760] Die Einlagensicherungsrichtlinie sollte nur einen harmonisierten Mindestschutz der Einleger im Fall der Nichtverfügbarkeit ihrer Einlagen gewährleisten. Zum einen verdeutlicht dies, dass sogar die Benennung Einzelner nicht stets zu einer umfassenden Subjektivierung des Richtlinienprogramms zwingt. Zum anderen kann die Implementierung eines allgemeinen Systems den Schutz Einzelner ausschließen. Dies ist mit den allgemeinen Bestimmungen der Rahmenrichtlinie zum Marktregulierungsverfahren durchaus vergleichbar, denn es handelt sich um Verfahrensregelungen, die erst über die Anwendbarkeit der sektorspezifischen Schutzmaßnahmen entscheiden.

Ferner dürfte die institutionelle Richtlinienvorgabe einer unabhängigen und entscheidungsstarken Regulierungsbehörde[761] – entgegen dem *BVerwG* – zwar nicht zwingend gegen die Annahme der individualschützenden Wirkung sprechen[762], jedoch vermag sie diese auch nicht zu begründen. Aus der Rechtsbehelfsgarantie folgt zunächst, dass auch Entscheidungen einer unabhängigen Regulierungsbehörde gerichtlich überprüfbar sein müssen, soweit sie individuelle Rechte verletzen (vgl. Art. 4 Abs. 1 RRL). Allerdings begründet die Rechtsbehelfsgarantie (vgl. Art. 4 Abs. 1 RRL) keine subjektiven Rechte, sondern setzt solche voraus.[763]

## II. Zur Schutzrichtung der Marktdefinition nach § 10 TKG

Zu prüfen bleibt, ob die materiellen Vorgaben zur Festlegung regulierungsbedürftiger Märkte nach § 10 (Abs. 1 und 2) abseits der Vorsteuerung nach Art. 14 und 15 RRL zumindest auch dem Schutz Dritter dienen.

---

760 *EuGH*, Rs. C-222/04 (Paul u. a./BRD), Slg. 2004 I-9425 (I-9479), Rn. 45 und 47.

761 Vgl. Art. 3 Abs. 2 RRL, welcher Art. 6 Abs. 1 Kodifizierungsrichtlinie (EU) 2018/1972 entspricht.

762 BVerwGE 130, 39 (45).

763 Siehe oben Kapitel 2 § 4, III. Zum Inhalt der sektorspezifischen Rechtsbehelfsregelung(en), S. 136 f.

### 1. Zur Marktdefinition nach § 10 TKG

Die Marktdefinition nach § 10 dient dazu, diejenigen Märkte zu identifizieren, die potentiell für die sektorspezifische Regulierung in Betracht kommen.[764] Dies erfolgt in zwei Prüfungsschritten. Zuerst hat die BNetzA – unter Berücksichtigung der in § 2 genannten Ziele – die relevanten Märkte im Wege einer sachlichen und räumlichen Marktabgrenzung (§ 10 Abs. 1) unter Heranziehung etablierter kartellrechtlicher Kriterien zu ermitteln.[765] Die auf diese Weise abgegrenzten Märkte sind sodann auf ihre potentielle Regulierungsbedürftigkeit zu prüfen. Nach § 10 Abs. 2 S. 1 ist dies nur der Fall, wenn die nachstehenden drei Kriterien gegeben sind. Erstens muss der Markt durch beträchtliche und anhaltende strukturell oder rechtlich bedingte Marktzutrittsschranken gekennzeichnet sein, die zweitens dazu führen, dass längerfristig kein Wettbewerb zu erwarten ist. Drittens darf die Anwendung des allgemeinen Wettbewerbsrechts nicht dazu ausreichen, dem Marktversagen entgegenzuwirken.[766]

Hinsichtlich dieser Prüfung steht der BNetzA von Gesetzes wegen ein Beurteilungsspielraum zu (§ 10 Abs. 2 S. 2). Hierbei hat sie weitestgehend die geltende Märkteempfehlung sowie die Marktanalyseleitlinien zu berücksichtigen (§ 10 Abs. 2 S. 3).[767]

---

764 *Geers* in: Arndt/Fetzer/Scherer/Graulich, TKG, § 10 Rn. 3.

765 *Heinen-Hosseini/Woesler* in: Säcker, TKG, § 10 Rn. 31. Die Bestimmung des sachlich relevanten Marktes erfolgt anhand der Kriterien der Austauschbarkeit auf Nachfrageseite und der hinreichenden Substituierbarkeit auf der Angebotsseite (*Kühling/Schall/Biendl*, Telekommunikationsrecht, S. 97 Rn. 161). Im Rahmen der räumlichen Marktabgrenzung wird geprüft, in welchem Gebiet die Wettbewerbsbedingungen hinreichend homogen sind. Entsprechend dem allgemeinen Wettbewerbsrecht kann hierbei auf den sogenannten hypothetischen Monopolistentest abgestellt werden (*Schütz* in: Geppert/Schütz, TKG-Komm, § 10 Rn. 7 f.).

766 Dieser sogenannte Drei-Kriterien-Test bildet die maßgebliche Weichenstellung zwischen der Anwendung der sektorspezifischen Regulierung und dem allgemeinen Wettbewerbsrecht (vgl. *Geers* in: Arndt/Fetzer/Scherer/Graulich, TKG, § 10 Rn. 29). Sofern diese drei Kriterien nicht kumulativ vorliegen, sollen die Regeln des allgemeinen Wettbewerbsrechts ausreichend sein.

767 Die Märkteempfehlung 2014 enthält Vordefinitionen für sieben regulierungsbedürftige Märkte. Das *BVerwG* versteht diese vordefinierten Märkte im Sinne widerlegbarer Vermutungen (*BVerwG*, Urt. v. 02.04.2008 – 6 C 15/07 – Juris Rn. 26).

## 2. Keine drittschützende Wirkung

Zu prüfen bleibt, ob die vom *BVerwG* verneinte drittschützende Wirkung von § 10 bestätigt werden kann.[768] Festzuhalten ist zunächst, dass dessen inhaltliche Vorgaben für die sachliche und räumliche Marktabgrenzung (§ 10 Abs. 1) sowie die Prüfung der Regulierungsbedürftigkeit (§ 10 Abs. 2) keine Tatbestandsmerkmale erkennen lassen, die ausdrücklich eine individualschützende Wirkung bezwecken.

Allerdings erfordert die spezifische Regulierungsbedürftigkeit unter anderem das Vorliegen von Marktzutrittsschranken. Hierunter sind ökonomische oder institutionelle Faktoren zu verstehen, die den Markteintritt eines potentiellen Marktteilnehmers erschweren oder gänzlich verhindern können.[769] Mithin lassen sich an dieses Merkmal durchaus die Interessen von "Newcomern" andocken. Zudem könnte die verfahrensrechtliche Regelung nach § 12 Abs. 1, nach der den interessierten Parteien Gelegenheit zur Stellungnahme bezüglich des Entwurfs der Marktdefinition zu geben ist, eine entsprechende Individualbegünstigung indizieren. Hiergegen ist jedoch einzuwenden, dass Verfahrensrechten regelmäßig nur dienende Funktion zukommt und sie – abgesehen von absoluten Verfahrensrechten – kein materielles subjektiv-öffentliches Recht begründen.[770] Überdies besteht der Zweck des Konsultationsverfahrens nach § 12 Abs. 1 in der Schaffung von Transparenz und der Informationsbeschaffung.[771]

Gegen die Schutzwirkung zugunsten von Marktneulingen dürfte auch sprechen, dass mit der Marktdefinition im Ergebnis keine unmittelbaren Regulierungsmaßnahmen gegenüber einzelnen Marktteilnehmern verbunden sind. Vielmehr handelt es sich bei der Festlegung der zu regulierenden Märkte um eine quasi-gesetzliche Aufgabe, die dem Erlass einer generell-abstrakten Regelung entsprechen soll.[772]

Weiter spricht die Entstehungsgeschichte von § 10 eher gegen als für die drittschützende Wirkung der Marktdefinition. Die Anregung des Bundesrates hinsichtlich der Überprüfung der Marktdefinition nach § 14 ein Antragsrecht aufzunehmen, konnte sich nicht durchsetzen.[773]

---

768 BVerwGE 130, 39 (44/45).

769 Vgl. *Heinen-Hosseini/Woesler* in: Säcker, TKG, § 10 Rn. 57.

770 Vgl. zu relativen und materiellen Verfahrensrechten: *Schmidt-Kötters* in: Posser/Wolff, BeckOK VwGO, § 42 Rn. 195 ff.

771 *Geers* in: Arndt/Fetzer/Scherer/Graulich, TKG, § 12 Rn. 3.

772 BVerwGE 130, 39 (44 Rn. 19).

773 Siehe BT-Drucks. 15/2316, S. 111 sowie 15/2345, S. 2.

Schließlich ergibt sich auch unter dem Gesichtspunkt der normativen Konfliktschlichtung kein anderer Befund. Das Normprogramm von § 10 sieht weder unmittelbar noch mittelbar die Abwägung beziehungsweise den Ausgleich widerstreitender Privatinteressen vor.

Nach alledem ist den materiellen Prüfvorgaben der Marktdefinition keine drittschützende Wirkung zuzusprechen.

## III. Zur Schutzrichtung der Marktanalyse

Sofern im Rahmen der Marktdefinition die Regulierungsbedürftigkeit eines Marktes festgestellt wurde, schließt sich der Schritt der Marktanalyse an (§§ 9 Abs. 1, 11).[774] Es fragt sich, ob hinsichtlich der materiellen Vorgaben zur Marktanalyse nach § 11 – im Unterschied zu § 10 – ein drittschützender Befund festgestellt werden kann.

### 1. Marktanalyse nach § 11 TKG

Im Rahmen der Marktanalyse prüft die BNetzA, ob auf dem als regulierungsbedürftig festgestellten Markt wirksamer Wettbewerb besteht (§ 11 Abs. 1 S. 1).[775] Dies ist nach § 11 Abs. 1 S. 2 nicht der Fall, wenn ein oder mehrere Unternehmen auf dem relevanten Markt über beträchtliche Marktmacht verfügen. Mithin wird das Fehlen wirksamen Wettbewerbs mit der Anwesenheit beträchtlicher Marktmacht gleichgesetzt.[776] Ein Unternehmen verfügt über beträchtliche Marktmacht, wenn es entweder alleine oder gemeinsam mit anderen eine marktbeherrschende Stellung inne hat.[777] Dies ist der Fall, wenn eine wirtschaftlich

774 Hierbei handelt es sich ebenfalls um einen eigenständigen Verfahrensschritt (vgl. *Schütz* in: Geppert/Schütz, BeckTKG-Komm, § 10 Rn. 33). Allerdings erfolgt die nach § 12 Abs. 1 S. 2 gebotene Veröffentlichung mit den Festlegungen zur Marktdefinition zusammen.

775 Ähnlich wie im Rahmen der Marktdefinition ist auch bei der Analyse die *„weitestgehende"* Berücksichtigung der von der Kommission in den Marktanalyseleitlinien festgelegten Kriterien sowie der Märkteempfehlung ausdrücklich vorgesehen (§ 11 Abs. 3). Dies entspricht der Vorgabe des Art. 14 Abs. 2 S. 2 RRL.

776 Dies deckt sich mit dem obigen Befund zum unionalen Verständnis von fehlendem Wettbewerb (Kapitel 3, § 6, 1. Unionales Grundkonzept, S. 372 f.).

777 Dadurch, dass die Definition nunmehr auf starre Marktanteilsgrenzen verzichtet, wurde sie dem Verständnis der marktbeherrschenden Stellung aus dem allgemeinen Wettbewerbsrecht angeglichen (*Kühling/Schall/Biendl*, Telekommunikationsrecht, S. 134 Rn. 216). Gleichwohl ist der Marktanteil ein gewichtiges Indiz für die Annahme einer marktbeherrschenden Stellung. Die Kommission geht regelmäßig

starke Stellung gegeben ist, die es ermöglicht, sich in beträchtlichem Umfang unabhängig von Wettbewerbern und Endnutzern zu verhalten (§ 11 Abs. 1 S. 3).[778] Schließlich genießt die BNetzA nach der höchstrichterlichen Rechtsprechung auch im Rahmen der Marktanalyse einen gerichtlich nur eingeschränkt überprüfbaren Beurteilungsspielraum.[779]

## 2. Keine drittschützende Wirkung

Dem materiellen Entscheidungsprogramm von § 11 Abs. 1 lassen sich keine Merkmale entnehmen, die ausdrücklich Dritte begünstigen. Lediglich im Rahmen der Definition der beträchtlichen Marktmacht wird unter anderem auf die Unabhängigkeit gegenüber Wettbewerbern abgestellt. Allerdings handelt es sich hierbei um ein allgemeines Definitionsmerkmal. Eine finale Verknüpfung mit dem Schutz der Wettbewerber wird nicht herstellt. Darüber hinaus spricht der Normzweck der Marktanalyse gegen die Annahme einer drittschützenden Wirkung. Die Festlegung der beträchtlichen Marktmacht im ökonomischen Sinne ist die zentrale Voraussetzung der asymmetrischen Regulierung, welche der Förderung des Wettbewerbs dient.[780] Wie die Marktdefinition dient die Marktanalyse der Prüfung, ob das sektorspezifische Regulierungsinstrumentarium Anwendung finden kann (vgl. § 9 Abs. 1). Zudem werden in den zu veröffentlichenden

---

ab einem Marktanteil von über 40 % von einer marktbeherrschenden Stellung aus (siehe Ziff. 75 der Marktanalyseleitlinien 2018). Darüber hinaus finden sich in den Marktanalyseleitlinien weitere Kriterien wie beispielsweise die Gesamtgröße des Unternehmens, die Kontrolle über nicht leicht zu duplizierende Infrastruktur, technologische Vorteile oder Überlegenheit etc. zur Beurteilung dieser Frage (Siehe Ziff. 78 Marktanalyseleitlinien 2018).

778 Damit gibt es wie im europäischen Wettbewerbsrecht zwei Arten – Einzelmarktbeherrschung und kollektive Marktbeherrschung – von beträchtlicher Marktmacht (*Heinen-Hosseini/Woesler* in: Säcker, TKG, § 11 Rn. 15). Die telekommunikationsrechtliche Definition von beträchtlicher Marktmacht stimmt mit der nach Art. 14 Abs. 2 S. 1 RRL überein. Ferner erfasst § 11 Abs. 1 S. 5 den Fall der Annahme beträchtlicher Marktmacht aufgrund der Übertragung der unternehmerischen Marktmacht von einem Markt auf einen benachbarten, ebenfalls potentiell regulierungsbedürftigen, Markt (Näher hierzu: *Heinen-Hosseini/Woesler* in: Säcker, TKG, § 11 Rn. 41).

779 BVerwGE 131, 41 (Rn. 16 ff.), bestätigt durch *BVerfG*, Beschl. v. 08.12.2011 – 1 BvR 1932/08 – Juris Rn. 27 ff.

780 Vgl. *Heinen-Hosseini/Woesler* in: Säcker, TKG, § 11 Rn. 2.

Feststellungen zur Marktanalyse lediglich die marktmächtigen Unternehmen benannt und keine weiteren Rechtsfolgen angeordnet (vgl. § 12 Abs. 1 S. 2).[781]

Im Übrigen können die entstehungsgeschichtlichen Ausführungen sowie die Erwägungen einer mittelbaren Subjektivierung über das Konsultationsrecht hinsichtlich der Marktdefinition entsprechend gelten.[782] Wie bei der Marktdefinition handelt es sich bei der Marktanalyse um einen Verfahrensschritt, der über die Anwendung der sektorspezifischen Regulierungsverpflichtungen entscheidet.[783]

Schließlich lassen auch die materiellen Vorgaben zur Marktanalyse keine Anknüpfung an gegenläufige Privatinteressen erkennen, so dass in Ansehung der normativen Konfliktschlichtungsformel keine drittschützende Wirkung zu konstatieren ist.

## IV. Zur Schutzrichtung der Regel- und Anlassüberprüfung nach § 14

In § 14 Abs. 1 und 2 finden sich spezielle Regelungen insbesondere zur Überprüfung der Ergebnisse von Marktdefinition und -analyse.[784] Die Schutzwirkung dieser Regelungen kann für Dritte im Sinne dieser Untersuchung interessant werden, wenn die BNetzA die gebotene Überprüfung unterlässt oder verspätet vornimmt.

### 1. Voraussetzungen der Regel- und Anlassüberprüfung

Für die Überprüfung der Ergebnisse von Marktdefinition und -analyse regelt § 14 zwei Verfahrensarten.[785] Die Überprüfung nach § 14 stellt eine Art begleitender administrativer Kontrolle dar, durch welche den dynamischen Marktverhältnissen Rechnung getragen werden soll.[786] § 14 Abs. 1 regelt die sogenannte

781 In der Praxis erfolgt die Veröffentlichung der Ergebnisse zur Marktanalyse zusammen mit den Festlegungen zur Marktdefinition. Die einheitlichen Festlegungen der Präsidentenkammer zur Marktdefinition und Analyse sind abrufbar unter: https://www.bundesnetzagentur.de/DE/Service-Funktionen/Beschlusskammern/BK01/BK1_71_Markt/BK1_Markt_node.html, zuletzt besucht am 25.05.2019.

782 Siehe hierzu Kapitel 3, § 6, 2. Keine drittschützende Vorsteuerung durch die Rahmenrichtlinie, S. 375 f.

783 Siehe § 9 Abs. 1.

784 Weiter gilt die Regelung auch für die Überprüfung erlassener Regulierungsverfügungen.

785 Hingegen enthält § 14 Abs. 3 Vorgaben für die Unterstützung durch das GEREK bei der Überprüfung der Festlegungen. Im Allgemeinen erfolgt die Überprüfung der Ergebnisse von Marktdefinition und -analyse von Amts wegen (Vgl. *Korehnke/Ufer*, in: Geppert/Schütz, BeckTKG-Komm, § 14 Rn. 1).

786 Vgl. *Woesler* in: Säcker, TKG, § 14 Rn. 2.

anlassbezogene Überprüfung. Hiernach sind die Ergebnisse immer dann zu überprüfen, wenn der BNetzA entweder Tatsachen bekannt werden, die auf eine Änderung der Marktgegebenheiten schließen lassen oder wenn sich die Märkteempfehlung geändert hat.[787] Die Vorprüfung, ob hinreichende Tatsachen vorliegen, die die Annahme rechtfertigen, dass sich die Marktgegebenheiten geändert haben, erfolgt von Amts wegen nach pflichtgemäßem Ermessen.[788] Ist dies der Fall, hat die BNetzA das Verfahren von Marktdefinition und -analyse inklusive abschließender Regulierungsverfügung durchzuführen.[789] Die anlassbezogene Überprüfung erinnert an die Struktur des Widerrufs eines rechtmäßigen Verwaltungsaktes nach § 49 Abs. 2 Nr. 3 VwVfG.[790]

Darüber hinaus bestimmt § 14 Abs. 2 die Pflicht zur turnusmäßigen Überprüfung von Marktdefinition und -analyse sowie der Regulierungsverfügung und Neuvorlage im Verfahren der gemeinschaftsweiten Konsolidierung.[791] In zeitlicher Hinsicht sind die Ergebnisse in der Regel alle drei Jahre zu überprüfen (§ 14 Abs. 2 S. 1).[792]

### 2. Keine drittschützende Wirkung

Gegen die drittschützende Wirkung des normativen Entscheidungsprogrammes von § 14 spricht, dass die Tatbestände des Regel- und des Anlassüberprüfungsverfahrens keine individualisierenden Tatbestandsmerkmale enthalten. Allerdings will § 14 Planungs- und Rechtssicherheit schaffen.[793] Die Marktteilnehmer sollen erkennen können, welche Märkte aufgrund der Festlegungen zu Marktdefinition und -analyse der sektorspezifischen Regulierung unterfallen. Insbesondere die Regelüberprüfung soll Sicherheit sowohl für marktmächtige

787 Entsprechend § 48 Abs. 4 VwVfG ist erforderlich, dass der BNetzA die jeweiligen Tatsachen positiv zur Kenntnis gelangen (vgl. auch *Geers*, in: Arndt/Fetzer/Scherer/Graulich, TKG § 14 Rn. 3).

788 *Woesler* in: Säcker, TKG, § 14 Rn. 22 und 23. Missverständlich ist dagegen die Kommentierung von *Korehnke/Ufer*, in: Geppert/Schütz, BeckTKG-Komm, § 14 Rn. 1, welche den Eindruck erweckt, dass der BNetzA auch hinsichtlich der Regelüberprüfung ein Ermessen zusteht.

789 Dies ergibt sich aus der Anordnung der entsprechenden Anwendbarkeit der §§ 10 bis 13 (§ 14 Abs. 1 S. 1 a.E.).

790 *Woesler*, in: Säcker, TKG, § 14 Rn. 15.

791 *Woesler*, in: Säcker, TKG, § 14 Rn. 38.

792 Diese Frist beginnt ab Verabschiedung der jeweiligen Maßnahme (Vgl. Art. 16 Abs. 6 lit. a) RRL).

793 Vgl. BT-Drucks. 15/2316, S. 63.

Unternehmen als auch deren Wettbewerbern schaffen.[794] Jedoch ist dies nicht der einzige Zweck. Die Überprüfung nach § 14 ist auch Ausdruck von Verhältnismäßigkeitserwägungen, nach denen einmal getroffene Maßnahmen nicht dauerhaft bestehen, sondern an die dynamischen Marktgegebenheiten anzupassen sind.[795]

Weiter spricht die Entstehungsgeschichte von § 14 eher gegen als für dessen drittschützende Zielrichtung. Ein im Gesetzgebungsverfahren diskutiertes Antragsrecht wurde nicht aufgenommen.[796]

Ferner zwingt auch der richtlinienrechtliche Hintergrund nicht zu einer anderen Bewertung. Art. 16 Abs. 6 und 7 RRL lassen keine Hinweise auf eine Individualbegünstigung erkennen. Deutlich zeigt dies ein Vergleich mit der verfahrensrechtlichen Bestimmung zur Konsultation, wo die Stellungnahmerechte interessierter Kreise ausdrücklich vorgegeben werden (Art. 6 Abs. 1 RRL).

Schließlich ergibt sich auch unter dem Gesichtspunkt der normativen Konfliktschlichtung keine drittschützende Wirkung. Das Entscheidungsprogramm von § 14 Abs. 1 und 2 ist nicht auf eine normative Abwägung gegenläufiger Privatinteressen angelegt. Mithin handelt es sich sowohl bei der anlassbezogenen als auch bei der turnusmäßigen Überprüfung der Festlegungen um objektive Regeln, die nicht drittschützend sind.

---

794 *Korehnke/Ufer*, in: Geppert/Schütz, BeckTKG-Komm, § 14 Rn. 8.

795 *Woesler*, in: Säcker, TKG, § 14 Rn. 2.

796 Siehe BT-Drucks. 15/2316, S. 111 sowie 15/2345, S. 2.

# § 7 Zum verwaltungsgerichtlichen Drittschutz im Rahmen der Marktregulierung

Nachstehend wird die gerichtliche Durchsetzung der subjektiv-öffentlichen Rechte nichtregulierter Unternehmen im Rahmen ihrer potentiellen Rechtsschutzbegehren untersucht.[797] Neben der Frage des zulässigen Rechtsbehelfs gilt es der Frage nachzugehen, wie es um die gerichtliche Kontrolldichte bestellt ist. Darüber hinaus enthält das TKG besondere Regelungen für das gerichtliche Verfahren, welche einerseits den telekommunikationsrechtlichen Besonderheiten Rechnung tragen sollen[798], andererseits bedingen diese Unterschiede zum herkömmlichen Verwaltungsgerichtsprozess.

## A. Sektorspezifische Besonderheiten des verwaltungsgerichtlichen Verfahrens

Teil 8 enthält einen Unterabschnitt, der mit dem Titel „*Gerichtsverfahren*" überschrieben ist (§§ 137 bis 139).[799] Diese Regelungen beziehen sich nicht nur auf das verwaltungsgerichtliche Verfahren. Beispielsweise regelt § 139 durch einen entsprechenden Verweis auf § 90 Abs. 1 und 2 GWB das Recht der BNetzA zur Mitwirkung an bürgerlichen Rechtsstreitigkeiten[800], die sich nach dem TKG ergeben.[801] Darüber hinaus finden sich in § 138 und § 137 Regelungen, die

---

797 Siehe zu den potentiellen Rechtsschutzbegehren nichtregulierter Unternehmen Kapitel 1 § 3, A. Potentielle Rechtsschutzziele Dritter im Rahmen der telekommunikationsrechtlichen Marktregulierung, S. 107 f.

798 Vgl. *Attendorn/Geppert,* in: BeckTKG-Komm, § 137 Rn. 1; *Gurlit,* in: Säcker, TKG, § 137 Rn. 1.

799 Siehe Teil 8, Abschnitt 3, Unterabschnitt 2. des TKG.

800 Hierbei dürfte es sich vornehmlich um Streitigkeiten über die Entgelte für die Bereitstellung von Teilnehmerdaten nach § 47 Abs. 1 u. 3., um Streitigkeiten über Schadenersatz- und Unterlassungsansprüche (§ 44) sowie um Streitigkeiten über die Mitbenutzng von Einrichtungen nach § 70 sowie Duldungs- und Ersatzansprüche nach §§ 76, 77 handeln (*Attendorn/Geppert,* in: Geppert/Schütz, BeckTKG-Komm, § 139 Rn. 5).

801 Im Übrigen bestimmt der im Rahmen der Gesetzesnovelle von 2012 neu eingefügte § 138a für die BNetzA die Verpflichtung, bestimmte Informationen über die Rechtsbehelfsverfahren zu sammeln, um sie im Falle einer Anfrage seitens des GEREK oder der Kommission, diesen zur Verfügung zu stellen. Diese Pflicht geht auf Art. 4 Abs. 3 RRL in der Fassung der Änderungsrichtlinie 2009/140/EG zurück und soll zur kohärenten Gestaltung insbesondere von einstweiligen Rechtsbehelfsverfahren beitragen (vgl. Erwgr. 15 RL 2009/140/EG).

unmittelbar den Verwaltungsgerichtsprozess modifizieren. Letzterer enthält verschiedene Anpassungen, mit denen der Gesetzgeber von Ausnahmetatbeständen der VwGO Gebrauch gemacht hat. Übergreifendes Ziel dieser Regelungen ist es, im sich dynamisch entwickelnden Telekommunikationssektor für die Unternehmen Rechts- und Planungssicherheit durch einen effektiven Rechtsschutz in angemessener Zeit zu gewährleisten.[802]

## I. Ausschluss der aufschiebenden Wirkung von Anfechtungsrechtsbehelfen

In Abweichung vom Grundsatz des § 80 Abs. 1 VwGO bestimmt § 137 Abs. 1, dass Anfechtungsrechtsbehelfe von Adressaten und Dritten gegen Entscheidungen der BNetzA keine aufschiebende Wirkung entfalten. Eine entsprechende Regelung enthielt bereits das TKG 1996.[803] Hierbei handelt es sich um einen Ausnahmefall im Sinne des § 80 Abs. 2 S. 1 Nr. 3 1. Alt. VwGO. Da es sich bei sämtlichen Entscheidungen zur Marktregulierung nach Teil 2 des TKG um Beschlusskammerentscheidungen handelt, sind alle regulierungsbehördlichen Entscheidungen kraft Gesetzes sofort vollziehbar. Für Dritte – sowie Adressaten – ist daher die Anordnung der aufschiebenden Wirkung im Wege des einstweiligen Rechtsschutzes von erheblicher praktischer Bedeutung.[804] Einerseits zeichnen sich Hauptsacheverfahren regelmäßig durch eine lange Verfahrensdauer aus, andererseits sind die Telekommunikationsmärkte schnelllebig, so dass Hauptsacheverfahren zwar anhängig gemacht, aber oftmals nicht streitig entschieden werden.[805] Damit das Aussetzungsinteresse im Rahmen der vorzunehmenden Interessenabwägung überwiegt, bedarf es grundsätzlich einer Begründung seitens des Antragstellers.[806] Im Ausschluss der aufschiebenden Wirkung nach § 137 Abs. 1 kommt die gesetzliche Wertung zum Ausdruck, dass bei Entscheidungen der BNetzA aufgrund des TKG regelmäßig ein Interesse an

---

802 BT-Drucks. 15/2316, S. 101.

803 Namentlich bestimmte § 80 Abs. 1 TKG 1996 den Ausschluss der aufschiebenden Wirkung von Anfechtungsrechtsbehelfen gegen Entscheidungen der Regulierungsbehörde.

804 *Attendorn/Geppert,* in: Geppert/Schütz, BeckTKG-Komm, § 137 Rn. 20, siehe dort auch zu den folgenden Sätzen.

805 Die Anordnung der aufschiebenden Wirkung kann naturgemäß entweder durch einen entsprechenden Antrag an die BNetzA als Erlassbehörde (§§ 80a Abs. 1 Nr. 2, 80 Abs. 4 VwGO) oder an das Gericht der Hauptsache (§§ 80 a Abs. 3, 80 Abs. 5 VwGO) erreicht werden.

806 *Gurlit,* in: Säcker, TKG, § 137 Rn. 12.

der sofortigen Vollziehbarkeit der regulierungsbehördlichen Verwaltungsakte besteht.[807] In der Praxis wird die BNetzA häufig durch das Gericht gebeten oder im Wege einer Zwischenverfügung aufgefordert, bis zur Entscheidung in der Eilsache von einer Vollstreckung ihrer Entscheidung abzusehen.[808] Diese Möglichkeit können Dritte als Antragssteller bereits in ihrer Antragsschrift anregen.

Im Hinblick auf den Richtlinienrahmen stößt der gesetzliche Ausschluss der aufschiebenden Wirkung nach § 137 Abs. 1 nicht auf Bedenken, sondern erscheint vielmehr geboten. Denn Art. 4 Abs. 1 UAbs. 2 RRL gibt grundsätzlich vor, dass regulierungsbehördliche Entscheidungen bis zum Abschluss des Beschwerdeverfahrens wirksam bleiben sollen.[809]

## II. Ausschluss des Vorverfahrens

Ferner findet nach § 138 Abs. 2 kein Vorverfahren gegen Entscheidungen der BNetzA statt, die im Beschlusskammerverfahren ergehen.[810] Da vor allem die Entscheidungen im Rahmen der Marktregulierung nach Teil 2 des TKG im Wege des Beschlusskammerverfahrens ergehen, ist für etwaige Drittschutzbegehren ein Vorverfahren unstatthaft.

Mit § 137 Abs. 2 macht der Gesetzgeber von dem Ausnahmetatbestand nach § 68 Abs. 1 S. 2, 1. Alt. VwGO Gebrauch. Neben dem Status als regelmäßige Sachurteilsvoraussetzung für Anfechtungs- oder Verpflichtungsklagen dient das Vorverfahren als außergerichtliches Verfahren der behördlichen Selbstkontrolle. Hiervon wurde jedoch zugunsten der Stärkung der Unabhängigkeit der BNetzA sowie im Interesse der Verfahrensbeschleunigung abgesehen.[811] Hiermit geht für Rechtsschutzsuchende der Verlust eines kostengünstigen, vorprozessualen Rechtsbehelfs einher. Allerdings stößt dies im Hinblick auf die Rechtsschutzgarantie des Art. 19 Abs. 4 GG nicht auf durchgreifende Bedenken. Diese betrifft nur die gerichtliche Überprüfung und gebietet kein vorgeschaltetes behördliches Überprüfungsverfahren.[812] Überdies gehört das Anliegen einer unabhängigen

---

807 BT-Drucks. 15/2316, S. 101.

808 *Attendorn/Geppert,* in: Geppert/Schütz, BeckTKG-Komm, § 137 Rn. 23; *Gurlit,* in: Säcker, TKG, § 137 Rn. 19.

809 Diese Regelung entspricht Art. 31 Abs. 1 UAbs. 2 Kodifizierungsrichtlinie (EU) 2018/1972.

810 Bereits im Zuge des post- und telekommunikationsrechtlichen Bereinigungsgesetzes vom 07.05.2002 wurde das Vorverfahren im Falle vorhergehender Beschlusskammerverfahren abgeschafft (BGBl. I 2002, S. 1529 (1534)).

811 BT-Drucks. 15/2316, S. 101.

812 Vgl. *Jarass/Pieroth*, GG, Art. 19 Rn. 49 u. 56.

Regulierungsbehörde zu den Kerngedanken des einheitlichen Rechtsrahmens. Regelungen, die dieses Anliegen fördern, können sich zusätzlich auf Art. 3 Abs. 2 RRL stützen.[813]

## III. Verkürzung des Instanzenzuges

Abweichend vom grundsätzlich dreizügigen Rechtsschutzsystem im Verwaltungsgerichtsprozess schließt § 137 Abs. 3 S. 1 die Rechtsmittel der Berufung und der Beschwerde aus. Diese Regelung gehört zu den Neuerungen der TKG-Novelle von 2004. Durch den Wegfall einer zusätzlichen Tatsacheninstanz soll eine Verfahrensbeschleunigung erzielt werden.[814] Allerdings greift diese Verkürzung des Instanzenzuges nur für Beschlusskammerentscheidungen im Sinne des § 132 Abs. 1. Hierzu zählen jedoch in erster Linie die Entscheidungen der BNetzA zur Marktregulierung. Mithin existiert für die insofern interessierenden Rechtsbehelfe Dritter nur eine Tatsacheninstanz beim Verwaltungsgericht. Weiter besteht die Option einer Überprüfung des erstinstanzlichen Urteils in rechtlicher Hinsicht im Wege der Revision (§ 135 S. 1 VwGO). Aufgrund des Beschwerdeausschlusses gilt die Beschränkung auf eine Tatsacheninstanz nicht nur für das Hauptsacheverfahren, sondern auch im einstweiligen Rechtsschutz. Hier führt dieser Ausschluss jedoch zur Unanfechtbarkeit der gerichtlichen Entscheidung.[815] Davon abgesehen gilt der Beschwerdeausschluss jedoch nicht absolut. Insbesondere hinsichtlich Entscheidungen im gerichtlichen Zwischenverfahren zum Geheimnisschutz sowie hinsichtlich der Nichtzulassung der Revision ist die Beschwerde zulässig (§ 135 Abs. 3 S. 2).[816]

Für die Verkürzung des Instanzenzuges enthält die VwGO zwar keine ausdrückliche Rechtsgrundlage, allerdings indiziert § 135 S. 1 VwGO die Zulässigkeit einer derartigen Verkürzung. Weiter ist ein verkürzter Instanzenzug mit der Rechtsschutzgarantie des Art. 19 Abs. 4 GG vereinbar, denn dieser gewährt keinen Anspruch auf mehr als eine gerichtliche Instanz.[817] In unionsrechtlicher Hinsicht ist festzuhalten, dass der einheitliche Rechtsrahmen weder eine Verkürzung des Instanzenzuges verlangt noch ausschließt. Gefordert wird lediglich,

---

813 Diese Regelung entspricht Art. 6 Abs. 1 Kodifizierungsrichtlinie (EU) 2018/1972.

814 Vgl. BT-Drucks. 15/2316, S. 101.

815 *Attendorn/Geppert,* in: Geppert/Schütz, BeckTKG-Komm, § 137 Rn. 24.

816 Zu anderen weiterhin zulässigen Beschwerden siehe § 137 Abs. 3 S. 2 und 3.

817 *Jarass/Pieroth*, GG, Art. 19 Rn. 56.

dass gegen die Entscheidung der Regulierungsbehörde ein Rechtsbehelf eingelegt werden kann.[818]

## IV. Akteneinsicht und Geheimnisschutz im gerichtlichen Verfahren

Schließlich existiert mit § 138 eine besondere Regelung zum Geheimnisschutz im gerichtlichen Verfahren, welche in ihrer geltenden Ausprägung auf die Gesetzesnovelle von 2012 zurückgeht.[819] Diese Regelung geht sowohl auf Entscheidungen des *BVerfG*[820] als auch des *EuGH*[821] zurück.[822] Im Grundsatz verweist § 138 Abs. 1 S. 1 zunächst auf die entsprechende Vorschrift zur Aktenvorlage und zu behördlichen Auskünften nach § 99 Abs. 1 VwGO. Dementsprechend ist die BNetzA zur Vorlage ihrer Akten gegenüber dem entscheidenden Gericht verpflichtet. Im Unterschied zu § 99 Abs. 1 S. 2 VwGO ist sie jedoch nicht berechtigt, die Vorlage aufgrund berechtigter Geheimhaltungsinteressen zu verweigern. Stattdessen kann sie die entsprechenden Unterlagen als geheimhaltungsbedürftig kennzeichnen (§ 138 Abs. 1 S. 1). Dies führt zu einer entsprechenden Benachrichtigung der Beteiligten durch das Gericht der Hauptsache. Auf Antrag eines Beteiligten trifft dieses in einem gerichtlichen Zwischenverfahren eine Abwägungsentscheidung zwischen dem Geheimhaltungsinteresse an den vorgelegten Unterlagen des Antragstellers und der damit einhergehenden Einschränkung der Beteiligtenrechte aus § 100 VwGO (§ 138 Abs. 2, 3). Das Einsichtsrecht besteht hinsichtlich des gesamten Prozessstoffs, der dem Gericht vorliegt.[823] Es ist wesentlicher Bestandteil des rechtlichen Gehörs (Art. 103 Abs. 1 GG) und zugleich Ausfluss der Garantie effektiven Rechtsschutzes.[824] Hiermit können jedoch ebenso schützenswerte Geheimhaltungsinteressen anderer Prozessbeteiligter konfligieren. Diese Spannungslage soll durch die Abwägung im gerichtlichen Zwischenverfahren im Wege praktischer Konkordanz gelöst werden (§ 138 Abs. 2 S. 2). Zu derartigen Interessenkonflikten kommt es vor allem in multipolaren Rechtsverhältnissen, wie sie regelmäßig im Falle der telekommunikationsrechtlichen Marktregulierung anzutreffen sind.

---

818 Siehe Art. 4 Abs. 1 S. 1 RRL, welcher Art. 31 Abs. 1 S. 1 Kodifizierungsrichtlinie (EU) 2018/1972 entspricht.

819 Vgl. BT-Drucks. 17/5707, S. 86.

820 Siehe BVerfGE 115, 205.

821 *EuGH*, Urt. v. 13.07.2006, Rs. C-438/04 (Mobistar/IBPT), Slg. 2006, I-6701 ff.

822 Siehe hierzu *Gurlit,* in: Säcker, TKG, § 138 Rn. 2 bis 5.

823 *Rudisile,* in: Schoch/Schneider/Bier, VwGO, § 100 Rn. 6.

824 *Posser,* in: Posser/Wolff, BeckOK VwGO, § 100 Rn. 2 f.

Beispielsweise ist dies im Falle der Drittanfechtung einer telekommunikationsrechtlichen Entgeltgenehmigung durch einen Zugangsnachfrager möglich. Hier ist neben der BNetzA in Gestalt der Genehmigungsbehörde der entgeltpflichtige Zugangsnachfrager mit seinem Interesse an effektivem Rechtsschutz hinsichtlich der Überprüfung der Entgelthöhe beteiligt. Die Entgelthöhe betrifft die Berufsausübungsfreiheit des zur Entgelterhebung Berechtigten, wobei der Schutzumfang des Art. 12 Abs. 1 GG auch Berufs- und Geschäftsgeheimnisse einschließt.[825] Sofern die Abwägung im gerichtlichen Zwischenverfahren ergibt, dass dessen Geheimhaltungsinteresse das Kontrollbegehren des Klägers überwiegt, scheint dies die Rechtsdurchsetzung zu erschweren, da insoweit das Einsichtnahmerecht ausgeschlossen ist (vgl. § 138 Abs. 2 S. 2). Allerdings besteht nach § 138 Abs. 2 S. 3 im Unterschied zu § 99 VwGO die Besonderheit, dass das Gericht der Hauptsache die geheimhaltungsbedürftigen Unterlagen bei seiner Entscheidung berücksichtigen darf. Diese telekommunikationsrechtliche Besonderheit geht auf die Entscheidung des *EuGH* in der Rechtssache Mobistar/IBPT zurück.[826]

Die Rechtschutzanforderungen der sektorspezifischen Rechtsbehelfsvorschrift des Art. 4 Abs. 1 RRL gebieten, dass die Rechtsbehelfsinstanz über sämtliche entscheidungsrelevanten Informationen verfügen darf.[827] Hiermit wäre ein Verwertungsverbot im Falle berechtigter Geheimhaltungsinteressen – wie nach Maßgabe von § 99 Abs. 2 S. 1 VwGO[828] – nicht in Einklag zu bringen. Allerdings erschöpft sich § 138 nicht in einem reinen Verwertungsverbot, sondern erlaubt dem erkennenden Gericht, seine Entscheidung auf die geheimhaltungsbedürftigen Unterlagen zu stützen. Mithin ist im Falle berechtigter Geheimhaltungsinteressen die Tatsachengrundlage in telekommunikationsrechtlichen Streitigkeiten größer als dies bei normalen verwaltungsgerichtlichen Drittklagen der Fall ist.

Überdies ist gegen eine gerichtliche Entscheidung im Verfahren nach § 138 die Beschwerde zum *BVerwG* statthaft (§ 138 Abs. 4 S. 1). Diese ist entsprechend der allgemeinen Regeln des § 147 VwGO einzulegen, wobei jedoch an die Begründung zwangsläufig keine strengen Anforderungen gestellt werden können.[829] Entsprechend § 146 Abs. 1 VwGO sind die Beteiligten im Sinne des

---

825 Vgl. BVerfGE 115, 205 (233).

826 BT-Drucks. 17/5707, S. 86. Vgl. *EuGH*, Urt. v. 13.07.2006, Rs. C-438/04 (Mobistar/IBPT), Slg. 2006, I-6701 ff.

827 BT-Drucks. 17/5707, S. 86. Vgl. auch *Gurlit*, in: Säcker, TKG, § 138 Rn. 28.

828 Vgl. *Rudisile*, in: Schoch/Schneider/Bier, VwGO, § 99 Rn. 64.

829 *Gurlit*, in: Säcker, TKG, § 138 Rn. 24.

§ 63 VwGO des betreffenden Verwaltungsrechtsstreits beschwerdebefugt. In den interessierenden Drittschutzkonstellationen geht die Rechtsschutzinitiative typischerweise von einem nichtregulierten Unternehmen aus, welches als Kläger im Sinne von § 63 Nr. 1 VwGO beschwerdebefugt wäre. Die gegenläufigen Geheimhaltungsinteressen dürften dagegen regelmäßig vom regulierten Unternehmen ausgehen, welches im Falle einer Drittanfechtungsklage gegen die ihm erteilte Entgeltgenehmigung notwendig beizuladen ist (§ 65 Abs. 2 VwGO).

## V. Fazit

Festzuhalten ist zunächst, dass die Überschrift „*Rechtsmittel*“ für § 137 etwas irreführend ist.[830] Dagegen enthält § 137 nicht nur Regeln, die Rechtsmittel beziehungsweise ein Rechtsmittelverfahren betreffen. Hinsichtlich des Anwendungsbereichs knüpfen die §§ 137, 138 teilweise allgemein an Maßnahmen der BNetzA und teilweise nur an deren Entscheidungen im Beschlusskammerverfahren an. Allerdings ergehen alle marktregulierungsrechtlichen Entscheidungen der BNetzA in einem solchen Verfahren[831]. Daher ist eine entsprechende Unterscheidung für gerichtliche Rechtsschutzangelegenheiten im Rahmen der Marktregulierung irrelevant.

In der Sache ermöglichen die Regelungen des § 137 – sowie auch des § 138 – eine beschleunigte Durchführung des gerichtlichen Verfahrens. Rechtsschutz in angemessener Verfahrensdauer soll Netzbetreibern und Anbietern von Telekommunikationsdiensten Rechts- und Planungssicherheit verschaffen.[832] Hiervon profitieren neben rechtsschutzsuchenden Adressaten denklogisch auch Dritte. Allerdings soll die kürzere Verfahrensdauer prozesstechnisch durch den Wegfall der aufschiebenden Wirkung von Anfechtungsrechtsbehelfen, den Ausschluss des Vorverfahrens sowie einen verkürzten Instanzenzug erreicht werden. Hiermit geht zwangsläufig eine Verkürzung der Rechtsschutzmöglichkeiten im Verhältnis zur VwGO einher. Aus verfassungsrechtlicher Sicht ist dies jedoch nicht zu beanstanden. Die Rechtsschutzgarantie des Art. 19 Abs. 4 S. 1 GG als besondere Ausprägung des allgemeinen Justizgewährleistungsanspruchs gewährt nur Anspruch auf eine gerichtliche Kontrolle.[833] Nach § 137 Abs. 3 besteht neben der

---

830 Ein Rechtsmittel zeichnet sich durch einen Suspensiv- und einen Devolutiveffekt aus (siehe etwa *Meissner/Schenk*, in: Schoch/Schneider/Bier, VwGO, § 58 18).

831 Dies ergibt sich aus dem Verweis in § 132 Abs. 1 S.1 auf Entscheidungen nach Teil 2 des TKG.

832 Vgl. BT-Drucks. 15/2316, S. 101.

833 *Jarass/Pieroth*, GG, Art. 19 Rn. 56.

Überprüfung in tatsächlicher und rechtlicher Hinsicht in erster Instanz grundsätzlich noch die Option einer weiteren rechtlichen Überprüfung im Wege der Revision. Im Übrigen stehen die gesetzlichen Entscheidungen für den Verzicht auf ein Vorverfahren sowie gegen den Ausschluss der ausschiebenden Wirkung gerichtlichem Rechtsschutz nicht entgegen. Vielmehr handelt es sich dabei um durchaus gängige Erscheingen.[834] Wegen der fehlenden aufschiebenden Wirkung von Anfechtungsrechtsbehelfen dürften Rechtsschutzsuchende jedoch verstärkt auf Rechtsbehelfe des einstweiligen Rechtschutzes angewiesen sein. Wenn sich ein Dritter beispielsweise gegen den aus seiner Sicht nachteiligen Widerruf einer Regulierungsverfügung wehren will, sollte er neben der Anfechtungsklage in erster Linie an einen Antrag auf Anordnung der aufschiebenden Wirkung denken. Hinzu kommt, dass es gerade im schnelllebigen Telekommunikationsmarkt häufig bei der Entscheidung im Eilrechtsschutz verbleibt.[835] In diesem Verfahren gelten jedoch andere Entscheidungsmaßstäbe[836] sowie ein anderer Überzeugungsgrad als im Hauptsacheverfahren.

Gleichwohl stellen sich die sektorspezifischen Abweichungen nach § 137 insgesamt als verhältnismäßig dar. Die übergreifende Zielsetzung kürzerer Verfahren trägt letzlich zur Wirksamkeit des Rechtsschutzes bei.[837] Die einzelnen Regelungen des § 137 fördern eine kürzere Verfahrensdauer und treten auch in anderen Rechtsgebieten auf. Abgesehen von dieser legitimen Zielsetzung handelt es sich bei vorhergehenden Verwaltungsverfahren um ein Beschlusskammerverfahren, dass seinerseits gerichtsähnlich ausgestaltet ist (§§ 132 ff.).[838] Hinzu kommt die Abstimmung mit anderen Behörden (vgl. § 123) oder Gremien auf nationaler sowie europäischer Ebene (vgl. 123a). Mithin ergehen bereits die Entscheidungen der BNetzA zur Marktregulierung in einem besonderen Verfahren.

---

834 Vgl. § 212a Abs. 1 BauGB oder § 68 Abs. 1 S. 2, 1. Alt. VwGO.

835 *Attendorn/Geppert,* in: Geppert/Schütz, BeckTKG-Komm, § 137 Rn. 22.

836 So geht das Aussetungsinteresse des Antragstellers dem Vollzugsinteresse regelmäßig vor, wenn ernstliche Zweifel an der Rechtmäßigkeit des angegriffenen Verwaltungsaktes bestehen (vgl. § 80 Abs. 4 S. 3 VwGO).

837 Vgl. *Jarass/Pieroth*, GG, Art. 19 Rn. 66.

838 *Kühling/Schall/Biendl*, Telekommunikationsrecht, S. 386 Rn. 716. Bei diesen handelt es sich um kollegial besetzte Kammern, die sich regelmäßig aus einem Juristen, einem Ökonom sowie einem Ingenieur zusammensetzen und die nach dem Mehrheitsprinzip entscheiden (*Gurlit,* in: Säcker, TKG, § 132 Rn. 25). Neben umfangreichen Anhörungs- und Stellungnahmerechten im Beschlusskammerverfahren ergehen ihre Beschlüsse aufgrund einer mündlichen Verhandlung (§ 135 Abs. 3 S. 1).

Schließlich stehen auch die Vorgaben des einheitlichen Rechtsrahmens den Regelungen des § 137 nicht entgegen. Teilweise sind sie, etwa im Hinblick auch § 137 Abs. 1, ausdrücklich geboten. Im Übrigen gelten die allgemeinen Regeln zur Umsetzung von Richtlinien. Mangels ausdrücklicher Richtlinienvorgaben ist es Sache der Mitgliedstaaten im Rahmen ihrer Verfahrensautonomie, die Ausgestaltung gerichtlicher Verfahren für die Durchsetzung aus dem Unionsrecht folgender Individualrechte unter Beachtung der Grundsätze der Äquivalenz und der Effektivität zu bestimmen.[839] Die Regelungen des § 137 machen die Durchsetzung richtlinienrechtlich indizierter Individualrechte nicht praktisch unmöglich oder erschweren sie übermäßig. Gerichtlicher Hauptsache- sowie Eilrechtsschutz gegen Entscheidungen der BNetzA sind möglich. Ferner handelt es sich bei § 137 zwar um eine sektorspezifische Spezialregelung, allerdings finden sich ähnliche Abweichungen von der VwGO auch in anderen Gesetzen.[840] Mithin sind die Regelungen des § 137 nicht weniger günstig als andere gesetzliche Regelungen. Überdies liegt ein wirksamer Rechtsschutz, wozu eine angemessene Verfahrensdauer wesentlich beitragen kann, im Interesse des einheitlichen Rechtsrahmens (vgl. Art. 4 RRL).

## B. Klagemöglichkeiten Dritter hinsichtlich der Regulierungsverfügung

Nachstehend werden die Hauptsacherechtsbehelfe untersucht, mit denen nichtregulierte Unternehmen die Einhaltung der drittschützenden Marktregulierungsregelungen im Verwaltungsrechtsweg gerichtlich einfordern können. Generell kommen im Verwaltungsprozess Gestaltungs-, Leistungs- sowie Feststellungsklagen in Betracht.[841] Die statthafte Klageart richtet sich nach dem Klagebegehren (§ 88 VwGO). Entsprechend der Systematik der telekommunikationsrechtlichen Marktregulierung sind zunächst die Klagekonstellationen Dritter im Zusammenhang mit der Regulierungsverfügung zu untersuchen.[842] Ihre

---

839 Vgl. beispielsweise *EuGH*, Urt. v. 24.04.2008, Rs. C-55/06 (Arcor/BRD), Slg. 2008, I-2976 (3036 f.), Rn. 166 und 170.

840 Hinsichtlich § 137 Abs. 1 vgl. § 212a Abs. 1 BauGB, § 37 AEG. Hinsichtlich § 137 Abs. 2 vgl. § 110 JustizG NRW. Hinsichtlich § 137 Abs. 3 vgl. § 20 Abs. 2 ESG, § 10 Abs. 2 KDVG.

841 Siehe etwa *Pietzcker*, in: Schoch/Schneider/Bier, VwGO, § 42 Rn. 1.

842 Anschließend werden die denkbaren Klagekonstellationen abseits der Regulierungsverfügung untersucht. Siehe hierzu Kapitel 3, § 7, C. Drittklagen abseits der Regulierungsverfügung (S. 418 ff.) sowie D. Drittschutz hinsichtlich der Festlegungen zu Marktdefinition und -analyse (S. 434 ff.).

Rechtnatur bildet die wesentliche Weichenstellung für den beziehungsweise die statthaften Hauptsacherechtsbehelfe.

## I. Zur Rechtsnatur der Regulierungsverfügung

In der Literatur wird die Regulierungsverfügung als Verwaltungsakt qualifiziert.[843] Dies erscheint ungenau. Eine Regulierungsverfügung enthält – neben den Festlegungen zu Marktdefinition und -analyse – regelmäßig mehrere Regulierungsverpflichtungen, welche ihrerseits Verwaltungsakte darstellen.

Nach § 132 Abs. 1 S. 2 entscheidet die BNetzA in den Fällen der Marktregulierung durch ihre Beschlusskammern per Verwaltungsakt. Zudem spricht § 13 Abs. 5 hinsichtlich der Rechtsfolgen der Marktanalyse davon, dass Entscheidungen mit den Ergebnissen der Marktdefinition und -analyse als einheitlicher Verwaltungsakt ergehen. Dies könnte für eine gesetzliche Fiktion zugunsten eines Verwaltungsaktes sprechen. Allerdings kommt es für die Rechtsnatur der betreffenden Entscheidungen nicht auf die Bezeichnung an.[844] Maßgeblich ist vielmehr, ob die betreffende Maßnahme aus Sicht des Adressaten die Merkmale des Verwaltungsaktes nach § 35 VwVfG erfüllt. Dies deckt sich mit dem Verständnis von § 132 Abs. 1 S. 2 als Handlungsformgebot, welches sich auf Entscheidungen der Beschlusskammern bezieht.[845] Wann eine Entscheidung im Sinne des § 132 Abs. 1 S. 2 anzunehmen ist, wird gesetzlich jedoch nicht definiert. Dies eröffnet Raum für die Prüfung der Tatbestandsvoraussetzungen von § 35 S. 1 VwVfG. Hiervon ausgehend kommt es darauf an, ob die Regulierungsverfügung als Entscheidung der Marktregulierung die Merkmale eines Verwaltungsaktes erfüllt.

Die Bezeichnung *Regulierungsverfügung* taucht im TKG nur in der entsprechenden Legaldefinition auf. Hiernach bezeichnet sie die Ergreifung von Verpflichtungen nach den §§ 19 ff. aufgrund einer Marktanalyse (§ 13 Abs. 1 S. 1). Allerdings handelt es sich bei § 13 Abs. 1 insgesamt um eine verfahrensgestaltende Regelung.[846] Die Verweisung auf die einzelnen Verpflichtungstatbestände indiziert den unselbstständigen Charakter von § 13 Abs. 1 S. 1. Überdies spricht diese umfangreiche Inbezugnahme dafür, dass verschiedene Verpflichtungen

---

843 Siehe etwa *Ellinghaus*, CR 2009, 87 (87) oder *Korehnke/Ufer*, in: Geppert/Schütz, BeckTKG-Komm, § 13 Rn. 8; *Kühling/Schall/Biendl*, Telekommunikationsrecht, S. 156 Rn. 256.

844 Statt vieler siehe *Kopp/Ramsauer*, VwVfG, § 35 Rn. 53, vgl dort auch zum folgenden Satz.

845 *Gurlit*, in: Säcker, TKG, § 132 Rn. 29. Vgl. auch *Attendorn/Geppert*, in: Geppert/Schütz, BeckTKG-Komm, § 132 Rn. 31.

846 Vgl. *Geers*, in: Arndt/Fetzer/Scherer/Graulich, TKG, § 13 Rn. 2.

Gegenstand der Regulierungsverfügung sein können.[847] Im Unterschied zu § 13 Abs. 1 S. 1 stellen die in Bezug genommenen Verpflichtungstatbestände Eingriffsbefugnisse gegenüber Unternehmen dar, die über beträchtliche Marktmacht verfügen. Dieses Konzept deckt sich mit § 9 Abs. 2, welcher vorsieht, dass solchen Unternehmen durch die BNetzA Maßnahmen der Marktregulierung auferlegt werden.

Erhellt wird das Zusammenspiel von § 9 Abs. 2, 13 Abs. 1 S. 1 sowie den in Bezug genommenen Verpflichtungstatbeständen der Marktregulierung durch die Regulierungspraxis der BNetzA. Deren Regulierungsverfügungen ergehen in Form eines Beschlusses, der entsprechend einem verwaltungsgerichtlichen Urteil aufgebaut ist. Entsprechend § 13 Abs. 5 werden die Festlegungen des Marktdefinitions- und -analyseverfahrens für den maßgeblichen Markt festgestellt.[848] Hierauf folgen unter der Überschrift „*Regulierungsverfügung*" einzelne Verpflichtungen des Betroffenen. Dabei enthält die Regulierungsverfügung regelmäßig mehrere Verpflichtungen. Zu Beginn der rechtlichen Erwägungen – welche mit „*Gründe*" überschrieben sind – werden die Rechtsgrundlagen für die entsprechenden Ziffern des Tenors angegeben. Beispielsweise wird hinsichtlich der in Ziffer 2.2 der Regulierungsverfügung vom 07.07.2014 tenorierten Auferlegung eines Diskriminierungsverbotes die Zusammenschau von § 9 Abs. 2 i.V.m. § 13 Abs. 1 und § 19 als Rechtsgrundlage benannt.[849] Nimmt man diese Normenkette näher in den Blick, zeigt sich, dass die konkreten Tatbestandsvoraussetzungen und Rechtsfolgen in der jeweiligen Verpflichtungsnorm zu finden sind. Hingegen spricht die passive Formulierung von § 9 Abs. 2 eher für eine Aufgaben- anstatt eine Befugnisnorm.

Beispielsweise folgt aus einer Gleichbehandlungsverpflichtung im Sinne von § 19 Abs. 1 die Verpflichtung, dass Zugangsvereinbarungen auf objektiven Maßstäben beruhen müssen. Diese Regelung entfaltet Außenwirkung, da sie an den jeweiligen Netzbetreiber mit beträchtlicher Marktmacht gerichtet ist.[850] Weiter

---

847 Vgl. *Kühling/Schall/Biendl*, Telekommunikationsrecht, S. 156 Rn. 256, wo von einem „*Bündel an Einzelentscheidungen*" gesprochen wird.

848 Siehe nur Regulierungsverfügung v. 07.07.2014 (*BNetzA*, Beschl. v. 07.07.2014 (BK 2c 13/005) betreffend den Markt Nr. 1 der Märkteempfehlung 2007/879/EG, https://www.bundesnetzagentur.de/DE/Service-Funktionen/Beschlusskammern/1_GZ/BK2-GZ/2013/2013_0001bis0999/2013_001bis099/BK2-13-0005/BK2-13-0005_Regulierungsverfuegung_BKV.html, zuletzt besucht am 30.05.2019. Für den nächsten Satz siehe S. 12 der Regulierungsverfügung v. 07.07.2014.

849 Siehe BNetzA, Beschl. v. 07.07.2014 (BK 2c 13/005), S. 31.

850 Als originärem Beteiligtem im Sinne des § 134 Abs. 2 Nr. 2 ist ihm diese Verfügung sogar förmlich zuzustellen (§ 131 Abs. 1 S. 2).

handelt es sich um eine konkret-individuelle Regelung, da dem marktmächtigen Verpflichtungsadressaten ein bestimmtes Verhalten vorgegeben wird. Durch die Aufnahme der Ergebnisse zur Marktanalyse wird der marktmächtige Netzbetreiber namentlich identifiziert. Damit erfüllt bereits die – beispielhafte – Diskriminierungsverpflichtung die Merkmale des Verwaltungsaktes nach § 35 S. 1 VwVfG. Dieser Befund kann auf die übrigen in § 13 Abs. 1 S. 1 aufgezählten Verpflichtungstatbestände übertragen werden, da sie ähnlich aufgebaut sind wie die Verpflichtung nach § 19 (Abs. 1).

Hinsichtlich der Frage der Rechtsnatur der Regulierungsverfügung ist damit festzuhalten, dass ihre Einstufung als Verwaltungsakt ungenau ist. Vielmehr handelt es sich bei den einzelnen (Regulierungs-)Verpflichtungen um Verwaltungsakte.

## II. Drittanfechtungsklage gegen ungünstige Regulierungsverpflichtungen

Ausgehend von der Verwaltungsaktqualität der einzelnen Regulierungsverpflichtungen kommt für Dritte, die deren Aufhebung begehren, als statthafte Klageart die Anfechtungsklage nach § 42 Abs. 1, 1. Alt. VwGO in Betracht. Entsprechend den in § 13 Abs. 1 S. 1 aufgezählten Verfügungsformen kommen verschiedene Konstellationen für Anfechtungsbegehren Dritter in Betracht. Insofern lassen sich im Wesentlichen drei Fälle unterscheiden. Das Anfechtungsbegehren kann zunächst gegen die erstmalige Auferlegung einer Regulierungsverpflichtung gerichtet sein. Die übrigen Verfügungsformen beziehen sich dagegen auf die Änderung bereits auferlegter Verpflichtungen.[851] Typischerweise betreffen diese Verfügungsmodi Entscheidungen aufgrund einer Überprüfung bereits erlassener Regulierungsverfügungen.[852] Um eine Änderung handelt es sich, wenn eine konkrete Verpflichtung im Detail neu festgelegt wird. Dagegen bezeichnet die Beibehaltung die Weitergeltung einer bereits verfügten Verpflichtung. Schließlich stellt der Widerruf einer bereits auferlegten Verpflichtung eine Spezialregelung zu § 49 VwVfG dar.[853] Auch diese Verfügungsformen können aus Sicht Dritter, die unter den personellen Schutzzweck der jeweiligen

851 Vgl. *Gurlit*, in: Säcker, TKG, § 13 Rn. 13 ff. Siehe dort auch zu den folgenden Sätzen.

852 Zur Überprüfung einer Regulierungsverfügung siehe Kapitel 3, § 6, IV. Zur Schutzrichtung der Regel- und Anlassüberprüfung nach § 14, S. 382 ff.

853 Vgl. *Korehnke/Ufer*, in: Geppert/Schütz, BeckTKG-Komm, § 13 Rn. 4; s.a. *BVerwG*, Urt. v. 14.02.2007 – 6 C 28/05 – Juris Rn. 22.

Regulierungsverpflichtung fallen, nachteilig und damit Gegenstand entsprechender Anfechtungsbegehren sein.[854]

Um das Risiko einer teilweisen Klageabweisung zu vermeiden, ist die jeweils aufzuhebende Regulierungsverpflichtung in der Klageschrift genau zu bezeichnen. Auch für Anfechtungsklagen gegen Regulierungsverpflichtungen gilt der allgemeine Grundsatz, dass nur eine teilweise Aufhebung begehrt werden kann.[855] Entscheidend ist, dass der angefochtene Teil nicht in einem untrennbaren Zusammenhang mit den übrigen Verpflichtungen steht.[856] Allgemein ist diese Trennbarkeit gegeben, wenn der übrige Teil der Regulierungsverfügung ohne Änderung in sinnvoller und rechtmäßiger Weise bestehen bleiben kann. Das Verständnis der Marktregulierung als vielseitiger Gestaltungsaufgabe lässt die Trennbarkeit des *„Bündels"* [857] an Verpflichtungen, die eine Regulierungsverfügung enthält, fraglich erscheinen. Schließlich hat die BNetzA bei der Auswahl der einzelnen Regulierungsverpflichtungen die unterschiedlichen Regulierungsziele des § 2 Abs. 2 zu berücksichtigen. Nichtsdestotrotz handelt es sich bei den Verpflichtungen um eigenständige Regelungen[858], so dass die logische Teilbarkeit grundsätzlich zu bejahen ist.

### 1. Zulässigkeitsvoraussetzungen der Anfechtungsklage

Die Zulässigkeit einer Drittanfechtungsklage beziehungsweise einer Verpflichtungsklage hängt insbesondere vom Vorliegen der besonderen Sachurteilsvoraussetzungen ab.[859] Nach § 68 Abs. 1 S. 2, 1. Alt. VwGO i.V.m. § 137 Abs. 2 ist jedoch ein Vorverfahren entbehrlich. Der richtige Klagegegner bestimmt sich hingegen nach § 78 Abs. 1 Nr. 1 VwGO, da es sich bei dem TKG um ein Bundesgesetz handelt. Richtiger Beklagter ist demnach die Bundesrepublik Deutschland als Rechtsträger der BNetzA. Die Vertretung der Bundesrepublik erfolgt

---

854 Sofern Dritte gegen mehrere Gegenstände der Regulierungsverfügung vorgehen wollen, stellt dies eine zulässige objektive Klagehäufung dar (§ 44 VwGO).

855 Vgl. *BVerwG*, Urt. v. 28.01.2009 - 6 C 39/07 - Juris Rn. 44.

856 *Decker,* in: Posser/Wolff, BeckOK VwGO, § 113 Rn. 36, vgl. dort auch zum folgenden Satz.

857 Vgl. *Kühling/Schall/Biendl*, Telekommunikationsrecht, S. 156 Rn. 256.

858 Vgl. BVerwGE 130, 39 (42).

859 Hinsichtlich der allgemeinen Zulässigkeitsvoraussetzungen sei erwähnt, dass die Anfechtungsklage gegen eine Regulierungsverpflichtung der BNetzA vor dem VG Köln zu erheben ist (§§ 81 Abs. 1, 82 Abs. 1 VwGO), welches nach § 52 Nr. 2 VwGO örtlich zuständig ist. Die BNetzA hat ihren Sitz in Bonn.

durch das Bundesministerium für Wirtschaft und Technologie, welches wiederum durch die BNetzA vertreten wird.[860]

### a) Klagebefugnis

Darüber hinaus ist nach § 42 Abs. 2 VwGO erforderlich, dass der Dritte geltend machen kann, durch die jeweils angefochtene Regulierungsverpflichtung zumindest möglicherweise in eigenen Rechten verletzt zu sein. Für Dritte, die nicht Adressaten der angefochtenen Regulierungsverpflichtung sind, bestimmt sich die Frage der Verletzung subjektiv-öffentlicher Rechte nach wie vor nach der Schutznormlehre.[861] Ausgehend vom obigen Befund sind in erster Linie die Verpflichtungstatbestände der Zugangsregulierung drittschützend. Dabei werden in abstrakt-genereller Weise Anbieter von Telekommunikationsdiensten sowie Betreiber von Telekommunikationsnetzen geschützt, die Zugang zum Netz des marktmächtigen Unternehmens begehren. Hingegen ist der personelle Schutzzweck der Vorschriften der nachträglichen Entgeltkontrolle sowie der besonderen Missbrauchsaufsicht situationsbezogen zu bestimmen. Maßgeblich ist, ob Dritte in Ansehung des jeweiligen Regulierungstatbestandes beeinträchtigt sein können.

Schließlich ist zur Bejahung der Klagebefugnis erforderlich, dass aufgrund des jeweiligen Klagevorbringens die Verletzung (potentieller) Drittrechte möglich erscheint.[862] Dies ist jedoch nur zu verneinen, soweit eine Rechtsverletzung offensichtlich und unter jedweder Betrachtungsweise ausscheidet.

### b) Klagefrist

Schwierigkeiten könnte in Drittanfechtungsfällen die Wahrung der Klagefrist bereiten. Im Falle der Entbehrlichkeit des Vorverfahrens beginnt der Lauf der einmonatigen Klagefrist regelmäßig mit Bekanntgabe des angefochtenen Verwaltungsaktes (§ 74 Abs. 1 S. 2 VwGO). Sofern der geschützte Dritte bereits Beteiligter des Beschlusskammerverfahrens gemäß § 134 Abs. 2 Nr. 1 war, ist ihm nach § 131 Abs. 1 S. 2 die Entscheidung der BNetzA nach Maßgabe des Verwaltungszustellungsgesetzes des Bundes zuzustellen. In diesem Fall kommt es für den Beginn der Klagefirst auf ordnungsgemäße Zustellung als Fall der förmlichen Bekanntgabe an. Fraglich könnte der Lauf der Klagefrist jedoch sein,

---

860 *Kühling/Schall/Biendl*, Telekommunikationsrecht, S. 374 Rn. 685.

861 Siehe hierzu oben Kapitel 3, § 6, A. Zur Ermittlung subjektiv-öffentlicher Rechte, S. 232 ff.

862 *Kopp/Schenke*, VwGO, § 42 Rn. 65, siehe dort auch zum folgenden Satz.

wenn der geschützte Dritte nicht Beteiligter des Beschlusskammerverfahrens gewesen ist. Zu erwägen ist, ob in der Veröffentlichung der Regulierungsverfügung im Amtsblatt der BNetzA (§§ 26, 5) eine Bekanntgabe auch gegenüber dem rechtsschutzsuchenden Dritten zu sehen ist. Allerdings erfordert eine wirksame Bekanntgabe im Sinne des § 41 Abs. 1 VwVfG, dass die zuständige Behörde in amtlicher Eigenschaft und mit Bekanntgabewillen handelt.[863] Dagegen genügt ein zufälliges Bekanntwerden der Tatsache, dass ein Verwaltungsakt ergangen ist nicht.[864] Nach diesen Maßstäben ist die Kenntniserlangung infolge der Veröffentlichung im Amtsblatt nicht als Bekanntgabe im Sinne des § 41 Abs. 1 VwVfG anzusehen. Es fehlt an einer gezielten individuellen Bekanntgabe gegenüber dem rechtsschutzsuchenden Dritten. Darüber hinaus stellt sie auch keine zulässige öffentliche Bekanntgabe nach § 41 Abs. 4 VwVfG dar. Hierfür sieht das TKG nicht die erforderliche Ermächtigung nach § 41 Abs. 3 VwVfG vor.[865] Kann damit die Klagefrist mangels Bekanntgabe nicht laufen, kommt allenfalls eine Verwirkung des Klagerechts in Betracht. Hierfür ist grundsätzlich maßgeblich, dass der Kläger von der Existenz der Regulierungsverfügung und ihrem Inhalt zumindest insoweit zuverlässige Kenntnis hat oder jedenfalls hätte haben müssen, dass er in der Lage ist, über die Klageerhebung entscheiden zu können.[866] Da allein mit der Kenntnis des betreffenden Verwaltungsaktes jedoch keine (ordnungsgemäße) Rechtsbehelfsbelehrung verbunden ist, kann eine Verwirkung jedenfalls nicht vor Ablauf der Jahresfrist nach § 58 Abs. 2 VwGO eintreten. Hiervon ausgehend dürfte eine Verwirkung regelmäßig erst ein Jahr nach Veröffentlichung der Regulierungsverpflichtung im Amtsblatt in Betracht kommen können.

### 2. Zum gerichtlichen Prüfungsumfang

Eine Drittanfechtungsklage gegen eine Regulierungsverpflichtung kann nur Erfolg haben, soweit die angefochtene Verpflichtung rechtswidrig und der Kläger dadurch in seinen Rechten verletzt ist (§ 113 Abs. 1 S. 1 VwGO). Ob die angefochtene Regulierungsverpflichtung rechtswidrig ist, hat das angerufene Gericht nach sorgfältiger Prüfung der Sach- und Rechtslage zu beurteilen. Dabei erfolgt die gerichtliche Kontrolle grundsätzlich umfassend.[867] Allerdings statuiert § 114

---

863 Vgl. *Tiedemann*, in: Bader/Ronellenfitsch, BeckOK VwVfG, § 41 Rn. 4 f.

864 *Kopp/Ramsauer*, VwVfG, § 41 Rn. 7a.

865 *VG Köln*, Urt. v. 01.08.2007 – 21 K 4013/06 – Juris Rn. 32 f.

866 *Brenner*, in: Sodan/Ziekow, VwGO, § 74 Rn. 61 u. 64, siehe dort auch zum folgenden Satz.

867 Vgl. *Knauff*, in: Gärditz, VwGO, § 113 Rn. 13.

S. 1 VwGO von diesem Grundsatz für behördliche Ermessensentscheidungen eine Einschränkung. Insofern ist die materielle Rechtmäßigkeitskontrolle auf Ermessensfehler begrenzt.[868] Diese eingeschränkte, gerichtliche Kontrolle ist einerseits Ausfluss des Gewaltenteilungsgrundsatzes. Wo sich der Gesetzgeber für die Einräumung behördlicher Entscheidungsspielräume entschieden hat, darf ein Gericht diese nicht durch eigene Zweckmäßigkeitserwägungen ersetzen.[869] Stattdessen ist die Prüfung neben allgemeinen Rechtmäßigkeitsanforderungen auf Fehler im Sinne von § 114 S. 1 VwGO beschränkt. Andererseits gebietet jedoch die aus dem Rechtsstaatsprinzip folgende Rechtsschutzgarantie jedenfalls eine auf Ermessensfehler bezogene Rechtsmäßigkeitskontrolle. Ähnlich verhält es sich hinsichtlich der gerichtlichen Kontrolle von Planungsentscheidungen auf sogenannte Abwägungsfehler.[870] Aufgrund der hohen Komplexität der gebotenen Abwägung sowie des behördlichen Gestaltungsauftrags ist die gerichtliche Kontrolldichte entsprechend § 114 S. 1 VwGO zurückgenommen. Sie beschränkt sich auf die Feststellung von Abwägungsfehlern.[871] Schließlich ist die gerichtliche Kontrolle im Falle von Beurteilungs- und Prognosespielräumen. Ein solcher liegt vor, wenn eine Norm die Verwaltung zu einer Beurteilung darüber ermächtigt, ob im konkreten Fall bestimmte gesetzliche Voraussetzungen erfüllt sind.[872] Mithin betrifft diese Rechtsfigur die Tatbestandsseite einer Norm. Entsprechend den in § 114 S. 1 VwGO zugrundeliegenden Wertungen ist die gerichtliche Kontrolle im Falle von Beurteilungsspielräumen auf die Feststellung sogenannter Beurteilungsfehler beschränkt. Beispielsweise geht es im Falle einer wertenden Beurteilung um die Überprüfung, ob die maßgeblichen Verfahrensbestimmungen eingehalten, der zugrundegelegete Sachverhalt vollständig ermittelt, bei der Bewertung keine sachfremden Erwägungen angestellt wurden und kein Verstoß gegen das Willkürverbot vorliegt.[873]

---

868 Zu den einzelnen Ermessensfehlern in Form des Ermessenausfalls bzw. -nichtgebrauchs, der Ermessensüberschreitung, des Ermessensdefizits sowie des Ermessensfehlgebrauchs, siehe *Decker*, in: Posser/Wolff, BeckOK VwGO, § 114 Rn. 13 ff.

869 *Decker*, in: Posser/Wolff, BeckOK VwGO, § 114 Rn. 26.

870 *Wolff*, in: Sodan/Ziekow, VwGO, § 114 Rn. 213, vergleiche dort auch zu den folgenden Sätzen.

871 Siehe zu den Fehlern in Form des Abwägungsausfalls, des Abwägungsdefizits, der Abwägungsfehlgewichtung sowie der Abwägungsdisproportionalität *Gerhardt,* in: Schoch/Schneider/Bier, VwGO, § 114 Rn. 37.

872 *Wolff*, in: Sodan/Ziekow, VwGO, § 114 Rn. 286, vergleiche dort auch zu den folgenden Sätzen.

873 Vgl. etwa *Rennert,* in: Eyermann, VwGO, § 114 Rn. 78.

Alle Verpflichtungen, die im Wege der Regulierungsverfügung ergriffen werden können, sind als Kann-Regelungen ausgestaltet. Nach tradiertem verwaltungsrechtlichen Verständnis spricht dies für die Einräumung eines behördlichen Ermessensspielraums auf Rechtsfolgenseite. Ausgehend von den vorstehenden Maßstäben dürfte dieser einer eingeschränkten gerichtlichen Kontrolle nach Maßgabe des § 114 S. 1 VwGO unterliegen. Es fragt sich jedoch, ob aufgrund der telekommunikationsrechtlichen Besonderheiten die herkömmlichen verwaltungsrechtlichen Maßstäbe ohne Weiteres übertragbar sind. Prima facie spricht hiergegen, dass es sich bei der telekommunikationsrechtlichen Marktregulierung um eine stark zielorientierte Aufgabe handelt. Insbesondere das Regulierungsziel der Wettbewerbsförderung indiziert eine komplexe, gestalterische Tätigkeit (vgl. § 2 Abs. 2 Nr. 2).

### a) Zum Regulierungsermessen

In begrifflicher Hinsicht wird diese These durch die jüngere Judikatur des *BVerwG* gestützt. Dieses verwendete in zwei Entscheidungen hinsichtlich grundlegender Ermächtigungen zur Auferlegung von Regulierungsverpflichtungen den Begriff des *Regulierungsermessens*. Fraglich ist, ob es sich hierbei im Verhältnis zu den vorstehend geschilderten behördlichen Entscheidungsspielräumen um eine eigenständige Kategorie handelt.

#### aa) Entwicklung in der Rechtsprechung des *BVerwG*

In seiner Entscheidung vom 28.11.2007 spricht das *BVerwG* erstmals von der Figur des „*Regulierungsermessens*". Der Streitgegenstand betraf zwar nicht unmittelbar die Frage, ob die BNetzA ihr eingeräumte Entscheidungsspielräume rechtmäßig ausgeübt hatte. Allerindings beschäftigte sich der 6. Senat im Rahmen der Frage, ob ein vorheriger Antrag im Verwaltungsverfahren als Zulässigkeitsvoraussetzung anzusehen sei, mit der Art und Weise der Entscheidung über die Auferlegung von Regulierungsverpflichtungen. Zunächst stellte er allgemein darauf ab, dass die Entscheidung über die Auferlegung von Regulierungsverpflichtungen das Ergebnis einer umfassenden und komplexen Abwägung sei, bei der gegenläufige öffentliche und private Belange einzustellen, zu gewichten und auszugleichen seien.[874] Namentlich bei der Ausübung ihres Auswahl- und Ausgestaltungsspielraums hinsichtlich der Auferlegung von Regulierungsverpflichtungen habe die BNetzA den Regulierungszielen des § 2 Abs. 2 Rechnung

874 BVerwGE 130, 39 (48), Rn. 28, siehe dort auch zum folgenden Satz.

zu tragen. Diese allgemeinen Annahmen sieht der Senat in § 21 Abs. 1 S. 2 als Rechtsgrundlage für Zugangsverpflichtungen bestätigt. Hinsichtlich der Prüfung, ob die Auferlegung entsprechender Verpflichtungen „*gerechtfertigt*" sei, werde ausdrücklich darauf abgestellt, „*ob diese in einem angemessenen Verhältnis zu den Regulierungszielen nach § 2 (Abs. 2 TKG) stehen*"[875]. In diese Abwägung hat die BNetzA insbesondere sieben Kriterien einzustellen (§ 21 Abs. 1 S. 2 Nr. 1 bis 7). Insofern betont der Senat, dass es sich um zahlreiche unbestimmte Rechtsbegriffe handele, die die Abwägung steuern und sich nicht von einer anschließenden Ermessensausübung trennen ließen.[876] Vielmehr sei diese Abwägung „*untrennbarer Bestandteil des Regulierungsermessens*". Vor diesem Hintergrund nimmt der 6. Senat die Voraussetzungen behördlicher Entscheidungsprärogativen in den Blick. Dabei wird auf die Anerkennung eines behördlichen Beurteilungsspielraums für die Begutachtung von Wein verwiesen.[877] Maßgeblich sei, ob der zu treffenden Entscheidung in hohem Maße wertende Elemente anhaften, ein besonderes Verwaltungsorgan mit besonderer fachlicher Legitimation zuständig sei und die Entscheidung in einem besonderen Verfahren durch ein Kollegialorgan ergehe. Diese Voraussetzungen sieht der Senat für die Auferlegung von Regulierungsverpflichtungen im Beschlusskammerverfahren nach den §§ 132 ff. als erfüllt an.[878] Ohne weitere Begründung wird festgestellt, dass solche Entscheidungen nur daraufhin überprüfbar seien, ob die Interessen der Beteiligten vollständig ermittelt, alle erforderlichen tatsächlichen Erkenntnisse gewonnen, alle für die Abwägung wesentlichen Gesichtspunkte berücksichtigt sowie keine sachfremden Erwägungen angestellt worden seien.

In der Entscheidung vom 02.04.2008 greift das *BVerwG* die vorstehende Judikatur im Rahmen einer Anfechtungsklage des regulierten Unternehmens insbesondere gegen die auferlegte Genehmigungspflicht von Entgelten für die Gewährung von Zugang und Kollokation nach der streitgegenständlichen Regulierungsverfügung auf.[879] Im Unterschied zum vorstehenden Judikat gehört die Frage der behördlichen Entscheidungsbefugnis und ihrer Rechtmäßigkeit unmittelbar zum Streitgegenstand. Angesichts der damaligen Fassung der Rechtsgrundlage für die Entscheidung über die Regulierungsart von

---

875 BVerwGE a.a.O, Rn. 28.

876 BVerwGE 130, 39 (48), Rn. 29, siehe dort auch zu den nachfolgenden Sätzen.

877 Siehe hierzu *BVerwG*, Urt. v. 16.05.2007 – 3 C 8.06 – BeckRS 2007, 24814 Rn. 27 f. Siehe dort auch zu den nachstehenden Voraussetzungen.

878 BVerwGE 130, 39 (49/50), Rn. 30. Zum nachstehenden Satz siehe Rn. 31.

879 *BVerwG*, Urt. v. 02.04.2008 – 6 C 16/07 – BeckRS 2008, 35853.

Vorleistungsentgelten hatte der 6. Senat zunächst deren grundsätzlichen Ermessenscharakter herauszuarbeiten.[880] Insofern sei insbesondere die ermessensorientierte Steuerungsvorgabe von Art. 8 (Abs. 4) i.V.m Art. 13 (Abs. 1) ZRL zugunsten eines uneingeschränkten Ermessensspielraum hinsichtlich der Art der Entgeltregulierung zu berücksichtigen.[881] Anschließend stellte der Senat unter Rekurs auf seine Entscheidung zu § 21 knapp fest, dass auch in § 30 Abs. 1 ein komplexes Entscheidungsprogramm angelegt sei, welches die BNetzA innerhalb des „*hier*" eingeräumten „*Regulierungsermessens*" zu bewältigen habe.[882] Mit der Einräumung des Regulierungsermessens beendet er zugleich den Streit, ob der BNetzA hinsichtlich der Annahme der Regulierungsziele im Sinne des § 30 Abs. 1 S. 1 ein Beurteilungsspielraum vor der eigentlichen Ermessensentscheidung zustehe.[883] Insgesamt wird das einheitliche Regulierungsermessen damit begründet, dass es sich bei dem Begriff des *Ausreichens* im Sinne des § 30 Abs. 1 S. 2 um einen unbestimmten Rechtsbegriff handele, der Ausdruck eines komplexen Entscheidungsprogramms sei. [884] Zu ergänzen ist, dass dieser Begriff im Hinblick auf die Erreichung der Regulierungsziele des § 2 verwendet wird (§ 30 Abs. 1 S. 2). Die Entscheidung, welche Entgeltregulierungsart zur Erreichung der Regulierungsziele ausreiche, sei im Hinblick auf Abwägungsfehler gerichtlich überprüfbar.[885]

### bb) Zu Begründung und Kriterien des *Regulierungsermessens*

Prima facie erscheint für das *BVerwG* vor allem die Erwägung, dass es sich bei der Entscheidung über die Auferlegung von Regulierungsverpflichtungen um das Ergebnis einer umfassenden und komplexen Abwägung handele, maßgeblich, um von der Figur des Regulierungsermessens zu sprechen.[886] Angesichts der unterschiedlichen Regulierungsziele von § 2 Abs. 2 vermag dieser Ansatz zu

---

880 *BVerwG*, Urt. v. 02.04.2008 - 6 C 16/07 - BeckRS 2008, 35853 Rn. 51 ff.

881 Vgl. *BVerwG*, Urt. 02.04.2008 - 6 C 16/07 - BeckRS 2008, 35853 Rn. 53. Dies wurde vom Gesetzgeber in der Novelle 2012 ausdrücklich bestätigt (Vgl. BT-Drucks. 17/5707, S. 60).

882 *BVerwG*, Urt. v. 02.04.2008 - 6 C 16/07 - BeckRS 2008, 35853 Rn. 56.

883 Siehe zu diesem Streitstand *Kühling*, in: Geppert/Schütz, BeckTKG-Komm, § 30 Rn. 38 ff.

884 *BVerwG*, Urt. v. 02.04.2008 - 6 C 16/07 - BeckRS 2008, 35853 Rn. 56.

885 *BVerwG*, a.a.O., Rn. 56. Im Falle eines Abwägungsausfalls, eines Abwägungsdefizits, einer Abwägungsfehleinschätzung oder einer Abwägungsdisproportionalität sei das Regulierungsermessen fehlerhaft ausgeübt (*BVerwG*, a.a.O., Rn. 42).

886 Vgl. *Attendorn*, NVwZ 2009, 19 (19/20).

überzeugen. Ziele können als finale Orientierungen verstanden werden, die bei der Gesetzesanwendung zu berücksichtigen sind.[887] Mithin steuern sie die der BNetzA obliegende Marktregulierung.

Konkret bestätigte das *BVerwG* das Regulierungsermessen für § 21 und § 30. Diese zentralen Vorschriften enthalten die grundlegenden Weichenstellungen sowohl für die Zugangsregulierung als auch für die Entgeltregulierung. Deren Einzelnormanalyse ergab, dass sie neben unbestimmten Rechtsbegriffen ausdrücklich an die Regulierungsziele des § 2 (Abs. 2) anknüpfen.[888] Insofern ging das *BVerwG* von einer untrennbaren Verknüpfung unbestimmter Rechtsbegriffe mit der (Ermessens)Abwägung aus. Mithin wird die grundsätzliche Unterscheidung zwischen unbestimmten Rechtsbegriffen auf Tatbestandsseite und einer auf Rechtsfolgenebene anzusiedelnden Ermessensentscheidung durchbrochen. Infolge der Betonung des *„untrennbaren"* Zusammenhangs scheint das *BVerwG* von einer einheitlichen Ermessensentscheidung auszugehen. Auffällig ist, dass die Rechtfertigung dieser behördlichen Einschätzungsprärogative im Bereich der Marktregulierung eher an die Maßstäbe für einen behördlichen Beurteilungsspielraum erinnert. Die gerichtliche Kontrolle wird hingegen nicht auf Beurteilungsfehler – wie sie etwa für Prüfungsentscheidungen anerkannt sind[889] –, sondern auf Abwägungsfehler begrenzt.[890] Diese entsprechen in der Sache der Abwägungsfehlerlehre, wie sie für Fälle des Planungsermessen entwickelt worden ist. Im Ergebnis erscheint dies konsequent, wenn man von einer untrennbaren Normstruktur ausgeht. Bei Beschlusskammerentscheidungen handelt es sich um Entscheidungen eines Kollegialorgans, das über besondere fachliche und rechtliche Kompetenz verfügt.[891] Der Schwerpunkt der Entscheidungsfindung

---

887 Vgl. *Eifert*, in: Ehlers/Fehling/Pünder, Besonderes Verwaltungsrecht Bd. 1, § 23 Rn. 28; vgl. auch *Attendorn*, NVwZ 2009, 19 (21/22).

888 Siehe Kapitel 3, § 6, I. Verpflichtungen zur Zugangsgewährung nach § 21 TKG, S. 257 ff. sowie 3. Zum drittschützenden Charakter der Regulierungsart von Entgelten nach § 30 Abs. 1 TKG, S. 301 f.

889 Siehe zur gerichtlichen Kontrolle von Beurteilungsspielräumen *Gerhardt* in: Schoch/Scheider/Bier, VwGO, § 114 Rn. 62.

890 BVerwGE 130, 39 (50) Rn. 31. Siehe dort auch zum nächsten Satz.

891 Die Beschlusskammern der BNetzA entscheiden im Rahmen der telekommunikationsrechtlichen Marktregulierung in der Besetzung mit einem Vorsitzenden und zwei Beisitzern, wobei mindestens ein Mitglied die Befähigung zum Richteramt besitzen muss (siehe § 132 Abs. 3). Weiter darf sie hinsichtlich Regulierungsfragen auch wissenschaftliche Kommissionen einsetzen (vgl. § 125).

dürfte jedoch in der Abwägung der Regulierungsziele liegen.[892] Daher erscheint auch die Kontrolle auf Abwägungsfehler angezeigt.

Insgesamt lassen sich aus der Zusammenschau der obigen Entscheidungen zwei Kriterien gewinnen. Zunächst ist in inhaltlicher Hinsicht erforderlich, dass der zu treffenden Abwägungsentscheidung in hohem Maße wertende Elemente anhaften. Für die streitgegenständlichen Regelungen war maßgeblich, dass neben der Konzeption als Kann-Vorschrift unbestimmte Rechtsbegriffe mit den ausdrücklich in Bezug genommenen Regulierungszielen des § 2 (Abs. 2) in Einklang zu bringen sind. Diese Normstruktur indiziert eine besondere gestalterische Aufgabe beziehungsweise eine prognoseartige Entscheidung. In verfahrensrechtlicher Hinsicht ist zudem die Zuständigkeit eines besonderen Entscheidungsorgans, das vorzugsweise kollegial besetzt ist, erforderlich. Dieses muss über besonderen Sachverstand verfügen und in einem Verfahren entscheiden, das dem Ausgleich der unterschiedlichen Belange angemessen Rechnung trägt.[893] Dies ist regelmäßig bei Beschlusskammerentscheidungen der BNetzA – welche im Rahmen der Marktregulierung der Regelfall sind – gegeben.[894]

## b) Bewertung

Die Einführung neuer Begrifflichkeiten birgt die Gefahr für bereits bekannte Phänomene, die in einem neuen Rechtsgebiet wiederkehren, zusätzliche Bezeichnungen zu generieren. Gleichwohl ist bereits dem Regulierungsbegriff ein eigenständiger Inhalt, der über das bloße "Regeln" hinausgeht, zuzuerkennen.[895] Weiter vermag die Normstruktur, die sowohl unbestimmte Rechtsbegriffe als auch eine Abwägungsentscheidung beinhaltet, eine eigenständige Entscheidungskategorie durchaus zu rechtfertigen. Diese stellt den Normanwender vor die Herausforderung unbestimmte Tatbestandsvoraussetzungen der Rechtsfolge zugrundezulegen. Hiermit ist nicht notwendigerweise eine Verwischung von Tatbestand und Rechtsfolge verbunden. Dies wäre nur der Fall, sofern die Abwägungskriterien in § 21 Abs. 1 S. 2 als Tatbestandsmerkmale einzustufen sind. Aufgrund ihres unmittelbaren Bezugs zur Abwägung erscheint dies jedoch nicht zwingend.[896]

---

892 Vgl. BVerwGE 130, 39 (48) Rn. 28.

893 Vgl. BVerwGE 130, 39 (49), Rn. 29.

894 Siehe hierzu Kapitel 1, § 2, II. Marktregulierung als Aufgabe der Bundesnetzagentur, S. 53 f.

895 Siehe Kapitel 1, § 2, A. Zum Begriff der telekommunikationsrechtlichen Marktregulierung, S. 33 ff.

896 Ebenso: *Neumann/Thomaschki*, in: Säcker, TKG, § 21 Rn. 31.

Vorteil eines einheitlichen Normverständnisses ist, dass die Normanwendung nicht künstlich aufgespalten wird. Dies erscheint gerade im Hinblick auf § 21 Abs. 1 S. 2 geboten. Hier werden für die Ermessensabwägung verschiedene Kriterien vorgegeben, bei denen es sich wiederum um unbestimmte Rechtsbegriffe handelt. Nach Ansicht des *BVerwG* sind diese zudem in hohem Maße wertungsabhängig, so dass hierfür die Annahme eines behördlichen Beurteilungsspielraums angezeigt sei. Angesichts der Begriffe wie *technische und wirtschaftliche Tragfähigkeit*, der *verfügbaren Kapazität* oder der *Notwendigkeit zur langfristigen Sicherung des Wettbewerbs* erscheint eine wertende Beurteilung durchaus angezeigt.[897] Ausgehend von der normativen Verknüpfung unbestimmter, wertungsabhängiger Rechtsbegriffe mit einer Abwägungsentscheidung[898] kann das Regulierungsermessen durchaus als ein Zwitter bezeichnet werden. Hierfür spricht zudem die Bezugnahme auf die Maßstäbe, die für die Anerkennung einer behördlichen Einschätzungsprärogative entwickelt wurden sowie der an der Abwägungsfehlerlehre ausgerichtete, gerichtliche Kontrollumfang. Die Abwägungsfehlerlehre wurde in Anlehnung an die Ermessensfehlerlehre entwickelt. Nach ihr kann die behördliche Planungsentscheidung nur auf bestimmte Defizite gerichtlich überprüft werden.[899] Versteht man die Marktregulierung durch die BNetzA als zielorientierte Gestaltungsaufgabe, überzeugt die Annahme einer gerichtlichen Kontrolle, die an den Grundsätzen der Abwägungsfehlerlehre ausgerichtet ist. Bei der Planung handelt es sich um einen zukunftsgerichteten Gestaltungsvorgang, der sich regelmäßig durch ein hohes Maß an Komplexität auszeichnet.[900]

### aa) Vereinbarkeit mit der Rechtsschutzgarantie

Konsquenz der Einräumung des administrativen Regulierungsermessens ist eine begrenzte gerichtliche Kontrolle.[901] Diese ist beschränkt auf die Feststellung von Abwägungsfehlern. Aus Art. 19 Abs. 4 S. 1 GG folgt, dass die Gerichte die behördliche Rechtsanwendung sowohl in tatsächlicher als auch in rechtlicher Hinsicht

---

897 Siehe hierzu § 21 Abs. 1 S. 2 Nr. 1, 2 und 4.

898 Vgl. BVerwGE 130, 39 (48), Rn. 29.

899 Namentlich beschränkt sich die gerichtliche Kontrolle des Planungsermessens auf Fehler des Abwägungsausfalls, des Abwägungsdefizits, der Abwägungsfehleinschätzung sowie schließlich der auf das Ergebnis der Abwägung bezogenen Abwägungsdisproportionalität (siehe zur Abwägungsfehlerlehre *Rennert,* in: Eyermann, VwGO, § 114 Rn. 43 ff).

900 Vgl. *Wolff,* in: Sodan/Ziekow, VwGO, § 114 Rn. 213 f.

901 *Eifert*, ZHR 2010, 449 (483/484); vgl. auch *Wieland*, DÖV 2011, 705 (706/707).

grundsätzlich vollständig nachprüfen können und müssen.[902] Allerdings gilt dieser Grundsatz nicht ausnahmslos. Für die eingangs geschilderten Fälle des Beurteilungsspielraums, des Ermessens sowie des Planungsermessens ist eine zurückgenommene gerichtliche Überprüfbarkeit anerkannt. Grundlage hierfür ist das jeweils zugrundeliegende materielle Recht, welches die Notwendigkeit administrativer Entscheidungsspielräume sowie deren Reichweite vorgibt.[903] Dies ist etwa der Fall, soweit das materielle Recht eine exekutivische Einschätzungsprärogative fordert oder einen administrativen Ermessenspielraum einräumt.[904] Solche Entscheidungsspielräume bedürfen jedoch eines sachlich gerechtfertigten Grundes. Dabei gebietet Art. 19 Abs. 4 S. 1 GG Zurückhaltung, da mit der Einräumung derartiger Entscheidungsspielräume eine Beschränkung der gerichtlichen Kontrolle einhergeht. Für die Vereinbarkeit der Überprüfung von Entscheidungen nach § 21 und § 30 im Hinblick auf Abwägungsfehler ist damit entscheidend, ob für die Zuerkennung des Regulierungsermessens ein sachlicher Grund besteht.

Die Analyse der Rechtsprechung des *BVerwG* ergibt, dass das Regulierungsermessen für die Auferlegung von Verpflichtungen zur Zugangsgewährung sowie hinsichtlich der Entgeltregulierungsart für Zugangsleistungen das Ergebnis einer umfassenden und komplexen Abwägung ist. In diese Abwägung sind unbestimmte Rechtsbegriffe einzustellen sowie die Regulierungsziele zu berücksichtigen (§21 Abs. 1 S. 2 sowie § 30 Abs. 1 S. 2). Dieses Normgefüge spricht für eine gestalterische Tätigkeit, die wiederum durch wertende Elemente geprägt ist. Dies ähnelt einerseits den Maßstäben eines Beurteilungsspielraums und andererseits der normativen Zuweisung eines Ermessensspielraums. Beide Entscheidungstypen sind grundsätzlich mit Art. 19 Abs. 4 S. 1 GG vereinbar.[905] Sie schließen eine gerichtliche Kontrolle nicht vollkommen aus, sondern schränken sie nur ein. Entsprechendes muss für das Regulierungsermessen gelten. Diese zwitterhafte Entscheidungsform ist durch die regulatorischen Besonderheiten des Telekommunikationssektors bedingt. Die Marktregulierung ist als eine in hohem Maße zielorientierte Gestaltungsaufgabe anzusehen, die auf die Förderung von Wettbewerb auf sich dynamisch entwickelnden Märkten angelegt

---

902 Siehe nur *BVerwG*, Urt. 16.05.2007 – 3 C 8.06 – BeckRS 2007, 24814 Rn. 26 mit weiteren Nachweisen.

903 Vgl. *Rennert*, in: Eyermann, VwGO, § 114 Rn. 77.

904 Vgl. *Jarass/Pieroth*, GG, Art. 19 Rn. 71, siehe dort auch zum folgenden Satz.

905 *Jarass/Pieroth*, GG, Art. 19 Rn. 71.

ist.[906] Dies gilt im Besonderen für § 21 und § 30. Letzterer strukturiert die Weichenstellung für die Art der Entgeltregulierung. Hingegen regelt § 21 den Urtyp der Zugangsverpflichtung, welcher durch die §§ 19 ff. flankiert wird.[907] Im Übrigen erscheint auch die Zusammenschau unbestimmter Rechtsbegriffe mit der (Ermessens)Abwägung mit Art. 19 Abs. 4 S. 1 GG vereinbar. Es verbleibt bei der Überprüfung des Regulierungsermessens auf Abwägungsfehler. Da jedoch die unbestimmten, wertenden Rechtsbegriffe erst im Rahmen der Abwägung zu berücksichtigen sind, erscheint eine Trennung praktisch schwer nachvollziehbar. Vielmehr würde ansonsten ein einheitlicher Abwägungsvorgang künstlich aufgespalten. Weiter ist zu berücksichtigen, dass die gerichtliche Praxis – zugunsten des Rechtsschutzsuchenden – dahin geht, die Bewertung der Abwägungskriterien nach § 21 Abs. 1 S. 2 Nr. 1 bis 7 streng zu überprüfen.[908] So wird insbesondere kontrolliert, ob die behördliche Bewertung alle abwägungsrelevanten Kriterien erfasst und im Hinblick auf diese erschöpfend und plausibel argumentiert worden ist. Nach alledem ist die Einräumung des Regulierungsermessen nach § 21 (Abs. 1) und § 30 (Abs. 1) mit Art. 19 Abs. 4 S. 1 GG vereinbar.

#### bb) Vereinbarkeit mit den Vorgaben des unionalen Rechtsrahmens

Bleibt zu klären, ob die Annahme eines nur auf Abwägungsfehler kontrollierbaren Regulierungsermessens mit den Vorgaben des unionalen Rechtsrahmens zu vereinbaren ist. Ausgangspunkt bildet der Grundsatz, dass die Ausgestaltung gerichtlicher Verfahren, die den Schutz von aus dem Unionsrecht folgenden Individualrechten gewährleisten sollen, Sache der Mitgliedstaaten ist, sofern das Unionsrecht keine Sonderregeln vorgibt.[909] Grenzen ergeben sich aus den Geboten der Äquivalenz und Effektivität. Weiter ergeben sich aus dem einheitlichen Rechtsrahmen Vorgaben für die Entscheidungsbefugnisse der Regulierungsbehörde. Dessen Konzeption spricht nicht gegen ein eingeschränkt kontrollierbares Regulierungsermessen, sondern dürfte eine derartige Entscheidungsform sogar gebieten.

Art. 3 Abs. 2 RRL fordert allgemein die rechtliche und funktionale Unabhängigkeit der Regulierungsbehörde.[910] Ferner müssen die Mitgliedstaaten dafür

---

906 Vgl. Kapitel 1, § 2, A. Zum Begriff der telekommunikationsrechtlichen Marktregulierung, S. 33 ff., insbesondere S. 43 f.

907 Siehe Kapitel 1 § 2, 1. Marktmachtabhängige Zugangsverpflichtungen, S. 83 ff.

908 Vgl. *BVerwG*, Urt. v. 23.11.2011 – 6 C 11/10 – BeckRS 2011, 56822 Rn. 38.

909 *EuGH*, Urt. v. 24.04.2008, Rs. C-55/06 (Arcor/BRD), Slg. 2008, I-2976, Rn. 166, siehe dort auch zum folgenden Satz.

910 Art. 3 Abs. 2 RRL entspricht Art. 6 Abs. 1 Kodifizierungsrichtlinie (EU) 2018/1972.

Sorge tragen, dass sie bei der Vorabregulierung unabhängig ist und insbesondere nicht an Weisungen einer anderen Stelle gebunden sein darf (Art. 3 Abs. 3a RRL).[911] Überdies ist die Auferlegung von Verpflichtungen nach der Zugangsrichtlinie sinngemäß nur aufgrund einer Verhältnismäßigkeitsprüfung zulässig (Art. 8 Abs. 4 S. 1 ZRL).[912] Nach dem Vorstehenden muss die Regulierungsbehörde bei dieser Prüfung in ihrer Entscheidung frei sein.[913]

Allerdings enthält der einheitliche Rechtsrahmen auch eine sektorspezifische Rechtsbehelfsgarantie (Art. 4 Abs. 1 RRL). Diese fordert jedoch – wie ihr deutsches Pendant in Art. 19 Abs. 4 S. 1 GG – nicht ausnahmslos eine volle gerichtliche Überprüfung. Nach der Rechtsprechung des *EuGH* kann einer Behörde hinsichtlich komplexer Prüfungen ein weiter Ermessenspielraum zustehen, der einer eingeschränkten gerichtlichen Kontrolle unterliegt.[914] In einem solchen Fall soll ein Richter nicht befugt sein, die behördliche Entscheidung durch seine eigene zu ersetzen. Vielmehr sei die gerichtliche Prüfung auf die Tatbestandsvoraussetzungen und ihre rechtliche Bewertung sowie insbesondere die Fragen, eines offensichtlichen Irrtums, eines Ermessensmissbrauches oder der offensichtlichen Überschreitung der Ermessensgrenzen beschränkt. Dies deckt sich mit der Auffassung des *Generalanwalts* in der Rechtssache Arcor/BRD hinsichtlich des Umfangs der gerichtlichen Kontrolle einer telekommunikationsrechtlichen Entgeltgenehmigung.[915] Nach diesen Maßstäben ist die eingeschränkte gerichtliche Kontrolle des Regulierungsermessens nicht zu beanstanden.[916] Durch die Kontrolle auf Abwägungsfehler wird einerseits der besonderen regulatorischen Stellung der BNetzA bei ihrer Aufgabenwahrnehmung Rechnung getragen, andererseits bleibt eine gerichtliche Kontrolle auf Abwägungsfehler möglich und geboten.

### c) Konsequenzen für die übrigen Regulierungsverpflichtungen

Es fragt sich, ob das für die §§ 21, 30 entwickelte Regulierungsermessen auch die übrigen Verpflichtungen kennzeichnet, die im Wege der Regulierungsverfügung

911 Vgl. Art. 8 Abs. 1 Kodifizierungsrichtlinie (EU) 2018/1972.

912 Art. 8 Abs. 4 S. 1 ZRL entspricht Art. 68 Abs. 2 S. 2 Kodifizierungsrichtlinine (EU) 2018/1972.

913 Vgl. auch BVerwGE 130, 39 (49), Rn. 30 mit Bezug auf die Ansicht der Kommission.

914 *EuGH*, Urt. v. 21.01.1999, Rs. C-120/97 (Upjohn), Slg. 1999, I-223 (251), Rn. 34. Siehe dort auch zu den folgenden Sätzen.

915 *Generalanwalt*, Schlussanträge v. 18.07.2007, Rs. C-55/06, (Arcor/BRD), BeckRS 2007, 70570 Rn. 99.

916 Vgl. auch *Wieland*, DÖV 2011, 705 (710/711).

ergehen können. Ausgehend von dem Verständnis der Marktregulierung als zielorientierter Gestaltungsaufgabe erscheint eine entsprechende Annahme prima facie naheliegend. Die Ausgestaltung aller in § 13 Abs. 1 aufgezählten Verpflichtungen als Kann-Vorschriften lässt dies auch grundsätzlich möglich erscheinen.

Allerdings dürfte sich diese Generalisierung nicht mit dem Gebot effektiven Rechtsschutzes vereinbaren lassen. Hiernach besteht grundsätzlich ein Anspruch auf vollständige Nachprüfung angefochtener Verwaltungsmaßnahmen in rechtlicher und tatsächlicher Hinsicht durch ein Gericht.[917] Lediglich in sachlich gerechtfertigten Ausnahmefällen, darf der Gesetzgeber kraft seiner Ausgestaltungsbefugnisse Gestaltungs-, Ermessens- sowie Beurteilungsspielräume schaffen, die nur eingeschränkt kontrollierbar sind. Wegen der grundsätzlich vollen Überprüfbarkeit ist dabei ein restriktives Verständnis geboten.[918] Mithin muss die exekutivische Letztentscheidungsermächtigung zumindest konkludent in der jeweiligen Norm zum Ausdruck kommen sowie ein sachlicher Grund für die Beschränkung der gerichtlichen Kontrolle existieren.[919] Allein die Verwendung eines unbestimmten Rechtsbegriffs genügt nicht. Hiervon ausgehend genügt allein der Umstand, dass die BNetzA bei der Ausübung ihrer Befugnisse zur Marktregulierung die unterschiedlichen Zielsetzungen des § 2 Abs. 2 zu berücksichtigen und einem Ausgleich zuzuführen hat, nicht.[920] Erschwerend kommt hinzu, dass die Auferlegung von Regulierungsverpflichtungen für den Adressaten regelmäßig Eingriffe in seine unternehmerische Freiheit beziehungsweise Berufsfreiheit aus Art. 12 Abs. 1 GG sowie in die Eigentumsfreiheit aus Art. 14 Abs. 1 GG darstellen dürfte. Dieser Befund deckt sich schließlich mit dem restriktiven Vorgehen des *BVerwG* bei der Anerkennung des Regulierungsermessens. Zum einen betonte das *BVerwG* die grundsätzliche Bestimmung unbestimmter Rechtsbegriffe durch die Gerichte.[921] Zum anderen erfolgte die Anerkennung des Regulierungsermessens stets in Ansehung einer konkreten Norm.

Nach alledem kommt es für die Frage, ob hinsichtlich der übrigen Verpflichtungen nach § 13 Abs. 1 ein Regulierungsermessen besteht, auf eine Einzelnormanalyse an.[922] Diese Entscheidungen obliegen ebenfalls den Beschlusskammern und

---

917 *Jarass/Pieroth*, GG, Art. 19 Rn. 68 und 71, siehe dort auch zum folgenden Satz.

918 Vgl. *Knauff*, in: Gärditz, VwGO, § 114 Rn. 31.

919 *Jarass/Pieroth*, GG, Art. 19 Rn. 71, siehe dort auch zu den nachstehenden Sätzen.

920 Ebenso *Ludwigs*, JZ 2009, 290 (294). Im Ergebnis zustimmend *Gurlit*, in: Säcker, TKG, § 13 Rn. 45.

921 Vgl. BVerwGE 130, 39 (48), Rn. 29.

922 Vgl. *Jarass/Pieroth*, GG, Art. 19 Rn. 71.

ergehen nach den spezifischen Verfahrensregelungen der §§ 132 ff. Mithin sind die verfahrensrechtlichen Anforderungen für die Annahme des Regulierungsermessens erfüllt. Fraglich ist damit nur, ob die Auferlegung der übrigen Regulierungsverpflichtungen Ausdruck einer normativen Abwägungsentscheidung ist.

### aa) Entgeltregulierungsart bei Endnutzerleistungen

In seinem Urteil vom 29.10.2008 bestätigte das *BVerwG* das Regulierungsermessen für die Auferlegung der nachträglichen Entgeltregulierung nach § 39 Abs. 3.[923] Dabei stellte der 6. Senat klar, dass nicht nur die Auferlegung der Anzeigepflicht im Rahmen der nachträglichen Entgeltregulierung einer Ausübung des Regulierungsermessens bedarf, sondern dies bereits für die Auferlegung der nachträglichen Entgeltregulierung gilt. Vor dem Hintergrund der Rechtsprechung zu § 30 Abs. 1 ist dies nur konsequent. Im Ergebnis ist § 39 hinsichtlich der Auferlegung der Entgeltregulierungsart als Pendant zu § 30 (Abs. 1) zu betrachten. § 39 gibt vor, wann Entgelte für Endnutzerleistungen der Entgeltgenehmigung (§ 39 Abs. 1) oder der nachträglichen Entgeltregulierung unterliegen (§ 39 Abs. 3).

Die Unterwerfung von Entgelten für Endnutzerleistungen nach § 39 Abs. 1 S. 1 *„kann"* die BNetzA anordnen. Dabei hat sie eine hypothetische Prognose anzustellen, ob die Verpflichtungen der Zugangsregulierung nicht zur Erreichung der Regulierungsziele des § 2 ausreichen.[924] Dieser Insuffizienztest ist vergleichbar mit der prognostischen Prüfung, ob die nachträgliche Entgeltregulierung zur Erreichung der Ziele des § 2 ausreicht (§ 30 Abs. 1 S. 2).[925] Mithin ist das Entscheidungsprogramm von § 39 Abs. 1 ebenfalls auf eine komplexe Abwägung der Regulierungsziele angelegt, die durch einen unbestimmten Rechtsbegriff gesteuert wird.

Im Unterschied zu § 39 Abs. 1 handelt es sich bei § 39 Abs. 3, der die nachträgliche Entgeltregulierung betrifft, jedoch nicht um eine Kann-Regelung. Vielmehr wird für deren Eingreifen allein darauf abgestellt, dass die entsprechenden Entgelte nicht der Genehmigung unterliegen. Angesichts dieses Wortlauts wird die Annahme eines (Regulierungs)Ermessens bezweifelt.[926] Dieser Einwand dürfte im Ergebnis jedoch nicht durchgreifen. Zwar ist es richtig, dass der Wortlaut

---

923 *BVerwG*, Urt. v. 29.10.2008 – 6 C 38/07 – BeckRS 2009, 30118 Rn. 56, siehe dort auch zu den folgenden Sätzen.

924 *Kühling/Schall/Biendl*, Telekommunikationsrecht, S. 231 Rn. 394.

925 Vgl. *Kühling*, in: Geppert/Schütz, BeckTKG-Komm, § 30 Rn. 41.

926 *Kühling/Neumann*, in: Säcker, TKG, § 39 Rn. 102.

eine Auslegungsgrenze markiert, in teleologischer Hinsicht bildet § 39 Abs. 3 mit § 39 Abs. 1 jedoch eine Einheit. Letzterer ist wiederum ausdrücklich als Kann-Regelung ausgestaltet. Hiervon ausgehend kann die BNetzA entweder die Entgeltgenehmigung oder die nachträgliche Entgeltregulierung anordnen. Dagegen würde die isolierte Betrachtung dieses Kontrollregime nur künstlich aufspalten. Im Übrigen war § 30 Abs. 1 bis zur Novelle von 2012 ähnlich formuliert wie § 39 Abs. 1 und 3. Dies hinderte das *BVerwG* jedoch nicht an einer entsprechenden richtlinienkonformen Auslegung zugunsten des Regulierungsermessens. Dementsprechend liegt es bei der Entgeltregulierung von Endnutzerleistungen. Zwar sind die Vorgaben des Art. 17 Abs. 1, 2 URL recht offen formuliert, allerdings ist auch hier von *„geeigneten regulatorischen Verpflichtungen"* die Rede, die im Wesentlichen dann aufzuerlegen sind, wenn die Maßnahmen der Vorabregulierung nicht *„zur Erreichung der in Artikel 8 Rahmenrichtlinie vorgegebenen Ziele führen würden"*. Im Lichte der Entscheidungsunabhängigkeit der Regulierungsbehörde (Art. 3 Abs. 3a RRL) gebietet dies, einen umfassenden Ermessenspielraum.[927] Mithin ist der Annahme eines Regulierungsermessen hinsichtlich der Wahl der Entgeltregulierung nach § 39 Abs. 1 und 3 zuzustimmen.

#### bb) Zugangsbegleitende Verpflichtungen sowie präventive Missbrauchsaufsicht

Fraglich ist jedoch, ob auch hinsichtlich der zugangsbegleitenden Verpflichtungen ein Regulierungsermessen anzunehmen ist (§§ 19, 20, 23, 24). Da diese als Kann-Regelungen ausgestaltet sind, erscheint eine entsprechende Annahme grundsätzlich möglich. Im Unterschied zu den §§ 21, 30, 39 nehmen sie jedoch weder ausdrücklich auf die Regulierungsziele des § 2 Bezug noch enthalten sie unbestimmte Rechtsbegriffe hinsichtlich des Erreichens oder Ausreichens der Regulierungsziele. Daher vermag auch ihr generelles Verständnis als Maßnahmen der Vorabregulierung, die der Wettbewerbsförderung dienen, nicht die Annahme des spezifischen Regulierungsermessens zu rechtfertigen. Andernfalls würde das aus Art. 19 Abs. 4 S. 1 GG folgende Regel-Ausnahme-Verhältnis zur grundsätzlich vollen gerichtlichen Überprüfbarkeit ohne sachliche Rechtfertigung verkürzt.[928]

Schließlich gebietet auch die Berücksichtigung des richtlinienrechtlichen Hintergrundes nicht zwingend die Annahme des Regulierungsermessens. Zwar ergibt sich aus Art. 8 Abs. 4 ZRL, der für alle im mitgliedstaatlichen Recht zu

927 Ebenso *BVerwG*, Urt. v. 29.10.2008 – 6 C 38/07 – BeckRS 2009, 30118 Rn. 58 und 59.
928 Vgl. *Jarass/Pieroth*, GG, Art. 19 Rn. 71.

schaffenden Vorabverpflichtungen gilt, in Zusammenschau mit Art. 3 Abs. 3a RRL, dass der Regulierungsbehörde hinsichtlich der aufzuerlegenden Regulierungsverpflichtungen ein unabhängiger Ermessensspielraum zustehen muss.[929] Allerdings erfolgt dessen Umsetzung grundsätzlich nach den Gegebenheiten des nationalen Rechts.[930] Für den Bereich des TKG kommen als entsprechende Entscheidungsspielräume sowohl das normale Ermessen als auch das spezifische Regulierungsermessen in Betracht. Die Annahme von Ersterem hinsichtlich der zugangsbegleitenden Verpflichtungen verstößt auch nicht gegen den Äquivalenzgrundsatz. In beiden Fällen geht es im Kern um normative Entscheidungsspielräume für die Verwaltung, die nur eingeschränkt gerichtlich überprüfbar sind. Da die §§ 19, 20, 23 und 24 jedoch keine wertenden Tatbestandsmerkmale enthalten, liegt in der Annahme des normalen Ermessens keine ungerechtfertigte Ungleichbehandlung.

Darüber hinaus steht der BNetzA hinsichtlich einer präventiven Missbrauchsverpflichtung lediglich ein Auswahlermessen zu, auf welche Art und Weise die missbräuchliche Verhaltensweise zu verhindern ist.[931] Hierbei handelt es sich nicht um einen Fall des Regulierungsermessens. § 42 Abs. 4 S. 3 enthält selbst keine Rechtsfolgenvorgaben, sondern ordnet die entsprechende Geltung der Bestimmungen zur nachträglichen Missbrauchsaufsicht an, was auch deren Rechtsfolgen einschließt. Daher wird auf die nachstehenden Ausführungen zur gerichtlichen Kontrolle der nachträglichen Missbrauchsaufsicht verwiesen.[932]

#### cc) Zugangsverpflichtungen gegenüber Unternehmen, die den Zugang zu Endnutzern kontrollieren

Es fragt sich, ob die Regulierungsmaßnahmen nach § 18 gegenüber Unternehmen, die den Zugang zu Endnutzern kontrollieren, im Regulierungsermessen der BNetzA stehen. Zunächst handelt es sich bei allen Ermächtigungen nach § 18 um Kann-Regelungen, die ebenfalls im Beschlusskammerverfahren ergehen. Im Unterschied zu den §§ 21, 30 und 39 wird jedoch nicht ausdrücklich auf die Regulierungsziele des § 2 Bezug genommen. Allerdings darf die Auferlegung

---

929 Vgl. *BVerwG*, Urt. v 02.04.2008 – 6 C 16/07 – BeckRS 2008, 35853 Rn. 53.

930 Vgl. nur *EuGH*, Urt. v. 24.04.2008, Rs. C-55/06 (Arcor/BRD), Slg. 2008, I-2976 (3036), Rn. 166.

931 Vgl. *Schütz* in: Geppert/Schütz, BeckTKG-Komm, § 42 Rn. 153, vgl. dort auch zum folgenden Satz.

932 Siehe Kapitel 3, § 7, IV. Verpflichtungsklage auf Erlass einer nachträglichen Missbrauchsverfügung, S. 434 f.

von Zusammenschaltung sowie weiterer Zugangsverpflichtungen nur erfolgen, wenn dies zur Gewährleistung der Kommunikation der Nutzer oder zur Gewährleistung des End-zu-End-Verbunds „*erforderlich*" ist (§ 18 Abs. 1 S. 1 sowie S. 2). Dieses Merkmal ist gesetzlich nicht bestimmt. Allerdings ist die Erforderlichkeit nach allgemeinem Verständnis anzunehmen, wenn kein milderes aber genauso effektives Mittel gegeben ist.[933] Auf den ersten Blick spricht dies gegen einen wertungsabhängigen, unbestimmten Rechtsbegriff. Allerdings zählt die Erforderlichkeit zur Verhältnismäßigkeitsprüfung, welche wiederum auch zur Ermessensausübung gehört.[934] Formulierungen, die an die Verhältnismäßigkeitsprüfung erinnern, begegnen auch in § 21 Abs. 1 S. 2. Für eine umfassende Abwägungsentscheidung hinsichtlich der Zusammenschaltungs- und Zugangsverpflichtungen gegenüber Unternehmen, die den Zugang zu Endnutzern kontrollieren, sprechen zudem systematisch-teleologische Erwägungen. Zunächst weisen die Verpflichtungen nach § 18 Abs. 1 eine ähnliche Normstruktur wie § 21 Abs. 1 auf. Sie benennen einleitend die Rechtsfolge, die an die Erforderlichkeit im Hinblick auf konkrete Ziele gekoppelt ist. Überdies bestimmt § 18 Abs. 3 S. 2 die entsprechende Anwendung des § 21 Abs. 1 S. 2 für Verpflichtungen nach § 18 Abs. 1. Aufgrund ihrer systematischen Stellung gilt dies sowohl für Zusammenschaltungs- als auch weitere Zugangsverpflichtungen.[935] Mithin wird die besondere Abwägungsprüfung nach § 21 Abs. 1 S. 2, die durch wertende Begriffe gesteuert wird und hinsichtlich der das Regulierungsermessen anerkannt ist, in § 18 inkorporiert. Dies bedingt ein entsprechendes Regulierungsermessen hinsichtlich § 18 Abs. 1. Überdies spricht für dieses Ergebnis, dass es thematisch in § 21 (Abs. 1) ebenso wie in § 18 Abs. 1 um Zugangsverpflichtungen geht. Nach alledem sprechen gewichtige Gründe dafür, hinsichtlich der Verpflichtungen nach § 18 Abs. 1 ein Regulierungsermessen anzunehmen.

Hingegen dürfte die Auferlegung der besonderen Gleichbehandlungsverpflichtungen nach § 18 Abs. 2 lediglich im Ermessen der BNetzA stehen. Hier finden sich weder wertende Rechtsbegriffe noch werden die Regulierungsziele in Bezug genommen. Überdies entspricht die besondere Gleichbehandlungsverpflichtung thematisch den Verpflichtungstatbeständen nach Maßgabe des Diskriminierungsverbots aus § 19. Dessen Auferlegung dürfte – nach hiesigem

933 *Nolte,* in: Säcker, TKG, § 18 Rn. 31.

934 Vgl. *Aschke,* in: Bader/Ronellenfitsch, BeckOK VwVfG § 40 Rn. 94 u. 55.

935 Ebenso *Nolte,* in: Säcker, TKG, § 18 Rn. 43.

Befund – ebenfalls lediglich im Ermessen stehen.[936] Schließlich ist auch keine entsprechende Geltung des § 21 Abs. 1 S. 2 angeordnet.

## III. Verpflichtungsklage auf den Erlass günstiger Regulierungsverpflichtungen

Falls die BNetzA aus Sicht eines nichtregulierten Unternehmens eine unzureichende Regulierungsverfügung erlassen hat und dementsprechend weitergehende beziehungsweise zusätzliche Regulierungsverpflichtungen begehrt werden, ist die Verpflichtungsklage nach § 42 Abs. 1, 2. Alt. VwGO die statthafte Klageart. Bei den einzelnen in § 13 Abs. 1 aufgezählten Verpflichtungen handelt es sich um Verwaltungsakte.[937] Hinsichtlich des Klageantrags ist insbesondere zu beachten, dass die Regulierungsverpflichtungen entweder im Regulierungsermessen oder im Ermessen der BNetzA stehen. Sofern diese ihre Entscheidungsspielräume fehlerhaft ausgeübt hat, besteht daher grundsätzlich nur ein Anspruch auf Neubescheidung (§ 113 Abs. 5 S. 2 VwGO), da im Falle eines Ermessensspielraumes regelmäßig die Spruchreife fehlt. Falls diese gegeben ist, empfiehlt sich hingegen ein Antrag, der darauf gerichtet ist, die BNetzA zum Erlass der begehrten Regulierungsmaßnahme zu verpflichten. Dies dürfte jedoch nur im Fall der Ermessensreduzierung auf Null in Betracht kommen.[938]

Darüber hinaus gelten für die Verpflichtungsklage dieselben besonderen Zulässigkeitsvoraussetzungen wie für die Anfechtungsklage, so dass insofern die obigen Ausführungen entsprechend heranzuziehen sind.[939] Ähnlich verhält es sich hinsichtlich der gerichtlichen Kontrolle der Regulierungsverpflichtungen.[940] Hiervon abgesehen gelten für die Zulässigkeit der Verpflichtungsklage zwei Besonderheiten, auf die nachstehend näher einzugehen ist.

### 1. Antragserfordernis

Generell setzt der Erfolg einer Verpflichtungsklage eine entsprechende Antragstellung im vorgeschalteten Verwaltungsverfahren voraus.[941] Andernfalls ist bei

---

936 Siehe Kapitel 3, § 7, bb) Zugangsbegleitende Verpflichtungen sowie präventive Missbrauchsaufsicht, S. 412 f.

937 Siehe Kapitel 3, § 7, I. Zur Rechtsnatur der Regulierungsverfügung, S. 394 f.

938 *Rennert,* in: Eyermann, VwGO § 114 Rn. 32.

939 Vgl. hierzu, Kapitel 3, § 7, 1. Zulässigkeitsvoraussetzungen der Anfechtungsklage, S. 397 ff.

940 Vgl. hierzu, Kapitel 3, § 7, 2. Zum gerichtlichen Prüfungsumfang, S. 399 ff.

941 Siehe etwa *Schmidt-Kötters,* in: Posser/Wolff, BeckOK VwGO § 42 Rn. 56.

einer Verpflichtungsklage regelmäßig das Rechtsschutzbedürfnis zu verneinen, da der Antrag an die leistungsverpflichtete Behörde eine einfache und kostengünstige Möglichkeit ist, dem Verpflichtungsbegehren zum Erfolg zu verhelfen. Für die Zulässigkeit einer Drittverpflichtungsklage gerichtet auf den Erlass weitergehender Regulierungsverpflichtungen hat das *BVerwG* das Zulässigkeitserfordernis der vorherigen Antragstellung im Verwaltungsverfahren ausdrücklich bestätigt.[942] Dieses soll weder ein Antrag auf Beiladung zum Beschlusskammerverfahren noch die Stellungnahme eines Verbandes, in dem die Klägerin Mitglied ist, ersetzen können. Dies begegnet keinen durchgreifenden Bedenken. Sinn und Zweck der vorherigen Antragstellung ist es, die Behörde auf das konkret-individuelle Begehren aufmerksam zu machen, damit sie es in ihrer Entscheidung berücksichtigen kann. Dies gilt erst Recht in besonders strukturierten Verwaltungsverfahren wie beispielsweise hinsichtlich der Auferlegung von Zugangsverpflichtungen oder der Auswahl der Entgeltregulierungsart, welche jeweils eine komplexe Abwägungsentscheidung erfordern.[943] Davon abgesehen erfolgt die Auferlegung von Regulierungsverpflichtungen im Beschlusskammerverfahren, das gerichtsähnlich ausgestaltet ist (§§ 132 ff.). Dessen transparente und beteiligungsoffene Gestaltung[944] begünstigt nicht nur die Betroffenen, sondern soll der BNetzA auch eine möglichst große Informationsgrundlage verschaffen. All dies verlangt erst Recht eine vorherige Antragstellung im Beschlusskammerverfahren. Hiervon ausgehend kann ein bloßer Beiladungsantrag nicht genügen. Einem solchen lässt sich regelmäßig ein konkretes Begehren nicht entnehmen, dass die BNetzA wiederum im Beschlusskammerverfahren berücksichtigen könnte. Ebenso verhält es sich mit der Stellungnahme eines Verbandes beziehungsweise einer Interessenvertretung. Insoweit geht es um die gebündelte Meinung der Mitglieder. Schließlich ist das Erfordernis einer vorherigen Antragsstellung im Beschlusskammerverfahren auch unter Rechtsschutzgesichtspunkten vertretbar. Durch dieses wird der grundsätzlich eröffnete Rechtsweg zu den Verwaltungsgerichten nicht in unzumutbarer Weise erschwert.[945] Hierfür spricht zum einen die grundsätzliche Anerkennung eines entsprechenden Zulässigkeitserfordernisses,

942 BVerwGE 130, 39 (46 f.), Rn. 22 ff. Zum nachfolgenden Satz siehe insbesondere Rn. 32 sowie 33.

943 Vgl. BVerwGE 130, 39 (48), Rn. 28 f.

944 Hierzu trägt neben der grundsätzlich öffentlichen Verhandlung (§ 135 Abs. 3) und der Möglichkeit eines Beiladungsantrags (§ 134 Abs. 2 Nr. 3) insbesondere das für den Bereich der Marktregulierung besondere Konsultationsverfahren (§ 12 Abs. 1) bei.

945 Vgl. zu diesem Erfordernis *Jarass/Pieroth*, GG, Art. 19 Rn. 50.

zum anderen besteht in der oben beschriebenen Struktur des Beschlusskammerverfahrens eine ausreichende sachliche Rechtfertigung für das Antragserfordernis. Diese Erwägungen können hinsichtlich der Rechtsbehelfsgarantie des Art. 4 Abs. 1 RRL entsprechend herangezogen werden.

### 2. Beschränkung auf definierte Märkte

Darüber hinaus fehlt nach der Rechtsprechung des *BVerwG* die Klagebefugnis für Wettbewerber, wenn weitergehende Regulierungsverpflichtungen begehrt werden, die einen Markt betreffen, den die BNetzA im Rahmen ihrer Marktdefinition nicht definiert hat.[946] In diesem Fall dürfte nach Auffassung des *BVerwG* eine Verletzung subjektiver Rechte ausscheiden beziehungsweise als nicht möglich anzusehen sein. Angesichts des durchweg drittschützenden Charakters der in Betracht kommenden Verpflichtungen im Rahmen der Zugangsregulierung, erscheint dieses Ergebnis befremdlich. Im Hinblick auf das Erfordernis der Klagebefugnis ist zu berücksichtigen, dass die Verletzung subjektiver Rechte nicht feststehen, sondern nur möglich erscheinen muss. Dies ist regelmäßig nur zu verneinen, wenn eine Rechtsverletzung nach dem Sachvortrag von vornherein offenkundig ausgeschlossen werden kann.[947] Diesbezüglich ist jedoch der gestufte Charakter des Marktregulierungsverfahrens zu berücksichtigen. Hiernach kommt der Erlass von Regulierungsverpflichtungen im Sinne von § 13 Abs. 1 erst in Betracht, wenn Marktdefinition und -analyse ergeben haben, dass auf dem relevanten Markt kein wirksamer Wettbewerb besteht beziehungsweise ein Unternehmen über beträchtliche Marktmacht auf dem relevanten Markt verfügt (vgl. § 9 Abs. 2). Dabei ist zu berücksichtigen, dass die Rechtsgrundlagen für die Marktdefinition und -analyse selbst nicht drittschützender Natur sind.[948] Zudem erfolgen Marktdefinition und -analyse in verfahrenstechnischer Hinsicht vor dem Erlass der einzelnen Regulierungsverpflichtungen. In der Regulierungsverfügung werden lediglich die Festlegungen der BNetzA hinsichtlich Marktdefinition und -analyse in feststellender Weise mitaufgenommen (§ 13 Abs. 5).[949] Hiervon ausgehend erscheint eine Verletzung subjektiver Rechte

946 BVerwGE 130, 39 (44), Rn. 18, siehe dort auch zum folgenden Satz.

947 *Wahl/Schütz,* in: Schoch/Schneider/Bier, VwGO, § 42 Rn. 67.

948 Siehe Kapitel 3, § 6, F. Zur Schutzrichtung des Marktregulierungsverfahrens, S. 370 ff.

949 Die Regulierungspraxis zeigt, dass im Rahmen der Regulierungsverfügung zwischen Rubrum und Verfügungstenor zunächst die Ergebnisse von Marktdefinition und -analyse festgestellt werden. Siehe beispielsweise *BNetzA*, Beschl. v. 22.04.2009 (BK 3d-08/023), https://www.bundesnetzagentur.de/DE/Service-Funktionen/Beschlusskammern/1_GZ/BK3-GZ/2008/2008_0001bis0999/2008_001bis099/BK3-08-0023/

durch eine aus Klägersicht unzureichende Marktdefinition nicht zwingend, weil eben die Verfahrensschritte der Marktdefinition und -analyse selbst nicht drittschützend sind. Dementsprechend kommt insofern auch keine Verletzung subjektiver Rechte in Betracht.

Ein solches Verständnis führt dazu, dass für eine Verpflichtungsklage auf Erlass ergänzender oder weitergehender Regulierungsverpflichtungen stets zu differenzieren ist, ob die begehrten Verpflichtungen einen bereits definierten Markt betreffen.[950] Sofern dies nicht der Fall ist, ist mit dem *BVerwG* eine entsprechende Verpflichtungsklage mangels Zulässigkeit erfolglos. Ob dies zum generellen Ausschluss der gerichtlichen Überprüfung von Marktdefinition und -analyse führt, wird nachstehend unter der Frage des Drittschutzes hinsichtlich der §§ 10 und 11 geklärt.[951] Gleichwohl dürfte die Auffassung, dass Drittverpflichtungsbegehren nur hinsichtlich bereits definierter Märkte zulässig sind, nachfolgende Kontrollüberlegung stützen. Soweit man eine Verpflichtungsklage gerichtet auf den Erlass weiterer Verpflichtungen unabhängig von der Marktdefinition als zulässig erachten würde, würde die erforderliche Marktdefninition und -analyse in das gerichtliche Verfahren verlagert werden. Hierbei handelt es sich jedoch um Festlegungen, die – neben einer umfangreichen Öffentlichkeits- und europaweiten Behördenbeteiligung – besondere wirtschaftliche und technische Fachkunde voraussetzen.[952] Hierdurch dürften die Funktionsgrenzen eines erstinstanzlichen Gerichtsverfahren überschritten werden.

## C. Drittklagen abseits der Regulierungsverfügung

Abseits der Regulierungsverpflichtungen nach § 13 Abs. 1 S. 1 enthält die telekommunikationsrechtliche Marktregulierung weitere Befugnisse, mit denen die BNetzA in das Marktgeschehen eingreifen kann. Im Einzelnen geht es um die Zugangsanordnung, die Verpflichtung zur funktionellen Trennung, die Entgeltgenehmigung sowie die nachträgliche Entgeltkontrolle und schließlich um die Verhinderung missbräuchlicher Verhaltensweisen. Ausgehend von deren

---

BK3d-08-0023_Regulierungsverfuegung_Beschluss_bf.html, zuletzt besucht am 02.06.2019.

950 Vgl. *Korehnke/Ufer*, in: Geppert/Schütz, BeckTKG-Komm, § 13 Rn. 36.

951 Siehe hierzu Kapitel 3, § 7, D. Drittschutz hinsichtlich der Festlegungen zu Marktdefinition und -analyse, S. 434 ff.

952 Regelmäßig setzt sich eine Beschlusskammer der BNetzA neben einem Mitglied, das über die Befähigung zum Richteramt verfügt, aus einem Ingenieur sowie einem Ökonomen zusammen (*Kühling/Schall/Biendl*, Telekommunikationsrecht, S. 377 Rn. 690).

drittschützendem Charakter können sie grundsätzlich Gegenstand entsprechender Drittschutzbegehren sein.[953] Diese Maßnahmen ergehen in Form von Verwaltungsakten. Dies folgt zwar nicht bereits aus dem Handlungsformgebot des § 132 Abs. 1 S. 2. Jedoch erfüllen sie die Merkmale des § 35 S. 1 VwVfG. Unmittelbare Außenwirkung ist gegeben, da sie gegenüber marktmächtigen Unternehmen ergehen. Inhaltlich geht es jeweils um Verpflichtungen zu bestimmten Verhaltsweisen, so dass sich – wie nachstehend noch ausgeführt wird – für den Adressaten unmittelbar verbindliche Rechtsfolgen ergeben. Mithin kommen als statthafte Hauptsacherechtsbehelfe entweder Anfechtungs- oder Verpflichtungsklagen in Betracht (§ 42 Abs. 1 VwGO). Abseits der über die gängigen Zulässigkeits- und Begründetheitsanforderungen hinausgehenden Fragestellungen[954] fragt es sich im Hinblick auf einen effektiven Dritschutz, wie es um die gerichtliche Kontrolldichte bestellt ist.

## I. Klagen auf und gegen die Zugangsanordnung

Die Zugangsanordnung nach § 25 (Abs. 1, 5) durch die BNetzA stellt keine klassische Drittschutzkonstellation dar. Hierbei handelt es sich um einen privatrechtsgestaltenden Verwaltungsakt, der die Rechtsbeziehungen der konkret an der gescheiterten Zusammenschaltungs- oder Zugangsvereinbarung beteiligten Netzbetreiber und Nachfrager betrifft. So gesehen hat diese Anordnung zwei Adressaten.[955] Gleichwohl betrifft der zu regelnde Sachverhalt mehr als nur ein Unternehmen, so dass im weiteren Sinne von einer mehrpoligen Konfliktlage gesprochen werden kann.

Dem dieser Untersuchung zugrundeliegende Verständnis des Dritten entspricht die Position des zugangsberechtigten Unternehmens. Dessen potentielles Rechtsschutzbegehren dürfte in erster Linie auf die Verpflichtung zur Zugangsanordnung oder auf weitergehenden Bedingungen der Zugangsvereinbarung gerichtet sein, wofür eine Verpflichtungsklage in Betracht kommt.[956] Denkbar

---

953 Zu deren drittschützenden Charakter siehe Kapitel 3, § 6, B. Zum Drittschutzcharakter der einzelnen Verpflichtungstatbestände im Rahmen der Regulierungsverfügung, S. 256 ff. sowie E. Zum Drittschutzcharakter der nachträglichen Missbrauchsaufsicht und der Separierungsregelungen, S. 356 ff.

954 Siehe zu den telekommunikationsrechtlichen Besonderheiten im verwaltungsgerichtlichen Verfahren Kapitel 3, § 7, A. Sektorspezifische Besonderheiten des verwaltungsgerichtlichen Verfahrens, S. 385 ff.

955 Vgl. *Geppert/Attendorn*, in: Geppert/Schütz, BeckTKG-Komm, § 25 Rn. 67.

956 Vgl. *Geppert/Attendorn*, in: Geppert/Schütz, BeckTKG-Komm, § 25 Rn. 73.

erscheint jedoch auch ein Anfechtungsbegehren gegen angeordnete Zugangsbedingungen, soweit hierdurch der genutzte Zugang zum Netz des regulierten Unternehmens verbessert werden soll.[957] Im Fall der Verpflichtungssituation kommt es für den Klageerfolg in der Sache darauf an, ob der Kläger einen Anspruch auf die begehrte Zugangsanordnung hat (vgl. § 113 Abs. 5 VwGO). Der Umfang der gerichtlichen Kontrolle wird dabei maßgeblich durch die Rechtsfolgen der Zugangsanordnung bestimmt. Da § 25 Abs. 1 der BNetzA hinsichtlich des Ob der Zugangsanordnung kein Ermessen einräumt, handelt es sich insoweit um eine gebundene Entscheidung, die der vollen gerichtlichen Kontrolle unterliegt. Allerdings räumt § 25 Abs. 5 S. 1 der BNetzA ein umfangreiches Gestaltungsermessen hinsichtlich des Inhalts der Zugangsanordnung ein.[958] Fraglich ist, ob es sich hierbei um das besondere Regulierungsermessen handelt. Im Schrifttum wird das Ermessen nach § 25 Abs. 5 S. 1 teilweise als komplexe Abwägungsentscheidung beschrieben.[959] Nunmehr hat sich jedoch das *BVerwG* gegen die Annahme des Regulierungsermessens für die Bedingungen der Zugangsanordnung entschieden.[960] Stattdessen handele es sich bei § 25 Abs. 5 um einen typischen Fall des auf den Rechtsfolgenausspruch gerichteten allgemeinen Ermessens.[961] Begründet wird dies im Wesentlichen damit, dass die Zugangsanordnung insgesamt der Einzelfallgerechtigkeit diene sowie dass § 25 Abs. 5 keine Abwägung am Maßstab der Regulierungsziele des § 2 Abs. 2 fordere. Dieses Auslegungsergebnis begegnet keinen Bedenken. Die sich aus der Rechtsprechung des *BVerwG* ergebenden Kriterien für die Annahme des Regulierungsermessens sind hier nicht erfüllt. Der Wortlaut von § 25 Abs. 5 lässt weder ausdrücklich noch konkludent eine Bezugnahme auf eine Abwägung unter Berücksichtigung der Regulierungsziele erkennen. Unter Berücksichtigung des Art. 19 Abs. 4 S. 1 GG ist dies jedoch Voraussetzung für die Annahme einer reduzierten gerichtlichen Kontrolle.[962] Überdies fehlt es auch an einer entsprechenden sachlichen Rechtfertigung. Bei der Zugangsanordnung geht es in erster Linie um die Regelung eines individuell-konkreten Sachverhalts und nicht um die final programmierte Gestaltung des Marktgeschehens.

---

957 Zur Frage der isolierten Anfechtbarkeit einzelner Zugangsbedingungen siehe *Kühling/Neumann*, in: Säcker, TKG, § 25 Rn. 98.

958 *Geppert/Attendorn*, in: Geppert/Schütz, BeckTKG-Komm, § 25 Rn. 49.

959 *Kühling/Neumann*, in: Säcker, TKG, § 25 Rn. 56.

960 *BVerwG*, Beschl. v. 05.05.2014 – 6 B 46/13 – Juris Rn. 8.

961 *BVerwG*, Beschl. v. 05.05.2014 – 6 B 46/13 – Juris Rn. 8 und 10.

962 Vgl. *Schmidt-Aßmann*, in: Maunz/Dürig, GG, Art. 19 IV Rn. 184, 184a.

Der Zugangsregulierung liegt ein zweistufiges Konzept zugrunde.[963] Abgesehen von gesetzesunmittelbaren Zusammenschaltungsverpflichtungen (§ 16) kann sich die abstrakte Verpflichtung zur Gewährung von Zugang gegenüber Dritten aufgrund einer entsprechenden Regulierungsverpflichtung ergeben. Sofern aufgrund dieser Verpflichtung keine Zugangsvereinbarung zustande kommt, kommt die auf den Einzelfall bezogene Zugangsanordnung durch die BNetzA nach Maßgabe des § 25 Abs. 1, 5 in Betracht.

Hingegen dürften Drittanfechtungsklagen gegen die Zugangsanordnung von Unternehmen, die nicht an der zuvor gescheiterten Verhandlung über die Zugangsgewährung beteiligt gewesen sind (vgl. § 25 Abs. 1 S. 1 sowie § 25 Abs. 2), mangels Klagebefugnis unzulässig sein. Der personelle Schutzzweck von § 25 erfasst nur die Beteiligten der gescheiterten Zugangsvereinbarung, nicht jedoch sonstige Unternehmen, die die tatsächliche Zugangsnutzung nicht beabsichtigen.[964]

## II. Klage auf Anordnung der funktionellen Trennung

Ausgehend vom drittschützenden Charakter des § 40 erscheint eine Verpflichtungsklage von gemeldeten Anbietern und Betreibern denkbar, die auf die Verpflichtung der BNetzA zur Anordnung der funktionellen Trennung gegenüber einem vertikal integrierten Unternehmen gerichtet ist. Da es sich um eine Verpflichtungssituation handelt, erfordert die Zulässigkeit der Klage einen entsprechenden Antrag im vorgerichtlichen Verwaltungsverfahren.[965] In der Sache kann eine entsprechende Verpflichtungsklage nur Erfolg haben, soweit die Ablehnung oder Unterlassung der Anordnung zur funktionellen Trennung rechtswidrig und die Klägerin dadurch in ihren Rechten verletzt wird (vgl. § 113 Abs. 5 VwGO). Dies ist regelmäßig der Fall, wenn ein Anspruch auf Erlass des begehrten Verwaltungsaktes besteht. Hinsichtlich der Anwendbarkeit des § 40 ist hervorzuheben, dass dies nur gegeben sein wird, wenn zuvor Marktdefinition und -analyse durchgeführt worden sind.[966] Zwar sieht § 40 Abs. 1 dies nicht ausdrücklich vor, allerdings folgt dies aus systematisch-teleologischen Erwägungen. In tatbestandlicher Hinsicht wird vorausgesetzt, dass die Regulierungsmaßnahmen der

963 Vgl. *BVerwG*, Urt. v. 21.09.2018 – 6 C 6/17 – BeckRS 2018, 34181 Rn. 119. Vgl. dort auch zum folgenden Satz.

964 Siehe zum sachlichen und personellen Schutzzweck von § 25 Kapitel 3, § 6, 2. Zur Schutzrichtung der Zugangsanordnung, S. 317 f.

965 Vgl. *Sodan*, in: Sodan/Ziekow, VwGO, § 42 Rn. 37 m. w. N.

966 Vgl. *Schreiber*, in: Geppert/Schütz, BeckTKG-Komm, § 40 Rn. 18.

Zugangs- und Entgeltregulierung nicht zu einem wirksamen Wettbewerb geführt haben. Bei diesen Verpflichtungen handelt es sich entweder um Gegenstände der Regulierungsverfügung oder um Maßnahmen der Entgeltregulierung, die nur gegenüber marktmächtigen Unternehmen ergehen können. In beiden Fällen ist die vorherige Marktdefinition und -analyse konstitutive Voraussetzung.

Davon abgesehen ist die Rechtsfolgenseite des § 40 Abs. 1 als Kann-Regelung ausgestaltet. In der Literatur wird der BNetzA neben einem Entschließungsermessen ein weites Ausgestaltungsermessen hinsichtlich des Wie der funktionellen Trennung zugestanden.[967] Allerdings fragt es sich, ob es sich dabei um Ermessen oder um Regulierungsermessen handelt. Da die Entscheidung nach § 40 Abs. 1 S. 1 im Wege des gerichtsähnlichen Beschlusskammerverfahrens ergeht, sind die verfahrenstechnischen Anforderungen für das Regulierungsermessen erfüllt. Allerdings spricht die hohe Eingriffsintensität gegen die Annahme eines nur auf Abwägungsfehler überprüfbaren Regulierungsermessens. Überdies nimmt § 40 Abs. 1 S. 1 zwar nicht ausdrücklich auf eine Abwägung nach Maßgabe der Regulierungsziele Bezug, allerdings verlangt er in tatbestandlicher Hinsicht den Schluss der BNetzA, dass die auferlegten Regulierungsmaßnahmen der Zugangs- und der Entgeltregulierung nicht zu wirksamem Wettbewerb geführt haben und wichtige und andauernde Wettbewerbsprobleme oder Marktversagen auf bestimmten Vorleistungsmärkten bestehen. Damit wird die Schlussfolgerung nach § 40 Abs. 1 S. 1 durch unbestimmte Rechtsbegriffe gesteuert, die in hohem Maße wertungsabhängig sowie prognoseartiger Natur[968] sind. Mithin trifft in § 40 Abs. 1 S. 1 ein umfassender Ausgestaltungsspielraum auf Rechtsfolgenseite mit einer durch unbestimmte Rechtsbegriffe gesteuerten Abwägung zusammen. Überdies sprechen auch systematisch-teleologische Erwägungen für die Annahme des Regulierungsermessens. Bei § 40 Abs. 1 handelt es sich um eine außerordentliche Maßnahme, die dem Regulierungsziel der Sicherstellung eines chancengleichen Wettbewerbs und der Förderung nachhaltig wettbewerbsorientierter Märkte dient (§ 2 Abs. 2 Nr. 2).[969] Damit handelt es sich um eine ähnlich gestaltende Maßnahme wie die grundlegenden Zugangsverpflichtungen nach § 21 oder die Wahl der Entgeltregulierungsart. Dies spricht gegen die Annahme eines normalen Ermessens, das vor allem der Einzelfallgerechtigkeit dient[970]. Im Übrigen ist die Anordnung der funktionellen Trennung nur

---

967 *Schreiber*, in: Geppert/Schütz, BeckTKG-Komm, § 40 Rn. 26 ff.
968 Vgl. *Schreiber*, in: Geppert/Schütz, BeckTKG-Komm, § 40 Rn. 23 ff.
969 *Mohr*, in: Säcker, TKG, § 40 Rn. 1.
970 Vgl. *Knauff*, in: Gärditz, VwGO, § 114 Rn. 10.

nach einem besonderen Abstimmungsverfahren mit der Kommission zulässig, wobei dieser die Entscheidungsbefugnis zusteht (vgl. §§ 40 Abs. 2, 3).[971] Diese Struktur erinnert an das Durchgriffsrecht der Kommission im Konsolidierungsverfahren hinsichtlich Marktdefinition und -analyse. Dieses wertete das *BVerwG* in seiner Entscheidung vom 02.04.2008 als Argument für die Annahme eines Beurteilungsspielraums der BNetzA.[972] Insgesamt sprechen damit gewichtige Gründe dafür, dass die Anordnung der funktionellen Trennung nach § 40 Abs. 1 im Regulierungsermessen der BNetzA steht.

## III. Drittklagen im Zusammenhang mit Entgeltregulierungsmaßnahmen

Abseits der Frage, welche Art der Entgeltregulierung zulässig ist, sind im Rahmen eigentlicher Entgeltregulierung verschiedene Hauptsacherechtsbehelfe für Dritte denkbar. Diese haben sich jeweils auf die abschließenden beziehungsweise nach außen gerichteten Entscheidungen der BNetzA zu konzentrieren (vgl. 44a VwGO).

Hinsichtlich der nachträglichen Entgeltregulierung kommt etwa eine Verpflichtungsklage gerichtet auf ein Einschreiten der BNetzA gegen missbräuchliche Entgelte in Betracht. Weiter erscheint – im Hinblick auf die Ex-ante-Entgeltregulierung – eine Drittanfechtungsklage gegen die Entgeltgenehmigung von Anbietern beziehungsweise Netzbetreibern denkbar, die als Vertragspartner des entgeltregulierten Unternehmens die genehmigten Entgelte zu entrichten haben.[973] In beiden Fällen ist die erforderliche Klagebefugnis nach § 42 Abs. 2 VwGO aufgrund der drittschützenden Wirkung des § 28 sowie – nach hiesiger Auffassung – des Maßstabs der Kosten der effizienten Leistungsbereitstellung (§ 32) grundsätzlich gegeben.[974] Unter Rechtsschutzgesichtspunkten fragt es sich weiter, wie es um die gerichtliche Kontrolldichte im Fall der vorgenannten Klagen bestellt ist.

---

971 *Mohr*, in: Säcker, TKG, § 40 Rn. 51.

972 BVerwGE 130, 39 (45), Rn. 21.

973 Vgl. beispielsweise *VG Köln*, Urt. v. 12.12.2013 – 1 K 1795/07 – BeckRS 2014, 49278.

974 Siehe Kapitel 3, § 6, III. Auswahl der Entgeltregulierungsart, S. 297 ff. sowie D. Zum Drittschutzcharakter der Normen zur Entgeltgenehmigung und zur nachträglichen Entgeltkontrolle, S. 319 ff.

### 1. Drittanfechtung der Entgeltgenehmigung

Aus Sicht des nichtregulierten Unternehmens kann es unter Umständen geboten erscheinen, nur einzelne Kostenbestandteile der Entgeltgenehmigung anzufechten. Eine entsprechende Einschränkung ist grundsätzlich zulässig.[975] Insofern gelten die allgemeinen Regeln zur Teilbarkeit von Verwaltungsakten. Hinsichtlich der Zulässigkeit einer Drittanfechtungsklage gegen eine telekommunikationsrechtliche Entgeltgenehmigung ist auf mögliche Schwierigkeiten bei der Bestimmung der Klagefrist gemäß § 74 Abs. 1 S. 2 VwGO hinzuweisen. Regelmäßig dürfte es an der Bekanntgabe der Entgeltgenehmigung gegenüber dem zugangsnachfragenden Unternehmen mangeln, so dass nur die Grundsätze zur Verwirkung Anwendung finden dürften.[976] Davon abgesehen ist die Drittanfechtungsklage begründet, soweit die angefochtene Entgeltgenehmigung rechtswidrig und die Klägerin dadurch in ihren subjektiven Rechten verletzt ist (§ 113 Abs. 1 S. 1 VwGO). Mithin beschränkt sich der Umfang der gerichtlichen Prüfung im Falle der Drittanfechtung auf die Verletzung drittschützender Normen.[977] Die Genehmigungsfähigkeit der Entgeltgenehmigung regelt § 35 Abs. 3. Hiernach ist die Genehmigung ganz oder teilweise zu erteilen, soweit die genehmigungsbedürftigen Entgelte den Anforderungen der §§ 28 und 31 (Abs. 1 S. 2) entsprechen und keine Versagungsgründe vorliegen.[978] Dabei stellen die Kosten der effizienten Leistungsbereitstellung für die Genehmigungsverfahren nach § 31 Abs. 1 S. 1 die zulässige Preisobergrenze dar.[979] Neben den Maßgaben von § 28 kommt – nach hiesiger Auffassung – auch dem Maßstab der Kosten der effizienten Leistungsbereitstellung Schutzwirkung zugunsten Dritter zu, die Zugangsleistungen des entgeltregulierten Unternehmens nachfragen.[980]

---

975 *Kühling*, in: Anwaltshandbuch IT-Recht, Teil 7 Rn. 234.

976 Insofern gelten die Ausführungen zur Klagefrist bei der Drittanfechtung einer Regulierungsverpflichtung entsprechend. Siehe Kapitel 3, § 7, b) Klagefrist, S. 398 ff.

977 Vgl. *Schübel-Pfister*, in: Eyermann, VwGO, § 113 Rn. 25.

978 Insoweit handelt es sich um einen gebundenen Anspruch des entgeltregulierten Unternehmens. Ebenso *Grobel*, in: Säcker, TKG, § 35 Rn. 43.

979 *Kühling/Schall/Biendl*, Telekommunikationsrecht, S. 206 Rn. 346.

980 Siehe hierzu Kapitel 3, § 6, IV. Zum drittschützenden Charakter des Kostenmaßstabes der effizienten Leistungs-bereitstellung nach § 32 TKG, S. 339 ff.

### a) Zur gerichtlichen Prüfdichte der Kosten der effizienten Leistungsbereitstellung

Die Kosten der effizienten Leistungsbereitstellung sind als Leitmaßstab der Entgeltregulierung zu verstehen und dementsprechend wesentlich für die Frage der Genehmigungsfähigkeit eines Zugangsentgeltes.[981] Die BNetzA ermittelt sie in der Regel aufgrund der Kostenunterlagen, die das entgeltregulierte Unternehmen mit dem Antrag einreicht (vgl. § 34).[982] Zusätzlich kann sie im Wege der Vergleichsmarktbetrachtung oder einer von der Kostenberechnung des regulierten Unternehmens unabhängigen Kostenrechnung Informationen zur Ermittlung der Kosten der effizienten Leistungsbereitstellung generieren (§ 35 Abs. 1). Im Hinblick auf die unbestimmten Rechtsbegriffe in § 32 Abs. 1 fragt es sich, wie es um die gerichtliche Kontrolldichte in Bezug auf die behördliche Ermittlung dieses Kostenmaßstabes bestellt ist. In der Literatur wird insbesondere diskutiert, ob der BNetzA bei der Bestimmung der Kosten der effizienten Leistungsbereitstellung hinsichtlich der Ermittlung des Investitionswertes des Netzes als Berechnungsgrundlage der Kosten sowie bei der Auswahl des kalkulatorischen Zinssatzes ein Beurteilungsspielraum zukommt.[983]

#### aa) Entscheidung des *BVerwG* vom 23.11.2011

Im Urteil vom 23.11.2011 sprach das *BVerwG* der Regulierungsbehörde bezogen auf die Berechnung der Kosten der effizienten Leistungsbereitstellung im Sinne des § 24 Abs. 1 S. 1 TKG 1996 der Regulierungsbehörde einen umfassenden Beurteilungsspielraum zu.[984] Anders als die Vorinstanz nahm der 6. Senat auch nicht die Festsetzung des Wertes des Anlagevermögens beziehungsweise des Investitionswertes vom Beurteilungsspielraum aus. Bei der Begründung stützte sich der Senat im Ausgangspunkt auf die Erwägung, dass die gerichtliche Kontrolle ausnahmsweise dort ende, wo sich zumindest im Wege der Auslegung erkennen lasse, dass der Gesetzgeber der Verwaltung eine Letztentscheidungsbefugnis einräumen wollte.[985] Dies wird allein unter Bezugnahme auf die Entscheidung des *EuGH* in der Rechtssache Arcor/BRD angenommen. Insbesondere stellt der

---

981 *Kühling*, in: Geppert/Schütz, BeckTKG-Komm, § 32 Rn. 1.

982 Vgl. hierzu *Kühling/Schall/Biendl*, Telekommunikationsrecht, S. 213 Rn. 363. Siehe dort auch zum folgenden Satz.

983 *Kühling*, in: Geppert/Schütz, BeckTKG-Komm, § 32 Rn. 41.

984 *BVerwG*, Urt. v. 23.11.2011 – 6 C 11/10 – Juris Rn. 36 ff. Zum nachstehenden Satz siehe Rn. 18 ff.

985 *BVerwG*, Urt. v. 23.11.2011 – 6 C 11/10 – Juris Rn. 36 ff. sowie Rn. 29.

Senat darauf ab, dass mangels spezifischer Vorgaben des Unionsrechts, die Festlegung der Berechnungsgrundlage „*im Ermessen der NRB*" liege.[986] Ferner stützt er sich darauf, dass die nationale Regulierungsbehörde nach den Aufsichtsbestimmungen von Art. 4 Abs. 1 und 2 VO Nr. 2887/2000

> „*bei der Prüfung … des in Art. 3 Abs. 3 der VO verankerten Preisbildungsgrundsatzes über eine weit reichende Befugnis verfügen, die die Beurteilung der verschiedenen Aspekte dieser Preise umfasst, und zwar bis hin zur Änderung der Preise, d. h. der vorgeschlagenen Entgelte.*"[987]

Diese Vorgaben des *EuGH* interpretiert der Senat als Beurteilungsspielraum im Sinne deutscher Rechtsterminologie.[988] Im gleichen Atemzug spricht er eine „*besondere Nähe zum Regulierungsermessen*" an.

Obwohl sich das Urteil des *BVerwG* sowohl auf den Begriff der Kosten der effizienten Leistungsbereitstellung nach § 24 Abs. 1 S. 1 TKG 1996 als auch auf die mittlerweile außer Kraft getretene Teilnehmeranschlussverordnung bezieht, ist es nicht obsolet geworden. Zum einen findet sich der inhaltsgleiche Begriff nunmehr in dem eigenständigen § 32 (Abs. 1). Dieser wiederum ist an die für das TKG 1996 maßgebliche Definition der Kosten der effizienten Leistungsbreitstellung in § 3 Abs. 2 TEntgV 1996[989] angelehnt.[990] Zum anderen wurden die maßgeblichen Regelungen zur Teilnehmeranschlussverordnung durch Art. 13 (Abs. 1, 3) ZRL ersetzt, so dass für dessen Auslegung weiterhin auf die Arcor-Rechtsprechung zurückgegriffen werden kann.[991]

### bb) Entscheidung des *BVerwG* vom 25.09.2013

Entsprechend der Entscheidung vom 23.11.2011 entschied das *BVerwG* in seinem Urteil vom 25.09.2013[992], dass der BNetzA im Rahmen der Bestimmung

---

986 *EuGH*, Urt. v. 24.04.2008, Rs. C-55/06 (Arcor/BRD), Slg. 2008, I-2976 Rn. 116.

987 *EuGH* (Arcor/BRD), a.a.O., Rn. 159.

988 *BVerwG*, Urt. v. 23.11.2011 – 6 C 11/10 – Juris Rn. 38.

989 Nach § 3 Abs. 2 TEntgV 1996 ergeben sich die „*Kosten der effizienten Leistungsbereitstellung … aus den langfristigen zusätzlichen Kosten der Leistungsbereitstellung und einem angemessenen Zuschlag für leistungsmengenneutrale Gemeinkosten, jeweils einschließlich einer angemessenen Verzinsung des eingesetzten Kapitals, soweit diese Kosten jeweils für die Leistungsbereitstellung notwendig sind*".

990 Vgl. *Berger-Kögler/Cornils* in: BeckTKG-Komm, § 35 Rn. 7 ff.

991 Siehe hierzu Kapitel 2, § 4, 3. Analyse der Rechtsprechung und der Schlussanträge, S. 174.

992 In diesem Verfahren klagte der Vertragspartner des entgeltregulierten Betreibers gegen die Entgeltgenehmigung für Zusammenschaltungsleistungen, die er nutzte.

der für die telekommunikationsrechtliche Entgeltgenehmigung maßgeblichen Kosten der effizienten Leistungsbereitstellung bei der Auswahl der Methode für die Berechnung des Anlagevermögens als Grundlage für die Ermittlung von Zinsen und Abschreibungen ein Beurteilungsspielraum zustehe.[993] Bei der angemessenen Verzinsung des eingesetzten Kapitals handelt es sich um ein Definitionsmerkmal der Kosten der effizienten Leistungsbereitstellung nach § 32 Abs. 1 S. 1. Mithin hat sich das *BVerwG* hinsichtlich § 32 Abs. 1 jedenfalls partiell für einen Beurteilungsspielraum ausgesprochen. Zur Begründung bezieht sich der 6. Senat auf die Entscheidung des *EuGH* in der Sache Arcor/BRD sowie Art. 13 Abs. 1 ZRL, welcher hinreichend offen für die Annahme eines Beurteilungsspielraumes sei.[994] Hinsichtlich des gerichtlichen Kontrollumfanges fordert der Senat, dass neben den gängigen Beurteilungsfehlern[995] gesteigerte Begründungsanforderungen bestünden sowie nachzuprüfen sei, ob die BNetzA im Hinblick auf die jeweilige Rechtsnorm plausibel und erschöpfend argumentiert habe.[996] Soweit der Senat diese zusätzlichen Kontrollanforderungen damit begründet, dass der Beurteilungsspielraum im Rahmen des § 32 Abs. 1 S. 1 eine besondere Nähe zum Regulierungsermessen aufweise, wird hierdurch die Abgrenzung der tradierten Entscheidungsmodi verwischt. Überzeugender ist hingegen die Begründung, dass das Erfordernis der plausiblen und erschöpfenden Begründung sich im Hinblick auf die Gewährleistung effektiven Rechtsschutzes nach Art. 19 Abs. 4 S. 1 GG sowie die hohe Grundrechtsrelevanz der Entgeltgenehmigung rechtfertige.[997] Mit diesen zusätzlichen Anforderungen ist der Senat den Forderungen der BNetzA hinsichtlich reduzierter Begründungsanforderungen entgegen getreten.

993 *BVerwG*, Urt. v. 25.09.2013 – 6 C 13/12 – BeckRS 2013, 59226 Rn. 18 und 33.

994 *BVerwG*, Urt. v. 25.09.2013 – 6 C 13/12 – BeckRS 2013, 59226 Rn. 22.

995 Hierbei handelt es sich um die Kontrolle, ob die Behörde die gültigen Verfahrensbestimmungen eingehalten hat, von einem richtigen Verständnis des anzuwendenden Gesetzesbegriffs ausgegangen ist, den erheblichen Sachverhalt vollständig und zutreffend ermittelt hat und sich bei der eigentlichen Beurteilung an allgemeingültige Wertungsmaßstäbe gehalten, insbesondere das Willkürverbot nicht verletzt hat (*BVerwG*, Urt. v. 25.09.2013 – 6 C 13/12 – BeckRS 2013, 59226 Rn. 33).

996 *BVerwG*, Urt. v. 25.09.2013 – 6 C 13/12 – BeckRS 2013, 59226 Rn. 34, vgl. dort auch zum folgenden Satz.

997 *BVerwG*, Urt. v. 25.09.2013 – 6 C 13/12 – BeckRS 2013, 59226 Rn. 39.

### cc) Kritik

Anzumerken ist, dass die Vorgaben des *EuGH* zum Ermessen der Regulierungsbehörde bei der Anwendung des Grundsatzes der Kostenorientierung der Preise nicht zwingend die Annahme eines Beurteilungsspielraums nach deutschem Verständnis fordern.[998] Hinsichtlich des Preisbildungsgrundsatzes und der entsprechenden Aufsicht durch die Regulierungsbehörde spricht der *EuGH* nur von „*Ermessen*" sowie einer „*weit reichende(n) Befugnis*" zur Entscheidung. Neben dem Beurteilungsspielraum kommen daher grundsätzlich auch das normale Ermessen beziehungsweise das besondere Regulierungsermessen zur Umsetzung in Betracht. Jeder dieser Entscheidungsspielräume dürfte den Grundsätzen der Äquivalenz und Effektivität genügen.

Überdies weist die Entgeltgenehmigung aufgrund ihrer privatrechtsgestaltenden Wirkung nach § 37 Abs. 1 eine hohe Grundrechtssensibilität auf. Hiernach dürfen keine anderen als die genehmigten Entgelte erhoben werden. Dies stellt einen intensiven Eingriff sowohl in die Preissetzungsfreiheit des entgeltregulierten Unternehmens als auch einen Eingriff in die Vertragsfreiheit des Nachfragers der entgeltregulierten Leistungen dar. Eine derartigere Grundrechtsrelevanz spricht im Lichte des Gebots effektiven Rechtsschutzes eher für eine vollständige gerichtliche Nachprüfung als für eine reduzierte Kontrolldichte.[999]

### dd) Bewertung

Zunächst ist festzuhalten, dass selbst das *BVerwG* bei der Annahme eines Beurteilungsspielraums hinsichtlich der Kosten der effizienten Leistungsbereitstellung nicht sicher wirkt, wenn im selben Atemzug die Nähe zum Regulierungsermessen betont angesprochen wird.[1000] Dessen ungeachtet kommt es für die Frage der gerichtlichen Kontrolldichte entsprechend den zu Art. 19 Abs. 4 S. 1 GG entwickelten Grundsätzen entscheidend auf die Auslegung von § 32 Abs. 1 an. Da dieser nicht als Kann-Regelung ausgestaltet ist, scheidet sowohl die Annahme eines normalen Ermessensspielraums als auch des besonderen Regulierungsermessens aus. Auch für Letzteres ist auf Rechtsfolgenseite eine normative Ermessenseinräumung erforderlich.[1001] Hieraus folgt jedoch kein Ausschluss eines Beurteilungsspielraums. Ein solcher ist anzunehmen, wenn sich aus einer Norm ausdrücklich oder konkludent die Einräumung einer

---

998 Ebenso *Kühling*, in: Geppert/Schütz, BeckTKG-Komm, § 32 Rn. 48 und 49.

999 Vgl. *Jarass/Pieroth*, GG, Art. 19 Rn. 68.

1000 Siehe *BVerwG*, Urt. v. 23.11.2011 – 6 C 11/10 – Juris Rn. 38.

1001 Vgl. BVerwGE 130, 39 (48), Rn. 29.

normativen Letztentscheidungsbefugnis für eine Behörde ergibt. Dies setzt voraus, dass unbestimmte Rechtsbegriffe wegen der hohen Komplexität und der besonderen Dynamik der geregelten Materie vage sind und ihr Nachvollzug durch die Gerichte so schwierig ist, dass die gerichtliche Kontrolle an ihre Funktionsgrenzen stößt.[1002] Vorliegend enthält § 32 Abs. 1 mit den Begriffen der langfristigen zusätzlichen Kosten der Leistungsbereitstellung, eines angemessen Gemeinkostenzuschlags sowie einer angemessenen Verzinsung gleich mehrere unbestimmte Rechtsbegriffe. Dies spricht für die Annahme eines Beurteilungsspielraums.

Wirft man hingegen einen Blick auf die gerichtliche Nachprüfung der Preiskontrollregelungen des allgemeinen Wettbewerbsrechts, erscheint es fraglich, dass die Verwaltungsgerichtsbarkeit bei der Kontrolle der unbestimmten Rechtsbegriffe des § 32 Abs. 1 an ihre Funktionsgrenzen treffen kann.[1003] Bei der gerichtlichen Kontrolle der Preismissbrauchsregeln des § 19 Abs. 2 Nr. 2 und 3 GWB werden die ordentlichen Gerichte funktional als Verwaltungsgerichte tätig.[1004] Allerdings gehen sie – abgesehen von § 71 Abs. 5 S. 2 GWB – seit jeher von einer vollen gerichtlichen Überprüfbarkeit aus. Darüber hinaus findet sich in den Gesetzgebungsmaterialien kein Hinweis auf einen gerichtlich nur eingeschränkt überprüfbaren Beurteilungsspielraum. Allerdings spricht das in § 32 Abs. 1 mehrfach verwendete Attribut der Angemessenheit durchaus für eine wertende Entscheidung. Entsprechendes gilt für die Voraussetzung der Notwendigkeit im Hinblick auf die Verzinsung. Weiter ist zu berücksichtigen, dass § 32 Abs. 3 für die Festlegung der angemessenen Verzinsung des eingesetzten Kapitals verschiedene, zu berücksichtigende Regelgesichtspunkte vorgibt. Vergleicht man beispielsweise Nr. 1 (Kapitalstruktur des regulierten Unternehmens) mit Nr. 4 (langfristige Stabilität der wirtschaftlichen Rahmenbedingungen, auch im Hinblick auf die Wettbewerbssituation auf den Telekommunikationsmärkten) fällt auf, dass es sich durchaus um gegenläufige Belange handelt. Mithin erfolgt die Festlegung der angemessenen Verzinsung im Wege einer wertenden Abwägung. Diese Entscheidung obliegt einer kollegial besetzten Beschlusskammer der BNetzA.[1005], welcher regelmäßig neben einem Ingenieur auch ein Ökonom

---

1002 *BVerfG*, Beschluss v. 17.04.1991 – 1 BvR 419/81, 1 BvR 213/83 – Juris Rn. 48; vgl. auch *Kment/Vorwalter*, JuS 2015, 193 (196).

1003 Ebenso *Kühling*, in: Geppert/Schütz, BeckTKG-Komm, § 32 Rn. 53.

1004 *Gärditz*, NVwZ 2009, 1005 (1006/1007), siehe dort auch zum folgenden Satz.

1005 Welcher regelmäßig neben einer Person mit Befähigung zum Richteramt ein Ingenieur sowie ein Ökonom angehört.

angehört. Insofern dürfte ein gerichtlicher Spruchkörper, der regelmäßig nicht über diese besondere Fachkompetenz verfügt, an seine Funktionsgrenzen kommen. Unabhängig von den fachspezifischen Besonderheiten kann das Gericht jedoch prüfen, ob die gültigen Verfahrensbestimmungen eingehalten, der zu bewertende Sachverhalt zutreffend und vollständig ermittelt und nicht gegen das Willkürverbot verstoßen worden ist. Mithin vermag die zugrundeliegende Marktregulierungssituation durchaus die Annahme eines Beurteilungsspielraumes zu rechtfertigen.

Schließlich gebieten die Vorgaben des *EuGH* aus der Rechtssache Arcor/BRD einen weitreichenden Spielraum der Regulierungsbehörde bei der Prüfung der Kosten der Leistungsbereitstellung.[1006] Schließt man Ermessen und Regulierungsermessen aus, verbleibt nach deutscher Rechtsterminologie der Beurteilungsspielraum. Nach alledem erscheint dessen Annahme hinsichtlich der Kosten der effizienten Leistungsbereitstellung im Sinne von § 32 Abs. 1 vertretbar.

### b) Zur gerichtlichen Prüfdichte der Missbrauchsmaßstäbe nach § 28 TKG

Weiter ist zu prüfen, wie es um die gerichtliche Kontrolldichte der allgemeinen Entgeltmissbrauchstatbestände nach § 28 bestellt ist. Die Genehmigungsfähigkeit genehmigungsbedürftiger Entgelte erfordert stets deren Vereinbarkeit mit den entgeltspezifischen Missbrauchstatbeständen des § 28 (§ 35 Abs. 3 S. 1).[1007] Nach der Literatur soll der BNetzA bei dieser Prüfung weder ein Regulierungsermessen noch ein Beurteilungsspielraum zustehen.[1008] Da § 28 nicht als Kann-Regelung ausgestaltet ist, sind jedenfalls das Regulierungsermessen sowie das normale Ermessen abzulehnen. Fraglich bleibt hingegen die Annahme eines Beurteilungsspielraums. Der Rechtsprechung des *VG Köln* lässt sich entnehmen, dass die Bewertung, ob Entgelte missbräuchlich im Sinne des § 28 sind, eine „*hochkomplexe, nicht unerheblich aufwändige Abwägung*" erfordere.[1009] Ein

---

1006 Vgl. *EuGH*, Urt. v. 24.04.2008, Rs. C-55/06 (Arcor/BRD), Slg. 2008, I. 2976, Rn. 159; so auch *Wieland*, DÖV 2011, 705 (710).

1007 Im Falle einer Entgeltgenehmigung nach § 31 Abs. 1 S. 1 kann die Missbrauchsprüfung nach § 28 relevant werden, wenn der etwaige Missbrauch in einem zu niedrigen Entgelt liegt (*BVerwG*, Urt. v. 20.10.2010 – 6 C 18/09 – BeckRS 2010, 56638 Rn. 20).

1008 *Schütz/Neumann*, in: Geppert/Schütz, BeckTKG-Komm, § 28 Rn. 144. Gegen ein Regulierungsermessen: *Ludwigs*, JZ 2009, 290 (297).

1009 Vgl. *VG Köln*, Urt. v. 06.11.2008 – 1 K 3194/06 – in: MMR 2009, 288 (289).

Beurteilungsspielraum ist ausnahmsweise etwa bei unbestimmten Rechtsbegriffen anzunehmen, die eine wertende Entscheidung verlangen. Voraussetzung ist, dass sich jedenfalls im Wege der Auslegung ergibt, dass der Gesetzgeber der BNetzA eine Letztentscheidungsbefugnis einräumen wollte, weil eine wertende Abwägungsentscheidung geboten ist.[1010] Anhaltspunkte hierfür sind insbesondere, wenn die zu treffende Entscheidung in hohem Maße durch wertende Elemente gekennzeichnet, die Zuständigkeit eines besonderen (Kollegial)Verwaltungsorgans eröffnet, besondere Sachkunde erforderlich sowie ein spezielles Verfahren vorgesehen ist, in dem bereits mögliche Auffassungsunterschiede in sich zum Ausgleich gebracht werden können.[1011] Aufgrund seiner Stellung erfolgt die Prüfung des § 28 durch die Beschlusskammern der BNetzA (§ 132 Abs. 1 S. 1). Zudem erfordert die Bejahung der Missbräuchlichkeit im Sinne des § 28 ein Unwerturteil im Sinne eines unangemessenen und ungerechtfertigten Verhaltens, das sich am Prinzip der Wettbewerbsfreiheit orientiert.[1012] Allerdings enthält der Wortlaut keine Formulierungen wie *erforderlich* oder *ausreichen*, die in besonderer Weise auf eine wertende Abwägung hindeuten. Entsprechendes gilt für die Gesetzgebungsmaterialien. In systematischer Hinsicht spricht auch ein Blick in das allgemeine Wettbewerbsrecht gegen die Annahme eines Beurteilungsspielraums. Hinsichtlich der Missbrauchstatbestände des § 19 Abs. 2 GWB ist die gerichtliche Kontrolle der Kartellgerichte – abgesehen von einer gesetzlichen Ausnahmeregelung – nicht eingeschränkt.[1013] Ausweislich der Gesetzesbegründung orientieren sich die entgeltspezifischen Missbrauchstatbestände an § 19 (Abs. 4) GWB.[1014] Dies spricht dafür, dass die Verwaltungsgerichte bei der Kontrolle des § 28 ebenso wenig an ihre Funktionsgrenzen stoßen wie ordentliche Kartellgerichte. Ferner zwingen auch teleologische Erwägungen nicht zur Annahme eines Beurteilungsspielraums. Im Unterschied zu den zentralen Regulierungsverpflichtungen nach §§ 21 und 30 sowie 39 (Abs. 1) knüpfen die entgeltspezifischen Missbrauchstatbestände nicht an unbestimmte Tatbestandsmerkmale im Hinblick auf die Erreichung von Regulierungszielen an. Dies indiziert, dass es im Rahmen der Missbrauchskontrolle nicht vorrangig um die

---

1010 *Kopp/Schenke*, VwGO, § 114 Rn. 23, 24.

1011 Vgl. *BVerwG*, Urt. v. 16.05.2007 – 3 C 8/06 – Juris Rn. 27. Siehe dort auch zu weiteren Nachweisen aus der Rechtsprechung.

1012 Vgl. *Schütz/Neumann*, in: Geppert/Schütz, BeckTKG-Komm, § 28 Rn 39.

1013 Siehe oben Kapitel 3, § 7, dd) Bewertung, S. 428 f. sowie *Gärditz*, NVwZ 2009, 1005 (1006/1007).

1014 BT-Drucks. 15/2316, S. 67.

final programmierte Schaffung von Wettbewerb geht.[1015] Vielmehr geht es – wie bei der Vorbildnorm des § 19 GWB – um die Verhinderung missbräuchlichen Verhaltens bei der Entgeltforderung. Ferner kann die Annahme der Missbräuchlichkeit von Entgelten für das entgeltregulierte Unternehmen einen erheblichen Eingriff in seine Preissetzungsfreiheit bedeuten. Überdies ist zu berücksichtigen, dass die Annahme einer eingeschränkten gerichtlichen Kontrolle im Lichte des Art. 19 Abs. 4 S. 1 GG die rechtfertigungsbedürftige Ausnahme vom Grundsatz der vollen Kontrolle darstellt. Vor diesem Hintergrund liegen keine ausreichenden Gründe für die Annahme eines Beurteilungsspielraums bei der Prüfung der entgeltspezifischen Missbrauchstatbestände vor, so dass diese der vollen gerichtlichen Kontrolle unterliegen.

Schließlich fordert das Unionsrecht keine andere Beurteilung. Da der einheitliche Rechtsrahmen keine Vorgaben für die gerichtliche Kontrolldichte enthält, sind die allgemeinen Grundsätze der Äquivalenz und Effektivität maßgeblich. Letzterem steht eine volle gerichtliche Kontrolle nicht entgegen. [1016] Da – wie dargelegt – nationale Maßstäbe nicht die Annahme eines Beurteilungsspielraums verlangen, folgt aus dessen Ablehnung auch kein Verstoß gegen den Äquivalenzgrundsatz.

### 2. Verpflichtungsklagen auf Erlass entgeltspezifischer Maßnahmen im Rahmen der nachträglichen Entgeltkontrolle

Im Bereich der nachträglichen Entgeltregulierung dürften für Dritte im Sinne dieser Untersuchung zwei Klagebegehren in Betracht kommen. Im Wege der Verpflichtungsklage könnte die Untersagung von Verhaltensweisen oder die Erklärung der Unwirksamkeit von Entgelten wegen Verstoßes gegen § 28 begehrt werden. Je nach Entgeltart ist die Anspruchsgrundlage entweder § 38 Abs. 4 S. 1 oder § 39 Abs. 4 S. 1, 2 HS. In beiden Fällen handelt es sich um eine gebundene Entscheidung der BNetzA.[1017] Ein Beurteilungsspielraum kommt nicht in Betracht. Insofern gelten die Ausführungen zum Entscheidungsspielraum der BNetzA bei § 28 entsprechend. Der Verstoß gegen diese Vorschrift stellt die einzige Tatbestandsvoraussetzung für ein Einschreiten im Wege der nachträglichen Entgeltkontrolle dar.

---

1015 Ebenso *Ludwigs*, JZ 2009, 290 (297).
1016 Vgl. *Gärditz*, NVwZ 2009, 1005 (100/1008).
1017 *Geppert/Berger-Kögler*, in: Geppert/Schütz, BeckTKG-Komm, § 38 Rn. 78.

Darüber hinaus kommt eine Verpflichtungsklage von Dritten gerichtet auf die Anordnung von Entgelten[1018], die mit § 28 vereinbar sind, in Betracht.[1019] Diese „*kann*" die BNetzA gleichzeitig mit der Unwirksamkeitserklärung anordnen (§ 38 Abs. 4 S. 1 beziehungsweise § 39 Abs. 4 S. 1, 2 HS). Dies entspricht auch der gängigen Regulierungspraxis.[1020] Insofern handelt es sich um das normale Ermessen und nicht um einen Fall des Regulierungsermessens.[1021] Die Anordnung nicht missbräuchlicher Entgelte erfordert zwar eine „*komplexe, nicht unerheblich aufwendige Abwägung*"[1022] und erfolgt ebenfalls im besonderen Beschlusskammerverfahren. Jedoch weist weder die Normstruktur die Voraussetzungen des besonderen Regulierungsermessens auf, noch sind tragfähige Gründe, die eine weitere Einschränkung der gerichtlichen Kontrolldichte rechtfertigen könnten, ersichtlich. Inhaltlich erfordert die Entgeltanordnung die Vereinbarkeit mit den Maßstäben des § 28. Dessen unbestimmte Rechtsbegriffe sind voll überprüfbar und eröffnen kein Regulierungsermessen.[1023] Besondere wertende oder prognostische Tatbestandsmerkmale sind nicht enthalten. Überdies orientiert sich die Entgeltanordnung an der allgemeinen Anordnungsbefugnis des § 32 (Abs. 2) GWB.[1024] Dessen kartellbehördlicher Entscheidungsspielraum kommt ohne einen nur eingeschränkt kontrollierbaren Beurteilungsspielraum aus. Schließlich ist zu berücksichtigen, dass die Anordnung von Entgelten aufgrund ihrer privatrechtsgestaltenden Wirkung nach § 37 (§ 38 Abs. 4 S. 4) einen intensiven Eingriff in die Preissetzungsfreiheit des regulierten Unternehmens sowie die Vertragsfreiheit des Nachfragers darstellt. Entsprechende Eingriffe gebieten regelmäßig höhere Anforderungen für eine Ausnahme von der vollen gerichtlichen Kontrolle. Nach alledem steht die nachträgliche Entgeltanordnung nicht im Regulierungsermessen.

---

1018 Deren Zulässigkeit erfordert ebenfalls einen entsprechenden, vorherigen Antrag gegenüber der BNetzA.

1019 Denkbar ist auch eine Anfechtungsklage, sofern die BNetzA im Wege der nachträglichen Entgeltregulierung Entgelte angeordnet hat, die mit § 28 vereinbar sind. Für diese Entgeltanordnung gilt § 37 entsprechend (§ 38 Abs. 4 S. 4). Hinsichtlich der gerichtlichen Kontrolldichte gelten die obigen Ausführungen entsprechend.

1020 *Geppert/Kögler*, in: Säcker, TKG, § 38 Rn. 83.

1021 *Geppert/Berger-Kögler*, in: Geppert/Schütz, BeckTKG-Komm, § 38 Rn. 83.

1022 Vgl. *VG Köln*, Urt. v. 06.11.2008 – 1 K 3194/06 – MMR 288, (289).

1023 Siehe oben Kapitel 3, § 7, b) Zur gerichtlichen Prüfdichte der Missbrauchsmaßstäbe nach § 28 TKG, S. 430 f.

1024 BT-Drucks. 15/2316, S. 70.

### IV. Verpflichtungsklage auf Erlass einer nachträglichen Missbrauchsverfügung

Vorstellbar ist weiter eine Verpflichtungsklage auf Erlass einer nachträglichen Missbrauchsverfügung nach § 42 Abs. 4 S. 2.[1025] Hinsichtlich des behördlichen Entscheidungsspielraums im Rahmen der nachträglichen Missbrauchsaufsicht verhält es sich wie bei der nachträglichen Entgeltkontrolle. Bei der Entscheidung über die Beendung der missbräuchlichen Ausnutzung der beträchtlichen Marktmacht handelt es sich um eine gebundene Entscheidung (§ 42 Abs. 4 S. 1).[1026] Allerdings steht der BNetzA bei der Entscheidung wie sie die missbräuchliche Ausnutzung beendet, ein Auswahlermessen zu. Sie „*kann*" entweder eine bestimmte Verhaltensweise auferlegen, untersagen oder Verträge ganz oder teilweise für unwirksam erklären (§ 42 Abs. 4 S. 2). Insofern ist die gerichtliche Kontrolle auf Ermessensfehler beschränkt (§ 114 VwGO). Daher dürfte regelmäßig nur ein Anspruch auf ermessensfehlerfreie Auswahlentscheidung bestehen.[1027] Dagegen handelt es sich nicht um einen Fall des besonderen Regulierungsermessens. Zwar ergeht auch die nachträgliche Missbrauchsverfügung im Wege des gerichtsähnlichen Beschlusskammerverfahrens (§ 132 Abs. 1 S. 1). Allerdings lässt sich dem Normprogramm von § 42 Abs. 4 keine durch unbestimmte Rechtsbegriffe gesteuerte und an den Regulierungszielen des § 2 Abs. 2 ausgerichtete Abwägung entnehmen. Im Übrigen stand § 19 GWB Modell für die Regelung des § 42 Abs. 4.[1028] Dies verdeutlicht, dass es bei letzterem nicht primär um Wettbewerbsgestaltung, sondern um eine auf den Einzelfall bezogene nachträgliche Kontrolle geht.

## D. Drittschutz hinsichtlich der Festlegungen zu Marktdefinition und -analyse

Die Festlegungen zu Marktdefinition und -analyse nach den §§ 10 und 11 bestimmen nicht nur die Entscheidung über das Ob der Marktregulierung. Die Marktanalyse dient zudem der Identifikation von Unternehmen mit beträchtlicher

---

1025 Bei der Missbrauchsverfügung nach § 42 Abs. 4 S. 2 handelt es sich um einen Verwaltungsakt, der im Rahmen des Beschlusskammerverfahrens ergeht (*Neitzel/Hofmann*, in: Spindler/Schuster, Recht der elektronischen Medien, Teil 11, § 42 Rn. 48).

1026 *Kühling/Schall/Biendl*, Telekommunikationsrecht, S. 247 Rn. 426; *Schütz*, in: Geppert/Schütz, BeckTKG-Komm, § 42 Rn. 152.

1027 *Schütz*, in: Geppert/Schütz, BeckTKG-Komm, § 42 Rn. 152.

1028 Vgl. BT-Drucks. 15/2316, S. 71.

Marktmacht und damit von potentiellen Adressaten marktregulierungsrechtlicher Maßnahmen.[1029] In verfahrenstechnischer Hinsicht bedürfen die Festlegungen der BNetzA zu Marktdefinition und -analyse neben der Konsultation regelmäßig auch der unionsweiten Konsolidierung nach Maßgabe von § 12 Abs. 2.[1030] Vor diesem Hintergrund können die Festlegungen der BNetzA nach § 10 und § 11 in mehrfacher Hinsicht Gegenstand von Drittschutzbegehren sein. Dabei kann zwischen unmittelbarem und inzidentem Drittschutz auf nationaler Ebene (I.) sowie Rechtsschutz Dritter vor europäischen Gerichten unterschieden werden (II.).

## I. Nationale Ebene

Vorstellbar ist zunächst, dass die Festlegungen zur Marktdefinition zum Gegenstand eines Verwaltungsgerichtsprozesses werden könnten, wenn Dritte mit dem von der BNetA definierten Markt tzA nicht einverstanden sind. Beispielsweise könnten Dritte die Definition eines noch nicht definierten Marktes oder eine weitergehende Marktdefinition begehren.[1031] Dies würde dann mittelbar – bei Regulierungsbedürftigkeit des definierten Marktes – Regulierungsverpflichtungen der BNetzA für diesen Markt nach sich ziehen.

Denkbar ist auch, dass die Festlegung begehrt wird, dass ein noch nicht reguliertes Unternehmen über beträchtliche Marktmacht verfügt. In diesem Fall wäre die BNetzA gezwungen, gegenüber diesem Unternehmen jedenfalls eine Marktregulierungsmaßnahme zu ergreifen (vgl. § 9 Abs. 2). Hinsichtlich derartiger unmittelbar gegen oder auf die Festlegungen nach § 10 und § 11 bezogener Drittschutzbegehren fragt es sich zunächst, welcher Hauptsacherechtsbehelf überhaupt statthaft wäre. Dies wird im Wesentlichen durch die Rechtsnatur der Festlegungen bestimmt.

In Betracht kommt sowohl die Einordnung als Verwaltungsakt sowie als reales Verwaltungshandeln. Letzteres wird wohl in der einschlägigen Literatur favorisiert.[1032] Die Dialektik des *BVerwG* spricht gegen das Verständnis der

---

1029 Bei der Eigenschaft beträchtlicher Marktmacht handelt es sich zugleich um ein wesentliches Tatbestandsmerkmal der marktmachtabhängigen Regulierungsmaßnahmen nach Teil 2 des TKG.

1030 *Kühling/Schall/Biendl*, Telekommunikationsrecht, S. 139 Rn. 228.

1031 Vgl. BVerwGE 130, 39 (44).

1032 Vgl. *Oster*, MMR 2009, 454 (456/7), der hinsichtlich eines auf Durchführung von Marktdefinition und -analyse gerichteten Rechtsbehelfs die allgemeine Leistungsklage für statthaft erachtet. Vgl. auch *Gurlit*, in: Säcker, TKG, § 12 Rn. 49 sowie § 13 Rn. 42, welcher die unmittelbare Regelungswirkung verneint.

Festlegungen als Verwaltungsakt. Die Marktdefinition sei eine *„quasi-gesetzliche Aufgabe, die auf den Erlass einer generell-abstrakten Regelung ziele"*[1033]. Klar ist jedenfalls, dass der Charakter als Verwaltungsakt nicht bereits wegen § 132 Abs. 1 S. 2 anzunehmen ist. Insofern handelt es sich lediglich um ein Handlungsformgebot, dass nicht vom Vorliegen der materiellen Voraussetzungen des § 35 S. 1 VwVfG entbindet.[1034] Die Verwaltungsaktqualität lässt sich auch nicht zwingend aus § 13 Abs. 5 ableiten. Dieser bestimmt lediglich, dass die Festlegungen zu Marktdefinition und -analyse zusammen mit den Entscheidungen zu den einzelnen Regulierungsverpflichtungen als einheitlicher Verwaltungsakt ergehen. Hierdurch wollte der Gesetzgeber lediglich eine Rechtsschutzkonzentration auf die Regulierungsverfügung erreichen.[1035]

Dagegen spricht für die Nähe zum Verwaltungsakt, soweit im Schrifttum davon die Rede ist, dass die Festlegungen aufgrund von § 13 Abs. 5 strukturell in ein Tatbestandsmerkmal der Regulierungsverfügung umgewandelt werden.[1036] Hierdurch soll zudem ein Gleichlauf mit der Bestandskraft der Regulierungsverfügung erzielt werden. In der Tat zeigt die Regulierungspraxis, dass in den Regulierungsverfügungen vor dem Tenor die Ergebnisse zu Marktdefinition und -analyse vorweggestellt werden. Gleichwohl stellt die Regulierungsverfügung keinen einheitlichen Verwaltungsakt dar, sondern enthält verschiedene Verpflichtungen, die ihrerseits Verwaltungsaktqualität besitzen.[1037]

Im Hinblick auf die Merkmale des § 35 S. 1 VwVfG ist zunächst festzustellen, dass es den Festlegungen zu Marktdefinition und -analyse nicht an der erforderlichen Außenwirkung mangelt. Diese Ergebnisse sind von der BNetzA zu veröffentlichen (§ 12 Abs. 1 S. 2). Fraglich bleibt jedoch die Regelungswirkung dieser Festlegungen. Sie wäre gegeben, wenn die Maßnahme darauf gerichtet ist, Rechte unmittelbar zu begründen, zu ändern, aufzuheben oder mit bindender Wirkung festzustellen.[1038] Dies ist jedoch abzugrenzen von unselbstständigen Vorbereitungs- oder Teilakten.[1039] Entsprechende Zwischenschritte sind beispielsweise Verfahrenshandlungen wie die Anhörung oder Ladung.

---

1033 BVerwGE 130, 39 (44/45), Rn. 19.

1034 *Gurlit,* in: Säcker, TKG, § 132 Rn. 29.

1035 BT-Drucks. 15/2316, S. 63.

1036 *Gurlit,* in: Säcker, TKG, § 13 Rn. 42. Siehe dort auch zum folgenden Satz.

1037 Siehe hierzu oben Kapitel 3, § 7, I. Zur Rechtsnatur der Regulierungsverfügung, S. 394 f.

1038 Siehe nur BVerwGE 77, 268 (271). Siehe dort zu weiteren Nachweisen.

1039 *Kopp/Ramsauer,* VwVfG, § 35 Rn. 109, § 12 Rn. 16. Siehe dort auch zum folgenden Satz.

Die Festlegungen zu Marktdefinition und -analyse stellen zwar keine derartigen Verfahrenshandlungen dar, jedoch handelt es sich um besonders geregelte Prüfungsschritte des mehrstufigen Regulierungsverfahrens. Nach dessen Konzeption erfolgt die Auferlegung verbindlicher Rechtsfolgen gegenüber außerhalb der Verwaltung stehenden Personen jedoch erst auf der Stufe der Regulierungsverfügung. Dies spricht gegen die unmittelbare Herbeiführung von Rechtsfolgen durch die Festlegungen zur Marktdefinition und -analyse. Sofern allerdings im Rahmen der Festlegungen fehlender Wettbewerb auf einem regulierungsbedürftigen Markt festgestellt wird (§ 11 Abs. 1), folgt aus § 9 Abs. 2, dass dem Unternehmen mit beträchtlicher Marktmacht mindestens eine Regulierungsverpflichtung aufzuerlegen ist. In diesem Sinne führt die Marktanalyse allenfalls mittelbar eine Rechtsfolge herbei.

In der Gesamtschau sprechen gewichtige Gründe gegen den Verwaltungsaktcharakter von Marktdefinition und -analyse. Unter Drittschutzgesichtspunkten ist dies auch nicht zu beanstanden. Aus der Garantie effektiven Rechtsschutzes folgt, dass die VwGO im Rahmen des Art. 19 Abs. 4 S. 1 GG lückenlosen Rechtsschutz ermöglichen muss. Sofern den Festlegungen zu Marktdefinition und -analyse die Verwaltungsaktqualität abgesprochen wird, bedeutet dies nicht, dass jeglicher Rechtsbehelf ausgeschlossen ist. Grundsätzlich können – je nach Begehren – auch die allgemeine Leistungsklage oder die Feststellungsklage als statthafte Rechtsbehelfe zur gerichtlichen Überprüfung der Festlegungen zur Marktdefinition oder hinsichtlich beträchtlicher Marktmacht im Rahmen der Marktanalyse in Betracht kommen.[1040]

### 1. Kein unmittelbarer Drittschutz hinsichtlich der Festlegungen zu Marktdefinition und -analyse

Unabhängig von der Frage des statthaften Rechtsbehelfs wird ein unmittelbar gegen oder auf die Festlegungen zu Marktdefinition und -analyse bezogenes Drittschutzbegehren aus mehreren Gründen keinen Erfolg haben können.

Zum einen fehlt es für entsprechende Rechtsbehelfe an der erforderlichen Klagebefugnis nach § 42 Abs. 2 VwGO.[1041] Die Klagebefugnis erfordert, dass aufgrund des Klagevorbringens eine Verletzung in eigenen Rechten zumindest möglich erscheint. Da die Rechtsgrundlagen zur Marktdefinition und -analyse

1040 Vgl. *Oster*, MMR 2009, 454 (456/7).

1041 Diese besondere Sachurteilsvoraussetzung für Anfechtungs- und Verpflichtungsklagen wird bekanntlich auf die allgemeine Leistungsklage entsprechend angewendet (*Happ*, in: Eyermann, VwGO, § 42 Rn. 80, siehe dort auch zu weiteren Nachweisen).

selbst keine Schutznormen zugunsten Dritter darstellen, scheidet eine (mögliche) Verletzung in eigenen Rechten jedoch aus.[1042]

Zum anderen steht der Zulässigkeit unmittelbar gegen beziehungsweise auf die Festlegungen gerichteter Rechtsbehelfe § 13 Abs. 5 entgegen. Hiernach ergehen die Ergebnisse zu Marktdefinition und -analyse zusammen mit den Entscheidungen zu den einzelnen Regulierungsverpflichtungen als einheitlicher Verwaltungsakt im Rahmen der Regulierungsverfügung. Durch diese Regelung wollte der Gesetzgeber den Rechtsschutz zwar nicht gänzlich ausschließen, allerdings soll er auf die Ebene der Regulierungsverfügung konzentriert werden.[1043] Regelungstechnisch ist diese Bestimmung mit der verfahrensrechtlichen Regelung des § 44a VwGO vergleichbar. Hierbei handelt es sich um eine negative Zulässigkeitsvoraussetzung, die im Grundsatz für alle verwaltungsgerichtlichen Rechtsbehelfe gilt.[1044] Ratio legis ist die Sicherstellung von Verfahrensökonomie und Verhinderung von Verzögerungen, die durch Rechtsbehelfe gegen einzelne Verfahrenshandlungen im Verwaltungsverfahren entstehen würden. Bei den Festlegungen zu Marktdefinition und -analyse handelt es sich nicht um formelle Voraussetzungen, sondern um eigenständige, materielle Prüfungsschritte des Marktregulierungsverfahrens. Nichtsdestotrotz liegt gerade die Motivation eines beschleunigten Rechtsbehelfsverfahrens dem TKG zugrunde (vgl. § 132). Überdies gilt auch im gestuften Verwaltungsverfahren der Grundsatz der Klagebefugnis für Entscheidungen auf der jeweiligen Verfahrensstufe.[1045] Insofern kommt es darauf an, ob die Festlegungen zu Marktdefinition und -analyse subjektiv-öffentliche Rechte berühren. Dies ist – wie oben ausgeführt – jedoch nicht der Fall.

### 2. Zum inzidenten Drittschutz im Rahmen von Klagen auf oder gegen Regulierungsverpflichtungen

Das regulierte Unternehmen kann ebenfalls nicht isoliert gegen die Festlegungen zu Marktdefinition und -analyse klagen.[1046] Allerdings kann es im Wege

1042 Siehe hierzu oben Kapitel 3, § 6, II. Zur Schutzrichtung der Marktdefinition nach § 10 TKG, S. 380 ff. sowie III. Zur Schutzrichtung der Marktanalyse, S. 380 ff.

1043 BT-Drucks. 15/2316, S. 63.

1044 *Kopp/Schenke*, VwGO, § 44a Rn. 1 und 4. Siehe dort auch zum folgenden Satz.

1045 *Schmidt-Kötters*, in: Posser/Wolff, BeckOK VwGO, § 42 Rn. 184.

1046 Insofern können die Ausführungen unter Kapitel 3, § 7, 1. Kein unmittelbarer Drittschutz hinsichtlich der Festlegungen zu Marktdefinition und -analyse (S. 437 f.) entsprechend gelten.

der Anfechtungsklage gegen die Auferlegung einer Regulierungsverpflichtung die Rechtmäßigkeit der Festlegungen zu den § 10 und § 11 inzident zur Überprüfung stellen.[1047] Der Adressat einer rechtswidrigen Verwaltungsmaßnahme kann jedenfalls geltend machen, dass die seiner Ansicht nach rechtswidrige Maßnahme ihn in seinem Grundrecht aus Art. 2 Abs. 1 GG verletzen könnte. Zu prüfen bleibt, inwieweit auch für Dritte die Möglichkeit der Inzidenterkontrolle hinsichtlich der Festlegungen zu Marktdefinition und -analyse offenstehen kann.

### a) Inzidente Überprüfung der Festlegungen zu Marktdefinition und -analyse

Stellenweise wird in der Literatur für inzidenten Drittschutz plädiert.[1048] Rechtstechnisches Vehikel soll eine Verpflichtungsklage gerichtet auf den Erlass von Regulierungsverpflichtungen sein. Vorausgesetzt es werden drittschützende Verpflichtungen begehrt, soll dieses Begehren unabhängig davon zulässig sein, ob die BNetzA bereits eine Marktdefinition und -analyse durchgeführt hat. Sofern dies nicht der Fall ist, soll die Verpflichtungsklage in Form der Bescheidungsklage zulässig sein (§ 113 Abs. 5 S. 2 VwGO). Begründet wird dies in erster Linie mit dem drittschützenden Charakter der Vorschriften zur Zugangsregulierung. Aus ihrer zumindest auch drittschützenden Wirkung folge für die BNetzA die Verpflichtung zur entsprechenden Marktdefinition und -analyse. Andernfalls würden die Wettbewerber rechtsschutzlos gestellt. Schließlich sei inzidenter Drittschutz die Konsequenz der Zusammenfassung der Festlegungen von Marktdefinition und -analyse mit den Entscheidungen zu den einzelnen Regulierungsverpflichtungen nach § 13 Abs. 5.

Diese grundsätzlichen Überlegungen lassen sich auf den Fall einer Drittanfechtungsklage gegen die Aufhebung oder den Widerruf von Regulierungsverpflichtungen wegen nunmehr bestehenden wirksamen Wettbewerbs übertragen. Insofern könnten Dritte beispielsweise vortragen, dass das Merkmal beträchtlicher Marktmacht des ehemals regulierten Unternehmens weiterhin gegeben sei.

### b) Entscheidung des *BVerwG* vom 28.11.2007

In seiner Entscheidung vom 28.11.2007 sprach sich das *BVerwG* nicht nur für den drittschützenden Charakter der Verpflichtungen zur Zugangsregulierung sowie bestimmter zugangsbegleitender Verpflichtungen aus.[1049] Soweit das klagende

---

1047 *Oster*, MMR 2009, 454; *Gurlit*, in: Säcker, TKG, § 13 Rn. 46;

1048 *Oster*, MMR 2009, 454 (457/8). Siehe dort auch zu den folgenden Sätzen.

1049 BVerwGE 130, 39 ff.

Wettbewerbsunternehmen zudem den Erlass einer weitergehenden Regulierungsverpflichtung begehrte, wurde die Klage als unzulässig abgewiesen.[1050] Mit dem insoweit zugrunde liegenden Klageantrag begehrte das Wettbewerbsunternehmen zwar die Auferlegung einer – grundsätzlich drittschützenden – Zugangsverpflichtung. Jedoch betraf die begehrte Zugangsverpflichtung in Form des Teilnehmeranschlusses zur reinen Glasfaser einen Markt, der von der BNetzA nicht definiert worden war. Diesbezüglich stellte das *BVerwG* zunächst heraus, dass die Regelungen zur Marktdefinition nach § 10 nicht drittschützend, sondern rein objektiver Natur seien. Daher solle eine Verletzung eigener Rechte nicht in Betracht kommen, sofern eine Regulierungsverfügung begehrt werde, die einen noch nicht definierten Markt betreffe. Insofern würden Rechtschutzmöglichkeiten Dritter die Umsetzung der Vorgaben der Rahmenrichtlinie gefährden. Einerseits würde die weitestgehende Berücksichtigung der Marktempfehlungen sowie andererseits das Durchgriffsrecht der Kommission gefährdet werden.[1051] Schließlich verneinte das *BVerwG* die Zulässigkeit der Drittverpflichtungsklage, weil das klagende Unternehmen im Marktregulierungsverfahren hinsichtlich der gewünschten Marktdefinition keinen Antrag gestellt hatte.[1052]

c) Stellungnahme

Grundsätzlich festzuhalten ist zunächst, dass eine Verpflichtungsklage nur Erfolg haben kann, soweit im zugrundeliegenden Verwaltungsverfahren ein entsprechender Antrag gestellt worden ist. Andernfalls fehlt es bereits an dem erforderlichen Rechtsschutzbedürfnis. Darüber hinaus können Anfechtungs- sowie Verpflichtungsklagen Dritter nur begründet sein, soweit deren subjektiv-öffentliche Rechte verletzt sind (§ 113 Abs. 1 S. 1 sowie Abs. 5 S. 1 VwGO).

Daher ist die Abweisung von Klagen Dritter, die auf den Erlass von drittschützenden Zugangsverpflichtungen gerichtet sind, nicht zu beanstanden, soweit im Marktregulierungsverfahren kein entsprechender Sachantrag – beispielsweise bezogen auf eine weitergehende Marktdefinition – gestellt worden ist.

Weiter folgt aus vorstehenden Grundsätzen, dass sich das gerichtliche Prüfprogramm auch bei Klagen Dritter, die gegen oder auf den Erlass einer Regulierungsverpflichtung gerichtet sind, auf die Verletzung drittschützender Vorschriften beschränken muss.[1053] Dieser Grundsatz gilt auch für gestufte

---

1050 BVerwGE 130, 39 (44), Rn. 18 ff. siehe dort auch zu den folgenden Sätzen.

1051 Dieses wird in § 12 Abs. 2 Nr. 3 umgesetzt.

1052 BVerwGE 130, 39 (44), Rn. 22 ff.

1053 Vgl. etwa *Wolff*, in: Sodan/Ziekow, VwGO, § 113 Rn. 33.

Verwaltungsverfahren.[1054] Mithin kann erfolgreicher Drittschutz gegen Festlegungen der jeweiligen Stufe des Marktregulierungsverfahrens nur möglich sein, sofern entsprechende subjektiv-öffentliche Rechte berührt werden. Hiervon ausgehend erscheint es folgerichtig, Drittschutz unmittelbar hinsichtlich der Festlegung der Marktdefinition zu verneinen. Hierbei handelt es sich um einen eigenständigen Verfahrensschritt, der besonders gesetzlich geregelt wird und dessen Zweck im Ergebnis die Feststellung der Regulierungsbedürftigkeit des jeweiligen Marktes ist.[1055]

Diesem Zwischenergebnis steht auch die Rechtsschutzvorschrift des Art. 4 Abs. 1 RRL nicht entgegen.[1056] Diese sektorspezifische Rechtsschutzgarantie greift nur, sofern es um Rechte des Einzelnen geht. Hinsichtlich Marktdefinition und -analyse zwingen jedoch die richtlinienrechtlichen Vorgaben nicht zu einer Subjektivierung.[1057] Entsprechendes gilt für die verfassungsrechtliche Garantie effektiven Rechtsschutzes. Allerdings wird Art. 19 Abs. 4 S. 1 GG auch beeinträchtigt, wenn die gerichtliche Geltendmachung subjektiv-öffentlicher Rechte in unzumutbarer, aus Sachgründen nicht gerechtfertigter Weise erschwert wird.[1058] Dies erscheint grundsätzlich nicht der Fall zu sein. Zum einen ist gerichtlicher Drittschutz hinsichtlich der jeweiligen Regulierungsverpflichtung möglich. Zum anderen besteht ein sachlicher Grund für das vorgeschaltete Marktanalyseverfahren. Hierbei handelt es sich um ein komplexes Prüfverfahren mit verschiedenen Beteiligungsrechten, dessen Struktur bereits der unionale Rechtsrahmen gebietet.[1059] Dieser Befund deckt sich mit dem Willen des Gesetzgebers. Ausweislich der Gesetzgebungsunterlagen soll gerichtlicher Rechtsschutz hinsichtlich der Festlegungen zu Marktdefinition und -analyse nur soweit eröffnet sein, wie subjektiv-öffentliche Rechte möglicherweise verletzt sein können.[1060]

Im Ergebnis dürfte auch das Tatbestandsmerkmal beträchtlicher Marktmacht einer Inzidenterkontrolle durch Dritte entzogen sein. Insofern können die obigen Ausführungen entsprechend gelten. Dieses Tatbestandsmerkmal wird im Rahmen der nicht drittschützenden Marktanalyse festgestellt. Auf den ersten

---

1054 Vgl. *Schmidt-Kötters*, in: Posser/Wolff, BeckOK VwGO, § 42 Rn. 184. Siehe dort auch zum nachstehenden Satz.

1055 Vgl. *Kühling/Schall/Biendl*, Telekommunikationsrecht, S. 94 Rn. 156.

1056 Vgl. *Oster*, MMR 2009, 454 (457).

1057 Siehe hierzu Kapitel 3, § 6, 2. Keine drittschützende Vorsteuerung durch die Rahmenrichtlinie, S. 375 f.

1058 *Jarass/Pieroth*, GG, Art. 19 Rn. 50.

1059 Vgl. Kapitel 3, § 6, 1. Unionales Grundkonzept, S. 372 f.

1060 BT-Drucks. 15/2316, S. 63.

Blick erscheint dies aus der Perspektive rechtschutzsuchender Dritter bedenklich. Allerdings ist dies kein gänzlich neuer Befund. Beispielsweise erstreckt sich die gerichtliche Kontrolle in baurechtlichen Nachbarstreitigkeiten nur auf nachbarschützende Vorschriften.[1061] Dies muss erst Recht im Hinblick auf die Marktanalyse gelten. Hierbei handelt es sich um ein gesondert geregeltes, komplexes und durch das Unionsrecht vorgegebenes Prüfverfahren.

Festzuhalten ist, dass Dritte die Festlegungen der BNetzA zu Marktdefinition und -analyse im Rahmen von Anfechtungs- und Verpflichtungsklagen, die sich gegen die Aufhebung einer drittschützenden Regulierungsverpflichtung richten oder mit denen die Auferlegung einer weitergehenden Regulierungsverpflichtung begehrt wird, auch nicht inzident zur Überprüfung stellen können.

## II. Zum Drittschutz auf unionaler Ebene

Hinsichtlich der Festlegungen des zu regulierenden Marktes sowie beträchtlicher Marktmacht kann unter Drittschutzgesichtspunkten das Konsolidierungsverfahren nach § 12 Abs. 2 relevant werden. Dieses unionsweite Abstimmungsverfahren findet Anwendung, wenn die Ergebnisse zu Marktdefinition und -analyse Auswirkungen auf den innergemeinschaftlichen Handel haben.[1062] Insbesondere wegen des Vetoverfahrens – welches nachstehend noch erläutert wird – erscheint das Konsolidierungsverfahren streit- und fehlerträchtig.[1063] Zu untersuchen ist, ob im Rahmen des Konsolidierungsverfahrens Rechtsschutzmöglichkeiten für Dritte im Sinne dieser Untersuchung bestehen können.

### 1. Zum Konsolidierungsverfahren

Das in Art. 7 RRL[1064] normierte unionsweite Konsolidierungsverfahren wird durch § 12 Abs. 2 umgesetzt.[1065] Es lässt sich in zwei Stufen gliedern. Das Konsolidierungsverfahren kommt grundsätzlich zur Anwendung, soweit die Ergebnisse zu Marktdefinition und -analyse Auswirkungen auf den innergemeinschaftlichen Handel haben können (§§ 10 Abs. 3, 11 Abs. 4). Dieses Zwischenstaatlichkeitskriterium ist gegeben, wenn die Entwürfe geeignet sind, den

---

1061 So erstreckt sich beispielsweise der gerichtliche Nachbarschutz im unbeplanten Innenbereich über § 34 Abs. 2 BauGB nur auf die Festlegungen zur Art der baulichen Nutzung (*Kopp/Schenke*, VwGO, § 42 Rn. 100).

1062 Dies ergibt sich aus §§ 10 Abs. 3 und 11 Abs. 4.

1063 Vgl. *Gurlit,* in: Säcker, TKG, § 12 Rn. 51.

1064 Art. 7 RRL entspricht Art. 32 Kodifizierungsrichtlinie (EU) 2018/1972.

1065 Vgl. BT-Drucks. 15/2316, S. 62 sowie 17/5707, S. 52.

innergemeinschaftlichen Handel unmittelbar oder mittelbar, tatsächlich oder potentiell zu beeinträchtigen.[1066]

Ist danach der Anwendungsbereich eröffnet, findet zunächst eine Notifizierungs- und Berücksichtigungsphase statt. Hierzu stellt die BNetzA ihre Entwürfe zu Marktdefinition und -analyse einschließlich Begründung der Kommission, dem GEREK sowie den übrigen nationalen Regulierungsbehörden zur Verfügung. Sodann haben diese Gelegenheit, innerhalb einer einmonatigen Frist zu den Entwürfen Stellung zu nehmen.[1067] Nachdem die BNetzA diesen Stellungnahmen weitestgehend Rechnung getragen hat, leitet sie die sich so ergebenden Entwürfe an die Kommission weiter (§ 12 Abs. 2 Nr. 2). Hierauf folgt das sogenannte Veto-Verfahren, sofern die Kommission erklärt, dass die Marktfestlegung von der Märkteempfehlung abweiche oder die Festlegungen zur beträchtlichen Marktmacht ein Hemmnis für den Binnenmarkt darstellten oder ernsthafte Zweifel an der Vereinbarkeit mit europäischem Recht – insbesondere mit den Regulierungszielen der RRL – bestünden.[1068] Infolge dieser Mitteilung ist die BNetzA für eine Aufschubfrist von zwei Monaten an der endgültigen Festlegung gehindert.[1069] Innerhalb dieser Prüffrist kann die Kommission die BNetzA auffordern, ihre Entwürfe zurückzuziehen. Andernfalls ist die BNetzA frei ihre Entwürfe festzulegen. Als förmliche Entscheidung im Sinne des Art. 288 Abs. 4 AEUV bindet der Beschluss nach § 12 Abs. 2 Nr. 3 S. 2 die BNetzA.[1070] Allerdings verbleibt ihr die Freiheit zu entscheiden, ob sie ihre Entwürfe entsprechend ändert oder sie ganz zurückzieht (§ 12 Abs. 2 Nr. 3 S. 2).[1071] Mithin steht der Kommission keine Ersetzungsbefugnis hinsichtlich der Festlegungen zu Marktdefinition und -analyse zu. Deren endgültige Festlegung bleibt originäre Aufgabe der BNetzA.[1072]

---

1066 Siehe Erwgr. 38 RL 2002/21/EG.

1067 Während dieser Zeit darf die BNetzA ihre Entwürfe zu § 10 und § 11 nicht festlegen (§ 12 Abs. 2 Nr. 3 S. 1).

1068 Vgl. *Kühling/Schall/Biendl*, Telekommunikationsrecht, S. 140 Rn. 232; vgl. *Korehnke/Ufer*, in: Geppert/Schütz, BeckTKG-Komm, § 12 Rn. 36 ff.

1069 Diese Frist kann nicht verlängert werden (Art. 7 Abs. 4 S. 2 RRL).

1070 *Gurlit*, in: Säcker, TKG, § 12 Rn. 41; *Korehnke/Ufer*, in: Geppert/Schütz, BeckTKG-Komm, § 12 Rn. 41.

1071 Sofern sie ihren Entwurf ändert, sind zunächst das Konsultationsverfahren (§ 12 Abs. 1) erneut und anschließend das Notifizierungs- und Berücksichtigungsverfahren erneut durchzuführen (§ 12 Abs. 2 Nr. 3 S. 2).

1072 Vgl. *Gurlit*, in: Säcker, TKG, § 12 Rn. 41.

## 2. Rechtsschutz Dritter hinsichtlich der Veto-Entscheidungen der Kommission

Hiervon ausgehend könnte gegen die an die BNetzA gerichtete Kommissionsentscheidung, die Entwürfe zu Marktdefinition und -analyse zurückzuziehen, aus der Perspektive nichtregulierter Marktteilnehmer grundsätzlich eine Nichtigkeitsklage in Betracht kommen. Im Rahmen seines Inhalts bindet der Veto-Beschluss als förmliche Entscheidung im Sinne des Art. 288 Abs. 4 AEUV die BNetzA hinsichtlich der endgültigen Festlegung von Marktdefinition und -analyse.[1073]

Im Rahmen der Nichtigkeitsklage könnte eine Überprüfung des Kommissionsbeschlusses durch die Unionsgerichtsbarkeit und gegebenenfalls dessen Nichtigkeitserklärung erreicht werden (Art. 264 AEUV).[1074] Für den erfolgreichen Rechtsschutz im Rahmen der Nichtigkeitsklage ist insbesondere die Klagebefugnis nach Art. 263 Abs. 4 AEUV zu erörtern.

### a) Klagegegenstand und -grund

Die Aufforderung der Kommission, den Entwurf zur Marktdefinition oder zur Festlegung beträchtlicher Marktmacht zurückzuziehen, stellt einen zulässigen Klagegegenstand im Rahmen der Nichtigkeitsklage dar. Eine anfechtbare Handlung im Sinne von Art. 263 Abs. 4 AEUV liegt vor, wenn eine rechtlich existente Unionshandlung mit Außenwirkung vorliegt.[1075] Dies ist im Falle einer förmlichen Entscheidung der Kommission im Sinne des Art. 288 Abs. 4 AEUV zu bejahen.[1076]

Die Zulässigkeit des Klagegrundes bestimmt sich nach Art. 263 Abs. 2 AEUV (Art. 264 Abs. 4 AEUV). Vorliegend kommt die Verletzung einer bei der Durchführung von Unionsrecht anzuwendenden Rechtsnorm in Betracht. Hierzu zählen auch Richtlinien. Mithin ist der Vorwurf vorstellbar, dass die Veto-Entscheidung der Kommission insbesondere nicht mit den Vorgaben der Rahmenrichtlinie (Art. 7 RRL) zu vereinbaren ist.

### b) Zur Klagebefugnis im Sinne von Art. 263 Abs. 4 AEUV

Es fragt sich jedoch, ob nicht regulierte Marktteilnehmer im Hinblick auf eine etwaige Veto-Entscheidung der Kommission im unionsweiten

---

1073 *Korehnke/Ufer*, in: Geppert/Schütz, BeckTKG-Komm, § 12 Rn. 41.
1074 Art. 263 Abs. 4 AEUV i.V.m. Art. 256 AEUV und Art. 264 AEUV
1075 *Cremer*, in: Calliess/Ruffert, EUV/AEUV, Art. 263 AEUV Rn. 29.
1076 Vgl. *W. Schroeder*, in: Streinz, EUV/AEUV, Art. 288 AEUV Rn. 117.

Konsolidierungsverfahren klagebefugt im Sinne von Art. 263 Abs. 4 AEUV sein können. Da eine Veto-Entscheidung der Kommission nach Maßgabe des § 12 Abs. 2 Nr. 3 S. 1 beziehungsweise nach Art. 7 Abs. 4 S. 2 RRL verschiedene Inhalte haben kann, ist die Klagebefugnis jeweils gesondert zu untersuchen.

Seit dem Inkrafttreten des Vertrages von Lissabon regelt Art. 263 Abs. 4 AEUV drei Fallgruppen, in denen der Einzelne abgeleitetes Unionsrecht anfechten kann.[1077] Hiernach ist die Klagebefugnis des Einzelnen gegeben, soweit er Adressat einer Handlung ist (Art. 263 Abs. 4 1. Var. AEUV), er durch eine Handlung unmittelbar und individuell betroffen ist (Art. 263 Abs. 4 2. Var. AEUV) oder er sich gegen Rechtsakte mit Verordnungscharakter wendet, die ihn unmittelbar betreffen und keine Durchführungsmaßnahmen nach sich ziehen (Art. 263 Abs. 4 3. Var. AEUV).[1078] Beschlüsse der Kommission und damit auch die Veto-Entscheidung im Konsolidierungsverfahren können als Rechtsakte mit Verordnungscharakter im Sinne der dritten Variante zu qualifizieren sein.[1079] Rechtsakte, die nicht unter die dritte Variante fallen – die also entweder keinen Verodnungscharakter haben oder Durchführungsmaßnahmen nach ziehen – können nach Maßgabe der zweiten Variante angegriffen werden.[1080] Diese erfasst weiter auch die Fälle einer Drittanfechtung.[1081] Voraussetzung ist, dass der Kläger durch die an einen anderen gerichtete Handlung individuell und unmittelbar betroffen ist. Unter diesen Voraussetzungen sind auch Klagen gegen Beschlüsse möglich, die an einen Mitgliedstaat gerichtet sind.

Das Merkmal der Betroffenheit wird regelmäßig nicht isoliert, sondern im Verbund mit dem individuellen und unmittelbaren Betroffensein geprüft.[1082] Unmittelbarkeit in diesem Sinne ist zu bejahen, wenn die angefochtene Maßnahme den Kläger ohne das Hinzutreten weiterer Umstände benachteiligt. Dies ist regelmäßig im Falle eines an einen Mitgliedstaat gerichteten Rechtsaktes zu verneinen, da dieser in der Regel Umsetzungsmaßnahmen nach sich zieht. Dies gilt jedoch nicht in Fällen, in denen der Mitgliedstaat zur Umsetzung verpflichtet

---

1077 *Cremer,* in: Calliess/Ruffert, EUV/AEUV, Art. 263 AEUV Rn. 30.

1078 Vgl. *Scharze/Voet van Vormizeele,* in: Schwarze/u.a., EU-Kommentar, Art. 263 AEUV Rn. 38.

1079 *Cremer,* in: Calliess/Ruffert, EUV/AEUV, Art. 263 AEUV Rn. 62.

1080 *Scharze/Voet van Vormizeele,* in: Schwarze/u.a., EU-Kommentar, Art. 263 AEUV Rn. 44.

1081 *Scharze/Voet van Vormizeele,* in: Schwarze/u.a., EU-Kommentar, Art. 263 AEUV Rn. 55, siehe dort auch zu den folgenden Sätzen.

1082 *Cremer,* in: Calliess/Ruffert, EUV/AEUV, Art. 263 AEUV Rn. 35 ff. Siehe dort auch zu den folgenden Sätzen.

ist und ihm dabei kein Ermessensspielraum verbleibt. In diesem Fall ist das Unmittelbarkeitskriterium zu bejahen.[1083] Hingegen wird das Erfordernis der individuellen Betroffenheit durchaus restriktiv gehandhabt.[1084] Erforderlich ist, dass der Kläger durch den angegriffenen Rechtsakt auf Grund bestimmter persönlicher Eigenschaften oder ihn aus dem Kreis der übrigen Personen heraushebender Umstände berührt wird. Hierzu hat die Rechtsprechung verschiedene Fallgruppen entwickelt.[1085] Beispielsweise ist die individuelle Betroffenheit für Klagen von Konkurrenten gegen nicht an sie gerichtete Entscheidungen bejaht worden, wenn die Marktstellung des Klägers durch die streitgegenständliche Handlung spürbar beziehungsweise wesentlich beeinträchtigt wird.[1086]

#### aa) Veto-Entscheidung wegen einer von der Marktempfehlung abweichenden Marktdefinition

Nach diesen Grundsätzen dürften nicht regulierte Unternehmen im Falle der Veto-Entscheidung hinsichtlich einer abweichenden Marktdefinition nicht klagebefugt sein. Bei dieser Entscheidung handelt es sich um einen Rechtsakt mit Verordnungscharakter im Sinne von Art. 263 Abs. 4 3. Var. AEUV. Allerdings richtet sich diese Veto-Entscheidung an die nationale Regulierungsbehörde und zieht Durchführungsmaßnahmen nach sich. Die Kommission kann gegen den Definitionsentwurf der BNetzA ihr Veto einlegen, wenn sie der Ansicht ist, dass dieser von der geltenden Märkteempfehlung abweicht.[1087] Diese Veto-Entscheidung entfaltet lediglich in negativer Weise gestaltende Wirkung.[1088] Der Kommission steht insofern keine Ersetzungsbefugnis zu (vgl. Art. 7 Abs. 4 lit. a) und Abs. 5 lit. a) RRL). Mit anderen Worten kann die Kommission die BNetzA nicht zu einer bestimmten Marktdefinition verpflichten. Vielmehr kann die betreffende Regulierungsbehörde entscheiden, ob sie ihren beanstandeten Entwurf abändert oder zurückzieht.[1089] Mithin verbleibt

---

1083 So kann beispielsweise ein Konkurrent eines Beihilfebegünstigten unmittelbar betroffen sein, wenn die Komission die Gewährung einer notifizierten mitgliedstaatlichen Beihilfe genehmigt (*Cremer,* in: Calliess/Ruffert, EUV/AEUV, Art. 263 AEUV Rn. 36).

1084 *Scharze/Voet van Vormizeele,* in: Schwarze/u.a., EU-Kommentar, Art. 263 AEUV Rn. 46 ff., siehe dort auch zu dem folgenden Satz.

1085 Zusammenfassend: *Scharze/Voet van Vormizeele,* in: Schwarze/u.a., EU-Kommentar, Art. 263 AEUV Rn. 46 f.

1086 *Cremer,* in: Calliess/Ruffert, EUV/AEUV, Art. 263 AEUV Rn. Rn. 43 f.

1087 Siehe § 12 Abs. 2 Nr. 3 S. 1 lit. a) bzw. Art. 7 Abs. 4 lit. a) RRL.

1088 *Korehnke/Ufer,* in: Geppert/Schütz, BeckTKG-Komm, § 12 Rn. 49, siehe dort auch zum folgenden Satz.

1089 § 12 Abs. 3 S. 2.

der BNetzA als Adressatin der Veto-Entscheidung ein Entscheidungsspielraum. Aus diesem Grunde ist auch die Klagebefugnis nach Art. 263 Abs. 4, 2. Var. AEUV wegen fehlender Unmittelbarkeit zu verneinen.[1090]

### bb) Veto-Entscheidung hinsichtlich der Festlegung beträchtlicher Marktmacht

Es fragt sich, ob Dritte im Sinne dieser Untersuchung in Bezug auf eine Veto-Entscheidung der Kommission hinsichtlich der Festlegung beträchtlicher Marktmacht klagebefugt sein können. Diesbezüglich sind zwei Konstellationen zu unterscheiden. Zunächst könnte sich die Veto-Entscheidung gegen die Annahme beträchtlicher Marktmacht eines bestimmten Unternehmens richten.[1091] Weiter könnte die Kommission rügen, dass hinsichtlich eines bestimmten Marktteilnehmers die Annahme beträchtlicher Marktmacht nicht angenommen worden ist.

#### *aaa) Veto gegen die Nichtfeststellung beträchtlicher Marktmacht*

Im Falle der Veto-Entscheidung gegen die Nichtannahme beträchtlicher Marktmacht könnte für andere Marktteilnehmer die Klagebefugnis nach Art. 263 Abs. 4 3. Var. AEUV anzunehmen sein. Insoweit wird im Schrifttum – zu dem Merkmal der unmittelbaren Betroffenheit – diskutiert, ob ein Sachverhalt gegeben sei, bei dem der nationalen Regulierungsbehörde kein Entscheidungsspielraum mehr verbleibe.[1092] Die Kommission ist zwar in diesem Fall nicht befugt, den Entwurf der BNetzA durch eine positive Anordnung zu ersetzen, jedoch solle sich eine derartige Veto-Entscheidung praktisch als positiv-gestaltende Anordnung auswirken. Zuzugeben ist zunächst, dass gleichsam im Umkehrschluss aus dem Veto gegen die Nichtfeststellung beträchtlicher Marktmacht folgt, dass die Feststellung beträchtlicher Marktmacht geboten sein wird. Sofern die beträchtliche Marktmacht eines Netzbetreibers beziehungsweise Anbieters von Telekommunikationsdiensten gegeben ist, ist diesem jedenfalls eine Regulierungsverpflichtung aufzuerlegen. Dies ergibt sich aus § 9 Abs. 2 beziehungsweise Art. 16 Abs. 4 RRL[1093] Insofern hat die BNetzA kein Entschließungsermessen.[1094] Allerdings

---

1090 Vgl. *Korehnke/Ufer*, in: Geppert/Schütz, BeckTKG-Komm, § 12 Rn. 49.

1091 Vgl. § 12 Abs. 2 Nr. 3 lit. b).

1092 *Korehnke/Ufer*, in: Geppert/Schütz, BeckTKG-Komm, § 12 Rn. 50, siehe dort auch zu den folgenden Sätzen.

1093 Art. 16 Abs. 4 RRL entspricht Art. 67 Abs. 4 S. 2 Kodifizierungsrichtlinie (EU) 2018/1972.

1094 Siehe auch *Geers*, in: Arndt/Fetzer/Scherer/Graulich, TKG, § 9 Rn. 8.

steht der nationalen Regulierungsbehörde bei der Auswahl der geeigneten Verpflichtungen im Sinne der Zugangs- und Universaldienstrichtlinie ein großer Entscheidungsspielraum zu.[1095] Dementsprechend kann die BNetzA im Rahmen ihres Regulierungsermessen auswählen, welche Marktregulierungsverpflichtung sie gegenüber dem marktmächtigen Unternehmen ergreifen will. Erst die Auferlegung beziehungsweise Nichtauferlegung einzelner Regulierungsverpflichtungen – wie beispielsweise zur Zugangsgewährung nach § 21 – vermag die Rechtsstellung anderer Marktteilnehmer zu beeinflussen. Mithin ist auch nach der Veto-Entscheidung gegen die Nichtannahme beträchtlicher Marktmacht eine regulierungsbehördliche Auswahlentscheidung erforderlich, bei der Ermessenspielraum verbleibt. Daher dürfte weder die Klagebefugnis nach Art. 263 Abs. 4 3. Var. noch nach Art. 263 Abs. 4 2. Var. AEUV gegeben sein.

*bbb) Veto gegen die Feststellung beträchtlicher Marktmacht*

Soweit sich die Veto-Entscheidung gegen den Vorschlag beträchtlicher Marktmacht richtet, wird in der Literatur die Klagebefugnis eines nichtregulierten Marktteilnehmers unter dem Gesichtspunkt der unmittelbaren Betroffenheit sowohl bejaht[1096] als auch verneint.[1097]

Falls die Kommission die Annahme beträchtlicher Marktmacht rügt, kann die BNetzA als nationale Regulierungsbehörde entscheiden, ob sie ihren Entwurf zurückzieht oder abändert. Bereits diese Auswahlmöglichkeit spricht sowohl für einen verbleibenden Entscheidungsspielraum als auch für eine noch erforderliche Durchführungsmaßnahme.

Allerdings bezieht sich die Feststellung beträchtlicher Marktmacht stets auf einen konkreten Netzbetreiber beziehungsweise Anbieter von Telekommunikationsdiensten. Soweit die Kommission die Annahme beträchtlicher Marktmacht rügt, begründet dies eine entsprechende Unterlassenspflicht der BNetzA.[1098] Regulierungsverpflichtungen dürfen nur einem Unternehmen auferlegt werden, das auf dem relevanten Markt über beträchtliche Marktmacht verfügt (vgl. Art. 16 Abs. 2, 4 RRL sowie § 9 Abs. 2). Mithin ist die Veto-Entscheidung gegen die Annahme beträchtlicher Marktmacht als eine Handlung mit Verordnungscharakter einzustufen, die keine Durchführungsmaßnahme nach sich zieht.

---

1095 Vgl. Art. 16 Abs. 4 RRL, Art. 8 Abs. 2 ZRL.

1096 *Gurlit,* in: Säcker, TKG, § 12 Rn. 56.

1097 Ebenso *Korehnke/Ufer,* in: Geppert/Schütz, BeckTKG-Komm, § 12 Rn. 51.

1098 *Gurlit,* in: Säcker, TKG, § 12 Rn. 56.

Insofern dürfte für andere Marktteilnehmer die Klagebefugnis nach Art. 263 Abs. 4 3. Var. AEUV gegeben sein.

## III. Fazit

Lediglich prima facie erscheint der Befund zum gerichtlichen Drittschutz hinsichtlich der Festlegungen zu Marktdefinition und -analyse befremdlich. Obwohl insofern auf nationaler Ebene verwaltungsgerichtlicher Drittschutz nicht gegeben ist, ist vor der europäischen Gerichtsbarkeit eingeschränkter Drittschutz durchaus möglich. Hieraus folgt jedoch kein Zwang zur Einräumung von Klagerechten Dritter auf dem Verwaltungsrechtsweg.

Der unterschiedliche Befund zu den Rechtsbehelfen Dritter ist das Ergebnis von zwei unterschiedlichen Rechtsschutzsystemen. Im Gegensatz zu § 42 Abs. 2 VwGO knüpft die Nichtigkeitsklage nach Art. 263 Abs. 4 AEUV nicht an die mögliche Verletzung eines subjektiven Rechts an, sondern lässt die Möglichkeit einer Interessenbeeinträchtigung genügen.[1099] Es liegt in der Natur der Sache, dass unterschiedliche (Rechtsschutz)Systeme an verschiedene Voraussetzungen anknüpfen können.

Weiter ist auch der Klagegegenstand ein anderer, denn die Nichtigkeitsklage richtet sich gegen eine Veto-Entscheidung der Kommission. Dagegen haben verwaltungsgerichtliche Rechtsbehelfe die Rechtmäßigkeit beziehungsweise Rechtswidrigkeit (regulierungs)behördlicher Maßnahmen im Blick.

---

1099 *Scharze/Voet van Vormizeele,* in: Schwarze/u.a., EU-Kommentar, Art. 263 AEUV Rn. 39.

# Kapitel 4: Weitere sektorspezifische Rechtsbehelfe

Abgesehen von der verwaltungsgerichtlichen Durchsetzung von Regulierungsverpflichtungen offeriert das TKG weitere spezifische Rechtsbehelfe, die prima facie auch für rechtsschutzsuchende Dritte in Betracht kommen können. Namentlich geht es um das sektorspezifische Streitbeilegungsverfahren sowie den Schadensersatz- und Unterlassungsanspruch. Zu untersuchen ist, inwiefern Dritte im Sinne dieser Untersuchung auch mittels dieser Rechtsbehelfe Rechtsschutz erlangen können. Insofern gilt es insbesondere deren Anwendungsbereich und Aktivlegitimation herauszuarbeiten.

## § 8 Rechtsschutz im Wege des Streitbeilegungsverfahrens

Das sektorspezifische Streitbeilegungsverfahren ist ein „*wichtiges Instrument der Telekommunikationsregulierung*".[1] Obgleich in der Praxis vorwiegend lizenzrechtliche Fragestellungen sowie die Bereitstellung von Teilnehmerdaten Gegenstand von Streitbeilegungsverfahren gewesen sind, kommt es aufgrund seiner Intention und gesetzlichen Stellung als Rechtsbehelf grundsätzlich auch für nichtregulierte Marktteilnehmer zur Durchsetzung marktregulierungsbezogener Interessen in Betracht.

Die Vorschrift des § 133 wurde im Zuge der Gesetzesnovelle von 2002 neu eingeführt und enthält in der Sache zwei exekutivische Streitbeilegungsverfahren. Neben dem Verfahren zur Beilegung von Streitigkeiten zwischen Unternehmen auf nationaler Ebene (§ 133 Abs. 1) bestehen besondere Regeln für grenzüberschreitende Streitigkeiten (§ 133 Abs. 3 und 4).[2] In verfahrenstechnischer Hinsicht ist das Streitbeilegungsverfahren als Beschlusskammerverfahren ausgestaltet, für das die besonderen Verfahrensregeln der §§ 132 ff. sowie der §§ 126 ff. gelten.[3] Mithin kann von einem gerichtsähnlichen Verfahren gesprochen werden.

---

1 *Attendorn/Geppert*, in: Geppert/Schütz, BeckTKG-Komm, § 133 Rn. 1, vgl. dort auch zum folgnden Satz.

2 Instruktiv hierzu: *Fademrecht/Fetzer*, in: Arndt/Fetzer/Scherer/Graulich, TKG, § 133 Rn. 31 ff.

3 Dies ergibt sich aus dem entsprechenden Verweis in § 133 Abs. 4.

## A. Richtlinienrechtliche Vorsteuerung

Die Streitbeilegungsverfahren nach § 133 sind – ebenso wie die Marktregulierung – unionsrechtlich vorgesteuert. Ausweislich der Gesetzgebungsmaterialien dienen sie der Umsetzung der Art. 20 und 21 RRL[4], welche zwischen der Beilegung von Streitigkeiten zwischen Unternehmen sowie der Beilegung grenzüberschreitender Streitigkeiten unterscheiden.[5] Inhaltlich ist § 133 Abs. 1 kongruent zu den Vorgaben aus Art. 20 Abs. 1 und 2 RRL. Art. 20 Abs. 1 RRL schreibt vor, dass Streitigkeiten im Zusammenhang mit Verpflichtungen nach dem Richtlinienrahmen zwischen Unternehmen schnellstmöglich, jedenfalls innerhalb von vier Monaten nach Antragstellung, durch eine verbindliche Entscheidung der Regulierungsbehörde zu klären sind. Mithin besteht die Intention des Streitbeilegungsverfahrens in der schnellen Erledigung von Streitigkeiten.[6] Dementsprechend soll das Streitbeilegungsverfahren nicht in Betracht kommen, wenn andere Verfahren bestehen, die eine schnellere Beilegung ermöglichen (Art. 20 Abs. 2 RRL). Abgesehen vom Kreis der Antragsberechtigten werden in Art. 20 RRL keine Vorgaben für eine Antragsbefugnis geregelt. Allerdings bestimmt Erwägungsgrund 32 RRL, dass eine Beschwerdepartei, die im Wege einer gutgläubigen Verhandlung keine Einigung erzielen konnte, zur Streitbeilegung die Regulierungsbehörde anrufen können solle. Mithin wird im Wege eines relativischen Nebensatzes deutlich gemacht, dass vor Anrufung der Regulierungsbehörde Verhandlungen zwischen den Parteien des anschließenden Streitbeilegungsverfahrens stattgefunden haben müssen.

Als materielle Parameter für die verbindliche Entscheidung zur Streitbeilegung durch die Regulierungsbehörde werden die Beachtung der Regulierungsziele und der Vorgaben des einheitlichen Richtlinienrahmens bestimmt (Art. 20 Abs. 3 RRL). Darüber hinaus soll neben dem Streitbeilegungsverfahren die Klage einer Partei vor Gericht möglich bleiben (Art. 20 Abs. 5 RRL).

## B. Zur Rechtsdurchsetzung im Streitbeilegungsverfahren

Hinsichtlich der Rechtsdurchsetzung sind zwei Fälle zu unterscheiden. Die erste Stufe bildet das behördliche Streitbeilegungsverfahren vor der Beschlusskammer der BNetzA. Auf der zweiten Stufe geht es um gerichtliche Rechtsbehelfe

---

4 Diese Regelungen entsprechen inhaltlich den Art. 26 und 27 der Kodifizierungsrichtlinie (EU) 2018/1972.

5 Vgl. BT-Drucks. 15/2316, S. 100.

6 Vgl. *Attendorn/Geppert,* in: Geppert/Schütz, BeckTKG-Komm, § 133 Rn. 2.

gegen diese Entscheidung beziehungsweise um diese Entscheidung im Falle der Untätigkeit der Beschlusskammer herbeizuführen. Bevor der gerichtliche Rechtsschutz untersucht wird, gilt es zunächst das behördliche Streitbeilegungsverfahren als Rechtsbehelf für nichtregulierte Unternehmen in den Blick zu nehmen.

Nach § 133 Abs. 1 S. 1 fällt das Streitbeilegungsverfahren in den Zuständigkeitsbereich der Beschlusskammer der BNetzA. Obgleich es sich bei dieser Streitbeilegung um ein behördliches Verfahren handelt, ist es gerichtsähnlich ausgestaltet.[7] Die Verfahrenseinleitung erfolgt nur auf Antrag einer Partei. Das angerufene Entscheidungsorgan der BNetzA ist kollegial besetzt.[8] Ferner muss der Streitentscheidung eine vorherige Anhörung der Beteiligten vorausgehen und sie erfolgt erst nach mündlicher und grundsätzlich öffentlicher Verhandlung.[9] Das Streitbeilegungsverfahren vor der Beschlusskammer hat Erfolg, soweit ein etwaiger Antrag des nichtregulierten Unternehmens zulässig und begründet ist.

## I. Zulässigkeit des Streitbeilegungsverfahrens

Zu untersuchen ist, unter welchen Voraussetzungen die Anrufung der Beschlusskammer zur Streitbeilegung für nichtregulierte Unternehmen zulässig ist und welche besonderen Zulässigkeitsherausforderungen zu beachten sind.

### 1. Statthaftigkeit

Angesichts der gesetzlich angeordneten verfahrensrechtlichen Subsidiarität des nationalen Streitbeilegungsverfahrens fragt es sich, inwieweit das Streitbeilegungsverfahren neben der Marktregulierung durch die BNetzA statthaft ist. Speziell im Hinblick auf die Befugnisse der BNetzA nach Teil 2 des TKG besteht in der Literatur Einigkeit, dass das Anordnungsverfahren nach § 25 sowie die besondere Missbrauchsaufsicht nach § 42 als andere Regelungen im Sinne der gesetzlich angeordneten Subsidiarität zu verstehen und dementsprechend vorrangig sind.[10] Weiter ist die die *BNetzA* der Ansicht, dass Verfahren nach § 18

---

7 Dies ergibt sich neben § 133 Abs. 1 S. 1 aus dem Verweis nach § 133 Abs. 4 auf die §§ 132 ff.

8 Vgl. § 133 Abs. 4 i.V.m. § 132 Abs. 3.

9 Die behördliche Durchsetzung der Entscheidungen zur Streitbeilegung bestimmt sich nach den §§ 126 ff. (vgl. § 133 Abs. 4).

10 *Attendorn/Geppert,* in: Geppert/Schütz, BeckTKG-Komm, § 133 Rn. 31; *Gurlit,* in: Säcker, TKG, § 133 Rn. 4.

vorrangig seien.[11] Abseits der Marktregulierungsvorschriften entschied das *BVerwG* hingegen, dass die allgemeine Aufsichts- und Untersagungsbefugnis nach § 126 (Abs. 3) das Streitbeilegungsverfahren nicht verdränge.[12]

Ausgangspunkt für die Bestimmung des Verhältnisses von Streitbeilegungsverfahren und den Instrumenten der Marktregulierung im engeren Sinne bleibt zunächst der Wortlaut von § 133 Abs. 1 S. 1. Hiernach ist das Streitbeilegungsverfahren nur statthaft, *„soweit dies gesetzlich nicht anders geregelt ist"*. Mithin kommt es darauf an, wann eine gesetzliche Regelung als eine andere im Verhältnis zum Streitbeilegungsverfahren zu verstehen ist.[13] Dies ist wiederum im Hinblick auf die spezifischen Eigenschaften des Streitbeilegungsverfahrens selbst zu bestimmen. Dieses zeichnet sich durch eine Entscheidung der Beschlusskammer aus, die auf Antrag eines Unternehmens der verbindlichen Beilegung einer Streitigkeit dient, die im Zusammenhang mit dem TKG steht (§ 133 Abs. 1 S. 1). Hiervon ausgehend kommen als andere gesetzliche Regelungen solche in Betracht, die die Beilegung einer telekommunikationsrechtlichen Streitigkeit zwischen Unternehmen an eine andere Streitentscheidungsstelle verweisen, eine frühzeitigere Streitbeilegung gewährleisten oder hierfür zusätzliche besondere Voraussetzungen aufstellen.[14] Mit Letzterem wird der Vorrang von § 25 vor dem Streitbeilegungsverfahren begründet[15], denn eine Zugangsanordnung nach § 25 kommt nur in Betracht, sofern Verhandlungen über die Zugangsgewährung gescheitert sind. Nach dem Vorstehenden scheint das Erfordernis einer anderen gesetzlichen Regelung als Anordnung einer Spezialitätsregel zu verstehen sein, nach der eine Regelung, die der Streitbeilegung dient und an zusätzliche Voraussetzungen anknüpft, zur Unstatthaftigkeit des Streitbeilegungsverfahrens führt.[16]

Der Vorrang von gesetzlichen Regelungen, die an zusätzliche Voraussetzungen geknüpft sind, gilt jedoch nicht uneingeschränkt. Die Subsidiaritätsregelung in § 133 Abs. 1 S. 1 ist im Lichte von Art. 20 Abs. 2 S. 1 RRL auszulegen. Hiernach darf es den nationalen Regulierungsbehörden gestattet werden, die

---

11 Vgl. *BNetzA*, Beschl. v. 09.05.2011 (BK2d-11/002), S. 7, https://www.bundesnetzagentur.de/DE/Service-Funktionen/Beschlusskammern/1_GZ/BK2-GZ/2011/2011_0001bis0999/2011_001bis099/BK2-11-0002/BK2-11-0002_Beschluss_BKV.html, zuletzt besucht am 15.06.2019. Anders dagegen *Gurlit*, in: Säcker, TKG, § 133 Rn. 4.

12 *BVerwG*, Urt. v. 18.12.2007 – 6 C 47/06 – BeckRS 2008, 32613 Rn. 26.

13 Ebenso *Attendorn/Geppert*, in: Geppert/Schütz, BeckTKG-Komm, § 133 Rn. 26.

14 Vgl. *Attendorn/Geppert*, in: Geppert/Schütz, BeckTKG-Komm, § 133 Rn. 27.

15 *Gurlit*, in: Säcker, TKG, § 133 Rn. 4.

16 Vgl. *Gurlit*, in: Säcker, TKG, § 133 Rn. 4.

Streitbeilegung zu verweigern, wenn es andere Verfahren gibt, die eine frühzeitigere Beilegung gewährleisten. Die frühzeitigere Streitbeilegung bestimmt sich wiederum im Hinblick auf die Entscheidungsfrist von vier Monaten (Art. 20 Abs. 1 S. 1 RRL). Hiernach ist die Subsidiarität des Streitbeilegungsverfahrens zwar möglich, jedoch bildet der zeitliche Umstand das entscheidende Element für die Bestimmung der Subsidiarität. Zusätzliche materielle Voraussetzungen für die Streitbeilegung sind demnach irrelevant. Mithin ist der deutsche Gesetzgeber über diese Vorgaben hinausgegangen[17], so dass § 133 Abs. 1 S. 1 im Wege richtlinienkonformer Auslegung entsprechend zu reduzieren sein dürfte.

Festzuhalten ist demnach, dass die Subsidiaritätsklausel in § 133 Abs. 1 S. 1 so auszulegen ist, dass lediglich gesetzliche Regelungen, die eine Streitbeilegung innerhalb von vier Monaten gewährleisten, als vorrangig anzusehen sind. Dementsprechend ist die Zugangsanordnung nach § 25 als vorrangig anzusehen, da innerhalb einer Frist von zehn Wochen nach Anrufung der BNetzA eine Entscheidung zu erfolgen hat (§ 25 Abs. 1 S. 1). Sofern dagegen keine gesetzlichen Entscheidungsfristen vorgesehen sind, kommt es für die Frage der Subsidiarität des Streitbeilegungsverfahrens auf die übliche Entscheidungsdauer der Beschlusskammer an.

### 2. Beteiligtenfähigkeit

Damit Dritte im Sinne dieser Untersuchung beziehungsweise nichtregulierte Unternehmen Rechtsschutz im Wege des Streitbeilegungsverfahrens suchen können, ist erforderlich, dass sie im Sinne des § 133 beteiligtenfähig sind. Die speziellen Voraussetzungen der Beteiligtenfähigkeit ergeben sich unmittelbar aus § 133 Abs. 1 S. 1. Im Zuge der Gesetzesnovelle von 2012 erfolgte eine Anpassung an die Vorgaben des Art. 20 Abs. 1 S. RRL, wodurch es zu einer Ausweitung der Beteiligtenfähigkeit kam.[18] Nunmehr sind nicht nur Unternehmen, die öffentliche Telekommunikationsnetze betreiben oder öffentlich zugängliche Telekommunikationsdienste anbieten, sondern auch andere Unternehmen beteiligtenfähig, denen Zugangs- oder Zusammenschaltungsverpflichtungen aus diesem oder aufgrund dieses Gesetzes zugutekommen. Mithin geht der Kreis der potentiellen Antragsteller über die nach § 6 Abs. 1 meldepflichtigen Unternehmen hinaus.[19] Zudem spricht die Formulierung *„zugute kommen"* dafür, dass hinsichtlich Zugangs- und Zusammenschaltungsverpflichtungen

17 Ebenso *Attendorn/Geppert*, in: Geppert/Schütz, BeckTKG-Komm, § 133 Rn. 24.

18 BT-Drucks. 17/5707, S. 86.

19 Vgl. BT-Drucks. 17/5707, S. 86.

auch reflexartige Begünstigungen ausreichen können, um die Beteiligtenfähigkeit zu begründen.[20] Dementsprechend können auch Dienstleister, auf deren Rechtsbeziehungen eine Zugangs- oder Zusammenschaltungsvereinbarung Auswirkungen hat, beteiligtenfähig sein, ohne dass sie selbst Partei einer solchen Vereinbarung sein müssen. Damit ist der Kreis der potentiellen Antragsteller nunmehr sehr weit gefasst.[21] Dementsprechend bereitet der Gesichtspunkt der Beteiligtenfähigkeit für Dritte im Sinne dieser Untersuchung im Ergebnis keine besondere Hürde. Nach dem hier zugrundegelegten Verständnis handelt es sich bei zugangsberechtigten Dritten beziehungsweise nichtregulierten Unternehmen um solche, die nach Maßgabe von § 6 meldepflichtig sind. Diese gehören zum originären Kreis der im Sinne des § 133 Abs. 1 S. 1 beteiligtenfähigen Unternehmen.

### 3. Streitgegenstand

Der zulässige Streitgegenstand ergibt sich ebenfalls unmittelbar aus § 133 Abs. 1 S. 1, der insofern kongruent zu Art. 20 Abs. 1 S. 1 RRL ist.[22] Hiernach muss sich die Anrufung der BNetzA im Wege des Streitbeilegungsverfahrens auf Streitigkeiten im Zusammenhang mit Verpflichtungen aus oder aufgrund dieses Gesetzes beziehen. Verpflichtung bedeutet zunächst eine Rechtspflicht.[23] Diese muss sich unmittelbar aus dem TKG ergeben, wie dies beispielsweise bei § 16 und § 17 der Fall ist. Hingegen liegt eine Verpflichtung aufgrund dieses Gesetzes vor, wenn eine Rechtspflicht infolge der Ausübung einer telekommunikationsrechtlichen Ermächtigung begründet wurde. Mithin werden unter diesem Gesichtspunkt namentlich die Verpflichtungen erfasst, die die BNetzA im Rahmen der Zugangs- oder Entgeltregulierung gegenüber (marktmächtigen) Unternehmen ergreift.

Weiter ist erforderlich, dass mit diesen Verpflichtungen Streitigkeiten zwischen Unternehmen in Zusammenhang stehen (§ 133 Abs. 1 S. 1). Unter dem Begriff der Streitigkeit ist das übliche Verständnis widerstreitender Belange zu verstehen. Fraglich ist nun, wann das Zusammenhangsmerkmal erfüllt ist. In der Literatur wird dies bejaht, soweit der Disput mittelbar – rechtlich oder

---

20 *Attendorn/Geppert,* in: Geppert/Schütz, BeckTKG-Komm, § 133 Rn. 11, siehe dort auch zum nächsten Satz.

21 Ebenso *Gurlit,* in: Säcker, TKG, § 133 Rn. 7.

22 Art. 20 Abs. 1 S. 1 RRL entspricht Art. 26 Abs. 1 S. 1 Kodifizierungsrichtlinie (EU) 2018/1972.

23 *Attendorn/Geppert,* in: Geppert/Schütz, BeckTKG-Komm, § 133 Rn. 17.

tatsächlich – mit einer Verpflichtung aus oder aufgrund des TKG in Verbindung steht.[24] Dagegen sei nicht erforderlich, dass der Streit die Verpflichtung unmittelbar betreffe. Allerdings sah die damalige RegTP[25] Fälle *„doppelter Mittelbarkeit"* als nicht ausreichend für die Anwendung von § 133 an.[26] Damit waren Konstellation gemeint, bei denen es sich um eine Streitigkeit aus einem privatrechtlichen Vertrag handelt, die allein aufgrund der lizenzrechtlichen Verpflichtung fußte, die wiederum aufgrund des TKG auferlegt wurde. Dagegen wurde in der Literatur eingewandt, dass so über die Hintertür ein gesetzlich nicht vorgesehenes Unmittelbarkeitserfordnis eingeführt werde.[27] Gegen die vorstehend referierte Auslegung der RegTP spricht auch die im Zuge der Novelle von 2012 erweiterte Beteiligtenfähigkeit. Diese würde durch ein zu enges Verständnis des Zusammenhangsbegriffes konterkariert. Hintergrund einer engen Auslegung des Zusammenhangsmerkmals dürfte das Anliegen sein, die BNetzA vor der Entscheidung rein zivilrechtlicher Streitigkeiten zu schützen. Dieses rechtspolitische Anliegen allein genügt jedoch nicht, um das Merkmal des Zusammenhangs nach § 133 eng auslegen zu wollen.

Mithin ist ein mittelbarer Zusammenhang zu Verpflichtungen aus oder aufgrund des TKG ausreichend. Der Gefahr, dass die BNetzA mit Streitigkeiten überfrachtet wird, die originär zivilrechtlicher Natur sind und naturgemäß vor ein ordentliches Gericht gehören, kann einerseits durch eine schwerpunktbezogene Betrachtung begegnet werden. Das heißt, sofern über die telekommunikationsrechtlichen Verpflichtungen bereits ein Vertrag geschlossen worden ist und sich die Parteien über dessen Erfüllung streiten, sind eher die ordentlichen Gerichte berufen.[28] Andererseits dürfte sich aus der materiellen Entscheidungsbefugnis der BNetzA zur Streitbeilegung – auf die nachstehend noch eingegangen wird – eine Einschränkung ergeben, denn ihre Anrufung kann nur soweit zulässig sein, wie sie auch materiell befugt ist, den Streit zu entscheiden.

Nach dem Vorstehenden bilden Streitigkeiten, die mittelbar im Zusammenhang mit Verpflichtungen im Rahmen der Marktregulierung im engeren Sinne – also Zugangs- und Entgeltverpflichtungen – stehen, taugliche Streitgegenstände.

---

24 *Attendorn/Geppert,* in: Geppert/Schütz, BeckTKG-Komm, § 133 Rn. 21. Siehe dort auch zum nächsten Satz.

25 Hierbei handelt es sich um den Vorgänger der BNetzA.

26 *RegTP*, Beschl. v. 12.07.2005 (BK-3a 05/035), MMR 2005, 801 (802), siehe dort auch zum folgenden Satz.

27 *Attendorn/Geppert,* in: Geppert/Schütz, BeckTKG-Komm, § 133 Rn. 22.

28 Vgl. *Attendorn/Geppert,* in: Geppert/Schütz, BeckTKG-Komm, § 133 Rn. 23.

In diesem Rahmen können entsprechende Streitigkeiten grundsätzlich von Dritten im Sinne dieser Untersuchung im Wege des Streitbeilegungsverfahrens vor die BNetzA getragen werden.

### 4. Zur Antragsbefugnis

Das Streitbeilegungsverfahren stellt ein Verwaltungsverfahren im Sinne des § 9 VwVfG dar, das auf den Erlass eines Verwaltungsaktes gerichtet ist.[29] Mithin stellt sich die Frage der Antragsbefugnis. Hierzu wird nachstehend zunächst die Praxis der BNetzA und sowie deren Kommentierung durch die Literatur untersucht.

#### a) Praxis der *BNetzA*

Auffällig ist zunächst, dass Begrifflichkeiten wie „*Antragsbefugnis*" und „*Antragsberechtigung*" erst in neueren Beschlüssen der *BNetzA* begegnen.[30] Dagegen prüfte die *RegTP* das Vorliegen einer Streitigkeit zwischen Unternehmen im Zusammenhang mit Verpflichtungen aus oder aufgrund dieses Gesetzes unter dem Gesichtspunkt der Zulässigkeit ohne nähere Bezeichnung.[31] Ihre Prüfung bezieht sich zum einen auf die Voraussetzung einer Streitigkeit zwischen Unternehmen und zum anderen darauf, dass diese im Zusammenhang mit einer Verpflichtung aus oder aufgrund des TKG stehen muss. Dabei bejaht sie eine entsprechende Streitigkeit nur, wenn es um Rechte und Ansprüche geht, die den beteiligten Unternehmen unmittelbar gegeneinander zustehen beziehungsweise zustehen können. Das heißt, der Verpflichtung der Antragsgegnerin muss ein subjektives Recht der Antragstellerin gegenüberstehen. Nicht ausreichend sei allein ein verfahrensrechtlicher oder materieller Anspruch auf Einleitung eines Verfahrens oder den Erlass einer Maßnahme durch die Regulierungsbehörde. Mit anderen Worten müsse die Verletzung eigener Rechte geltend gemacht werden. Begründet wurde dies mit dem Argument, dass die Geltendmachung

---

29 *Gurlit*, in: Säcker, TKG, § 133 Rn. 8.

30 Siehe etwa *BNetzA*, Beschl. v. 30.06.2010 (BK2a-10/004), S. 6, https://www.bundesnetzagentur.de/DE/Service-Funktionen/Beschlusskammern/1_GZ/BK2-GZ/2010/2010_0001bis0999/2010_001bis099/BK2-10-0004/BK2-10-0004_Beschluss_BKV.html, zuletzt besucht am 16.06.2019.

31 *RegTP*, Beschl. v. 12.07.2005 (BK-3a 05/035), MMR 2005, 801 (802). Siehe dort auch zu den folgenden Sätzen.

eigener Rechte bereits aus Sinn und Zweck des Streitbeilegungsverfahrens folge. Ferner müssten diese im Zusammenhang mit Verpflichtungen aus oder aufgrund des TKG stehen.

In einem Beschluss aus dem Jahre 2011 führte die *BNetzA* aus, dass es sich bei § 133 nicht um ein objektives Verfahren handele, sondern stets eine subjektive Betroffenheit erforderlich sei.[32] Dies steht im Einklag mit der vorstehenden Linie. Darüber hinaus sei diese subjektive Betroffenheit jedoch nur hinsichtlich solcher Verpflichtungen gegeben, die zumindest auch drittschützend seien.[33] Diese bestimmt die *BNetzA* mittels der üblicherweise im Rahmen des § 42 Abs. 2 VwGO verwendeten Schutznormlehre. Auf diese Weise prüft sie, ob die von der Antragstellerin beantragten Verpflichtungen im Wege des Streitbeilegungsverfahrens zulässigerweise geltend gemacht werden können.

### b) Literatur

In der Literatur wird die vorstehende Spruchpraxis der BNetzA unter verschieden Gesichtspunkten erörtert. Teilweise wird ausdrücklich von einer Antragsbefugnis gesprochen.[34] Hinsichtlich dieser weist *Gurlit* zunächst auf die Unterscheidung zwischen einem behauptetem Recht gegenüber dem Antragsgegner und der Befugnis beziehungsweise der Pflicht der BNetzA hin, hierüber auf der Grundlage des TKG zu entscheiden. Eine Streitigkeit zwischen Unternehmen kann naturgemäß nur zivilrechtliche Pflichten betreffen. Hierauf baue § 133 auf, da an Streitigkeiten zwischen Unternehmen angeknüpft werde. Diese müssen jedoch öffentlich-rechtlich beziehungsweise durch telekommunikationsrechtliche Regelungen überformt seien. Dementsprechend berechtigen einerseits subjektive Rechte, die aus einer auf der Grundlage des TKG beziehungsweise auf der Grundlage einer Verpflichtung der BNetzA geschlossenen Vereinbarung beruhen, zur Antragsstellung im Rahmen des Streitbeilegungsverfahrens. Andererseits treffe dies ebenso für subjektiv-öffentliche Rechte zu, die unmittelbar auf einer drittschützenden Norm oder einem Verwaltungsakt beruhen.

---

32 *BNetzA*, Beschl. v. 09.05.2011 (BK2d-11/002), S. 8, https://www.bundesnetzagentur.de/DE/Service-Funktionen/Beschlusskammern/1_GZ/BK2-GZ/2011/2011_0001bis0999/2011_001bis099/BK2-11-0002/BK2-11-0002_Beschluss_BKV.html, zuletzt besucht am 16.06.2019.

33 *BNetzA*, Beschl. v. 09.05.2011 (BK2d-11/002), S. 8, https://www.bundesnetzagentur.de/DE/Service-Funktionen/Beschlusskammern/1_GZ/BK2-GZ/2011/2011_0001bis0999/2011_001bis099/BK2-11-0002/BK2-11-0002_Beschluss_BKV.html, zuletzt besucht am 16.06.2019. Siehe dort auch zum folgenden Satz.

34 *Gurlit*, in: Säcker, TKG, § 133 Rn. 9. Siehe dort auch zu den folgenden Sätzen.

Zum Teil wird die Spruchpraxis der BNetzA unter den Gesichtspunkten „*Streitparteien*" sowie „*Streitgegenstand*" erörtert.[35] Dabei wird stellenweise postuliert, dass ein subjektives Recht für die Anrufung der BNetzA keine zwingende Zulässigkeitsvoraussetzung mehr sei. Vielmehr sei die Anrufung der BNetzA schon dann zulässig, wenn Unternehmen etwa im Sinne eines „*Rechtsreflexes*" Auswirkungen von Zugangs- oder Zusammenschaltungsvereinbarungen ausgesetzt seien. Darüber hinaus sei die Anrufung der BNetzA zulässig, wenn subjektive Rechte aus konsensualen Sonderbeziehungen, aus materiell-rechtlichen subjektiven Anspruchsnormen, aus Verwaltungsakten mit Drittwirkung sowie aus der Verletzung drittschützender Normen in Rede stehen. Begründet wird diese Erweiterung der Antragsberechtigung mit der im Zuge der Gesetznovelle 2012 erfolgten Ausweitung des personalen Anwendungsbereiches von § 133 Abs. 1 S. 1.

c) Würdigung

Die zuletzt genannte Auffassung steht im Widerspruch zur engen Spruchpraxis der BNetzA. Hiernach berechtigten nur subjektive Rechte zur Anrufung der BNetzA im Wege des Streitbeilegungsverfahrens, wenn sie im Zusammenhang mit drittschützenden Normen oder Verpflichtungen des TKG stehen. Allerdings bezieht sich die referierte Spruchpraxis auf den Zeitraum bis 2011.

Ausgangspunkt für die Bestimmung der Voraussetzungen einer etwaigen Antragsbefugnis beziehungsweise -berechtigung als Zulässigkeitsvoraussetzung des Streitbeilegungsverfahrens muss § 133 Abs. 1 bilden. Ausdrückliche Vorgaben, wie beispielsweise § 42 Abs. 4 S. 6 im Rahmen des sektorspezifischen Missbrauchsverfahrens, enthält § 133 Abs. 1 S. 1 nicht. Dies spricht jedoch weder zwingend für noch gegen das Erfordernis einer Antragsbefugnis. In systematischer Hinsicht handelt es sich bei dem Streitbeilegungsverfahren um ein besonderes Verwaltungsverfahren im Sinne des § 9 VwVfG[36], wobei es sich zugleich um ein Rechtsbehelfsverfahren handelt.[37] Beispielsweise setzt die Zulässigkeit des Widerspruchs als vorprozessualem Rechtsmittel in entsprechender

---

35 *Attendorn/Geppert*, in: Geppert/Schütz, BeckTKG-Komm, § 133 Rn. 11 ff. und 21 ff. Siehe dort auch zu den folgenden Sätzen.

36 Bei der verbindlichen Entscheidung nach § 133 Abs. 1 S. 1 handelt es sich um einen Verwaltungsakt (*Gurlit,* in: Säcker, TKG, § 133 Rn. 19).

37 Unter einem Rechtsbehelf ist jedes von der Rechtsordnung zur Verfügung gestellte Mittel zur Verwirklichung eines Rechtes anzusehen (vgl. beispielsweise *Meissner/Schenk,* in: Schoch/Schneider/Bier, VwGO, § 58 Rn. 19).

Anwendung von § 42 Abs. 2 eine Antragsbefugnis voraus.[38] Überdies ist das Erfordernis der Antrags- beziehungsweise Klagebefugnis Ausdruck der verwaltungsprozessualen Systementscheidung für den Individualrechtsschutz.[39] Dieser Hintergrund spricht für die Anwendung der Grundsätze zur Klagebefugnis auf das behördliche Streitbeilegungsverfahren.

Der Gesetzeshistorie lässt sich keine Aussage zu einer Antragsbefugnis im Sinne des § 42 Abs. 2 entnehmen. Die Gesetzesnovelle 2012 will den personalen Anwendungsbereich des Streitbeilegungsverfahrens in Anpassung an die Vorgabe des Art. 20 Abs. 1 RRL erweitern.[40] Der infolgedessen eingefügte Passus, nach dem auch Unternehmen, denen telekommunikationsrechtliche Zugangs- oder Zusammenschaltungsverpflichtungen *„zugute kommen"*, beteiligtenfähig sind, spricht dafür, bereits eine reflexartige Begünstigung genügen zu lassen.[41] Reflexartige Begünstigungen werden nach der herrschenden Schutznormlehre jedoch als nicht ausreichend angesehen, um subjektiv-öffentliche Rechte zu begründen, auf deren mögliche Verletzung dann die Antragsbefugnis gestützt werden könnte.[42] Hiervon ausgehend spricht die Erweiterung des personalen Anwendungsbereiches mittelbar gegen die Anwendung der Grundsätze zur Antragsbefugnis.

Die gegenwärtige Fassung von § 133 Abs. 1 ist nahezu identisch mit Art. 20 Abs. 1 RRL, welcher keine besondere Antragsbefugnis fordert. Lediglich aus Erwägungsgrund 32 RRL lässt sich entnehmen, dass eine Partei, die trotz gutgläubiger Verhandlung keine Einigung erzielen konnte, Rechtsschutz im Wege des Streitbeilegungsverfahrens suchen können soll.

Ratio legis des Streitbeilegungsverfahrens ist die möglichst schnelle Streitbeilegung.[43] Weiter stellt es einen zusätzlichen Rechtsbehelf zu einer Klage dar (Art. 20 Abs. 5 RRL).[44] Dieser Wesenzug, der eine Klage nicht ausschließt, indiziert, dass die (Zulässigkeits)Voraussetzungen einer gerichtlichen Geltendmachung nicht zwingend gegeben sein müssen.

---

38 *Vgl. Porsch,* in: Schoch/Schneider/Bier, VwGO, Vorb. § 68 Rn. 1 sowie *Hüttenbrink,* in: Posser/Wolff, BeckOK VwGO, § 68 Rn. 15.

39 *Sodan,* in: Sodan/Ziekow, VwGO, § 42 Rn. 365.

40 Vgl. BT-Drucks. 17/5707, S. 86.

41 So ausdrücklich *Attendorn/Geppert,* in: Geppert/Schütz, BeckTKG-Komm, § 133 Rn. 15.

42 Siehe statt vieler: *Sodan,* in: Sodan/Ziekow, VwGO, § 42 Rn. 388.

43 Dies ergibt sich sowohl aus Art. 20 Abs. 1 S. 2 und Abs. 2 S. 1 RRL als auch aus § 133 Abs. 1 S. 2.

44 Siehe auch Erwgr. 33 RRL.

Nach alledem spricht einiges dafür, im Rahmen der Zulässigkeit des Streitbeilegungsverfahrens aus dem Tatbestandsmerkmel der Streitigkeit im Zusammenhang mit oder aufgrund des TKG keine an der Antragsbefugnis beziehungsweise Schutznormlehre orientierte Voraussetzung abzuleiten. Weder Wortlaut, Entstehungsgeschichte noch ratio legis sprechen dafür. Stattdessen könnte eine Einschränkung der Anrufung im Wege des Streitbeilegungsverfahrens über das Erfordernis gescheiterter Verhandlungen – worauf nachstehend einzugehen ist – erreicht werden.

### 5. Zum Erfordernis gescheiterter Verhandlungen

Damit stellt sich die Frage, ob das Scheitern von Verhandlungen als Zulässigkeitsvoraussetzung in § 133 Abs. 1 hineingelesen werden kann. Die Vorgängerin der BNetzA nahm dies in einem Beschluss aus dem Jahre 2005 im Rahmen der Auslegung im Grundsatz an. Zur Begründung führte sie aus, dass ihre Anrufung der Beilegung eines bestehenden Streites diene und nicht der Herbeiführung eines solchen.[45] Indes entschied das *BVerwG*, dass grundsätzlich das Sachentscheidungsinteresse im telekommunikationsrechtlichen Streitbeilegungsverfahren nur gegeben sei, soweit der Antragsteller sein Anliegen zuvor ohne Erfolg im Verhandlungsweg an die andere Partei herangetragen habe.[46] Ausnahmsweise sei jedoch eine vorherige Verhandlung entbehrlich, wenn der Versuch einer Einigung über den strittigen Punkt offensichtlich aussichtslos gewesen wäre. Dagegen wird in der Literatur teilweise die zusätzliche Voraussetzung gescheiterter Verhandlungen generell abgelehnt.[47] Vielmehr genüge es, dass der Antragsteller das Bestehen einer Meinungsverschiedenheit glaubhaft mache.

Der zuletzt genannten Auffassung kommt zugute, dass sich dem Wortlaut von § 133 nicht die Voraussetzung gescheiterter Verhandlungen entnehmen lässt. Weiter ist zu berücksichtigen, dass dies an anderer Stelle im TKG jedoch ausdrücklich geregelt ist (vgl. § 25 Abs. 2). Allerdings ist dem Begriff *Streitigkeit* immanent, dass eine Auseinandersetzung beziehungsweise Meinungsverschiedenheit gegeben sein muss (§ 133 Abs. 1 S. 1).[48] Dies wird im Falle gescheiterter Verhandlungen regelmäßig der Fall sein.

---

45 Siehe hierzu *Attendorn/Geppert,* in: Geppert/Schütz, BeckTKG-Komm, § 133 Rn. 9.

46 *BVerwG*, Urt. v. 18.12.2007 – 6 C 47/06 – BeckRS 2008, 32613 Rn. 20. Siehe dort auch zum folgenden Satz.

47 So *Attendorn/Geppert,* in: Geppert/Schütz, BeckTKG-Komm, § 133 Rn. 9. Siehe dort auch zum folgenden Satz.

48 http://www.duden.de/rechtschreibung/Streitigkeit, zuletzt besucht am 16.06.2019.

Weiter kann die Voraussetzung gescheiterter Verhandlungen rechtstechnisch als Ausprägung des allgemeinen Rechtsschutzbedürfnisses verstanden werden.[49] Diese allgemeine Voraussetzung bringt zum Ausdruck, dass nur derjenige, der ein rechtsschutzwürdiges Interesse verfolgt, Anspruch auf eine (gerichtliche) Sachentscheidung hat.[50] Dieses ist zu verneinen, falls eine schnellere oder einfachere Möglichkeit besteht, dass Rechtsschutzziel auf anderem Wege als durch gerichtlichen Rechtsschutz zu erreichen.[51] Bei dem Streitbeilegungsverfahren handelt es sich nicht um ein gerichtliches Verfahren. Allerdings stellt es ein exekutivisches Rechtsbehelfsverfahren dar, das gerichtsähnlich ausgestaltet ist.[52] Dementsprechend lassen sich die Grundsätze zum allgemeinen Rechtsschutzbedürfnis übertragen. Hiervon ausgehend stellt die Verhandlung prinzipiell eine einfache Möglichkeit dar, eine Streitbeilegung zu erzielen. Dementsprechend ist die Negativvoraussetzung gescheiterter Verhandlungen – abgesehen von obigen Ausnahmefällen – grundsätzlich gerechtfertigt.

Diesem Befund steht auch der unionsrechtliche Hintergrund des Streitbeilegungsverfahrens nicht entgegen. Zwar sieht Art. 20 RRL diese Negativvoraussetzung – wie § 133 – nicht ausdrücklich vor. Allerdings bestimmt Erwägungsgrund 32 RRL, dass eine Beschwerdepartei, die gutgläubig verhandelt hat, aber keine Einigung erzielen konnte, sich zur Streitbeilegung an die Regulierungsbehörde wenden können soll. Mithin wird der Fall gescheiterter Verhandlungen als Paradefall für das Streitbeilegungsverfahren vorgegeben.

Nach alledem ist eine gescheiterte Verhandlung grundsätzlich als Negativvoraussetzung erforderlich, um die BNetzA zur Streitbeilegung anzurufen. Dieser Befund ist insbesondere unter dem Gesichtspunkt des Rechtsschutzbedürfnisses vertretbar und steht der unionalen Vorsteuerung nicht entgegen. Auf diese Weise kann zugleich der im Zuge der Gesetzesnovelle 2012 erweiterte personale Anwendungsbereich im Einzelfall konkretisiert werden, ohne dass überspannte Anforderungen an eine Antragsbefugnis in § 133 hineingelesen werden müssen.

---

49 Vgl. *BVerwG*, Urt. v. 18.12.2007 – 6 C 47/06 – BeckRS 2008, 32613 Rn. 20 sowie *Attendorn/Geppert*, in: Geppert/Schütz, BeckTKG-Komm, § 133 Rn. 10.

50 *Kopp/Schenke*, VwGO, Vorb. § 40 Rn. 30.

51 *Sodan*, in: Sodan/Ziekow, VwGO, § 42 Rn. 349.

52 Siehe oben Kapitel 4, § 8, B. Zur Rechtsdurchsetzung im Streitbeilegungsverfahren, S: 452 f.

### 6. Zum Verhältnis von Streitbeilegungsverfahren und ordentlichem Rechtsschutz

Schließlich fragt es sich, in welchem Verhältnis zivilgerichtlicher Rechtsschutz und behördliches Streitbeilegungsverfahren stehen. Unter dem Gesichtspunkt des Rechtsschutzbedürfnisses ist zu erwägen, ob das Streitbeilegungsverfahren ordentlichem Rechtsschutz vorgeht. Diese Frage kann sich insbesondere stellen, wenn eine Entscheidung der Beschlusskammer neben der öffentlich-rechtlichen Wirkung als Verwaltungsakt auch Fragestellungen aus dem privatrechtlichen Rechtsverhältnis der Beteiligten betrifft. Beispielsweise kann eine Zugangsanordnung auch Regeln zur Entgelthöhe enthalten (§ 25 Abs. 5 S. 1).

Für den Vorrang des Streitbeilegungsverfahrens könnte sprechen, dass die Beschlusskammer nach ihrer Anrufung innerhalb einer Frist von vier Monaten zu entscheiden hat (§ 133 Abs. 1 S. 2). Mithin soll die Entscheidung in wesentlich kürzerer Zeit ergehen, als ein ordentliches Hauptsacheverfahren regelmäßig in Anspruch nehmen dürfte. § 133 selbst enthält weder eine Vorrang- noch Nachrangreglung. Allerdings bestimmt Art. 20 Abs. 5 RRL, dass ein Streitbeilegungsverfahren die gerichtliche Klage einer Partei nicht ausschließt.[53] Aus dieser Umsetzungsvorgabe folgt, dass gerichtlicher Rechtsschutz nicht durch die Möglichkeit des Streitbeilegungsverfahrens ausgeschlossen werden darf. Demzufolge muss ordentlicher Rechtsschutz möglich bleiben.[54] Hierfür sprechen auch die unterschiedlichen Streitgegenstände. Das Streitbeilegungsverfahren – in dem der Amtsermittlungsgrundsatz gilt – ist auf eine Entscheidung der BNetzA gerichtet. Dagegen dient der Rechtsschutz vor der ordentlichen Gerichtsbarkeit – geprägt durch den Beibringungsgrundsatz – der Durchsetzung bürgerlich-rechtlicher Ansprüche.[55]

## II. Entscheidungsmaßstab und Bindungswirkung

Zu untersuchen bleibt, nach welchen materiellen Maßstäben die BNetzA den Streit beilegen darf und welche Bindungswirkung ihrer Entscheidung zukommt.

Nach § 133 Abs. 1 S. 1 trifft die Beschlusskammer zur Beilegung des Streits eine verbindliche Entscheidung. Ihre Entscheidungspraxis zeigt, dass sie ihre Entscheidungen als Beschlüsse bezeichnet, welche wiederum wie gerichtliche

---

53 Dieser Regelung entspricht Art. 26 Abs. 5 Kodifizierungsrichtlinie (EU) 2018/1972.

54 Ebenso *Gurlit,* in: Säcker, TKG, § 133 Rn. 23.

55 Vgl. § 13 GVG.

Beschlüsse aufgebaut sind.[56] Gleichwohl kommt ihnen nicht die Bindungswirkung gerichtlicher Entscheidungen zu. Die Beschlusskammer, als unselbstständige Organisationseinheit der BNetzA[57], ist Teil der Exekutive. Mithin kommt es für die Bindungswirkung ihres Streitbeilegungsbeschlusses auf die Einordnung entsprechend der typischen verwaltungsrechtlichen Entscheidungsformen an. Der Streitbeilegungsbeschluss stellt einen Verwaltungsakt im Sinne des § 35 S. 1 VwVfG dar.[58] Die Beilegung eines Streits zwischen zwei Unternehmen im Zusammenhang mit oder aufgrund des TKG stellt einen konkreten Einzelfall dar. Indem die Entscheidung der Beschlusskammer ihnen gegenüber ergeht, erlangt sie Außenwirkung. Darüber hinaus bekräftigt die Vorgabe einer verbindlichen Entscheidung, dass für die Parteien eine Rechtsfolge gesetzt wird, die diese zu beachten haben. Mit anderen Worten ist die Regelungswirkung immanent. Damit kommt einem Streitbeilegungsbeschluss der Beschlusskammer dieselbe Bindungswirkung zu wie einem Verwaltungsakt.

Bleibt zu klären, unter welchen materiellen Anforderungen ein Streitbeilegungsbeschluss zu ergehen hat. Dies wird durch § 133 nicht geregelt. Damit bestimmt sich die materielle Rechtmäßigkeit eines Streitbeilegungsbeschlusses nach allgemeinen Grundsätzen. Da es sich bei der Streitbeilegung durch die Beschlusskammer um eine exekutivische Maßnahme handelt, müssen die Anforderungen des Vorrangs des Gesetzes sowie des Vorbehalts des Gesetzes erfüllt sein (Art. 20 Abs. 3 GG).[59] Jedenfalls für die im Streitbeilegungsverfahren unterliegende Partei dürfte der Beschluss regelmäßig eine Freiheitsverkürzung darstellen. Mithin ist die Beschlusskammer nur soweit zur Streitbeilegung befugt, wie ihr durch das TKG entsprechende Eingriffsbefugnisse eingeräumt werden. Dementsprechend ergeben sich ihre Streitbeilegungsbefugnisse im Falle von Streitigkeiten im Zusammenhang mit telekommunikationsrechtlichen Verpflichtungen aus den entsprechenden Befugnisnormen zur Marktregulierung. Sofern es um die Einhaltung gesetzesunmittelbarer Verpflichtungen geht, folgt aus dem Verbund mit § 133 Abs. 1, dass die Beschlusskammer im Rahmen ihrer

---

56 Siehe nur: *BNetzA*, Beschl. v. 09.05.2011 (BK2d-11/002), https://www.bundesnetzagentur.de/DE/Service-Funktionen/Beschlusskammern/1_GZ/BK2-GZ/2011/2011_0001bis0999/2011_001bis099/BK2-11-0002/BK2-11-0002_Beschluss_BKV.html, zuletzt besucht am 16.06.2019.

57 *Gurlit*, in: Säcker, TKG, § 132 Rn. 4; vgl. auch *Fademrecht/Fetzer*, in: Arndt/Fetzer/Scherer/Graulich, TKG § 132 Rn. 1 und 7.

58 *Attendorn/Geppert*, in: Geppert/Schütz, BeckTKG-Komm, § 133 Rn. 47; *Gurlit*, in: Säcker, TKG, § 133 Rn. 19.

59 Vgl. hierzu *Jarass/Pieroth*, GG, Art. 20 Rn. 51 ff. und 69 ff.

Entscheidung Rechtsfolgen setzen darf, die die Einhaltung der gesetzesunmittelbaren Verpflichtungen gewährleisten. Hiervon ausgehend kann § 133 Abs. 1 S. 1 als eine unselbstständige Befugnisnorm bezeichnet werden. Die Befugnis zur Streitbeilegung im einzelnen Fall folgt aus den materiellen Normen des TKG, die mit der betreffenden Streitigkeit zwischen den beteiligten Unternehmen im Zusammenhang stehen. Diese bestimmen damit gleichzeitig die materielle Reichweite der Entscheidungsbefugnis zur Streitbeilegung.

Dieser Befund steht auch im Einklang mit dem unionsrechtlichen Hintergrund. Entsprechend der nationalen Umsetzungsnorm fordert Art. 20 Abs. 1 S. 1 RRL eine verbindliche Entscheidung der Regulierungsbehörde zur Streitbeilegung. Im Unterschied zur Umsetzungsnorm ergeben sich aus Art. 20 Abs. 3 RRL zudem weitere materielle Anforderungen für die Streitbeilegung.[60] Diese soll auf die Verwirklichung der Regulierungsziele nach Art. 8 RRL[61] gerichtet sein. Ferner haben die Verpflichtungen im Rahmen der Streitbeilegung im Einklang mit dem Richtlinienrahmen zu stehen.[62] Letzteres bestätigt, dass die Verpflichtungen zur Streitbeilegung nicht weiter gehen dürfen als die Marktregulierungsverpflichtungen.

## C. Anschließender verwaltungsgerichtlicher Rechtsschutz

Im Anschluss an das Streitbeilegungsverfahren – entweder nach einer verfahrensabschließenden Entscheidung der Beschlusskammer oder im Falle der Überschreitung der Entscheidungsfrist nach § 133 Abs. 1 S. 2 – stellt sich die Frage des gerichtlichen Rechtsschutzes. Dessen grundsätzliche Möglichkeit ergibt sich bereits aus Art. 19 Abs. 4 S. 1 GG sowie Art. 4 Abs. 1 RRL. Bei der Entscheidung der Beschlusskammer zur Beilegung einer Streitigkeit nach § 133 handelt es sich um eine Maßnahme der öffentlichen Gewalt im Sinne von Art. 19 Abs. 4 S. 1 GG. Demgemäß muss derjenige, dessen Rechte hierdurch möglicherweise verletzt sind, sie zur Überprüfung durch die Judikative stellen können.

### I. Eröffnung des Verwaltungsrechtswegs

Die gerichtliche Kontrolle einer Streitbeilegungsentscheidung erfolgt auf dem Verwaltungsrechtsweg. Dieser ist nach § 40 Abs. 1 S. VwGO eröffnet. Bei der

---

60 Diese Regelung entspricht Art. 26 Abs. 3 Kodifizierungsrichtlinie (EU) 2018/1972.

61 Art. 8 RRL entspricht inhaltlich Art. 3 Kodifizierungsrichtlinie (EU) 2018/1972.

62 Art. 20 Abs. 3 S. 2 RRL bzw. zukünftig Art. 26 Abs. 3 Kodifizierungsrichtlinie (EU) 2018/1972.

Entscheidung der Beschlusskammer im Wege von § 133 handelt es sich um eine öffentlich-rechtliche Streitigkeit. Die Frage der Rechtmäßigkeit einer behördlichen Maßnahme bestimmt sich nach der maßgeblichen Ermächtigungsgrundlage. Im Falle einer Entscheidung zur Streitbeilegung ist dies § 133 in Verbindung mit der jeweiligen telekommunikationsrechtlichen Regelung, die im Zusammenhang mit der Streitigkeit zwischen den Unternehmen steht. Dagegen ist der Verwaltungsrechtsweg nicht für etwaige Streitigkeiten der Beteiligten des Streitbeilegungsverfahrens eröffnet, die allein deren zivilrechtliche Beziehungen betreffen.[63]

## II. Abgrenzung zu zivilgerichtlichem Rechtsschutz im Zusammenhang der Streitbeilegung

Wegen der Natur des Verfahrens nach § 133 zur Beilegung einer Streitigkeit zwischen Unternehmen im Zusammenhang mit Verpflichtungen nach dem TKG beziehungsweise aufgrund des TKG fragt es sich, ob Unternehmen nach Durchführung eines Streitbeilegungsverfahrens auch die Klärung ihrer Streitigkeit vor der ordentlichen Gerichtsbarkeit erreichen können. Diesbezüglich sind zwei Punkte zu unterscheiden.

Das ordentliche Gerichtsverfahren dient nicht der Überprüfung der Rechtmäßigkeit eines Verwaltungsaktes. Hierfür ist – wie oben ausgeführt – die Verwaltungsgerichtsbarkeit zuständig. Hiervon abgesehen bleibt der Rechtsweg zur ordentlichen Gerichtsbarkeit eröffnet, sofern es beispielsweise um die Wirksamkeit eines zivilrechtlichen Vertrages geht, der in Ansehung einer Zugangsverpflichtung nach § 21 besteht. Hierbei handelt es sich um einen anderen Streitgegenstand als bei der gerichtlichen Aufhebung beziehungsweise Erzwingung einer Streitbeilegungsentscheidung durch die Beschlusskammer. Sofern der Verwaltungsrechtsweg nicht eröffnet ist, folgt aus einer für die zivilrechtliche Streitigkeit zwischen Unternehmen relevanten Streitbeilegungsentscheidung auch keine Entscheidungsbindung für die ordentliche Gerichtsbarkeit. Deren Judikatur wird erst durch eine verwaltungsgerichtliche Bestätigung der behördlichen Streitbeilegungsentscheidung in tatbestandlicher Weise gebunden.[64]

---

63 Vgl. *Gurlit,* in: Säcker, TKG, § 133 Rn. 22.

64 *Gurlit,* in: Säcker, TKG, § 133 Rn. 25.

## III. Zur Klagebefugnis

Ist für die Frage der Aufhebung beziehungsweise der Erzwingung einer Streitbeilegungsentscheidung durch die Beschlusskammer der Verwaltungsrechtsweg eröffnet, kommen als statthafte Klagearten entweder Anfechtungs- oder Verpflichtungsklage nach § 42 Abs. 1 VwGO in Betracht, denn bei der Streitbeilegungsentscheidung nach § 133 handelt es sich um einen Verwaltungsakt im Sinne des § 35 S. 1 VwVfG.[65] Die Zulässigkeit derartiger Klagen wird durch die besonderen Regelungen der §§ 137 ff. modifiziert, welche über die Verweisung in § 133 Abs. 4 anwendbar sind.[66] Unter dem Gesichtspunkt des Drittschutzes fragt es sich jedoch, wer im Sinne von § 42 Abs. 2 VwGO zur Erhebung einer Anfechtungsklage gegen eine Streitbeilegungsentscheidung der Beschlusskammer klagebefugt sein kann.

### 1. Klagebefugnis der Beteiligten des Streitbeilegungsverfahrens

Insofern sind zunächst die Beteiligten des Streitbeilegungsverfahrens in den Blick zu nehmen. Gemäß der Verweisungsvorschrift des § 133 Abs. 4 kommen als Beteiligte des Streitbeilegungsverfahrens alle in § 134 Abs. 2 genannten Personen in Betracht. [67]

#### a) Antragsgegner

In personeller Hinsicht wird der abstrakte Begriff des *Antragsgegners* durch die auch im Streitbeilegungsverfahren anwendbare Vorschrift des § 134 Abs. 2 Nr. 2 erhellt (§ 133 Abs. 4). Dementsprechend ist der Antragsgegner im Streitbeilegungsverfahren entweder Betreiber öffentlicher Telekommunikationsnetze oder Anbieter von öffentlich zugänglichen Telekommunikationsdiensten (§ 134 Abs. 2 Nr. 2), welche dem bei der BNetzA geführten Meldeverzeichnis zu entnehmen sind.[68] Sofern diese Unternehmen über beträchtliche Marktmacht verfügen,

---

65 Siehe oben Kapitel 4, § 8, II. Entscheidungsmaßstab und Bindungswirkung, S. 464 f.

66 Insofern kann auf die Ausführungen zu Kapitel 3, § 7, A. Sektorspezifische Besonderheiten des verwaltungsgerichtlichen Verfahrens (S. 385 ff.) verwiesen werden. § 137 gilt entsprechend. Zudem ist ein Vorverfahren nicht erforderlich. Weiter entfaltet die Anfechtungsklage keine aufschiebende Wirkung (§ 137 Abs. 1).

67 Die Beteiligtenregeln des § 134 Abs. 2 sind nach § 133 Abs. 5 anwendbar und werden durch die besonderen Bestimmungen des Streitbeilegungsverfahrens auch nicht verdrängt (*Attendorn/Geppert*, in: Geppert/Schütz, BeckTKG-Komm, § 133 Rn. 45).

68 Aufnahme, Änderung und Beendigung des Netzbetriebes bzw. des Anbietens von Telekommunikationsdiensten für die Öffentlichkeit sind gegenüber der BNetzA unverzüglich anzumelden (§ 6 Abs. 1), welche diesbezüglilch ein Meldeverzeichnis führt.

kommen sie als Adressaten der Marktregulierungsverpflichtungen nach Teil 2 des TKG in Betracht. Hieran knüpft mittelbar auch § 133 Abs. 1 S. 1 an. Gegenstand des Streitbeilegungsverfahrens muss eine Streitigkeit zwischen Unternehmen sein, die im Zusammenhang mit einer gesetzesunmittelbaren Verpflichtung oder einer Verpflichtung im Rahmen der Marktregulierung steht. Sofern es um eine Streitigkeit im Zusammenhang mit einer Marktregulierungsverpflichtung geht, die von der BNetzA auferlegt wurde, wird Antragsgegner regelmäßig ein Unternehmen sein, dass entweder Telekommunikationsnetze betreibt oder Telekommunikationsdienste erbringt sowie über beträchtliche Marktmacht verfügt.[69] Sofern Gegenstand eine Streitigkeit zwischen Unternehmen ist, die im Zusammenhang mit gesetzesunmittelbaren Verpflichtungen steht, ist die Eigenschaft beträchtlicher Marktmacht indes nicht zwingend.[70]

Ausgehend vom Regelfall, dass sich eine Streitigkeit im Sinne des § 133 gegen ein Unternehmen richtet, das Adressat einer Regulierungsverpflichtung und zugleich Antragsgegner ist, ist dessen Klagebefugnis hinsichtlich einer Streitschlichtungsentscheidung grundsätzlich gegeben. Diese ergibt sich regelmäßig bereits in Anwendung der Adressatentheorie aus einer zumindest möglichen Verletzung seiner allgemeinen Handlungsfreiheit. In der Regel betrifft der Streitgegenstand des Streitbeilegungsverfahrens eine Rechtspflicht des Antragsgegners, welche typischerweise im Zusammenhang mit einer telekommunikationsrechtlichen Marktregulierungsverpflichtung steht.[71] Wird deren Einhaltung oder Reichweite im Wege einer stattgebenden Streitschlichtungsentscheidung durch die Beschlusskammer ausgeformt, dürfte hiermit typischerweise eine Beeinträchtigung der wirtschaftlichen Interessen des Antragsgegeners verbunden sein. Mithin wird im Ergebnis jedenfalls eine Freiheitsverkürzung von Art. 2 Abs. 1 GG zumindest möglich erscheinen.

### b) Antragsteller

Auch der Antragsteller wird regelmäßig im Sinne von § 42 Abs. 2 VwGO befugt sein gegen eine ihm missfallende Streitschlichtungsentscheidung gerichtlich vorzugehen. In personeller Hinsicht hilft § 134 Abs. 2 Nr. 1 nicht zur Bestimmung

---

69 Der umgekehrte Fall, dass ein marktmächtiges Unternehmen im Zusammenhang mit einer ihm auferlegten Verpflichtung gegen einen nicht marktmächtigen Netzbetreiber oder Diensteanbieter klagt, ist ebenfalls denkbar. Allerdings dürfte es sich hierbei um eine eher theoretische Möglichkeit handeln.

70 Siehe § 16 und § 17.

71 Vgl. *Attendorn/Geppert*, in: Geppert/Schütz, BeckTKG-Komm, § 133 Rn. 17.

des Antragstellerbegriffes weiter. Allerdings erschließt sich aus dem Streitgegenstand des Streitschlichtungsverfahrens, dass als Antragssteller zunächst Unternehmen in Betracht kommen, die entweder öffentlich zugängliche Telekommunikationsnetze betreiben oder öffentlich zugängliche Telekommunikationsdienste anbieten (§ 133 Abs. 1 S. 1). Mithin geht es – wie im Falle des Antragsgegners – um Personen, die der telekommunikationsrechtlichen Meldepflicht unterliegen. Wegen der Erweiterung von § 133 Abs. 1 S. 1 ist dies jedoch nicht zwingend. Im Zuge der Gesetzesnovelle von 2012 wurde der Anwendungsbereich des Streitbeilegungsverfahrens auf Nutznießer erweitert, denen Zugangs- oder Zusammenschaltungsverpflichtungen zugutekommen können.[72]

Die Klagebefugnis für derartige Antragsteller folgt aus der Bindungswirkung der Streitbeilegungsentscheidung. Hierbei handelt es sich um einen privatrechtsgestaltenden Verwaltungsakt.[73] Dieser ist gleichermaßen an die Beteiligten des Streitbeilegungsverfahrens und damit an Antragsgegner sowie Antragssteller adressiert.[74] Als Adressat der Entscheidung kann der Antragsteller jedenfalls geltend machen, dass ihn die Streitschlichtungsentscheidung zumindest möglicherweise in seinem Recht aus Art. 2 Abs. 1 GG verletzt.

### c) Beigeladene nach § 134 Abs. 2 Nr. 3 TKG

Im Streitbeilegungsverfahren gilt § 134 Abs. 2 Nr. 3 entsprechend (vgl. § 133 Abs. 4).[75] Daher fragt es sich, unter welchen Voraussetzungen die Klagebefugnis des Beigeladenen gegen Streitbeilegungsentscheidungen der Beschlusskammer anzunehmen ist. Das Institut der Beiladung ist typischerweise geeignet, Dritten – also weder Antragsteller noch Antragsgegner – rechtliches Gehör zu ermöglichen.

#### aa) Beigeladene im Sinne des § 134 Abs. 2 Nr. 3 TKG

Hierzu ist zu bestimmen, wer als Beigeladener in Betracht kommen kann. Dies richtet sich nach den kumulativen Voraussetzungen des § 134 Abs. 2 Nr. 3. Dessen Tatbestand setzt voraus, dass es sich um Personen oder Personenvereinigungen handelt, deren Interessen durch die Entscheidung im Streitbeilegungsverfahren

---

72 Vgl. BT-Drucks. 17/5707, S. 86.

73 Siehe hierzu Kapitel 4, § 8, II. Entscheidungsmaßstab und Bindungswirkung, S. 464 f.

74 Die verfahrensabschließende Entscheidung ist den Beteiligten im Sinne von § 134 Abs. 2 inklusive einer Rechtsmittelbelehrung zuzustellen (§§ 131 Abs. 1 S. 2, 133 Abs. 4).

75 *Attendorn/Geppert,* in: Geppert/Schütz, BeckTKG-Komm, § 133 Rn. 45.

berührt werden, und die die BNetzA auf ihren Antrag beigeladen hat. Mithin sind für die Position des Beigeladenen tatbestandlich neben einer personenbezogenen Eigenschaft, ein Antrag sowie die entsprechende konstitutive Entscheidung der BNetzA Voraussetzung.

Beiladungsfähig sind natürliche und juristische Personen. Personenvereinigungen sind alle nicht-rechtsfähigen Personenmehrheiten. Letztere müssen ein Mindestmaß an innerer Organisation zur gemeinsamen Willensbildung erfüllen und auf eine gewisse Dauer angelegt sein.[76] Unter Personenvereinigungen sind beispielsweise Unternehmens- oder Verbraucherverbände zu fassen.[77] Als branchenspezifischer Unternehmensverband ist exemplarisch der Verband der Anbieter von Telekommunikations- und Mehrwertdiensten e. V. zu nennen.[78]

Weiter ist erforderlich, dass Interessen einer beiladungsfähigen Person durch die Streitschlichtungsentscheidung berührt sein können. Der Vergleich mit § 13 Abs. 2 VwVfG sowie § 66 Abs. 2 Nr. 3 EnWG zeigt, dass jedes rechtliche, wirtschaftliche oder individuelle Interesse ausreichend ist. § 134 Abs. 2 Nr. 3 fordert im Gegensatz zu § 13 Abs. 2 VwVfG kein rechtliches Interesse. Zudem wird auch keine *„erhebliche“*[79] Interessenberührung gefordert. Überdies ergibt sich aus der Formulierung von § 134 Abs. 2 Nr. 3, dass bereits eine Berührung von Interessen ausreichend ist. Mithin ist keine Beeinträchtigung und erst Recht keine erhebliche Beeinträchtigung zu fordern. Für die Annahme der Interessenberührung genügt eine Prognose (*„berührt werden“*[80]). Mithin ist der Tatbestand von § 134 Abs. 2 Nr. 3 sehr weit gefasst. Grundsätzlich können sowohl Unternehmen der Telekommunikationsbranche, Nutzer, Verbraucher, Endkunden sowie Verbraucherzentralen und -verbände beiladungsfähig sein.[81]

In jedem Fall ist weiter Voraussetzung, dass eine beiladungsfähige Person einen Beiladungsantrag stellt (§ 134 Abs. 2 Nr. 3). Mithin entsteht die Stellung als Beigeladener nicht bereits bei faktischer oder rechtlicher Betroffenheit. Neben der abschließenden Spezialregelung des § 134 Abs. 2 Nr. 3 bleibt für § 13 Abs. 2 VwVfG kein Spielraum, so dass eine Beiladung von Amts wegen im Streitbeilegungsverfahren nicht zulässig ist.[82] Zudem ist § 134 Abs. 2 Nr. 3

---

76 *Fademrecht/Fetzer*, in: Arndt/Fetzer/Scherer/Graulich, TKG, § 134 Rn. 35.

77 Vgl. *Attendorn/Geppert* in: Geppert/Schütz, BeckTKG-Komm, § 133 Rn. 37.

78 Abgekürzt VATM, https://www.vatm.de/, zuletzt besucht am 16.06.2019.

79 So allerdings § 66 Abs. 2 Nr. 3 EnWG.

80 § 134 Abs. 2 Nr. 3.

81 Vgl. *Attendorn/Geppert*, in: Geppert/Schütz, BeckTKG-Komm, § 134 Rn. 34.

82 *Attendorn/Geppert*, in: Geppert/Schütz, BeckTKG-Komm, § 134 Rn. 35. Siehe dort auch zum nächsten Satz.

die Unterscheidung zwischen einfacher und notwendiger Beiladung fremd. Die Beiladungsentscheidung der BNetzA stellt einen verfahrensrechtlichen Verwaltungsakt mit Dauerwirkung dar.[83] Sie erfolgt nach pflichtgemäßem Ermessen der BNetzA.[84] Entsprechend der allgemeinen Grundsätze der Ermessensausübung ist zunächst der Zweck der Ermächtigungsnorm selbst zu berücksichtigen. Dieser besteht neben der Gewährung rechtlichen Gehörs darin, durch die Einbeziehung von Drittinteressen die Richtigkeit und Transparenz der Streitschlichtungsentscheidung zu gewährleisten.[85] Weiter sind bei der Entscheidung über den Beiladungsantrag auch die spezialgesetzlichen Ziele des § 2 zu beachten.[86]

Hiervon ausgehend ist der Kreis beiladungsfähiger Personen und Personenvereinigungen grundsätzlich sehr weit. Erforderlich ist lediglich, dass durch die Streitbeilegungsentscheidung Interessen wirtschaftlicher, ideeller oder rechtlicher Natur berührt werden können. Mithin geht es um eine einzelfallabhängige Frage. Wird ein Beiladungsantrag gestellt, muss die BNetzA nach pflichtgemäßem Ermessen entscheiden. Sucht man den Kreis beiladungsfähiger Personen abstrakt zu bestimmen, dürfte in erster Linie ihr jeweiliges Verhältnis zum Antragsgegner maßgebend sein. Das Streitschlichtungsverfahren dient der Beilegung unternehmensbezogener Streitigkeiten im Zusammenhang mit dem TKG. Hierbei geht es insbesondere um zugangsrelevante Streitigkeiten (vgl. § 133 Abs. 1 S. 1). Mithin kommen als beiladungsfähige Personen in erster Linie Vertragspartner des zugangsregulierten Unternehmens sowie solche Telekommunikationsunternehmen in Betracht, die die Aufnahme von Vertragsbeziehungen konkret beabsichtigen. Dies gilt nicht nur im Hinblick auf die Gewährung von Netzzugang, sondern ebenso im Falle der Entgeltregulierung, denn Entgeltfragen berühren typischerweise wirtschaftliche Interessen des entgeltpflichtigen Vertragspartners.

Darüber hinaus ist mittlerweile anerkannt, dass grundsätzlich auch Verbraucher als beiladungsfähige Personen in Betracht kommen.[87] Dies mag angesichts

---

83 *Fademrecht/Fetzer,* in: Arndt/Fetzer/Scherer/Graulich, TKG, § 134 Rn. 43.

84 Zwar ist § 134 Abs. 2 Nr. 3 nicht als Kann-Vorschrift ausgestaltet, allerdings wird auch keine Beiladungspflicht geregelt (*Fademrecht/Fetzer,* in: Arndt/Fetzer/Scherer/Graulich, § 134 Rn. 45 ff., vgl. auch *Attendorn/Geppert,* in: Geppert/Schütz, BeckTKG-Komm, § 134 Rn. 36.

85 *Fademrecht/Fetzer,* in: Arndt/Fetzer/Scherer/Graulich, § 134 Rn. 34.

86 Im Ergebnis ebenso *Attendorn/Geppert,* in: Geppert/Schütz, BeckTKG-Komm, § 134 Rn. 36.

87 *Attendorn/Geppert,* in: Geppert/Schütz, BeckTKG-Komm, § 134 Rn. 34. Siehe dort auch zu weiteren Nachweisen.

des unternehmensbezogenen Zuschnitts des Streitbeilegungsverfahrens prima facie befremden. Allerdings dient das Instrument der Beiladung auch der Transparenz und Sachaufklärung. Letzteres erfordert eine breite Informationsbasis, wozu die Einbeziehung von Verbraucherzentralen, Verbraucherverbänden oder auch Verbrauchern durchaus beitragen kann.

### bb) Zur Klagebefugnis des Beigeladenen

Fraglich ist, unter welchen Voraussetzungen die Klagebefugnis von beigeladenen Personen oder Personenvereinigungen gegen Streitschlichtungsentscheidungen der Beschlusskammer anzunehmen ist.[88]

Grundsätzlich lässt sich die Klagebefugnis entweder unter Zugrundelegung der Schutznormlehre oder der Adressatentheorie begründen. Letzteres könnte unter dem Gesichtspunkt in Betracht kommen, dass der Beigeladene durch die Beiladung eine adressatenähnliche Stellung erlangt. Dementsprechend könnte eine aus seiner Sicht unrichtige Streitschlichtungsentscheidung ihn zumindest möglicherweise in seiner allgemeinen Handlungsfreiheit beschränken. Dies ist jedoch abzulehnen. In der Beiladung zum Streitschlichtungsverfahren liegt keine Aussage darüber, ob der Beigeladene, der mit einer Streitschlichtungsentscheidung unzufrieden ist, in materiell-rechtlicher Hinsicht beschwert ist. In der Regel wird dies nur für den notwendig Beigeladenen der Fall sein, da für ihn die Entscheidung auch in materiell-rechtlicher Hinsicht rechtsgestaltend wirkt.[89] Ein Fall der notwendigen Beiladung liegt vor, wenn ein Dritter derart an einem streitigen Rechtsverhältnis beteiligt ist, dass dessen Entscheidung auch ihm gegenüber nur einheitlich ergehen kann (vgl. § 65 Abs. 2 VwGO). Dagegen genügt für die einfache Beiladung beziehungsweise Hinzuziehung regelmäßig, dass die zu erwartende Entscheidung rechtliche Interessen berührt.[90] § 134 Abs. 2 Nr. 3 differenziert nicht zwischen notwendiger und einfacher Beiladung. Vielmehr genügt die Berührung eigener rechtlicher, ideeller oder wirtschaftlicher Interessen. Dementsprechend muss nicht jeder Beigeladene durch die

---

88 Hiervon zu unterscheiden ist die Frage des Rechtsschutzes im Falle einer fehlerhaft von der Beschlusskammer abgelehnten Beiladung. Siehe hierzu *Attendorn/Geppert*, in: Geppert/Schütz, BeckTKG-Komm, § 134 Rn. 38.

89 Nach § 65 Abs. 2 VwGO ist eine notwendige Beiladung anzunehmen, wenn durch die vom Kläger begehrte Sachentscheidung zwangsläufig und unmittelbar Rechte des Beizuladenden betroffen, d. h. gestaltet, bestätigt, festgestellt, verändert oder aufgehoben werden (Vgl. *Kopp/Schenke*, VwGO, § 65 Rn. 14).

90 Vgl. *Kopp/Ramsauer*, VwVfG, § 13 Rn. 35.

Streitschlichtungsentscheidung in eigenen Rechten betroffen sein. Mithin handelt es sich bei der Beiladung nach § 134 Abs. 2 Nr. 3 in erster Linie um eine verfahrensrechtliche Position. Dies genügt nicht, um generell die Klagebefugnis eines zum Streitschlichtungsverfahren Beigeladenen gegen eine aus seiner Sicht unrichtige Entscheidung der Beschlusskammer über die Adressatentheorie herzuleiten.

Vielmehr ist die Klagebefugnis des zum Streitschlichtungsverfahren Beigeladenen gegen eine aus seiner Sicht unrichtige Streitschlichtungsentscheidung nach Maßgabe der Schutznormlehre zu bestimmen. Maßgeblich ist, ob der Beigeladene durch die gerügte Entscheidung (zumindest möglicherweise) in seinen subjektiv-öffentlichen Rechten verletzt sein kann. Zu fragen ist daher, ob das materielle Entscheidungsprogramm der Streitbeilegungsentscheidung zumindest auch dem Schutz der Interessen des Beigeladenen dient. Da es sich bei § 133 Abs. 1 S. 1 um eine unselbstständige Norm handelt, ist auf die Norm abzustellen, auf die sich die BNetzA in der Sache zur Streitbeilegung stützt. Mithin kommt es entscheidend darauf an, ob sich hieraus subjektiv-öffentliche Rechte zugunsten des Beigeladenen ergeben.

#### cc) Keine Ausweitung durch Art. 20 RRL

Vorstehendes Ergebnis ist auch mit den europäischen Richtlinienvorgaben zu vereinbaren. Art. 20 RRL enthält keine Vorgaben für die Rechtsmittelbefugnis von Personen oder Personenvereinigungen, die zum Streitbeilegungsverfahren beigeladen worden sind. Die sektorspezifische Rechtsschutzgarantie kommt erst zum Tragen, wenn subjektive Rechte des Betroffenen verletzt sind. Dagegen begründet sie diese nicht. Mithin steht Art. 4 Abs. 1 RRL einem Auslegungsergebnis nicht entgegen, nach dem eine gerichtliche Überprüfung einer Streitschlichtungsentscheidung an das Erfordernis der Verletzung subjektiv-öffentlicher Rechte geknüpft ist. Hierin liegt auch keine Verletzung des Effektivitäts- oder des Äquivalenzgebotes. Die Schutznormlehre wird sowohl hinsichtlich nationaler Regelungen als auch solcher Regelungen angewendet, die der Umsetzung europäischer Vorgaben dienen. Mit dem Erfordernis der Klagebefugnis geht auch keine übermäßige Rechtsschutzerschwerung einher. Vielmehr sichert sie die Effektivität des Streitschlichtungsverfahrens. Dessen Zielsetzung liegt in der zügigen Konfliktlösung von telekommunikationsrechtlichen Streitigkeiten zwischen Unternehmen. Dabei ist zu berücksichtigen, dass zeitnaher Rechtsschutz ebenfalls zum Inhalt der Rechtsschutzgarantie gehört. Dies würde gefährdet, wenn Beigeladene, deren subjektive Rechtsstellung durch die Streitbeilegungsentscheidung nicht verändert wird, durch die Einlegung von Rechtsbehelfen, die

Umsetzung der unternehmensbezogenen Streitschlichtungsentscheidung hinaus zögern könnten.

## 2. Klagebefugnis nichtbeteiligter Personen

Zu untersuchen bleibt, wie es sich mit der Klagebefugnis von Personen verhält, die nicht am Streitbeilegungsverfahren im Sinne des § 134 Abs. 2 beteiligt waren. Denkbare Konstellation ist, dass sich ein Netzbetreiber oder Diensteanbieter, der weder Antragsteller noch Antragsgegner war und auch nicht zum Verfahren beigeladen wurde, sich durch die Streitbeilegungsentscheidung benachteiligt sieht und diese deswegen verwaltungsgerichtlich überprüfen lassen möchte. Dies kann nur Erfolg haben, soweit die Streitbeilegungsentscheidung geeignet ist, subjektiv-öffentliche Rechte des Nichtbeteiligten beziehungsweise Dritten zu verletzten. Mithin ist entscheidend, ob die entscheidungserhebliche Norm zumindest auch dem Schutz seiner Interessen zu dienen bestimmt ist.

Der persönliche Schutzbereich von § 133 Abs. 1 S. 1 erfasst Unternehmen, die öffentliche Telekommunikationsnetze betreiben oder Telekommunikationsdienste anbieten sowie andere Unternehmen, denen Zugangs- oder Zusammenschaltungsverpflichtungen zugutekommen. Der sachliche Schutzzweck ergibt sich nicht unmittelbar aus § 133 Abs. 1. Maßgeblich sind die telekommunikationsrechtlichen Verpflichtungen, die im Zusammenhang mit der beizulegenden Streitigkeit stehen (vgl. § 133 Abs. 1 S. 1). Diese bestimmen zugleich die Reichweite der materiell-rechtlichen Entscheidungsbefugnis der Beschlusskammer.[91] Mithin lässt sich der sachliche Schutzbereich des Streitbeilegungsverfahrens nicht abstrakt, sondern nur nach Maßgabe der mit der jeweiligen Streitigkeit in Zusammenhang stehenden telekommunikationsrechtlichen Normen bestimmen. Hinsichtlich dieser Normen ist zu prüfen, ob sie dem drittanfechtenden Unternehmen subjektiv-öffentliche Rechte verleihen. Mithin ist die Drittanfechtung einer Streitbeilegungsentscheidung durch nicht am Verfahren beteiligte Dritte nur soweit möglich, wie die mit der beigelegten Streitigkeit in Zusammenhang stehenden telekommunikationsrechtlichen Normen ihrerseits drittschützend sind.

Dieser Befund verstößt nicht gegen Unionsrecht. Die sektorspezifische Rechtsschutzgarantie des Art. 4 Abs. 1 RRL kommt erst dann zum Tragen, wenn nach dem Richtlinienpaket einklagbare Rechte im nationalen Umsetzungsrecht zu schaffen sind. Die Justiziabilität einer Streitbeilegungsentscheidung durch nicht am Verfahren beteiligte Dritte wird in der Rahmenrichtlinie jedoch nicht

91 Siehe oben Kapitel 4, § 8, II. Entscheidungsmaßstab und Bindungswirkung, S. 464 f.

geregelt. Mithin bleibt Raum für die Anwendung der allgemeinen verwaltungsgerichtlichen Grundsätze zum Drittschutz.[92]

## D. Bewertung

Festzuhalten ist, dass das Streitbeilegungsverfahren grundsätzlich auch für Dritte im Sinne dieser Untersuchung zur Durchsetzung von Begehren im Zusammenhang mit der Marktregulierung in Betracht kommen kann. Dieses Verfahren muss mit einer Streitigkeit aus oder aufgrund des TKG in Zusammenhang stehen. Dies schließt insbesondere die Regulierungsverpflichtungen nach Teil 2 des TKG ein. Mithin können Dritte im Sinne dieser Untersuchung Streitigkeiten im Zusammenhang mit Regulierungsverpflichtungen zusätzlich zum gerichtlichen Rechtsschutz in einem behördlichen Verfahren geltend machen, das überwiegend gerichtsähnlich ausgestaltet ist. Weiter ist für den Rechtsschutzsuchenden die gesetzlich vorgesehene Entscheidungsfrist positiv hervorzuheben.

Im Unterschied zur verwaltungsgerichtlichen Durchsetzung der Marktregulierungsverpflichtungen ist die Anrufung der BNetzA zur Streitbeilegung – im behördlichen Verfahren – nicht an die Verletzung subjektiv-öffentlicher Rechte gebunden. Ausreichend und erforderlich ist lediglich, dass zwischen den originären Beteiligten des Streitbeilegungsverfahrens Verhandlungen gescheitert sind. Mithin ist der Rechtsschutz im Rahmen des Streitbeilegungsverfahrens im Ergebnis situationsbezogen.

Indes ist zu beachten, dass das Streitbeilegungsverfahren nicht der Prüfung der Rechtmäßigkeit einer Regulierungsverpflichtung dienen kann. Dies ist im Rahmen etwaiger verwaltungsgerichtlicher Rechtsbehelfe zur Prüfung zu stellen. Daher kann insbesondere die Rechtmäßigkeit der Festlegungen zu Marktdefinition und -analyse nicht im Streitbeilegungsverfahren geprüft werden. Insofern eröffnet auch das Streitbeilegungsverfahren keinen Rechtsbehelf bezüglich der Festlegungen zu Marktdefinition und -analyse.

Hinsichtlich der gerichtlichen Überprüfung einer Streitbeilegungsentscheidung ist festzuhalten, dass die originären Verfahrensbeteiligten – das heißt Antragsteller und Antragsgegner – ohne weiteres klagebefugt sind. Dies gebietet die privatrechtsgestaltende Wirkung der Streitschlichtungsentscheidung. Hingegen dürften andere Personen – Beigeladene sowie nicht beigeladene

---

92 Hinsichtlich der Vereinbarkeit mit dem Äquivalenz- und Effektivitätsgebot gelten die obigen Ausführungen entsprechend, Kapitel 4, § 8, cc) Keine Ausweitung durch Art. 20 RRL, S. 474.

Personen – die Streitschlichtungsentscheidung nur gerichtlich angreifen können, soweit sie durch diese in subjektiv-öffentlichen Rechten verletzt sein können.

## § 9 Zum Rechtsschutz im Rahmen des telekommunikationsrechtlichen Schadensersatz-, Unterlassungs- und Beseitigungsanspruches

Bislang sind die sektorspezifischen Rechtsschutzmöglichkeiten Dritter im Rahmen des mehrpoligen Marktregulierungsverhältnisses untersucht worden. Insbesondere im Rahmen der Zugangsregulierung geht es dabei um die Rechtsbeziehungen zwischen der BNetzA und dem regulierten Unternehmen sowie Zugangsnachfragern. Den Impetus dieses mehrpoligen Beziehungsmodells begründen letztlich die gegenläufigen beziehungsweise wechselbezüglichen Interessen des regulierten Unternehmens sowie der Zugangsnachfrager.[93] Diese streben typischerweise die Teilnahme am Telekommunikationsmarkt zu gleichen Bedingungen an. Der sektorspezifische Schadensersatz-, Unterlassungs- und Beseitigungsanspruch nach § 44 ist auf deren bipolare Beziehung zugeschnitten.

Vor diesem Hintergrund ist zu untersuchen, ob und gegebenenfalls inwieweit § 44 als Ergänzung zum verwaltungsgerichtlichen Drittschutz in Marktregulierungsverhältnissen in Betracht kommen kann. Hierzu gilt es insbesondere die Tatbestandsvoraussetzungen sowie Rechtsfolgen von § 44 Abs. 1zu untersuchen.

### A. Genese und systematische Einordung

Die Ansprüche nach § 44 Abs. 1 sind privatrechtlicher Natur. Gemeinhin ist ein dem Regime des Privatrechts unterfallender Anspruch anzunehmen, wenn eine Person des Privatrechts von einer anderen ein Tun oder Unterlassen verlangen kann (vgl. § 194 BGB) und die maßgebliche Anspruchsgrundlage keinen Hoheitsträger berechtigt oder verpflichtet. Dies ist bei § 44 der Fall.[94] Bereits dessen Wortlaut bezieht sich eindeutig auf die Beziehungen zwischen einem Unternehmen, das gegen Regelungen beziehungsweise Anordnungen aufgrund des TKG verstößt und dem „*Betroffenen*". Weiter wird ausdrücklich von einem „*Anspruch*" gesprochen (§ 44 Abs. 1 S. 1). Teilweise wird sogar angenommen, dass die privatrechtlichen Ansprüche nach § 44 die Betroffenen in die Lage

---

93 Hiervon abgesehen ist die BNetzA wegen des Grundsatzes der Gesetzesbindung der Verwaltung (Art. 20 Abs. 3 GG) selbstredend zur Einhaltung von Recht und Gesetz verpflichtet. Dementsprechend kann ein multipolares Verwaltungsrechtsverhältnis auch dadurch entstehen, dass die BNetzA aus eigenem Antrieb zur Einhaltung der Regulierungsziele des § 2 Maßnahmen gegenüber dem Adressaten ergreift.

94 *Ditscheid/Rudloff*, in: Geppert/Attendorn, BeckTKG-Komm, § 44 Rn. 2; vgl. *Scholz*, in: Arndt/Fetzer/Scherer/Graulich, TKG, § 44 Rn. 3

versetzen, unabhängig von der BNetzA die Einhaltung telekommunikationsrechtlicher Vorschriften durchsetzen zu können.[95]

Der sektorspezifische Schadensersatz-, Beseitigungs- und Unterlassungsanspruch ist nicht primär durch unionsrechtliche Richtlinien determiniert, sondern orientiert sich eher – wie unten noch ausgeführt wird – an wettbewerbsrechtlichen Grundsätzen. Der Richtlinienrahmen fordert nicht die Einräumung eines speziellen Schadensersatz-, Beseitigungs- und Unterlassungsanspruches. Gleichwohl wird teilweise angenommen, dass die Inhalte von § 44 unter dem Aspekt des Kundenschutzes in Art. 8 RRL sowie in Art. 17 URL wiederzufinden seien.[96] Die Gesetzgebungsmaterialien bestätigen dies jedoch nicht. In Art. 8 RRL werden vorranging die Regulierungsziele sowie in Art. 17 URL Regulierungsmaßnahmen in Bezug auf Endnutzerdienste geregelt. Diese allgemeinen Vorgaben verlangen zwar keinen sektorspezifischen Schadensersatz- und Unterlassungsanspruch, allerdings stehen sie einem solchen auch nicht entgegen.[97]

Nach den Gesetzgebungsmaterialien wurde mit § 44 die Regelung des § 40 TKG 1996 fortgeschrieben.[98] Strukturell ähnelt der sektorspezifische Schadensersatz- und Unterlassungsanspruch sowohl der allgemeinen Regelung nach § 33 GWB als auch der sektorspezifischen Regelung des § 32 EnWG. Dementsprechend kann gegebenenfalls im Rahmen der systematischen Auslegung auf diese Vorbilder zurückzugreifen sein.

## B. Zum Beseitigungs- und Unterlassungsanspruch

Zu untersuchen ist der Anwendungsbereich des sektorspezifischen Beseitigungs- und Unterlassungsanspruchs. Dieser bestimmt sich maßgeblich durch die Tatbestandsvoraussetzungen des § 44 Abs. 1.

### I. Voraussetzungen des Beseitigungsanspruches

Die gemeinsamen Tatbestandsvoraussetzungen von § 44 Abs. 1, die sowohl für den Beseitigungs-, den Unterlassungs- sowie den Schadensersatzanspruch

95 *Scholz*, in: Arndt/Fetzer/Scherer/Graulich, TKG, § 44 Rn. 3.

96 Vgl. *Scholz*, in: Arndt/Fetzer/Scherer/Graulich, TKG, § 44 Rn. 1.

97 Im Rahmen der Auslegung von § 44 dürften die oben genannten Richtlinienbestimmungen daher eher von nachrangiger Bedeutung sein.

98 BT-Drucks. 15/2316, S. 72. Die Vorgängerregelung wird teilweise als redundant eingestuft, da sie sich mit allgemeinen zivilrechtlichen Schadensersatz- und Unterlassungsansprüchen decke (vgl. *Ditscheid/Rudloff*, in: Geppert/Attendorn, BeckTKG-Komm, § 44 Rn. 1).

gelten, werden nachfolgend anhand des Beseitigungsanspruches dargestellt. Letzterer verlangt, dass ein Unternehmen gegen das TKG, eine aufgrund des TKG erlassene Rechtsverordnung, eine Zuteilungsverpflichtung oder gegen eine Verfügung der Bundesnetzagentur verstößt. In diesem Fall ist das Unternehmen, das eine solche Zuwiderhandlung vornimmt, dem Betroffenen gegenüber zur Beseitigung verpflichtet (§ 44 Abs. 1 S. 1, 1. Alt.).

### 1. Anspruchsgegner

Anspruchsgegner beziehungsweise Schuldner ist das „*Unternehmen*", das eine Zuwiderhandlung im Sinne des § 44 Abs. 1 S. 1 vornimmt. Nach der Legaldefinition in § 3 Nr. 29 ist hierunter das Unternehmen selbst sowie die mit ihm im Sinne des Wettbewerbsrechts verbundenen Unternehmen zu verstehen.[99] Durch die Bezugnahme auf das GWB wird der Unternehmensbegriff insbesondere auf abhängige oder herrschende Unternehmen im Sinne von § 17 AktG oder Konzernunternehmen im Sinne von § 18 AktG ausgedehnt. Damit kommt es auf die gesellschaftsrechtliche Form nicht an.[100] Vielmehr ist der Unternehmensbegriff rechtsformneutral. Hintergrund dieses weiten Begriffsverständnisses ist, dass ein Unternehmen nicht durch die Konzernstrukturierung, namentlich durch die Gründung von Tochtergesellschaften, die Pflichten nach dem TKG umgehen können soll.[101] Mithin ist der Kreis der Normverpflichteten größer als derjenige der Vorgängernorm des § 40 TKG 1996. Dieser war auf Anbieter von Telekommunikationsdienstleistungen für die Öffentlichkeit beschränkt.[102]

Weiter wird gefordert, dass Adressaten ausschließlich Unternehmen sein sollen, deren persönliche Tätigkeit zumindest in Teilen dem TKG unterfällt.[103] Letzteres erschließt sich de lege lata daraus, dass § 44 Abs. 1 S. 1 im Wege eines

---

99 Gemeint sind die § 36 Abs. 2 sowie § 37 Abs. 1 und 2 GWB (*Ditscheid/Rudloff*, in: Geppert/Schütz, BeckTKG-Komm, § 44 Rn. 12).

100 *Scholz*, in: Arndt/Fetzer/Scherer/Graulich, TKG, § 44 Rn. 9, siehe dort auch zum folgenden Satz.

101 *Fetzer*, in: Arndt/Fetzer/Scherer/Graulich, TKG, § 3 Rn. 111.

102 § 40 TKG 1996 lautete: „*Ein Anbieter von Telekommunikationsdienstleistungen für die Öffentlichkeit, der vorsätzlich oder fahrlässig gegen dieses Gesetz, gegen eine auf Grund dieses Gesetzes erlassene Rechtsverordnung oder gegen eine auf Grund dieses Gesetzes in der Lizenz festgelegte Verpflichtung oder eine Anordnung der Regulierungsbehörde verstößt, ist, sofern die Vorschrift oder die Verpflichtung den Schutz eines Nutzers bezweckt, diesem zum Ersatz des aus dem Verstoß entstandenen Schadens verpflichtet. Er kann von diesem auch auf Unterlassung in Anspruch genommen werden.*"

103 *Ditscheid/Rudloff*, in: Geppert/Schütz, BeckTKG-Komm, § 44 Rn. 12 und 13.

Relativsatzes eine Zuwiderhandlung gegen Normen oder Entscheidungen aufgrund des TKG voraussetzt. Hiervon ausgehend können nur Tätigkeiten eines Unternehmens gemeint sein, die vom Anwendungsbereich des TKG erfasst werden. Dies ist regelmäßig anzunehmen, wenn entweder gewerblich öffentliche Telekommunikationsnetze betrieben oder gewerblich öffentlich zugängliche Telekommunikationsdienste erbracht werden.[104] Ein entsprechender Befund ergibt sich, wenn man den kartellrechtlichen Unternehmensbegriff heranzieht. Hiernach kennzeichnet ein Unternehmen insbesondere die aktive Teilnahme am Wirtschaftsleben.[105] Dies ist der Fall, wenn Leistungen am Markt angeboten oder nachgefragt werden.

Mithin sind taugliche Normadressaten Unternehmen, die am Wirtschaftsleben auf Märkten im Sinne des TKG agieren und gegen Normen oder Entscheidungen aufgrund des TKG zuwiderhandeln. Hiervon ausgehend kann § 44 Sachverhalte erfassen, in denen marktmächtige Netzbetreiber oder Anbieter von Telekommunikationsdiensten gegen Marktregulierungsverpflichtungen nach Teil 2 des TKG verstoßen.

### 2. Anspruchsinhaber

Anspruchsinhaber beziehungsweise Gläubiger des Beseitigungsanspruches sind durch die Zuwiderhandlung gegen das TKG „*Betroffene*" (§ 44 Abs. 1 S. 1). Nach § 44 Abs. 1 S. 3 ist hierunter jeder Wettbewerber oder Endverbraucher zu verstehen, der durch den Verstoß beeinträchtigt ist.

#### a) Endverbraucher

Der Begriff des *Endverbrauchers* im Sinne des § 44 Abs. 1 S. 3 wird im TKG nicht definiert. In der Literatur ist davon die Rede, dass zwischen diesem Begriff und der Endnutzerdefinition kein qualitativer Unterschied bestehe.[106]

Endnutzer im Sinne des § 3 Nr. 8 ist ein Nutzer, der weder öffentliche Telekommuikationsnetze betreibt noch öffentlich zugängliche Telekommunikationsdienste erbringt. Nutzer wiederum ist jede natürliche oder juristische Person, die einen öffentlich zugänglichen Telekommunikationsdienst für private oder geschäftliche Zwecke in Anspruch nimmt oder beantragt, ohne notwendigerweise

104 Vgl. § 6 Abs. 1 zur telekommunikationsrechtlichen Meldepflicht.

105 Wobei eine funktionale Betrachtungsweise geboten ist (*Scholz*, in: Arndt/Fetzer/Scherer/Graulich, TKG, § 44 Rn. 9). Siehe dort auch zum folgenden Satz.

106 *Ditscheid/Rudloff*, in: Geppert/Schütz, BeckTKG-Komm, § 44 Rn. 16; *Scholz*, in: Arndt/Fetzer/Scherer/Graulich, TKG, § 44 Rn. 11.

Teilnehmer zu sein (§ 3 Nr. 14). Einen Teilnehmer kennzeichnet die Eigenschaft, mit einem Anbieter von öffentlich zugänglichen Telekommunikationsdiensten einen Vertrag über die Erbringung derartiger Dienste geschlossen zu haben.[107] Mithin trifft die Kurzbeschreibung des Endverbrauchers als Kunde in der Sache zu. Maßgeblich für die Eigenschaft als Endverbraucher im Sinne des § 44 Abs. 1 S. 3 ist, dass weder öffentliche Telekommuikationsnetze betrieben noch öffentlich zugängliche Telekommunikationsdienste angeboten werden. Das heißt, Endverbraucher ist nicht nur der private Endkunde, sondern kann auch ein Unternehmen sein, das Telekommunikationsdienste in Anspruch nimmt, ohne selbst geschäftsmäßig solche Dienste zu erbringen[108] oder öffentlich zugängliche Telekommunikationsnetze zu betreiben.

Einen vergleichbaren Befund ergibt ein Seitenblick in den unionalen Richtlinienrahmen. Endnutzer im Sinne der Rahmenrichtlinie ist ein Nutzer, der keine öffentlichen Kommunikationsnetze betreibt oder öffentlich zugängliche elektronische Kommunikationsdienste bereitstellt.[109] Lediglich der Begriff des Verbrauchers – welcher im TKG nicht legaldefiniert ist – wird in der Rahmenrichtlinie enger definiert als jede natürliche Person, die einen öffentlichen zugänglichen elektronischen Kommunikationsdienst zu anderen als gewerblichen oder beruflichen Zwecken nutzt oder beantragt. Diese Definition scheint ausschließlich auf private Verbraucher zugeschnitten zu sein. Gleichwohl steht dies dem weiteren Verständnis des Endverbrauchers im Sinne des § 44 Abs. 1 S. 3 bereits deshalb nicht entgegen, weil der Richtlinienrahmen keinen telekommunikationsspezifischen Unterlassungs- oder Schadensersatzanspruch fordert.

### b) Wettbewerber

Der Begriff des *Wettbewerbes* im Sinne des § 44 Abs. 1 S. 3 wird zwar weder im TKG noch im Richtlinienrahmen positiv definiert. Gleichwohl ergibt sich in Abgrenzung zum ebenfalls in § 44 Abs. 1 S. 3 genannten Endverbraucher, dass eine gewerbliche Tätigkeit zu fordern ist.[110]

---

107 Siehe Legaldefinition nach § 3 Nr. 20.

108 Geschäftsmäßiges Erbringen von Telekommunikationsdiensten ist das „*nachhaltige Angebot von Telekommunikation für Dritte mit oder ohne Gewinnerzielungsabsicht*" (vgl. § 3 Nr. 10).

109 Siehe Art. 2 lit. n) RRL. Nutzer im Sinne von Art. 2 lit. h) wiederum ist, „*jede natürliche Person, die einen öffentlich zugänglichen elektronischen Kommunikationsdienst in Anspruch nimmt oder beantragt.*"

110 Zum Begriff des *Endverbrauchers* im Sinne von § 44 Abs. 1 S. 3 siehe unter Kapitel 4, § 9, a) Endverbraucher, S. 481.

Nach allgemeinem Verständnis ist unter einem Wettbewerber eine Person zu verstehen, die mit jemand anderem in Wettbewerb steht. Dies wiederum ist der Fall, wenn mehrere Personen mit derselben Zielsetzung danach streben die beste Leistung zu erzielen. Hieraus folgt, dass unter Wettbewerbern im Sinne von § 44 Abs. 1 S. 3 – gleichsam im Sinne eines kleinsten gemeinsamen Nenners – gewerblich tätige Personen zu verstehen sind, die mit dem Unternehmen in Wettbewerb stehen, das im Sinne von § 44 Abs. 1 S. 1 gegen das TKG verstößt. Bei solchen Unternehmen handelt es sich um Betreiber öffentlich zugänglicher Telekommunikationsnetze oder Anbieter öffentlich zugänglicher Telekommunikationsdienste (vgl. § 6 Abs. 1 S. 1).

### aa) Rechtsprechung und Literatur

In der Kommentarliteratur wird vertreten, dass Wettbewerber im Sinne von § 44 Abs. 1 S. 3 Unternehmen sein können, die selbst Telekommunikationsdienstleistungen anbieten.[111] Hierunter sind Unternehmen zu verstehen, die zumindest teilweise geschäftsmäßig Telekommunikationsdienste erbringen oder an der Erbringung solcher Dienste mitwirken (vgl. § 3 Nr. 6). Gleichwohl soll der Begriff des *Wettbewerbes* im Sinne des § 44 Abs. 1 S. 3 nicht auf Diensteanbieter im Sinne von § 3 Nr. 6 beschränkt sein, sondern jedes Unternehmen erfassen, das Telekommunikationsdienste gleich welcher Art erbringt, *sofern dieses durch die verletzte Vorschrift betroffen ist*".[112] Hierzu zählen beispielsweise auch Reseller oder Wiederverkäufer anderer Telekommunikationsleistungen wie beispielsweise Nummernprovider.[113] Dies spricht dafür, dass es für die Definition des Wettbewerbers wesentlich auf dessen faktische Betroffenheit ankommt.

Daher sei für die Qualifikation als Wettbewerber erforderlich und ausreichend, dass es sich um einen Mitbewerber handele, der gewerbliche Telekommunikationsdienste gleicher oder verwandter Art vertreibe.[114] Dabei sei die Zugehörigkeit zur gleichen horizontalen Wirtschaftsstufe wie im Wettbewerbsrecht unerheblich.[115] Ausreichend sei vielmehr bereits ein abstraktes

111 *Ditscheid/Rudloff*, in: Geppert/Schütz, BeckTKG-Komm, § 44 Rn. 18, siehe dort auch zum folgenden Satz.

112 Siehe *Ditscheid/Rudloff*, in: Geppert/Schütz, BeckTKG-Komm, § 44 Rn. 18 und 20.

113 *Ditscheid/Rudloff*, in: Geppert/Schütz, BeckTKG-Komm, § 44 Rn. 20.

114 *Ditscheid/Rudloff*, in: Geppert/Schütz, BeckTKG-Komm, § 44, Rn. 19, vgl. dort auch zum folgenden Satz.

115 Anders wohl *Scholz*, in: Arndt/Fetzer/Scherer/Graulich, TKG, § 44 Rn. 13, der ein Wettbewerbsverhältnis auf demselben sachlich relevanten Markt fordert.

Wettbewerbsverhältnis zum Schuldner des Anspruchs aus § 44 Abs. 1 S. 1.[116] Gleichwohl soll dieses weite Verständnis im Ergebnis unter dem Tatbestandsmerkmal der Beeinträchtigung dahingehend eingeschränkt werden, dass diese praktisch wahrscheinlich und für den Wettbewerber nicht wirtschaftlich völlig unbedeutend sein solle. Beispielsweise sei für ein Unternehmen, das ausschließlich in einer bestimmten Region Telekommunikationsdienste erbringt, im Hinblick auf einen Anbieter, der einen gänzlich anderen räumlichen Einzugsbereich bedient, keine Wettberwerbseigenschaft im Sinne von § 44 anzunehmen.

Ob der Begriff des *Wettbewerbers* im Sinne von § 44 Abs. 1 S. 3 ein konkretes Wettbewerbsverhältnis erfordert, wird in der Rechtsprechung offen gelassen.[117] Ein solches Erfordernis lasse sich dem TKG nicht ausdrücklich entnehmen. Gleichwohl spreche nach Würdigung des *Landgerichts München I* einiges dafür, den Begriff des Wettbewerbers in § 44 Abs. 1 S. 3 weit auszulegen, da eine Eingrenzung durch das Tatbestandsmerkmal der Beeinträchtigung erfolgen könne.

### bb) Betroffene im Sinne von § 33 GWB und § 32 EnWG

Ausweislich der Gesetzgebungsmaterialien soll der Kreis der Anspruchsberechtigten im Sinne von § 44 Abs. 3 S. 3 entsprechend demjenigen des novellierten GWB beziehungsweise UWG zu präzisieren sein.[118] Nach der Legaldefinition in § 33 Abs. 3 GWB ist betroffen, wer als Mitbewerber oder sonstiger Marktteilnehmer durch den Verstoß beeinträchtigt ist. Hierzu finden sich im GWB zwar keine Legaldefinitionen, allerdings werden sie in der Literatur in Anlehnung an die Definitionen in § 2 Abs. 2 Nr. 2 und 3 UWG erläutert.[119]

Unter *Mitbewerbern* versteht das UWG solche Unternehmen, die mit einem oder mehreren Unternehmen als Anbieter oder Nachfrager von Waren oder Dienstleistungen in einem konkreten Wettbewerbsverhältnis stehen (2 Abs. 1

116 *Ditscheid/Rudloff*, in: Geppert/Schütz, BeckTKG-Komm, § 44, Rn. 19, siehe dort auch zu den folgenden Sätzen.

117 *LG München I*, Urt. v. 13.09.2005 – 33 O 4097/05 – MMR 2006, 564 (565), siehe dort auch zu den folgenden Sätzen. Das *Landgericht München* konnte die Frage, ob der Begriff des Wettbewerbers im Sinne von § 44 Abs. 1 S. 3 ein konkretes Wettbewerbsverhältnis erfordere deswegen offenlassen, weil es im Ergebnis ein solches bejahte. Für die Annahme eines konkreten Wettbewerbsverhältnisses müssen die Beteiligten nicht der gleichen Wirtschafts- oder Handelsstufe angehören, sodass ein solches auch zwischen Hersteller und Vertreiber angenommen werden könne. Dies wurde im zu entscheidenden Fall vom *Landgericht München I* bejaht.

118 BT-Durcks. 15/2316, S. 72.

119 Vgl. *Emmerich*, in: Immenga/Mestmäcker, Wettbewerbsrecht Bd. 2, § 33 Rn. 12.

Nr. 3 UWG).[120] Dieses Verständnis wird durchaus auf den Begriff des Mitbewerbers in § 33 Abs. 1 S. 3 GWB übertragen. Daher sei Mitbewerber im Sinne des GWB jedes Unternehmen, das mit den an dem Rechtsverstoß beteiligten Unternehmen auf einem räumlich und sachlich relevanten Markt tatsächlich in Wettbewerb stehe. Hingegen sei unerheblich, ob die Unternehmen verschiedenen Branchen oder Wirtschaftsstufen angehören.

Den Mitbewerbern stellt das Gesetz in § 33 Abs. 3 GWB die sonstigen Marktbeteiligten gegenüber. Das UWG verwendet zwar nicht den Begriff des *Marktbeteiligten.* Gleichwohl versteht das UWG unter Marktteilnehmern alle Personen, die *„neben den Mitbewerbern und den Verbrauchern, … als Anbieter oder Nachfrager von Waren oder Dienstleistungen tätig sind*".[121] Hierbei dürfte es sich um einen Auffangbegriff handeln. Gemeint sind alle anderen Unternehmen im Einflussbereich der an einem Kartellrechtsverstoß beteiligten Unternehmen sowie alle Verbraucher.[122] Mithin jedermann, sofern er in seiner Eigenschaft als Akteur am Markt durch den Kartellverstoß betroffen ist. Im Kern dürfte dieser Begriff mit demjenigen des sonstigen Marktbeteiligten im Sinne des § 33 Abs. 3 GWB gleichzusetzen sein.

Keinen ergiebigen Rückschluss bietet § 32 Abs. 1 S. 1 EnWG, welcher auf eine Legaldefinition des *„Betroffenen"* als Gläubiger des Beseitigungs- und Unterlassungsanspruchs verzichtet. Gleichwohl wird klargestellt, dass die Vorschriften, gegen die der Anspruchsschuldner verstößt, auch dann dem Schutz anderer Marktbeteiligter dienen, wenn sich der Gesetzesverstoß nicht gezielt gegen sie richtet.[123]

#### cc) Stellungnahme

Zwar wird der Wettbewerberbegriff in GWB, UWG oder EnWG nicht legaldefiniert, allerdings finden sich hier ähnliche Begriffe wie *Mitbewerber* oder *sonstige Marktbeteiligte*. Gemeinsam ist diesen Begrifflichkeiten, dass sie ein eher weites Verständnis zugrundelegen. Davon ausgehend, dass es sich bei den Vorschriften zur telekommunikationsrechtlichen Marktregulierung um sektorspezifisches Wettbewerbsrecht handelt, dürften die wettbewerbsrechtlichen Begriffe

---

120 *Emmerich*, in: Immenga/Mestmäcker, Wettbewersrecht Bd. 2, § 33 Rn. 13 ff., siehe dort auch zu den folgenden Sätzen.

121 Siehe § 2 Abs. 2 Nr. 2 UWG.

122 Vgl. *Emmerich*, in: Immenga/Mestmäcker, Wettbewerbsrecht Bd. 2, § 33 Rn. 14, vgl. dort auch zu den folgenden Sätzen.

123 Siehe § 32 Abs. 1 S. 3 EnWG.

*Mitbewerber* sowie *sonstige Marktteilnehmer* auch zur Erläuterung des Wettbewerberbegriffs im Sinne des § 44 Abs. 1 S. 3 heranzuziehen sein. Mithin können unter Wettbewerbern im Sinne des § 44 Abs.1 S. 3 zunächst solche Unternehmen verstanden werden, die mit dem Anspruchsschuldner in einem Wettbewerbsverhältnis stehen. Dies ist im Sinne des GWB der Fall, wenn Unternehmen auf demselben sachlich relevanten Markt tätig sind oder für die eine solche Tätigkeit auf demselben Markt kaufmännisch sinnvoll wäre.[124]

Zwar verlangt § 44 Abs. 1 S. 3 nicht ausdrücklich, dass der Wettbewerber aus dem Kreis der nach § 6 Abs. 1 gemeldeten Unternehmen stammt. Gleichwohl dürfte dies rein faktisch der Fall sein. Als Anspruchsschuldner nach § 44 Abs. 1 S. 3 kommen die Unternehmen in Betracht, die im Sinne von § 6 Abs. 1 entweder als Anbieter öffentlich zugänglicher Telekommunikationsdienstleistungen oder als Betreiber eines öffentlich zugänglichen Telekommunikationsnetzes tätig sind. Vereinfacht ausgedrückt erfordert die Annahme eines Wettbewerbsverhältnisses, dass dieselben Leistungen durch mehrere Personen angeboten beziehungsweise nachgefragt werden. Im Regelungsbereich des TKG sind dies entweder Anbieter öffentlich zugänglicher Telekommunikationsdienste oder Betreiber öffentlich zugänglicher Telekommunikationsnetze. Mithin wird ein Wettbewerber naturgemäß aus dem Kreis der nach § 6 Abs. 1 meldepflichtigen Unternehmen stammen.

Für ein weites Begriffsverständnis spricht auch die Normstruktur des § 44. Dieser stellt im Gegensatz zu § 1004 Abs. 1 BGB nicht auf den Schutz eines konkreten Rechtsgutes ab. Entscheidend ist vielmehr, dass jemand durch den Gesetzesverstoß des Anspruchsschuldners betroffen ist. Mithin kommt es in erster Linie auf eine situationsabhängige Betroffenheit an, weswegen sich der Kreis der geschützten Wettbewerber auch nur situationsbezogen ermitteln lässt.

### 3. Zuwiderhandlung im Sinne von § 44 Abs. 1 TKG

Voraussetzung des Beseitigungsanspruches – sowie auch des Unterlassungs- und des Schadensersatzanspruches – ist, dass dem Anspruchsschuldner ein Verstoß im Sinne des § 44 Abs. 1 S. 1 zur Last fällt. Mit Blick auf die Wettbewerber des Anspruchsschuldners fragt es sich, welche Verstöße gegen das TKG beziehungsweise Verfügungen der BNetzA zur Berufung auf § 44 geltend gemacht werden können.[125]

---

124 *Scholz*, in Arndt/Fetzer/Scherer/Graulich, TKG, § 44 Rn. 13.

125 Im Lichte des Untersuchungsgegenstandes konzentriert sich die nachstehende Bearbeitung auf die Perspektive der Wettbewerber des Anspruchsschuldners.

### a) Grundsätze

Für den Beseitigungsanspruch nach § 44 Abs. 1 S. 1 ist erforderlich, dass der Anspruchsschuldner gegen das TKG, eine aufgrund dessen erlassene Rechtsverordnung[126], eine auf Grund des TKG auferlegte Zuteilungsverpflichtung[127] oder eine Verfügung der BNetzA verstößt. Unter Verstoß im Sinne dieser Regelung ist jedes Tun oder Unterlassen zu verstehen, dass einem Gebot oder Verbot des TKG oder einem Verwaltungsakt widerspricht, der auf Grundlage des TKG erlassen worden ist.[128] Der Verfügungsbegriff wird zwar nicht weiter definiert. Gleichwohl erfasst § 44 Abs. 1 S. 1 grundsätzlich alle Verpflichtungen zur Marktregulierung nach Teil 2 des TKG. Bei den einzelnen Verpflichtungstatbeständen der Zugangs- und Entgeltregulierung handelt es sich jeweils um Verwaltungsakte, die von der BNetzA beziehungsweise ihrer jeweiligen Beschlusskammer erlassen werden.[129]

### b) Schutzzweck der Gesetzesverletzung

Fraglich ist, ob die Regelungen beziehungsweise Verfügungen, gegen die der Anspruchsschuldner verstößt, zumindest auch dem Schutz des Betroffenen dienen müssen. Bejahendesfalls könnte hiermit eine Einschränkung der relevanten Rechtsverstöße im Sinne von § 44 Abs. 1 S. 1 einhergehen. Hierfür lässt sich die Überlegung anführen, dass es sich bei § 44 Abs. 1 S. 1 um eine unselbstständige Norm handelt, da auf die Verletzung von Normen beziehungsweise Verfügungen der BNetzA Bezug genommen wird. Deren Verletzung gehört zum Tatbestand des Beseitigungsanspruches. Daher könnte jeweils hinsichtlich der konkret verletzten Norm beziehungsweise Verfügung der BNetzA zu fragen sein, ob diese auch dem Schutz des Betroffenen im Sinne des § 44 Abs. 1 dient. Auf diese Weise wäre inzident eine Schutzzweckprüfung vorzunehmen.

Dagegen geht die Literatur nicht davon aus, dass die verletzte Norm Schutzgesetzqualität aufweisen müsse.[130] Entscheidend sei vielmehr *„der blanke Verstoß gegen die Norm“*.[131]

---

126 Als eine aufgrund des TKG erlassene Rechtsverordnung kommt beispielsweise die Ermächtigung nach § 41a hinsichtlich des Erlasses von Verordnungen zur Regelung der Netzneutralität in Betracht.

127 Hierunter sind Maßnahmen nach Teil 5 zur Vergabe von Frequenzen, Nummern und Wegerechten zu verstehen.

128 *Scholz*, in Arndt/Fetzer/Scherer/Graulich, TKG, § 44 Rn. 17.

129 Vgl. § 132 Abs. 2 S. 1.

130 *Scholz*, in Arndt/Fetzer/Scherer/Graulich, TKG, § 44 Rn. 27.

131 *Sodtalbers*, in. Spindler/Schuster, Recht der elektronischen Medien, Teil 11, § 44 Rn. 5.

Der Wortlaut des § 44 Abs. 1 S. 1 trifft keine Aussage dazu, ob die Regelung oder die Verfügung gegen die verstoßen wird, dem Schutz des Betroffenen dienen muss. Gleiches trifft auf die Gesetzgebungsmaterialien zur Novelle von 2004 zu. Mit Blick auf die Historie von § 44 ergibt sich jedoch, dass dessen Vorgängernorm noch ausdrücklich vorsah, dass *„die Vorschrift oder die Verpflichtung den Schutz eines Nutzers bezweckt“*[132]. De lege lata wird dies nicht mehr gefordert. Hieraus lässt sich im Umkehrschluss folgern, dass die verletzte Norm beziehungsweise Verfügung nicht drittschützender Natur sein muss.

Dieser Befund steht auch nicht im Widerspruch zu dem allgemeinen Grundsatz des Deliktsrechts, das über die Anspruchsberechtigung des Geschädigten im Ergebnis der Schutzzweck der verletzten Norm mitentscheidet.[133] Dieser Gesichtspunkt ist regelmäßig erst im Rahmen der haftungsbegründenden Kausalität zu hinterfragen[134] und entscheidet daher nicht über die vorgeschaltete Frage, ob überhaupt ein Schutzgesetz erforderlich ist.

Festzuhalten ist, dass es im Rahmen des Beseitigungsanspruches nach § 44 Abs. 1 S. 1 nicht erforderlich ist, dass es sich bei der verletzten Norm beziehungsweise Verfügung um ein Schutzgesetz handelt.

### c) Folgerungen für die Regelungen der Marktregulierung nach Teil 2 des TKG

Hinsichtlich der Regelungen zur Marktregulierung folgt aus dem Vorstehenden zunächst der Grundsatz, dass Verstöße gegen alle gesetzesunmittelbaren Verpflichtungen – wie beispielsweise § 16 – oder gegen Verfügungen der BNetzA zur Marktregulierung – wie beispielsweise eine im Wege der Regulierungsverfügung auferlegte Zugangsverpflichtung – einen Beseitigungsanspruch nach § 44 Abs. 1 S. 1 zu begründen vermögen. Gleiches wird für Verfügungen im Rahmen

---

132 Siehe § 40 TKG 1996: *„Ein Anbieter von Telekommunikationsdienstleistungen für die Öffentlichkeit, der vorsätzlich oder fahrlässig gegen dieses Gesetz, gegen eine auf Grund dieses Gesetzes erlassene Rechtsverordnung oder gegen eine auf Grund dieses Gesetzes in der Lizenz festgelegte Verpflichtung oder eine Anordnung der Regulierungsbehörde verstößt, ist, sofern die Vorschrift oder die Verpflichtung den Schutz eines Nutzers bezweckt, diesem zum Ersatz des aus dem Verstoß entstandenen Schadens verpflichtet. Er kann von diesem auch auf Unterlassung in Anspruch genommen werden.“*

133 Vgl. *Emmerich*, in: Immenga/Mestmäcker, Wettbewerbsrecht Bd. 2, § 33 Rn. 16.

134 *Grüneberg*, in: Palandt, BGB, Vorb. § 249 Rn. 29. Nach der Lehre vom Schutzzweck der Norm ist zu fragen, ob die verletzte Norm den Verletzten gerade vor der eingetretenen Rechtsgutverletzung schützen sollte. D. h., ob der eingetretene Erfolg also innerhalb des persönlichen und sachlichen Schutzbereichs der Norm lag (a.a.O.).

der Kontrolle von Vorleistungsentgelten und Entgelten für Endnutzerleistungen sowie Verfügungen der besonderen Missbrauchsaufsicht gelten. Dies gilt unabhängig davon, ob es sich bei den verletzten Regelungen oder Verfügungen um drittschützende Regelungen oder Verwaltungsakte handelt.

Grundsätzlich könnten daher auch Verstöße gegen die Vorschriften des Marktregulierungsverfahrens – namentlich § 10 und § 11 – zur Begründung des Beseitigungsanspruches in Betracht kommen. Allerdings stellt sich insoweit das Problem, dass sich diese unmittelbar nur an die BNetzA richten. Verhaltenspflichten für Unternehmen, die Telekommunikationsnetze betreiben oder Telekommunikationsdienstleistungen anbieten, begründen sie nicht. Daher kann der Anspruchschuldner auch nicht gegen die Regelungen zur Marktdefinition und -analyse verstoßen, weswegen insoweit auch ein Beseitigungsanspruch nach § 44 Abs. 1 S. 1 ausscheidet.

Festzuhalten bleibt, dass grundsätzlich alle Verletzungen einer telekommunikationsrechtlichen Norm beziehungsweise Verfügung der BNetzA einen Beseitigungsanspruch zu begründen vermögen. Dies gilt auch für die gesetzesunmittelbaren Verpflichtungen sowie Verfügungen der BNetzA im Rahmen der Marktregulierung nach Teil 2 des TKG. Gleichwohl findet dieser Grundsatz dort seine Grenze, wo die Verletzung einer telekommunikationsrechtlichen Norm oder Verfügung der BNetzA nicht durch ein Unternehmen im Sinne des § 44 Abs. 1 S. 1 erfolgt. Das heißt, im Rahmen des § 44 Abs. 1 können nur Verstöße gegen telekommunikationsrechtliche Regelungen oder Verfügungen der BNetzA gerügt werden, die Verhaltenspflichten des Anspruchsschuldners – also des Unternehmens im Sinne von § 44 Abs. 1 S. 1 – begründen.

### 4. Beeinträchtigung im Sinne von § 44 Abs. 1 S. 1 TKG

Weiter muss der Wettbewerber – beziehungsweise der Endverbraucher – durch die Verletzung der telekommunikationsrechtlichen Norm oder Verfügung der BNetzA beeinträchtigt sein (§ 44 Abs. 1 S. 3). Zur Bestimmung des Tatbestandsmerkmals der Beeinträchtigung können die Grundsätze zum allgemeinen Beseitigungsanspruch nach § 1004 Abs. 1 BGB herangezogen werden.[135] Entsprechend § 1004 Abs. 2 BGB bezeichnet eine Beeinträchtigung einen Eingriff, den der Rechtsgutinhaber nicht zu dulden braucht.[136] Im Unterschied zu § 44 nimmt § 1004 BGB auf ein konkretes Rechtsgut Bezug. Damit ist die Frage

---

135 Vgl. *Sodtalbers*, in: Spindler/Schuster, Recht der elektronischen Medien, Teil 11, § 44 Rn. 1.

136 Siehe etwa *Fritzsche*, in: Bamgerger/u.a., BeckOK BGB, § 1004 Rn. 35.

aufgeworfen, in welchem Rechtsgut ein Wettbewerber im Sinne des § 44 Abs. 1 S. 1 beeinträchtigt sein könnte.[137] Für Wettbewerber im Sinne des § 44 Abs. 1 S. 3 dürfte dies jedenfalls das absolute Recht am eingerichteten und ausgeübten Gewerbebetrieb sein.[138]

Da der sektorspezifische Beseitigungsanspruch § 33 GWB nachgebildet ist, können auch dessen Grundsätze zur Auslegung des Tatbestandsmerkmals der Beeinträchtigung herangezogen werden.[139] Betroffen im Sinne des § 33 Abs. 3 GWB sind die anspruchsberechtigten Personen, sofern sie durch den Verstoß beeinträchtigt sind. Dies wird grundsätzlich sehr großzügig verstanden.[140] Eine Beeinträchtigung wird regelmäßig angenommen, wenn durch den Kartellverstoß in die Rechtsstellung Dritter in einer gegen das Gesetz verstoßenden Weise eingegriffen wird. Hierfür genüge jede Verschlechterung der legitimen Chancen am Markt gegenüber der Situation ohne Kartellrechtsverstoß.[141] Nach der Rechtsprechung des *BGH* beschränkt sich der Kreis der nach § 33 GWB geschützten Personen nicht mehr nur auf solche Personen, gegen die sich die Kartellabsprache gezielt richtet.[142] Daher ist eine Beeinträchtigung auch im Falle einer mittelbaren Verschlechterung der Marktposition möglich.

Mithin ist festzuhalten, dass die Annahme der Beeinträchtigung durch den Verstoß des Anspruchsschuldners im Sinne des § 44 Abs. 1 S. 1 erfordert, dass die Rechtsstellung des Wettbewerbers – oder Endverbrauchers – in einer gegen die verletzte Norm beziehungsweise Verfügung verstoßenden Weise verkürzt wird. Für Wettbewerber genügt hierfür bereits eine mittelbare Verschlechterung ihrer Marktposition gegenüber dem Zustand der ohne Verletzung des TKG beziehungsweise der Verfügung der BNetzA bestehen würde. Dies wird regelmäßig anhand des jeweiligen Einzelfalls zu ermitteln sein.

---

137 Angesichts der unternehmensbezogenen Schutzrichtung der Normen zur Marktregulierung wird die Frage, welches Rechtsgut für Endverbraucher im Rahmen des § 44 in Betracht kommt, nicht behandelt.

138 Vgl. *Ditscheid/Rudloff*, in: Geppert/Schütz, BeckTKG-Komm, § 44 Rn. 19.

139 Vgl. BT-Drucks. 15/2316, S. 72.

140 *Emmerich*, in: Immenga/Mestmäcker, Wettbewerbsrecht Bd. 2, § 33 Rn. 15. Siehe dort auch zu den folgenden Sätzen.

141 Dies wäre beispielsweise im Falle der Versperrung des Marktzutritts der Fall (*Emmerich*, in: Immenga/Mestmäcker, Wettbewerbsrecht Bd. 2, § 33 Rn. 15).

142 Siehe hierzu *Emmerich*, in: Immenga/Mestmäcker, Wettbewerbsrecht Bd. 2, § 33 Rn. 18, vgl. dort auch zum folgenden Satz.

### 5. Kein Verschulden

Wie bei den gängigen Parallelvorschriften üblich ist auch der Beseitigungsanspruch nach § 44 Abs. 1 S. 1 nicht verschuldensabhängig.[143] Dies macht den Anspruchsberechtigten die Geltendmachung des Beseitigungsanspruches naturgemäß leichter als dies bei verschuldensabhängigen Ansprüchen der Fall ist.

## II. Besondere Voraussetzungen des Unterlassungsanspruchs

Neben den vorgenannten Voraussetzungen erfordert der Unterlassungsanspruch nach § 44 Abs. 1 S. 1, 2. Alt. das Bestehen einer Wiederholungsgefahr. Dies entspricht der üblichen Konzeption von Unterlassungsansprüchen.[144]

Ziel des Unterlassungsanspruches ist die Verhinderung neuer, gleichartiger Verstöße des Anspruchsschuldners.[145] Mit anderen Worten soll die Wiederholung des Verstoßes verhindert werden. Nach allgemeinen Grundsätzen ist die Wiederholungsgefahr anzunehmen, wenn die ernstliche Möglichkeit einer Wiederholung derselben Zuwiderhandlung besteht. Sofern der Anspruchsschuldner nach § 44 Abs. 1 S. 1 bereits einen Verstoß begangen hat[146], kann hieraus regelmäßig im Wege einer Vermutung gefolgert werden, dass weitere Verstöße zu befürchten sind.[147] In diesem Falle liegt es bei dem Anspruchsschuldner, diese Vermutung zu entkräften. Entsprechend der zum allgemeinen Wettbewerbsrecht entwickelten Grundsätze kann dies beispielsweise durch die Abgabe einer unbedingten, strafbewehrten Unterlassungserklärung erreicht werden.

Ferner besteht der Unterlassungsanspruch nach § 44 Abs. 1 S. 2 bereits dann, wenn eine Zuwiderhandlung droht. Das heißt, der sektorspezifische Unterlassungsanspruch dient auch dazu zukünftige Zuwiderhandlungen gegen das TKG beziehungsweise Verfügungen der BNetzA zu verhindern. Erforderlich ist eine Erstbegehungsgefahr im Sinne des § 44 Abs. 1 S. 2. Nach allgemeinen Grundsätzen ist diese anzunehmen, wenn die drohende Handlung eine

---

143 Vergleiche etwa § 1004 Abs. 1 S. 1 BGB oder § 33 Abs. 1 GWB sowie § 32 Abs. 1 S. 1 EnWG.

144 Siehe hierzu etwa § 1004 Abs. 1 S. 2 BGB oder § 33 Abs. 1, 2 GWB sowie § 32 Abs. 1 S. 2 EnWG.

145 *Emmerich*, in: Immenga/Mestmäcker, Wettbewerbsrecht Bd. 2, § 33 Rn. 38. Siehe dort auch zu den folgenden Sätzen.

146 Zur Verteilung der Darlegungs- und Beweislast siehe unten Kapitel 4, § 9, D. Zur gerichtlichen Durchsetzung, S. 494 ff.

147 *Emmerich*, in: Immenga/Mestmäcker, Wettbewerbsrecht Bd. 2, § 33 Rn. 38; *Ditscheid/Rudloff*, in: Geppert/Schütz, BeckTKG-Komm, § 44 Rn. 29 u. 30.

Verletzungshandlung im Sinne des § 44 Abs. 1 S. 1 darstellen würde, wobei Tatsachen gegeben sein müssen, die die Annahme rechtfertigen, dass ein solcher Eingriff beabsichtigt oder vorbereitet ist.[148] Entscheidend ist, ob vom Standpunkt eines objektiven Betrachters eine Zuwiderhandlung anzunehmen ist, die in unmittelbarer Zukunft eintreten wird. Dies kann beispielsweise der Fall sein, wenn der Anspruchsschuldner durch sein Verhalten – gegebenenfalls konkludent – ankündigt, zukünftig telekommunikationsrechtliche Regelungen oder Verfügungen der BNetzA zu missachten.[149]

## III. Rechtsfolgen

Die Rechtsfolgen des Unterlassungsanspruches nach § 44 Abs. 1 S. 1, 2. Alt. entsprechen denen von § 1004 Abs. 1 BGB.[150] Geschuldet ist ein Verhalten, das den Nichteintritt der drohenden Beeinträchtigung bewirkt und nicht nur ein künftiges Untätigsein.

Hingegen dient der Beseitigungsanspruch der Abwehr einer bereits eingetretenen, noch andauernden Störung (§ 44 Abs. 1 S. 1, 1. Alt.).[151] Im Einzelfall kann die Abgrenzung zum Schadensersatzanspruch nach § 44 Abs. 1 S. 4 schwierig sein. Diesbezüglich kann der Grundsatz herangezogen werden, dass der Beseitigungsanspruch nur auf die Beseitigung einer in die Zukunft fortwirkenden Störungsquelle gerichtet ist.[152] Dagegen soll die Rückgängigmachung bereits eingetretener, nachteiliger Folgen einer Zuwiderhandlung im Sinne des § 44 Abs. 1 vom Schadensersatzanspruch erfasst sein. Art und Umfang des Beseitigungsanspruchs bestimmen sich nach der jeweiligen Beeinträchtigung.[153] Grundsätzlich umfasst die Beseitigungspflicht diejenigen Maßnahmen, die einerseits geeignet sind, die noch vorhandene Störung zu beseitigen, und die andererseits dem verletzenden Anspruchsschuldner zumutbar sind.

---

148 *Ditscheid/Rudloff*, in: Geppert/Schütz, BeckTKG-Komm, § 44 Rn. 23, siehe dort auch zum folgenden Satz.

149 *Ditscheid/Rudloff*, in: Geppert/Schütz, BeckTKG-Komm, § 44 Rn. 24.

150 Vgl. *Scholz*, in: Arndt/Fetzer/Scherer/Graulich, TKG, § 44 Rn. 23 f., vgl. dort auch zum folgenden Satz.

151 Vgl. *Fritzsche*, in: Bamberger/u.a., BeckOK BGB, § 1004 Rn. 62.

152 *Emmerich*, in: Immenga/Mestmäcker, Wettbewerbsrecht Bd. 2, § 33 Rn. 44, siehe dort auch zum folgenden Satz.

153 *Ditscheid/Rudloff*, in: Geppert/Schütz, BeckTKG-Komm, § 44 Rn. 41.

## C. Zum Schadensersatzanspruch

Ferner eröffnet § 44 Abs. 1 S. 4 den Betroffenen im Sinne des § 44 Abs. 1 S. 3 gegen das zuwiderhandelnde Unternehmen einen Schadensersatzanspruch. Tatbestandlich setzt dieser zunächst – wie der Beseitigungs- und Unterlassungsanspruch – eine Zuwiderhandlung des Anspruchsschuldners gegen telekommunikationsrechtliche Regelungen oder Verfügungen der BNetzA voraus, die den Betroffenen beeinträchtigen. Insofern gelten die obigen Ausführungen entsprechend. Im Unterschied zum verschuldensunabhängigen Beseitigungs- oder Unterlassungsanspruch setzt der Schadensersatzanspruch nach § 44 Abs. 1 S. 4 eine vorsätzliche oder fahrlässige Rechtsverletzung voraus. Die Feststellung, ob dem verpflichteten Unternehmen Vorsatz oder Fahrlässigkeit zur Last fällt, richtet sich nach den zu § 276 BGB entwickelten Grundsätzen.[154] In der Sache handelt es sich bei dem sektorspezifischen Schadensersatzanspruch um einen deliktischen Anspruch.[155] Das heißt, es geht um eine gesetzliche – aus einem rechtswidrigen und schuldhaften Eingriff folgende – Haftung.

Auf Rechtsfolgenseite ist dem Betroffenen der Schaden zu ersetzten, der kausal durch den schuldhaften Verstoß gegen telekommunikationsrechtliche Regelungen beziehungsweise gegen Verfügungen der BNetzA entstanden ist. Inhalt und Umfang bestimmen sich nach allgemeinen Grundsätzen (§§ 249 ff. BGB).[156] Das heißt, der Betroffene beziehungsweise der Verletzte ist so zu stellen, wie er ohne das schädigende Ereignis stünde. Zu beachten ist, dass sofern dem Betroffenen gegen das zuwiderhandelnde Unternehmen ein Zahlungsanspruch zusteht, dieser bereits automatisch ab dem Eintritt des Schadens zu verzinsen ist (§ 44 Abs. 1 S. 5).[157] Das heißt, eine Inverzugsetzung ist nicht erforderlich. Ein Blick in § 33 Abs. 3 S. 4 GWB zeigt, dass es sich hierbei um keine sektorspezifische Besonderheit handelt, sondern vielmehr um die Übernahme des wettbewerbsrechtlichen Vorbildes.[158]

Nach diesen Grundsätzen kann ein betroffener Wettbewerber wegen Verstößen gegen die Vorschriften der telekommunikationsrechtlichen Marktregulierung sowie hierauf basierender Verfügungen der BNetzA von dem zuwiderhandelnden Unternehmen verlangen, den kausalen Schaden zu ersetzen, der ihm

---

154 *Sodtalbers*, in: Spindler/Schuster, Recht der elektronischen Medien, Teil 11, § 44 Rn. 8.

155 Vgl. *Emmerich*, in: Immenga/Mestmäcker, Wettbewerbsrecht Bd. 2, § 33 Rn. 47.

156 *Ditscheid/Rudloff*, in: Geppert/Schütz, BeckTKG-Komm, § 44 Rn. 47.

157 Die Zinshöhe richtet sich nach den §§ 288, 289 S. 1 BGB (§ 44 Abs. 1 S. 6).

158 Ebenso findet sich eine entsprechende Regelung in der sektorspezifischen Parallelregelung des § 32 Abs. 3 S. 2 EnWG.

durch die schuldhafte Verletzungshandlung entstanden ist. Dies gilt unabhängig davon, ob die verletzte Regelung oder Verfügung drittschützender Natur ist.[159] Für den sektorspezifischen Schadensersatzanspruch gilt insofern nichts anderes als für den Beseitigungs- und Unterlassungsanspruch. Gleichwohl ist zu vermuten, dass es dem Betroffenen hinsichtlich Verstößen gegen nicht drittschützende Regelungen beziehungsweise Verfügungen schwerer fallen dürfte einen kausalen Schadenszusammenhang nachzuweisen. Ist diese Hürde genommen, kann die Schadenshöhe in einem Rechtsstreit nach allgemeinen Grundsätzen auch durch das erkennende Gericht geschätzt werden (§ 287 ZPO).

## D. Zur gerichtlichen Durchsetzung

Für Streitigkeiten nach § 44 – gleich ob das Begehren des Gläubigers auf Unterlassung, Beseitigung oder Schadensersatz gerichtet ist – ist der Rechtsweg zu den ordentlichen Gerichten eröffnet.[160] § 44 beinhaltet – wie eingangs ausgeführt – privatrechtliche Ansprüche des betroffenen Wettbewerbers oder Endverbrauchers gegen das im Sinne von § 44 zuwiderhandelnde Unternehmen. Solche Ansprüche sind nach § 1 ZPO in Verbindung mit § 13 GVG vor den ordentlichen Gerichten geltend zu machen.

Die sachliche Zuständigkeit bestimmt sich nach den §§ 23, 71 GVG, weswegen es auf den Streitwert des geltend gemachten Anspruchs ankommt. Die örtliche Zuständigkeit für auf § 44 gestützte Klagen richtet sich nach den allgemeinen Regeln der ZPO. Nach § 32 ZPO kann insbesondere die Zuständigkeit des Gerichts gegeben sein, in dessen Bezirk die schadensbegründende Handlung stattgefunden hat.[161] Dabei ist die Handlung im Sinne des § 32 ZPO auch an dem Ort als begangen anzusehen, an dem der Erfolg eintritt.[162] Dies kann grundsätzlich der Geschäftssitz des Anspruchsgläubigers oder auch der Ort einer Niederlassung sein.

Da aus § 44 (Abs. 1) im Streitfall eine bürgerliche Rechtsstreitigkeit erwächst, ist die BNetzA an dieser nach Maßgabe von § 139 zu beteiligen. Das heißt, der Präsident der Bundesnetzagentur kann, wenn er es zur Wahrnehmung des öffentlichen Interesses als angemessen erachtet, aus den Mitgliedern seiner

---

159 Vgl. auch *Scholz*, in: Arndt/Fetzer/Scherer/Graulich, TKG, § 44 Rn. 28.

160 *Sodtalbers*, in: Spindler/Schuster, Recht der elektronischen Medien, Teil 11, § 44 Rn. 2.

161 § 32 ZPO gilt für Unterlassungsansprüche gem. § 1004 BGB und damit auch für solche nach § 44 entsprechend (Vgl. *Schultzky*, in: Zöller, ZPO, § 32 Rn. 7 u. 11).

162 *Schultzky*, in: Zöller, ZPO, § 32 Rn. 19, 20.

Behörde eine Vertretung bestellen, die insbesondere befugt ist, gegenüber dem Gericht schriftliche Erklärungen abzugeben und den Terminen beizuwohnen.[163]

Darüber hinaus ist in prozessualer Hinsicht für die Geltendmachung von Ansprüchen nach § 44 zwischen dem normalen Hauptsacheverfahren und der Möglichkeit des einstweiligen Rechtsschutzes zu unterscheiden. Letzterer ist bekanntlich bei wettbewerbsrechtlichen Streitigkeiten ein wichtiger Rechtsbehelf, da es hier oftmals gilt, der Schaffung vollendeter Tatsachen durch das zuwiderhandelnde Unternehmen idealerweise bereits im Vorfeld oder jedenfalls zeitnah nach der Zuwiderhandlung entgegenzutreten.[164] Obwohl der einstweilige Rechtschutz typischerweise nicht der endgültigen Entscheidung über den Streitgegenstand dient, kann er in der wettbewerbsrechtlichen Praxis oftmals über eine sogenannte Abschlusserklärung im Ergebnis zu einer endgültigen Streitbeilegung führen.[165] Diese Grundsätze gelten hinsichtlich der Geltendmachung von § 44 im Wege des einstweiligen Rechtsschutzes entsprechend, da die Ansprüche aus § 44 sektorspezifische Ausprägungen des allgemeinen wettbewerbsrechtlichen Unterlassungs- und Schadensersatzanspruches sind.

Die Verfolgung eines Unterlassungs- oder Beseitigungsanspruchs nach § 44 im Wege des einstweiligen Rechtsschutzes ist als Gesuch auf Erlass einer einstweiligen Verfügung statthaft (§§ 935, 940 ZPO).[166] Begründet ist das Gesuch auf Erlass einer auf § 44 gestützten Unterlassungs- oder Beseitigungsanordnung, wenn der Anspruchssteller Verfügungsanspruch und Verfügungsgrund glaubhaft gemacht hat (§§ 936, 920 Abs. 2 ZPO). Der Verfügungsanspruch folgt aus dem materiell-rechtlichen Anspruch des § 44. Die betreffenden Tatsachen zur Ausfüllung des Unterlassungs- beziehungsweise des Beseitigungsanspruchs sind vom Anspruchssteller schlüssig vorzutragen sowie glaubhaft zu machen. Dies gilt für alle anspruchsbegründenden Tatsachen, die der Betroffene im Sinne von § 44 Abs. 1 S. 3 in einem etwaigen Hauptsacheverfahren vorzutragen und im Streitfalle auch nachzuweisen hätte. Zur Begründung des Verfügungsgrundes hat der

---

163 Zu weiteren Beteiligungsrechten der BNetzA bei bürgerlichen Rechtsstreitigkeiten siehe § 90 Abs. 1 und 2 GWB (§ 139 S. 1).

164 Vgl. *Ditscheid/Rudloff*, in: Geppert/Schütz, BeckTKG-Komm, § 44 Rn. 48.

165 Eine Abschlusserklärung dient dazu, die endgültige Erledigung einer Streitigkeit herbeizuführen, nachdem eine einstweilige Verfügung ergangen ist. In der Abschlusserklärung erkennt der Schuldner die in der einstweiligen Verfügung angeordnete Entscheidung als endgültige Regelung des Rechtstreites an und verzichtet dabei auf seine Rechte aus §§ 924, 926 und 927 ZPO.

166 Ein auf § 44 gestützter Unterlassungs- oder Beseitigungsanspruch ist naturgemäß nicht auf die Zahlung einer Geldforderung gerichtet.

Antragsteller nach allgemeinen Grundsätzen die Tatsachen für die Dringlichkeit und Eilbedürftigkeit des Erlasses einer einstweiligen Verfügung schlüssig darzulegen und glaubhaft zu machen. Anzunehmen ist dies, sofern Umstände vorgetragen werden, die aus Sicht eines vernünftigen Menschen befürchten lassen, dass ohne den Erlass der begehrten einstweiligen Verfügung die Verwirklichung des Individualanspruches vereitelt oder wesentlich erschwert werden könnte (§ 935 ZPO).[167] Sofern der Anspruchssteller ein Wettbewerber ist, können einstweilige Verfügungen zur Sicherung eines Unterlassungs- oder Beseitigungsanspruches aus § 44 in entsprechender Anwendung von § 12 Abs. 2 UWG unabhängig von den Voraussetzungen der §§ 935, 940 ZPO erlassen werden.[168] Zwar begünstigt § 12 Abs. 2 UWG nach seinem Wortlaut nur Ansprüche aufgrund des UWG, jedoch wird diese Privilegierung auf Ansprüche wettbewerbsrechtlicher Art entsprechend angewendet.[169] Hierhinter steht der Gedanke, dass wettbewerbsrechtliche Streitigkeiten in hohem Maße dazu geeignet sind, zwischen den Parteien endgültige Verhältnisse zu schaffen.[170] Oft ist das zeitliche Moment dafür entscheident, ob ein Unternehmen unter Missachtung telekommunikationsrechtlicher Normen oder Verfügungen der BNetzA beispielsweise in einem Produktsegment eine quasi-marktbeherrschende Stellung erlangen kann. Aufgrund dieser vergleichbaren Interessenlage können die Grundsätze zu § 12 Abs. 2 UWG im Rahmen des vorläufigen Rechtsschutzes eines auf § 44 gestützten Unterlassungs- beziehungsweise Beseitigungsanspruches herangezogen werden. Mithin ist die Verfolgung derartiger Ansprüche im Wege des einstweiligen Rechtsschutzes leichter als dies etwa für Endverbraucher der Fall sein dürfte.

Das zivilgerichtliche Verfahren kennzeichnet sich – im Gegensatz zum verwaltungsgerichtlichen Verfahren – durch den Verhandlungs- beziehungsweise den Beibringungsgrundsatz aus. Das heißt, es obliegt grundsätzlich der jeweils beweisbelasteten Partei, rechtzeitig alle Tatsachen vorzubringen, auf deren Grundlage dann das erkennende Gericht eine Entscheidung fällt (§ 282 ZPO).[171] Dementsprechend gelten auch für Klagen, die auf § 44 gestützt werden,

---

167 *G. Vollkommer*, in: Zöller, ZPO, § 935 Rn. 10.

168 § 12 Abs. 2 UWG betrifft nur den Verfügungsgrund und stellt eine widerlegbare Dringlichkeitsvermutung dar (*Ditscheid/Rudloff*, in: Geppert/Schütz, BeckTKG-Komm, § 44 Rn. 51).

169 Vgl. *G. Vollkommer*, in: Zöller, ZPO, § 935 Rn. 10.

170 *Ditscheid/Rudloff*, in: Geppert/Schütz, BeckTKG-Komm, § 44 Rn. 51, siehe dort auch zum folgenden Satz.

171 *Greger*, in: Zöller, ZPO, Vorb. § 128 Rn. 10.

die allgemeinen Regeln zur Darlegungs- und Beweislast.[172] Hiernach hat der Anspruchsgläubiger – das heißt, der Betroffene im Sinne von § 44 Abs. 1 S. 3 – für einen Unterlassungs- oder Beseitigungsanspruch die Rechtsverletzung durch den Anspruchsschuldner, die Beeinträchtigung sowie die Kausalität zwischen Rechtsverletzung und Beeinträchtigung schlüssig darzulegen und im Streitfalle mit den Mitteln des Strengbeweises nachzuweisen. Im Falle der Geltendmachung des Schadensersatzanspruches ist zudem der Nachweis eines durch die Rechtsverletzung entstandenen Schadens sowie des Verschuldens des zuwiderhandelnden Unternehmens erforderlich. Entsprechend der allgemeinen Grundsätze zum Anscheinsbeweis im Deliktsrecht kann der Ursachenzusammenhang zwischen Rechtsverletzung und Beeinträchtigung beziehungsweise Schaden im Wege des Anscheinsbeweises zu vermuten sein.[173] Dies ist regelmäßig der Fall, wenn die verletzte Norm typischen Gefährdungen entgegen wirken soll und sich gerade diese Gefährdung in einer Beeinträchtigung beziehungsweise in einem Schaden niedergeschlagen hat, deren Verhinderung die verletzte Norm dient.[174] Die Beweiserleichterung im Wege eines Anscheinsbeweises wird jedoch regelmäßig nur dann in Betracht kommen, wenn die verletzte Norm drittschützend ist beziehungsweise die verletzte Verfügung der BNetzA auf einer drittschützenden Ermächtigungsgrundlage fußt. Nur in diesen Fällen dienen die verletzte Norm beziehungsweise Verfügung auch der Verhinderung einer Beeinträchtigung beziehungsweise eines Schadens des geschützten Dritten.

Ohne an dieser Stelle bereits einen Vergleich mit den öffentlich-rechtlichen Drittschutzmöglichkeiten im Rahmen der Marktregulierung ziehen zu wollen, sei speziell hinsichtlich des Falls, dass ein Anspruch nach § 44 Abs. 1 auf den Verstoß gegen eine Verfügung der BNetzA zur Marktregulierung gestützt wird, angemerkt, dass durchaus eine Aussetzung des zivilgerichtlichen Verfahrens nach § 148 ZPO angezeigt sein kann. Diese gerichtliche Anordnung dürfte regelmäßig vom angerufenen Zivilgericht anzustellen sein, wenn der Anspruchsschuldner sich gegen einen Anspruch nach § 44 Abs. 1 mit der Behauptung verteidigt, dass die streitgegenständliche Verfügung der BNetzA, gegen die er verstoßen haben soll, rechtswidrig sei. Sofern jedoch die streitgegenständliche Verfügung bereits bestandskräftig sein sollte, dürfte eine Aussetzung des zivilgerichtlichen Verfahrens nicht mehr in Betracht kommen.

---

172 *Sodtalbers*, in: Spindler/Schuster, Recht der elektronischen Medien, Teil 11, § 44 Rn. 2.

173 Vgl. zur Beweislastverteilung im Rahmen des § 44 *Scholz*, in: Arndt/Fetzer/Scherer/Graulich, TKG, § 44 Rn. 31.

174 Siehe etwa *Sprau*, in: Palandt, BGB, § 823 Rn. 81.

## E. Bewertung

Festzuhalten ist, dass der Schadensersatz- beziehungsweise Unterlassungsanspruch gemäß § 44 als Erweiterung des Rechtsschutzes Dritter im Sinne dieser Untersuchung – das heißt in erster Linie zugangsberechtigter Anbieter und Netzbetreiber – angesehen werden kann. § 44 knüpft tatbestandlich unter anderem an die Verletzung von Vorschriften der Marktregulierung sowie Verfügungen der BNetzA an.

Gleichwohl bestehen hinsichtlich eines Anspruches nach § 44 zwei gravierende Unterschiede im Verhältnis zum öffentlich-rechtlichen Drittschutz. Zum einen ist im Rahmen von § 44 nicht die BNetzA, sondern ein Netzbetreiber beziehungsweise Anbieter von Telekommunikationsdiensten der richtige Anspruchsgegener. Zum anderen ist der Erfolg eines Anspruches nach § 44 nicht abhängig von der Verletzung eines subjektiv-öffentlichen Rechtes. Entscheidend ist vielmehr, ob der Anspruchsberechtigte durch die Verletzung telekommunikationsrechtlicher Vorschriften beeinträchtigt wird. Hierfür kommt es auf die tatsächlichen Umstände des Einzelfalls an. Mithin kann davon gesprochen werden, dass der Tatbestand von § 44 unter einem Situationsvorbehalt steht.[175] Vorteil an dieser Ausgestaltung ist zunächst, dass der Tatbestand anwendungsoffen ist. Kehrseite ist jedoch, dass die Beschreibung durch konkret-individuelle Merkmale schwerlich möglich ist.

Mit Blick auf die telekommunikationsrechtliche Marktregulierung bietet der sektorspezifische Beseitigungs- und Unterlassungsanspruch für zugangsberechtigte Dritte jedoch nur eine "Rechtsschutzerweiterung" auf Schuldnerseite. Passivlegitimiert ist stets ein Unternehmen, das dem TKG zuwiderhandelt. § 44 dient nicht dazu, die Rechtmäßigkeit einer Regulierungsverpflichtung zur gerichtlichen Überprüfung zu stellen. Vielmehr kann über § 44 nur die Einhaltung solcher Verpflichtungen durch den Adressaten der maßgeblichen Regulierungsverpflichtung erreicht werden.[176] In den Worten von *Schmidt-Preuß* dient § 44 unmittelbar dem Ausgleich widerstreitender Privatinteressen. Erst Recht bietet § 44 keine Alternative, die Verletzung von Vorschriften zur Marktdefinition und -analyse zur gerichtlichen Überprüfung zu stellen, da sich diese Vorschriften nur an die BNetzA richten. Mithin reicht auch der Rechtsschutz über § 44 insofern nicht weiter als die Rechtsbehelfe des öffentlich-rechtlichen Drittschutzes.[177]

---

175 Vgl. hierzu *Wahl*, in: Schoch/Scheider/Bier, VwGO, Vorb. § 42 Rn. 106.

176 Dies kann im Wege des einstweiligen Rechtsschutzes auch kurzfristig erreicht werden.

177 Siehe hierzu Kapitel 3, § 7, D. Drittschutz hinsichtlich der Festlegungen zu Marktdefinition und -analyse, S. 434 ff.

# § 10 Zusammenfassung

Nachstehend werden die wesentlichen Arbeitsergebnisse – entsprechend der Kapitel dieser Arbeit – zusammengefasst (A. bis D.). Zum Schluss wird ein Ausblick auf bevorstehende Entwicklungen unternommen (E.).

## A. Telekommunikationsrechtliche Marktregulierung als asymmetrische Verhaltenssteuerung

Eingangs ist *Marktregulierung* als zielorientierte Gestaltungsaufgabe beschrieben worden. Im Telekommunikationsrecht kann unter diesem Rechtsbegriff die Steuerung des Verhaltens von Betreibern öffentlich zugänglicher Kommunikationsnetze sowie von Telekommunikationsdiensteanbietern verstanden werden.[1] Anders gewendet geht es um die öffentlich-rechtlichen "Spielregeln" für das Geschehen auf den durch die BNetzA definierten Telekommunikationmärkten. Sektorspezifische Besonderheit ist dabei das Marktdefinitions- und analyseverfahren, in dem zum einen über die Anwendbarkeit der sektorspezifischen Marktregulierungsregeln entschieden wird. Zum anderen werden im Rahmen der Marktanalyse diejenigen Unternehmen identifiziert, die auf den zuvor definierten Telekommunikationsmärkten über beträchtliche Marktmacht verfügen.[2] Diese Verfahren zeichnen sich durch besondere Beteiligungsrechte – Konsultation und Konsolidierung – aus. In institutioneller Hinsicht obliegt die Marktregulierung den Beschlusskammern der BNetzA, welche kollegial besetzt sind und deren Mitglieder über besondere Fachkunde verfügen.

Die wesentlichen Regelungsgegenstände der telekommunikationsrechtlichen Marktregulierung bestehen in der Zugangs- und Entgeltregulierung sowie der nachträglichen Missbrauchsaufsicht.[3] Größtenteils handelt es sich bei den einzelnen Regulierungstatbeständen um Verhaltenspflichten, die an marktmächtige Netzbetreiber adressiert sind. Daher kann auch von asymmetrischer Verhaltenssteuerung beziehungsweise Marktregulierung gesprochen werden. Wesentliches Ziel dieser Verhaltensregeln ist die Förderung von Wettbewerb auf den ehemals monopolartig organisierten Telekommunikationsmärkten. Ausgehend von

1 Kapitel 1, § 2, A. Zum Begriff der telekommunikationsrechtlichen Marktregulierung, S. 33 ff.

2 Kapitel 1, § 2, E. Zum Verfahren der telekommunikationsrechtlichen Marktregulierung, S. 70 ff.

3 Kapitel 1, § 2, F. Regelungsgegenstände der telekommunikationsrechtlichen Marktregulierung, S. 82 ff.

dieser Zielrichtung und der Adressatenrichtung haben die Vorschriften der telekommunikationsrechtlichen Marktregulierung den Schutz der übrigen – nicht marktmächtigen – Netzbetreiber und Diensteanbieter im Blick.

Die einzelnen Verhaltenspflichten der Marktregulierung folgen – abgesehen von § 16 und § 17 – nicht unmittelbar aus dem Gesetz, sondern müssen durch die BNetzA beziehungsweise ihre Beschlusskammern auferlegt werden. Dies geschieht entweder im Rahmen der Regulierungsverfügung oder – im Falle der Entgeltgenehmigung, nachträglichen Entgeltkontrolle oder Missbrauchsaufsicht – separat. Abgesehen von den Festlegungen zu Marktdefinition und -analyse handelt es sich bei den einzelnen Regulierungsmaßnahmen durchweg um Verwaltungsakte.

## B. Richtlinienrechtliche Vorsteuerung zugunsten Dritter

Die telekommunikationsrechtliche Marktregulierung wird in hohem Maße unionsrechtlich vorgesteuert. Insbesondere die einzelnen Regulierungstatbestände sowie das Marktdefinitions- und Analyseverfahren werden durch die Rahmenrichtlinie sowie die Zugangsrichtlinie vorgegeben. Die einzelnen Richtlinien des Rechtsrahmens von 2002 werden in der Kodifizierungsrichtlinie zusammengefasst, welche diese zum 21.12.2020 ersetzen soll.[4]

Die Vorgaben des Richtlinienrahmens sind für den Rechtsschutz Dritter von gewichtiger Bedeutung. Ein Rechtsschutzsuchender kann sich – von Fällen unzureichender Umsetzung abgesehen – regelmäßig nicht unmittelbar auf eine für ihn günstige Richtlinienbestimmung berufen, da diese zunächst in nationales Recht umzusetzen ist. Allerdings kann die Schaffung subjektiver Rechte zum Richtlinienprogramm gehören. Dies ist regelmäßig der Fall, soweit eine Richtlinienbestimmung den Schutz personenbezogener Rechtsgüter oder den Schutz einer Personengruppe fördert.[5] Unerheblich ist dabei die Anzahl der geschützten Personen.

### I. Schutzmaßnahmen des Richtlinienrahmens zugunsten Dritter

Art. 4 Abs. 1 RRL indiziert, dass die Schaffung von Individualrechten zum Programm des Richtlinienrahmens von 2002 gehört. Diese Rechtsbehelfsgarantie kann insofern als "deklaratorisch" bezeichnet werden, als dass es sich in der

4 Siehe hierzu Kapitel 2, § 4, 2. Kodex für die elektronische Kommunikation, S. 129 f.

5 Kapitel 2, § 4, I. Allgemeine Kriterien für subjektive Rechte im Richtlinienprogramm. S. 141 ff.

Sache um eine sektorspezifische Wiederholung der allgemeinen Rechtsschutzgarantie handelt und Art. 4 Abs. 1 RRL selbst keine subjektiven Rechte begründet, sondern voraussetzt. Insofern hat die Analyse der einschlägigen Rechtsprechung gezeigt, dass eine rechtliche Betroffenheit beziehungsweise Verletzung individueller Rechte maßgeblich ist.

Generell können richtlinienrechtlich indizierte Rechte angenommen werden, soweit eine Bestimmung den Schutz personenbezogener Rechtsgüter oder Interessen fördert. Dementsprechend begegnen Rechte Dritter zuvörderst in der Zugangsrichtlinie[6]. Dies verwundert nicht, da die Zugangsrichtlinie der Regulierung des Zugangs zu elektronischen Kommunikationsnetzen[7] sowie deren Zusammenschaltung dient. Mithin geht es um die Schaffung eines Rechtsrahmens für die Beziehungen von marktmächtigen Netzbetreibern und Anbietern elektronischer Kommunikationsdienste. Damit ist die Begünstigung einer bestimmbaren Personengruppe richtlinienrechtlich indiziert.

Die Verpflichtung zur Zugangsgewährung (Art. 12 ZRL) sowie die Gleichbehandlungsverpflichtung (Art. 10) haben *EuGH* sowie *Generalanwalt* ausdrücklich als Schutzmaßnahmen zugunsten Dritter identifiziert.[8] Hinsichtlich der geschützten Dritten ist ihre Terminologie jedoch nicht einheitlich. Gesprochen wird von „*Nichtadressaten*", „*geschützten Dritten*", „*potentiell Betroffenen*", „*Wettbewerbern des regulierten Unternehmens*" sowie „*Unternehmen, die gegen dieses einen Zugangsanspruch haben*". Gewinnbringender ist die Bestimmung der geschützten Dritten in Ansehung des Regelungszwecks der jeweiligen Richtlinienbestimmung. Hiervon ausgehend können als geschützte Dritte zugangsberechtigte Unternehmen angesehen werden. Dabei wird es sich regelmäßig um Anbieter von elektronischen Kommunikationsdiensten oder Netzbetreiber handeln. Zugangsberechtigt sind Unternehmen, die Zugangsleistungen zum Zwecke der Erbringung von Kommunikationsdiensten nachfragen. Dies trifft zuvörderst auf solche Anbieter beziehungsweise Netzbetreiber zu, die als Vertragspartner des regulierten Unternehmens Zugangsleistungen in Anspruch nehmen. Allerdings ist ein bestehendes Vertragsverhältnis nicht zwingend. Ausreichend ist – wie insbesondere *Generalanwalt Maduro* hervorgehoben hat – vielmehr, dass

---

6 Sowie auch in Art. 17 Abs. 2 URL, siehe Kapitel 2, § 4, 3. Regulierungsmaßnahmen hinsichtlich marktmächtiger Unternehmen auf Endkundenmärkten, S. 199 ff.

7 Einschließlich zugehöriger Einrichtungen (vgl. Art. 1 Abs. 1 S. 1 ZRL).

8 Art. 10 ZRL entspricht Art. 70 Kodifizierungsrichtlinie (EU) 2018/1972; Art. 12 ZRL entspricht Art. 73 Kodifizierungsrichtlinie (EU) 2018/1972.

der Abschluss einer Zugangsvereinbarung konkret beabsichtigt wird.[9] Angesichts der europarechtlichen Funktionslogik, den Einzelnen als Kontrolleur einzuspannen, überzeugt der Befund, dass nicht nur Vertragspartner des regulierten Unternehmens geschützt werden, sondern auch solche Unternehmen, die den Abschluss einer Zugangsvereinbarung mit dem regulierten Netzbetreiber konkret beabsichtigen.

Der drittschützende Befund zu Art. 10 (Abs. 1 und Abs. 2) und 12 (Abs. 1) ZRL lässt sich auf sämtliche in Art. 8 Abs. 1 ZRL genannten Verpflichtungen übertragen.[10] Bei den Verpflichtungen nach Art. 9, 11, 13 sowie 13a ZRL[11] handelt es sich durchweg um Verpflichtungen für marktmächtige Betreiber im Kontext der Zugangsgewährung.[12] Dementsprechend konsequent erscheint es, dass sie den Schutz zugangsberechtigter Dritter bezwecken. Drittschützend sind weiter die Befugnisse zur Zusammenschaltung gegenüber Unternehmen, die den Zugang zu Endnutzern kontrollieren (Art. 5 Abs. 1 ZRL)[13] sowie die Regulierungsmaßnahmen in Bezug auf Dienste für Endnutzer (Art. 17 Abs. 2 URL), welche im Wesentlichen die Bekämpfung missbräuchlicher Preise bezwecken.[14] In personeller Hinsicht dürften sich die durch die Schutzmaßnahmen der Zugangsrichtlinie geschützten Dritten in generell-abstrakter Weise anhand der Zugangsdefinition bestimmen lassen. Hiernach sind Anbieter und Netzbetreiber zugangsberechtigt, die Zugangsleistungen zur Erbringung von elektronischen Kommunikationsdiensten nachfragen.

---

9 Dies ergibt sich aus der Analyse der einschlägigen Rechtsprechung des *EuGH* sowie der Schlussanträge des *Generalanwalts* (Kapitel 2, § 4, II. Rechte Dritter im Lichte der unionalen Rechtsprechung zum Rechtsrahmen elektronischer Kommunikation (S. 161 ff.), insbesondere Kapitel 2, § 4, aa) Zum personellen Schutzbereich der drittschützenden Zugangsgewährungs- und Gleichbehandlungsverpflichtungen (S. 183 ff.)).

10 Kapitel 2, § 4, III. Folgerungen für die übrigen Regulierungsverpflichtungen, S. 189 ff.

11 Diese Verpflichtungen marktmächtiger Unternehmen werden in Art. 69 ff. Kodifizierungsrichtlinie (EU) 2018/1972 fortgeführt.

12 Im Einzelnen geht es um Verpflichtungen zur Transparenz (Art. 9 ZRL), zur getrennten Buchführung (Art. 11 ZRL), zur Preiskontrolle und Kostenrechnung (Art. 13 ZRL) sowie zur funktionellen Trennung (Art. 13a ZRL).

13 Art. 5 ZRL entspricht Art. 61 Kodifizierungsrichtlinie (EU) 2018/1972.

14 Insofern dürfte der Kreis der geschützten Dritten nicht generell-abstrakt anhand der Zugangsdefinition, sondern situationsbezogen zu bestimmen sein (Kapitel 2, § 4, 3. Regulierungsmaßnahmen hinsichtlich marktmächtiger Unternehmen auf Endkundenmärkten, S. 199 f.).

Hinsichtlich der drittschützenden Vorsteuerung ist jedoch zu beachten, dass insbesondere die Verpflichtungen zur Preiskontrolle und Kostenrechnung (Art. 13 Abs. 1 ZRL) den Mitgliedstaaten Umsetzungsspielraum belassen.[15] Allerdings darf dies im Ergebnis nicht dazu führen, dass die drittschützende Wertung von Art. 13 Abs. 1, Abs. 3 ZRL[16] – welcher u.a. eine Verpflichtung zu kostenorientieten Preisen vorsieht – durch nationales Umsetzungrecht unterlaufen werden kann. Soweit mitgliedstaatliches Recht der Umsetzung von Art. 13 Abs. 1 und Abs. 3 ZRL dient, ist es nach dessen drittschützender Wertung auszulegen. Eine nichtdrittschützende Rechtsanwendung der Umsetzungsnorm würde dem *effet utile* widersprechen.

Ausgehend von diesen Befunden erscheint die These gerechtfertigt, dass die Vorgaben der Rahmenrichtlinie zu Marktdefinition und -analyse – in den Worten des *EuGH* – nicht als Schutzmaßnahmen zugunsten Dritter zu qualifizieren sind. Der Inhalt der insoweit maßgeblichen Richtlinienbestimmungen[17] unterscheidet sich von der Wirkungsweise der vorgenannten Schutzmaßnahmen der Zugangsrichtlinie. Bei Letzteren handelt es sich überwiegend um Eingriffsbefugnisse der Regulierungsbehörde gegenüber marktmächtigen Netzbetreibern, um anderen Unternehmen den Zugang zu ermöglichen. Dagegen regeln die Art. 14 ff. RRL die Struktur des Marktanalyseverfahrens sowie die Definition beträchtlicher Marktmacht. Mithin sehen diese Richtlinienbestimmungen – anders als die Schutzmaßnahmen im Sinne der Zugangsrichtlinie – eine konkrete Eingriffbefugnis der Regulierungsbehörde nicht vor. Anders gewendet ermächtigen sie nicht zu einer konkreten Maßnahme, die sich auf die Marktstellung eines Anbieters oder Netzbetreibers von elektronischen Kommunikationsdiensten auswirken kann. Dies spricht dafür, dass die zugrundeliegenden Richtlinienbestimmungen keine Schutzmaßnahmen zugunsten Dritter darstellen. Ein derartiges Ergebnis ist – wie die Ausführungen zur Einlagensicherungsrichtlinie gezeigt haben – dem Unionsrecht durchaus nicht fremd. Hier wurde die drittschützende Wirkung der Bankenaufsicht mit dem Argument verneint, dass die Einlagensicherungsrichtlinie bereits ausreichende Sicherungsmaßnahmen zugunsten der Sparer vorsehe.[18] Ähnlich verhält es sich hinsichtlich des richtlinienrechtlich

15 Dies gilt ebenfalls für die nach Art. 17 Abs. 2 URL zu schaffenden Eingriffsbefugnisse.

16 Art. 13 ZRL entspricht Art. 74 Kodifizierungsrichtlinie (EU) 2018/1972.

17 Hierbei handelt es sich um Art. 14 bis 16 RRL, welche Art. 63 ff. Kodifizierungsrichtlinie (EU) 2018/1972 entsprechen. Zu den inhaltlichen Voragben der Art. 14 ff. RRL siehe Kapitel 3, § 6, 1. Unionales Grundkonzept, S. 372 ff.

18 Siehe Kapitel 2, § 4, d) Einlagensicherungsrichtlinie, S. 147.

indizierten Marktdefinitions- und Marktanalyseverfahrens und den darauf folgenden Regulierungsverpflichtungen nach der Zugangsrichtlinie.

## II. Umsetzung der Schutzmaßnahmen zugunsten zugangsberechtigter Dritter

Der Umsetzung des Richtlinienrahmens dienen insbesondere die Vorschriften der *Marktregulierung* nach Teil 2 des TKG. Soweit der Richtlinienrahmen – vor allem die Zugangsrichtlinie – Schutzmaßnahmen zugunsten Dritter regelt, sind diese in Form von subjektiv-öffentlichen Rechten umzusetzen.[19] Da die Vorschriften der telekommunikationsrechtlichen Marktregulierung nicht ausdrücklich subjektiv-öffentliche Drittrechte vorsehen, sind diese im Rahmen der Auslegung zu ermitteln.

Die richtlinienkonforme Auslegung zugunsten Dritter ist im Rahmen von telekommunkationsrechtlichen Marktregulierungsverhältnissen geboten und zulässig.[20] Zwar ist die unmittelbare Belastung Einzelner aufgrund von Richtlinienbestimmungen nicht zulässig, jedoch ist dies im Rahmen der richtlinienkonformen Auslegung von Eingriffsbefugnissen der BNetzA zugunsten zugangsberechtigter Dritter nicht der Fall. Beispielsweise ist Rechtsgrundlage für eine Verpflichtung zur Zugangsgewährung § 21 Abs. 1, welcher im Lichte von Art. 12 Abs. 1 ZRL auszulegen ist. Mithin erfolgt der Eingriff in die Marktfreiheit des regulierten Netzbetreibers aufgrund einer Umsetzungsnorm, die die BNetzA ermächtigt und nicht unmittelbar aus Art. 12 ZRL.

Anders verhält es sich jedoch, soweit eine drittschützende Richtlinienbestimmung nicht umgesetzt sein sollte. In diesem Fall wäre eine Verpflichtung des regulierten Unternehmens unmittelbar aufgrund der Richtlinienbestimmung nicht zulässig. Dem steht das Verbot der unmittelbaren Wirkung zulasten des Einzelnen entgegen.[21]

Hinsichtlich der Umsetzung des Marktanalyseverfahrens sowie insbesondere hinsichtlich der Verpflichtungen zur Preiskontrolle und Kostenrechnung[22]

---

19 Kapitel 2, § 5, A. Zur Umsetzung individualschützender Richtlinienvorgaben, S. 204 f.

20 Kapitel 2, § 5, IV. Richtlinienkonforme Auslegung im multipolaren Marktregulierungsverhältnis, S. 218 f.

21 Siehe hierzu Kapitel 2, § 5, C. Zur unmittelbaren Wirkung von telekommunikationsrechtlichen Richtlinien (insbesondere V. Schlussfolgerungen für die unmittelbare Richtlinienwirkung in multipolaren Marktregulierungsverhältnissen, S. 227 ff.).

22 Zum Regelungsprogramm von Art. 13 ZRL siehe Kapitel 2, § 4, c) Verpflichtung zur Preiskontrolle und Kostenrechnung, S. 192 ff.

besitzen die Mitgliedstaaten Umsetzungsspielraum. Dabei vermögen die obigen Arbeitsergebnisse die Annahme zu tragen, dass die "abgestufte" Entgeltregulierung des TKG vom mitgliedstaatlichen Umsetzungspielraum gedeckt ist. Im Rahmen der Regulierungsverfügung entscheidet die BNetzA, ob das betreffende Entgelt der Genehmigung bedarf oder die nachträgliche Entgeltkontrolle zur Erreichung der Regulierungsziele ausreichend ist. Diese Unterscheidung von Regulierungsinstrumenten – Verbot mit Erlaubnisvorbehalt oder marktbegleitende Überwachung – wird durch Art. 12 ZRL zwar nicht vorgegeben, steht dessen Vorgaben aber auch nicht entgegen. Für die grundsätzliche Vereinbarkeit dieser Entgeltregulierungsinstrumente mit Art. 12 ZRL spricht, dass die Verpflichtungen der Zugangsrichtlinie in verhältnismäßiger Weise ergriffen werden sollen.[23] Ein Regelungskonzept – wie § 30 und 38 beziehungsweise § 39 für Endkundenentgelte – trägt durch das abgestufte Regulierungsinstrumentarium dem Verhältnismäßigkeitsgedanken Rechnung. Die nachträgliche Entgeltüberwachung ist nicht so eingriffsintensiv wie die Unterwerfung unter die Genehmigungspflicht.[24] Dies ist ein gewichtiger Grund, der dafür spricht, dass der deutsche Gesetzgeber mit den Regeln der Entgeltregulierung den ihm durch Art. 12 ZRL eröffneten Umsetzungsspielraum in richtlinienkonformer Weise genutzt hat.

Die Analyse der einschlägigen Rechtsprechung des *EuGH* zum Richtlinienrahmen hat gezeigt, dass ausschießlich Vorabentscheidungsverfahren nach Art. 267 AEUV zugrunde lagen.[25] In einem derartigen Verfahren können zugangsberechtigte Dritte nicht beteiligt sein, da nur mitgliedstaatliche Gerichte vorlageberechtigt sind. Allerdings kann und sollte ein zugangsberechtigter Dritter, beispielsweise im Rahmen einer Drittanfechtungsklage gegen ein genehmigtes Zugangsentgelt, durchaus gegenüber dem Verwaltungsgericht eine Vorlagefrage zur Auslegung von Art. 13 ZRL anregen. Schließlich ist das erstinstanzliche Verwaltungsgericht grundsätzlich zur Vorlage berechtigt (Art. 267 Abs. 2 AEUV) und soweit es eine unionsrechtliche Vorschrift für ungültig erachten und außer Acht lassen will, sogar zur Vorlage verpflichtet.[26]

---

23 Der Verhältnismäßigkeitsgrundsatz kommt beispielsweise in Art. 8 Abs. 2, 4 ZRL sowie Art. 8 Abs. 1 und 16 Abs. 4 RRL zum Ausdruck.

24 Siehe zum Regulierungsinstrumentarium des TKG Kapitel 1, § 2, F. Regelungsgegenstände der telekommunikationsrechtlichen Marktregulierung, S. 82 ff. (insbesondere zu den Regulierungstatbeständen im Rahmen der Entgeltregulierung siehe II. Entgeltregulierung, S. 89 ff.).

25 Kapitel 2, § 4, 3. Analyse der Rechtsprechung und der Schlussanträge, S. 174 ff.

26 Vgl. *Wegner*, in: Calliess/Ruffert, EUV/AEUV, Art. 267 AEUV Rn. 29.

## C. Drittschutznormen der telekommunikationsrechtlichen Marktregulierung und gerichtliche Durchsetzung

Die hiesige Untersuchung hat gezeigt, dass die nach wie vor in Rechtsprechung und Literatur vorherrschende Schutznormlehre auch im Recht der telekommunikationsrechtlichen Marktregulierung als taugliche Ausgangsbasis zur Ermittlung subjektiv-öffentlicher Drittrechte dienen kann.[27] Ihr Verständnis als *„entwicklungsoffener Kanon von Methoden und Regeln"* zur Subjektivierung des einfachen Rechts[28] begünstigt ihre Anwendung in einem modernen Rechtsgebiet wie der telekommunikationsrechtlichen Marktregulierung, das durch technische und ökonomische Hintergründe einerseits sowie andererseits durch unionsrechtliche Vorgaben vorgesteuert wird. Die analysierten Ansätze zur Bewältigung unionsrechtlicher Steuerungsvorgaben sowie mehrpoliger Konfliktlagen zeigen, dass dieser Kanon von Methoden und Regeln längst nicht abgeschlossen ist. Vielversprechend erscheinen insoweit die Entwicklungsansätze von *Schmidt-Preuß* und *Wahl*, die im Wesentlichen darauf abstellen, ob im konkreten Regelungstatbestand ein normativer Ausgleich widerstreitender Privatinteressen angelegt ist.[29]

Da sich in der Rechtspraxis die Anwendung der Schutznormlehre vorwiegend auf Drittanfechtungs- beziehungsweise Drittverpflichtungsbegehren konzentriert[30], verdienen gerade diejenigen Entwicklungsansätze in die Schutznormermittlung einbezogen zu werden, die auf die Bewältigung mehrpoliger Konfliktlagen abstellen. In der Rechtsprechung zur telekommunikationsrechtlichen Marktregulierung ist dies jedoch kaum zu verzeichnen.

### I. Generell-abstrakte und situationsabhängige Drittschutznormen der telekommunikationsrechtlichen Marktregulierung

Die Analyse der verwaltungsgerichtlichen Rechtsprechung hat eine zunehmende Tendenz zur Anerkennung von Drittschutznormen im Bereich der telekommunikationsrechtlichen Marktregulierung – speziell im Bereich der Zugangsregulierung – offenbart. Angesichts der unionsrechtlichen Steuerungsvorgaben

27 Kapitel 3, § 6, A. Zur Ermittlung subjektiv-öffentlicher Rechte, S. 232 ff.

28 Zum Verständnis der Schutznormlehre als entwicklungsoffener Kanon von Methoden und Regeln siehe Kapitel 3, § 6, 1. Gegenwärtiger Stand in der Literatur, S. 234 ff.

29 Zu den Entwicklungsansätzen von *Schmit-Preuß* und *Wahl* siehe Kapitel 3, § 6, 1. Bewältigung mehrpoliger Konfliktlagen, S. 239 ff.

30 *Wahl*, in: Schoch/Schneider/Bier, VwGO, Vorb. § 42 Abs. 2 Rn. 95.

zugunsten Dritter verwundert dies nicht, sondern erscheint vielmehr zwingend geboten.

Die Drittschutztatbestände der telekommunikationsrechtlichen Marktregulierung lassen sich anhand des jeweiligen Regulierungsinstrumentariums systematisieren und können in generell-abstrakte sowie situationsabhängige Drittschutznormen eingeteilt werden.[31]

### 1. Drittschutztatbestände im Rahmen der Regulierungsverfügung

Die Einzelnormanalyse hat gezeigt, dass die im Rahmen der Regulierungsverfügung möglichen Verpflichtungstatbestände[32] – Zugangsgewährung, zugangsbegleitende Verpflichtungen, präventive Missbrauchsmaßnahme sowie Anordnung der jeweiligen Entgeltregulierungsart – drittschützender Natur sind.[33]

Die Verpflichtungstatbestände der Zugangsgewährung einschließlich der zugangsbegleitenden Verpflichtungen sowie die Unterwerfung unter eine Entgeltregulierungsart können als generell-abstrakte Drittschutznormen zugunsten zugangsberechtigter Dritter begriffen werden. In personeller Hinsicht werden Dritte geschützt, die als Vertragspartner des Regulierungsadressaten[34] Zugangsleistungen in Anspruch nehmen sowie darüber hinaus auch solche Unternehmen, die den Abschluss einer Zugangsvereinbarung zur Erbringung von Telekommunikationsdiensten konkret beabsichtigen.[35] Bei diesen zugangsberechtigten Dritten handelt es sich um Anbieter von Telekommunikationsdiensten oder Betreiber öffentlich zugänglicher Telekommunikationsnetze. Entscheidend ist, dass Zugangsleistungen zum Zwecke der Erbringung von Telekommunikationsdiensten tatsächlich genutzt werden sollen.[36]

---

31 Vgl. *Wahl*, der von generell-abstrakten Schutznormen und Schutznormen unter Situationsvorbehalt spricht (*Wahl*, in: Schoch/Schneider/Bier, VwGO, Vorb. § 42 Abs. 2 Rn. 102 ff.).

32 Hierbei handelt es sich um die in § 13 Abs. 5 genannten Normen.

33 Siehe hierzu Kapitel 3, § 6, B. Zum Drittschutzcharakter der einzelnen Verpflichtungstatbestände im Rahmen der Regulierungsverfügung, S. 256 ff.

34 Im Fall der §§ 18, 21 und der §§ 18, 19, 20, 23, 24 sind Betreiber öffentlich zugänglicher Telekommunikationsnetze, die entweder über beträchtliche Marktmacht verfügen oder im Falle von § 18 den Zugang zu Endnutzern kontrollieren.

35 Dementsprechend ist ein marktmächtiger Netzbetreiber nicht geschützt, soweit er gegen sich selbst die Auferlegung weitergehender Zugangsverpflichtungen begehrt, die für seine Marktstellung vorteilhaft sein könnten, siehe hierzu Kapitel 3, § 6, ccc) Zugangsverpflichtungen schützen nicht den regulierten Netzbetreiber, S. 280 f.

36 Näher hierzu Kapitel 3, § 6, bbb) Schutz der tatsächlichen Zugangsnutzer, S. 278.

Abstrahieren lässt sich, dass soweit das Normprogramm einer Marktregulierungsregelung die Verpflichtung eines marktmächtigen Netzbetreibers zur Zugangsgewährung im Sinne von § 3 Nr. 32 regelt oder fördert – wie beispielsweise im Fall der zugangsbegleitenden Verpflichtungen – ein generell-abstrakter Drittschutztatbestand zugunsten von Zugangsnachfragern gegeben ist. *Zugang* meint dabei im Wesentlichen die Bereitstellung von Einrichtungen und Diensten an ein anderes Unternehmen zum Zwecke der Erbringung von Telekommunikationsdiensten. Mithin ist in zugangsregulierenden Tatbeständen – als Normen des öffentlichen Rechts – der Ausgleich von widerstreitenden Privatinteressen des Zugangsnachfragers sowie des zugangsgewährenden Netzbetreibers angelegt.

Hinsichtlich der Auswahlentscheidung über die jeweilige Entgeltregulierungsart[37] ist der drittschützende Charakter in der Rechtsprechung zwar bislang nicht bestätigt, jedoch sind die zugrundeliegenden Normen, die diese Auswahlentscheidung steuern – §§ 30 Abs. 1, 38 Abs. 1 und 39 Abs. 1– als drittschützend zu qualifizieren. Insoweit haben Dritte ein Recht auf eine ermessensfehlerfreie Entscheidung. Diese Auswahlentscheidung beeinflusst erheblich die zulässige Preisobergrenze. Im Falle der Unterwerfung unter die Genehmigungspflicht gilt mit den Kostenmaßstäben und Vorgehensweisen nach § 31[38] regelmäßig ein strengerer Maßstab als im Falle der nachträglichen Entgeltregulierung, welche sich am Missbrauchsmaßstab des § 28 orientiert.[39] Entscheidend für den drittschützenden Befund der Rechtsgrundlagen zur Auswahl der konkreten Entgeltregulierungsart spricht, dass sie der Umsetzung von Art. 13 Abs. 1 ZRL und Art. 17 Abs. 2 URL dienen. Diese Richtlinienbestimmungen räumen den Mitgliedstaaten zwar einen Umsetzungsspielraum ein, jedoch sind sie als Schutzmaßnahmen zugunsten Dritter anzusehen.[40] Die unionsrechtliche Wertung zugunsten von Vertragspartnern sowie Wettbewerbern des zugangsregulierten Unternehmens[41] hat auf die jeweilige Umsetzungsnorm

37 Dabei handelt es sich entweder um die Auferlegung einer Genehmigungspflicht oder die nachträgliche Kontrolle, ob ein missbräuchliches Entgelt zu untersagen ist (ausführlich hierzu Kapitel 1, § 2, II. Entgeltregulierung, S. 89 ff.).

38 Insbesondere im Fall der Kosten der effizienten Leistungsbereitstellung (§ 31 Abs. 1 S. 1 Nr. 1 i.V.m. § 32).

39 Zur Art und Weise der telekommunikationsrechtlichen Entgeltregulierung siehe Kapitel 1, § 2, II. Entgeltregulierung, S. 89 ff.

40 Siehe unter Kapitel 2, § 4, c) Verpflichtung zur Preiskontrolle und Kostenrechnung (S. 192 f.) sowie (S. 199 f.).

41 Zum personellen Schutzbereich von Art. 13 ZRL – sowie Art. 17 URL – siehe Kapitel 2, § 4, unter aa) Zum personellen Schutzbereich der drittschützenden

durchzuschlagen.[42] Mithin ist für Dritte ein Recht auf ermessensfehlerfreie Entscheidung hinsichtlich der Auswahl der Entgeltregulierungsart – Genehmigungspflicht oder nachträgliche Entgeltkontrolle – anzunehmen. Im Hinblick auf die Regulierungsart von Zugangsentgelten[43] steht dieses Recht zugangsberechtigten Dritten zu. Hingegen ist der personelle Schutzzweck bei der Regulierung von Entgelten für Endnutzerleistungen[44] situationsbezogen zu bestimmen.[45] Potentiell geschützt sein dürften Wettbewerber des entgeltregulierten Unternehmens, auf deren Marktstellung sich die Entscheidung über die Art der Entgeltregulierung auswirken kann.

## 2. Weitere Drittschutztatbestände außerhalb der Regulierungsverfügung

Außerhalb der Regulierungsverfügung kann die BNetzA im Rahmen der Entgeltgenehmigung, der nachträglichen Entgeltkontrolle und Missbrauchsaufsicht sowie zur Separierung tätig werden. Hinsichtlich dieser Regelungsgegenstände stellt sich der Befund der drittschützenden Normen differenzierter dar als dies bei den Verpflichtungstatbeständen im Rahmen der Regulierungsverfügung der Fall ist.

Im Bereich des Entgeltgenehmigungsverfahrens werden Schutznormen von der Rechtsprechung lediglich für einen partiellen Kreis der Marktteilnehmer angenommen. Für Vertragspartner des entgeltregulierten Netzbetreibers bejaht das *BVerwG* die Befugnis zur Drittanfechtung der Entgeltgenehmigung, soweit die Genehmigung deren Privatrechtsverhältnis unmittelbar regelt.[46] Grundlage hierfür ist die norminterne Wirkung von Art. 2 Abs. 1 GG.[47] Vor diesem

---

Zugangsgewährungs- und Gleichbehandlungsverpflichtungen (S. 183 f.), c) Verpflichtung zur Preiskontrolle und Kostenrechnung (S. 192 f.) sowie 3. Regulierungsmaßnahmen hinsichtlich marktmächtiger Unternehmen auf Endkundenmärkten (S. 199 f.).

42 Siehe hierzu Kapitel 4, § 10, II. Umsetzung der Schutzmaßnahmen zugunsten zugangsberechtigter Dritter, S. 504 f.

43 Ist die Entgeltgenehmigung rechtswidrig – etwa wegen Verstoßes gegen den in §§ 31 Abs. 1, 32 normierten Entgeltmaßstab der Kosten der effizienten Leistungsbereitstellung – stellt dies einen Eingriff in die grundrechtlich geschützte Vertragsfreiheit dar.

44 Rechtsgrundlage für die Auswahlentscheidung der Regulierung von Entgelten für Endnutzerleistungen ist § 39.

45 Kapitel 3, § 6, b) Auswahl der Regulierungsart von Entgelten für Endnutzerleistungen, S. 303 ff.

46 *BVerwG*, Urt. v. 25.02.2015 – 6 C 37/13 – Juris Rn. 18.

47 Ausführlich hierzu: Kapitel 3, § 6, VI. Zur Schutzwirkung der Entgeltgenehmigung nach § 37 TKG, S. 345 f. Siehe dort auch zum folgenden Satz.

Hintergrund seien Vertragspartner des entgeltregulierten Netzbetreibers beispielsweise klagebefugt, einen Verstoß gegen den Entgeltmaßstab der Kosten der effizienten Leistungsbereitstellung (§ 32) oder die Einhaltung der in § 35 Abs. 1 geregelten Kostenermittlungsmethoden im Rahmen einer Drittanfechtungsklage, gerichtlich prüfen zu lassen.[48] Hintergrund ist, dass die Vertragspartner des entgeltregulierten Unternehmens durch die Genehmigung in adressatenähnlicher Weise betroffen sind. Daher kann insofern von einer "unechten" Drittschutzkonstellation gesprochen werden. Hingegen seien Wettbewerber ohne direkte Vertragsbeziehung zum entgeltregulierten Unternehmen lediglich befugt, sich auf die entgeltspezifischen Missbrauchstatbestände der Behinderung (§ 28 Abs. 2 Nr. 2) und der Diskriminierung (§ 28 Abs. 2 Nr. 3) zu berufen. Diese Rechtsprechung greift sowohl hinsichtlich der geschützten Dritten als auch hinsichtlich der Drittschutztatbestände zu kurz.

Nach hiesiger Auffassung handelt es sich bei dem Kostenmaßstab der effizienten Leistungsbereitstellung (§§ 32, 31 Abs. 1 Nr. 1) ebenfalls um einen Drittschutztatbestand zugunsten zugangsberechtigter Dritter. Dementsprechend können die geschützten Dritten geltend machen, dass das genehmigte Entgelt missbräuchlich überhöht sei, weil der Kostenmaßstab von § 32 nicht eingehalten sei. Geschützt werden auch Zugangsnachfrager, die zwar noch nicht in einer vertraglichen Beziehung zum regulierten Netzbetreiber stehen, aber den Abschluss einer Zugangsvereinbarung konkret beabsichtigen.[49] Insofern dürfte die Aufnahme von Vertragsverhandlungen über die Inanspruchnahme entgeltregulierter Zugangsleistungen zu fordern sein. Nicht ausreichend ist dagegen eine reine Wettbewerberstellung ohne die Absicht, die entgeltregulierten Leistungen in Anspruch zu nehmen. Weiter ist § 31 Abs. 1 und 2 im Hinblick auf die Wahl der Vorgehensweisen zur Entgeltgenehmigung[50] als Schutznorm zugunsten zugangberechtigter Dritter anzusehen. Insofern haben Dritte einen Anspruch auf ermessensfehlerfreie Entscheidung der BNetzA über die jeweilige Vorgehensweise.[51]

---

48 *BVerwG*, Urt. v. 25.02.2015 – 6 C 37/13 – Juris Rn. 18 f.

49 Kapitel 3, § 6, IV. Zum drittschützenden Charakter des Kostenmaßstabes der effizienten Leistungs-bereitstellung nach § 32 TKG, S. 339 ff.

50 Kapitel 3, § 6, III. Zum drittschützenden Charakter der Vorgehensweisen zur Entgeltgenehmigung nach § 31 TKG, S. 336 ff.

51 Abhängig von der gewählten Vorgehensweise kann der Kostenmaßstab der effizienten Leistungsbereitstellung die zulässige Preisober- oder Preisuntergrenze bilden (Kapitel 3, § 6, III. Zum drittschützenden Charakter der Vorgehensweisen zur Entgeltgenehmigung nach § 31 TKG, S. 334 ff.).

Hingegen sind die Rechtsgrundlagen zur Auswahl der Kostenermittlungsmethoden nicht drittschützend.[52]

Hinsichtlich § 28 sind ebenfalls das Regelbeispiel des Preishöhenmissbrauchs (§ 28 Abs. 1 Nr. 1) sowie die Vermutungstatbestände nach § 28 Abs. 2 als Drittschutznormen zugunsten von Wettbewerbern anzusehen, deren Marktstellung durch den jeweiligen Missbrauchstatbestand nachteilig beeinflusst wird.[53] Insoweit handelt es sich um Drittschutztatbestände, die unter Situationsvorbehalt stehen. Wesentliches Argument für die vorstehenden Drittschutzbefunde ist die norminterne Berücksichtigung der drittschützenden Wertungen von Art. 13 Abs. 1 ZRL.

Die Eingriffsnormen der nachträglichen Entgeltkontrolle können insofern als unselbstständige Tatbestände verstanden werden, als dass sie – sowohl hinsichtlich der Regulierung von Zugangsentgelten als auch solchen für Endnutzerleistungen – für die zulässige Preisgrenze auf § 28 abstellen. Ausgehend von dem Drittschutzcharakter der einzelnen Missbrauchstatbestände des § 28 haben die geschützten Dritten ein subjektiv-öffentliches Recht darauf, dass die BNetzA das missbräuchliche Entgelt untersagt.

Als Drittschutznorm unter Situationsvorbehalt ist weiter § 42 – mit seinen Beeinträchtigungs- (§ 42 Abs. 1 S. 2, 1. Alt.), Behinderungs- (§ 42 Abs. 1 S. 2, 2. Alt.), sowie Vermutungstatbeständen (§ 42 Abs. 2 und 3) – anzusehen.[54] Normbegünstigte sind Unternehmen, deren Marktstellung durch die jeweils missbilligte Verhaltensweise nachteilig beeinflusst wird.

Schließlich wird man – insbesondere aufgrund der Wertung von Art. 13a ZRL – die Verpflichtung zur funktionellen Trennung (§ 40) als Schutznorm zugunsten Dritter einstufen können. In personeller Hinsicht dürften Unternehmen geschützt sein, die Zugangsprodukte des vertikal integrierten Unternehmens nachfragen beziehungsweise dies konkret beabsichtigen.[55] Aufgrund des

52 Siehe hierzu Kapitel 3, § 6, V. Zur Schutzrichtung der Kostenermittlungsmethoden nach § 35 TKG, S. 343 ff.

53 Da die Missbrauchstatbestände von § 28 an die Forderung und Vereinbarung von Entgelten anknüpfen, dürfte es sich bei den Normbegünstigten in erster Linie um Vertragspartner beziehungsweise potentielle Vertragspatner handeln (s. Kapitel 3, § 6, d) Zum personellen Schutzzweck).

54 Dies entspricht ebenfalls der Rechtsprechung des *BVerwG*, siehe Kapitel 3, § 6, 1. Zum drittschützenden Charakter der nachträglichen Missbrauchsaufsicht nach § 42 TKG, S. 366 f.

55 Kaptitel 3, § 6, II. Zum Drittschutzcharakter der Verpflichtung zur funktionellen Trennung, S. 359 ff.

außerordenlichen Charakters von § 40a dürfte ein entsprechendes Drittschutzbegehren jedoch eher theoretischer Natur bleiben.

## II. Kein materiell-rechtlicher Drittschutz hinsichtlich Marktdefinition und -analyse

Die Festlegungen zu Marktdefinition und -analyse entscheiden nicht nur über die Anwendbarkeit der telekommunikationsrechtlichen Marktregulierungsregeln, sondern dienen auch der Identifikation des oder der marktmächtigen Unternehmen.[56] Diese Eigenschaft ist zugleich wesentliches Tatbestandsmerkmal der asymmetrischen Regulierungstatbestände. Angesichts dieser Bedeutung erscheint der Befund, dass die zugrundeliegenden Normen – §§ 10 und 11 – nicht drittschützend sind, auf den ersten Blick befremdlich. Im Ergebnis begegnet dies jedoch keinen durchgreifenden Bedenken.

Zu vergegenwärtigen ist, dass es sich bei dem Marktregulierungsverfahren nach dem TKG um ein gestuftes Verfahren handelt. Die Festlegungen zu Marktdefinition und -analyse führen nicht unmittelbar zu Rechtsfolgen, die die Marktstellung von Dritten begünstigen können. Auswirkungen auf deren Marktstellung zeigt erst die Auferlegung konkreter Regulierungsverpflichtungen.[57] Aus demselben Grund erscheint in Ansehung der einschlägigen Vorgaben der Rahmenrichtlinie eine Subjektivierung nicht geboten.[58] Zudem ist hinsichtlich des grundsätzlich vorstellbaren Begehrens der Festlegung eines noch nicht definierten Marktes zu berücksichtigen, dass die BNetzA sich grundsätzlich an den von der Kommission in der Märkteempfehlung 2014 vorgeschlagenen Märkten zu orientieren hat. Gegenwärtig sind diese auch entsprechend definiert.[59]

Im Übrigen ist festzuhalten, dass Dritte im Rahmen der Konsultation die Möglichkeit haben, zu den Festlegungsentwürfen Stellung zu nehmen.[60] Auf

---

56 Zur Funktionsweise von Marktdefinition und -analyse siehe Kapitel 1, § 2, I. Zum Ablauf des Marktregulierungsverfahrens, S. 70 ff.

57 Beispielsweise folgt aus einer Verpflichtung nach § 21 Abs. 1, Abs. 2 Nr. 1, die Pflicht zu bestimmten Netzkomponenten Zugang zu gewähren.

58 Siehe zur richtlinienrechtlichen Vorsteuerung der Regelungen zur Marktdefinition und -analyse Kapitel 3, § 6, 2. Keine drittschützende Vorsteuerung durch die Rahmenrichtlinie, S. 375 ff.

59 Vgl. https://www.bundesnetzagentur.de/DE/Service-Funktionen/Beschlusskammern/BK01/BK1_71_Markt/BK1_Markt_node.html, zuletzt besucht am 23.07.2019.

60 Zur Beteiligung im Rahmen der Konsultation nach § 12 Abs. 1 siehe Kapitel 1, § 2, a) Konsultationsverfahren, S. 75 ff.

diese Weise können sie sich im Verwaltungsverfahren durchaus rechtliches Gehör verschaffen und ihr jeweiliges Begehren in ein Verfahren einbringen, das vom Amtsermittlungsgrundsatz geprägt ist. Weiter handelt es sich bei der zur Festlegung berufenen Beschlusskammer der BNetzA um ein kollegial besetztes Entscheidungsorgan, dessen Mitglieder über besondere Fachkunde verfügen müssen.[61] Mithin kann in verfahrens- sowie organisationsrechtlicher Hinsicht durchaus von einer objektiv-schützenden Gestaltung des Marktregulierungsverfahrens gesprochen werden.

Schließlich ist zu erwähnen, dass im Falle einer Veto-Entscheidung der Kommission gegen den Entwurf der BNetzA zur Marktanalyse durchaus eine Nichtigkeitsklage in Betracht kommen kann.[62]

## III. Zur verwaltungsgerichtlichen Durchsetzung der Drittschutztatbestände und Kontrolldichte

Statthafte Hauptsacherechtsbehelfe zur Geltendmachung der materiellrechtlilchen Drittschutznormen sind Anfechtungs- und Verpflichtungsklagen[63], da die einzelnen Regulierungsverpflichtungen nach Teil 2 des TKG jeweils als Verwaltungsakte im Sinne des § 35 S. 1 VwVfG zu qualifizieren sind.[64] Denkbare Klagekonstellationen sind beispielsweise eine Drittanfechtungsklage gegen die Änderung einer drittbegünstigenden Regulierungsverpflichtung[65] sowie eine Verpflichungsklage gerichtet auf den Erlass weitergehender Regulierungsverpflichtungen.[66] Im Rahmen der Ex-ante-Entgeltregulierung ist eine

61 Siehe hierzu Kapitel 1, § 2, II. Marktregulierung als Aufgabe der Bundesnetzagentur, S. 53 ff.

62 Kapitel 3, § 7, 2. Rechtsschutz Dritter hinsichtlich der Veto-Entscheidungen der Kommission, S. 444 ff.

63 Weiter dürfte im Fall der Erledigung einer Markregulierungsmaßnahme und bei Bestehen eines entsprechenden Feststellungsinteresses grundsätzlich auch eine Fortsetzungsfeststellungklage in Betracht kommen.

64 Vgl. Kapitel 3, § 7, I. Zur Rechtsnatur der Regulierungsverfügung, S. 394 ff.

65 Teilanfechtungsklagen gegen einzelne Verpflichtungen einer Regulierungsverfügung sind zulässig, soweit es sich um objektiv abgrenzbare Verfügungen handelt (Kapitel 3, § 7, II. Drittanfechtungsklage gegen ungünstige Regulierungsverpflichtungen, S. 396).

66 Weiter kommt hinsichtlich einer Entgeltgenehmigung eine Drittanfechtungsklage gestützt darauf, dass das genehmigte Entgelt beispielsweise gegen den Kostenmaßstab der effizienten Leistungsbereitstellung verstößt, in Betracht. Im Bereich der Missbrauchsaufsicht erscheint zudem eine Verpflichtungsklage gerichtet auf ein Einschreiten gegen ein sich nicht gesetzeskonform verhaltenden Marktteilnehmer

Drittanfechtungsklage gegen eine Entgeltgenehmigung wegen missbräuchlich überhöhter Preise vorstellbar. Ferner kommt im Bereich der nachträglichen Entgeltregulierung eine Verpflichtungsklage gerichtet auf die Untersagung eines missbräuchlichen Entgeltes oder die Anordnung eines den Kostenmaßstäben von § 28 genügenden Entgeltes in Betracht.[67]

In prozessualer Hinsicht sind die telekommunikationsrechtlichen Besonderheiten des verkürzten Instanzenzuges sowie des Wegfalls der aufschiebenden Wirkung von Anfechtungsrechtsbehelfen zu berücksichtigen[68], da es sich hierbei um Abweichungen von der VwGO handelt. Der Wegfall der aufschiebenden Wirkung dürfte grundsätzlich dazu führen, dass den Verfahren des einstweiligen Rechtsschutzes in Anfechtungskonstellationen größere Bedeutung zukommt. Der Entfall der Berufungsinstanz führt zwar einerseits zum Verlust einer Tatsacheninstanz, allerdings begünstigt dies andererseits eine zügige Entscheidung. Dies ist durchaus im Sinne der Rechtsschutzgarantie nach Art. 19 Abs. 4 S. 1 GG, welche eine abschließende gerichtliche Entscheidung in angemessener Zeit gebietet.[69] In einem technisch und ökonomisch geprägten Rechtsgebiet wie der telekommunikationsrechtlichen Marktregulierung ist zudem ein zügiger Verfahrensabschluss sachgerecht.

Hinsichtlich der gerichtlichen Kontrollkompetenz ist zu vergegenwärtigen, dass diese im Falle des sogenannten Regulierungsermessens[70] sowie im Falle der Überprüfung des Kostenmaßstabes der effizienten Leistungsbereitstellung[71] eingeschränkt ist. Durch den Gesetzgeber eingeräumte Ermessens- und Beurteilungsspielräume stehen dem Grundsatz effektiven Rechtsschutzes nicht schlechterdings entgegen. Schließlich kann die gerichtliche Kontrolle nicht weiterreichen als das materielle Recht den behördlichen Entscheidungsträger bindet. Hinsichtlich einer Ausnahme vom Grundsatz der vollen gerichtlichen

---

vorstellbar. Siehe zu den potentiellen Rechtsschutzbegehren Kapitel 3, § 7 Zum verwaltungsgerichtlichen Drittschutz im Rahmen der Marktregulierung S. 393 ff.

67 Zu den potentiellen Drittklagekonstellationen im Rahmen der Marktregulierung siehe Kapitel 3,§ 7, A. bis D. (S. 393 ff).

68 Kapitel 3, § 7, A. Sektorspezifische Besonderheiten des verwaltungsgerichtlichen Verfahrens, S. 385 ff.

69 *Jarass/Pieroth*, GG, Art. 19 Rn. 66.

70 Siehe hierzu Kapitel 3, § 7, a) Zum Regulierungsermessen, S. 401 ff.

71 Hinsichtlich der Auswahl der Berechnungsmethode für das Anlagevermögen als Grundlage für die Ermittlung von Zinsen und Abschreibungen verfügt die BNetzA über einen Beurteilungsspielraum (siehe Kapitel 3, § 7, a) Zur gerichtlichen Prüfdichte der Kosten der effizienten Leistungsbereitstellung, S. 425 ff.).

Kontrolle ist allerdings Zurückhaltung geboten. Nicht ausreichend ist, dass es sich um eine Beschlusskammerentscheidung nach Teil 2 des TKG handelt. Entscheidend ist vielmehr, dass die betreffende Normstruktur eine behördliche Einschätzungsprärogative vermittelt. Die Annahme des Regulierungsermessens setzt – wie die Analyse von § 21 (Abs. 1) gezeigt hat – voraus, dass der eingeräumte Ermessensspielraum mit einer durch unbestimmte Rechtsbegriffe gesteuerten Abwägung mit den Regulierungszielen zusammentrifft.[72] Diese Grundsätze lassen sich auf die Auswahlentscheidung hinsichtlich der jeweiligen Entgeltregulierungsart von Zugangsentgelten sowie Entgelten für Endnutzerleistungen übertragen.[73]

Zu beachten ist weiter, dass die Einräumung von Regulierungsermessen zwar zu einer eingeschränkten gerichtlichen Kontrolle auf Abwägungsfehler führt, allerdings stellt die Rechtsprechungspraxis an die Abwägungsausübung strenge Anforderungen, welche durchaus als Rechtsschutzstärkung zu werten sind. Insbesondere ist die Ausübung des Regulierungsermessens darauf zu überprüfen, ob alle abwägungsrelevanten Kriterien berücksichtigt worden sind und die BNetzA im Hinblick auf diese plausibel und erschöpfend argumentiert hat.[74]

## D. Streitbeilegung und Ansprüche nach § 42 TKG als "Flankierung" der marktregulierungsrechtlichen Drittschutznormen

Das TKG enthält mit dem Streitbeilegungsverfahren sowie dem sektorspezifischen Unterlassungs-, Beseitigungs- und Schadensersatzanspruch Rechtsbehelfe, die durchaus als "Flankierung" der marktregulierungsrechtlichen Drittschutztatbestände verstanden werden können.[75] Einschränkend ist jedoch zu konstatieren, dass die vorgenannten Rechtsbehelfe nicht dazu dienen, den Erlass einer Regulierungsverpflichtung herbeizuführen oder eine solche zur gerichtlichen Überprüfung zu stellen. Zudem ist nicht der Rechtsträger der BNetzA, sondern ein gegen das TKG handelndes Unternehmen passivlegitimiert.

---

72 Kapitel 3, § 7, bb) Zu Begründung und Kriterien des *Regulierungsermessens*, S. 403 f.

73 Rechtsgrundlage für diese Auswahlentscheidungen sind § 30 Abs. 1 sowie § 39 Abs. 1.

74 Vgl. Kapitel 3, § 7, aa) Vereinbarkeit mit der Rechtsschutzgarantie, S. 406 f.

75 Zum Anwendungsbereich und zu Voraussetzungen des Streitbeilegungsverfahren siehe Kapitel 4, § 8 Rechtsschutz im Wege des Streitbeilegungsverfahrens (S. 451 ff.) sowie zum sektorspezifischen Unterlassungs-, Beseitigungs- und Schadensersatzanspruch siehe Kapitel 4, § 9, S. 478 ff.

In zeitlicher Hinsicht sind die vorgenannten Rechtsbehelfe – abgesehen von den wenigen gesetzesunmittelbaren Pflichten im Rahmen der Marktregulierung[76] – erst anwendbar, soweit die BNetzA Regulierungsverpflichtungen – sei es im Wege der Regulierungsverfügung oder außerhalb dieser – erlassen hat. Ist dies der Fall, können zugangsberechtigte Dritte die vor allem im Rahmen der Zugangsregulierung zunächst abstrakt[77] auferlegten Verpflichtungen im konkreten Einzelfall einfordern, soweit das regulierte Unternehmen zu ihrem Nachteil gegen eine Verpflichtung aufgrund des TKG verstößt.[78]

So gesehen bieten die zivilrechtlichen Ansprüche des § 42 sowie das Streitbeilegungsverfahren für zugangsberechtigte Dritte praktisch bedeutsame Rechtsbehelfe, um unmittelbar das regulierte Unternehmen in die Pflicht nehmen zu können, eine für Dritte günstige Regulierungsverpflichtung einzuhalten. Da die vorgenannten Rechtsbehelfe entweder eine Beeinträchtigung beziehungsweise Behinderung der Marktstellung eines Wettbewerbers oder eine Streitigkeit im Zusammenhang mit einer Marktregulierungsverpflichtung voraussetzen, können die Ansprüche nach § 42 sowie das Streitbeilegungsverfahren als Rechtsbehelfe bezeichnet werden, die unter dem Vorbehalt der konkreten Situation stehen.

## E. Ausblick

Hinsichtlich der telekommunikationsrechtlichen Marktregulierung erkennt die Rechtsprechung – nach anfänglicher Verneinung – zunehmend Schutznormen zugunsten zugangsberechtigter Dritter an. Diese Entwicklung erscheint jedoch noch nicht abgeschlossen. Im Bereich der Entgeltgenehmigung dürfte die Zuerkennung weiterer Drittschutztatbestände zu erwarten sein. Wesentlicher "Motor" für die Subjektivierung von Vorschriften der telekommunikationsrechtlichen Marktregulierung sind dabei die Vorgaben des unionalen Richtlinienrahmens. Soweit dieser Schutzmaßnahmen zugunsten Dritter enthält, ist die Subjektivierung des telekommunikationsrechtlichen Umsetzungsrechtes vorgegeben.

76 Insoweit sind lediglich § 16 und § 17 zu nennen.

77 Siehe zur Wirkungsweise der einzelnen Marktregulierungsverpflichtungen Kapitel 1, § 2, F. Regelungsgegenstände der telekommunikationsrechtlichen Marktregulierung, S. 82 ff.

78 Ist beispielsweise ein marktmächtiger Netzbetreiber im Rahmen der Regulierungsverfügung verpflichtet worden, technische Anforderungen, die für die Zugangsnutzung erforderlich sind, zu veröffentlichen (§ 20 Abs. 1) und hält er diese Informationen trotzdem zurück, kann der Zugangsnachfrager ein Streitbeilegungsverfahren anstrengen oder erwägen, auf der Grundlage von § 42 unmittelbar gegen das regulierte Unternehmen vorzugehen.

Der unionale Richtlinienrahmen wird zwar mit Wirkung zum 21.12.2020 durch die Kodifizierungsrichtlinie (EU) 2018/1972 abgelöst, allerdings dürfte dies nicht zu einer grundlegenden Änderung der telekommunikationsrechtlichen Marktregulierung führen. Die Kodifizierungsrichtlinie führt im Wesentlichen die einzelnen Sekundärrechtsakte des Richtlinienrahmens zusammen, was bereits aus Gründen der Übersichtlichkeit zu begrüßen ist. Weiter wird das System von Marktdefinition und -analyse mit den weitgehend asymmetrischen Regulierungsverpflichtungen fortgeführt. Insbesondere die Verpflichtungen der Zugangsrichtlinie (Art. 8 ff. ZRL) behält die Kodifizierungsrichtlinie bei.[79] Substantielle Änderungen dürfte hingegen der Bereich der Entgeltregulierung bei Endnutzerleistungen (§ 39) erfahren. Der zugrundeliegende Art. 17 URL[80] wird mit Wirkung zum 21.12.2020 aufgehoben. Daher steht zu erwarten, dass § 39, welcher der Umsetzung von Art. 17 URL dient, zukünftig aufzuheben oder jedenfalls zu ändern sein dürfte.

79 Siehe Kapitel IV – Zugangsverpflichtungen für Unternehmen mit beträchtlicher Marktmacht – Art. 68 ff. Kodifizierungsrichtlinie (EU) 2018/1972.

80 Art. 17 URL betrifft Regulierungsmaßnahmen in Bezug auf Dienste für Endnutzer und regelt insbesondere preisrelevante Verpflichtungen (Art. 17 Abs. 2 URL).

# Anhang

Entscheidung Nr. 676/2002/EG des Europäischen Parlaments und des Rates vom 07. März 2002 über einen Rechtsrahmen für die Funkfrequenzpolitik in der Europäischen Gemeinschaft (Frequenzentscheidung), ABl. EG Nr. L 108 vom 24.04.2002, S. 1-6

Empfehlung 2005/698/EG Empfehlung der Kommission vom 19. September 2005 über die getrennte Buchführung und Kostenrechnungssysteme entsprechend dem Rechtsrahmen für die elektronische Kommunikation, ABl. Nr. L 266 vom 11.10.2005, S. 64-69

Empfehlung 2009/396/EG der Kommission vom 7. Mai 2009 über die Regulierung der Festnetz- und Mobilfunk-Zustellungsentgelte in der EU, ABl. EU Nr. L 124 vom 20.05.2009, S. 67-74

Empfehlung 2013/466/EU Empfehlung der Kommission vom 11. September 2013 über einheitliche Nichtdiskriminierungsverpflichtungen und Kostenrechnungsmethoden zur Förderung des Wettbewerbs und zur Verbesserung des Umfelds für Breitbandinvestitionen, ABl. EU Nr. L 251 vom 21.09.2013, S. 13-32

Richtlinie 64/221/EWG des Rates vom 25. Februar 1964 zur Koordinierung der Sondervorschriften für die Einreise und den Aufenthalt von Ausländern, soweit sie aus Gründen der öffentlichen Ordnung, Sicherheit oder Gesundheit gerechtfertigt sind, ABl. Nr. P 56 vom 04.04.1964, S. 850-857, aufgehoben durch Richtlinie 2004/38/EG

Richtlinie 71/305/EWG des Rates vom 26. Juli 1971 über die Koordinierung der Verfahren zur Vergabe öffentlicher Bauaufträge, ABl. Nr. L 185 vom 16.08.1971, S. 5-14

Richtlinie 75/440/EWG des Rates vom 16. Juni 1975 über die Qualitätsanforderungen an Oberflächenwasser für die Trinkwassergewinnung in den Mitgliedstaaten, ABl. Nr. L 194 vom 25.07.1975, S. 34-39, aufgehoben durch Richtlinie 2000/60/EG

Richtlinie 80/68/EWG des Rates vom 17. Dezember 1979 über den Schutz des Grundwassers gegen Verschmutzung durch bestimmte gefährliche Stoffe, ABl. Nr. L 20 vom 26.01.1980, S. 43-48, aufgehoben durch Richtlinie 2000/60/EG

Richtlinie 80/779/EWG des Rates vom 15. Juli 1980 über Grenzwerte und Leitwerte der Luftqualität für Schwefeldioxid und Schwebestaub, ABl. Nr. L 229 vom 30.08.1980, S. 30-48, aufgehoben durch Richtlinie 1999/30/EG

Richtlinie 83/189/EWG des Rates vom 28. März 1983 über ein Informationsverfahren auf dem Gebiet der Normen und technischen Vorschriften, ABl. EG Nr. L 109 vom 26.04.1983, S. 8-12, aufgehoben durch Richtlinie 98/34/EG

Richtlinie 85/337/EWG des Rates vom 27. Juni 1985 über die Umweltverträglichkeitsprüfung bei bestimmten öffentlichen und privaten Projekten, ABl. EG Nr. L 175 vom 05.07.1985, S. 40-48, aufgehoben durch Richtlinie 2011/92/EU

Richtlinie 85/577/EWG des Rates vom 20. Dezember 1985 betreffend den Verbraucherschutz im Falle von außerhalb von Geschäftsräumen geschlossenen Verträgen, ABl. Nr. L 372 vom 31.12.1985, S. 31-33, aufgehoben durch Richtlinie 2011/83/EU

Richtlinie 88/301/EWG der Kommission vom 16. Mai 1988 über den Wettbewerb auf dem Markt für Telekommunikations-Endgeräte, ABl. Nr. L 131 vom 27.05.1988, S. 73-77, aufgehoben durch Richtlinie 2008/63/EG

Richtlinie 90/387/EWG des Rates vom 28. Juni 1990 zur Verwirklichung des Binnenmarktes für Telekommunikationsdienste durch Einführung eines offenen Netzzugangs (Open Network Provision - ONP), ABl. EG Nr. L 192 vom 24.07.1990, S. 1-9, geändert durch die Richtlinie 97/51/EG sowie aufgehoben durch Richtlinie 2002/21/EG

Richtlinie 90/388/EWG über den Wettbewerb auf dem Markt für Telekommunikationsdienste, Amtsblatt der Europäischen Gemeinschaften, L 192 vom 24.07.1990, S. 10-16, aufgehoben durch Richtlinie 2002/77/EG

Richtlinie 92/44/EWG des Rates vom 5. Juni 1992 zur Einführung des offenen Netzzugangs bei Mietleitungen, ABl. EG Nr. L 165 vom 19.06.1992, S. 27-36, aufgehoben durch Richtlinie 2002/21/EG

Richtlinie 93/13/EWG des Rates vom 5. April 1993 über mißbräuchliche Klauseln in Verbraucherverträgen, ABl. EG Nr. L 95 vom 21.04.1993, S. 29-34, zuletzt geändert durch Richtlinie 2011/83/EU

Richtlinie 94/19/EG des Europäischen Parlaments und des Rates vom 30. Mai 1994 über Einlagensicherungssysteme, ABl. EG Nr. L 135 vom 31.05.1994, S. 5-14, aufgehoben durch Richtlinie 2014/49/EU

Richtlinie 94/46/EG der Kommission vom 13. Oktober 1994 zur Änderung der Richtlinien 88/301/EWG und 90/388/EWG, insbesondere betreffend die Satelliten-Kommunikation, ABl. EG Nr. L 268 vom 19.10.1994, S. 15-21, Aufgehoben durch Richtlinie 2002/77/EG

Richtlinie 95/51/EG der Kommission vom 18. Oktober 1995 zur Änderung der Richtlinie 90/388/EWG hinsichtlich der Aufhebung der Einschränkungen bei der Nutzung von Kabelfernsehnetzen für die Erbringung bereits liberalisierter Telekommunikationsdienste, ABl. EG Nr. L 256 vom 26.10.1995, S. 49-54

Richtlinie 95/62/EG des Europäischen Parlaments und des Rates vom 13. Dezember 1995 zur Einführung des offenen Netzzugangs (ONP) beim Sprachtelefondienst, ABl. EG Nr.L 321 vom 30.12.1995, S. 6-24, aufgehoben durch Richtlinie 98/10/EG

Richtlinie 96/2/EG der Kommission vom 16. Januar 1996 zur Änderung der Richtlinie 90/388/EWG betreffend die mobile Kommunikation und Personal Communications, ABl. EG Nr. L 20 vom 26.01.1996, S. 59-66

Richtlinie 96/19/EG der Kommission vom 13. März 1996 zur Änderung der Richtlinie 90/388/EWG hinsichtlich der Einführung des vollständigen Wettbewerbs auf den Telekommunikationsmärkten, ABl. EG Nr. L 74 vom 22.03.1996, S. 13-24

Richtlinie 96/62/EG des Rates vom 27. September 1996 über die Beurteilung und die Kontrolle der Luftqualität, ABl. Nr. L 296 vom 21.11.1996, S. 55-63, aufgehoben durch Richtlinie 2008/50/EG

Richtlinie 97/13/EG des Europäischen Parlaments und des Rates vom 10. April 1997 über einen gemeinsamen Rahmen für Allgemein- und Einzelgenehmigungen für Telekommunikationsdienste, ABl. EG Nr. L 117 vom 07.05.1997, S. 15-27, aufgehoben durch Richtlinie 2002/21/EG

Richtlinie 97/33/EG des Europäischen Parlaments und des Rates vom 30. Juni 1997 über die Zusammenschaltung in der Telekommunikation im Hinblick auf die Sicherstellung eines Universaldienstes und der Interoperabilität durch Anwendung der Grundsätze für einen offenen Netzzugang (ONP), ABl. EG Nr. L 199 vom 26.07.1997, S. 32-52, aufgehoben durch Richtlinie 2002/21/EG

Richtlinie 97/51/EG des Europäischen Parlaments und des Rates vom 6. Oktober 1997 zur Änderung der Richtlinien 90/387/EWG und 92/44/EWG des Rates zwecks Anpassung an ein wettbewerbsorientiertes Telekommunikationsumfeld, ABl. EG Nr. L 295 vom 29.10.1997, S. 23-33

Richtlinie 97/66/EG des Europäischen Parlaments und des Rates vom 15. Dezember 1997 über die Verarbeitung personenbezogener Daten und den Schutz der Privatsphäre im Bereich der Telekommunikation, ABl. EG Nr. L 24 vom 30.01.1998, S. 1-8, aufgehoben durch Richtlinie 2002/58/EG

Richtlinie 98/10/EG des Europäischen Parlaments und des Rates vom 26. Februar 1998 über die Anwendung des offenen Netzzugangs (ONP) beim Sprachtelefondienst und den Universaldienst im Telekommunikationsbereich in einem wettbewerbsorientierten Umfeld, ABl. EG Nr. L 101 vom 01.04.1998, S. 24-47, aufgehoben durch Richtlinie 2002/21/EG

Richtlinie 98/61/EG des Europäischen Parlaments und des Rates vom 24. September 1998 zur Änderung der Richtlinie 97/33/EG hinsichtlich der Übertragbarkeit von Nummern und der Betreibervorauswahl, ABl. EG Nr. L 268 vom 03.10.1998, S. 37-38

Richtlinie 1999/64/EG der Kommission vom 23. Juni 1999 zur Änderung der Richtlinie 90/388/EWG im Hinblick auf die Organisation ein- und demselben Betreiber gehörender Telekommunikations- und Kabelfernsehnetze in rechtlich getrennten Einheiten, ABl. EG Nr, L 175 vom 10.07.1999, S. 39-42

Richtlinie 2002/19/EG des Europäischen Parlaments und des Rates vom 7. März 2002 über den Zugang zu elektronischen Kommunikationsnetzen und zugehörigen Einrichtungen sowie deren Zusammenschaltung (Zugangsrichtlinie), Amtsblatt der Europäischen Gemeinschaften, L 108 vom 24.04.2002, S. 7-20, zuletzt geändert durch Richtlinie 2009/140/EG sowie aufgehoben durch Richtlinie (EU) 2018/1972

Richtlinie 2002/20/EG des Europäischen Parlaments und des Rates vom 7. März 2002 über die Genehmigung elektronischer Kommunikationsnetze und -dienste (Genehmigungsrichtlinie), ABl. EG Nr. L 108 vom 24.04.2002, S. 21-32, zuletzt geändert durch Richtlinie 2009/140/EG sowie aufgehoben durch Richtlinie (EU) 2018/1972

Richtlinie 2002/21/EG des Europäischen Parlaments und des Rates vom 7. März 2002 über einen gemeinsamen Rechtsrahmen für elektronische Kommunikationsnetze und -dienste (Rahmenrichtlinie), ABl. EG Nr. L 108 vom 24.04.2002, S. 33-50, zuletzt geändert durch geändert durch Richtlinie 2009/140/EG und Verordnung (EG) Nr. 544/2009 sowie aufgehoben durch Richtlinie (EU) 2018/1972

Richtlinie 2002/22/EG des Europäischen Parlaments und des Rates vom 7. März 2002 über den Universaldienst und Nutzerrechte bei elektronischen Kommunikationsnetzen und -diensten (Universaldienstrichtlinie), ABl. EG Nr. L 108 vom 24.04.2002, S. 51-77; zuletzt geändert durch geändert durch Richtlinie 2009/136/EG und Verordnung (EU) 2015/2120 sowie aufgehoben durch Richtlinie (EU) 2018/1972

Richtlinie 2002/58/EG des Europäischen Parlaments und des Rates vom 12. Juli 2002 über die Verarbeitung personenbezogener Daten und den Schutz der Privatsphäre in der elektronischen Kommunikation (Datenschutzrichtlinie für elektronische Kommunikation), ABl. EG Nr. L 201 vom 31.07.2002, S. 37-47, zuletzt geändert durch Richtlinie 2009/136/EG

Richtlinie 2002/77/EG der Kommission vom 16. September 2002 über den Wettbewerb auf den Märkten für elektronische Kommunikationsnetze und -dienste, ABl. EG Nr. L 249 vom 17.09.2002, S. 21-26

Richtlinie 2003/4/EG des Europäischen Parlaments und des Rates vom 28. Januar 2003 über den Zugang der Öffentlichkeit zu Umweltinformationen und zur Aufhebung der Richtlinie 90/313/EWG des Rates, ABl. EG L 41 vom 14.02.2003, S. 26-32

Richtlinie 2008/63/EG der Kommission vom 20. Juni 2008 über den Wettbewerb auf dem Markt für Telekommunikationsendeinrichtungen (kodifizierte Fassung), ABl. EG Nr. L 162 vom 21.06.2008, S. 20-26

Richtlinie 2009/136/EG des Europäischen Parlaments und des Rates vom 25. November 2009 zur Änderung der Richtlinie 2002/22/EG über den Universaldienst und Nutzerrechte bei elektronischen Kommunikationsnetzen und -diensten, der Richtlinie 2002/58/EG über die Verarbeitung personenbezogener Daten und den Schutz der Privatsphäre in der elektronischen Kommunikation und der Verordnung (EG) Nr. 2006/2004 über die Zusammenarbeit im Verbraucherschutz, ABl. EG Nr. L 337 vom 18.12.2009, S. 11-36, aufgehoben durch Richtlinie (EU) 2018/1972

Richtlinie 2009/140/EG des Europäischen Parlaments und des Rates vom 25. November 2009 zur Änderung der Richtlinie 2002/21/EG über einen gemeinsamen Rechtsrahmen für elektronische Kommunikationsnetze und -dienste, der Richtlinie 2002/19/EG über den Zugang zu elektronischen Kommunikationsnetzen und zugehörigen Einrichtungen sowie deren Zusammenschaltung und der Richtlinie 2002/20/EG über die Genehmigung elektronischer Kommunikationsnetze und -dienste, ABl. EG Nr. L 337 vom 18.12.2009, S. 37-69, aufgehoben durch Richtlinie (EU) 2018/1972

Richtlinie 2014/30/EU des Europäischen Parlaments und des Rates vom 26. Februar 2014 zur Harmonisierung der Rechtsvorschriften der Mitgliedstaaten über die elektromagnetische Verträglichkeit (Neufassung), ABl. L 096 vom 29.03.2014, S. 79-106

Richtlinie 2014/53/EU des Europäischen Parlaments und des Rates vom 16. April 2014 über die Harmonisierung der Rechtsvorschriften der Mitgliedstaaten über die Bereitstellung von Funkanlagen auf dem Markt und zur Aufhebung der Richtlinie 1999/5/EG, ABl. L 153 vom 22.05.2014, S. 62-106

Richtlinie (EU) 2018/1972 des Europäischen Parlaments und des Rates vom 11. Dezember 2018 über den europäischen Kodex für die elektronische Kommunikation (Neufassung), ABl. L 321 vom 17.12.2018, S. 36-214

Marktanalyseleitlinien 2002 Leitlinien der Kommission zur Marktanalyse und Ermittlung beträchtlicher Marktmacht nach dem gemeinsamen Rechtsrahmen für elektronische Kommunikationsnetze und -dienste, ABl. Nr. C 165 v. 11.07.2002, S. 6-31

Marktanalyseleitlinien 2018 Leitlinien zur Marktanalyse und Ermittlung beträchtlicher Marktmacht nach dem EU-Rechtsrahmen für elektronische Kommunikationsnetze und -dienste, ABl. EU Nr. C 159 vom 07.05.2018, S. 1-15

Märkteempfehlung 2003/311/EG Empfehlung der Kommission vom 11. Februar 2003 über relevante Produkt- und Dienstmärkte des elektronischen

Kommunikationssektors, die aufgrund der Richtlinie 2002/21/EG des Europäischen Parlaments und des Rates über einen gemeinsamen Rechtsrahmen für elektronische Kommunikationsnetze und -dienste für eine Vorabregulierung in Betracht kommen, ABl. Nr. L 114 v. 08.05.2003, S. 45-49

Märkteempfehlung 2007/879/EG Empfehlung der Kommission vom 17. Dezember 2007 über relevante Produkt- und Dienstmärkte des elektronischen Kommunikationssektors, die aufgrund der Richtlinie 2002/21/EG des Europäischen Parlaments und des Rates über einen gemeinsamen Rechtsrahmen für elektronische Kommunikationsnetze und -dienste für eine Vorabregulierung in Betracht kommen, ABl. Nr. L 344 v. 28.12.2007, S. 65-69

Märkteempfehlung 2014/710/EU Empfehlung der Kommission vom 9. Oktober 2014 über relevante Produkt- und Dienstmärkte des elektronischen Kommunikationssektors, die aufgrund der Richtlinie 2002/21/EG des Europäischen Parlaments und des Rates über einen gemeinsamen Rechtsrahmen für elektronische Kommunikationsnetze und -dienste für eine Vorabregulierung in Betracht kommen, ABl. EU Nr. L 295 v. 11.10.2014, S. 79-84

Verordnung (EG) Nr. 2887/2000 des Europäischen Parlaments und des Rates vom 18. Dezember 2000 über den entbündelten Zugang zum Teilnehmeranschluss, ABl. EG Nr. L 336 vom 30.12.2000, S. 4-8, aufgehoben durch Richtlinie 2009/140/EG

Verordnung (EG) Nr. 2006/2004 des Europäischen Parlaments und des Rates vom 27. Oktober 2004 über die Zusammenarbeit zwischen den für die Durchsetzung der Verbraucherschutzgesetze zuständigen nationalen Behörden („Verordnung über die Zusammenarbeit im Verbraucherschutz"), ABl. L 364 vom 09.12.2004, S. 1-11, zuletzt geändert durch Verordnung (EU) 2018/302

Verordnung (EG) Nr. 717/2007 des Europäischen Parlaments und des Rates vom 27. Juni 2007 über das Roaming in öffentlichen Mobilfunknetzen in der Gemeinschaft und zur Änderung der Richtlinie 2002/21/EG, ABl. EG Nr. L 171 vom 29.06.2007, S. 32-40, geändert durch Verordnung (EG) Nr. 544/2009 sowie aufgehoben durch Verordnung (EU) Nr. 531/2012

Verordnung (EG) Nr. 544/2009 des Europäischen Parlaments und des Rates vom 18. Juni 2009 zur Änderung der Verordnung (EG) Nr. 717/2007 über das Roaming in öffentlichen Mobilfunknetzen in der Gemeinschaft und der Richtlinie 2002/21/EG über einen gemeinsamen Rechtsrahmen für elektronische Kommunikationsnetze und -dienste, ABl. EG Nr. L 167 vom 29.06.2009, S. 12-23, geändert durch Verordnung (EU) Nr. 531/2012 sowie aufgehoben durch Richtlinie (EU) 2018/1972

Verordnung (EG) Nr. 1211/2009 des Europäischen Parlaments und des Rates vom 25. November 2009 zur Einrichtung des Gremiums Europäischer Regulierungsstellen für elektronische Kommunikation (GEREK) und des Büros,

ABl.EU Nr. L 337 vom 18.12.2009, S. 1-10, aufgehoben durch die Verordnung (EU) 2018/1971

Verordnung (EU) Nr. 531/2012 des Europäischen Parlaments und des Rates vom 13. Juni 2012 über das Roaming in öffentlichen Mobilfunknetzen in der Union, ABl.. EU Nr. L 172 vom 30.06.2012, S. 10-35, zuletzt geändert durch Verordnung (EU) 2017/920, geändert durch Verordnung (EU) 2017/920

Verordnung (EU) 2015/2120 des Europäischen Parlaments und des Rates vom 25. November 2015 über Maßnahmen zum Zugang zum offenen Internet und zur Änderung der Richtlinie 2002/22/EG über den Universaldienst und Nutzerrechte bei elektronischen Kommunikationsnetzen und -diensten sowie der Verordnung (EU) Nr. 531/2012 über das Roaming in öffentlichen Mobilfunknetzen in der Union, ABl. EU Nr. L 310 vom 26.11.2015, S. 1-18, geändert durch Verordnung (EU) 2018/1971 sowie aufgehoben durch Richtlinie (EU) 2018/1972

Verordnung (EU) 2017/920 des Europäischen Parlaments und des Rates vom 17. Mai 2017 zur Änderung der Verordnung (EU) Nr. 531/2012 in Bezug auf Vorschriften für Großkunden-Roamingmärkte, ABl. EU Nr. L 147 vom 09.06.2017, S. 1-8

Verordnung (EU) 2018/302 des Europäischen Parlaments und des Rates vom 28. Februar 2018 über Maßnahmen gegen ungerechtfertigtes Geoblocking und andere Formen der Diskriminierung aufgrund der Staatsangehörigkeit, des Wohnsitzes oder des Ortes der Niederlassung des Kunden innerhalb des Binnenmarkts und zur Änderung der Verordnungen (EG) Nr. 2006/2004 und (EU) 2017/2394 sowie der Richtlinie 2009/22/EG, ABl. EU Nr. L 60 I vom 02.03.2018, S. 1-15

Verordnung (EU) 2018/1971 des Europäischen Parlaments und des Rates vom 11. Dezember 2018 zur Einrichtung des Gremiums europäischer Regulierungsstellen für elektronische Kommunikation (GEREK) und der Agentur zur Unterstützung des GEREK (GEREK-Büro), zur Änderung der Verordnung (EU) 2015/2120 und zur Aufhebung der Verordnung (EG) Nr. 1211/2009, ABl. EU Nr. L 321 vom 17.12.2018, S. 1-35

# Literaturverzeichnis


*Achterberg, Norbert* Die rechtsverhältnistheoretische Deutung absoluter Rechte, in: Recht und Rechtsbesinnung: Gedächtnisschrift für Günther Küchenhoff (1907-1983), hrsg. v. Just, Manfred/u.a., Berlin 1987, S. 13-26 (zit.: *Achterberg*, in: Gedächtnisschrift für Küchenhoff)

*Arndt, Hans-Wolfgang/Fetzer, Thomas/Scherer, Joachim/Graulich, Kurt* TKG Telekommunikationsgesetz Kommentar, 2. Aufl., Berlin 2015 (zit.: *Bearbeiter*, in: Arndt/Fetzer/Scherer/Graulich, TKG, § … Rn. …)

*Attendorn, Thorsten* Die Zieladäquanz der Regulierung: EG-rechtliche Impulse für eine wettbewerbsfördernde TK-Regulierung, in: NVwZ 2009, S. 19-22

*Auer, Marietta* Neues zu Umfang und Grenzen der richtlinienkonformen Auslegung, in: NJW 2007, S. 1106-1109

*Axer, Peter* Primär- und Sekundärrechtschutz im öffentlichen Recht, in: DVBL 2001, S. 1322-1332

*Bader, Johann/Ronellenfitsch, Michael* BeckOK VwVfG mit VwVG und VwZG, 42. Edition, Stand 01.01.2019, München (zit.: *Bearbeiter*, in Bader/Ronellenfitsch, BeckOK VwVfG, § … Rn. …)

*Bamberger, Heinz Georg/Roth, Herbert/Hau, Wolfgang/Poseck, Roman* BeckOK BGB, 50. Edition, Stand 01.05.2019, München (zit.: *Bearbeiter*, in: Bamberger/u.a., BeckOK BGB, § … Rn. …)

*Bauer, Hartmut* Geschichtliche Grundlagen der Lehre vom subjektiven öffentlichen Recht, Berlin 1986

*Bauer, Hartmut* Altes und Neues zur Schutznormlehre, in: Archiv des öffentlichen Rechts Bd. 113 (1988), S. 582-631

*Baumgartner, Ulrich* Die Klagebefugnis nach deutschem Recht vor dem Hintergrund der Einwirkungen des Gemeinschaftsrechts, 1. Aufl., Berlin 2005

*Battis, Ulrich/Krautzberger, Michael/Löhr, Rolf-Peter* Baugesetzbuch Kommentar, 13. Aufl. München 2016 (zit.: *Battis/u.a.*, BauGB, § … Rn. …)

*BNetzA* Tätigkeitsbericht Telekommunikation 2016/2017 (zit.: *BNetzA*, Tätigkeitsbericht 2016/2017, S. …)

*Brechmann, Winfried* Die richtlinienkonforme Auslegung – Zugleich ein Beitrag zur Dogmatik der EG-Richtlinie, München 1994

*Britz, Gabriele/Hellermann, Johannes/Hermes, Georg* EnWG Energiewirtschaftsgesetz Kommentar, 3. Aufl., München 2015 (zit.: *Bearbeiter*, in: Britz/Hellermann/Hermes, EnWG, § … Rn. …)

*Burgi, Martin* Verwaltungsprozeß [sic] und Europarecht, München 1996

*Bühler, Ottmar* Die subjektiven öffentlichen Rechte und ihr Schutz in der deutschen Verwaltungsrechtsprechung, Berlin 1914 (zit.: *Bühler*, Die subjektiv öffentlichen Rechte)

*Calliess, Christian* Feinstaub im Rechtsschutz deutscher Verwaltungsgerichte, Europarechtliche Vorgaben für die Klagebefugnis vor deutschen Gerichten und ihre dogmatische Verarbeitung, in: NVwZ 2006, S. 1-7

*Calliess, Christian* Die grundrechtliche Schutzpflicht im mehrpoligen Verfassungsverhältnis, in: JZ 2006, S. 321-330

*Calliess, Christian/Ruffert, Matthias* EUV /AEUV Kommentar, 5. Aufl., München 2016 (zit.: *Bearbeiter*, in: Calliess/Ruffert, EUV/AEUV, Art. … Rn. …)

*Canaris, Claus-Wilhelm* Die richtlinienkonforme Auslegung und Rechtsfortbildung im System der juristischen Methodenlehre, in: Im Dienste der Gerechtigkeit: Festschrift für Franz Bydlinski, hrsg.v. Koziol, Helmut/Rummel, Peter, Wien 2001, S. 47-103 (zit. *Canaris*, in Festschrift für Bydlinski)

*Classen, Claus Dieter* Die Europäisierung der Verwaltungsgerichtsbarkeit – Eine vergleichende Untersuchung zum deutschen, französichen und europäischen Verwaltungsrecht, Tübingen Mohr 1996, (zit: *Classen*, Die Europäisierung der Verwaltungsgerichtsbarkeit)

*Classen, Claus Dieter* Der Einzelne als Instrument zur Durchsetzung des Gemeinschaftsrechts, in: Verwaltungsarchiv 88 (1997), S. 645-678

*Couzinet, Daniel* Die Schutznormtheorie in Zeiten des Feinstaubs: Zur Dogmatik der Schutznormtheorie im Kontext der Subjektivierung von Aktionsplänen und planunabhängigen Maßnahmen, in: DVBl 2008, S. 754-762

*Ehlers, Dirk* Die Europäisierung des Verwaltungsprozeßrechts [sic], Köln 1999

*Ehlers, Dirk/Fehling, Michael/Pünder, Herrmann* Besonderes Verwaltungsrecht, Band 1, Öffentliches Wirtschaftsrecht, 3. Aufl., Heidelberg 2012 (zit.: *Bearbeiter*, in: Ehlers/Fehling/Pünder, Besonderes Verwaltungsrecht, Bd. 1, § … Rn. …)

*Ehlers, Dirk/Pünder, Hermann* Allgemeines Verwaltungsrecht, 15. Aufl., Berlin/Bosten 2016 (zit.: *Bearbeiter*, in Ehlers/Pünder, Allgemeines Verwaltungsrecht, § … Rn. …)

*Eifert, Martin* Die gerichtliche Kontrolle der Entscheidungen der Bundesnetzagentur, in: ZHR 174 (2010), S. 449-485

*Ellinghaus, Ulrich* Die Regulierungsverfügung in der verwaltungsgerichtlichen Praxis, in: CR 2009, S. 87-91

*Erbguth, Wilfried/Guckelberger, Annette* Allgemeines Verwaltungsrecht mit Verwaltungsprozessrecht und Staatshaftungsrecht, 9. Aufl., Baden-Baden 2018 (zit.: *Erbguth/Guckelberger*, Allgemeines Verwaltungsrecht)

*Eyermann, Erich* Verwaltungsgerichtsordnung Kommentar, 15. Aufl., München 2019 (zit.: *Bearbeiter,* in: Eyermann, VwGO, § … Rn.)

*Fehling, Michael/Ruffert, Matthias* Regulierungsrecht, 1. Aufl., Tübingen 2010 (zit.: *Bearbeiter*, in: Fehling/Ruffert, Regulierungsrecht, § … Rn. …)

*Fetzer, Thomas* Staat und Wettbewerb in dynamischen Märkten, 1. Aufl., Tübingen 2013

*Franzius, Claudio* Die Bundesnetzagentur zwischen politischer Steuerung und gerichtlicher Kontrolle, in: DÖV 2013, 714-721

*Frenzel, Eike Michael* Das Regulierungsverwaltungsrecht als öffentliches Recht der Netzwirtschaften, in: JA 2008, S. 868-874

*Gärditz, Klaus F.* VwGO: Verwaltungsgerichtsordnung mit Nebengesetzen, Kommentar, 2. Aufl., Köln 2018 (zit: *Gärditz*, VwGO, § … Rn. …)

*Gärditz, Klaus F.* „Regulierungsermessen“ und verwaltungsgerichtliche Kontrolle, in: NVwZ 2009, S. 1005-1011

*Geppert, Martin/Schütz, Raimond* Beck´scher TKG-Kommentar, 4. Aufl., München 2013 (zit.: *Bearbeiter*, in: Geppert/Schütz, BeckTKG-Komm, § … Rn …)

*Giesberts, Ludger/Reinhardt, Michael* BeckOK Umweltrecht, 49. Edition, Stand 01.01.2019, München (zit.: *Bearbeiter*, in: Giesberts/Reinhardt, BeckOK Umweltrecht, § … Rn. …)

*Grabitz, Eberhard/Hilf, Meinhard/Nettesheim, Martin* Recht der Europäischen Union, Band I EUV/AEUV, 65. Ergänzungslieferung, Stand August 2018, München (zit.: *Bearbeiter*, in: Grabitz/Hilf/Nettesheim, Recht der europäischen Union, Band I, EUV/AEUV, Art. … Rn. …)

*Graf, Jürgen-Peter* BeckOK GVG, 2. Edition, München 2019 (*Bearbeiter*, in: Graf, BeckOK GVG, § … Rn. …)

*Hatje, Armin/Müller-Graff, Peter-Christian* Enzyklopädie Europarecht, Band 5, Europäisches Sektorales Wirtschaftsrecht, 1. Aufl., Baden-Baden 2013 (zit.: *Bearbeiter*, in: Hatje/Müller-Graff, Europäisches Sektorales Wirtschaftsrecht (Enzyklopädie Europarecht Bd. 5), § …, Rn. …)

*Henke, Wilhelm* Das subjektive Recht im System des öffentlichen Rechts, in: DÖV 1980, S. 621-633

*Herdegen, Matthias* Europarecht, 20. Aufl., München 2018

*Herrmann, Streinz* Der Fall Mangold – eine „kopernikanische Wende im Europarecht”?, in: RdA 2007, S. 165-169

*Heun, Sven-Erik* Handbuch Telekommunikationsrecht, 2. Aufl., Köln 2007 (zit.: *Bearbeiter*, in: Heun, Handbuch Telekommunikationsrecht, Teil … S. … Rn. …)

*Hoffmann-Riem, Wolfgang/Schmidt-Aßmann, Eberhard/Voßkuhle, Andreas* Grundlagen des Verwaltungsrechts, Band I: Methoden, Maßstäbe, Aufgaben, Organisation, 2. Aufl., München 2012 (zit.: *Bearbeiter*, in: Hoffmann-Riem/Schmidt-Aßmann/Voßkuhle, Grundlagen des Verwaltungsrechts, Bd. I, § … Rn. …)

*Hoffmann-Riem, Wolfgang/Schmidt-Aßmann, Eberhard/Voßkuhle, Andreas* Grundlagen des Verwaltungsrechts, Band III; Personal, Finanzen, Kontrolle, Sanktionen, Staatliche Einstandspflichten, 2. Aufl., München 2013 (zit.: *Bearbeiter*, in: Hoffmann-Riem/Schmidt-Aßmann/Voßkuhle, Grundlagen des Verwaltungsrechts, Bd. III, § … Rn. …)

*Holznagel, Bernd/Enaux, Christoph/Nienhaus, Christian* Telekommunikationsrecht, 2. Aufl., München 2006

*Huber, Peter M.* Konkurrenzschutz im Verwaltungsrecht: Schutzanspruch und Rechtsschutz bei Lenkungs- und Verteilungsentscheidungen der öffentlichen Verwaltung, Tübingen 1991 (zit.: *Huber*, Konkurrenzschutz im Verwaltungsrecht)

*Hufen, Friedhelm* Verwaltungsprozessrecht, 11. Aufl. München 2019

*Immenga, Ulrich/Mestmäcker, Ernst-Joachim* Wettbewerbsrecht, Band 2. GWB, Kommentar zum Deutschen Kartellrecht, 5. Aufl., München 2014 (zit.: *Bearbeiter*, in: Immenga/Mestmäcker, Wettbewerbsrecht Bd. 2, § … Rn. …)

*Jarass, Hans D.* Grenzen der Privatbelastung durch unmittelbar wirkende Richtlinien, in: EuR 2004, S. 714-737

*Jarass, Hans D./Pieroth, Bodo* GG, Grundgesetz für die Bundesrepublik Deutschland, 15. Aufl., München 2018

*Kiparski, Gerd* Der Europäische Telekommunikations-Kodex – Ein neuer Rechtsrahmen für die elektronische Kommunikation, in: CR 2019, S. 179-188

*Klußmann, Niels* Lexikon der Kommunikations- und Informationstechnik, 3. Aufl., Hüthig 2001

*Kment, Martin/Vorwalter, Sebastian* Beurteilungsspielraum und Ermessen, in: JuS 2015, S. 193-201

*Kopp, Ferdinand O./Schenke, Wolf-Rüdiger* VwGO, Verwaltungsgerichtsordnung Kommentar, 25. Aufl., München 2019 (zit.: *Kopp/Schenke*, VwGO, § … Rn. …)

*Köhler, Helmut/Bornkamm, Joachim/Feddersen, Jörn* Gesetz gegen den unlauteren Wettbewerb, 37. Aufl., München 2019 (zit.: *Köhler/Bornkamm/Feddersen*, UWG, § … Rn. …)

*Kopp, Ferdinand O. Ramsauer, Ulrich* VwVfG, Verwaltungsverfahrensgesetz Kommentar, 19. Aufl., München 2018 (zit: *Kopp/Ramsauer*, VwVfG, § … Rn. …)

*Kühling, Jürgen* Sektorspezifische Regulierung in den Netzwirtschaften, 1. Aufl., München 2004

*Kühling, Jürgen* Die richtlinienkonforme und die verfassungskonforme Auslegung im Öffentlichen Recht, in: JuS 2014, S. 481-490

*Kühling, Jürgen/Schall, Tobias/Biendl, Michael* Telekommunikationsrecht, 2. Aufl., Heidelberg 2014

*Ladeur, Karl-Heinz* Drittschutz im Entgeltregulierungsverfahren nach §§ 23 ff. TKG?, in: CuR 2000, S. 433-441

*Leupold, Andreas/Glossner, Silke* Münchener Anwaltshandbuch IT-Recht, 3. Aufl., München 2013 (zit.: *Bearbeiter*, in: Leupold/Glossner, Anwaltshandbuch IT-Recht, Teil 7 Telekommunikationsrecht Rn. …)

*Loewenheim, Ulrich/Meesen, Karl M./Riesenkampff, Alexander/Kersting, Christian/Meyer-Lindemann, Hans Jürgen* Kartellrecht Kommentar, 3. Aufl., München 2016 (zit.: *Bearbeiter*, in: Loewenheim/u.a., Kartellrecht, § … Rn. …)

*Ludwigs, Markus* Das Regulierungsermessen als Herausforderung für die Letztentscheidungsdogmatik im Verwaltungsrecht, in: JZ 2009, S. 290-297

*Masing, Johannes* Die Mobilisierung des Bürgers für die Durchsetzung des Rechts, Berlin 1997

*Masing, Johannes* Die US-amerikanische Tradition der „Regulated Industries" und die Herausbildung eines europäischen Regulierungsverwaltungsrechts – Constructed Markets on Networks vor verschiedenen Rechtstraditionen, in: Archiv des öffentlichen Rechtes, Bd. 128 (2003), S. 558-607

*Maunz, Theodor/Dürig, Günter* Grundgesetz Kommentar, hrsg. vom Roman Herzog u.a., 85. Ergänzungslieferung (November 2018), München (zit.: *Bearbeiter*, in: Maunz/Dürig, GG, Art. … Rn. …)

*Maurer, Hartmut/Waldhoff, Christian* Allgemeines Verwaltungsrecht, 19. Aufl., München 2017

*Meyer, Jürgen* Charta der Grundrechte der Europäischen Union, 4. Aufl., Baden-Baden 2014 (zit.: *Bearbeiter*, in: Meyer, Charta der Grundrechte der Europäischen Union, Art. … Rn. …)

*Neumann, Holger/Bosch, Tobias* Rechtsschutz für Wettbewerber im Rahmen des telekommunikationsrechtlichen Entgeltregulierungsverfahrens, in: CuR 2001, S. 255-232

*Nettesheim, Martin* Subjektive Rechte im Unionsrecht, in: Archiv des öffentlichen Rechts Bd. 132 (2007), S. 333-392

*Ohly, Ansgar/Sosnitza, Olaf* UWG Gesetz gegen den unlauteren Wettbewerb, 7. Aufl., München 2016 (zit.: *Ohly/Sosnitza*, UWG, § … Rn. …)

*Oppermann, Thomas/Classen, Claus Dieter/Nettesheim, Martin* Europarecht, 8. Aufl., München 2018

*Oster, Jan* Marktdefinition und Marktanalyse im System des Rechtsschutzes, in: MMR 2009, S. 454-458

*Palandt, Otto* Bürgerliches Gesetzbuch, 78. Aufl., München 2019 (zit. *Bearbeiter*, in: Palandt, BGB, § … Rn. …)

*Peters, Carsten* Rechtsschutz Dritter im Rahmen des EnWG, Baden-Baden 2008

*Pietzcker, Jost* Die Schutznormlehre, in: Staat im Wort: Festschrift für Josef Isensee, hrsg. v. Depenheuer, Otto, Heidelberg 2007, S. 577-596 (zit.: *Pietzcker*, in Festschrift für Josef Isensee)

*Posser, Herbert/Wolff, Heinrich Amadeus* BeckOK VwGO, 48. Edition, Stand 01.01.2019, München (zit.: *Bearbeiter*, in: Posser/Wolff, BeckOK VwGO, § … Rn. …)

*Redeker, Konrad/Von Oertzen, Hans J.* Verwaltungsgerichtsordnung, Kommentar, 16. Aufl., Stuttgart 2014 (zit.: *Redeker/Von Oertzen*, Verwaltungsgerichtsordnung, § … Rn. …)

*Reiling, Michael* Zu individuellen Rechten im deutschen und im Gemeinschaftsrecht, Berlin 2004

*Remmert, Barbara* Die nationale Ausgestaltung richtlinienrechtlich geforderter subjektiver Rechtsstellungen. Am Beispiel der Umweltinformationsrichtlinie und der Richtlinien zur Vergabe öffentlicher Liefer- und Bauaufträge, in: Die Verwaltung, Bd. 29 (1996), S. 465-486

*Rengeling, Hans-Werner/Middeke, Andreas/Gellermann, Martin* Handbuch des Rechtsschutzes in der Europäischen Union, 3. Aufl., München 2014 (zit.: *Bearbeiter*, in: Rengeling/u.a., Handbuch des Rechtsschutzes in der Europäischen Union, § … Rn. …)

*Riesenhuber, Karl* Europäische Methodenlehre: Handbuch für Ausbildung und Praxis, 3. Aufl., Berlin (u.a.) 2015 (zit.: *Bearbeiter*, in Riesenhuber, Europäische Methodenlehre, § … Rn. …)

*Ruffert, Matthias* Dogmatik und Praxis des subjektiv-öffentlichen Rechts unter dem Einfluß [sic] des Gemeinschaftsrechts, in: DVBl 1998, S. 69-75

*Ruffert, Matthias* Regulierung im System des Verwaltungsrechts, in: Archiv des öffentlichen Rechts, Bd. 124 (1999), S. 237-281

*Ruthig, Josef* Transformiertes Gemeinschaftsrecht und die Klagebefugnis des § 42 Abs. 2 VwGO, in: BayVBl 1997, S. 289-298

*Sachs, Michael* Grundgesetz Kommentar, 8. Aufl., München 2018 (zit.: *Bearbeiter*, in: Sachs, GG, Art. … Rn. …)

*Säcker, Franz-Jürgen* TKG – Telekommunikationsgesetz, 3. Aufl., Frankfurt am Main 2013 (zit.: *Bearbeiter* in: Säcker, TKG, § … Rn. …)

*Saurer, Johannes* Der Einzelne im europäischen Verwaltungsrecht: Die institutionelle Ausdifferenzierung der Verwaltungsorganisation der Europäischen Union in individueller Perspektive, Mohr Siebeck Tübingen 2014 (zit.: *Saurer*, Der Einzelne im europäischen Verwaltungsrecht)

*Scharl, Anna Ingeborg* Die Schutznormtheorie – Historische Entwicklung und Hintergründe (zit.: *Scharl*, Die Schutznormtheorie – Historische Hintergründe)

*Scheidler, Alfred* Der Feinstaub vor dem Europäischen Gerichtshof, in: NVwZ 2008, S. 1083-1085

*Scheurle, Klaus-Dieter/Mayen, Thomas* Telekommunikationsgesetz, 3. Aufl., München 2018 (zit.: *Bearbeiter*, in: Scheurle/Mayen, TKG, § … Rn. …)

*Schmidt, Christian* Von der RegTP zur Bundesnetzagentur: Der organisationsrechtliche Rahmen der neuen Regulierungsbehörde, in: DÖV 2005, S. 1025-1032

*Schmidt, Christian* Neustrukturierung der Bundesnetzagentur - Verfassungs- und verwaltungsrechtliche Probleme, in: NVwZ 2006, S. 907-909

*Schmidt-Aßmann, Eberhard* Das allgemeine Verwaltungsrecht als Ordnungsidee: Grundlagen und Aufgaben der verwaltungsrechtlichen Systembildung, 2. Aufl., Berlin/Heidelberg 2006

*Schmidt-Preuß, Matthias* Kollidierende Privatinteressen im Verwaltungsrecht: Das subjektive öffentliche Recht im multipolaren Verwaltungsrechtsverhältnis, 2. Aufl., Berlin 2005 (zit.: *Schmidt-Preuß*, Kollidierende Privatinteressen)

*Schmidt, Reiner* Öffentliches Wirtschaftsrecht – Allgemeiner Teil, Berlin/Heidelberg/New York 1990

*Schnürbrand, Jan* Die Grenzen richtlinienkonformer Rechtsfortbildung im Privatrecht, in: JZ 2007, S. 910-918

*Schoch, Friedrich* Individualrechtsschutz im deutschen Umweltrecht unter dem Einfluß [sic] des Gemeinschaftsrechts, in: NVwZ 1999, S. 457-467

*Schoch, Friedrich* Die Europäisierung des verwaltungsgerichtlichen Rechtsschutzes, Berlin New York 2000

*Schoch, Friedrich/Schneider, Jens-Peter/Bier, Wolfgang* Verwaltungsgerichtsordnung, Band I, Kommentar, 36. Ergänzungslieferung Stand Februar 2019, München (zit.: *Bearbeiter*, in: Schoch/Schneider/Bier, VwGO, § … Rn. … )

*Schulte, Martin* Informales Verwaltungshandeln als Mittel staatlicher Umwelt- und Gesundheitspflege, in: DVBl 1988, S. 512-520

*Schulze, Reiner/Zuleeg, Manfred/Kadelbach, Stefan* Europarecht: Handbuch für die deutsche Rechtspraxis, 3. Aufl., Baden-Baden 2015 (zit.: *Bearbeiter*, in Schulze/Zuleeg/Kadelbach, Europarecht, § … Rn. …)

*Schwarze, Jürgen/Becker, Ulrich/Hatje, Armin/Schoo, Johann* EU-Kommentar, 4. Aufl., Baden-Baden 2019 (zit.: *Bearbeiter*, in: Schwarze/u.a., EU-Kommentar, Art. …, Rn. …)

*Sodan, Helge/Ziekow, Jan* Verwaltungsgerichtsordnung Großkommentar, 5. Aufl., Baden-Baden 2018 (*Bearbeiter*, in: Sodan/Ziekow, VwGO, § … Rn. …)

*Spindler, Gerald/Schuster, Fabian* Recht der elektronischen Medien, 3. Aufl., München 2015 (zit.: *Bearbeiter*, in: Spindler/Schuster, Recht der elektronischen Medien, Teil 11, § …, Rn. …)

*Streinz, Rudolf* EUV/AEUV, Vertrag über die Europäische Union, Vertrag über die Arbeitsweise der Europäischen Union, Charta der Grundrechte der Europäischen Union, 3. Aufl., München 2018 (zit.: *Bearbeiter*, in Streinz, EUV/AEUV, Art. …, Rn. …)

*Triantafyllou, Dimitris* Zur Europäisierung des subjektiven öffentlichen Rechts, in: DÖV 1997, S. 192-200

*Von Danwitz, Thomas* Zur Grundlegung einer Theorie der subjektiv-öffentlichen Gemeinschaftsrechte, in: DÖV 1996, S. 481-490

*Von Danwitz, Thomas* Was ist eigentlich Regulierung?, in: DÖV 2004, S. 977-985

*Wegener, Bernhard W.* Rechte des Einzelnen, Baden-Baden 1998

*Wieland, Joachim* Regulierungsermessen im Spannungsverhältnis zwischen deutschem und Unionsrecht, in: DÖV 2011, S. 705-714

*Windthorst, Kay* Drittschutz im telekommunikationsrecht, in: WuV 2011, S. 196-205

*Ziekow, Jan* Öffentliches Wirtschaftsrecht, 4. Aufl., München 2016

*Zöller, Richard* Zivilprozessordnung, 32. Aufl., Köln 2018 (zit.: *Bearbeiter*, in: Zöller, ZPO, § … Rn. …)

*Zuleeg, Manfred* Umweltschutz in der Rechtsprechung des Europäischen Gerichtshofs, in: NJW 1993, S. 31-38

www.ingramcontent.com/pod-product-compliance
Ingram Content Group UK Ltd.
Pitfield, Milton Keynes, MK11 3LW, UK
UKHW020715041026
15590UKWH00002B/688

9 783631 841495